LUTTE CONTRE LE BLANCHIMENT DE CAPITAUX DANS L'UEMOA

Vers une conformité des États membres à la lumière des Quarante Recommandations du GAFI

Volume 1

Sokhna M. M. FALL

LUTTE CONTRE LE BLANCHIMENT DE CAPITAUX DANS L'UEMOA

Vers une conformité des États membres à la lumière des Quarante Recommandations du GAFI

Volume 1

Préface du Pr Marc Segonds

Sénégal
L'Harmattan

10 VDN, Sicap Amitié 3, Lotissement Cité Police, DAKAR

senharmattan@gmail.com
senlibrairie@gmail.com

ISBN : 978-2-336-41489-8
EAN : 9782336414898

À ma précieuse mère ; à mon très cher père, pour son admirable héroïsme qui n'aura de cesse de m'inspirer ;

À feu mon oncle Barham Touré, dont les précieux conseils, que je me remémorerai toujours, auront propulsé mon élan dans la rédaction de cet ouvrage ; et à Tata Téné, pour sa généreuse attention, pour ses encouragements.

REMERCIEMENTS

C'est avec une profonde gratitude que nous exprimons nos remerciements à M. le Professeur Marc SEGONDS, qui nous a fait l'honneur de diriger la thèse ayant donné lieu à la production de cet ouvrage, avec une bienveillante patience nous ayant insufflé la confiance nécessaire pour persévérer. Ses pertinents et généreux conseils, son attention rigoureuse et ses encouragements nous auront permis de venir à bout de cette passionnante, mais difficile aventure scientifique.

Nos vifs remerciements vont également à l'endroit de Mesdames et Messieurs Marie-Christine SORDINO, Roxana FAMILY, Ndiaw DIOUF et Guillaume BEAUSSONIE qui en acceptant de siéger dans notre jury de soutenance, ont grandement contribué à l'élaboration de ce travail.

C'est par ailleurs grâce à la confiance du fondateur de l'Institut Supérieur de Management (Groupe ISM), M. Amadou DIAW, que nous avons bénéficié des moyens financiers nous ayant permis d'effectuer de fructueux voyages d'études. Son action fut perpétrée par les Présidents-directeurs généraux successifs du Groupe ISM, Messieurs Mohamed Moustapha DIEYE et Abdou DIOUF. Leurs équipes et notamment celles de la Direction des ressources humaines et de la Direction administrative et financière ainsi que Mme Pascaline OUATTARA n'ont ménagé aucun effort pour en faciliter l'exécution. Nous avons pu durant tout ce temps compter sur le soutien de M. Ousseynou KAMA, Directeur de l'École de Droit du Groupe ISM ; de M. Mbaye NDIAYE, Secrétaire général du Groupe ISM et des collègues, anciens et actuels. Que toutes ces personnes trouvent ici l'expression de notre gratitude, ainsi que le personnel, très accueillant, des bibliothèques de l'Université Toulouse Capitole.

Nous remercions aussi le personnel du GIABA et celui de la CENTIF ; on mentionnera les contributions particulières du Dr Jeffrey ISIMA et de M. Idris OUATTARA, au sein du Département de la Recherche et de la Planification du GIABA, et de M. Cheikh Mouhamadou Bamba NIANG, Directeur des affaires juridiques de la CENTIF Sénégal.

Nous ne saurions malheureusement exprimer ici toute notre reconnaissance envers les nombreuses personnes qui nous ont apporté leur aide, précieuse à nos yeux, aussi minime puisse-t-elle paraître. Mais tout au moins, remercierons-nous famille et amis et en particulier, mon oncle Adama DIALLO, sans qui rien n'aurait commencé ; mes frères et sœurs, oncles et tantes, pour le soutien apporté de près et de loin ; Marguerite, pour sa bienveillante présence ; M. Philippe DELVIT, pour son amitié et son mentorat ; M. Mamadou Yande TOURE, pour son aide et ses conseils ; Binty DIOP, pour ses mots encourageants qui ont suffisamment résonné en moi pour me pousser à persévérer ; les formidables collègues et ami(e)s de ma sœur Sokhna Mariama, pour leurs actions et propos bienveillants à maints égards.

SOMMAIRE

PRÉFACE

La thèse de Madame Fall, présentement publiée, compte parmi les travaux universitaires particulièrement précieux. Le choix du sujet de cette véritable œuvre juridique revient entièrement à Madame Fall. Sa direction nous a permis de constater la patience, la volonté de toujours mieux faire, et l'écoute particulièrement attentive de Madame Fall.

La modestie de Madame Fall est un de ses traits de caractère, tout comme sa détermination, véritablement sans faille. Grâce aux qualités qui sont les siennes, Madame Fall nous livre une œuvre aboutie, réellement passionnante par les perspectives qu'elle ouvre. Elle parvient à nous convaincre pleinement que la conformité n'est pas une obligation à destination des seules parties privées mais à destination des États. Certes, l'antiblanchiment a ses assujetties « naturels », tels les professionnels du chiffre et du droit mais cette thèse permet aussi de démontrer, bien au-delà de l'assujettissement aux règles « LCB-FT », que la conformité est l'affaire des États, et des États en premier lieu.

Aussi bien, en concernant les États membres de l'UEMOA, la conformité est envisagée avec une véritable hauteur de vue, là où parfois des esprits égarés ne voient dans la conformité, qu'une nouvelle mode sémantique, tandis que Madame Fall en démontre l'importance fondamentale.

Par tradition, obligation est faite au thésard de mentionner au début de leur œuvre que « L'université n'entend ni approuver ni désapprouver les opinions particulières de l'auteur ». Mais telle ne sera pas notre attitude de directeur de thèse. À la lecture de cette véritable somme, l'on ne peut être que séduit par son sérieux, sa précision et sa pertinence.

Le sérieux de la thèse de Madame Fall est illustré par la richesse des notes de bas de page, de l'importance de l'appareil bibliographique et par sa volonté d'explorer l'ensemble des aspects de la conformité.

La précision de la thèse de Madame Fall se manifeste tout particulièrement dans ses très nombreuses et excellentes analyses des institutions et obligations LCB-FT.

La pertinence de la thèse de Madame Fall se révèle par des développements toujours riches, nuancés et parfaitement renseignés.

Il ne nous reste désormais qu'à formuler un seul vœu : que la lecture de cette thèse procure à toutes celles et tous ceux qui s'y livreront, le plaisir de s'enrichir intellectuellement et leur permette de saisir toutes les subtilités du droit de la conformité grâce à l'œuvre tout à fait remarquable de Madame Fall.

Mes derniers mots n'iront pas aux lecteurs mais à Madame Fall elle-même : Madame Fall, sachez bien que ce fut un honneur - et un bonheur ! - que de diriger votre travail et de le voir publié, en juste récompense de vos très belles qualités de juriste.

Marc Segonds,

Agrégé des facultés de droit.

LISTE DES PRINCIPALES ABRÉVIATIONS

AFAPDP	Association francophone des autorités de protection des données personnelles
AGA	Architecture de gouvernance africaine
AICA	Association internationale des contrôleurs d'assurance
AJ Pénal	Actualité juridique pénale
Al.	Alinéa
AMF-UMOA	Autorité des Marchés Financiers de l'UMOA
Annuaire fr. dr. int.	Annuaire français de droit international
APSA	Architecture africaine de paix et de sécurité
Arch. Pol. Crim.	Archives de politique criminelle
Art.	Article
BAD	Banque africaine de développement
BC	Blanchiment de capitaux
BCEAO	Banque centrale des États de l'Afrique de l'Ouest
BC/FT	Blanchiment de capitaux et financement du terrorisme
BOAD	Banque ouest-africaine de développement
CBSB	Comité de Bâle sur le contrôle bancaire
CCEG	Conférence des chefs d'État et de gouvernement
CEDEAO	Communauté économique des États de l'Afrique de l'Ouest
CEMAC	Communauté économique et monétaire de l'Afrique centrale
CENTIF	Cellule nationale de Traitement des Informations financières
CER	Communautés économiques régionales
CIMA	Conférence interafricaine des marchés d'assurance
Coll.	Collection
Conv.	Convention
CP	Code pénal
CPC	Code de procédure civile
CPP	Code de procédure pénale
CREDIJ	Centre pour le Renforcement de l'État de Droit et des Institutions judiciaires
CREPMF	Conseil Régional de l'Épargne Publique et des Marchés Financiers

CRF	Cellule de renseignement financier
CSM	Conseil supérieur de la magistrature
DOS	Déclaration d'opérations suspectes
ENR	Évaluation nationale des risques
EPNFD	Entreprises et professions non financières désignées
FAD	Fonds africain de développement
FFI	Flux financiers illicites
FMI	Fonds monétaire international
FSN	Fonds spécial du Nigéria
FT	Financement du terrorisme
GABAC	Groupe d'action contre le blanchiment d'argent en Afrique centrale
GABAOA	Groupe anti-blanchiment en Afrique orientale et australe
GAFI	Groupe d'action financière
GAFIMOAN	Groupe d'action financière du Moyen-Orient et de l'Afrique du Nord
Gaz. Pal.	Gazette du Palais
GIABA	Groupe intergouvernemental d'action contre le blanchiment d'argent en Afrique de l'Ouest
Instruction n°007-09-2017 de la BCEAO	Instruction n°007-09-2017 du 25 septembre 2017 portant modalités d'application par les institutions financières de la loi uniforme relative à la lutte contre le blanchiment de capitaux et le financement du terrorisme dans les États membres de l'UMOA
Instruction n°59/2019/ CREPMF	Instruction n°59/2019/CREPMF du 30 septembre 2019 relative à la lutte contre le blanchiment de capitaux et le financement du terrorisme au sein du Marché financier régional de l'UEMOA
Interpol	Organisation internationale de police criminelle
J-Cl.	JurisClasseur
JCP E	La Semaine Juridique Entreprise et affaires
JCP Ed. G	La Semaine Juridique Édition Générale
J. Money Laund. Control	*Journal of Money Laundering Control*
KYC	*Know Your Customer* (Connais ton client)
LBC/FT	Lutte contre le blanchiment de capitaux et le financement du terrorisme
LEDAF	L'Essentiel Droits Africains des Affaires

LU	Loi uniforme
MAEP	Mécanisme africain d'évaluation par les pairs
OBNL	Organisme à but non lucratif
OCDE	Organisation de coopération et de développement économiques
OHADA	Organisation pour l'harmonisation en Afrique du droit des affaires
OICV	Organisation internationale des commissions de valeurs
OMD	Organisation mondiale des douanes
ONG	Organisation non gouvernementale
ONU	Organisation des Nations unies
ONUDC	Office des Nations unies contre la drogue et le crime
ORTG	Organismes régionaux de type GAFI
OUA	Organisation de l'unité africaine
PA	Petites affiches
PAS	Plan d'action stratégique
PMR	Pays membres régionaux
PPE	Personne politiquement exposée
Première LU	Loi uniforme du 20 mars 2003 relative à la lutte contre le blanchiment de capitaux dans les États membres de l'Union économique et monétaire ouest-africaine (UEMOA)
PTNC	Pays et territoires non coopératifs
RD bancaire et fin.	Revue de droit bancaire et financier
Règlement n°001/CIMA/PCE/SG2021	Règlement n°001/CIMA/PCMA/PCE/SG/2021 du 2 mars 2021 remplaçant le règlement n°0004/CIMA/PCMA/PCE/SG/08 définissant les procédures applicables par les organismes d'assurances dans les États membres de la CIMA dans le cadre de la lutte contre le blanchiment des capitaux et le financement du terrorisme et de la prolifération des armes de destruction massive
REM	Rapport d'évaluation mutuelle
Rép. com.	Répertoire de droit commercial Dalloz
Rép. Pén.	Répertoire Pénal Dalloz
Rép. soc.	Répertoire de droit des sociétés Dalloz
Rev. éco. fin.	Revue d'économie financière
Rev. Sociétés	Revue des sociétés Dalloz

RICEA	Revue internationale de la compliance et de l'éthique des affaires
RIDE	Revue internationale de droit économique
RSC	Revue de science criminelle et de droit pénal comparé
RSEM	Rapport de suivi d'évaluation mutuelle
TGI	Tribunal de grande instance
UA	Union africaine
UEMOA	Union économique et monétaire ouest-africaine
UMOA	Union monétaire ouest-africaine
Vol.	Volume
WACAP	West African Network of Central Authorities and Prosecutors (Réseau des autorités centrales et procureurs d'Afrique de l'Ouest)

LISTE DES ANNEXES

INTRODUCTION GÉNÉRALE

1. Le blanchiment : rien de plus que de la duplicité[1], rien de moins que l'infraction défiant constamment les acquis de l'anticriminalité. L'on doit aux blanchisseries du tristement célèbre Al Capone, rapporte-t-on[2], la désignation officielle sous le vocable de « blanchiment »[3], d'une manœuvre « aussi vieille que la criminalité de profit elle-même »[4]. Ce chef de la famille mafieuse de Chicago aurait créé les *Sanitary Cleaning Shops* en 1928, dans le but ultime de donner une apparence légale aux ressources provenant de ses activités illégales[5]. Quelques années plus tard, c'est Meyer Lansky qui, avec cette adaptabilité propre aux criminels[6], aurait posé les bases des techniques modernes de blanchiment. Les sombres canaux des « pays off-shores » et des banques suisses lui auraient permis de faire sortir les fonds des États-Unis, lesquels étaient ensuite rapatriés aux moyens de prêts fictifs ou encore, d'investissements réalisés par des sociétés fictives[7]. Depuis cette époque charnière de l'histoire du

---

[1] À ce propos, Monsieur Marc SEGONDS décrit avec force de détails la « duplicité des agents » de la délinquance financière (voir : M. SEGONDS, « La magistrature désunie pour lutter contre la délinquance financière : de la suppression du juge d'instruction à l'hégémonie du parquet ? », *in Les désunions de la magistrature (XIXe-XXe siècle)*, 2013, n°17, Presses de l'Université Toulouse Capitole, p. 331). L'auteur évoque également l'occultisme de cette forme de délinquance et sa propension au recours à « des actes juridiques relevant de la simulation tout en étant associé à des faits que les acteurs de la délinquance financière tentent de draper derrière le nécessaire respect du secret des affaires [...] » (*ibid.*).

[2] *Cf.* E. VERNIER, *Techniques de blanchiment et moyens de lutte*, 4e éd. Dunod, Hors collection, 2017, pp. 7-8. On gardera à l'esprit que l'auteur s'en réfère à une « légende amusante ». D'ailleurs, l'on avance également que le nom même de « blanchiment » remonte plus généralement, « à la pratique passée de la mafia italo-américaine consistant à laver des billets tout neufs pour leur donner un aspect usé » (*Cf.* M. KOUTOUZIS et J.-F. THONY, *Le blanchiment*, éd. Presses universitaires de France, coll. Que sais-je ?, 2005, p. 3). Dans ce contexte, il s'agissait d'une mise sur le marché de coupures de fausse monnaie (donc, d'un délit fédéral) et très marginalement, de la réinsertion dans l'économie de sommes perçues aux moyens d'une activité illégale (*ibid.*).

[3] « Blanchissage » et « blanchissement », sont aussi des termes utilisés pour désigner le blanchiment.

[4] *Cf* M. KOUTOUZIS et J.-F. THONY, *op. cit.* Même si le terme semble apparaître dans les années 70-80, « ce qu'il recouvre est aussi vieux que l'est la criminalité organisée » (*Cf.* J. de MAILLARD, « Un blanchiment peut en cacher un autre », *in Raison présente*, De la drogue et des drogues, n°153, 1er trimestre 2005, p. 53). Et cela, car « il fallait déjà dissimuler très vite l'origine illicite des fonds, mais les méthodes utilisées alors étaient plus simples que celles auxquelles recourent aujourd'hui les blanchisseurs de capitaux illicites » (*Cf.* J. CHAPPEZ, « La lutte internationale contre le blanchiment des capitaux d'origine illicite et le financement du terrorisme », *in Annuaire fr. dr. int.*, vol. 49, 2003, p. 543).

[5] E. VERNIER, *op. cit.*, pp. 7-8.

[6] Meyer Lansky est présenté comme le bras droit de Lucky Luciano. Il aurait bien tiré la leçon de la condamnation d'Al Capone pour fraude fiscale (et non pour les crimes commis), sachant qu'une arrestation sur ledit fondement avait mis en exergue le besoin de rechercher des techniques plus efficaces pour masquer l'origine des gains (*ibid.*, p. 8).

[7] *Ibid.*

blanchiment, les techniques de recyclage de l'argent sale - fût-il noir ou gris[8] - n'ont eu de cesse de se réinventer au gré des évolutions économiques et réglementaires.

Et cela, même si l'idée de dissimulation qui sous-tend le mécanisme de blanchiment - et est au cœur de sa définition - en demeure l'élément invariable : l'agent s'évertuera à faire croire que ses biens ont été obtenus de manière tout à fait licite, alors qu'il n'en est rien. Dans l'esprit, le blanchisseur ne se différencie donc guère de l'assassin qui, par la suite, se joint aux recherches du coupable de son propre méfait, ou pour sortir des sentiers obscurs de la criminalité, de toute autre forme d'imposture. Mais techniquement, l'infraction de blanchiment de capitaux, pour sa part, consiste d'une manière générale à retraiter les produits d'origine criminelle pour en masquer l'origine illégale[9] ; un processus qui « revêt une importance essentielle puisqu'il permet au criminel de profiter de ces bénéfices tout en protégeant leur source »[10]. Les techniques de dissimulation desdits produits ne sont pas que nombreuses ; elles sont appelées à constamment évoluer, puisque le besoin de "blanchir" se fera ressentir aussi longtemps qu'existera la criminalité. En ce sens, quelles que soient l'évolution ou les performances dans la recherche des produits du crime, l'infraction de blanchiment restera un défi pour les autorités de lutte.

2. L'évolution de l'infraction de blanchiment à l'aune de la diversification de ses procédés. Une définition un tant soit peu poussée de l'infraction de blanchiment conduit, immanquablement, à envisager ses procédés. À l'évidence, les différents mécanismes permettant de procurer une apparence "propre" aux biens de provenance illicite doivent être cernés, puis

[8] Les classifications concernant les capitaux destinés à être blanchis sont nombreuses et ont en l'occurrence été rappelées par Monsieur Eric VERNIER. Selon ce dernier, la classification de Broyer distinguait (durant l'année 2000) quatre catégories de capitaux ayant vocation à être blanchis, à savoir : ceux exportés en violation des normes nationales sur le contrôle des changes et les sorties de devises ; ceux exportés suite au non-paiement des impôts ; ceux provenant d'autres délits, puis les capitaux constituant véritablement les produits d'activités criminelles. Entendant simplifier davantage la distinction, Monsieur Eric VERNIER propose, dans le cadre de l'économie illégale, une distinction entre deux catégories d'acteurs : d'une part, les mafias ou organisations criminelles transnationales (les « caïds » de l'imaginaire collectif), dont les profits constituent l'argent noir ; et d'autre part, les acteurs provenant de l'économie légale ayant parfois des statuts honorables (chefs d'entreprises, banquiers, policiers, etc.), mais qui « basculent dans l'illégalité » (une catégorie qui semble correspondre aux « délinquants en col blanc »), dont les profits constituent l'argent gris. L'argent sale se composant alors de l'argent noir et de l'argent gris (E. Vernier, *op. cit.*, pp. 14-17).

[9] Telle est la définition que le Groupe d'action financière (GAFI) - communément reconnu comme étant l'Organisme intergouvernemental de référence en matière de lutte contre le blanchiment de capitaux, le financement du terrorisme et de la prolifération des armes de destruction massive - donne du concept de « blanchiment de capitaux » (GAFI, « Le blanchiment de capitaux : qu'est-ce que c'est ? » [en ligne], mise à jour : 2020. Disponible sur : https://www.fatf-gafi.org/fr/foireaux questionsfaq/blanchimentdecapitaux/#:~:text=Le%20blanchiment%20de%20capitaux%20 consiste,tout%20en%20prot%C3%A9geant%20leur%20source).

[10] *Ibid.*

prohibés par les différents systèmes juridiques. Et pour cause, les conventions internationales de référence dans la lutte contre le blanchiment de capitaux, en définissant l'infraction telle qu'elle doit être incriminée par les États, s'appliquent toutes à inclure dans le champ de la répression la plus large gamme possible de techniques de blanchiment[11]. Les experts, pour leur part, ont mis en évidence trois phases classiques du processus de blanchiment : la première, à savoir le *placement*, consiste à introduire l'argent sale dans le système économique et financier[12]. Dans la deuxième étape, celle de l'*empilage*, l'enjeu est de « brouiller les pistes »[13], en s'évertuant à éloigner le maximum possible, les biens de leur origine compromettante. Enfin, l'*intégration* permettra de réintroduire le produit des activités illicites - désormais d'apparence légale - dans l'économie. Mais de plus en plus, ce schéma est relativisé, voire décrié[14]. Il faut reconnaître qu'avec la diversification et la complexification progressive des circuits du blanchiment, ses modalités ne permettent plus forcément d'en distinguer les trois phases[15]. La mise en lumière de ces mutations permet une meilleure compréhension du phénomène et fournit au passage, une illustration de son ampleur croissante.

---

[11] L'on fait ici référence d'une part, à la Convention des Nations unies contre le trafic illicite de stupéfiants et de substances psychotropes, du 20 décembre 1988 (conv. de Vienne, art. 3) et d'autre part, à la Convention des Nations unies contre la criminalité transnationale organisée, adoptée en décembre de l'année 2000 (conv. de Palerme, art. 6). À propos des comportements incriminés, voir *infra*, par. 220 et s.

[12] L'objectif est ici de « se débarrasser du numéraire, notamment des petites coupures » (J. CHAPPEZ, *op. cit.*, p. 542).

[13] *Ibid.*, p. 542. Les fonds auparavant intégrés dans le système financier, sont déplacés et par le biais de transactions complexes, afin de rendre difficile le traçage devant permettre de remonter à leur véritable origine (S. D. CASTELLA, « Toward a new model of money laundering - Is the "placement, layering, integration" model obsolete? » ; en français : « Vers un nouveau modèle de blanchiment - La trilogie "placement-empilage-intégration" : un modèle obsolète ? », *J. Money Laund. Control*, vol. 21, n°4, 2018, p. 495).

[14] Il a été reproché à cette approche classique des procédés de blanchiment, de ne correspondre à la réalité. Les critiques les plus virulentes contre cette typologie font état d'un « conte pour enfants », donnant une description « très lapidaire, et globalement fausse, de la manière dont les choses se présentent en pratique » : le placement, l'empilage et l'intégration seraient non pas des étapes, mais des fonctions du blanchiment (J. de MAILLARD, *op. cit.*, p. 54). Une confusion qui résulterait d'une prise de conscience de l'existence de ces processus à partir de mécanismes très rudimentaires, puisque le blanchiment d'argent se réduisait, dans les années 70-80, « tout au plus à placer cet argent sur des comptes bancaires en prenant les précautions minimales pour ne pas trop se faire repérer » (*ibid.*, p. 55). De plus, ce modèle des années 80 dresserait un tableau réducteur quant aux différentes modalités selon lesquelles des biens peuvent être blanchis ; ainsi, dans beaucoup d'affaires de blanchiment (par exemple, lorsque l'infraction est commise virtuellement ou matière de fraude, notamment lorsque les fonds objet de l'infraction avaient été introduits dans le système financier bien avant sa commission), l'agent pénal procède selon des méthodes n'impliquant aucune des phases du schéma classique (S. D. CASTELLA, *op. cit.*, p. 496).

[15] J. CHAPPEZ, *op. cit.*, p. 542, note 3.

3. Des effets désastreux pour les sociétés, pour les États, pour la communauté internationale. *Ce fut grâce à des fonds blanchis que Meyer Lanski put créer Las Vegas*[16]... Peut-on alors envisager que le blanchiment des capitaux puisse au moins dans une certaine mesure avoir des effets bénéfiques ? Répondre positivement à une telle question - sur la base du précédent constat - revient à concevoir que la cause du criminel puisse prendre le dessus sur celle de l'État qui entend réguler la vie en société, notamment en posant des prescriptions légales. Que ses besoins puissent primer sur ceux des personnes ayant subi vol, racket, détournements, ou bien pire que cela. Enfin - sans prétention d'épuiser tous les arguments -, autant cautionner alors que n'importe quelle infraction puisse être commise, pourvu qu'elle serve une fin *a priori* honorable (si le voleur a dépouillé sa victime pour être en mesure de financer une intervention chirurgicale en faveur de sa mère gravement malade, on peut alors s'interroger sur les éventuels effets positifs du vol...). C'est dire que la fin ne saurait dans ce contexte précis justifier les moyens.

En revanche, on peinerait à dresser une liste exhaustive des effets néfastes du blanchiment de capitaux. L'économie vient généralement au rang des premières victimes : « le blanchiment déstabilise le secteur privé, il porte atteinte à l'intégrité des marchés financiers, il entraîne à terme la perte de contrôle de la politique économique, il peut avoir des effets sur les monnaies et les taux

---

[16] E. VERNIER, *op. cit.*, p. 8.

d'intérêt, enfin, il diminue les recettes fiscales de l'État »[17]. Qu'on laisse persister l'invasion de l'économie légale par les activités illicites[18], et le sentiment que le crime paie mieux finira insidieusement par s'imposer au sein des sociétés. Il s'ensuivrait une dégradation des valeurs morales et donc, l'instauration d'un climat nuisible à la bonne gouvernance. La menace est d'autant plus aggravée

---

[17] *Cf.* C. CUTAJAR, « La politique de lutte contre le blanchiment des capitaux d'origine criminelle de l'Union européenne », *Études Européennes*, 29 avril 2004, p. 4. L'auteure précise, en effet, **concernant d'abord les acteurs du secteur privé**, que les blanchisseurs, pour dissimuler la provenance illicite de leurs activités, mêlent l'argent sale aux fonds de provenance illicite ; de sorte que les commerces de services à l'instar des restaurants peuvent casser les prix du marché et évincer les entreprises du secteur privé. Messieurs A. O. OLUWADAYISI et M. O. MIMIKO ont insisté sur les effets retords d'une telle situation : les entrepreneurs de bonne foi, sous l'effet de la frustration, peuvent laisser l'économie des pays entre les mains des blanchisseurs, qui se trouvent n'avoir aucune intention de réaliser des profits ; et donc, mettent en péril la stabilité économique de l'État (A. O. OLUWADAYISI et M. O. MIMIKO, « Effects of Money Laundering on the Economy of Nigeria » ; en français : « Les effets du blanchiment de capitaux sur l'économie du Nigéria », *Beijing Law Review*, 28 juin 2016, p. 159). C'est cette idée qu'exprime Madame Chantal CUTAJAR dans son article précité, **quant aux effets du blanchiment de capitaux sur les monnaies et les taux d'intérêt** : « les blanchisseurs veulent avant tout protéger leurs biens ce qui les préoccupe plus que d'obtenir un bon rendement de leurs capitaux. Ils peuvent ainsi investir leurs fonds dans des activités qui ne sont pas nécessairement rentables pour le pays dans lequel se trouvent les capitaux. [...] Lorsque ces secteurs cessent de les intéresser, ils les abandonnent causant ainsi leur effondrement et compromettant gravement l'économie de pays qui ne peuvent supporter économiquement de telles pertes » (C. CUTAJAR, *op. cit.*, pp. 4-5). **L'atteinte à l'intégrité des marchés financiers** résulte, pour sa part, des problèmes de liquidité que peut entraîner le blanchiment d'importantes sommes d'argent, qui parviennent à une institution financière « avant de disparaître soudainement, grâce à des virements télégraphiques, pour des raisons qui n'ont pas d'explication économique » ; une situation ayant significativement affecté nombre de banques européennes : la BCCI en 1990, la banque Barings en 1995 (*ibid.*, p. 4). Au Nigéria, sont cités parmi les victimes d'un tel phénomène : National Bank, Allied Bank, Bank for Credit and Commerce International (A. O. OLUWADAYISI et M. O. MIMIKO, *op. cit.*, p. 159 ; les auteurs citent à ce propos : LaFraniere, « Africa Tackles Graft, with Billions in Aid Play », *New York Times*, 6 juillet 2005). Par ailleurs, **une perte par l'État du contrôle de la politique économique** est à envisager dans la mesure où, face à l'importance des sommes blanchies, les gains illicites peuvent éclipser le budget de l'État et de la sorte, priver le gouvernement du contrôle de la politique économique (C. CUTAJAR, *op. cit.*, p. 4). Au-delà, la criminalité organisée peut notamment « acquérir ou contrôler des pans entiers de l'économie par ses investissements ou encore proposer des pots-de-vin à des agents publics, voire corrompre des gouvernements entiers » (P. MOULETTE, « Blanchiment et circuits financiers du terrorisme », *Rev. éco. fin.*, n°70, La gouvernance financière mondiale, 2003, p. 77). **L'État y perd également une importante partie de ses recettes fiscales**, ce qui « cause donc un préjudice indirect aux contribuables qui se traduit par des taux d'imposition plus élevés » ; et cela, sans compter les ressources importantes que l'État doit en plus, déployer pour le recrutement d'agents en charge des poursuites (C. CUTAJAR, *op. cit.*, p. 5).

[18] À ce propos, il a été constaté - et à maintes reprises - que le blanchiment de capitaux n'a pu prospérer que grâce à la connivence de l'économie légale, à tel point qu'il est devenu impossible de tracer une nette frontière entre l'économie légale et l'économie criminelle (R. Passet et J. Liberman, *Mondialisation financière et terrorisme*, Paris, Enjeux planète, 2002 ; cité par : R. BOTTE, « Vers un État illégal-légal ? », *Politique africaine*, 2004/1, n°93, p. 7). C'est ce phénomène d'« enchevêtrement des deux mondes » - celui du légal et de l'illégal - que décrit Monsieur Eric VERNIER, selon qui les acteurs de l'économie légale sont aussi ceux de l'économie illégale et *vice versa* ; d'où l'importance d'une approche globalisée du problème (E. VERNIER, *op. cit.*, pp. 8-9).

par le contexte de mondialisation[19] ; en bien des aspects, ce qui n'était que le problème d'un État devient très vite un fléau pour la communauté internationale. Le phénomène de blanchiment ne fait guère exception, au regard du développement de la criminalité en réseau. En témoignent les montants alarmants que laissent apparaître les estimations des sommes blanchies dans le monde - en dépit des difficultés que soulève une telle quantification[20]. Plus fondamentalement, l'infraction de blanchiment étant avant tout, la conséquence d'une autre infraction, sa prolifération est symptomatique d'une criminalité

---

[19] L'un des traits caractéristiques de la délinquance financière réside dans sa « mobilité et sa dimension internationale à hauteur de la mondialisation de l'économie » (M. SEGONDS, *op. cit.*, p. 332). Les blanchisseurs n'ont manqué de profiter de la mondialisation et de l'ouverture des frontières, qui ont permis « d'ouvrir grand les portes du système économique et financier aux capitaux qui voulaient se recycler » (J. de MAILLARD, *op. cit.*, p. 53). Plus spécifiquement, il a été relevé que la transformation technologique est au cœur du développement exceptionnel des marchés financiers dans la réalisation de ce que l'on appelle communément la globalisation financière ; en d'autres termes la possibilité d'accéder, 24 heures sur 24, aux transactions financières du monde entier. Cette acception de la globalisation financière implique que tant les fonds de provenance légale que l'argent sale, peuvent, en un clic, être déplacés partout à travers le monde, et de manière à les rendre impossibles à suivre parmi une myriade de juridictions (L. S. TALANI, « Globalization, Money Laundering and the City of London » ; en français : « Globalisation, Blanchiment de capitaux et la Ville de Londres » *in* C. KING, C. WALKER et J. GURULE, *The Palgrave Handbook of Criminal and Terrorism Financing Law* ; en français : *Le manuel Palgrave de droit criminel et du financement du terrorisme*, Palgrave Macmillan, 2018, pp. 57-58. Disponible sur : https://doi.org/10.1007/978-3-319-64498-1).

[20] Le GAFI ne manque pas de relever que le blanchiment de capitaux est, du fait de sa nature même, « en dehors du champ normal couvert par les statistiques économiques », même si des « estimations grossières » ont pu être faites pour donner une idée de l'ampleur du problème. Récemment, il a été donné l'information selon laquelle d'après le FMI, le blanchiment mondial « équivaut à ± 3 % du produit brut mondial, ± 2 130 milliards€ » (X. RAUFER, « Faits & idées », *Sécurité Globale*, n° 29, éd. ESKA, 2022, p. 105). Les possibilités d'estimation du phénomène ont été avancées, et cela, notamment selon deux approches différentes d'un point de vue économique. La première, celle macroéconomique, utilise l'évasion fiscale comme donnée de base pour déterminer l'ampleur du blanchiment des capitaux, tandis que l'approche microéconomique part d'une estimation du produit d'activités criminelles ne se limitant pas à l'évasion fiscale (Levi et Reuter, 2006 ; Reuter et Truman, 2004 ; cités par : N. HENDRIYETTY et B. S. GREWAL, « Macroeconomics of money laundering: effects and measurements » ; en français : « La macroéconomie du blanchiment de capitaux : effets et estimations », *Journal of Financial Crime*, vol. 24, n°1, 2017, pp. 73-74). Ainsi, dans une étude réalisée en 2012, la Banque mondiale a cité, au titre des « estimations crédibles » mettant en exergue les sommes stupéfiantes blanchies dans le monde : un sondage sur le blanchiment de capitaux au niveau mondial, réalisé par KPMG en 2007, qui estimait à 1 billion de $ US les sommes blanchies annuellement par les trafiquants de drogue, les criminels de la finance et des trafiquants d'armes ; selon le Rapport des Nations unies sur développement humain (1999), au moins 1,5 billion $ US sont blanchis chaque année (soit, 1 500 000 000 000 $ US) ; le FBI est parvenu aux mêmes estimations. Les banques américaines et européennes blanchiraient, pour leur part, 500 milliards $ US à 1 billion $ US à chaque année, d'après une enquête effectuée par le Congrès américain (Organisation mondiale des parlementaires contre la corruption - en anglais : Global Organization of Parliamentarials Against Corruption, *Guide d'action de GOPAC relatif à la lutte contre le blanchiment de capitaux à l'intention des parlementaires* [en ligne], mars 2012, p. 11. Disponible sur : http://gopacnetwork.org/Docs/GOPAC_AML_ActionGuide_FR.pdf).

prospère. Ce qui fait de l'anti-blanchiment, tout au moins, un angle d'attaque contre la menace criminelle.

4. Une infraction hors du commun : des multiples intérêts de l'incrimination du blanchiment[21]. La singularité l'infraction de blanchiment se perçoit tant du fait de sa nature que de son utilité. En effet, l'incitation à une incrimination du « blanchiment de capitaux » en dépit de la préexistence de l'infraction de recel[22] n'est pas anodine, puisqu'enjoignant de neutraliser très spécifiquement ceux qui cherchent à donner une apparence licite aux biens provenant d'un crime ou d'un délit, le but poursuivi de *dissimuler la provenance des biens* étant alors le trait particulier du blanchiment[23]. L'étroitesse de l'infraction de blanchiment en comparaison avec celle de recel est l'expression d'un but tout aussi spécifique, d'une approche tout aussi bien orientée, à savoir créer chez les autorités en charge des enquêtes et des poursuites le réflexe de rechercher toute forme d'"imposture financière" susceptible de révéler la provenance réelle des biens. Il était donc question notamment d'orienter vers une approche nouvelle consistant à déduire de la volonté de dissimuler l'argent sale son existence. Et non pas simplement de ne pas laisser impuni celui qui tire profit de la commission d'une infraction (receleur). Les textes internationaux de référence et en l'occurrence, les normes du GAFI entendent ainsi permettre d'appréhender les techniques d'ingénierie juridique et financière utilisées pour occulter l'origine illicite des capitaux provenant d'un crime ou d'un délit[24]. Se plier à cette exigence relève non pas du suivisme, mais d'une adhérence aux initiatives pertinentes permettant de prendre part à la lutte contre la criminalité transnationale organisée sans trop-plein de nationalisme, puisque l'importance d'harmoniser les incriminations pour les besoins de la coopération internationale n'est plus à prouver. En définitive, face au constat de l'arborescence de l'infraction de blanchiment, l'on comprend les difficultés (ou l'erreur ?) des législateurs nationaux cherchant à l'intégrer dans les catégories classiques existantes (exemple de la classification controversée du blanchiment dans la catégorie des « crimes et délits contre les biens » en France[25]). L'incrimination d'une telle infraction permet au-delà de limiter, le maximum possible, les atteintes à la stabilité financière (une conséquence du blanchiment), de diversifier les méthodes de recherche des infractions (du simple fait d'une incrimination du *blanchiment*) et dans le même sillage, mais plus spécifiquement, de démanteler les grands réseaux de criminels (lutte contre la délinquance économique et financière, la criminalité transnationale organisée), de couper les sources de

---

[21] Pour une étude complète sur la question, voir : G. BEAUSSONIE, « L'utilité d'une incrimination générale du blanchiment », *in* G. DUTEIL et M. SEGONDS (dir.), *La corruption. Aspects actuels et de droit comparé*, 2014, AIDP/IAPL, éd. Erès, n°25, pp. 43-55.

[22] Sur cette question, voir vol. 2 du présent ouvrage, par. 474.

[23] M. SEGONDS, « Blanchiment », *Rép. Pén.*, octobre 2017, mise à jour : juin 2022, par. 12.

[24] C. CUTAJAR, *Blanchiment d'argent : Prévention et répression*, éd. Francis Lebfevre, Dossier/ thème Express, 2018, par. 194.

[25] *Ibid*, par. 13 ; voir aussi : G. BEAUSSONIE, *op. cit.*, p. 51.

financement des activités terroristes (au titre des méthodes du combat antiterroriste). Envisagé comme angle d'attaque contre la menace criminelle, l'anti-blanchiment est une véritable stratégie dont l'évolution tend de plus en plus vers l'anticipation solidaire des fléaux des temps modernes.

5. L'anti-blanchiment, un *système*[26] de lutte contre la criminalité sous le prisme du droit de la *compliance* : d'une démarche inédite. Incriminer le blanchiment de capitaux, c'est avant tout chercher à punir l'auteur d'une infraction et à le dissuader de recommencer. La violation de la norme sociale est d'une gravité évidente puisque le blanchisseur est doublement coupable : non content d'avoir connaissance de la commission du mal (s'il n'en est pas l'auteur), il le cautionne, voire commet le sacrilège de le revêtir du masque du bien. La réaction naturelle du législateur est de sanctionner à la hauteur de la gravité de l'agissement répréhensible et de manière proportionnée notamment au regard des peines prévues pour les infractions similaires (à l'instar de l'escroquerie, de l'abus de confiance ou encore du recel). Mais, le blanchiment est tel l'Albatros[27] dans sa "catégorie" qu'il transcende, au regard de ses traits particuliers ci-dessus mis en exergue. Par effet-miroir, l'anti-blanchiment se distingue d'autant plus que l'évocation d'une anti-escroquerie ou d'un anti-recel paraît étrange. L'importance du chaos économique généré par cette infraction sans compter ses imbrications avec le terrorisme qui, à des moments douloureux de l'histoire[28], ont échappé au contrôle des États, ont suffi à créer un besoin urgent de régulation que l'effet préventif de la répression pénale ne pouvait suffire à combler. Ce constat combiné à l'examen des méthodes utilisées pour blanchir les capitaux permet de prendre toute la mesure de l'effet salvateur du droit de la *compliance*, dont les outils et les mécanismes[29] peuvent permettre d'atteindre des résultats exponentiels en limitant l'impact des pertes générées par le blanchiment. En effet, la mise à contribution notamment des institutions financières et autres entreprises des divers secteurs de l'économie, lesquelles doivent mettre en place des politiques et procédures pour empêcher les fonds de provenance illicite de pénétrer l'économie légale, apporte une plus-value plus ou moins importante (selon les cas, soit les pays ou espaces juridiques considérés) à la limitation des flux d'argent sale. Au-delà, le système anti-blanchiment sous le prisme du droit de la *compliance* est idéalement un tout organisé qui, selon un mécanisme de responsabilité collective, met à contribution tout un chacun de

---

[26] À propos de l'anti-blanchiment envisagé comme un système, voir : G. BEAUSSONIE, *op. cit.*, pp. 54-55.

[27] La métaphore se rapporte ici au poème de Charles Baudelaire (« L'Albatros », *in les Fleurs du Mal*, 1859).

[28] On ne fera que rappeler à quel point le blanchiment de l'argent sale provenant de la drogue est parvenu à atteindre des proportions hors normes durant les années quatre-vingts, mais aussi, que les organisations terroristes ont pu (en partie, aux moyens de fonds de provenance illicite, parfois blanchis) mobiliser suffisamment de ressources pour perpétrer des attentats tels que ceux du 11 septembre.

[29] À ce propos, voir *infra*, par. 8.

manière à créer une chaîne cohérente. La démarche, relativement nouvelle, est sûrement inédite et demeure évolutive.

6. L'anti-blanchiment, un dispositif en constante évolution à l'instar des procédés de recyclage de l'argent sale et eu égard aux "nouvelles" menaces. Les premières réactions d'envergure contre le blanchiment de capitaux sur la scène internationale ne se sont remarquablement fait sentir que vers la fin des années quatre-vingt[30]. Au niveau européen, était exprimé à l'époque le besoin de définir notamment « une politique globale devenue nécessaire »[31], face au constat que « le transfert des capitaux d'origine criminelle d'un pays à un autre et leur blanchissage par insertion dans le circuit économique suscitent de graves problèmes, favorisent la commission de nouveaux actes criminels et étendent ainsi le phénomène aussi bien sur le plan national qu'international »[32]. L'idée d'un plan d'action international - et en fin stratège - contre le blanchiment des produits du crime venait alors d'être émise par le Conseil de l'Europe. Elle sera concrétisée par une série d'initiatives émanant des Organismes internationaux, qui se sont employés à remplir la « boîte à outils » de l'anti-blanchiment et à en préciser le mode d'emploi. Il ne restait plus aux États qu'à se joindre au combat.

Les instruments de lutte mis à leur disposition se sont multipliés et pour cause, sont trop nombreux pour que l'on puisse en dresser ici un panorama complet. Mais on comptera parmi les pièces maîtresses du dispositif, les conventions des Nations unies qui se sont frontalement attaquées, respectivement, au blanchiment des produits du trafic de stupéfiants (Convention de Vienne[33]), puis aux produits de toutes infractions relevant de la criminalité transnationale organisée (Convention de Palerme[34]). Ces conventions ont le mérite de prévoir notamment les exigences d'incrimination, de sanction et de coopération sous bien des formes en vue de l'anti-blanchiment ; et donc, d'avoir servi de fondement majeur au dispositif actuellement en vigueur. Entre-temps, la création du Groupe d'action financière (GAFI) en 1989 a fini de marquer la farouche volonté des puissances mondiales dans la prise en charge de cette problématique qui alimentait toutes les inquiétudes. En effet, à la veille de cet événement historique, le Comité de Bâle sur le contrôle bancaire (CBSB) s'inquiétait de l'instrumentalisation des banques et autres institutions financières à des fins de recyclage des fonds de provenance illicite, ne serait-ce que parce

---

30 Cette réaction des États a été jugée « sans doute trop tardive » (J. CHAPPEZ, *op. cit.*, p. 543).

31 Conseil de l'Europe, Comité des ministres, *Recommandation n °R (80) 10 du Comité des ministres des États membres relative aux mesures contre le transfert et la mise à l'abri des capitaux d'origine criminelle*, 27 juin 1980, p. 1.

32 *Ibid.*

33 Convention des Nations unies contre le trafic illicite de stupéfiants et de substances psychotropes du 20 décembre 1988.

34 Convention des Nations unies contre la criminalité transnationale organisée du 15 novembre 2000.

que « la confiance du public dans les banques risque d'être ébranlée par l'association de celles-ci avec des criminels »[35]. Cette affirmation figure dans la célèbre Déclaration de Bâle, qui marquera les débuts de l'implication du Comité dans la stratégie de lutte contre le blanchiment de fonds d'origine criminelle puisque depuis lors, le Comité de Bâle n'a eu de cesse d'adapter ses normes au gré de l'impératif de protection du secteur bancaire contre la menace du blanchiment et ses évolutions. Et pour cause, cette dernière a fini par - ou n'a pas fini de ? - gagner tous les domaines de l'économie, ce qui a été à l'origine d'un foisonnement d'initiatives notamment sectorielles[36], dont la portée sera interrogée ultérieurement.

Mais revenons-en au GAFI, point focal du plan de riposte. Fondé par les pays du G7 dans le but ultime de promouvoir la mise en place d'une stratégie anti-blanchiment au niveau mondial, le GAFI publiait dès 1990 ses Quarante Recommandations. Celles-ci ont vocation à créer un cadre complet et universel de lutte[37], en définissant les éléments constitutifs d'un dispositif national propre à lutter efficacement contre le blanchiment de capitaux. Ces Recommandations furent mises à jour en 1996[38], avant que les événements du 11 septembre 2001 ne finissent par conduire à l'extension du mandat du GAFI au combat antiterroriste ; étaient adoptées, la même année, les Huit Recommandations spéciales sur le financement du terrorisme[39]. Le recours à l'argent sale pour financer les activités terroristes combiné à l'efficacité dont le GAFI avait déjà fait preuve dans l'anti-blanchiment ont suffi à justifier cette

---

[35] Comité de Bâle sur le contrôle bancaire, *Prévention de l'utilisation du système bancaire pour le blanchiment de fonds d'origine criminelle*, décembre 1988, p. 3.

[36] Dans le secteur bancaire, il faut compter en plus des lignes directrices du Comité de Bâle, celles du Groupe Wolfsberg (voir *infra*, par. 64 et 65). Dans le secteur des valeurs mobilières, l'Organisation internationale des commissions de valeurs (OICV) a adopté, en 1992, une « Résolution sur la lutte contre le blanchiment de capitaux » ; en 1994, l'Association internationale des services de contrôle des assurances (AICA) a publié un document que l'on appelle communément, les « Notes d'orientation de LBC » (« *Anti-Money Laundering Guidance Notes for Insurance Supervisors and Insurance Entities* » ; sur l'OICV et l'AICA, voir *infra*, par. 67 et s.). Dans le domaine de la coopération internationale, le Groupe Egmont se veut promouvoir l'échange d'informations, notamment par le canal des Cellules de renseignement financier, dont il promeut la création et l'atteinte des meilleures performances possibles dans tous les pays ; Interpol et l'OMD jouent pour leur part, un rôle significatif dans la mise en œuvre de la coopération policière et douanière (voir *infra*, par. 73 et 74).

[37] P. A. SCOTT, *Guide de référence sur la lutte contre le blanchiment de capitaux et contre le financement du terrorisme*, 2e éd. ESKA, 2008, p. 28.

[38] La première révision des Recommandations en 1996 a été faite en vue de « tenir compte de l'évolution des tendances et des techniques de blanchiment de capitaux ainsi que pour élargir leur champ au-delà du seul blanchiment de l'argent de la drogue » (GAFI (2012-2021), *Recommandations du GAFI - Normes internationales sur la lutte contre le blanchiment de capitaux et le financement du terrorisme et de la prolifération*, mise à jour : juin 2021, p. 7.

[39] La décision aurait été prise suite à une réunion à Washington, les 29 et 30 octobre 2001 (G. FAVAREL-GUARRIGUES, « L'évolution de la lutte antiblanchiment depuis le 11 septembre 2001 », *Critique internationale*, n°20, juillet 2003, p. 38).

décision[40], en dépit des interrogations que suscitait sa légitimité[41]. Ainsi, suite à la révision des Recommandations en 2003, celles-ci s'appliquaient non seulement au blanchiment de capitaux, mais encore au financement du terrorisme ; et combinées avec les Huit Recommandations spéciales sur le financement du terrorisme,[42] entendaient créer « un cadre de mesures renforcé, étendu et cohérent pour lutter contre le blanchiment de capitaux et le financement du terrorisme »[43]. En 2012, les Recommandations spéciales ont été intégrées aux Quarante Recommandations qui, en plus, ont pris en compte l'extension du mandat du GAFI - en 2008 - à la lutte contre la prolifération des armes de destruction massive[44]. L'on perçoit déjà l'influence des normes du GAFI sur l'élaboration des stratégies internationales, communautaires et nationales en vue de relever le défi.

7. L'anti-blanchiment, un dispositif reposant principalement sur les Recommandations du GAFI : vue d'ensemble sur les principaux axes de la stratégie se devant d'être appliquée par les États, par l'UEMOA. Les Recommandations de 1990 sont structurées autour de trois principaux domaines, dans lesquels les États se devaient alors de déployer leurs efforts en vue de la mise en place d'une stratégie de lutte : le système juridique, le cadre financier et la coopération internationale. Ce noyau dur a été étoffé au fil des ans, en incluant une plus grande catégorie d'acteurs et compte tenu de l'évolution des méthodes et sources de blanchiment. À l'heure actuelle, les Recommandations de 2012 révisées préconisent des mesures que l'on classe, traditionnellement, en distinguant celles préventives et répressives ; le tout, dans le respect des exigences de coopération et de coordination aux plans national et international. La prévention, en premier lieu, désigne - selon une définition générale du concept - l'« ensemble des dispositions prises pour prévenir un danger, un risque, un mal » ; l'« organisation chargée de mettre en place ces dispositions »[45]. Prévenir le blanchiment de capitaux suppose alors de mettre en place un dispositif

[40] Ce ne sont pas là les seuls arguments ; selon Monsieur Gilles FAVAREL-GUARRIGUES, les promoteurs du rapprochement blanchiment de capitaux - financement du terrorisme s'appuient sur trois arguments. En plus des deux précités, il y a également le fait que les deux infractions « s'appuient sur une conception commune de la surveillance des flux de capitaux, demandant aux acteurs financiers privés de s'impliquer afin de contrôler l'accès de certaines catégories de clients aux services qu'ils proposent » (*ibid.*, p. 39).

[41] D'aucuns ont fait remarquer que les opérations terroristes ne nécessitent souvent pas de moyens financiers ; de plus, certains modes de financement trouvent leur source dans des opérations légales. Et pour cause, le GAFI hésitait à s'emparer de ce dossier avant le 11 septembre 2001 (*ibid.*).

[42] Par la suite, elles sont devenues neuf.

[43] GAFI, *Les quarante recommandations*, 20 juin 2003, p. 2.

[44] Pour combattre la menace que constitue la prolifération des armes de destruction massive, le GAFI a adopté la Recommandation 7 qui « vise à assurer une mise en œuvre systématique et efficace des sanctions financières requises par le Conseil de sécurité des Nations Unies » (*op. cit.*, les Quarante Recommandations de 2012, p. 8).

[45] Définition du *Larousse*, qui prend d'ailleurs comme illustration de ce sens du mot « Prévention », celle de la délinquance.

permettant idéalement d'empêcher la survenance du risque de blanchiment. Telle serait d'ailleurs la définition retenue par plusieurs criminologues anglo-saxons, qui considèrent la prévention comme englobant « toutes les actions qui réduiront les risques de délinquance »[46]. À cet égard, il a été relevé que définir la prévention du crime par son résultat (à savoir, moins de crimes) peut rendre la distinction entre prévention et répression inopérante, puisque la sanction contribue à l'atteinte dudit résultat[47]. Mais, l'approche retenue ici sera celle méthodique et conforme à l'« usage accepté »[48] consistant à définir la prévention comme renvoyant aux mesures non punitives et non contraignantes de réduction de la criminalité[49]. Cette acception conduit à distinguer entre les mesures préventives (soit, la première « ligne de défense »[50] de l'anti-blanchiment, pour reprendre les termes du GAFI) et celles de répression du blanchiment de capitaux. En effet, lorsqu'on envisage, par symétrie, ce en quoi consiste l'action de réprimer, le *Larousse* indique qu'il s'agit d'« exercer des contraintes afin d'empêcher le développement d'une action jugée dangereuse »[51]. Cette définition reflète le but utilitaire des mesures répressives, qui poursuivent également un but moral « attaché au caractère rétributif de la peine »[52] : « le délinquant a commis une faute pénale et la sanction pénale est conçue pour le punir »[53]. Aussi la commission ou la tentative de blanchiment donnent-elles lieu à des actions coercitives *a minima* encadrées par les Recommandations. Effectivement, le GAFI a mis en place une stratégie qui fera l'objet d'une analyse détaillée et ayant vocation à être déployée dans le respect des critères définis à cet effet.

Justement, sont envisagées dans le cadre de cette étude, les perspectives d'une pleine conformité des États membres de l'UEMOA dans la

---

[46] M. CUSSON, « La prévention de la délinquance : son efficacité et ses rapports à la répression », *Problèmes actuels de science criminelle*, vol. XXI, Presses universitaires d'Aix-Marseille, 2008, p. 26. La prévention permet ainsi d'une part « d'empêcher que des personnes tombent (ou retombent) dans la délinquance » et d'autre part, de protéger la société contre la criminalité tout en garantissant aux citoyens l'exercice des libertés individuelles (M.-C. SORDINO, *Droit pénal général*, 6e éd. Ellipses, 2016, p. 21).

[47] *Ibid.* L'observation a ainsi été faite que « la répression est placée dans la prévention comme la prévention est placée dans la répression » (G. BEAUSSONIE, « Droit pénal et compliance font-ils système ? », *in* M.-A. FRISON ROCHE (dir), *Les buts monumentaux de la compliance*, Dalloz, coll. Régulations & Compliance, Journal of Regulation & Compliance, 2022, p. 164.). Cette réflexion est le fruit d'une analyse ayant mis en exergue la complémentarité, voire les imbrications entre droit pénal et droit de la *compliance*.

[48] *Ibid.* Les propos de l'auteur se font illustratifs : « quand un criminel est incarcéré ou quand un policier abat un forcené, il paraîtrait saugrenu de parler de prévention » (*ibid.*).

[49] *Ibid.*

[50] FATF, *Report on the state of effectiveness and compliance with the FATF standards* [en ligne] ; en français : GAFI, *Rapport sur le niveau d'efficacité et de conformité dans la LBC/FT*, avril 2022, p. 26. Disponible sur : https://www.fatf-gafi.org/media/fatf/documents/recommendations/Report-on-the-State-of-Effectiveness-Compliance-with-FATF-Standards.pdf.

[51] Il s'agit là de la définition du verbe « réprimer ».

[52] B. BOULOC, *Droit pénal général*, Dalloz, Précis, 27e éd., 2021, p. 22.

[53] M.-C. SORDINO, *op. cit.*, p. 20.

lutte contre le blanchiment de capitaux, à l'aune des critères de conformité aux Recommandations du GAFI. Cela induit une réflexion sur les possibilités d'amélioration du dispositif de prévention et de répression du blanchiment dans les États membres de l'UEMOA.

8. La garantie d'une participation effective des États dans la lutte contre le blanchiment par le jeu du mécanisme de conformité… ou de *compliance* ? L'usage du mot « conformité » est souvent l'effet d'une traduction littérale du terme anglais « *compliance* »[54]. Mais du fait des spécificités linguistiques, il est de ces notions dont on ne saurait honorer la richesse ni le sens profond en se contentant d'une recherche du mot "équivalent". De l'avis d'une grande partie de la doctrine, il en est ainsi de l'association conformité-*compliance*, le premier terme ne parvenant « pas à rendre toute l'originalité de la notion de compliance »[55] qui dès lors, « perd de toute évidence une partie de son sens à la traduction »[56]. En effet, la « conformité » serait, selon une acception étroite, la mise en œuvre de procédures visant uniquement au respect d'obligations légales[57]. La *compliance*, au-delà, est définie par le Cercle de la *compliance* comme étant « l'ensemble des processus qui permettent d'assurer la conformité des comportements de l'entreprise, de ses dirigeants et de ses salariés aux normes juridiques et éthiques qui leur sont applicables »[58]. Une possibilité

---

[54] Plus exactement, le terme « *compliance* » se traduit par « mise en conformité » (C. ZOLYNSKI, « Compliance et droit des données personnelles, *in* N. BORGA, J.-C. MARIN et J.-C. RODA, *Compliance : l'entreprise, le régulateur et le juge*, Dalloz, coll. Thèmes et commentaires, 2018, p. 129).

[55] De l'avis de Monsieur Olivier BOULON, la conformité, dans un sens étroit, « ne semble pas rendre compte, dans toute son ampleur, du caractère proactif et procédural de la compliance et de son appréhension – au-delà des règles de droit – des normes éthiques et de standards internationaux extra-juridiques » (O. BOULON, « Compliance et régulation financière : le rôle de l'Autorité des marchés financiers », *in* N. BORGA, J.-C. MARIN et J.-C. RODA, *Compliance : l'entreprise, le régulateur et le juge*, Dalloz, coll. Thèmes et commentaires, 2018, p. 170). Le sentiment d'insatisfaction à traduire le mot anglais « *compliance* » par le mot « conformité » semble en effet largement partagé, comme exprimé en ces termes : « le terme *compliance* est polysémique et les débats sémantiques sur sa traduction révèlent bien la difficulté du monde juridique continental à appréhender ce qu'il recouvre […]. "Conformité" est fréquemment choisi, mais la traduction est sujette à controverse » (S. COSSART, T. BEAU DE LOMENIE et A. LUBRANI, « Extension du domaine de la vigilance, loi sur le devoir de vigilance, au-delà de la compliance », *Revue des Juristes de Sciences Po*, n°16, janvier 2019, p. 1). Selon une position plus radicale, il est fait état d'une « distinction radicale » entre les deux concepts (M.-A. FRISON-ROCHE, « Le droit de la compliance peut contribuer à prévenir les crises mondiales », *PA*, n°095, 12 mai 2020, p. 3).

[56] A. MALIK, *La conformité dans les établissements financiers sous le prisme du droit pénal* [en ligne], thèse de doctorat : Droit privé et sciences criminelles (sous la direction de Madame C. MASCALA) : Université Toulouse Capitole, 2019, p. 11. Disponible sur : https://mafr.fr/media/assets/ouvrages/malik-a-conformite-finance-penalthese-2019.pdf.

[57] O. BOULON, *op. cit.*, p. 170. Le terme conformité induirait « l'idée d'une obligation qui s'impose à tout sujet de droit, celle de se soumettre aux réglementations en vigueur, et qui s'inscrit dans un cadre normatif et sociétal représenté par l'apophtegme "Nul n'est censé ignorer la loi" » (S. COSSART, T. BEAU DE LOMENIE et A. LUBRANI, *op. cit.*, pp. 1-2).

[58] A. GAUDEMET, « Conclusion », *in* N. BORGA, J.-C. MARIN et J.-C. RODA, *Compliance : l'entreprise, le régulateur et le juge*, Dalloz, coll. Thèmes et commentaires, 2018, p. 253.

est alors de distinguer l'usage du mot « conformité » selon un sens strict/étroit du terme, ou dans un sens large pour *désigner* la *compliance*.

Trouvant ses racines dans la crise financière de 1929[59], celle-ci serait une réaction à la globalisation, qui a eu pour effet de favoriser l'émergence d'entreprises dont la superpuissance a fini par échapper au contrôle des États[60]. La *compliance* s'inscrit dès lors dans un « but monumental »[61] de prévention de crises systémiques : « le but premier a été d'éviter une crise, puis on a ajouté d'autres buts fondamentaux : la lutte contre le blanchiment, puis l'environnement. Aujourd'hui, la lutte contre les désastres sanitaires »[62]. Les domaines qu'elle transcende sont infiniment plus larges, même s'il faudrait, à l'instar des propos de Monsieur Antoine GAUDEMET, rechercher les caractéristiques fondamentales de la *compliance* non pas dans les disciplines

---

[59] La *compliance* serait née, historiquement, aux États-Unis, à l'occasion de la crise de 1929 et dans l'optique d'éviter le renouvellement d'une telle crise financière (M.-A. FRISON-ROCHE, *op. cit.*, p. 1). La crise de 1929 aurait eu pour cause des comportements au sein des établissements bancaires et financiers destructeurs des marchés, de l'économie et des personnes. Apparut alors le principe de la *compliance*, renvoyant à « l'obligation pour les entreprises dont l'objet est de tenir les marchés financiers de l'alimenter, de puiser dans ses richesses, d'en assurer l'intermédiation, etc., de rendre des comptes en permanence, à l'autorité de régulation, qui pourra entrer à sa guise dans l'entreprise supervisée » (*id.*, « Compliance : avant, maintenant, après », *in* N. BORGA, J.-C. MARIN et J.-C. RODA, *Compliance : l'entreprise, le régulateur et le juge*, Dalloz, coll. Thèmes et commentaires, 2018, p. 28). Le couple entre la régulation et la supervision était ainsi noué (*ibid.*). Par la suite, la crise financière de 2008 mettra en exergue les insuffisances du dispositif mis en place à la suite de la crise de 1929 (notamment, adoption de la loi *Securities and Exchanges Commission* de 1929, qui pose notamment le principe de prohibition des abus de marché ; loi Sarbanes-Oxley de 2002 organisant l'information de marché). Elle aurait opéré un changement de paradigme en montrant que la fiabilité de l'information constitue l'enjeu premier, le risque n'étant pas « logé dans le comportement des entreprises, qui seraient par tendance "criminelles" [...], mais plutôt dans l'information » (*ibid.*, p. 29).

[60] *Ibid.*, p. 30. La *compliance* apparaît alors comme « la manifestation d'un certain échec des États à contrôler eux-mêmes les entreprises de taille significative selon les voies ordinaires de contrôle de légalité » (*op. cit.*, A. GAUDEMET, p. 256). Ce dernier explique que du fait de la libéralisation des échanges, de la mondialisation et des progrès technologiques, certaines entreprises ont atteint des dimensions suffisamment importantes pour être en mesure de se soustraire au contrôle des États dans lesquels elles déploient leurs activités. De ce fait, elles ont pu développer une délinquance économique et financière mondialisée et sont devenues, à l'instar de l'expression anglaise « too big to prosecute », « trop importantes pour être poursuivies et condamnées par la voie ordinaire du procès pénal ou administratif » (*ibid.*, pp. 256-257).

[61] M.-A. FRISON-ROCHE, « Le droit de la compliance peut contribuer à prévenir les crises mondiales », *op. cit.*, p. 3. Il a ainsi été opéré une distinction entre les concepts de « buts monumentaux négatifs » (dans la mesure où, historiquement, le droit de la *compliance* a été créé pour empêcher la survenance d'événements) et de « buts monumentaux positifs », visant à faire en sorte qu'un événement systémique advienne grâce aux instruments de *compliance* enclenchés (*id.*, « Les buts monumentaux, cœur battant du droit de la compliance », *in* M.-A. FRISON-ROCHE (dir.), *Les buts monumentaux de la compliance*, Dalloz, coll. Régulations & Compliance, Journal of Regulation & Compliance, 2022, pp. 28-29.

[62] *Ibid.*

juridiques qu'elle traverse, mais dans les techniques qu'elle introduit[63]. Ces propos font écho lorsqu'on envisage le contenu des Recommandations, surtout dans leur dimension préventive mettant fort l'accent sur l'instauration de politiques et procédures de conformité. La conformité, dans le cadre de cette analyse, doit donc être envisagée au sens large : elle s'entend de la *compliance* s'inscrivant dans le but précis de lutte contre le blanchiment de capitaux et dont les mécanismes se retrouvent en conséquence au sein des Recommandations du GAFI.

9. L'exigence d'une conformité *technique* aux Recommandations, pour les besoins d'évaluation de la *compliance* dans l'anti-blanchiment. Depuis 2002, l'évaluation du dispositif de LBC/FT des pays repose sur une méthodologie à vocation universelle ; la méthodologie d'évaluation de 2004 contient ainsi les critères *de conformité* à chacune des Recommandations et de ses notes interprétatives (sans pour autant ni les modifier, ni les remplacer)[64]. Suivant la progression des normes, au fur et à mesure que les experts gagnent également en expérience, la méthodologie d'évaluation des États est amenée à subir les modifications jugées pertinentes. Ce fut le cas en 2018 : il n'était plus seulement question d'évaluer la conformité technique, mais aussi l'efficacité des pays notamment dans la lutte contre le blanchiment de capitaux et plus spécifiquement, l'efficacité dans la mise en œuvre de chacune des Recommandations et de ses notes interprétatives[65]. La logique voudrait effectivement que pour des normes datant maintenant d'une trentaine d'années, les États aient capitalisé suffisamment d'expérience pour atteindre un certain niveau de performance dans leur mise en œuvre…

La conformité technique renvoie donc au respect des exigences spécifiques des Recommandations du GAFI, « principalement en ce qui concerne le cadre juridique et institutionnel du pays, ainsi que les pouvoirs et les

---

[63] A. GAUDEMET, *op. cit.*, p. 253. La *compliance* concerne ainsi toutes les disciplines du droit de l'entreprise et se définit d'autant mieux par ses techniques. Elle introduit un ensemble de techniques et procédures, lesquelles sont d'une part préventives (avec la mise en place d'un programme de conformité comportant tout une panoplie de mesures) et d'autre part, répressives (*ibid.*, pp. 253-254). Les règles de la *compliance* présentent, en effet, un caractère *ex ante*, en ce qu'elles visent à réguler en amont tout risque ou dommage et s'intéressent avant tout, à la dimension préventive (T. BEAU DE LOMENIE et A. LUBRANI, *op. cit.*, p. 2). Mais la *compliance* se caractérise également par sa visée autorégulatrice, puisqu'elle est axée sur les procédures mises en place au sein de chaque organisation en vue du respect des règles (*ibid.*).

[64] La méthodologie de 2004 était alors conçue en vue de guider dans l'évaluation de la conformité du dispositif de LBC/FT des pays aux 40 Recommandations de 2003 du GAFI (mises à jour en 2004), ainsi qu'aux 9 Recommandations spéciales de 2001 sur le financement du terrorisme - mises à jour en octobre 2004 (GAFI, *Méthodologie d'évaluation de la conformité aux 40 Recommandations et aux 9 Recommandations Spéciales du GAFI*, 27 février 2004, mise à jour : février 2009, p. 3).

[65] Voir à ce propos : GAFI, *Méthodologie d'évaluation de la conformité technique aux Recommandations du GAFI et de l'efficacité des systèmes de LBC/FT*, 2013, mise à jour : novembre 2020, p. 5.

procédures des autorités compétentes »[66]. Ces éléments constituent le socle d'un système de LBC/FT. L'évaluation de la conformité technique est faite selon un système de notation à quatre niveaux, allant de la pleine conformité (traduite par une notation « Conforme ») à une notation « Non Conforme »[67]. Cette évaluation repose, à l'heure actuelle, sur une liste de critères numérotés de manière séquentielle pour chaque Recommandation, critères qui représentent les éléments devant impérativement être présents pour démontrer une pleine conformité à chacune des Recommandations[68]. Cette démarche conduit à un examen microscopique du dispositif de lutte mis en place par les pays et notamment, de leurs lois anti-blanchiment. Eu égard à l'objectif d'évaluer fidèlement et de manière exhaustive le respect des Recommandations dans leurs moindres détails, les traduire directement en une liste de critères de conformité apparaît comme étant la meilleure démarche qui soit. Les manquements deviennent très vite apparents, même si une telle démarche peut inciter à un remplissage de "cases" de conformité, sans réelle volonté politique d'atteindre l'objectif des Recommandations et donc, sans initiative de portée. Cette volonté politique demeure le moteur des grands bonds en avant, qui sont l'aboutissement d'un processus souvent jalonné de sacrifices.

10. La *compliance* en vue de l'anti-blanchiment, un défi parmi une multitude de défis : l'exigence d'une réponse spécifique, mais non isolée de la problématique des produits du crime. L'on se trouve, à l'heure actuelle, dans une situation de crise sanitaire sans précédent. Le monde affronte avec l'énergie du désespoir les affres, douloureuses, de la pandémie du coronavirus qui met les personnes, les États, les organismes internationaux, au défi d'apporter des solutions avant tout sanitaires à ce fléau. Pendant ce temps, la criminalité opportuniste a trouvé les moyens de s'adapter à ce contexte - marqué par la téléactivité - pour multiplier les arnaques, fraudes et cybercrimes[69]. Bien au-delà, les États se retrouvent face à l'impératif d'apporter des réponses aux bouleversements résultant de cette crise, qui n'a épargné aucun secteur. L'anti-blanchiment requiert pour sa part d'effectuer les ajustements en adéquation avec

---

[66] *Ibid.*

[67] Le niveau de conformité du pays est évalué pour chaque Recommandation (GAFI, *Méthodologie d'évaluation de la conformité technique aux Recommandations du GAFI et de l'efficacité des systèmes de LBC/FT*, 2013, mise à jour : novembre 2020, p. 13). Les quatre niveaux de notation de conformité sont : **« Conforme »** (« C »), lorsque le dispositif ne présente aucune lacune ; **« En grande partie conforme »** (« LC »), lorsque le dispositif ne présente que des lacunes mineures ; **« Partiellement conforme »** (« PC »), lorsque le dispositif présente des lacunes modérées et **« Non conforme »** (« NC »), lorsque le dispositif présente des lacunes majeures. Il faut aussi relever qu'il est possible qu'une Recommandation soit « notée » **« Non applicable »** (« NA ») lorsqu'une obligation est inapplicable au regard des caractéristiques structurelles, juridiques ou institutionnelles du pays (*ibid.*, p. 14).

[68] *Ibid.*, p. 13.

[69] GAFI, « FATF focus on COVID-19 » [en ligne] ; en français : « Le GAFI fait un focus sur la COVID-19 », mise à jour : 2020. Disponible sur : https://www.fatf-gafi.org/publications/covid-19/covid-19.html?hf=10&b=0&s=desc(fatf_releasedate).

les risques émergents[70]. Mais face aux besoins des services sanitaires (auxquels on accorde en toute logique, une place prioritaire), aux besoins de survie des personnes éprouvées, aux exigences du milieu éducatif, pour ne citer que cela, l'anti-blanchiment devient, tout juste, un élément du puzzle géant des solutions vers la stabilité mondiale.

En effet, force est de garder à l'esprit que l'anti-blanchiment cohabite avec de multiples autres impératifs, qui ne lui ôtent rien de son urgence ni de sa noblesse, mais exigent tout autant d'attention et de ressources. Cet état de fait, sans constituer un prétexte pour se dérober aux exigences de lutte, influe au moins dans une certaine mesure sur le niveau d'engagement et notamment, sur les possibilités d'investissement dans ce domaine. En fonction du niveau de développement des pays, des spécificités des problèmes (et intérêts) économiques, sociaux, politiques auxquels ils sont confrontés, sa place sur l'échelle des priorités ne peut qu'être variable et non pas forcément privilégiée. Sans doute est-ce là un élément de réponse face au mystère de ce qui, de notre point de vue, demeure le premier défi du mouvement mondial contre l'argent sale (et ce, en dépit de tous les efforts consentis pour limiter la portée de cet élément) : la volonté politique de se joindre à la cause, et dans le respect les conditions posées - ou imposées ? - par la *compliance*... Il faut en effet dénombrer au titre des obstacles à l'indispensable « volonté politique collective déterminée »[71] en vue de la saisie et de la confiscation des produits du crime, l'existence de « pays protecteurs de la fraude »[72].

Et même à supposer que l'on soit convaincu de la légitimité du combat anti-blanchiment, il faut tout de même interroger les raisons profondes sous-tendant le déploiement de ce "monstre" de dispositif, lesquelles peuvent être plus ou moins déterminantes quant au niveau d'engagement, de conformité des États. À cet égard, une littérature critique sur les fondements moraux de la lutte contre l'argent sale amène à considérer au moins, une *possibilité* d'utilisation de l'anti-blanchiment comme prétexte (ou en tout cas, comme une occasion) aux

---

[70] Le GAFI a très vite réagi en adoptant des lignes directrices (GAFI, *COVID-19-related Money Laundering and Terrorist Financing* ; en français : « Le blanchiment de capitaux et le financement du terrorisme liés à la COVID-19 » [en ligne], mai 2020). Disponible sur : https://www.fatf-gafi.org/media/fatf/documents/COVID-19-AML-CFT.pdf.

[71] R. VAN RUYMBEKE, « Avancées, reculs, stratégies - La délinquance financière : état des lieux », *Les cahiers de la justice*, 2022, p. 233. De tels pays font obstacle au succès de la coopération internationale que l'on sait être essentielle dans la lutte contre la corruption et le blanchiment de capitaux (*ibid.*). Au premier rang de ces pays récalcitrants figurent les paradis fiscaux (*ibid.*). Or, le problème est que les « territoires incriminés » - pour reprendre les termes de Monsieur Eric VERNIER, dans son article cité ci-après - constituent souvent « un peu plus que de simples paradis fiscaux » (caractérisés par une propension à proposer des taux d'imposition nuls ou quasi nuls) : ils sont aussi constitutifs de paradis bancaires (caractérisés par une opacité de ses banques, favorisant dès lors la fraude fiscale et facilitant les montages de blanchiment d'argent sale) et de paradis judiciaires aux autorités peu regardantes sur l'origine des fonds rapatriés (E. VERNIER, « Paradis fiscaux et barrières juridiques », *Les cahiers de la justice*, 2022, p. 249).

[72] *Ibid.*

fins de servir des intérêts particuliers[73]. Et les bouleversements qu'impose la *compliance* ne sont pas pour arranger les choses.

Une difficulté majeure se situe en effet dans les méthodes qu'impose la *compliance* face aux spécificités des pays, notamment celles socio-économiques et culturelles, qui comptent parmi les facteurs déterminants. Il suffit, de ce point de vue, de prendre l'exemple des États dans lesquels l'économie est pour une grande part, informelle. L'on ne peut être surpris de les compter parmi les moins performants en termes de traçabilité des transactions, même si cela ne saurait être une fatalité. C'est dire que la culture de la *compliance* est avant tout, une culture qui, envisagée au sens propre comme figuré du terme, reste un phénomène, des habitudes caractérisant un groupe donné. Vouloir les diffuser au sein de groupes différents, imprégnés de pratiques parfois aux antipodes de celles requises demande tout au moins, force de persuasion… Puis, la patience de laisser le processus suivre son cours. Peut-être la noblesse des buts de la *compliance* doit-elle compter parmi les facteurs de motivation pour ceux qui en sont convaincus, et faute de propositions plus convaincantes.

Par ailleurs, bien des principes juridiques ont dû céder aux besoins de l'anti-criminalité transnationale organisée d'une manière générale. L'importance de la coopération internationale s'est imposée dès les débuts de la mobilisation internationale, comme une évidence. Dans ce cadre, il est apparu que neutraliser efficacement des réseaux criminels fonctionnant en toute anarchie (vis-à-vis des autorités), selon leurs propres règles (sans doute, souples à volonté, puisque ne s'encombrant du politiquement correct), exclut toute rigidité dans les mécanismes de coopération. Aussi, les exigences d'incrimination de l'infraction de blanchiment, tout comme les règles procédurales, induisent-elles pour beaucoup de pays nombre de concessions et corrélativement, un redoublement de vigilance face au risque de violation des droits fondamentaux[74] et d'anti-constitutionnalité. Pour les assujettis, la cohabitation des mesures préventives imposées par la *compliance* anti-

---

[73] Voir à ce propos : G. FAVAREL-GARRIGUES, « La reformulation domestique russe des enjeux moraux de la lutte anti-blanchiment », *Revue internationale des sciences sociales*, 2005/3, n°185, p. 574. Certains dénonceraient une « entreprise partielle et sélective de gestion des flux transnationaux de capitaux d'origine illicite », au regard des faibles efforts consentis pour lutter contre d'autres formes d'activités financières illicites telles que l'évasion fiscale et la fuite des capitaux ; mais encore, le fait que certaines formes de délinquance économique « commises par des acteurs socialement plus légitimes, à l'instar des dirigeants d'entreprise et des élites politiques » restaient impunies (*ibid.*) ; que les mesures de lutte accroissent les prérogatives de l'État, qui devient mieux outillé pour contrôler et réprimer arbitrairement certaines transactions financières privées, au détriment des libertés individuelles ; ou encore, que la diffusion des standards internationaux sert de prétexte pour étendre les moyens d'action de la police américaine hors de son territoire et diffuser un ensemble de techniques judiciaires et policières potentiellement dangereuses pour les libertés publiques (*ibid.*, pp. 574-575).

[74] Il en est ainsi pour la question de l'incrimination de l'autoblanchiment, pour le renversement de la charge de la preuve, pour l'usage des techniques spéciales d'enquête au regard de l'impératif de protection des droits fondamentaux, etc. (voir *infra*, notamment par. 251 et s.).

blanchiment avec d'autres normes traditionnelles (secret professionnel, non-immixtion pour le banquier, difficultés d'établissement d'un rapport de confiance de l'éventuel *déclarant* avec son client, etc.) ou d'autres buts de la *compliance* (comme la protection des données à caractère personnel) est une épreuve tout autant pour l'État que les autres parties prenantes. Ces éléments, certainement non exhaustifs, n'en illustrent pas moins la nécessité d'adopter des mécanismes répondant certes, aux besoins particuliers de la recherche des produits, très mobiles, du crime, mais en harmonie avec la multitude d'autres intérêts concurrents. Ce défi majeur est peut-être encore celui de bon nombre d'États à travers le monde. Et certainement, celui des États membres de l'UEMOA.

11. L'UEMOA : une partie prenante, par prédestination, à la lutte anti-blanchiment. Instituée par le Traité du 12 mai 1962, l'Union monétaire ouest-africaine (UMOA)[75] est devenue Union économique et monétaire ouest-africaine (UEMOA) le 10 janvier 1994. Elle comprenait sept pays membres, à savoir le Bénin, le Burkina Faso, la Côte d'Ivoire, le Mali, le Niger, le Sénégal et le Togo, qui furent rejoints par la Guinée-Bissau le 2 mai 1997. Sa naissance, qui s'inscrit dans le contexte de la crise économique des années quatre-vingt-dix et notamment, de la dévaluation du franc de la Communauté financière africaine (FCFA)[76], fait suite au constat de la « nécessité pour les États de favoriser le développement économique et social des États membres, grâce à l'harmonisation de leurs législations, à l'unification de leurs marchés intérieurs et à la mise en œuvre de politiques sectorielles communes dans les secteurs essentiels de leurs

---

[75] L'UMOA fait partie de la Zone franc, définie comme étant un « espace de coopération monétaire regroupant également la France, les États de la Communauté Économique et Monétaire des États de l'Afrique Centrale (CEMAC) et la République des Comores » (C. K. BANNY, « L'avenir de l'Union Monétaire Ouest africaine (UMOA) », *Revue Economique et Financière*, vol. 75, n°2, 2004, p. 3). Le Traité de l'UMOA fut signé à Paris le 14 novembre 1973.

[76] Monsieur Diery SECK, dans le cadre d'une présentation succincte des circonstances économiques et sociales à l'origine de la création de l'UEMOA, remonte à la dégradation de la situation économique des pays de l'Union entre 1985 et 1993 en raison de la détérioration des termes de l'échange qui à l'époque, avaient baissé de 40 % (D. SECK, « L'UEMOA à 15 ans : bilan et stratégies futures », *in* E. T. AYUK et S. T. KABORE, *S'intégrer pour s'enrichir - L'intégration régionale et les stratégies de réduction de la pauvreté en Afrique de* l'Ouest, actes du Colloque tenu à Ouagadougou au Burkina Faso, du 8 au 10 décembre 2009, Springer, publié conjointement avec le Centre de recherches pour le développement international, 2012, p. 20). À cela, s'ajoutait la baisse du dollar US par rapport au franc français auquel le franc CFA était arrimé ; une baisse du cours du café et du cacao qui fut fatale aux balances commerciales des pays membres et leurs réserves de change ; une masse salariale du secteur public trop élevée qui se répercuta négativement sur le secteur privé (notamment, par une trop forte imposition du secteur privé, par des arriérés de l'État). Par la suite, la situation monétaire empira, face à la fuite des capitaux et la monétisation des déficits budgétaires des États. Le changement de parité du franc CFA s'imposa dans ces circonstances ; au-delà, des réformes étaient nécessaires en vue notamment de restaurer les équilibres macroéconomiques des pays membres (*ibid.*, pp. 20-21). C'est dans ces circonstances, à la veille de la dévaluation du franc CFA survenue le 12 janvier 1994, que fut créée l'UEMOA pour redonner un souffle nouveau à la croissance économique des pays de la Zone.

économies »[77]. Mais encore, de la volonté de compléter l'UMOA « par de nouveaux transferts de souveraineté et de transformer cette Union en Union Économique et Monétaire Ouest Africaine, dotée de compétences nouvelles »[78]. À l'heure actuelle, l'UEMOA se présente comme la réunion de huit États sahéliens partageant des traditions culturelles communes et liés par une monnaie commune, à savoir le franc de la Communauté financière africaine (FCFA)[79].

À l'instar du reste du monde, l'UEMOA est concernée par la problématique du blanchiment des capitaux face à la mondialisation de la délinquance économique et financière. Poursuivant des ambitions de performance économique clairement exprimées dans ses objectifs, l'UEMOA entend dans ce contexte créer entre les États membres un marché commun basé sur la libre circulation des personnes, des biens, des services et des capitaux et le droit d'établissement des personnes exerçant une activité indépendante ou salariée ainsi que sur un tarif extérieur commun et une politique commerciale

[77] Préambule du Traité modifié (signé le 29 janvier 2003) de l'UEMOA. Formulés autrement, les objectifs de l'UEMOA sont de « conforter la coopération monétaire mise en œuvre depuis plus de trente ans entre les États membres de l'Union monétaire Ouest africaine (UMOA) et d'élargir la base de cette coopération à tous les autres volets de la politique économique » (A. AKANNI-HONVO, avec la collaboration de N. PAGES, « L'UEMOA et la CEDEAO : intégration à géométrie variable ou fusion ? », *in* P. HUGON, *Les économies en développement à l'heure de la régionalisation*, éd. Karthala, coll. Hommes et sociétés, 2003, p. 240).

[78] Préambule du Traité modifié de l'UEMOA. L'article 112 dudit traité tel que modifié dispose qu'en temps opportun, la Conférence des Chefs d'État et de gouvernement adoptera un Traité fusionnant le Traité de l'UMOA et le Traité de l'UEMOA. Ainsi, en attendant la fusion des deux institutions, L'UEMOA cohabite avec l'UMOA qui, de l'avis de Monsieur Luc MARIUS IBRIGA, en constitue « le noyau dur, le pôle catalyseur » (L. M. IBRIGA, « L'UEMOA : une nouvelle approche de l'intégration économique régionale en Afrique de l'Ouest » [en ligne], *in African Yearbook of International Law Online/Annuaire africain de droit international Online*, vol. 6, Issue 1, 1er janvier 1998, p. 23, note 2. Disponible sur : https://doi.org/10.1163/221161798X00021).

[79] Voir : Union Économique et Monétaire Ouest Africaine, « Présentation de l'UEMOA » [en ligne]. Disponible sur : http://www.uemoa.int/fr/presentation-de-luemoa. Il a été relevé que l'aire géographique couverte par les pays de l'Union correspond, excepté l'exclusion de la Mauritanie et de la Guinée, à celle de l'ancienne Afrique-Occidentale Française (AOF) dont elle a hérité notamment, l'usage du français comme langue officielle, des similitudes prononcées en matière d'organisation administrative, politique, culturelle et juridique (L. M. IBRIGA, *op. cit.*, p. 24).

commune[80]. Au regard des précédents développements, l'on peut affirmer d'emblée que l'atteinte de tels objectifs va de pair avec une implication dans la lutte contre l'argent sale. De surcroît, il faut rappeler que dans le cadre de l'intégration économique, des politiques communes sont engagées notamment dans le secteur bancaire, ce qui induit une responsabilité de l'UEMOA quant à la prévention de l'utilisation dudit secteur à des fins de blanchiment de capitaux. Et cela, d'autant plus que l'insuffisance des sanctions prévues par le droit bancaire ne permettait pas de satisfaire aux attentes internationales relatives à la répression du blanchiment[81]. Mais en même temps qu'elle s'imposait, l'élaboration à l'échelle communautaire d'un texte réglementaire édictant des sanctions pénales risquait de porter atteinte au principe de souveraineté s'opposant à l'ingérence du droit communautaire dans la définition des incriminations et la détermination des sanctions. On comprend alors aisément que le choix n'ait pas été porté sur le Règlement comme instrument de rapprochement des législations nationales en fait de blanchiment.

Finalement, deux années après la création du Groupe intergouvernemental d'action contre le blanchiment d'argent en Afrique de l'Ouest (GIABA)[82], le Conseil des ministres de l'UEMOA adoptait, le 19 septembre 2002, une Directive relative à la lutte contre le blanchiment de capitaux, conformément aux articles 42, 43 et 61[83] du Traité de l'UEMOA[84]. Cependant, pour neutraliser le risque de transpositions disparates propices à « la

---

[80] Plus exhaustivement, l'art. 4 du Traité modifié de l'UEMOA décline les objectifs de l'Union, à savoir : renforcer la compétitivité des activités économiques et financières des États membres dans le cadre d'un marché ouvert et concurrentiel et d'un environnement juridique rationalisé et harmonisé ; assurer la convergence des performances politiques économiques des États membres par l'institution d'une procédure de surveillance multilatérale ; créer entre les États membres un marché commun basé sur la libre circulation des personnes, des biens, des services, des capitaux et le droit d'établissement des personnes exerçant une activité indépendante ou salariée, ainsi que sur un tarif extérieur commun et une politique commerciale commune ; instituer une coordination des politiques sectorielles nationales, par la mise en œuvre d'actions communes et éventuellement de politiques communes notamment dans les domaines des ressources humaines, de l'aménagement du territoire, des transports et télécommunications, de l'environnement, de l'agriculture, de l'énergie, des industries et mines ; harmoniser, dans la mesure nécessaire au bon fonctionnement du marché commun, les législations des États membres et particulièrement le régime de la fiscalité.

[81] À ce propos, voir : N. DIOUF, « Le traitement du blanchiment des capitaux », *Revue sénégalaise de droit des affaires*, n°5-6-7-8, 2005-2006. L'auteur relève l'insuffisance des sanctions administratives lorsqu'il s'agit de sanctionner des agissements tels que le blanchiment de capitaux.

[82] À propos du GIABA, voir *infra*, par. 116 et s.

[83] L'art. 42 du Traité dispose notamment que « le Conseil édicte des règlements, directives et des décisions ; il peut également formuler des recommandations et/ou des avis » ; l'art. 43 al. 2, que « les directives lient tout État membre quant aux résultats à atteindre ». Quant à l'art. 61, il en résulte que « Le Conseil statuant à la majorité des deux tiers (2/3) de ses membres, sur proposition de la Commission, arrête les directives ou règlements nécessaires pour la réalisation des programmes mentionnés à l'article 60. »

[84] *Cf.* Exposé des motifs de la loi uniforme du 20 mars 2003 relative à la lutte contre le blanchiment de capitaux dans les États membres de l'Union Économique et Monétaire Ouest Africaine.

création de paradis du blanchiment dans la communauté »[85], cette Directive donna lieu à sa loi uniforme qui a intégré les sanctions pénales « dont la cohérence a été assurée d'un État à l'autre au sein de l'espace communautaire »[86] ; mais aussi, la loi uniforme a introduit le principe de compétence internationale dans le dispositif de coopération et à cet effet, « le territoire communautaire de l'UEMOA a été érigé en un espace judiciaire unique, afin d'assurer l'efficacité de la lutte contre le blanchiment de capitaux au sein de l'Union »[87]. Cette démarche est le reflet de la politique d'uniformisation normative de l'UEMOA visant « la pleine application des principes d'union monétaire »[88], l'outil de prédilection étant à ce titre, la loi uniforme[89]. Le même procédé allait donc être utilisé pour la Directive de 2015 et sa loi uniforme[90] actuellement en vigueur dans les États membres de l'UEMOA, qui intègrent les mises à jour effectuées suite à la révision des standards du GAFI en 2012. En

---

[85] *Cf.* N. DIOUF, *op. cit.*

[86] Banque Centrale des États de l'Afrique de l'Ouest, Symposium de l'ABCA sur le thème : « Les Banques centrales et leur rôle dans la lutte contre le blanchiment de capitaux : coopération et échange d'expériences » - Communication de Monsieur le Gouverneur Charles Konan BANNY sur le *Rôle de la BCEAO dans la lutte contre blanchiment de capitaux et le financement du terrorisme dans les États membres de l'Union économique et monétaire Ouest africaine* [en ligne], Yaoundé : 29 juillet 2004, p. 4. Disponible sur : https://aacb.org/sites/default/files/BCEAO.pdf.

[87] *Ibid.*, p. 5 ; le document précise qu'en conséquence, « toute juridiction d'un État membre a compétence pour juger les personnes arrêtées, dès lors que l'infraction de blanchiment de capitaux est commise dans les limites du territoire communautaire » (*ibid.*).

[88] P. A. TOURE, *La légistique - Techniques de conception et de rédaction des lois et des actes administratifs : une tradition de gouvernance normative*, L'Harmattan Sénégal, 2018, p. 100. Ont été rappelées par l'auteur, les dispositions au fondement de l'option d'uniformisation dans cet espace sous-régional, en l'occurrence, les articles 17 et 34 du Traité de l'UMOA du 20 janvier 2007 disposant que les Gouvernements des États membres conviennent d'adopter une réglementation uniforme dont les dispositions sont préparées à son initiative ou à celle de la Banque centrale et arrêtées par le Conseil des ministres, en vue d'une pleine application des principes d'union monétaire (*ibid.*). Entrent dans le champ d'application de cette réglementation uniforme : l'exécution et le contrôle des relations financières entre les États membres et ceux n'appartenant pas à l'UMOA, les règles générales d'exercice de la profession bancaire et financière et les activités s'y rattachant, les systèmes de paiement, la répression de la falsification des signes monétaires et de l'usage des signes falsifiés et enfin, la répression du blanchiment de capitaux (*ibid.*, pp. 100-101).

[89] Les projets de lois uniformes ont été hypothétiquement qualifiés de « catégories innomées », au motif que la notion de « loi uniforme » n'est répertoriée « ni dans la nomenclature des actes communautaires (Directive, règlement, recommandation, avis, etc.) ni dans celle des normes du droit national (loi constitutionnelle, loi organique, loi référendaire, loi ordinaire, etc.) » (*ibid.*, p. 100).

[90] La Directive n°02/CM/UEMOA/ du 2 juillet 2015 relative à la lutte contre le blanchiment de capitaux et le financement du terrorisme dans les États membres de l'UEMOA a été « incorporée » dans un projet de loi uniforme adopté par une décision du Conseil des ministres de l'UMOA n°26 du 2 juillet 2016 (P. A. TOURE, *op. cit.*, p. 325).

effet, en plus des multiples nouveautés apportées dans le fond[91], la Directive de 2015 a été l'occasion de fusionner les textes de LBC/FT existants dans l'espace communautaire en un texte unique[92], au plus grand bénéfice de la cohérence du dispositif. Par le truchement de ses mécanismes et organes dont le rôle sera précisé dans les lignes qui suivent, l'UEMOA a donné naissance aux normes qui constituent aujourd'hui le socle du cadre réglementaire de lutte contre le blanchiment de capitaux pour les huit pays concernés.

12. À la découverte de l'UEMOA : des règles d'organisation et de fonctionnement. L'architecture institutionnelle de l'Union laisse apparaître que celle-ci est dotée d'organes que sont la Conférence des Chefs d'État et de gouvernement (CCEG), le Conseil des ministres, la Commission de l'UEMOA (qui est à distinguer de la Commission bancaire de l'UMOA[93]), le Parlement, la

---

[91] On peut citer, au titre des principales nouveautés : l'insertion d'un volet sur la lutte contre le financement de la prolifération des armes de destruction massive ; l'ajout d'une liste de catégories désignées d'infractions principales ; l'élargissement de la notion de « Personnes Politiquement Exposées » (PPE), pour inclure les personnes qui exercent ou qui ont exercé d'importantes fonctions publiques dans l'État concerné (PPE nationales) ou pour le compte d'une organisation internationale (PPE des organisations internationales), sachant que dans les textes en vigueur, seules les PPE étrangères étaient prises en compte ; l'introduction de dispositions spécifiques à l'évaluation des risques, en vue de la mise en œuvre de mesures de prévention proportionnées ; l'inclusion de dispositions spécifiques à la gestion des risques liés aux innovations technologiques, les assujettis devant identifier et évaluer les risques pouvant résulter du développement de nouveaux produits, de nouvelles pratiques commerciales ainsi que de l'utilisation de technologies nouvelles ; la précision des mesures de vigilance spécifiques à charge des institutions financières dans le cadre de leurs relations de correspondance bancaire transfrontalière et enfin, l'insertion de dispositions interdisant spécifiquement aux institutions financières de nouer ou de maintenir une relation avec une banque fictive, c'est-à-dire avec un établissement de crédit constitué dans un État où il ne dispose d'aucune présence physique effective permettant l'exercice d'activités de direction ou de gestion (Comité de liaison anti-blanchiment de la Zone franc, *Rapport annuel du CLAB 2016*, pp. 2-3).

[92] *Ibid.*, p. 2.

[93] Instituée par le Traité de l'UMOA (art. 23), la Commission bancaire est cependant régie par une convention spécifique adoptée le 3 avril 2007, qui lui attribue la mission générale de veiller notamment à l'organisation et au contrôle des établissements de crédit (art. 1er de la Convention du 3 avril 2007). L'annexe à cette convention, qui prévoit les règles détaillées d'organisation et de fonctionnement de la Commission bancaire, a été modifiée par la décision du 29/09/2017. Suite à cette modification, les attributions de la Commission bancaire ont été précisées par l'art. 2 de l'annexe modifiée : elle assure la solidité et la sécurité de système bancaire de l'UMOA à travers, notamment, le contrôle des établissements assujettis et la résolution des crises bancaires. Elle veille à la protection des déposants et contribue au maintien de la stabilité du système financier régional. Le rôle de la Commission bancaire en matière de LBC est alors primordial, d'autant plus qu'elle est l'autorité de supervision de l'activité notamment des établissements de crédit, des systèmes financiers décentralisés, des établissements de monnaie électronique.

Cour de justice[94] et la Cour des comptes[95]. D'abord, la ***Conférence des Chefs d'État et de gouvernement*** définit les grandes orientations de la politique de l'Union[96]. Elle prend, au besoin, les actes additionnels au Traité de l'UEMOA[97]. L'article 7 du Traité de l'UMOA lui confère les pouvoirs de décider de l'adhésion de nouveaux États membres, de prendre acte du retrait d'un membre et de décider de l'exclusion d'un membre de l'UEMOA ; de fixer le siège de l'Institution d'émission commun ; de trancher toute question n'ayant pu trouver une solution par accord du Conseil des ministres de l'UMOA et que celui-ci soumet à sa décision. Au regard de sa composition et de ses fonctions telles que précisées ci-dessus, la CCEG joue un rôle décisif : celui d'adopter les politiques permettant d'assainir l'économie des États membres, y compris dès lors, celles de LBC/FT.

Ensuite, le ***Conseil des ministres*** est l'organe de direction de l'Union, puisqu'il assure la mise en œuvre des orientations générales définies par la Conférence des Chefs d'État et de gouvernement[98]. Il peut ainsi prendre des décisions ou encore, formuler des avis ou des recommandations[99]. C'est au Conseil qu'il appartient de définir l'environnement réglementaire de l'activité du système bancaire et financier ainsi que de la politique de change de l'UEMOA. Dans ce cadre, il arrête les projets de texte préparés à son initiative ou à celle de la Banque Centrale, concernant les matières énumérées à l'article 34 du Traité de l'UMOA[100]. Ledit article, qui prévoit les modalités d'harmonisation des législations au sein des États membres, dispose que le Conseil des ministres arrête les dispositions de la réglementation uniforme en ce qui concerne : l'exécution et le contrôle des relations financières avec les États n'appartenant pas à l'UMOA ; les règles générales d'exercice de la profession bancaire et financière ainsi que des activités s'y rattachant ; les systèmes de paiement ; la répression de la falsification des signes monétaires et de l'usage des signes falsifiés ; la répression du blanchiment de capitaux. Aussi le Conseil des

---

[94] C'est l'art. 38 du Traité de l'UEMOA qui prévoit deux organes de contrôle juridictionnel, à savoir la Cour de justice de l'UEMOA et la Cour des comptes. Leur statut est réglementé par le Protocole additionnel n°1 relatif aux organes de contrôle de l'UEMOA qui selon l'art. 39, fait partie intégrante du Traité.

[95] La Cour des comptes de l'Union est composée de trois conseillers nommés par la CCEG, parmi des personnalités proposées par le Conseil et offrant toutes les garanties de compétence et d'indépendance requises (art. 24 du Protocole additionnel n°1 relatif aux organes de contrôle de l'UEMOA). Ces conseillers peuvent se faire assister de collaborateurs et peuvent recourir, dans l'exercice de leurs fonctions, à un système d'audit externe (art. 25). La Cour émet également des avis et documents d'analyse (qui peuvent, dès lors, concerner des questions de LBC/FT). Les missions de la Cour des comptes consistent à assurer le contrôle de l'ensemble des comptes des organes de l'Union. Ce contrôle porte notamment sur la régularité et l'efficacité de l'utilisation de leurs ressources (art. 23 du Protocole additionnel n°1 relatif aux organes de contrôle de l'UEMOA).

[96] Art. 17 du Traité modifié de l'UEMOA.

[97] Art. 19 al. 1er du Traité modifié de l'UEMOA.

[98] Art. 20 du Traité modifié de l'UEMOA.

[99] Art. 15 du Traité de l'UMOA.

[100] Art. 17 al. 1er du Traité de l'UMOA.

ministres définit-il les orientations de nature à conforter l'intégration monétaire et financière, dans le cadre de la surveillance multilatérale des politiques et performances macroéconomiques des États membres de l'UMOA. Par ailleurs, il est chargé d'adopter le budget[101].

La ***Commission de l'UEMOA*** est, quant à elle, l'organe exécutif de l'Union. Elle exerce à ce titre les prérogatives que lui confère le Traité révisé de l'UEMOA[102] en vue du bon fonctionnement et de l'intérêt général de l'Union. Les membres de la Commission sont appelés « Commissaires » et sont désignés par la Conférence des Chefs d'État et de gouvernement, sur la base de critères de compétence et d'intégrité morale. La durée de leur mandat (renouvelable) est de quatre ans[103]. Les membres de la Commission doivent répondre à des obligations « d'indépendance et d'honnêteté inhérentes à l'exercice de leur charge »[104]. Le Président de la Commission est désigné parmi les membres de celle-ci par la CCEG ; il détermine l'organigramme des services de la Commission et nomme aux différents emplois dans la limite du nombre de postes autorisés par le budget de l'Union[105]. En définitive, au regard de ses attributions, la Commission peut faire toutes propositions utiles à la CCEG ou au Conseil des ministres quant aux mesures de lutte contre le blanchiment de capitaux en particulier. Ces propositions peuvent à titre d'exemple porter sur l'harmonisation des mesures de LBC/FT dans les États membres. Il en fut ainsi pour les Directives anti-blanchiment de 2002 et de 2015, qui furent adoptées « sur proposition conjointe de la Commission de l'UEMOA et de la BCEAO »[106].

Le ***Parlement***, pour sa part, assure le « contrôle démocratique des organes de l'Union »[107]. Ce Parlement participe au processus décisionnel et aux efforts d'intégration de l'Union[108] dans les domaines couverts par le traité, à savoir les domaines économique et monétaire. Le Traité portant création du Parlement de l'UEMOA a été signé le 29 janvier 2003. La création de ce

---

[101] Art. 17 al. 2.
[102] Art. 26 à 34.
[103] Art. 27 al. 2 du Traité modifié de l'UEMOA.
[104] Art. 28 al. 2. À cet égard, ils sont tenus d'exercer leurs fonctions en toute indépendance et dans l'intérêt général de l'Union. Plus précisément, ils ne doivent notamment solliciter ni accepter d'instructions de la part d'aucun gouvernement ni aucun organisme. Ils ne peuvent, durant leur mandat, exercer aucune autre activité professionnelle, qu'elle soit rémunérée ou non.
[105] Art. 33 du Traité modifié de l'UEMOA.
[106] Voir : Préambule de la Directive n°07/2002/CM/UEMOA relative à la lutte contre le blanchiment de capitaux dans les États membres de l'Union Économique et Monétaire Ouest Africaine (UEMOA), *in* BCEAO, *Le dispositif de lutte contre le blanchiment de capitaux et le financement du terrorisme dans l'Union Économique et Monétaire Ouest Africaine (UEMOA)*, 2005, p. 13 ; Préambule de la Directive n°02/2015/CM/UEMOA du 2 juillet 2015 relative à la lutte contre le blanchiment de capitaux et le financement du terrorisme dans les États de l'Union Économique et Monétaire Ouest Africaine.
[107] Art. 35 al. 1er du Traité modifié de l'UEMOA, précisant que sa création fait l'objet d'un traité spécifique.
[108] Art. 35 al. 2.

Parlement vise à donner une impulsion nouvelle au processus d'intégration de l'UEMOA pour une plus large participation des populations. Il est composé de députés[109] qui sont élus au suffrage universel direct, pour une durée de cinq ans[110]. Les pouvoirs et compétences du Parlement sont d'une part, d'assurer le contrôle démocratique et d'autre part, de participer au processus décisionnel. Dans le cadre du contrôle démocratique, le Parlement peut émettre des avis et recommandations sur le programme d'actions de la Commission[111]. Le Président de la Commission lui soumet en outre, chaque année, un rapport général sur le fonctionnement et l'évolution de l'Union[112]. Lorsqu'il relève des dysfonctionnements dans l'accomplissement des missions dévolues à la Commission par le Traité, le Parlement peut de façon graduelle interpeller la Commission, saisir le Comité, saisir le Conseil ou voter une motion de censure contre la Commission (selon des modalités détaillées par l'article 19 du Traité) ou saisir la CCEG[113]. D'une manière générale, le Parlement exprime ses vues dans le cadre du contrôle démocratique, sous forme de résolutions ou de rapports[114]. Pour ce qui est de la participation au processus décisionnel, le Parlement peut être consulté sur des projets d'actes additionnels, de règlements et de directives, conformément aux dispositions de l'article 25 du Traité. Est notamment requis son avis conforme pour l'adhésion de nouveaux membres, les accords d'association avec les États tiers, le droit d'établissement et la libre circulation des personnes. En définitive, même si l'on ne peut que saluer l'initiative de la création d'un organe parlementaire qui apporte, par la voix des députés, un vent de démocratisation dans la prise en charge des préoccupations, il faut toutefois relever la possibilité pour la CCEG, après consultation du Bureau du Parlement et du Conseil des ministres, de dissoudre le Parlement[115].

Concernant la ***Cour de justice de l'UEMOA***, elle est présentée par les textes la régissant comme étant gardienne du Traité et plus précisément, « gardienne de la légalité dans l'ordre juridique communautaire »[116]. Et cela, dans la mesure où celle-ci est chargée de veiller au respect du droit quant à l'interprétation et à l'application du Traité[117]. Aussi, conformément à l'article 27

[109] Il s'agit des « Députés au Parlement de l'UEMOA », institués par l'art. 4 du Traité portant création du Parlement de l'Union Économique et Monétaire Ouest Africaine.
[110] Art. 5.
[111] Art. 15 al. 2.
[112] Art. 16.
[113] Art. 18.
[114] Art. 24.
[115] Art. 20 du Traité.
[116] S. DIAKHATE, *La lutte contre la délinquance économique et financière dans l'Union Économique et Monétaire ouest-africaine (UEMOA) et dans l'Organisation pour l'Harmonisation du Droit des Affaires en Afrique (OHADA) : état des lieux et perspectives* [en ligne], thèse de doctorat : Droit privé et sciences criminelles, sous la direction de G. GIUDICELLI-DELAGE, Paris : Université Panthéon-Sorbonne Paris 1, 2017, p. 28. Disponible sur : https://tel.archives-ouvertes.fr/tel-01615014/document.
[117] Art. 12 al. 1er du Protocole Additionnel n°1.

de l'Acte additionnel du 10 mai 1996, la Cour de Justice est-elle compétente pour connaître notamment des recours en manquement des États membres[118], des recours en annulation des règlements, directives et décisions des organes de l'UEMOA[119], des recours en responsabilité[120], des différends entre États membres relatifs au Traité de l'UEMOA (si ces différends lui sont soumis en vertu d'un compromis), des litiges entre l'UEMOA et ses agents tels que prévus par l'article 16 du Protocole additionnel n°1 et du recours à titre préjudiciel[121]. L'article 27 de l'Acte additionnel du 10 mai 1996 précité consacre, en outre, la possibilité pour la Cour d'émettre des avis et recommandations sur tout projet de textes soumis par la Commission. Ainsi, le Conseil des ministres de l'UEMOA, la Commission d'un État membre, la CCEG ou un État membre peuvent recueillir l'avis de la Cour sur la compatibilité d'un accord international avec les dispositions du Traité ou encore, sur toute difficulté rencontrée dans l'application ou l'interprétation des actes relevant du droit communautaire. La Cour de Justice pourrait donc participer au processus d'harmonisation réglementaire en émettant des recommandations sur diverses questions, notamment en matière de lutte contre le blanchiment de capitaux. Enfin, la ***Cour des comptes de l'Union*** émet des avis et documents d'analyse. Les missions de la Cour des comptes consistent plus fondamentalement à assurer le contrôle de l'ensemble des comptes des organes de l'Union. Ce contrôle porte notamment sur la régularité et l'efficacité de l'utilisation de leurs ressources[122].

L'Union compte en outre des ***institutions spécialisées autonomes***[123] ***et des organes consultatifs***, qui concourent à la réalisation de ses objectifs. Les premières sont constituées par la Banque Centrale des États de l'Afrique de l'Ouest (BCEAO) et par la Banque ouest-africaine de Développement (BOAD), tandis que la Chambre consulaire régionale (CCR) est

---

118 Cela, conformément aux art 5 et s. du Protocole additionnel n°1. Selon l'art. 5, la Cour de Justice connaît, sur recours de la Commission ou de tout État membre, des manquements des États membres aux obligations qui leur incombent conformément au Traité de l'Union. Le cas échéant, l'art. 6 dispose que l'État fautif est tenu de prendre les mesures que comporte l'exécution des arrêts de la Cour. En cas d'abstention de l'État membre dont le manquement a été constaté, la Commission peut saisir la CCEG pour qu'elle invite l'État membre défaillant à s'exécuter.

119 Art. 8 et s. du Protocole additionnel n°1.

120 Art. 15 du Protocole additionnel n°1, lequel prévoit la compétence de la Cour de Justice pour connaître des litiges relatifs à la réparation des dommages causés par les organes de l'Union ou par des agents de celle-ci dans l'exercice de leurs fonctions.

121 Art. 12 du Protocole additionnel n°1, qui prévoit que la Cour de justice statue à titre préjudiciel sur l'interprétation du Traité de l'Union, sur la légalité et l'interprétation des actes pris par les organes de l'Union ou des statuts des organismes créés par un acte du Conseil, quand une juridiction nationale ou une autorité à fonction juridictionnelle est appelée à en connaître à l'occasion d'un litige. Sa saisine est obligatoire pour les juridictions nationales statuant en dernier ressort, et facultative pour les autres juridictions nationales ou autorités à fonction juridictionnelle.

122 Art. 23 du Protocole additionnel n°1 relatif aux organes de contrôle de l'UEMOA.

123 L'art. 41 du Traité de l'UEMOA proclame que ce sont la BCEAO et la BOAD qui constituent les institutions spécialisées autonomes de l'UEMOA, qui concourent en toute indépendance à la réalisation des objectifs du Traité.

l'organe consultatif. S'agissant de la BCEAO, son rôle crucial pour l'anti-blanchiment se justifie, outre son statut d'autorité de contrôle des assujettis, surtout au regard de sa mission fondamentale, à savoir notamment celle de veiller à la stabilité du système bancaire et financier. Cela érige la BCEAO au rang des acteurs incontournables, puisqu'elle doit neutraliser le "risque blanchiment" afin de maintenir un environnement stable, sécurisé et propice à la croissance économique. Le constat est d'ailleurs celui d'une forte implication de la Banque Centrale quant aux initiatives anti-blanchiment. Entre autres, elle a contribué à la mise en place progressive d'un dispositif de LBC/FT, avec l'adoption d'une série de textes législatifs et réglementaires. La BCEAO « apporte son appui technique au régulateur, à savoir le Conseil des ministres de l'UEMOA, pour prendre en compte les normes internationales »[124] : conformément aux prérogatives qui lui sont conférées par l'article 22 du Traité constitutif de l'UMOA[125], c'est effectivement la Banque centrale qui propose au Conseil des ministres les projets de directives, lois uniformes et instructions devant permettre la mise en œuvre des obligations de lutte contre le blanchiment de capitaux et le financement du terrorisme[126]. En outre, la BCEAO est doublement concernée par la phase opérationnelle de l'anti-blanchiment[127] : d'une part, en raison des

---

[124] *Rapport annuel du CLAB 2016*, *op. cit.*, p. 2.

[125] Voir à ce propos l'exposé des motifs de la loi uniforme du 20 mars 2003 relative à la lutte contre le blanchiment de capitaux dans les États membres de l'Union économique et monétaire ouest africaine. Cela dit, cet article 22 dispose : « Le Conseil des ministres peut décider de la conduite par la Banque Centrale, dans le respect de l'équilibre monétaire, de projets ou missions spécifiques ainsi que de la création par la BCEAO, ou la participation de celle-ci à la constitution de tout fonds spécial, organisation ou institution, qui concourent à l'amélioration de l'environnement de la politique monétaire, à la diversification ainsi qu'au renforcement du système financier de l'UMOA et des capacités techniques et professionnelles dans le secteur bancaire et financier. »

[126] Cette prérogative a été maintes fois rappelée : citons à titre d'illustration (et non exhaustivement) l'exposé des motifs de la loi uniforme du 20 mars 2003 relative à la lutte contre le blanchiment de capitaux dans les États membres de l'Union économique et monétaire ouest africaine ; ou encore, le rapport d'évaluation mutuelle du Burkina Faso de 2019, qui précise les responsabilités de la BCEAO dans la LBC/FT en indiquant : « Élaboration des Directives et Instructions de LBC/FT en vue de l'application des Directives ou des lois relatives à la LBC/FT au sein des Institutions financières de l'UEMOA ». Par ailleurs, dans une allocution visant justement à mettre en évidence le rôle de la BCEAO dans la LBC/FT, ont été rappelées trois principales étapes qui ont marqué les actions menées sous l'impulsion de la Banque centrale dans le cadre du processus d'élaboration de la première loi uniforme relative à la LBC/FT dans les États de l'UEMOA. La première étape fut celle de la sensibilisation à la problématique du BC, avec l'organisation par la BCEAO, en juillet 2000, d'un séminaire sous-régional qui a permis d'engager une réflexion sur cette question entre les représentants de l'ensemble des services publics concernés, le secteur financier et les autres autorités monétaires (ont été associés le GAFI, l'ONUDC et les partenaires de la Zone Franc). La deuxième étape a été l'élaboration par la Banque Centrale du projet de Directive du 19 septembre 2002 et la troisième, celle du projet de loi uniforme - dérivée de ladite Directive de 2002 (Banque Centrale des États de l'Afrique de l'Ouest, Symposium de l'ABCA sur le thème : « Les Banques centrales et leur rôle dans la lutte contre le blanchiment de capitaux : coopération et échange d'expériences », *op. cit.*, p. 4. On peut à présent ajouter à ce palmarès notamment, la contribution dans l'élaboration de la Directive de 2015 et de sa loi uniforme.

[127] *Ibid.*, p. 7.

obligations de vigilance qui s'imposent à elle, en sa qualité d'assujettie aux obligations de lutte anti-blanchiment. D'autre part, au regard du rôle à elle confiée à l'égard des Cellules nationales de Traitement des Informations financières (CENTIF). Fondamentalement, il s'agit de favoriser la coopération entre les CENTIF et à ce titre, de coordonner les actions des CENTIF dans le cadre de la lutte contre le blanchiment de capitaux et le financement du terrorisme[128]. La Banque Centrale établit ensuite une synthèse des informations provenant des rapports élaborés par les CENTIF, qui sert de support à un rapport périodique destiné à l'information du Conseil des ministres de l'Union sur l'évolution de la lutte contre le blanchiment de capitaux et le financement du terrorisme[129]. Étant donné sa forte implication, la BCEAO participe, avec les CENTIF, aux réunions des instances régionales et internationales traitant des questions relatives à la lutte contre le blanchiment de capitaux et le financement du terrorisme[130].

La BOAD, pour sa part, a été créée par accord du 14 novembre 1973 et devenue opérationnelle en 1976. Elle est l'institution commune de financement du développement des États membres de l'UMOA. L'objet de cet établissement public à caractère international, conformément à l'article 2 de ses statuts, est de « promouvoir le développement équilibré des États membres et de contribuer à la réalisation de l'intégration économique de l'Afrique de l'Ouest ». Les activités de la BOAD consistent par ailleurs - et conformément à l'article 2 de son traité constitutif - à contribuer, directement ou par l'intermédiaire de filiales, de fonds spéciaux ou de tout autre instrument créé à son initiative ou à l'initiative de tiers ou encore d'institutions financières nationales, à diverses activités rentrant dans le cadre de son mandat[131]. La BOAD se doit alors, au regard de l'importance de ses opérations de financement, de veiller à appliquer les mesures de vigilance requises afin d'éviter que les fonds par elle consentis ne soient utilisés à des fins criminelles et notamment, de blanchiment de capitaux. Enfin, c'est l'Acte additionnel n°02/97 du 23 juin 1997 qui fixe les attributions, la composition et les principes d'organisation et de fonctionnement de la Chambre consulaire régionale de l'UEMOA. Cet acte additionnel a été modifié par celui du 17 mars 2009[132]. Ses attributions sont précisées par l'article 3 de

---

[128] Art. 77 al. 1er de la LU.

[129] Art. 77 al. 2 de la LU. L'ancien art. 25 de la loi uniforme prévoyait, en outre, que « la synthèse établie par le Siège de la BCEAO est communiquée aux CENTIF des États membres de l'Union, en vue d'alimenter leurs bases de données ». Cette disposition n'a pas été reprise dans la seconde loi uniforme.

[130] Art. 22 al. 1er de la LU. L'ancienne loi uniforme prévoyait, en son art. 25, une participation de la BCEAO aux réunions des instances - uniquement - internationales (sans nulle autre précision sur les instances régionales). Le nouveau texte est donc, à juste titre, plus complet en cet aspect.

[131] Voir liste des activités énumérées par l'art. 2 précité.

[132] Acte additionnel n°04/2009/CCEG/UEMOA portant modification de l'Acte additionnel n°02/97 du 23 juin 1997 fixant les attributions, la composition et les principes d'organisation et de fonctionnement de la Chambre consulaire régionale de l'UEMOA.

l'Acte additionnel disposant que la Chambre est chargée de réaliser l'implication effective du secteur privé dans le processus d'intégration de l'UEMOA, en veillant notamment à participer à la réflexion sur le processus d'intégration et à la mise en œuvre des réformes arrêtées par les Organes compétents de l'Union. Mais aussi, en apportant un appui technique aux Chambres consulaires nationales et à ses autres membres. L'article 4 précise qu'à son initiative ou celle de la Commission, la Chambre donne des avis sur toute question relative à la réalisation des objectifs de l'Union.

Il convient par ailleurs de préciser les sources du droit communautaire de l'UEMOA. Il faut à ce titre distinguer, en plus de la jurisprudence et des principes généraux du droit[133], d'une part, le droit primaire originaire (constitué par le Traité de Dakar du 10 janvier 1994 instituant l'UEMOA et ses protocoles additionnels faisant partie intégrante dudit Traité) et d'autre part, le droit communautaire dérivé. Celui-ci renvoie aux actes adoptés par les organes de l'Union pour la réalisation des objectifs du Traité ; il faut dans ce cadre, faire le départ entre le droit dérivé unilatéral et le droit dérivé conventionnel de l'Union. Le droit dérivé unilatéral de l'UEMOA renvoie strictement aux actes pris par les organes de l'Union dans le cadre de la mise en œuvre du Traité. On distingue à ce titre, d'un côté, les actes de droit dérivé obligatoire que constituent les actes additionnels, règlements, directives et décisions et de l'autre, les actes de droit dérivé non obligatoires tels que les avis et recommandations[134]. *Les actes additionnels* sont pris par la Conférence des Chefs d'États et de gouvernement, autant que nécessaire[135]. *Les règlements* peuvent être édictés soit par le Conseil, soit par la Commission, pour l'application des actes du Conseil[136]. L'article 43 du Traité de Dakar en précise la portée : « Les règlements ont une portée générale. Ils sont obligatoires dans tous leurs éléments et sont directement applicables dans tout État membre. » *Les directives* sont au sein de l'UEMOA adoptées par le Conseil des ministres[137]. Les

---

[133] Les décisions de la Cour de justice de l'UEMOA jouent, à coup sûr, un rôle important dans la construction du droit communautaire de l'Union. En effet, la Cour de Justice de l'UEMOA se doit, rappelons-le, de veiller au respect du droit quant à l'interprétation et à l'application du Traité. Dès lors, ses décisions vont permettre de préciser les normes de l'Union, mais éventuellement, de combler le silence du législateur communautaire, de corriger ses manquements. Dans cette optique, le juge communautaire peut recourir aux principes généraux du droit, qui seront alors la source d'interprétation du Traité. Il peut s'agir de principes généraux inhérents à la notion de système juridique (par exemple, l'équité, la bonne foi, le respect du contradictoire, etc.), de principes généraux communs aux États membres ou de ceux issus du droit international (A. Y. SARR, *L'intégration juridique dans l'Union économique et monétaire ouest africaine (UEMOA) et dans l'organisation pour l'harmonisation du droit des affaires en Afrique* (OHADA), Presses universitaires d'Aix-Marseille, 2008, p. 123).

[134] E. KAGISYE, « Environnement juridique et institutionnel des affaires en Afrique : cas de l'Union économique et monétaire ouest africaine (UEMOA) » [en ligne], 2017, p. 15. Disponible sur : https://hal-auf.archives-ouvertes.fr/hal-01496552).

[135] Art. 19 al. 1er du Traité de l'UEMOA.

[136] Art. 42.

[137] Art. 42 du Traité de l'UEMOA.

directives lient tout État membre quant aux résultats à atteindre[138]. *Les décisions* émanent du Conseil ou de la Commission[139]. Il s'agit d'actes de portée individuelle, obligatoires dans tous leurs éléments pour les destinataires qu'elles désignent[140]. *Les avis* et *recommandations* peuvent provenir du Conseil des ministres ou de la Commission[141] ; mais encore, de la Cour de Justice et du Comité interparlementaire. Conformément aux dispositions de l'article 43 du Traité, ils sont dépourvus de toute force exécutoire. Ils échappent à tout contrôle juridictionnel. Quant au droit dérivé conventionnel de l'UEMOA, il est constitué par l'ensemble des conventions conclues par l'Union. En effet, étant dotée de la personnalité juridique et jouissant de « la capacité juridique la plus large reconnue aux personnes morales »[142], l'Union a plein pouvoir pour conclure les conventions jugées nécessaires, notamment des accords de coopération et d'assistance avec des tiers ou des organisations internationales, selon les modalités prévues à l'article 84 du Traité[143]. Ces normes sont applicables dans le respect des principes d'applicabilité directe[144] et de primauté[145] des normes de l'UEMOA, soit des principes axiologiques servant « de points d'appui à la coordination des politiques économiques et à l'harmonisation des législations nationales »[146].

13. L'anti-blanchiment dans le contexte africain : les États (y compris ceux de l'UEMOA) appelés à relever le défi majeur de la coopération et de la coordination. Le blanchiment de capitaux constitue l'une des principales sources de flux financiers illicites en Afrique, à côté de la corruption, de la fraude fiscale et de la fraude marchande[147]. Ceux en provenance

---

138 Art. 43 al. 2.

139 Art. 42.

140 Art. 43 al. 3.

141 Art. 42.

142 Art. 9.

143 Art. 13 al. 2.

144 Ce principe est consacré par les articles 43 et 45 du Traité, qui précisent la portée des instruments juridiques communautaires de l'UEMOA.

145 « Les actes arrêtés par les organes de l'Union pour la réalisation des objectifs du présent Traité et conformément aux règles et procédures instituées par celui-ci, sont appliqués dans chaque État membre nonobstant toute législation nationale contraire, antérieure ou postérieure ». C'est en ces termes que l'art. 6 du Traité de Dakar consacre expressément la primauté des normes de l'UEMOA sur le droit national des pays membres. L'art. 7 de surenchérir que « Les États membres apportent leur concours à la réalisation des objectifs de l'Union en adoptant toutes mesures générales ou particulières, propres à assurer l'exécution des obligations découlant du présent Traité. À cet effet, ils s'abstiennent de toutes mesures susceptibles de faire obstacle à l'application du [...] Traité et des actes pris pour son application. »

146 S. N. TALL, « La CEDEAO et l'UEMOA : concurrence ou complémentarité ? », *Nouvelles Annales Africaines - Revue de la Faculté des Sciences Juridiques et Politiques*, n°1, 2007 : Actes du Colloque sur les droits communautaires africains, Saly, 27 et 28 avril 2006, p. 45.

147 Union africaine, *Rapport du Groupe de haut niveau sur les flux financiers illicites en provenance d'Afrique*, pp. 25-27. Dans le Rapport précité, le Groupe définit les flux financiers illicites comme étant les capitaux gagnés, transférés ou utilisés illégalement (*ibid.*, p. 25).

d'Afrique atteignent des sommes considérables et en l'occurrence, ont été évalués entre trente et soixante milliards de dollars par an[148]. Dans la sous-région ouest-africaine en particulier, les revenus d'origine criminelle représenteraient 3,6 % du PIB mondial ; ceux de la criminalité transnationale organisée résultant du trafic de drogue, de contrefaçon et de personnes, ainsi que du détournement de pétrole, de la criminalité environnementale, du trafic d'armes et d'autres trafics, environ 1,5 %[149]. Et cela, en tenant compte de la probabilité que cette proportion soit plus élevée dans les économies informelles d'Afrique de l'Ouest[150]. Plus spécifiquement, plusieurs études relatives à la criminalité transnationale organisée dans l'espace ouest-africain ont pu relever l'ampleur du trafic de drogues, de la piraterie maritime le long du Golfe de Guinée, du trafic illicite de migrants et de la traite des personnes, du trafic d'armes à feu, du trafic de médicaments contrefaits, du commerce illicite, du détournement de pétrole. Au sein de l'UEMOA en particulier, il faut compter en plus une forte présence de la corruption, de la fraude fiscale et des infractions financières d'une manière générale[151]. Et bien sûr, les "bénéfices" provenant de ces activités illégales sont appelés à pénétrer l'économie au moyen de diverses techniques de blanchiment.

Ces constats résultent, en partie, d'études menées par des institutions africaines, lesquelles se verront accorder ultérieurement une attention particulière. Celles-ci se sont penchées sur la question des flux financiers illicites en provenance d'Afrique, qui privent ce continent de ressources qui auraient pu alimenter d'innombrables actions pour le développement. Il faut citer à ce titre, l'Union africaine (UA) ainsi que la Banque africaine de développement

---

[148] *Ibid.*, p. 36.

[149] OCDE, *Flux financiers illicites : L'économie du commerce illicite en Afrique de l'Ouest* [en ligne], éd. OCDE, 2018, p. 70. Disponible sur : http://dx.doi.org/10.1787/9789264285095-fr.

[150] *Ibid.*

[151] À ce propos, voir *infra*, par. 282 ; voir aussi Annexe 3, Tableau 1.

(BAD)[152], et relever la participation très salutaire du secteur associatif[153]. La contribution à l'échelle africaine ne se limite évidemment pas aux estimations et à la proposition de stratégies de contre-attaque. Au niveau de l'Union africaine ont été adoptées des conventions de lutte contre le terrorisme et contre la corruption[154]. En outre, il existe au sein de l'Union, de multiples mécanismes institutionnels d'action contre la criminalité transnationale organisée, parmi lesquels l'Architecture africaine de paix et de sécurité (APSA) et à côté de celle-ci, l'Architecture de gouvernance africaine (AGA). La première regroupe les principaux mécanismes de l'UA chargés de la promotion de la paix, de la sécurité et de la stabilité en Afrique[155]. L'APSA « s'articule autour de structures définies notamment le Conseil de paix et de sécurité (CPS), l'organe décisionnel permanent pour la prévention, la gestion et le règlement des conflits, la Commission de l'UA, le Groupe des sages (POW), le Système continental d'alerte rapide (SCAR), la Force africaine en attente (FAA) et le Fonds pour la paix »[156]. En plus de ces organes qui en sont le « pilier », l'APSA comprend le Comité d'État-major qui est un organe subsidiaire du Conseil de paix et de sécurité, le Réseau africain des femmes dans la prévention des conflits et la médiation de la paix (FemWise-Afrique), un mécanisme subsidiaire du Groupe des sages, et l'Architecture de l'Union africaine pour la protection des enfants

---

[152] Union africaine, *op. cit.* ; la BAD s'est également, considérablement investie dans des travaux portant sur les flux financiers illicites. On peut citer le *Cadre stratégique et plan d'action pour la prévention des flux financiers illicites en Afrique* (Groupe de la Banque africaine de développement, Département de la Gouvernance, de la Gestion Économique et Financière, *Cadre stratégique et plan d'action pour la prévention des flux financiers illicites en Afrique (2016-2020)*, août 2016). La BAD a aussi défini une Politique de prévention des flux financiers illicites (Groupe de la Banque africaine de développement, Département de la Gouvernance et de la Gestion des Finances Publiques, Bureau de coordination, *Politique du Groupe de la Banque en matière de prévention des flux financiers illicites*, mars 2017).

[153] Dans son étude sur les flux financiers illicites en provenance d'Afrique, l'Union africaine met en exergue la contribution de plusieurs organisations de la société civile investies dans la lutte contre les flux financiers illicites et les pratiques connexes à l'échelle mondiale. Sont cités à titre de référence, Action Aid ; Christian Aid ; Chr. Michelsen Institute ; Global Financial Integrity ; Oxfam ; l'Union panafricaine des avocats ; le Réseau mondial pour la justice fiscale et Transparency International (Union africaine, *op. cit.*, pp. 40-41). En sus, on relèvera l'action de TrustAfrica, qui en coalition avec cinq autres organisations de la société civile africaine, a lancé, en juillet 2015 à Nairobi, une campagne dénommée **#stopthebleeding** (arrêter l'hémorragie). L'Association affiche une volonté d'approfondir les recherches sur la question et compte entre autres projets publier un recueil sur les FFI dans dix-sept pays (TrustAfrica, « Lutte contre les flux financiers illicites » [en ligne], mise à jour : 2017. Disponible sur : https://www.trustafrica.org/Fr/programmes/gouvernance-page/lutte-contre-les-flux-financiers-illicites).

[154] Il faut ici relever l'existence d'une Convention de l'OUA sur la Prévention et la Lutte contre le Terrorisme (dite Convention d'Alger) signée en juillet 1999 et d'un Protocole à la Convention de l'OUA sur la prévention et la lutte contre le terrorisme (adopté par la troisième session ordinaire de la Conférence de l'Union africaine, à Addis-Abeba, le 8 juillet 2004). Quant à la Convention de lutte contre la corruption, elle date du 3 juillet 2003. Elle a été adoptée par la 2ème session ordinaire de la Conférence de l'Union, à Maputo.

[155] Union africaine, *Guide 2019*, p. 78.

[156] Union africaine, *Guide de l'Union africaine 2021*, 8e éd., p. 81.

établie en 2019 par la Conférence de l'UA en tant que sous-ensemble de l'APSA[157]. L'Architecture de gouvernance africaine constitue, quant à elle, une plateforme de dialogue entre les parties prenantes ainsi qu'un cadre politique et institutionnel en vue de la promotion, la protection et le maintien de la démocratie, de la gouvernance, des droits de l'homme et de l'aide humanitaire sur le continent[158]. Émanation de l'Acte constitutif de l'UA, l'AGA regroupe des organes, institutions et communautés économiques régionales (CER) de l'UA[159]. Toutefois, la multiplicité des Mécanismes régionaux poursuivant l'ambition de lutter contre la criminalité transnationale organisée et paradoxalement, la persistance des problèmes sécuritaires dans le continent africain a peu à peu effrité la confiance dans la capacité de l'Union africaine à résoudre les crises. Mais surtout, se pose la question d'une coopération efficace notamment au niveau continental, dans un contexte d'éclatement des efforts et même parfois, de concurrence entre des institutions censées coordonner leurs actions. Peut-être les contributions des relais du GAFI en Afrique pourront-elles apporter une perspective nouvelle dans la prise en charge de cette question essentielle…

14. Les relais du GAFI en Afrique, en Afrique de l'Ouest : les porteurs d'espoir de la *compliance* dans la lutte contre l'argent sale. Les Organismes régionaux de type GAFI (ORTG) sont en charge de la promotion des normes du GAFI au sein de leurs pays membres en se prêtant aux examens systématiques par les pairs et au processus de suivi post-évaluation[160]. En Afrique, la création et l'opérationnalisation des quatre ORTG remontent au début

---

[157] *Ibid.*

[158] *Ibid.*, p. 110.

[159] Rapport sur la gouvernance en Afrique 2019, p. 18 ; voir également à ce propos : Y. BEDZIGUI, *L'Union africaine face aux défis conjoints de sécurité et de gouvernance* [en ligne], Institut d'Études de Sécurité (ISS), Note d'analyse 113, 2018, p. 3. Disponible sur : https://issafrica.s3.amazonaws.com/site/uploads/policybrief113-fr.pdf.

[160] GAFI, *Mandat du Groupe d'Action Financière (2012-2020)*, 20 avril 2012, p. 4. À propos des ORTG, voir *infra*, par. 29.

des années deux mille[161]. Le GABAOA, le GAFIMOAN, le GABAC et le GIABA poursuivent ainsi des objectifs similaires[162] : il s'agit principalement de promouvoir une meilleure connaissance des tendances et techniques de blanchiment de capitaux et de financement du terrorisme ; d'assister les États membres dans l'élaboration et la mise en œuvre des politiques de lutte et en particulier, dans le renforcement de la coopération internationale et l'application de l'approche fondée sur les risques. Les auto-évaluations et évaluations mutuelles initiées par les ORTG (selon la méthodologie du GAFI) permettent en outre d'apprécier les progrès des pays dans la conformité et l'efficacité des mesures de lutte contre le blanchiment de capitaux et le financement du terrorisme. Ces ORTG renforcent les efforts nationaux de lutte anti-blanchiment, offrant l'opportunité aux pays africains de participer notamment à des activités communes de formation et de renforcement des capacités[163].

Depuis sa reconnaissance officielle comme ORTG en juin 2006, le Groupe intergouvernemental d'action contre le blanchiment d'argent en Afrique de l'Ouest (GIABA), pour sa part, a progressivement consolidé ses acquis tant dans son propre développement en tant qu'ORTG que dans l'aide aux Pays membres régionaux (PMR). Ses efforts se sont matérialisés par l'atteinte

---

[161] Le Groupe anti-blanchiment en Afrique orientale et australe ou **GABAOA** (en anglais : *Eastern and Southern Africa Anti-Money Laundering Group* - ESAAMLG), créé en 1999, couvre l'Afrique orientale et l'Afrique australe avec actuellement comme pays membres : Afrique du Sud, Angola, Botswana, Érythrée, Eswatini, Éthiopie, Ile Maurice, Kenya, Lesotho, Madagascar, Malawi, Mozambique, Namibie, Ouganda, Rwanda, Seychelles, Tanzanie, Zambie, Zimbabwe. En 2000, le réseau des ORTG africaines s'étendait avec d'une part, la création du Groupe intergouvernemental d'action contre le blanchiment d'argent en Afrique de l'Ouest (**GIABA**) couvrant l'espace CEDEAO et donc comptant comme pays membres : le Bénin, le Burkina Faso, Cabo Verde, les Comores, la Côte d'Ivoire, la Gambie, le Ghana, la Guinée, la Guinée-Bissau, le Liberia, le Mali, le Niger, le Nigéria, Sao Tomé-et-Principe, le Sénégal, la Sierra Leone et le Togo ; et d'autre part, celle du Groupe d'action contre le Blanchiment d'argent en Afrique centrale ou **GABAC** (opérationnalisé en 2009), dont les États membres sont : le Cameroun, la République du Congo, la République démocratique du Congo, le Gabon, la Guinée équatoriale, la République centrafricaine et le Tchad. Suivait, en 2004, le Groupe d'action financière du Moyen-Orient et de l'Afrique du Nord ou **GAFIMOAN** (en anglais : *Middle East and North Africa Financial Task Force* - MENAFATF), créé en 2004 et ayant actuellement comme pays membres : l'Algérie, l'Arabie Saoudite, Bahreïn, Djibouti, l'Égypte, les Émirats arabes unis, l'Irak, la Jordanie, le Koweït, le Liban, la Libye, le Maroc, la Mauritanie, Oman, la Palestine, le Qatar, la Somalie, le Soudan, la Syrie, la Tunisie, et le Yémen.

[162] En ce qui concerne le mandat/les objectifs respectifs des ORTG, voir **pour le GABAC** : Acte additionnel n°09/00/CEMAC/CCE 02 portant création du Groupe d'action contre le blanchiment d'argent en Afrique centrale, art. 3 ; **pour le GABAOA** (en anglais, site Internet du ESAAMLG) : « *Stategic Objectives* » [en ligne], disponible sur : https://www.esaamlg.org/index.php/about_publications_mission_vision_strategic ; **pour le GAFIMOAN** (en anglais, site Internet du MENAFATF) : « Objectives » [en ligne], disponible sur : http://www.menafatf.org/about/objective ; et **pour le GIABA** : *Présentation sommaire des opérations du GIABA de 2004 à 2013 : une chronique de l'évolution d'une Institution Africaine prometteuse depuis ses débuts*, p. 10.

[163] Banque africaine de développement et Fonds africain de développement, *Stratégie du Groupe de la banque en matière de prévention du blanchiment de capitaux et du financement du terrorisme en Afrique*, mai 2007, p. 14.

d'objectifs marquants tout au long de son cheminement : entre autres, l'adoption de lois sur la lutte contre le blanchiment de capitaux dans tous les États membres du GIABA, la publication d'études et de rapports pertinents sur ladite problématique, la coopération avec les parties prenantes afin de promouvoir la coopération régionale et internationale, l'appui technique aux États pour l'efficacité dans la LBC/FT. Toutefois, le GIABA est amené à constamment évaluer et améliorer ses performances dans la LBC/FT, à choisir ses axes d'intervention en fonction des risques et priorités… Une en est en tout état de cause d'atteindre la pleine conformité aux Recommandations du GAFI.

15. Résoudre le problème de la haute vulnérabilité au blanchiment de capitaux : une condition *sine qua non* pour une pleine conformité des États membres de l'UEMOA. À l'issue du premier cycle des évaluations mutuelles des États membres du GIABA, les quinze pays concernés présentaient 98 % de non-conformité sur les seize Recommandations essentielles, considérées comme étant la pierre angulaire des dispositifs de LBC/FT[164]. La performance globale des pays n'était guère plus satisfaisante : entre autres chiffres parlants, on relève dix-sept notations « Conforme » contre deux cent soixante-dix-sept notations « Non conforme »[165]. Lorsqu'on se livre à l'exercice du décompte des résultats de conformité consécutivement au second cycle des évaluations mutuelles, on constate que la pleine conformité n'est atteinte qu'à l'égard de huit Recommandations du GAFI au ***Bénin*** (soit 16 % de conformité), contre neuf au ***Burkina Faso*** (18 %), une seule en ***Côte d'Ivoire*** (2 %) ; cinq en ***Guinée-Bissau*** et au ***Sénégal*** (10 %), six au ***Mali*** et au ***Togo*** (12 %) et enfin, dix au ***Niger*** (20 %)[166]. Les huit pays présentent tous des notations « Non conforme », quoique celles-ci demeurent minoritaires, voire marginales, selon les États considérés[167]. Ces éléments suffisent à démontrer que malgré les acquis, le problème de la conformité aux Recommandations du GAFI demeure entier pour les États membres de l'UEMOA.

---

164 GIABA, *Rapport du GIABA - Améliorer la Conformité aux Normes Internationales de Lutte contre le Blanchiment de Capitaux (LBC) et le Financement du Terrorisme (FT) : Une Revue Stratégique du Premier Cycle des Evaluations Mutuelles des États membres du GIABA (2007-2012)*, octobre 2013, p. 31. Sur la base des Quarante Recommandations de 2004, étaient concernées les Recommandations 1, 3, 4, 5, 10, 13, 23, 26, 35, 36, 40 ainsi que les Recommandations spéciales I, II, III, IV et V.

165 *Ibid.*, p. 29. Étaient relevées, en outre, 76 notations « Partiellement conforme », 217 notations « Largement conforme », et 13 mentions « Non applicable ».

166 Voir Annexe 1 : Tableau récapitulatif des notations de conformité des États de l'UEMOA évalués au titre du second cycle des évaluations mutuelles et graphiques illustratifs correspondants.

167 *Ibid.* Il faut aussi relever que certaines de ces notations concernent des Recommandations relatives à la lutte contre le financement du terrorisme.

Cette situation est l'expression de la persistance de vulnérabilités encore très accentuées au blanchiment des produits d'activités criminelles[168]. En tête des facteurs compromettants, surtout eu égard à la prévention, vient l'enracinement dans la culture de l'usage des espèces qui, combinée avec l'importance du secteur informel, crée l'environnement idéal pour l'absence de traçabilité des transactions[169]. Ces failles sapent les efforts de prévention et rappellent l'urgence de réformes que bien des parties prenantes, au-delà de celles de l'anti-blanchiment, attendent sans doute depuis fort longtemps : celles du saut vers l'économie formelle et en particulier, de la recherche de solutions idoines contre l'informalité au sein des services financiers. En effet, la prolifération des *hawala* et cambistes informels dans les États membres de l'UEMOA est, au moins dans une certaine mesure, une manifestation de l'échec des politiques étatiques à assurer un accès généralisé aux services financiers. À ceux qui, pour des besoins de survie ou par commodité, optent pour les moindres coûts des prestataires de services financiers informels se joignent les criminels en recherche d'anonymat. Ce contexte justifie d'ailleurs l'augmentation de l'offre de produits d'inclusion financière sur le marché ; seulement, celle-ci n'est pas allée de pair avec la prise en compte exigences de prévention au titre de la LBC/FT.

D'ailleurs, le secteur financier est des plus vulnérables au blanchiment de capitaux[170]. Les mesures de vigilance y sont encore insuffisamment respectées étant donné la méconnaissance des obligations de lutte favorisée par l'insuffisance de lignes directrices, des contrôles et sanctions. Dans le secteur des entreprises et professions non financières désignées (EPNFD), le défaut de supervision est à son paroxysme, en l'absence ne serait-ce que d'une désignation des autorités de contrôle, à l'exception des initiatives du ***Niger*** et du ***Mali*** à cet effet. À ces facteurs, s'ajoute le problème encore plus fondamental des infrastructures d'identification des personnes. La modernisation des services de l'état civil, bien qu'étant d'actualité dans plusieurs États membres, reste un objectif non atteint. Cette situation amène à envisager le risque

[168] Dans un article consacré à la lutte contre le blanchiment de capitaux et le financement du terrorisme dans les États de l'UEMOA, Madame Mariame Ibrahim TOURE relevait, à l'époque, que les statistiques fournies par les États de l'Afrique de l'Ouest soulignaient, « de manière constante depuis cinq ans », les mêmes méthodes de blanchiment de capitaux. Elle évoquait à ce titre, le transport physique de fonds, favorisé par la porosité des frontières et l'informalité de l'économie, ainsi qu'une faible capacité des autorités d'enquêtes et l'absence d'obligation de DTE à l'intérieur des frontières de l'Union. Venait en seconde position dans son étude, l'utilisation des Entreprises et professions non financières désignées (EPNFD) à des fins de blanchiment de capitaux et en troisième lieu, le recours au secteur bancaire et au secteur de la microfinance (M. I. TOURE, « La lutte contre le blanchiment de capitaux et le financement du terrorisme en Afrique de l'Ouest », éd. ESKA, *Sécurité globale*, 2017/4, n°12, pp. 11-12). Malheureusement, les développements ultérieurs permettront d'affirmer que ces données sont toujours d'actualité.

[169] À ce propos, voir l'étude détaillée sur les vulnérabilités au blanchiment de capitaux des États membres de l'UEMOA, faite *infra* (par. 279 et s. ; Annexe 3, Tableau 1).

[170] Voir *infra,* par. 279 et s. ; voir aussi : Annexe 3, Tableau 1.

de fraudes à l'identité, que l'on sait offrir une couverture idéale pour commettre un nombre incalculable de crimes et délits[171].

La porosité des frontières, pour sa part, ruine les efforts de détection et de contrôle des mouvements transfrontaliers de fonds. L'on a d'un côté, une réglementation qui met un point d'honneur à limiter, sinon avoir une visibilité sur les mouvements d'espèces susceptibles d'être liés au blanchiment[172], et de l'autre, des défaillances dans les contrôles exercés aux frontières qui favorisent la circulation des passeurs et divers trafics. Doit-on y voir, plus qu'un contraste entre la réglementation et sa mise en œuvre, une cassure dans les déclarations d'intention de prendre en main la question sécuritaire ? Ou est-ce à imputer à l'insuffisance des ressources ? La question se pose d'autant plus que les paradoxes se retrouvent en bien d'autres aspects. Au lendemain de la création des Cellules de renseignement financier ouest-africaines, dites « Cellules nationales de Traitement des Informations financières » (en abrégé, « CENTIF »)[173], les pouvoirs desdites Agences de renseignement n'ont cessé de croître. À leurs fonctions classiques, se sont ajoutées notamment celles de coordination, de formation et de sensibilisation, de participation à l'élaboration des politiques de lutte[174]. Seulement, nombre de facteurs, parmi lesquels l'insuffisance des ressources allouées à ces Cellules censées dénouer le nœud criminel, jurent avec l'apparente autonomie (affirmée légalement)[175] et l'importance des responsabilités à elles confiées.

Du reste, les problèmes que soulève l'anti-blanchiment pour les États membres de l'Union demeurent, en dehors des particularités ci-dessus relevées, sensiblement les mêmes que pour tous les États qui se sont accommodés des exigences de lutte. Il a fallu circonscrire le champ des obligations préventives et déclaratives, ceux de la répression du blanchiment et de la coopération entre tous les acteurs. Le blanchiment a dû trouver sa place parmi d'autres infractions (recel, association de malfaiteurs, etc.), imposer ses exigences procédurales aux autorités chargées des enquêtes et poursuites, et s'évertue à se soustraire aux considérations souverainistes encore bien ancrées dans les pratiques de coopération. Au fatalisme des rapports conflictuels entre

---

[171] Dans un rapport de l'OCDE, la fraude à l'identité et l'usurpation d'identité sont envisagées comme étant toutes les situations dans lesquelles les coordonnées d'une personne sont détournées à des fins malveillantes. Au titre des exemples de fraude à l'identité, sont cités le fait d'utiliser une fausse identité, ou les coordonnées d'une autre personne en vue de se procurer des avantages de diverses natures (OCDE, Centre de Politique et de l'Administration Fiscales, *Rapport sur l'usurpation d'identité et la fraude à l'identité : risques liés à la fraude fiscale et au blanchiment de capitaux* [en ligne], p. 4. Disponible sur : https://www.oecd.org/fr/ctp/echange-de-renseignements-fiscaux/4222 3750.pdf).

[172] Voir à ce propos, les articles 12 à 17 de la loi uniforme (*infra*, par. 381 et s.).

[173] Les CENTIF ont été instituées par la première loi uniforme (LU), en son article 16 (à ce propos, voir *infra*, par. 403 et s.).

[174] Voir art. 60 de la LU.

[175] Art. 59 al. 2 de la LU.

liberté et sécurité, les États membres de l'UEMOA sont appelés à substituer une *alliance* entre ces concepts, dans les réalités qu'ils traduisent. Sachant qu'à l'heure actuelle, la loi uniforme est le principal soubassement du dispositif de prévention et de répression du blanchiment de capitaux au sein des États membres, celle-ci sera sans doute, à la fois le point de départ et de chute de nos réflexions, dans cette étude qui se veut contributive. En effet, les constats précédents laissent apparaître, en définitive, une très grande marge d'amélioration du niveau de conformité des États membres. La lucrativité de la criminalité transnationale organisée et du blanchiment de capitaux en Afrique de l'Ouest[176], combinée aux importantes vulnérabilités précédemment mises en exergue, permet dès à présent de prendre toute la mesure du niveau de risque, élevé, de blanchiment de capitaux. Mais encore, de réaliser à quel point il urge de créer les conditions nécessaires à l'application convenable des mesures préventives et répressives (soit, des conditions structurelles favorables), dont la teneur et la pertinence devront par ailleurs être interrogées (cadres réglementaire et institutionnel appropriés). En effet, la circulation apparemment sans trop d'entraves des capitaux de provenance illicite en dépit des efforts consentis au niveau communautaire, ne serait-ce que du fait de l'adoption de la première loi uniforme, devrait inciter aux remises aux questions ou tout au moins, à réfléchir sur les possibilités d'amélioration du système de lutte anti-blanchiment. Ainsi, comment parvenir à améliorer le dispositif de prévention et de répression du blanchiment de capitaux au sein des États membres de l'UEMOA, de manière à atteindre la pleine conformité aux Recommandations du GAFI ?

16. La pleine conformité, le soubassement de l'efficacité et plus encore : un levier pour l'atteinte des objectifs de bonne gouvernance et de développement. Une étude sur la conformité dans la lutte contre le blanchiment de capitaux peut paraître d'autant plus restrictive qu'on se trouve actuellement à l'ère de l'efficacité, celle de l'évaluation des résultats. Mais le calendrier mondial, s'il détermine la stratégie de lutte, ne garantit guère l'atteinte des objectifs. En effet, à l'échelle mondiale, 76 % des pays se seraient actuellement dotés d'un cadre juridique satisfaisant aux exigences des Recommandations[177], ce qui laisse apparaître des résultats certes, significatifs[178], mais restant à améliorer. Concernant les États membres de l'UEMOA, les objectifs de conformité demeurent d'actualité au regard des constats précédents. Aussi faudrait-il, avant de prétendre atteindre un certain niveau de performance, s'assurer que toutes les conditions permettant d'y parvenir sont bien réunies. Or, l'on peut d'ores et déjà avancer, étant donné les vulnérabilités ci-dessus mises en exergue, qu'il est indispensable que les États membres améliorent leur réglementation et engagent (ou achèvent) les réformes structurelles nécessaires

---

[176] Voir *supra*, par. 13.

[177] GAFI, *Rapport sur le niveau d'efficacité et de conformité dans la LBC/FT*, *op. cit.*, p. 5.

[178] Le rapport précité relève le progrès « significatif » quant au niveau de conformité technique des pays, qui n'était estimé qu'à 36 % en 2012 (*ibid.*).

pour asseoir les fondements d'un dispositif anti-blanchiment adapté. Aussi se contentera-t-on, pour l'heure, de rechercher les mesures pouvant permettre d'atteindre ce but déjà bien ambitieux, conformément au cadre fixé par la boussole que constitueront, dans cette démarche, les Recommandations du GAFI.

Loin de se réduire au socle de l'efficacité dans la lutte contre le blanchiment, la conformité présente des enjeux de bonne gouvernance, de développement. L'universalisation des méthodes de lutte se prêtera sans doute toujours aux remises en question. Celles-ci sont le droit le plus absolu de tout un chacun et sont d'autant plus légitimes que les méthodes de la *compliance* ne peuvent, quelle que soit leur pertinence, prétendre être l'unique moyen d'atteindre les buts définis (ici, ceux de l'anticriminalité). Mais elles ont aujourd'hui réussi à s'imposer à travers le monde et fort opportunément, laissent place à une certaine marge de manœuvre pour une application adaptée à des réalités plurielles, selon les sociétés et systèmes juridiques. Pour les États membres de l'UEMOA qui y ont pleinement adhéré, on peut y voir une opportunité de concrétiser les efforts de lutte notamment contre la corruption, de former et sensibiliser sur les méthodes criminelles et les moyens de lutter contre (pour mieux les prévenir), de mener les réformes devant permettre de diffuser une culture d'éthique, d'aboutir à une bonne administration de la justice. La coopération à l'échelle continentale et mondiale devrait également s'en trouver dynamisée. C'est donc avec tout l'espoir et la réjouissance anticipée que nous procure l'idée d'une UEMOA (et ultimement, d'une Afrique) en sécurité, mais aussi, largement contributive de la sécurité mondiale, que l'on abordera cette analyse se voulant apporter une modeste contribution.

17. L'amélioration de la conformité des États membres de l'UEMOA envisagée tant à l'aune des critères du GAFI que des meilleures pratiques à travers le monde. Lorsqu'on envisage de mesurer le niveau de conformité d'un système juridique donné aux Recommandations du GAFI, la méthode la plus prévisible qui soit est de se référer aux critères de conformité définis à cet effet par le GAFI-même. C'est dans cette démarche que l'on s'inscrira. Celle-ci induit une analyse desdits critères de conformité et auparavant, celle du processus ayant abouti à la construction du dispositif de lutte, à sa pénétration dans l'espace africain et ouest africain constituant le cadre géographique de cette étude. Ce retour dans le passé sera crucial pour mieux cerner les exigences à l'égard des États membres de l'UEMOA ainsi que la portée des standards que l'on s'emploie à respecter aussi méticuleusement. En effet, l'on verra qu'une analyse notamment de la contribution des acteurs incontournables de l'anti-blanchiment n'a pas une portée simplement informative. Elle permettra également d'éclairer jusqu'au sens de certaines Recommandations - et donc, de certaines exigences à l'égard des États membres de l'UEMOA - puisque celles-ci sont, dans une large mesure, le résultat d'une symbiose entre lesdits acteurs aux fins d'adopter une approche stratégique pour neutraliser la menace criminelle. L'on constatera également que l'étude détaillée des critères de conformité aux Recommandations, parce qu'elle est indispensable pour permettre ultérieurement dans l'analyse d'être en mesure de réaliser à quel point les États sont conformes ou non aux obligations de source internationale, mérite une attention particulière justifiant cette étude préliminaire (Partie préliminaire).

Pour les États membres de l'UEMOA, une pleine conformité suppose de remplir tous les critères permettant de déduire que le dispositif de lutte contre le blanchiment de capitaux est bien en place et susceptible d'être performant. Pour cela, il apparaît nécessaire que les États membres entreprennent les changements, voire les réformes réglementaires, institutionnelles et structurelles devant permettre d'optimiser les possibilités de prévention du blanchiment (Première partie), mais encore, de persévérer dans la recherche de mécanismes répressifs plus adaptés aux besoins de l'anti-blanchiment dans le respect des droits fondamentaux (Deuxième partie). Et cela, en adoptant une démarche tendant vers plus d'exhaustivité réglementaire et mieux, vers l'anticipation des besoins de l'anti-blanchiment et des parties prenantes. Du point de vue de la prévention comme de la répression, seront envisagées, dans cette analyse, les mesures spécifiques requises à cet effet et dont la teneur sera principalement déterminée par le contenu de chacun des critères de conformité aux Recommandations pertinentes. Les solutions proposées auront souvent comme source d'inspiration les bonnes pratiques appliquées dans d'autres systèmes juridiques.

PARTIE PRÉLIMINAIRE. DES OBLIGATIONS DE CONFORMITÉ DE SOURCE INTERNATIONALE : ENTRE DÉFIS ET SUCCÈS D'UNE CONQUÊTE MONDIALE POUR L'ANTI-BLANCHIMENT.

18. ***L'œuvre collective pour l'anti-blanchiment : des obligations de lutte définies pour répondre à une stratégie internationale sous le pilotage du GAFI.*** Depuis les années quatre-vingt, marquées par une bataille acharnée contre le trafic illicite de stupéfiants, la stratégie déployée en vue de la recherche, puis de la confiscation des produits des activités criminelles s'est progressivement disséminée à l'échelle mondiale. Il s'agit là d'une conséquence naturelle de l'expansion des activités des réseaux criminels à travers le monde, qu'on ne saurait contrecarrer sans la coopération internationale. L'on sait que l'élaboration de la stratégie de riposte a été l'œuvre des puissances mondiales des années quatre-vingt qui ont créé le GAFI, cet organe se voulant être le bourreau institutionnel du blanchiment de capitaux, et par la suite, du financement du terrorisme et de la prolifération des armes de destruction massive. Le Groupe d'action n'a pas tardé, l'expérience aidant, à peaufiner sa stratégie et à se livrer à une véritable conquête mondiale pour rallier à sa cause toutes les parties prenantes et notamment, les États et organismes internationaux. Le processus d'élaboration du dispositif a été long, mais relativement couronné de succès : en tout état de cause, la participation - sincère ou feinte - à l'anti-blanchiment est aujourd'hui largement généralisée[179] ; la contribution africaine, en particulier, retiendra notre attention dans le cadre de cette étude s'inscrivant dans la sphère géographique ouest-africaine, celle de l'UEMOA (Titre I).

19. En effet, les perspectives d'une pleine conformité des États membres de l'Union aux Recommandations révisées du GAFI relatives à l'anti-blanchiment sont envisagées à la lumière des critères de conformité définis par le Groupe d'action. La Méthodologie d'évaluation[180] conçue par ce dernier confère les principaux indicateurs de conformité à chaque Recommandation (critères de conformité), que l'on se doit ici d'analyser afin de saisir la teneur et la portée des obligations de lutte auxquelles sont soumis les États membres (Titre II). Une telle analyse permettra également de mettre en exergue les défis spécifiques que les États sont appelés à relever pour conférer à l'anti-blanchiment toute - mais uniquement - la place qui lui revient parmi les initiatives pour la paix et la stabilité mondiales.

---

[179] Dans le rapport sur la conformité et l'efficacité des pays dans la LBC/FT, Monsieur Marcus PLEYER (qui fut le Président du GAFI durant la période 2020-2022), fait état des « 206 États » s'étant engagés au respect des Quarante Recommandations (GAFI, *Rapport sur le niveau d'efficacité et de conformité dans la LBC/FT*, *op. cit.*, p. 3).

[180] GAFI, *Méthodologie d'évaluation de la conformité technique aux Recommandations du GAFI et de l'efficacité des systèmes de LBC/FT*, 2013, mise à jour : novembre 2020.

TITRE I. LA MOBILISATION PROGRESSIVE AUX PLANS MONDIAL ET AFRICAIN POUR LA RECHERCHE DES PRODUITS DU CRIME.

20. ***Une contribution africaine et ouest-africaine s'inscrivant dans le calendrier mondial de lutte contre la criminalité.*** Les contributions à la conception du plan mondial pour l'anti-blanchiment ont été multiples. L'on verra que certaines, à l'instar de celles du Conseil de l'Europe et du Comité de Bâle, ont même précédé la création du GAFI. N'oublions pas également que le Groupe d'action s'est inscrit dans la continuité de l'éradication du trafic illicite de stupéfiants sous le pilotage des Nations unies. Ces exemples suffisent à démontrer que le dispositif de lutte contre le blanchiment de capitaux aujourd'hui en vigueur est le résultat d'une œuvre collective, témoignant de l'acharnement de ses concepteurs à neutraliser la menace criminelle (Chapitre I).

21. L'Afrique s'est jointe à la stratégie de lutte internationale et cela, dès l'entame, du temps de la lutte contre le trafic illicite de stupéfiants. Au sein de l'Union africaine (UA), organisation continentale aspirant à bâtir une Afrique notamment prospère et en paix, l'évolution dans la prise en charge de la menace criminelle s'est faite à l'image de celle mondiale - marquée par le passage de la lutte contre le trafic de drogue à l'anti-criminalité transnationale organisée. Il a en a été ainsi dans les pays du continent, qui ont bénéficié de l'appui de nombreux institutions et mécanismes régionaux et sous-régionaux. Le ralliement africain de la recherche mondiale des produits du crime doit alors être interrogé à l'aune des actions initiées à l'échelle continentale et ouest-africaine, la dynamique étant toujours la même : celle d'envisager une contribution de plus grande portée à la pleine conformité des États dans la lutte contre le blanchiment de capitaux (Chapitre II).

CHAPITRE I. L'ŒUVRE COLLECTIVE DANS LA MISE EN PLACE DU DISPOSITIF ANTI-BLANCHIMENT : LA MULTIPLICATION DES ACTEURS MONDIAUX.

22. ***L'impératif de la coopération pour l'anti-blanchiment au fondement d'une mise à contribution généralisée.*** La multiplicité des acteurs de la conception et la mise en place du dispositif de lutte contre le blanchiment de capitaux invitent à adopter une approche sélective dans cette analyse qui n'est pas exclusivement consacrée à cette question. Par exemple, en dépit de sa pertinence, la contribution du secteur associatif à l'instar de l'implication de l'ONG Transparency International[181], n'a pas fait l'objet de développements particuliers dans les lignes qui suivent pour les raisons précédemment évoquées. Ainsi, *a priori*, le GAFI et les Nations unies apparaissent comme étant les principaux acteurs de l'élaboration du dispositif de lutte, pour des raisons que l'on ne manquera pas d'expliciter (Section 1).

23. À mesure que l'anti-blanchiment gagnait en ampleur, les initiatives sectorielles de portée internationale ont foisonné ; seront étudiées en particulier celles qui permettront, plus tard dans l'analyse, de mieux cerner certaines exigences sectorielles et de coopération du GAFI en vue de la conformité dans la LBC/FT (Section 2).

Section 1. La relative prééminence des contributions du GAFI et des Nations unies.

24. ***Une prééminence affirmée uniquement à l'aune de la conception du tronc commun de la LBC/FT au plan international.*** La prééminence des contributions du GAFI et des Nations unies peut être affirmée si l'on se réfère à l'harmonisation opérée quant aux mesures générales applicables, au plan international, à la prévention et à la répression du blanchiment de capitaux (Sous-section 1). Ce leadership doit en effet être relativisé (Sous-section 2).

Sous-section 1. Une prééminence affirmée : l'harmonisation des normes de lutte contre le blanchiment de capitaux sous l'égide du GAFI et des Nations unies.

25. ***L'anti-blanchiment : le but ultime de la création du GAFI et s'inscrivant dans la droite lignée du mandat de l'ONU.*** Le GAFI ne peut qu'être mis en avant au titre des acteurs mondiaux pour l'anti-blanchiment, puisqu'il a été spécialement créé à cet effet (Paragraphe 1) ; tandis que pour les Nations unies, la LBC/FT participe du maintien de la paix et de la sécurité internationales (Paragraphe 2).

---

[181] À ce propos, voir : Transparency International, « Engagements et actions de lutte contre la corruption par les pays développés » [en ligne], mis en ligne le 2 février 2011. Disponible sur : https://knowledgehub.transparency.org/helpdesk/engagements-et-actions-de-lutte-contre-la-corruption-par-les-pays-developpe.

Paragraphe 1. L'élaboration de normes de lutte contre le blanchiment de capitaux au fondement de la création du GAFI.

26. ***De la mobilisation des acteurs au suivi des actions anti-blanchiment : d'une guerre continuelle à la prolifération des activités criminelles***. À l'instar des stratégies ayant été déployées lors des grandes guerres mondiales, la recherche d'alliés est aujourd'hui, dans le combat livré aux ennemis de la paix et de la sécurité internationales, un point focal de la stratégie de lutte. Cette démarche se reflète à travers la composition du GAFI, qui laisse apparaître un véritable ralliement autour des puissances mondiales (A). L'action du réseau anti-blanchiment fait l'objet d'un suivi régulier à travers le processus de mise en œuvre et de suivi des évaluations des dispositifs étatiques de LBC/FT (B).

A. Le reflet de la composition du GAFI : du succès de la stratégie de ralliement autour des puissances mondiales.

27. Montage d'un réseau (ultimement) antiterroriste ? Face à la menace terroriste, la stratégie consistant à tarir les sources de financement (licites comme illicites) des organisations terroristes nécessite une mobilisation internationale[182]. Le GAFI a donc œuvré pour que toutes les régions du monde soient - inexorablement - amenées à rallier sa cause[183], laquelle inclut pour les pays coopératifs, une neutralisation du crime organisé. Aussi la composition ainsi que le schéma organisationnel du GAFI ont-ils été ingénieusement pensés de manière à inclure toutes catégories d'acteurs susceptibles d'être utiles à la lutte. On ne pourra en faire une étude exhaustive dans le cadre de cette analyse limitée ; en revanche, des précisions seront faites sur le rôle des membres, des membres associés, des institutions financières internationales (IFI) et de l'Organisation de coopération et de développement économiques (OCDE).

28. Les membres du GAFI, sujets actifs de l'anti-blanchiment. Les membres du GAFI sont les pays et organisations qui travaillent ensemble au sein du Groupe afin de réaliser les objectifs de son mandat. Être pays membre du GAFI signifie d'une part, s'engager à approuver et mettre en œuvre les Recommandations sur la LBC/FT en utilisant, à chaque fois que requis, les lignes directrices et politiques adoptées par le GAFI. D'autre part, cela implique de se

---

[182] Le constat est fait par le Groupe de travail de l'Union africaine sur les flux financiers illicites en provenance d'Afrique, qui avance au titre des éléments explicatifs de l'intérêt de la communauté internationale pour la question du blanchiment, « l'intérêt politique que soulève la volonté de tarir le financement des organisations terroristes » (Union africaine, *Rapport du Groupe de haut niveau sur les flux financiers illicites en provenance d'Afrique*, p. 34).

[183] La surveillance financière mise en place par le GAFI reposerait en effet sur « l'engagement des acteurs économiques et financiers privés, ralliés bon gré mal gré à la cause au nom de la protection du système financier international » (G. FAVAREL-GARRIGUES, T. CODEFROY et P. LASCOUMES, « Les porteurs discrets de la surveillance financière », Presses de Sciences Po - *Critique Internationale*, mars 2010, n°48, pp. 77-95).

soumettre et participer aux examens systématiques par les pairs et aux processus d'évaluations appropriés. Quant aux organisations membres, elles s'engagent à approuver et promouvoir la mise en œuvre effective des Recommandations du GAFI parmi leurs membres ainsi qu'à soutenir les examens systématiques par les pairs ou évaluations mutuelles, en utilisant la méthodologie et les procédures appropriées. Les pays et organisations ont l'obligation de participer activement aux travaux du GAFI et de collaborer pour une réalisation des objectifs et missions du mandat.

29. Les membres associés, organes subsidiaires du GAFI. Les membres associés du GAFI[184] sont les Organismes régionaux de type GAFI (ORTG)[185], désignés par le GAFI. Ils sont tenus d'approuver les Recommandations, lignes directrices et autres politiques du GAFI en matière de LBC/FT ; de promouvoir la mise en œuvre des normes du GAFI au sein de leurs pays membres en se prêtant aux examens systématiques par les pairs et diverses évaluations et enfin, en participant à l'élaboration des normes du GAFI sur la LBC/FT ainsi que les autres menaces pour l'intégrité du système financier international. À ce titre, ils publient chaque année des rapports sur les typologies de blanchiment de capitaux dans lesquels ils identifient notamment les faiblesses de leur dispositif et indiquent les mesures correctives appropriées. « Les ORTG sont à leur région ce que le GAFI est au monde »[186] : en tant qu'organes subsidiaires du GAFI, ils doivent veiller à ce que les normes et politiques du Groupe d'action soient mises en œuvre dans leurs pays membres. Combinés, ces ORTG sont au cœur du réseau mondial de LBC/FT.

30. Les institutions financières internationales, participants à l'exécution du mandat du GAFI. « Dans le cadre, et afin de réaliser leurs mandats respectifs concernant la promotion de la stabilité et du développement

---

[184] GAFI, *Mandat du Groupe d'Action Financière 2012-2020*, 2012, p. 4.

[185] Le *Mandat du Groupe d'Action Financière 2012-2020* précité (p. 11) fournit la liste des membres associés du GAFI reconnus à ce jour : Le Comité d'experts du Conseil de l'Europe sur l'évaluation des mesures de lutte contre le blanchiment de capitaux et le financement du terrorisme (MONEYVAL) ; le Groupe anti-blanchiment en Afrique orientale et australe (GABAOA) ; le Groupe Asie-Pacifique sur le blanchiment de capitaux (GAP) ; le Groupe d'action financière des Caraïbes (GAFIC) ; le Groupe d'action financière du Moyen-Orient et de l'Afrique du Nord (GAFIMOAN) ; le Groupe d'action financière sur le blanchiment de capitaux en Amérique du Sud (GAFISUD) ; le Groupe Eurasie de lutte contre le blanchiment de capitaux et le financement du terrorisme ; le Groupe intergouvernemental d'action contre le blanchiment de l'argent en Afrique de l'Ouest (GIABA).

[186] P. A. SCOTT, *op. cit.*, p. 39.

financiers et économiques, le Fonds monétaire international[187] et la Banque mondiale ont un rôle particulier dans le développement, la promotion et la dissémination des mesures de lutte contre le blanchiment de capitaux et le financement du terrorisme et les autres menaces liées »[188]. Effectivement, cette vision du GAFI est confortée par le constat que la Banque mondiale et le FMI ne peuvent mener à bien leurs missions respectives de lutte contre la pauvreté et de maintien de la stabilité financière internationale lorsque prolifère la criminalité et notamment, des infractions à grand impact tel que le blanchiment de capitaux.

Telles que définies par le GAFI, les missions de la Banque mondiale et du FMI consistent à contribuer à la promotion des normes et politiques de lutte anti-blanchiment ainsi qu'à apporter une assistance technique et un renforcement des capacités en matière de LBC/FT et menaces y afférentes[189]. Pour ce qui est de la mise en œuvre, le FMI, déjà impliqué dans cette lutte depuis une vingtaine d'années[190], a intensifié son action anti-blanchiment puis étendu son travail à la lutte contre le financement du terrorisme à partir de l'année 2000[191] - période charnière pour l'anti-criminalité transnationale organisée. D'une manière générale, ce travail consiste à mettre en place des politiques nationales et internationales de lutte contre le blanchiment de capitaux et le financement du terrorisme. Au fil des ans, l'évolution de ce programme de LBC/FT a été le reflet de l'importance accrue des questions d'intégrité financière pour le FMI. En effet, en 2004, le Conseil d'administration a décidé que les évaluations des dispositifs de LBC/FT et les activités de développement des capacités feraient désormais partie intégrante du travail du

---

[187] Le FMI a été créé en juillet 1944, à l'occasion de la Conférence des Nations-Unies tenue à Breton Woods, en présence de 44 pays se voulant mettre en place un cadre de coopération économique. Il proclame encourager la stabilité financière en exerçant une mission de surveillance de ses 189 États membres. Ceux-ci bénéficient des conseils du FMI en vue de l'adoption de politiques qui assurent leur stabilité économique, réduisent leur vulnérabilité aux crises économiques et financières et améliorent leur niveau de vie (Fonds monétaire international, « Le FMI en un clin d'œil » [en ligne], mise à jour : 2019. Disponible sur : https://www.imf.org/fr/About/Factsheets/IMF-at-a-Glance).

[188] *Op. cit.*, GAFI, pp. 4-5.

[189] Plus spécifiquement, le *Mandat du Groupe d'Action Financière (2012-2020)* (*op. cit.*, p. 5) investit le FMI et la Banque Mondiale des missions consistant à contribuer au développement des normes, lignes directrices et autres politiques du GAFI pour lutter contre le blanchiment de capitaux, le financement du terrorisme et de la prolifération, ainsi que toutes autres menaces pour l'intégrité du système financier international ; aider à promouvoir la mise en œuvre efficace des normes du GAFI par les évaluations des pays en utilisant la méthodologie convenue et en encourageant la publication des rapports d'évaluation détaillée et apporter une assistance technique et un renforcement des capacités en matière de LBC/FT et autres menaces liées.

[190] Fonds monétaire international (Allocution de Madame Christine LAGARDE), « Renforcer la lutte contre le blanchiment de capitaux et le financement du terrorisme » [en ligne], 26 juillet 2017. Disponible sur : https://www.imf.org/external/french/np/blog/2017/072617f.htm.

[191] Fonds monétaire international, « Le FMI et la lutte contre le blanchiment des capitaux et le financement du terrorisme » [en ligne], 28 septembre 2016, mise à jour : 2019. Disponible sur : https://www.imf.org/fr/About/Factsheets/Sheets/2016/08/01/16/31/Fight-Against-Money-Laundering-the-Financing-of-Terrorism.

FMI[192]. La Banque mondiale, pour sa part, aide les pays à mettre en place des systèmes permettant d'obtenir des informations sur l'origine, la destination et le bénéficiaire des flux financiers illicites[193]. La StAR et le Service de l'intégrité des marchés financiers fournissent dès lors des conseils stratégiques aux pays, notamment une assistance technique (ateliers, formations, évaluations du risque de BC/FT, etc.), une aide à l'élaboration des politiques et une évaluation des dispositifs de LBC/FT.

31. Actions conjointes du FMI, de la Banque mondiale et du GAFI. Suite au regain d'ampleur de la lutte contre le blanchiment de capitaux en 2001 (au lendemain des attentats du 11 septembre), le FMI et la Banque Mondiale ont renforcé leur implication dans la lutte contre le blanchiment *via* une collaboration accrue avec le GAFI[194]. Ce fut la naissance d'un partenariat aux fins de réaliser un programme global de lutte contre le blanchiment d'argent et le financement du terrorisme et plus spécifiquement, d'unir les efforts pour réaliser un contrôle effectif de la mise en œuvre des 40+9 Recommandations du GAFI dans tous les pays du monde[195]. Ce contrôle reposerait sur une seule et unique méthodologie d'évaluation. La première fut élaborée et adoptée par la Plénière du GAFI en 2002. Ce nouveau partenariat aurait permis le perfectionnement du processus d'évaluation mutuelle et d'offrir « un produit d'une grande qualité et d'une objectivité incontestable »[196], même s'il a été relevé qu'en devenant plus exigeant et plus rigoureux, il est devenu plus complexe et plus lourd.

---

[192] *Ibid.* Afin de développer ses capacités, en avril 2009, le FMI a lancé un fonds de fiducie appuyé par les bailleurs de fonds - le premier d'une longue série de fonds fiduciaires spécialisés (FFS) - pour financer le développement des capacités en matière de LBC/FT dans ses pays membres. La France, la Suisse, la Norvège, le Royaume-Uni, le Canada, le Koweït, le Qatar, l'Arabie Saoudite, le Japon, le Luxembourg, les Pays-Bas et la Corée se sont engagés à fournir collectivement 27,3 millions de dollars sur une période de 5 ans pour le financement du FFS afin de renforcer les dispositifs de LBC/FT à travers le monde entier. La fin de la première étape du FFS était prévue pour avril 2014. Au vu de la réussite du programme et compte tenu de la forte demande dont continue de faire l'objet le renforcement des capacités en la matière, une nouvelle étape quinquennale du FFS a débuté en 2014. Les bailleurs de fonds précités se sont engagés à ce titre, à fournir collectivement plus de 25 millions de dollars sur les cinq années suivantes pour accompagner cette nouvelle phase. Ce financement est venu renforcer les comptes qui alimentent les activités du FMI concernant le développement des capacités des pays en matière de LBC/FT en permettant à plus de 30 pays de recevoir, chaque année, 6,5 millions de dollars d'assistance technique et de formation (*ibid.*).

[193] Banque mondiale, « Combattre l'argent sale et les flux financiers illicites pour faire reculer la pauvreté » [en ligne], 23 mai 2012. Disponible sur : http://documents1.worldbank.org/curated/en/982361467986279874/pdf/93589-2012May23-World-StAR-FRENCH-Box-395404B-PUBLIC.pdf.

[194] D'aucuns affirment plutôt que le FMI et la Banque mondiale « décidèrent de rejoindre le GAFI », face à la nouvelle ampleur que prenait l'anti-blanchiment suite aux mesures prises contre les pays et territoires non coopératifs, mais encore, du fait des attaques du 11 septembre 2001 (A. DAMAIS, *op. cit.*, p. 3).

[195] *Ibid.*

[196] *Ibid.*

32. L'OCDE et la tenue du Secrétariat du GAFI. L'OCDE est partie d'une initiative de reconstruction européenne avant de tendre à beaucoup plus, à savoir l'ouverture aux progrès et à la coopération économiques partout à travers le monde ; sa mission est aujourd'hui de promouvoir des politiques qui amélioreront le bien-être économique et social dans le monde[197]. C'est donc opportunément qu'elle tient le Secrétariat du GAFI, qui cite cette Organisation au titre des références en matière de lutte contre les crimes économiques[198]. Une coopération entre le GAFI et l'OCDE s'est naturellement imposée, étant démontré que le blanchiment peut être issu de la corruption et plus généralement des crimes économiques. D'un point de vue fiscal en particulier, l'OCDE travaille avec le GAFI depuis plus d'une décennie afin d'améliorer la coopération nationale et internationale - notamment en matière d'échange d'informations - entre les autorités fiscales et les autorités de lutte contre le blanchiment[199].

B. Le suivi de l'action du réseau : l'application et les suites du mécanisme des évaluations.

33. La stratégie du *SWOT*[200] au service l'anti-blanchiment. Les évaluations mutuelles constituent un véritable outil stratégique pour évaluer les forces et faiblesses d'un système de LBC/FT, mais aussi, les opportunités d'amélioration et menaces y afférentes. Le processus d'évaluation mutuelle constitue ainsi un mécanisme de surveillance du système financier international, et fut lancé dès 1991 afin de vérifier si les Quarante Recommandations avaient bien été intégrées dans les systèmes juridiques des pays membres[201]. Ce premier cycle d'évaluations allait être suivi de trois autres, au gré de l'évolution des Recommandations en 1996, 2001 et 2012 - sachant que c'est d'ailleurs, grâce aux informations recueillies lors de ces évaluations que le GAFI adopte les

---

197 OCDE, *Des politiques meilleures pour une vie meilleure - La mission de l'OCDE depuis 50 ans* [en ligne], 2011, p. 8. Disponible sur : https://www.oecd.org/fr/apropos/47747305.pdf.

198 Voir le site du GAFI : GAFI, Accueil/Pages « Organisation pour la coopération et le développement économiques (OCDE) » [en ligne], mise à jour : 2019. Disponible sur : http://www.fatf-gafi.org/fr/pages/organisationpourlacooperationetledeveloppementeconomiquesocde.html.

199 *Ibid.*

200 L'acronyme anglais « SWOT » renvoie aux termes suivants : *Strenghts, Weaknesses, Opportunities and Threats* (en français : Forces, Faiblesses, Opportunités et Menaces). L'analyse *SWOT* est un outil de stratégie marketing inventé par des chercheurs de l'Université d'Harvard en 1969 en vue d'aider les entreprises dans leur prise de décision dans le cadre de l'élaboration d'un plan stratégique en croisant les données internes (points forts et points faibles de l'entreprise) et externes (menaces et opportunités). Voir à ce propos : M. M. NOVICEVIC, M. HARVEY, C. W. AUTRY et E. U. BOND III, « Dual-perspective SWOT: a synthesis of marketing intelligence and planning » [en ligne] ; en français : « La double-perspective du SWOT : une synthèse de l'intelligence marketing et de la planification », *Marketing Intelligence & Planning*, vol. 22, n°1, 2004, pp. 85-86. Disponible sur : https://api.istex.fr/ark:/67375/4W2-H9J77GV8-C/fulltext.pdf ; SPETH C., *La matrice SWOT et la stratégie d'entreprise - Comment analyser les options stratégiques envisageables ?*, éd. 50 minutes, coll. Gestion & Marketing, n°21, 2015, pp. 5-8.

201 A. DAMAIS, *op. cit.*, pp. 2-3.

modifications visant à améliorer ses standards[202]. Le quatrième cycle d'évaluations mutuelles s'est effectué sur la base des Recommandations de 2012 (régulièrement révisées) afin de vérifier la conformité et l'efficacité des systèmes de LBC/FT[203].

34. La conception d'une méthodologie universelle d'évaluation pour une meilleure visibilité sur les résultats. Dans le cadre de l'évaluation des pays dans la LBC/FT, le GAFI procède au double exercice des auto-évaluations (annuelles) et évaluations mutuelles. La première modalité consiste pour chaque pays membre, à répondre annuellement à un questionnaire standard conçu pour vérifier dans quelle mesure l'État concerné met en œuvre les Recommandations[204]. Les évaluations mutuelles soumettent les États membres à une visite sur place d'experts du GAFI provenant d'autres États membres qui vont par la suite, dans un rapport, rendre compte des points forts et de faiblesse du dispositif. Après ces visites « intrusives »,[205] mais incitatives, le pays évalué doit faire un rapport présentant les mesures prises afin de remédier aux notations « Non conforme » ou « Partiellement conforme »[206].

Cette politique de transparence du GAFI est allée *crescendo* pour aboutir, à l'aube du troisième cycle d'évaluations, à la publication de l'intégralité des rapports d'évaluation des pays[207]. Auparavant, les rapports faisaient l'objet d'une discussion en session fermée et restaient confidentiels ; c'est uniquement à partir de 2002 que l'initiative de transparence débuta timidement par une distribution des rapports (et une ouverture des débats) à tous les membres et

---

[202] GAFI, *Procédures pour le quatrième cycle d'évaluations mutuelles du GAFI en matière de LBC/FT*, mise à jour : octobre 2019, p. 4.

[203] *Ibid.*, p. 3. Ainsi, alors que le premier cycle d'évaluation visait simplement la vérification de la transposition des Recommandations dans les différents pays membres du GAFI, le deuxième visait « non seulement conformité formelle des mesures juridiques de transposition, mais aussi leur mise en œuvre sur le terrain » (A. DAMAIS, *op. cit.*, p. 3). Le troisième cycle d'évaluation avait principalement pour objectif d'évaluer la conformité technique aux Recommandations et le quatrième, de vérifier à la fois la conformité technique et l'efficacité des États (*ibid.*).

[204] *Ibid.*, p. 4.

[205] U. CASSANI, « L'internationalisation du droit pénal économique et la politique criminelle de la Suisse : la lutte contre le blanchiment d'argent » [en ligne], *Revue de droit suisse* (Rapport à la Société Suisse des Juristes), 2008, II/2, p. 18. Disponible sur : https://www.unige.ch/formcont/files/8914/3921/7129/12.pdf.

[206] *Ibid.* En effet, le niveau de conformité peut donner lieu à différentes notations : Conforme (C), En grande partie conforme (LC), Partiellement conforme (PC) et Non conforme (NC). Un pays est noté « Conforme » lorsque son dispositif ne présente aucune lacune et à l'opposé, « Non conforme » lorsque ledit dispositif présente des lacunes majeures. L'État est « En grande partie conforme » lorsqu'il n'y a que des lacunes mineures et « Partiellement conforme » en présence de lacunes modérées. Enfin, une obligation peut être notée « Non applicable » en raison des caractéristiques structurelles, juridiques ou institutionnelles du pays (GAFI, *Méthodologie d'évaluation de la conformité technique aux Recommandations du GAFI et de l'efficacité des systèmes de LBC/FT*, 2013, mise à jour : novembre 2020, p. 14).

[207] A. DAMAIS, *op. cit.*, p. 7.

observateurs[208]. Les résultats publiés constituent une mine d'informations pour « des milliers d'institutions financières dans le monde »[209]. Mais au-delà, ils peuvent servir à toute personne ou entité qui envisagerait de nouer une quelconque relation dans un pays ou sur un territoire déterminé.

Les efforts déployés par le GAFI ont été couronnés d'un succès indéniable[210]. Vers la fin des années deux mille déjà, tous les pays membres étaient dotés des éléments fondamentaux d'un système anti-blanchiment digne de ce nom[211], en dépit des imperfections et manquements subsistants. Il faut dire que les États n'ont guère d'autre choix que de se conformer, au risque de figurer sur la liste noire des Pays et Territoires non coopératifs (PTNC), vilipendés auprès du reste du monde et susceptibles de subir des contre-mesures[212]. En principe, ces contre-mesures se devant d'être proportionnelles au risque et efficaces[213], impliquent *a minima*, l'application - spontanée ou sur demande du GAFI - de mesures de vigilance renforcées à l'égard des PTNC par tous les pays membres, conformément à la Recommandation 19. Elles peuvent aller jusqu'à la rupture des opérations des pays membres du GAFI avec les institutions financières du récalcitrant[214]. Exacerbé après les attentats du 11 septembre 2001[215], ce *soft power*[216] néanmoins impératif reposerait sur des « logiques impériales qui sous-tendent un projet dont l'impulsion est avant tout

[208] *Ibid.*, p. 6.

[209] *Ibid.*, p. 7.

[210] Le GAFI aurait en effet, selon Messieurs Gilles FAVAREL-GARRIGUES, Thierry GODEFROY et Pierre LASCOUMES (*op. cit.*, pp. 80-81), réussi à mettre en place un « régime global de prohibition » (l'auteur cite à ce propos : E. A. Nadelmann, « Régimes globaux de prohibition et trafic international de drogue », Revue Tiers-Monde, 33 (131), juillet-septembre 1992, p. 537-552) dès lors que « vingt ans après la création du GAFI, plus de 180 États se sont engagés dans la mise en œuvre de ses recommandations, et celles-ci ont été relayées par la Banque mondiale et le FMI, ce qui constitue pour le moins un résultat spectaculaire ».

[211] A. DAMAIS, *op. cit.*, p. 7.

[212] Le PTNC est d'abord « encouragé à faire des progrès rapides pour pallier à ses déficiences » ; c'est donc à défaut d'efforts suffisants que les contre-mesures peuvent conséquemment être prises par les membres du GAFI (P. A. SCOTT, *op. cit.*, p. 30). Ces contre-mesures ont par exemple été auparavant appliquées à l'Ukraine (décembre 2002 et février 2003), à Nauru (qui a fait l'objet de sanctions en 2001 aux motifs que ce pays tolérait sur son territoire des banques fictives) ; au Myanmar, sur demande du GAFI à ses membres d'appliquer à ce pays des contre-mesures renforcées, suite à un communiqué du 3 novembre 2003 consécutivement à une réunion plénière d'octobre à Stockholm (J. CHAPPEZ, *op. cit.*, p. 556).

[213] Voir Recommandation 19.

[214] P. A. SCOTT, *op. cit.*, p. 30.

[215] Afin d'encourager la coopération internationale dans la lutte contre le blanchiment d'argent, le GAFI a lancé, en 1998, l'exercice sur les pays ou territoires non coopératifs. Le premier rapport y afférent a donc été publié depuis juin 2000 et identifiait 15 PTNC dont le régime anti-blanchiment était particulièrement défaillant (A. DAMAIS, *op. cit.*, note 3, p. 13).

[216] Le « *soft power* » est un concept utilisé en relations internationales pour désigner la capacité d'un État à influencer les relations internationales en sa faveur sans user de moyens coercitifs (ces derniers relevant plutôt du « *hard power* »).

américaine »[217]. Pour beaucoup de pays, la crainte de la mise au ban et l'entache subséquente à leur réputation suffit à motiver des efforts pour atteindre les exigences des standards[218]. Même si cela ne saurait suffire pour proclamer une victoire contre le crime organisé, la globalisation des standards du GAFI est une réussite.

Paragraphe 2. L'appui des Nations unies dans la lutte contre le blanchiment de capitaux en faveur du maintien de la paix et de la sécurité internationales.

35. ***D'une mise à disposition d'instruments et d'institutions d'appui dans l'anti-blanchiment***. L'appui des Nations unies s'inscrit dans la continuité de ses actions dans la lutte contre la drogue. Il se manifeste à travers la conception d'instruments de lutte (A), mais encore, par l'implication d'acteurs spécifiques de l'ONU à l'instar de l'ONUDC (B).

A. L'appui par la conception d'instruments de lutte.

36. ***Les principaux instruments de lutte : les Conventions des Nations unies et Résolutions du Conseil de sécurité***. Les Nations unies ont mis à disposition des États des Conventions participant de la lutte contre le blanchiment de capitaux (I), de même que les Résolutions du Conseil de sécurité (II).

I. Des outils anti-blanchiment conférés par les Conventions des Nations unies.

37. ***D'une prise en charge plus ou moins directe de la problématique des produits du crime***. Les Conventions des Nations unies posant des obligations principales de LBC/FT sont la Convention contre le trafic illicite de stupéfiants et de substances psychotropes (a) et la Convention contre la criminalité transnationale organisée (b). Il faut cependant relever la pertinence des Conventions de New York et de Mérida pour la LBC/FT (c).

---

[217] La pression exercée sur les États afin qu'ils se conforment aux Recommandations du GAFI (sous peine de figurer sur la liste noire et de subir une mise au ban généralisée) aurait été d'autant plus forte que les États-Unis auraient « introduit une forme de conditionnalité en exigeant des établissements bancaires étrangers qu'ils intègrent leurs normes s'ils voulaient poursuivre avec eux des échanges financiers » (G. FAVAREL-GARRIGUES, T. GODEFROY et P. LASCOUMES, *op. cit.*, p. 80).

[218] *Ibid.*

a. La Convention contre le trafic illicite de stupéfiants et de substances psychotropes : les débuts de l'incrimination du blanchiment et de l'impulsion de la coopération internationale.

38. L'inclusion de la problématique des produits du crime, un nouvel outil dans la guerre aux stupéfiants des années quatre-vingt. Une série de Résolutions des Nations unies[219] a finalement abouti à l'adoption de la Convention des Nations unies contre le trafic illicite de stupéfiants et de substances psychotropes du 20 décembre 1988. Non pas qu'il n'existait pas d'instruments de lutte contre les stupéfiants à cette époque[220] ; seulement, au regard des proportions démesurées qu'avait prises ce fléau, la communauté internationale a acquis « la conviction la plus ferme que jamais que le moment était venu d'avancer et de prendre des initiatives nouvelles non seulement pour intensifier les efforts et coordonner les stratégies dans le cadre existant, mais aussi pour concevoir et élaborer un autre instrument qui leur permettrait de s'attaquer plus énergiquement, grâce à une coopération et à une action concertée, au problème complexe du trafic de drogues et à toutes ses incidences »[221]. Aussi, entre le 25 novembre et le 20 décembre 1988, les représentants de cent-six États se sont-ils réunis pour négocier un texte final : la Convention de Vienne[222]. Ainsi est né cet instrument, qui a inclus dans son dispositif des éléments propres à priver les narcotrafiquants des produits douteux de leurs activités, en

[219] Suite à la trente-neuvième session de l'Assemblée générale des Nations unies qui avait à l'ordre du jour un point intitulé « Campagne internationale de lutte contre le trafic de drogues », trois résolutions ont en effet été adoptées : la résolution 39/142 qui revient sur l'urgence de conférer « le rang de priorité le plus élevé » à la lutte contre le trafic et l'abus des drogues ; la résolution 39/143 par laquelle l'Assemblée priait le Conseil économique et social d'« examiner les éléments juridiques, institutionnels et sociaux de la lutte contre le trafic des stupéfiants sous tous ses aspects, y compris la possibilité de convoquer une conférence spéciale » et la résolution 39/141, par laquelle l'Assemblée affirmait, du fait de l'ampleur prise par le trafic de stupéfiants, la nécessité de l'élaboration d'une convention « dans laquelle on aborderait dans leur ensemble les divers aspects du problème, en particulier ceux qui n'étaient pas traités dans les instruments internationaux existants » (Nations unies, *Commentaire de la convention des Nations Unies contre le trafic illicite de stupéfiants et de substances psychotropes* [en ligne], 2000, p. 3).

[220] En 1936 déjà, il existait une convention pour la répression du trafic illicite des drogues nuisibles (J. BORRICAND, « Les instruments internationaux de lutte contre le blanchiment d'argent. Bilan et perspectives », *Problèmes actuels des sciences criminelles*, vol. XIV, Presses universitaires d'Aix-Marseille, 2001, p. 30). Le dispositif de lutte s'est par la suite, renforcé avec en premier lieu, la Convention unique sur les stupéfiants de 1961 qui portait sur le contrôle des narcotiques (convention qui sera amendée par son protocole additionnel en 1972) et en second lieu, avec la convention de 1971 sur les substances psychotropes. La Convention de Vienne est venue compléter les deux dernières conventions en ajoutant aux textes antérieurs notamment la répression du blanchiment des produits du trafic illicite de stupéfiants ainsi que des dispositions visant à renforcer la coopération internationale.

[221] Nations unies, *op. cit.*, pp. 1-2.

[222] Office des Nations unies contre la drogue et le crime, *Le blanchiment d'argent et le financement du terrorisme : la réponse des Nations-Unies*, p. 4.

l'occurrence, l'incrimination du blanchiment et le renforcement des mécanismes de coopération internationale.

39. L'incrimination nouvelle du blanchiment des produits du trafic illicite de stupéfiants. Bien des mécanismes de répression et de coopération qui paraissent évidents dans l'anti-blanchiment des temps modernes ont été initiés par la Convention de Vienne. Celle-ci appelait effectivement les États parties à faire le nécessaire pour conférer le caractère d'infraction pénale :

- à la conversion ou au transfert de biens dont celui qui s'y livre sait qu'ils proviennent d'une des infractions constitutives de trafic illicite de stupéfiants telles que prévues par la convention ou d'une participation à sa commission, dans le but de dissimuler ou de déguiser l'origine illicite desdits biens ou d'aider toute personne qui est impliquée dans la commission de l'une de ces infractions à échapper aux conséquences juridiques de ses actes ;
- à la dissimulation ou au déguisement de la nature, de l'origine, de l'emplacement, de la disposition, du mouvement, ou de la propriété réels de biens ou de droits y relatifs, dont l'auteur sait qu'ils proviennent de l'une des infractions précitées ou d'une participation à une de ces infractions ; et
- sous réserve de ses principes constitutionnels et des concepts fondamentaux de son système juridique, à l'acquisition, à la détention ou à l'utilisation de biens, dont celui qui les acquiert, les détient ou les utilise sait, au moment où il les reçoit, qu'ils proviennent de l'une des infractions précitées ou de la participation à l'une de ces infractions[223].

L'incrimination s'applique également au fait d'inciter ou d'amener publiquement autrui, par quelque moyen que ce soit, à commettre l'une des infractions notamment de blanchiment ainsi qu'à la participation ou à toute association, entente, tentative ou complicité par fourniture d'une assistance, d'une aide ou de conseils en vue de sa commission[224]. Afin de lever d'éventuelles difficultés liées à la preuve de l'intention que l'on sait être difficile à rapporter, la convention prévoit que la connaissance, l'intention ou la motivation nécessaires en tant qu'élément d'une des infractions notamment de blanchiment, peut être déduite de circonstances factuelles objectives[225].

40. L'extension du champ de la confiscation et le renversement (suggéré) de la charge de la preuve. La Convention de Vienne va plus loin que les précédentes conventions anti-stupéfiants, qui ne prévoyaient que la confiscation des stupéfiants, des substances et du matériel utilisés pour

---

[223] Art. 3 al. 1er, b) et c) de la conv. de Vienne.
[224] Art. 3 al. 1er, c-iii) et iv) de la conv. de Vienne.
[225] Art. 3 al. 3 de la conv. de Vienne.

commettre les infractions[226]. En effet, elle vise non seulement la confiscation des produits du trafic de stupéfiants ou de biens dont la valeur correspond à celle de ces produits, mais encore, celle des revenus et avantages tirés des produits, des biens en lesquels ces produits ont été transformés, convertis ou mêlés[227], sans porter atteinte aux droits des tiers de bonne foi[228]. En raison des difficultés que peut susciter l'établissement de l'origine illicite des biens, la convention préconise d'envisager « de renverser la charge de la preuve en ce qui concerne l'origine licite des produits présumés ou autres biens pouvant faire l'objet d'une confiscation, dans la mesure où cela est conforme aux principes de son droit interne et à la nature de la procédure judiciaire et des autres procédures »[229].

41. Le renforcement des mesures de coopération internationale. La Convention de 1988 incite les États parties à s'engager à inclure notamment le blanchiment des produits du trafic illicite de stupéfiants dans le champ des infractions susceptibles de donner lieu à une extradition[230]. L'article 6 de la Convention de Vienne encourage également la souplesse des procédures d'extradition en adoptant, entre autres, son utilisation propre comme fondement juridique de l'extradition ; l'accélération des procédures d'extradition et la simplification des exigences en matière probatoire concernant les infractions au fondement de la procédure d'extradition ou encore, la conclusion d'accords bilatéraux ou multilatéraux pour permettre l'extradition ou en accroître l'efficacité.

La Convention contient également des dispositions pour le moins détaillées sur l'entraide judiciaire, semblables à « un traité d'entraide judiciaire en miniature »[231] prenant en compte la diversité des procédures en vigueur ou envisageables dans les systèmes juridiques nationaux[232]. Est aussi prévue la levée

---

[226] J. BORRICAND, *op. cit.*, p. 31. L'auteur fait plus spécifiquement référence à l'art. 10 de la conv. de 1936 et à l'art. 37 de la conv. de 1961.

[227] Art. 5 al. 6 de la conv. de Vienne.

[228] Art. 5 al. 8.

[229] Art. 5 al. 7.

[230] Ont été inclus dans le champ de l'extradition (par l'art. 6 de la conv. de Vienne) non seulement le blanchiment d'argent, mais encore « la fabrication, le transport ou la distribution de matériels, d'équipements et de substances énumérées aux Tableaux I et II de la Convention dont on sait qu'ils serviront à des fins illicites » ; en effet, « aucune de ces deux formes de comportement n'était interdite par les précédentes conventions multilatérales relatives au contrôle des drogues et, lorsque la Convention a été adoptée, elles constituaient pour de nombreux États de nouvelles infractions pénales. Étant donné le rôle capital joué dans le droit et la pratique de l'extradition par le concept de double incrimination (c'est-à-dire la condition selon laquelle l'acte motivant la demande doit constituer une infraction pénale au regard de la législation de l'État requérant comme de l'État requis), ces infractions échappaient pour la plupart à la coopération internationale sous forme d'extradition » (Nations unies, *Commentaire de la convention des Nations Unies contre le trafic illicite de stupéfiants et de substances psychotropes*, *op. cit.*, p. 134).

[231] *Ibid.*, p. 153.

[232] *Ibid.*

du secret bancaire[233] pour toutes enquêtes initiées aux fins d'entraide, y compris dans le contexte spécifique de la confiscation[234]. D'autres formes de coopération peuvent être combinées à l'entraide, telles que le transfert de procédures répressives lorsqu'une bonne administration de la justice le requiert[235] ; la conclusion d'accords bilatéraux ou multilatéraux en vue de renforcer l'efficacité de l'action de détection ou de répression notamment d'une infraction de blanchiment des produits du trafic de stupéfiants[236], y compris en cas de trafic illicite par mer[237] ; la coopération et l'assistance (par arrangements financiers ou appui à la mise en place de programmes de coopération technique) aux États de transit[238] (et surtout ceux en développement), afin d'empêcher notamment l'entrée et le transit illicites ou encore, l'utilisation de techniques d'enquête adaptées telles que les livraisons surveillées[239], sur la base d'accords ou d'arrangements, pour peu que les principes fondamentaux des systèmes juridiques des pays le permettent[240].

b. La Convention des Nations unies contre la criminalité transnationale organisée : l'extension au crime organisé.

42. L'extension du champ de la répression au blanchiment des produits du crime. La Convention de Palerme a repris les termes de l'incrimination du blanchiment telle que prévue par la Convention de Vienne, tout en étendant le champ de l'infraction aux produits du crime. Conséquemment, la Convention a inclus des dispositions incitant à prévoir « l'éventail le plus large d'infractions principales »[241] pour que les chances de poursuites ne soient pas compromises par des failles réglementaires. *A minima*, cet éventail doit inclure les infractions graves[242] prévues par la Convention et pour les pays qui tiennent une liste d'infractions, un éventail complet

---

233 Art. 7 al. 5 de la conv. de Vienne.

234 Nations unies, *op. cit.*, p. 159.

235 Art. 8 de la conv. de Vienne.

236 Art. 9 de la Convention qui prévoit globalement les « Autres formes de coopération ».

237 Art. 17 de la conv. de Vienne.

238 Selon l'art. 1er *in fine* de la Convention de Vienne (portant sur les « définitions »), l'expression « État de transit » désigne « désigne un État sur le territoire duquel des substances illicites - stupéfiants, substances psychotropes et substances inscrites au Tableau I et au Tableau II - sont déplacées et qui n'est ni le point d'origine ni la destination finale de ces substances ».

239 L'expression « livraison surveillée » désigne, selon l'art. 1er de la Convention de Vienne (al. g), « les méthodes consistant à permettre le passage par le territoire d'un ou de plusieurs pays de stupéfiants ou de substances psychotropes, de substances inscrites au Tableau I ou au Tableau II annexés à la […] Convention, ou de substances qui leur sont substituées, expédiés illicitement ou suspectés de l'être, au su et sous le contrôle des autorités compétentes desdits pays, en vue d'identifier les personnes impliquées dans la commission des infractions établies conformément au paragraphe 1 de l'article 3 de la Convention ».

240 Art. 11 de la conv. de Vienne.

241 Art. 6 al. 2, point a) de la conv. de Palerme.

242 « L'expression "infraction grave" désigne un acte constituant une infraction passible d'une peine privative de liberté dont le maximum ne doit pas être inférieur à quatre ans ou d'une peine plus lourde », dispose l'art. 1er, al. b) de la conv. de Palerme.

d'infractions liées aux groupes criminels organisés[243]. L'initiative s'insère dans un plus vaste projet, celui de promouvoir la coopération afin de combattre plus efficacement la criminalité transnationale organisée[244].

43. L'étoffement des mesures de lutte : l'appel à la convergence des instruments internationaux. La Convention de Palerme constitue sans nul doute le socle du dispositif de prévention et de répression du blanchiment de capitaux, tout en laissant aux « organisations régionales, interrégionales et multilatérales »[245] (et on pense d'abord au GAFI) la prérogative d'émettre les lignes directrices pertinentes pour les États qui souhaiteraient mettre en place un régime interne de réglementation[246]. Cette disposition reflète la formidable symbiose des géants de cette lutte, mais surtout, renforce implicitement la position de référence du GAFI ainsi que la crédibilité d'acteurs remarquables tels que le Comité de Bâle. Mais surtout, elle est révélatrice du subtil (mais décisif) *leadership* des Nations unies, qui se "proposent" de fournir des instruments de lutte tout en suggérant au reste du monde les normes et institutions à tenir pour référence.

44. Le renforcement du dispositif de prévention. On croirait retrouver, à l'article 7 de la Convention de Palerme, un condensé des principales mesures de prévention et de détection du blanchiment actuellement en vigueur, et dont le GAFI aurait juste précisé avec force de détails les modalités d'application. Y est préconisée, effectivement, l'institution d'un régime complet de réglementation et de contrôle des banques, institutions financières et autres entités, qui mettrait l'accent sur les exigences concernant l'identification des clients, l'enregistrement des clients et la déclaration des opérations suspectes. Et parallèlement, la mise en œuvre des mesures de surveillance du mouvement transfrontière des espèces et titres négociables, sans préjudice d'une circulation sans entrave des capitaux licites. Afin d'assurer la mise en place et la fluidité d'un système d'échange d'informations aux plans national et international entre toutes autorités impliquées dans la lutte anti-blanchiment, la création d'un service de renseignement financier est envisagée. Par ailleurs et plus généralement, les États sont appelés à fournir des efforts afin d'« élaborer et d'évaluer les projets nationaux ainsi que de mettre en place et de promouvoir les meilleures pratiques et politiques pour prévenir la criminalité transnationale organisée »[247]. Cela implique de réduire les possibilités de participation des

---

243 Art. 6 al. 2, point b) de la conv. de Palerme, qui dispose en effet que « chaque État Partie inclut dans les infractions principales toutes les infractions graves telles que définies à l'article 2 de la présente Convention et les infractions établies conformément à ses articles 5, 8 et 23. […] » ; ces derniers revoient à l'incrimination de la participation à un groupe criminel organisé (art. 5), de la corruption (art. 8) et de l'entrave au bon fonctionnement de la justice (art. 23).

244 C'est en ces termes que l'art. 1er présente l'objet de la convention.

245 Art. 7 al. 3 de la conv. de Palerme.

246 *Ibid.*

247 Art. 31 al. 1er de la conv. de Palerme.

groupes criminels organisés à l'activité des marchés licites en utilisant les produits du crime, d'évaluer en permanence le dispositif pour repérer les failles susceptibles d'être exploitées par les criminels et de mieux sensibiliser le public aux réalités et à la gravité de la criminalité transnationale organisée.

45. Tout pour l'optimisation des chances de détection et de dissuasion ? Pour ce qui est des mesures coercitives, le GAFI en appelle à la contribution du pouvoir judiciaire pour optimiser l'efficacité des mesures de détection et de répression, lesquelles se doivent de trouver l'équilibre entre dissuasion et respect des droits de la défense. Au regard de la reprise des dispositions de la Convention de Vienne concernant la confiscation[248] - simplement étendues aux produits du crime -, le principal apport du point de vue des mesures coercitives réside dans l'affirmation expresse de la responsabilité pénale des personnes morales, qui ont eu droit à un article dédié[249]. Face à une délinquance astucieuse, certaines particularités répressives et procédurales telles que le prolongement des délais de prescription[250], la prise en compte des antécédents judiciaires hors frontière[251] ou encore, la coopération des membres de groupes criminels organisés avec les autorités de lutte[252] figurent aussi au rang des nouveautés.

La Convention de Palerme a sans doute lancé le défi de la révolution des règles de procédure, maintenant actée ou en cours pour beaucoup de pays. Au-delà de la livraison surveillée et des infiltrations, l'article 20 préconise assez prophétiquement l'utilisation de techniques spéciales d'enquête

---

[248] Il faut cependant noter que la Convention de Palerme a ajouté une disposition levant explicitement l'obstacle du secret bancaire pour la mise en œuvre des confiscations, alors que la convention de Vienne l'envisageait plus globalement, dans le cadre de l'entraide judiciaire.

[249] Art. 10 de la conv. de Palerme : les États parties adoptent les mesures nécessaires, conformément à leurs principes juridiques, pour établir la responsabilité des personnes morales qui participent à des infractions graves impliquant un groupe criminel organisé et qui commettent les infractions établies conformément aux articles 5 (participation à un groupe criminel organisé), 6 (blanchiment du produit du crime), 8 (corruption) et 23 (entrave au bon fonctionnement de la justice) de la Convention. Cette responsabilité peut être pénale, civile ou administrative, et est sans préjudice de la responsabilité des personnes physiques qui ont commis l'infraction. Chaque État Partie veille, en particulier, à ce que les personnes morales tenues responsables fassent l'objet de sanctions efficaces, proportionnées et dissuasives de nature pénale ou non pénale, y compris de sanctions pécuniaires.

[250] Art. 11 al. 5 de la conv. de Palerme, qui dispose : « Lorsqu'il y a lieu, chaque État Partie détermine, dans le cadre de son droit interne, une période de prescription prolongée au cours de laquelle des poursuites peuvent être engagées du chef d'une des infractions visées par la présente Convention, cette période étant plus longue lorsque l'auteur présumé de l'infraction s'est soustrait à la justice. »

[251] Aux termes de l'art. 22 de la conv. de Palerme, « chaque État Partie peut adopter les mesures législatives ou autres qui sont nécessaires pour tenir compte, dans les conditions et aux fins qu'il juge appropriées, de toute condamnation dont l'auteur présumé d'une infraction aurait antérieurement fait l'objet dans un autre État, afin d'utiliser cette information dans le cadre d'une procédure pénale relative à une infraction visée par la présente Convention ».

[252] Voir art. 26 de la conv. de Palerme, relativement aux « Mesures propres à renforcer la coopération avec les services de détection et de répression ».

« telles que la surveillance électronique ou d'autres formes de surveillance »[253]. La formule est en effet assez large pour permettre d'envisager autant de techniques d'enquêtes que le permettra le développement continu des technologies. Volontairement ou non, l'intemporalité de cette disposition profitera sans nul doute à l'amélioration des méthodes de détection, mais ne manquera d'alimenter les contestations des défenseurs des droits de l'homme. À côté, la protection des témoins[254] et victimes[255] est tout aussi bien envisagée.

46. L'initiation d'une approche axée sur la criminalité organisée dans la coopération internationale pénale. La Convention a inclus des dispositions incitant à l'exécution des demandes de coopération internationale aux fins de confiscation, dont elle précise les modalités. Le produit du crime doit le cas échéant faire l'objet d'une restitution à l'État requérant ; ou conformément à un accord préalable, faire l'objet d'un versement par l'État requis à des organismes intergouvernementaux spécialisés dans la lutte contre la criminalité organisée, ou d'un partage avec d'autres États parties. Les accords multilatéraux et bilatéraux semblent constituer les instruments privilégiés pour la coopération en matière pénale ; de tels accords sont recommandés pour servir de fondement tant au transfert de personnes condamnées, à l'entraide judiciaire[256] ainsi qu'aux enquêtes conjointes[257], y compris la possibilité d'utilisation des techniques spéciales d'enquête[258]. En matière d'entraide en particulier, la suppression des obstacles figure au rang des priorités. Ainsi, de nouvelles dispositions prévoient la possibilité de communiquer sans aucune demande préalable des informations concernant des affaires pénales à d'autres États parties, s'il s'avère que ces informations pourraient aider à entreprendre ou à conclure des enquêtes et des poursuites pénales ou amener à formuler une demande d'entraide.

En outre, la Convention offre une base légale à tout État partie dont les principes fondamentaux refuseraient la possibilité d'accorder une demande d'entraide en l'absence de double incrimination, de néanmoins « fournir cette assistance dans la mesure où il le décide à son gré, indépendamment du fait que l'acte constitue ou non une infraction conformément au droit interne de l'État partie requis »[259]. Enfin, par une incitation au développement des capacités d'analyse des tendances et activités de la criminalité transnationale organisée[260] ainsi qu'à la formation du personnel des services de détection et de répression[261], la Convention en appelle à la responsabilité de chaque État (et de ses acteurs)

---

[253] Art. 20 al. 1er de la conv. de Palerme.
[254] Art. 24 de la conv. de Palerme.
[255] Art. 25.
[256] Art. 18 *in fine* de la conv. de Palerme.
[257] Art. 19 al. 1er.
[258] Art. 20 al. 2.
[259] Art. 18 al. 9.
[260] Art. 28.
[261] Art. 29.

pour s'approprier convenablement des problématiques liées à la criminalité et à ses particularités selon les zones envisagées. Le partage d'informations notamment sur les typologies de blanchiment permet ainsi de mieux cerner les modes opératoires, qui peuvent différer en fonction de divers critères environnementaux. Les réponses conséquentes doivent dès lors être apportées par les autorités en charge de lutter contre ce phénomène criminel.

c. Les Conventions de New York et de Mérida en faveur du renforcement de l'arsenal anticriminalité.

47. Des outils profitables à la recherche et à l'appréhension des produits du crime. La Convention des Nations unies pour la répression du financement du terrorisme a été adoptée en 1999 face à la « nécessité urgente de renforcer la coopération internationale entre les États pour l'élaboration et l'adoption de mesures efficaces destinées à prévenir le financement du terrorisme ainsi qu'à le réprimer en en poursuivant et punissant les auteurs »[262]. Il a été relevé que cette Convention n'évoque certes, pas le blanchiment de l'argent sale, mais contient certaines dispositions qui sont en lien direct avec le dispositif de lutte contre le blanchiment[263], à l'instar de celles relatives à la confiscation du produit des infractions[264], à la coopération internationale notamment en vue de l'entraide judiciaire et de l'extradition,[265] mais encore, celles incitant à la vigilance des institutions financières et de supervision des transferts monétaires[266].

La Convention des Nations unies contre la corruption (CNUCC), pour sa part, est pertinente pour la LBC/FT tant en raison des liens entre la corruption et le blanchiment de capitaux (l'éradication de la corruption étant synonyme de la suppression à la fois d'une menace et d'un point de vulnérabilité au blanchiment[267]) que du fait de certaines des exigences de cette Convention à l'égard des États parties. L'article 14 de la Convention de Mérida prévoit effectivement des « Mesures visant à prévenir le blanchiment d'argent » ; pour les États, il y a lieu :

- d'instituer des régimes internes complets de réglementation et de contrôle des entités exposées au blanchiment ;
- de s'assurer que les autorités investies de missions de LBC/FT soient en mesure de coopérer et d'échanger des informations et à cette fin, créer un service de renseignement financier en charge de l'analyse et de la diffusion d'informations concernant d'éventuelles opérations de blanchiment ;

---

262 Préambule de la Convention.
263 U. CASSANI, *op. cit.*, p. 24.
264 Art. 8 de la conv. de New York.
265 Art. 9 à 16.
266 Art. 18.
267 À ce propos, voir *infra*, par. 287.

- de mettre en œuvre des mesures réalisables de détection et de surveillance du mouvement transfrontière d'espèces et de titres négociables ;
- d'envisager de mettre en œuvre des mesures exigeant des institutions financières (y compris des sociétés de transfert de fonds) qu'elles consignent des informations exactes et utiles sur les donneurs d'ordre, qu'elles conservent ces informations tout au long de la chaîne de paiement et qu'elles exercent une surveillance accrue sur les transferts de fonds non accompagnés d'informations complètes sur le donneur d'ordre ;
- d'instituer un régime interne de contrôle et de s'inspirer des initiatives pertinentes prises par les organisations régionales, interrégionales et multilatérales pour lutter contre le blanchiment ;
- de développer et promouvoir la coopération entre les autorités judiciaires, les services de détection et de répression ainsi que les autorités de réglementation financière en vue de la lutte contre le blanchiment.

En outre, l'article 23 invite les États parties à conférer le caractère d'infraction pénale au blanchiment du produit du crime. Il faut enfin relever que nombre d'outils de lutte contre la corruption, notamment les mécanismes de recouvrement des avoirs et de coopération internationale, profitent aussi à l'anti-blanchiment.

II. Les Résolutions du Conseil de sécurité des Nations unies : des imbrications entre l'anti-blanchiment et la lutte contre le financement du terrorisme.

48. Le gel des fonds des organisations terroristes au profit de l'anti-blanchiment. Le « greffe de la lutte contre le financement du terrorisme sur le régime anti-blanchiment »[268] n'a fait que se renforcer au fil des ans puisque les capitaux de provenance illicite et notamment ceux blanchis, nourrissent les comptes des groupes terroristes, dont la source de financement est infinie[269]. Dès lors, les Résolutions du Conseil de sécurité visant la neutralisation des sources de financement du terrorisme profitent, par ricochet, à l'anti-blanchiment en s'attaquant notamment aux produits des infractions sous-jacentes blanchis ou susceptibles de l'être. Ainsi, au titre des mesures préconisées par la fameuse

[268] *Op. cit.*, U. CASSANI, pp. 23-24.

[269] Voir C. O. CISS, *Le dispositif juridique de lutte contre le financement du terrorisme* [en ligne], thèse de doctorat : Droit de l'entreprise (sous la direction de Messieurs Ndiaw DIOUF et Yaya BODIAN) : Université Cheikh Anta Diop de Dakar, 2016, p. 8. Disponible sur : http://bibnum.ucad.sn/viewer.php?c=thd&d=thd%5f2017%5f0024%5f2%5f). L'auteur constate notamment que le financement du terrorisme partage avec le blanchiment de capitaux une « même assiette financière » (*ibid.*, p. 9).

résolution 1267 ayant abouti à la création du « Comité des sanctions »[270], les Nations unies faisaient sommation aux pays de geler les fonds et autres ressources financières appartenant aux talibans et de veiller à ce qu'aucun fonds ni aucune ressource financière ne soit mise à disposition ou utilisée au bénéfice des talibans ou de toute entreprise leur appartenant ou contrôlée directement ou indirectement par eux[271].

Après les attentats du 11 septembre 2001, le Conseil de sécurité des Nations unies a adopté la Résolution 1373 qui notait « avec préoccupation »[272] les liens existant entre le terrorisme international et notamment le blanchiment d'argent ainsi que la criminalité transnationale organisée d'une manière générale. Par conséquent, les États devaient, entre autres obligations, geler « sans attendre les fonds et autres avoirs financiers ou ressources économiques des personnes qui commettent, ou tentent de commettre, des actes de terrorisme, les facilitent ou y participent, des entités appartenant à ces personnes ou contrôlées, directement ou indirectement, par elles, et des personnes et entités agissant au nom, ou sur instruction, de ces personnes et entités, y compris les fonds provenant de biens appartenant à ces personnes, et aux personnes et entités qui leur sont associées, ou contrôlés, directement ou indirectement, par elles »[273]. La « vaste chasse aux avoirs possiblement liés à une activité terroriste »[274] était ainsi ouverte, sous le contrôle du comité du Conseil de sécurité spécialement créé par la résolution 1373 pour le suivi de l'application des mesures par les États.

49. Résolutions et partage des méthodes de lutte. On retrouve dans les Résolutions 2368 et 2462 un appel à l'application des Recommandations du GAFI d'une manière générale, ce qui est symptomatique de la complémentarité des mesures de lutte anti-blanchiment et contre le financement du terrorisme qui malgré le défi que cela représente, doivent être appliquées parallèlement et dans leur intégralité pour aboutir aux meilleurs résultats possibles. Dans la résolution 2368 déjà, le Conseil de sécurité exprimait son inquiétude face à la capacité des organisations terroristes à tirer profit de leur participation à la criminalité transnationale organisée. Il devenait par conséquent impératif d'empêcher la levée des fonds par l'utilisation des organisations non gouvernementales, des organisations à but non lucratif et des organisations caritatives, dans le respect des droits fondamentaux. La vigilance est également requise des États en ce qui concerne la surveillance des transactions financières et dans ce cadre, l'échange d'informations et « l'utilisation des renseignements financiers avec d'autres

---

270 *Cf.* Nations unies, Conseil de sécurité - 4051e séance, *Résolution 1267*, 15 octobre 1999, p. 3. Ce Comité est chargé de veiller à la bonne application des mesures coercitives édictées par la Résolution (P. KLEIN, « Le Conseil de sécurité et la lutte contre le terrorisme : dans l'exercice de pouvoirs toujours plus grands ? », *Revue québécoise de droit international*, hors-série avril 2007, p. 137).

271 Nations unies, Conseil de sécurité - 4051e séance, *Résolution 1267*, 15 octobre 199, pp. 2-3.

272 Nations unies, Conseil de sécurité (4385e séance), *Résolution 1373*, 28 septembre 2001, p. 3.

273 *Ibid.*, p. 2.

274 U. CASSANI, *op. cit.*, p. 24.

types d'informations dont disposent les pouvoirs publics nationaux ». Il s'agit là de mesures préventives et de détection qui servent la recherche des produits du crime ; et inversement, les mesures de vigilance spécifiquement prévues pour empêcher le blanchiment de capitaux peuvent mener à la détection de réseaux de financement d'activités terroristes.

La Résolution 2462 va réaffirmer les principes sus-évoqués visant à renforcer la transparence des transactions[275] en insistant particulièrement sur l'utilisation de l'approche fondée sur les risques dans ce cadre[276] ; et plus fondamentalement, une volonté sans faille de continuer à « soutenir les efforts tendant à empêcher les groupes terroristes d'avoir accès à des fonds et à des services financiers, notamment au moyen des travaux que mènent les organes de l'Organisation des Nations unies chargés de la lutte contre le terrorisme et le GAFI et ses organismes régionaux pour renforcer la lutte contre le blanchiment de capitaux et les circuits de financement du terrorisme à l'échelle mondiale et appliquer notamment les mesures prises à cet effet »[277]. Le Conseil de sécurité revient sur l'importance de mener des enquêtes financières (donc touchant aux produits des activités criminelles) sur les affaires liées au terrorisme[278] ; mais encore et particulièrement, sur la nécessité non seulement de créer des Cellules de renseignement financier, mais encore de les doter des capacités nécessaires à l'accomplissement de leurs missions.

B. L'appui par l'implication d'acteurs spécifiques : l'exemple de l'ONUDC.

50. L'extension du mandat de l'ONUDC à l'anti-blanchiment. L'ONUDC a été créé en 1997, afin de sensibiliser le monde aux dangers liés à l'abus de drogues et de lutter contre le trafic illicite de drogues, mais aussi, contre la criminalité qui y est afférente. Ses activités portent sur la lutte contre le trafic illicite de drogues, la réforme de la justice pénale et la prévention du crime, la lutte contre la criminalité organisée, la lutte contre la corruption en particulier et plus récemment, la prévention du terrorisme[279]. C'est l'Unité d'application de la loi, de la lutte contre la criminalité organisée et le blanchiment d'argent de

---

[275] Voir : Nations unies, Conseil de sécurité - 8496e séance, *Résolution 2462*, 28 mars 2019, p. 2. Le Conseil de sécurité se dit notamment « déterminé à continuer de soutenir les efforts tendant à empêcher les groupes terroristes d'avoir accès à des fonds et à des services financiers, notamment au moyen des travaux que mènent les organes de l'Organisation des Nations unies chargés de la lutte contre le terrorisme et le GAFI et ses organismes régionaux pour renforcer la lutte contre le blanchiment de capitaux et les circuits de financement du terrorisme à l'échelle mondiale et appliquer notamment les mesures prises à cet effet » (*ibid.*, pp. 2-3).

[276] Le Conseil demande à tous les États d'accroître la traçabilité et la transparence des transactions financières, dans le respect du droit international, y compris le droit international des droits de l'homme et le droit international humanitaire (*ibid.*, p. 6).

[277] *Ibid.*, pp. 2-3.

[278] *Ibid.*, p. 4.

[279] Office des Nations unies à Vienne, « Office des Nations Unies contre la drogue et le crime » [en ligne], mise à jour : 2021. Disponible sur : https://www.unov.org/unov/fr/unodc.html.

l'ONUDC qui est précisément responsable du Programme global contre le blanchiment de capitaux, les produits du crime et le financement du terrorisme, conformément au mandat attribué à l'ONUDC en 1988 par la Convention des Nations unies contre le trafic illicite de stupéfiants et de substances psychotropes. Ce mandat fut étendu à toutes formes de criminalité grave par la Déclaration politique et les mesures de lutte contre le blanchiment d'argent de 1998 : « l'objectif élargi du Programme global est de renforcer la capacité des États membres à mettre en œuvre des mesures de lutte contre le blanchiment d'argent et le financement du terrorisme, et de les assister dans la détection, la saisie et la confiscation des recettes illicites, comme le requièrent les instruments des Nations unies ainsi que d'autres standards internationalement reconnus, en leur fournissant, sur demande, une assistance technique pertinente et appropriée »[280].

51. L'assistance technique aux États. Le Programme mondial de lutte contre le blanchiment d'argent (GPML)[281] a été confié à l'ONUDC afin d'accroître l'efficacité de l'action internationale contre le blanchiment de capitaux en mettant à disposition des pays qui le requièrent des connaissances techniques, une formation et des conseils[282]. Le Programme est donc « une source d'informations, d'expertise et d'assistance technique pour mettre en place ou améliorer le dispositif de LBC/FT d'un pays »[283]. Il a permis l'élaboration d'un site web spécialisé (IMoLIN) ainsi que du programme goAML qui vise à faciliter le travail des CRF (et notamment les échanges d'informations entre CRF) par la mise en place d'une base de données, d'un système d'analyse et de renseignements[284]. Le GPML aide donc les pays à intégrer les normes et mécanismes de lutte contre le blanchiment et contre la criminalité dans leurs systèmes juridiques.

Sous-section 2. Un leadership à relativiser ?

52. ***D'une double limitation du placement des normes du GAFI et des Nations unies au-devant des initiatives pour l'anti-blanchiment***. Force est de relativiser le leadership du GAFI et des Nations unies dans la conception du dispositif de lutte contre le blanchiment de capitaux, compte tenu de la précocité de la contribution européenne (Paragraphe 1) et de l'autorité limitée des normes du GAFI et onusiennes (Paragraphe 2).

---

[280] Nations unies, Office des Nations Unies contre la Drogue et le Crime, « L'ONUDC, le blanchiment d'argent et la lutte contre le financement du terrorisme » [en ligne]. Disponible sur : https://www.unodc.org/unodc/fr/money-laundering/index.html.

[281] En anglais : *Global Program against Money Laundering* (d'où l'abréviation GPML).

[282] P. A. SCOTT, *op. cit.*, pp. 25-26.

[283] *Ibid.*, p. 26.

[284] Voir à ce propos : International Money Laundering Information Network (IMOLIN), « goAML » [en ligne], mise à jour : 2021. Disponible sur : https://www.imolin.org/imolin/fr/goAML_Launch.html.

Paragraphe 1. Au regard de la précocité de la contribution européenne.

53. La Recommandation du Conseil de l'Europe du 27 juin 1980, premier instrument contre la « mise à l'abri » des capitaux d'origine criminelle. Le Conseil de l'Europe a été, au plan international, le précurseur de la mise en place de stratégies de lutte contre le blanchiment de capitaux, « ou du moins, dans la prise de conscience internationale du phénomène »[285]. Sa contribution sur la question se reflète à travers ses deux principaux textes de référence, à savoir la Recommandation du 27 juin 1980 et la Convention relative au blanchiment, au dépistage, à la saisie et à la confiscation des produits du crime. Adoptée plus de huit années avant la Convention de Vienne et la Déclaration de Bâle, c'est surtout la Recommandation du Conseil de l'Europe de 1980 qui témoigne de la précocité de l'implication européenne et mieux, d'une véritable vision sur les exigences stratégiques de cette lutte. Car à l'époque, le Comité des ministres soulignait la nécessité de définir une politique globale, dans laquelle le système bancaire, en collaboration avec les autorités de justice et services de police compétents, pourrait jouer un rôle préventif très efficace[286]. Les mesures recommandées aux États membres à ce titre visaient à contrecarrer le transfert et la mise à l'abri des capitaux d'origine criminelle.

Vérifier l'identité des clients lors de l'ouverture d'un compte ou de la constitution d'un dépôt, lors de la location d'un coffre et au moment de l'exécution au comptant d'opérations portant sur des sommes élevées ; limiter la location des coffres-forts à des personnes physiques ou morales avec lesquelles la banque se trouve en relation d'affaires ou qu'elle considère comme dignes de confiance ; constituer des réserves de billets dont la numérotation peut être signalée aux autorités en cas d'utilisation à des fins criminelles et enfin, former adéquatement le personnel bancaire de guichet, pour les contrôles d'identité et le dépistage des comportements suspects. Telles sont les quatre mesures que les États membres du Conseil de l'Europe étaient appelés à mettre en place au sein de leur système bancaire et qui ont posé les prémices des mesures de vigilance postérieures, même si elles ont gagné en robustesse.

---

[285] S. ALMASEANU, « La lutte de l'Union européenne contre le blanchiment de capitaux et le financement du terrorisme », *Le journal de l'Association des magistrats de l'Union Européenne (AMUE)*, La lettre des magistrats de l'Union européenne, février 2005, n°9, p. 7.

[286] Auparavant, le Comité des ministres faisait un double constat. Le premier, celui d'un nombre important d'actes de violence criminelle, tels que les *hold-up* et les enlèvements, en progression dans plusieurs pays de l'Europe, et l'inquiétude de l'opinion publique à cet égard. Le second, celui que le transfert de capitaux d'origine criminelle d'un pays à un autre et leur blanchissage par insertion dans le circuit économique suscitent de graves problèmes, favorisent la commission de nouveaux actes criminels et étendent ainsi le phénomène aussi bien sur le plan national qu'international.

54. La Convention de Strasbourg[287] du 8 novembre 1990, un instrument de lutte à haute portée normative. Ouverte à la signature à Strasbourg le 8 novembre 1990, la Convention est entrée en vigueur le 1er septembre 1993. Son origine remonte à la quinzième Conférence des ministres européens de la Justice tenue à Oslo les 17 et 19 juin 1986. Les ministres y avaient examiné les aspects pénaux du trafic des stupéfiants et avaient dégagé la nécessité de lutter contre la toxicomanie en brisant le marché des drogues, par l'adoption de mesures telles que le gel et la confiscation des produits issus de ce trafic. Un comité restreint d'experts sur la coopération internationale en ce qui concerne le dépistage, la saisie et la confiscation des produits du crime a alors été créé en septembre 1987, avec pour mandat d'élaborer un instrument juridique européen approprié en la matière, sachant qu'il découlait des termes mêmes du mandat que les activités du comité n'étaient pas limitées aux produits du trafic des stupéfiants.

Selon une approche pragmatique, la Convention prévoit des mesures à prendre à la fois au plan national et du point de vue de la coopération internationale. Au niveau national, on retrouve des dispositions concernant la confiscation des produits[288], des mesures d'investigation et mesures provisoires[289], des recours juridiques offerts aux personnes affectées par ces mesures, mais surtout, des mesures afférentes à l'incrimination du blanchiment de capitaux[290]. S'agissant de la mise en place des règles relatives à la coopération internationale, l'intérêt principal de la Convention de Strasbourg est de prévoir des règles plus contraignantes pour les États parties que celles de la convention de Vienne[291]. Il en est ainsi notamment, pour l'obligation d'entraide aux fins d'investigation[292], l'article 20 prévoyant même la possibilité d'une transmission

---

287 Il s'agit exactement de la Convention du Conseil de l'Europe relative au blanchiment, au dépistage, à la saisie et à la confiscation des produits du crime et au financement du terrorisme.

288 Art. 3 de la conv. de Strasbourg.

289 Art. 4.

290 Art. 9 de la Convention de Strasbourg ; à ce propos, la Convention reprend certes, pour l'essentiel, la définition du blanchiment donnée par l'article 3 de la Convention de Vienne. Mais il est à noter que l'article 9-1 de la Convention de Strasbourg ne limite pas cette incrimination aux seuls produits du trafic issu des stupéfiants, le blanchiment étant élargi à toute infraction pénale. L'article 9-4 permettant tout de même aux États de faire des réserves en ce domaine : « *Chaque partie peut [...] par déclaration adressée au Secrétariat général du Conseil de l'Europe, déclarer que le paragraphe 1 du présent article s'applique seulement aux infractions principales ou catégories d'infractions principales précisées dans cette déclaration* ».

291 S. ALMASEANU, *op. cit.*, p. 9. Cette convention s'inspirerait de la Convention de Vienne « tout en présentant des aspects davantage opérationnels et un dispositif plus contraignant pour les États signataires, ce d'autant qu'elle est de portée plus restreinte, étant destinées à un plus petit nombre d'États ayant les mêmes considérations fondamentales » (M. C. BALDY, « Lutte contre le blanchiment : aspects internationaux et européens », *Banque & Droit*, n°69, janvier-février 2000, p. 28).

292 Art. 16 et s. de la conv. de Strasbourg.

spontanée d'informations. Mais également, pour l'obligation d'ordonner des mesures provisoires[293] ou des mesures de confiscation[294] si un État le demande.

Paragraphe 2. Au regard de l'autorité discutable des normes du GAFI et des Nations unies.

55. La souveraineté étatique : l'éternel vainqueur ? En 1956, Michel VIRALLY, se livrant à une remarquable analyse sur « la valeur juridique des recommandations des organisations internationales »[295], parvenait au constat qu'« avec les conventions rédigées par les institutions internationales, les recommandations aux États membres se présentent comme l'expression d'une fonction législative internationale, qui ne peut se déployer qu'avec le consentement individuel de ces États »[296] et qu'« elles s'apparentent à des décisions obligatoires pour leurs destinataires, mais leur conservent un large pouvoir discrétionnaire ; elles relèvent alors d'une direction politique internationale, d'une fonction gouvernementale »[297]. On ne peut que constater à quel point ces propos demeurent d'actualité plus d'une cinquantaine d'années plus tard, notamment pour ce qui est des normes du GAFI ainsi que celles onusiennes.

En effet, la relative réussite[298] de la stratégie du *naming and shaming*[299] et des contre-mesures y afférentes ne peut venir à bout de l'autolimitation des effets contraignants d'une recommandation, qui tiennent à sa nature même dès lors qu'elle « se définit négativement »[300] par son absence de force obligatoire. Et cela, les États l'ont bien compris et n'hésitent pas à évoquer la fameuse réserve de contrariété avec les dispositions de l'ordre public interne pour refuser de se plier à une recommandation (afin de tout simplement refuser, pour quelque raison obscure, de se plier aux mesures préconisées ?). Malheureux constat pour les organisations supranationales, le motif de souveraineté est, à tort

---

[293] Art. 21 et 22 de la conv de Strasbourg

[294] Art. 23 et s.

[295] M. VIRALLY, « La valeur juridique des recommandations des organisations internationales », *Annuaire fr. dr. int.*, vol. 2, 1956, pp. 66-96.

[296] *Ibid.*, p. 80.

[297] *Ibid.*

[298] Il a été observé qu'il est certaines catégories d'acteurs, à l'instar des « opérateurs cruciaux » ayant le plus de force pour agir sur le marché, qui choisissent de faire l'économie des coûts de mise en conformité, estimant que « le poids d'une sanction sera toujours moindre que les économies réalisées ». Ainsi, le naming and shaming « ne les affecte pas », convaincus que l'avance considérable des usages de leurs services les prémunit contre d'éventuelles atteintes à leur image (I. GAVANON, « Le droit des données personnelles dans l'économie numérique à l'épreuve des buts monumentaux », *in* M.-A. FRISON ROCHE (dir), *Les buts monumentaux de la compliance*, Dalloz, coll. Régulations & Compliance, Journal of Regulation & Compliance, 2022, p. 131).

[299] Traduit : « désigner et discréditer » ; il est fait référence à la publication d'une liste des « pays et territoires non coopératifs », « maillons faibles du front mondial contre l'argent sale » (G. FAVAREL-GARRIGUES, « Le renouvellement des listes noires de la lutte contre l'argent sale », *Criminologie*, vol. 38, n°2, 2005, p. 93).

[300] M. VIRALLY, *op. cit.*, p. 1.

ou à raison, l'un des obstacles majeurs à l'application des mesures recommandées.

56. Intégrer une *liste blanche* et non éviter la « liste noire » - ou celle « grise »[301] : des perspectives d'une incitation au respect des Recommandations. Le choix de publier une « liste noire » a ses revers, au titre desquels il a été relevé le risque que les États se mettent à « favoriser une gestion politique de leur image »[302] sans réel souci d'efficacité. Une dangereuse tendance à additionner des initiatives (et juste ce qu'il faut pour ne pas intégrer la liste) répondant aux critères de notation, mais sans réelle portée pratique peut effectivement découler de cette mesure. De plus, l'on s'interroge sur les raisons pour lesquelles il n'a pas été prévu, à l'opposé, une *liste blanche* qui à côté des « moutons noirs », exposerait au grand jour les héros notamment de l'anti-blanchiment, à savoir les pays qui auraient produit les meilleurs résultats en termes de conformité et/ou d'efficacité. Instaurer un système de sanction positive pourrait promouvoir une compétitivité bénéfique à la lutte contre la criminalité, pour peu que l'on réfléchisse sur un système de rétribution qui irait au-delà d'une réputation favorable pour les pays concernés. Si l'on a pu admettre que l'État se voie dicter sa conduite dans sa manière de protéger ses sujets (au regard du succès grandissant de la *compliance*), l'on peut tout aussi bien consentir à ce que des mesures incitatrices encouragent la réalisation des nombreuses exigences d'une pleine conformité.

Section 2. Le foisonnement d'initiatives spécifiques[303] : les autres acteurs de la lutte anti-blanchiment.

57. *De la diversité des initiatives en vue de la prévention du blanchiment et de la coopération*. Parce qu'il constitue le chemin classique de blanchiment de fonds, le secteur financier s'est très vite et particulièrement mobilisé pour empêcher l'instrumentalisation de ses canaux à des fins criminelles (Sous-section 1), d'où la multiplication des réglementations sectorielles. Se sont parallèlement développés les circuits du Renseignement et de la coopération dans les enquêtes (Sous-section 2).

---

[301] La liste grise est celle identifiant les juridictions placées sous surveillance renforcée, c'est-à-dire ceux ayant pris l'engagement de remédier rapidement aux défaillances stratégiques identifiées dans les délais convenus, et faisant dès lors, l'objet d'une surveillance renforcée (GAFI, « Juridictions soumises à une surveillance renforcée - 21 octobre 2021 » [en ligne]. Disponible sur : https://www.fatf-gafi.org/fr/pays/a-c/albanie/documents/surveillance-renforcee-octobre-2021.html).

[302] Y. BANIFATEMI, « La lutte contre le financement du terrorisme international », *Annuaire fr. dr. int.*, vol. 48, 2002, p. 126.

[303] Monsieur Jacques BORRICAND, dans son article intitulé « Les instruments internationaux de lutte contre le blanchiment d'argent. Bilan et perspectives » (*op. cit.*, p. 34), évoque les « organes spécifiques » de la LBC/FT.

Sous-section 1. La bataille contre l'utilisation du secteur financier à des fins criminelles.

58. ***Des lignes directrices d'importance et de portée variable***. Le secteur bancaire est le réceptacle par excellence de fonds de diverses provenances, ce qui induit un risque que ceux d'origine illicite puissent être blanchis par ses canaux. Pour cela, il fait l'objet d'une protection toute particulière (Paragraphe 1). Pour les acteurs des marchés financiers et du secteur des assurances, il y a lieu d'interroger la pertinence et les perspectives des mesures spécifiques initiées, dont le dynamisme nous apparaît comme étant moins marqué (Paragraphe 2).

Paragraphe 1. La protection toute particulière du secteur bancaire, réceptacle par excellence de fonds.

59. ***Un dispositif renforcé par les mesures du Comité de Bâle et du Groupe Wolfsberg d'établissements financiers internationaux***. Étant le « Principal organisme chargé d'élaborer des normes de portée mondiale aux fins de la réglementation prudentielle bancaire »[304], le Comité de Bâle sur le contrôle bancaire (CBSB) offre un cadre de coopération sur les questions liées au contrôle bancaire, ayant pour mandat « de renforcer la réglementation, le contrôle et les pratiques des banques à travers le monde en vue d'améliorer la stabilité financière »[305]. Il n'est donc pas surprenant que cet organisme compte parmi les premiers à avoir tiré la sonnette d'alarme face au risque de blanchiment menaçant particulièrement le secteur bancaire, de même que la portée de ses lignes directrices est remarquable (A). Celles du Groupe Wolfsburg sont venues enrichir en bien des aspects les instruments à portée des acteurs du monde bancaire (B).

---

[304] Comité de Bâle sur le contrôle bancaire, *Charte*, janvier 2013, p. 1.
[305] *Ibid.*

A. Les lignes directrices du Comité de Bâle : des modalités d'intégration des normes du GAFI dans le dispositif global de contrôle prudentiel.

60. Des inévitables redondances face à l'approche volontairement exhaustive du GAFI. Il a parfois été reproché notamment au Comité de Bâle[306] d'être finalement source de désordre, tant la transposition de ses normes par les États est hétérogène[307] et ses lignes directrices, abondantes. Ce dernier argument est, certes, difficilement réfutable si l'on sait que les Recommandations du GAFI et ses notes interprétatives sont suffisamment détaillées pour permettre une application correcte des mesures par les assujettis et par leurs autorités de contrôle. Mais il faut admettre par ailleurs que face au rôle d'institution de référence que s'est arrogé le Comité de Bâle dans son domaine d'intervention, il lui appartient de diffuser et de préciser les méthodes permettant d'éviter l'utilisation des banques à des fins criminelles ; ce qui implique, à l'heure actuelle, d'avoir au moins pour point de départ - donc de répéter par la même occasion - les Recommandations du GAFI. Cela dit, même si l'on ne saurait se prêter à une analyse exhaustive de l'ensemble des normes du Comité de Bâle, les grandes lignes de ses textes marquants touchant au sujet qui nous intéresse méritent d'être précisées.

---

[306] Le Comité de Bâle a été créé en 1974 par les gouverneurs des banques centrales du Groupe des dix (Le Groupe des dix d'alors était en réalité composé de treize pays, membres du Comité de Bâle : l'Allemagne, la Belgique, le Canada, l'Espagne, les États-Unis, la France, l'Italie, le Japon, le Luxembourg, les Pays-Bas, le Royaume-Uni, la Suède et la Suisse). Son mandat, défini par la « Charte du Comité de Bâle sur le contrôle bancaire », présente le Comité comme étant le principal organisme chargé d'élaborer des normes de portée mondiale aux fins de la réglementation prudentielle bancaire ; à ce titre, le CBCB « offre un cadre de coopération sur les questions liées au contrôle bancaire. Il a pour mandat de renforcer la réglementation, le contrôle et les pratiques des banques à travers le monde en vue d'améliorer la stabilité financière » (art. 1er de la Charte du CBCB). Son secrétariat est assuré par la Banque des règlements internationaux (BRI), dont le rôle est de soutenir les activités du Comité, du Président et des groupes autour desquels s'articule l'action du Comité (art. 11 de la Charte du CBCB). Aussi ce comité a-t-il pu être qualifié de « club » au sein de la BRI (B. BREHIER, « Droit bancaire et financier-les nouveaux législateurs : OICV, Comité de Bâle, FSB, G20 », *RD bancaire et fin.*, n°3, mai 2015, p. 3).

[307] Le Comité de Bâle n'est investi d'aucune autorité supranationale « formelle » et ses décisions n'ont pas force exécutoire (art. 3 de la Charte du Comité de Bâle). Il établit donc des normes et recommandations en matière de contrôle et sur les meilleures pratiques des banques à travers le monde, le but ultime étant de maintenir, améliorer la stabilité financière. Pour y parvenir, le Comité s'en remet aux engagements pris par ses membres, notamment celui « d'œuvrer ensemble à la réalisation du mandat du CBCB » (art. 5 de la Charte du Comité de Bâle). Dans un article publié en 2015 et qui concerne plus généralement ceux qu'il appelle les « nouveaux législateurs » (OICV, Comité de Bâle, Conseil de stabilité financière et G20), Monsieur Bertrand BREHIER tire les conséquences de l'absence de cadre juridique institutionnalisé liant les États sur les textes adoptés par les « nouveaux législateurs ». Selon lui, il en découle, en effet, « une transposition dans les différents États qui est souvent hétérogène, quand elle n'est tout simplement pas boiteuse » (*op. cit.*, p. 8).

61. L'implication du Comité à l'aube de la lutte anti-blanchiment : la Déclaration de Bâle de 1988. Comme toutes les initiatives internationales en matière de lutte contre le blanchiment datant les années quatre-vingt, la Déclaration de Bâle[308] a été adoptée dans un contexte d'accroissement des réseaux de criminels partout à travers le monde et notamment en ce qui concerne le trafic de stupéfiants[309]. En effet, le système financier constituait à l'époque le principal moyen de faire circuler les fonds d'origine criminelle, pour en dissimuler la provenance et pour « dissimuler des billets de banque dans des coffres »[310]. Aussi, le principal objet de cette Déclaration était-il d'empêcher l'utilisation du système financier à des fins criminelles, face aux enjeux précisés dans ladite Déclaration de principes[311]. Les principes déontologiques de base figurant dans cette déclaration incitent ainsi les banques à identifier les clients, en vérifiant constamment l'identité de toutes personnes faisant appel à leurs services ; à respecter les lois et règlements en vigueur sur les opérations financières, notamment en refusant de fournir leur aide pour des transactions qu'elles soupçonnent d'être liées à des activités de blanchiment de fonds ; à coopérer avec les autorités chargées de l'application des lois en leur fournissant les informations requises le cas échéant et se conformer aux principes ci-dessus énoncés - et les communiquer à l'ensemble du personnel.

62. La lutte contre le blanchiment dans les « Principes fondamentaux » du Comité de Bâle pour un contrôle bancaire efficace. Depuis la fameuse Déclaration de 1988, le Comité de Bâle a adopté une série de « Principes fondamentaux pour un contrôle bancaire efficace » (dits « Principes

---

[308] La Déclaration de principe a été formulée, plus spécifiquement, par le Comité des règles et pratiques de contrôle des opérations bancaires de la Banque des règlements internationaux (M. C. BALDY, *op. cit.*, p. 28).

[309] Comité de Bâle sur le contrôle bancaire, *Prévention de l'utilisation du système bancaire pour le blanchiment de fonds d'origine criminelle*, *op. cit.*, p. 1. Les objectifs de la Déclaration de Bâle sont, en conséquence, de définir les règles et procédures visant à empêcher que le système bancaire national et international ne serve de canal de blanchiment de fonds, à charge pour les responsables de banques de veiller à leur mise en œuvre ; renforcer les bonnes pratiques préventives existantes et favoriser la vigilance contre l'utilisation du système de paiement à des fins criminelles et promouvoir l'application de mesures préventives efficaces et favoriser la coopération entre les autorités chargées de l'application des lois.

[310] Préambule de la Déclaration de Bâle.

[311] « Les banques et autres institutions financières peuvent servir inconsciemment d'intermédiaires pour le transfert ou le dépôt de fonds d'origine criminelle. De telles opérations sont souvent destinées à dissimuler le véritable propriétaire des fonds. Pareille utilisation du système financier concerne au premier chef la police et les autorités chargées de l'application des lois ; elle est aussi un sujet de préoccupation pour les autorités de contrôle bancaire et les responsables des banques elles-mêmes, étant donné que la confiance du public dans les banques risque d'être ébranlée par l'association de celles-ci avec les criminels » (Déclaration de Bâle/objet).

fondamentaux de Bâle »[312]). Les premiers datent de 1997[313], suivis de leur méthodologie d'évaluation (intitulée « Méthodologie des Principes fondamentaux »), publiée en 1999 afin de définir les critères d'évaluation des politiques et procédures de contrôle. Depuis lors, le dispositif est continuellement mis à jour : les Principes fondamentaux et leur méthodologie ont été révisés en 2006[314], puis en 2012[315]. Principalement adressé aux autorités de contrôle[316], ce document contient les exigences minimales que les organes prudentiels nationaux devraient remplir en matière de contrôle de l'ensemble des organisations bancaires placées sous leur juridiction. Toutefois, il appartient à

---

[312] Comité de Bâle sur le contrôle bancaire, *Principes fondamentaux pour un contrôle bancaire efficace*, 1997, p. 1.

[313] Les raisons qui ont poussé à adopter ces Principes fondamentaux vont au-delà de la simple prévention de l'utilisation du système financier à des fins de blanchiment de capitaux, comme ce fut le cas pour la Déclaration de 1988. Il s'agit d'une manière générale de renforcer la solidité des systèmes financiers à travers le monde, et ce, par le biais d'un contrôle efficace des organisations bancaires.

[314] Les changements significatifs intervenus en matière de réglementation bancaire entre 1997 et 2006, ainsi que l'expérience capitalisée durant cette décennie, ont mis en exergue de nouvelles préoccupations ainsi que les lacunes du dispositif. Dès lors, une révision des Principes fondamentaux et de leur méthodologie d'évaluation s'imposait, de manière à « assurer la continuité et la comparabilité avec le cadre de 1997 » (avant-propos de la révision des Principes fondamentaux de Bâle) ; à ce titre, « il ne s'agissait pas de réécrire en profondeur les Principes fondamentaux, mais plutôt de mettre l'accent sur les domaines où il était nécessaire de procéder à des ajustements du cadre existant afin de préserver sa pertinence. La révision ne remet nullement la validité des travaux déjà effectués, et notamment pas les évaluations des différents pays, ni les programmes de réforme reposant sur le cadre de 1997 » (*ibid.*). L'autre objectif précisé par le Comité consiste à renforcer, lorsque possible, la cohérence entre les Principes fondamentaux et les normes relatives aux secteurs des titres, de l'assurance ainsi qu'à la lutte contre le blanchiment d'argent et à la transparence (*ibid.*). Ainsi, la révision s'est faite à l'initiative du Comité, qui a œuvré en étroite collaboration avec le Groupe de liaison sur les Principes fondamentaux et a consulté d'autres instances normatives internationales (AICA, OICV, GAFI, etc.). Les groupes régionaux des autorités de contrôle ont aussi été mis à contribution ; en outre, le Comité a procédé à une consultation ouverte aux autorités de contrôle nationales, aux banques centrales, aux associations professionnelles internationales, aux universitaires et autres parties intéressées (*ibid.*, p. 2).

[315] En mars 2011, le Comité a chargé le Groupe de travail sur les Principes fondamentaux (qui réunit les membres du Comité et du Groupe consultatif de Bâle, lequel comprend des représentants de pays membres et non membres du Comité et de groupements régionaux d'autorités de contrôle bancaire, ainsi que du FMI, de la Banque Mondiale et du Conseil des services financiers islamiques) de réviser et de mettre à jour les Principes. Le mandat donné par le Comité stipulait que cette révision devrait tenir compte des mutations importantes survenues au sein des marchés financiers mondiaux et du paysage prudentiel depuis octobre 2006, et notamment des enseignements tirés de la crise pour améliorer la solidité des systèmes prudentiels. L'objectif étant que les Principes fondamentaux restent, sur la durée et malgré un environnement en constante évolution, une référence pertinente pour la promotion d'un contrôle bancaire efficace dans tous les pays (voir Principes fondamentaux de Bâle de 2012, Synthèse).

[316] Ces principes sont censés servir de référence aux autorités de contrôle du monde entier et plus précisément, aux autorités prudentielles et autres instances officielles dans tous les pays ainsi qu'à l'échelle internationale (Autorité de Contrôle Prudentiel et de Résolution, « Les 25 principes fondamentaux d'un contrôle bancaire efficace - Comité de Bâle », *Bulletin de la Commission bancaire*, n°17, novembre 1997, p. 32).

ces autorités de contrôle national d'utiliser les Principes fondamentaux pour revoir leurs procédures prudentielles et d'« amorcer un programme visant à pallier d'éventuelles insuffisances aussi rapidement que leurs pouvoirs juridiques le permettent »[317].

La révision des Principes fondamentaux et de leur « Méthodologie » en 2012[318] a été l'occasion de renforcer l'approche par les risques et de faire montre d'une sévérité accrue en matière de contrôle. Le Principe fondamental 29 sera désormais consacré à la prévention de l'utilisation abusive des services financiers, sa mise à jour ayant été effectuée compte tenu, naturellement, des normes de référence les plus récentes et notamment des Recommandations du GAFI révisées[319]. Le principe demeure formulé de la même manière qu'auparavant : « l'autorité de contrôle établit que les banques disposent de politiques et procédures appropriées, notamment de critères stricts de vigilance à l'égard de la clientèle, garantissant un haut degré d'éthique et de professionnalisme dans le secteur financier et empêchant que la banque ne soit utilisée, intentionnellement ou non, dans le cadre d'activités criminelles ». Cependant, les treize critères essentiels de conformité au Principe fondamental 29 présentent de nombreuses différences d'avec les critères de conformité de

---

[317] Comité de Bâle sur le contrôle bancaire, *Principes fondamentaux pour un contrôle bancaire efficace*, septembre 1997, p. 2.

[318] Concernant leur structure, les Principes fondamentaux de 2012 et leur Méthodologie ont été regroupés dans un même document, « en considération du lien intrinsèque entre les Principes et les critères, et du fait qu'ils sont utilisés concomitamment » (Principes fondamentaux de Bâle de 2012).

[319] L'actuel Principe fondamental 29 est en effet l'équivalent de l'ancien Principe fondamental 15 des Principes fondamentaux de 1999, et du Principe fondamental 18 de la version de 2006. Si la formulation du principe est demeurée intacte, les changements tiennent à l'évolution des critères de conformité audit principe. Ainsi, à la différence de la démarche initiale, le Comité de Bâle prévoyait, en 2006, une échelle de notation de la conformité aux critères en distinguant le degré « Conforme », le degré « Relativement conforme », le degré « Relativement non conforme » et le degré « Non conforme ». Enfin, un principe peut être « sans objet » (voir Méthodologie des Principes fondamentaux de 2006). Les critères essentiels de 2006 reprennent ceux de la version de 1999, mais de manière plus précise et plus détaillée pour la plupart. Ces critères ont été définis compte tenu d'un certain nombre de textes de référence en matière de LBC/FT, notamment dans le secteur bancaire : la Déclaration de Bâle de 1988, le « Devoir de diligence des banques au sujet de la clientèle » d'octobre 2001, *le « Shell banks and booking offices »* de janvier 2003, le *« Consolidated KYC risk management »* d'octobre 2004, les versions actualisées des Quarante Recommandations du GAFI de 2003 ainsi que les 9 Recommandations spéciales et enfin, la « Méthodologie d'évaluation de la conformité aux 40 recommandations et aux 9 recommandations spéciales » de 2004. En 2012, la conformité au Principe fondamental 29 n'est appréciée qu'au regard de critères essentiels, aucun critère additionnel n'étant prévu par le texte (ce qui pourrait refléter davantage d'exigence envers les banques).

2006 et présentent l'intérêt d'éclairer et de renforcer les obligations des assujettis du secteur[320].

À ce titre, on peut citer l'érection expresse de la déclaration de soupçon et du partage d'informations sur les activités criminelles en obligations[321] ; des précisions sur l'obligation pour les banques de disposer de politiques et procédures de vigilance à l'égard de la clientèle, lesquelles doivent comporter des étapes appropriées pour détecter, évaluer, surveiller et atténuer en permanence les risques de blanchiment de capitaux et de financement du terrorisme - en particulier - liés aux clients, pays ou zones géographiques, ou encore, aux produits, services, opérations et canaux de distribution[322] ; la distinction claire désormais, entre la mise en place de programmes de vigilance renforcée « à l'égard des comptes à haut risque » et la mise en place desdits programmes « à l'égard des personnes politiquement exposées » (alors que ces dernières étaient citées uniquement à titre d'*exemples* de comptes à haut risque dans l'ancien texte[323]).

Enfin[324], le nouveau critère essentiel 9 se montre plus exigeant à l'endroit des auditeurs des banques : l'autorité de contrôle ne doit plus seulement "fixer" les conditions pour que l'audit interne ou les experts externes évaluent en toute indépendance les politiques, procédures et contrôles pratiqués en matière de gestion des risques ; elle doit l'*exiger* desdits auditeurs. Le critère 9 incite aussi les autorités de contrôle à établir que les banques adoptent une démarche qui leur permette de réduire considérablement le risque d'implication du personnel dans les activités criminelles ; le nouveau texte ajoute ainsi que les politiques et procédures des banques doivent assurer un degré élevé d'éthique et de professionnalisme « dans le recrutement du personnel et dans l'établissement de

---

[320] De plus, d'importantes précisions sont apportées quant à la notion d'« autorité de contrôle » : « Le Comité est conscient du fait que, dans certaines juridictions, la responsabilité première de l'évaluation de la conformité avec les lois et réglementations en matière d'activités criminelles dans les banques (comme la fraude, le blanchiment de capitaux et le financement du terrorisme) n'incombe pas à l'autorité de contrôle bancaire, mais à d'autres autorités, telles qu'une cellule de renseignement financier (CRF). Ainsi, dans le cadre du présent Principe, l'expression "autorité de contrôle" peut désigner d'autres autorités, en particulier dans les critères essentiels n°7, 8 et 10. Dans ces juridictions, l'autorité de contrôle bancaire coopère avec ces autorités afin de respecter les critères énoncés dans ce présent Principe. » (Principes fondamentaux de Bâle de 2012).

[321] Voir à ce propos : critère 4 de conformité au Principe fondamental 29, équivalent du critère essentiel 11 de conformité à l'ancien Principe fondamental 18.

[322] Ces précisions concernent le nouveau critère 5 plus détaillé (vis-à-vis de l'ancien critère essentiel 4).

[323] Voir nouveau critère 5.

[324] Par ailleurs, le financement du terrorisme a naturellement été intégré au champ d'application du nouveau principe fondamental 29. En plus du critère 5 précité, le critère 7 prévoit, en effet, que l'autorité de contrôle doit s'assurer que les politiques et procédures des banques permettent de prévenir, détecter et signaler toute utilisation potentiellement abusive de services financiers, y compris le blanchiment de capitaux « et le financement du terrorisme ». Le nouveau critère essentiel 13 fait mention aussi de l'obligation pour l'autorité de contrôle disposant au sein de son personnel de spécialistes de lutte contre les activités criminelles, de fournir régulièrement aux banques des informations sur les risques liés au blanchiment de capitaux « et au financement du terrorisme ».

relations de délégation et d'externalisation ». Ainsi, les banques doivent intégrer au titre de leurs critères mêmes de recrutement du personnel interne comme externe, une éthique et un professionnalisme avérés des candidats. Ce personnel doit ensuite être formé, toujours selon les nouvelles dispositions du critère essentiel 9, sur le devoir de vigilance à l'égard de la clientèle et sur la surveillance et la détection des activités criminelles[325].

63. Les lignes directrices sur la « Saine gestion des risques de blanchiment de capitaux et de financement du terrorisme ». En 2014, le Comité de Bâle publiait des lignes directrices afin d'aider les banques à intégrer une saine gestion des risques de blanchiment de capitaux à leur gestion globale des risques[326]. Lesdites lignes directrices reprennent à la fois les normes du GAFI et les principes fondamentaux de Bâle visant les banques qui ont des activités internationales et s'inscrivent dans le cadre général du contrôle bancaire[327]. Elles sont organisées autour de trois parties, portant respectivement sur les composantes essentielles d'une saine gestion des risques, les mesures recommandées dans le cadre d'un groupe international et le rôle des autorités de contrôle. En annexe figurent des précisions sur les mesures appropriées en cas de recours à une autre banque, un autre établissement financier ou à un tiers pour l'exécution des mesures de vigilance à l'endroit de la clientèle ; en cas de recours à la correspondance bancaire[328] et sur les Recommandations pertinentes du GAFI à prendre en compte. Plus récemment, en juin 2017, le Comité de Bâle a inclus une annexe relative à l'ouverture de compte afin de tenir compte notamment des Recommandations du GAFI révisées en 2012.

En ce qui concerne les composantes essentielles d'une saine gestion des risques, le Comité identifie six points essentiels[329] dont il précise les modalités. Lorsqu'elles exercent leurs activités dans le cadre d'un groupe international, il est recommandé aux banques de mettre en place une politique globale de gestion des risques clients, d'opérer une évaluation et une gestion des risques à l'échelle du groupe, de mettre en place des politiques et procédures de

---

[325] L'ancien critère essentiel 8 prévoyait simplement que l'autorité de contrôle doit s'assurer que les banques organisent une surveillance des programmes de formation continue pour le personnel sur « la connaissance de la clientèle et les méthodes de détection des activités criminelles suspectes ».

[326] Comité de Bâle sur le contrôle bancaire, *Saine gestion des risques de blanchiment de capitaux et de financement du terrorisme*, Banque des Règlements Internationaux, janvier 2014, p. 1.

[327] *Ibid.*

[328] Les recommandations du Comité de Bâle y relatives ont été renforcées assez récemment en 2017, à l'occasion de la révision des lignes directrices relatives à la *Saine gestion des risques de blanchiment de capitaux et du financement du terrorisme*.

[329] Une saine gestion des risques de BC/FT, selon le Comité de Bâle, suppose : une évaluation, compréhension, gestion et atténuation des risques ; une politique d'acceptation des clients ; une identification/vérification ou un établissement du profil de risque du client et du bénéficiaire effectif ; une surveillance continue ; une saine gestion de l'opération et une définition de mesures concernant les DOS et le gel des avoirs.

LBC/FT consolidées et de partager des informations à l'échelle du groupe. Toujours dans ce cadre, les groupes financiers mixtes sont appelés à faire preuve d'une particulière vigilance à l'égard des clients qui sollicitent des services dans différents secteurs. Enfin, le Comité affirme attendre des autorités de contrôle que « leurs modalités d'application des *Principes fondamentaux pour un contrôle bancaire efficace* à la gestion des banques en matière de risques de BC/FT soient cohérentes avec le contrôle global qu'elles exercent sur les banques et étayent celui-ci »[330] ; des sanctions efficaces, proportionnées et dissuasives devraient être appliquées aux banques qui ne respectent pas leurs obligations en matière de LBC/FT[331]. En outre, ces autorités doivent dans le cadre de ce contrôle définir leurs attentes quant aux politiques et procédures de LBC/FT des banques et adopter elles-mêmes une approche fondée sur les risques pour superviser la gestion des risques de LBC/FT par les banques.

B. Les instruments de lutte contre le blanchiment de capitaux du Groupe Wolfsberg à l'intention des services bancaires privés.

64. D'une ambition à une influence de portée mondiale : l'élaboration progressive d'un "code de conduite" de LBC/FT pour le secteur bancaire. Du nom du château Wolfsberg au Nord-Est de la Suisse où il a été constitué en 2000[332], le Groupe Wolfsberg d'établissements financiers internationaux (encore appelé Groupe Wolfsberg des banques) est une association de treize banques internationales[333]. Le Groupe est connu pour promouvoir des normes internationales de LBC/FT spécifiques au secteur de la banque privée et particulièrement attachées au respect du fameux principe « Connais ton client »[334]. Il a ainsi été à l'origine de plusieurs textes en la matière : les Directives mondiales anti-blanchiment pour les services bancaires privés adoptées en octobre 2000 et révisées en mai 2002 puis en juin 2012 ; la Déclaration sur la répression du financement du terrorisme, les principes anti-blanchiment à l'intention des banques correspondantes et la Déclaration sur la surveillance, le filtrage et la recherche.

Ces lignes directrices offrent l'avantage aux établissements bancaires membres et d'une manière générale, aux banques non membres, mais

---

330 Comité de Bâle sur le contrôle bancaire, *op. cit.*, p. 18.

331 *Ibid.*

332 La démarche a cependant été initiée en 1999 afin de lutter contre le blanchiment dans le secteur bancaire (G. AIOLFI et H.-P. BAUER, « The Wolfsberg Group » [en ligne], *in* Mark PIETH (ed.), *Collective action : Innovative Stategies to Prevent Corruption*, 2012, Dike Zurich/St. Gallen, p. 1. Disponible sur : https://www.wolfsberg-principles.com/sites/default/files/wb/pdfs/The-Wolfsberg-Group.pdf.).

333 Il s'agit des banques internationales suivantes : ABN AMRO Bank N.V. ; Banco Santander Central Hispano S.A. ; Bank of Tokyo-Mitsubishi, Ltd. ; Barclays ; Citigroup ; Credit Suisse Group ; Deutsche Bank AG ; Goldman Sachs ; HSBC ; J.P. Morgan Chase ; Société Générale et UBS AG.

334 Voir : https://www.wolfsberg-principles.com/.

qui souhaiteraient y adhérer ou les appliquer, d'avoir été spécialement conçues pour une meilleure appropriation des obligations de lutte par les banques. Mais ce qui fait surtout la force des Principes de Wolfsberg, c'est que ses membres s'engagent à les appliquer à toutes opérations faites au plan national et à l'étranger, y compris dans les centres offshores[335]. Or, il a été relevé que les banques membres de ce Groupe représentaient à elles seules plus 60 % du marché mondial de la banque privée ; ce qui est de nature à conforter la portée de ces normes dans l'industrie bancaire et à permettre d'empêcher (en cas d'application rigoureuse de ces Principes) des sommes inchiffrables de provenance ou à destination illicites de circuler par le canal bancaire[336].

65. Les rapports avec les autorités de lutte contre le blanchiment : l'ambiguïté d'un trop-plein d'autonomie. Il est curieux de noter, à l'examen des lignes directrices du Groupe Wolfsberg, à quel point il est peu fait référence aux normes du GAFI et du Comité de Bâle. Uniquement dans la Déclaration de Wolfsberg sur le financement du terrorisme, le Groupe affirme *soutenir* les recommandations spéciales sur le financement du terrorisme[337]. Symboliquement, cela reflète une certaine autonomie vis-à-vis des autorités de référence, voire un rapport d'égalité érigeant cette entité en véritable autorité régulatrice pour ses banques membres et celles adhérant à ses Principes. L'impression est cependant celle d'un corporatisme et d'une application élitiste des normes anti-blanchiment au sein d'un même secteur, même si les Principes du Groupe n'ont pas vocation à se substituer aux lignes directrices des autorités régulatrices[338]. Mais en définitive, la contribution normative du Groupe est sans conteste puisqu'il participe à la réflexion sur les modalités d'application des normes anti-blanchiment dans le milieu bancaire. Et inversement, le Groupe procède constamment à une amélioration de ses Principes "à la lumière" des

---

[335] M. PIETH et G. AIOLFI, « The Private Sector becomes active : The Wolfsberg Process » ; en français : « Le Secteur Privé devient actif : le processus de Wolfsberg », *Journal of financial crime*, vol. 10, n°4, 2003, pp. 361-362.

[336] *Ibid.*

[337] Il est en effet affirmé, tout à fait à la fin de la *Déclaration de Wolfsburg sur le financement du terrorisme*, que « le groupe de Wolfsberg soutient les recommandations spéciales du GAFI sur le financement du terrorisme, lesquelles constituent des mesures favorables à la répression de ce financement ».

[338] M. PIETH et G. AIOLFI, *op. cit.*, p. 362.

lignes directrices du Comité de Bâle[339] et des normes de référence, dans la recherche de mesures plus adaptées aux spécificités du secteur bancaire[340].

Paragraphe 2. Les mesures de protection des marchés financiers et du secteur des assurances : quelles pertinence et perspectives ?

66. ***De l'opportunité d'un renforcement des lignes directrices à portée mondiale destinées aux acteurs des marchés financiers et du secteur des assurances***. Les lignes directrices sectorielles constituent, de notre point de vue, l'expression utile d'un soutien à l'anti-blanchiment : elles permettent tant aux autorités pertinentes de marquer leur contribution que d'éclairer davantage leurs destinataires sur les exigences particulières de lutte en fonction de leur secteur d'activité. L'on approuvera donc sans réserve la démarche sectorielle de soutien et d'appropriation de la LBC/FT et notamment, concernant les marchés financiers et des assurances (A). Même si à l'égard desdits acteurs, les déclarations de principe gagneraient à être mises à jour pour une plus grande portée (B).

A. La nécessité d'une démarche sectorielle de soutien et d'appropriation du combat contre le blanchiment.

67. ***Pour*** **des recommandations anti-blanchiment sectorielles**. Dès que le mot d'ordre a été lancé par le GAFI en 1990, on aurait dit que l'anti-blanchiment est devenu un effet de mode, tellement les résolutions, déclarations de principes et lignes directrices ont foisonné de toutes parts. Toutefois, cette sensation d'excès réglementaire n'est justifiée que si l'on s'en tient à la vue d'ensemble. Pour le superviseur d'une compagnie d'assurance, une « Note d'orientation » anti-blanchiment de l'Association internationale des contrôleurs d'assurance (AICA) peut présenter un intérêt particulier tenant à l'approche orientée, qui prend en compte les spécificités du secteur. Et en tout état de cause, il est du devoir des autorités régulatrices d'affirmer et de concrétiser leur engagement à assainir les marchés qu'ils sont censés réguler, notamment en y empêchant la prolifération des activités illicites telles que le blanchiment de capitaux.

---

[339] *Ibid.* Dans l'article précité, les auteurs font symboliquement référence à un jeu de « Ping-Pong » entre le Groupe Wolfsburg et les autorités régulatrices telles que le Comité de Bâle, qui, sans aucun doute selon eux, s'influencent mutuellement dans l'élaboration de leurs lignes directrices.

[340] Dans l'article précité, les auteurs ne manquent pas de relever les tensions qui subsistent dans les rapports entre les autorités régulatrices et celles des membres du Groupe ; les banques sont, en effet, de plus mal à l'aise face à l'incessante extension des normes, qui ne peuvent parfois s'appliquer arithmétiquement dans le secteur bancaire et même au-delà. Dès lors, pour contrer cette tendance à la généralisation, les banques essaient d'indiquer au Comité de Bâle comment avoir une approche plus réaliste et dans quelles circonstances l'assouplissement de l'approche basée sur les risques peut s'avérer plus efficace (*ibid.*).

68. La contribution de l'Organisation internationale des commissions de valeurs par une « Résolution » anti-blanchiment. Créée en 1974, l'OICV est une organisation - un « club »[341] pour certains - regroupant des autorités qui réglementent et contrôlent les marchés financiers de valeurs mobilières dans leurs pays respectifs[342]. Ses objectifs sont de protéger les investisseurs, de garantir équité, efficacité et transparence des marchés et enfin, de réduire les risques systémiques[343]. Dès lors, on ne peut que comprendre la publication d'une « Résolution sur la lutte contre le blanchiment de capitaux » en 1992, deux ans après les premières Recommandations du GAFI, qui ont donc été prises en compte. L'Organisation y attire l'attention des États membres sur la nécessité de considérer l'adoption des mesures nécessaires pour prévenir et détecter l'utilisation des marchés financiers à des fins de blanchiment. Cela implique pour les membres de vérifier l'étendue des informations concernant les clients, les exigences en matière de conservation de documents, mais encore, la manière adéquate d'aborder l'identification et la déclaration des opérations suspectes. Les pays doivent aussi s'assurer que les procédures en place empêchent les criminels de prendre le contrôle des sociétés intervenant sur les marchés ; qu'ils sont aptes à reconstituer et vérifier les opérations impliquant l'utilisation d'espèces ; que les sociétés intervenant sur les marchés financiers disposent de procédures de contrôle interne et de conformité aptes à prévenir/ détecter le blanchiment de capitaux et que leurs autorités et pouvoirs nationaux disposent des moyens les plus appropriés pour échanger des informations en vue de lutter contre le blanchiment de capitaux[344].

69. La contribution de l'Association internationale des contrôleurs d'assurance par des « Notes d'orientation » anti-blanchiment à l'intention des autorités de contrôle. La création de l'AICA en 1994 a été l'occasion de regrouper les contrôleurs d'assurance autour de cette organisation[345] afin d'encourager la coopération entre les autorités chargées du contrôle des assurances, en coordination avec les contrôleurs des autres secteurs financiers, ainsi que les IFI. Son mandat inclut également la formation des membres de l'AICA, mais surtout, l'élaboration de normes internationales pour le contrôle de la réglementation du secteur de l'assurance. Il en fut ainsi pour la conception et la publication du document d'orientation n°5 intitulé « *Anti-Money Laundering Guidance Notes for Insurance Supervisors and Insurance Entities* ». Ce

---

[341] F. PERIER, « L'Organisation Internationale des Commissions de Valeurs (OICV) et le rôle des régulateurs boursiers dans l'internationalisation des marchés », *Rev. éco. fin.*, n°33, 1995, p. 125.
[342] P. A. SCOTT, *op. cit.*, p. 36.
[343] *Ibid.*
[344] *Ibid.*, pp. 36-37.
[345] L'AICA est en effet composée des autorités de régulation nationales compétentes dans le secteur des assurances (R. BISMUTH, « La réforme de l'encadrement prudentiel des banques par le Comité de Bâle, reflet des tensions entre les différents espaces de régulation financière », *in* A. DELION et L. VIDAL (dir.), *Les réformes des régulations financières*, Annales de la Régulation, vol. 3, IRJS Éditions, 2013, pp. 190-191).

document dit « Notes d'orientation de LBC » contient une étude détaillée sur la lutte contre le blanchiment de capitaux dans le secteur des assurances. Toutefois, il appartient aux pays de les appliquer en tenant compte des spécificités de leurs compagnies d'assurances, de leurs produits, du système économique et financier ou encore, de la constitution de leur système juridique. Comme pour la plupart des normes de référence des autorités de régulation sectorielles, les « Notes d'orientation de LBC » s'inscrivent dans la droite ligne des recommandations du GAFI et du Comité de Bâle. Les compagnies d'assurances sont en effet appelées à respecter les lois d'assurance, à disposer de procédures de connaissance de la clientèle, à coopérer avec les autorités chargées de l'application des lois et à disposer de règles de conduite internes, de procédures et de programmes de formation du personnel en matière de lutte contre le blanchiment de capitaux.

B. Une démarche limitée : les perspectives d'une plus grande portée des déclarations de principes.

70. Les perspectives d'actualisation et d'application efficace des normes anti-blanchiment sectorielles. Les mesures fondamentales préconisées par l'OICV et par l'AICA aux fins de lutter contre le blanchiment de capitaux demeurent d'égale pertinence plus d'une vingtaine d'années après leur adoption. Mais l'on peut envisager de les actualiser en tenant compte de l'évolution des standards du GAFI, qui accordent une importance accrue notamment à l'application de l'approche fondée sur les risques tant par les autorités de contrôle que par les acteurs sur le marché. Quitte à "légiférer", autant également actualiser les recommandations afin de maintenir leur utilité d'un point de vue pratique. D'ailleurs, la doctrine a fait la remarque relativement à l'AICA en particulier - présentée comme « une instance internationale équivalente au Comité de Bâle dans le domaine de l'assurance »[346]- que ses accomplissements dans le domaine de l'encadrement prudentiel sont bien en deçà de ceux du Comité de Bâle[347]. Par ailleurs, on rappellera ici l'absence de force exécutoire[348] des lignes directrices de l'OICV[349] et de l'AICA, ce qui laisse reposer leur application sur l'engagement des adhérents à ces organisations. Si l'adhésion à ces entités n'a de sens, pour leurs membres, que s'ils entendent en respecter les normes, cela n'offre en revanche aucune garantie de mise en œuvre conforme et efficace. On s'en remettra alors, sur cette question, au mécanisme de contre-mesures onusiennes et

[346] *Ibid.*, p. 190.

[347] *Ibid.*, p. 191. L'auteur évoque en guise de facteurs explicatifs, que la composition ouverte de l'AICA (qui comptait en 2011 près de 140 États représentés) constitue certes, une force pour cette autorité régulatrice, mais a affecté l'efficacité de l'activité normative de l'AICA dans le domaine prudentiel ; mais encore, il fait état de « l'absence d'une vision commune dans ce domaine entre États-Unis et l'Europe, espaces de régulation qui constituent le principal moteur de l'activité du Comité de Bâle » (*ibid.*).

[348] La relativité de la force contraignante des entités supranationales a été envisagée quelques lignes plus haut, en ce qui concerne les normes des Nations unies et du GAFI (voir *supra*, par. 55 et 56).

[349] B. BREHIER, *op. cit.*, p. 4.

du GAFI, puisque le combat de la conformité et de l'efficacité est surtout de l'apanage de cette dernière entité.

Sous-section 2. La mise en place d'un réseau mondial de Renseignement et d'enquêtes.

71. ***La multiplication des points focaux des initiatives participant de la coopération internationale : les cas particuliers du Groupe Egmont et d'Interpol.*** La coopération internationale est alimentée par le Renseignement, qui s'est vu attribuer toute son importance par la création d'un point focal des Cellules de renseignement financier : le Groupe Egmont (Paragraphe 1). Du point de vue de la coopération policière en particulier, l'action d'Interpol a permis de créer et d'étendre à de nombreux pays la dynamique de partenariat nécessaire à l'efficacité des enquêtes visant notamment les blanchisseurs (Paragraphe 2).

Paragraphe 1. Le Groupe Egmont, point focal des Cellules de renseignement financier.

72. De la création et du développement d'un cadre de coopération des Cellules de renseignement financier. Le Groupe Egmont a été créé en 1995 par un groupe d'unités de renseignement financier (actuelles Cellules de renseignement financier), lors d'une rencontre tenue à l'*Egmont Arenberg Palace* de Bruxelles. Reconnaissant alors les avantages du développement d'un réseau de CRF, il y a été décidé d'établir un groupe informel connu sous le nom de « Groupe Egmont des unités de renseignements financiers », pour stimuler la coopération internationale. L'objectif de ce Groupe est d'établir un forum dans le cadre duquel les différentes CRF du monde peuvent améliorer leur coopération en ce qui concerne la lutte contre le blanchiment de capitaux et le financement du terrorisme[350]. Le groupe Egmont favorise ainsi l'application effective des programmes nationaux de lutte contre le blanchiment de capitaux et le financement du terrorisme en assurant, conformément à sa charte, le développement de la coopération internationale par l'échange d'informations. Dès lors, il œuvre pour la création et l'accroissement de l'efficacité des Cellules de renseignement financier respectant les mêmes standards internationaux et la même approche opérationnelle des dossiers de blanchiment de capitaux et de financement du terrorisme.

Paragraphe 2. Interpol et l'impulsion d'une nouvelle dimension à la coopération policière.

73. Des ressources humaines et technologiques pour une couverture mondiale. L'Organisation internationale de police criminelle (« Interpol ») est aujourd'hui la plus importante organisation policière au monde et compte cent

[350] Le mandat du Groupe Egmont a été étendu aux renseignements financiers sur le financement du terrorisme en 2004 (voir Guide de référence précité, p. III-21).

quatre-vingt-quinze pays membres[351]. Depuis sa création en 1923 avec pour mandat de faciliter la collaboration policière transnationale, elle appuie les organismes, les autorités, ainsi que les services dont la mission est de prévenir et de lutter contre le crime international. Ainsi, chaque pays membre a un Bureau national et un personnel de forces policières. Dans le cadre de la lutte anti-blanchiment, les officiers spécialisés d'Interpol passent en revue des milliers de messages en provenance des États membres et informent les enquêteurs ordinaires de l'existence de liens entre des enquêtes opérées dans différents pays. Le premier instrument utilisé est le Système global de communications policières d'Interpol appelé I-24/7 qui permet aux enquêteurs à travers le monde de rechercher et vérifier les informations et d'avoir un accès direct à la base de données. Ainsi, par le biais de la mise en place d'officiers de liaison nationaux à travers le monde dits "points de contact", l'Unité anti-blanchiment d'Interpol améliore l'efficacité de la coopération entre les différents partenaires dans la lutte contre le blanchiment de capitaux et contre le financement du terrorisme. De même, cette Unité est engagée dans des initiatives communes avec d'autres organisations internationales, notamment des initiatives pour améliorer l'échange d'informations entre les Cellules de renseignement financier. En outre, le Secrétariat d'Interpol contribue activement à la formation et à la fourniture d'assistance technique en matière de LBC/FT[352].

74. L'extension à la coopération douanière : l'implication de l'Organisation mondiale des douanes (OMD). L'OMD entretient des liens étroits avec Interpol. Sa naissance en 1952 est justifiée par une vocation à promouvoir la simplification et l'harmonisation des procédures douanières, pour des contrôles douaniers plus efficaces. Si elle n'est dotée d'aucune compétence opérationnelle, l'OMD fournit des informations, pilote des actions de formation et émet des recommandations pour une législation adaptée. Justement, elle a publié une « Recommandation du Conseil de coopération douanière concernant la nécessité d'élargir et de renforcer le rôle des administrations des douanes en vue de réprimer le blanchiment des fonds et de récupérer le produit des délits », qui a été révisée en 2005 afin d'intégrer des références aux Résolutions pertinentes du Conseil de sécurité de l'ONU et aux recommandations du GAFI révisées. Cela a aussi été l'occasion de réaffirmer le rôle de la douane dans la lutte

---

[351] Source : site Internet d'Interpol : https://www.interpol.int/fr/Qui-nous-sommes/Les-pays-membres#:~:text=polici%C3%A8re%20au%20monde-,INTERPOL%20compte%20194%20pays%20membres%20et%20est%20ainsi,grande%20organisation%20polici%C3%A8re%20au%20monde ; il s'agit du nombre de pays membres en octobre 2022.

[352] À ce propos, voir : GAFI, « Interpol » [en ligne]. Disponible sur : http://www.fatf-gafi.org/fr/pages/interpol.html

contre le blanchiment de capitaux et d'élargir son champ d'application au financement du terrorisme[353].

Conclusion du Chapitre I

75. Depuis le Sommet de l'Arche à l'initiative des pays membres du G7, les organismes internationaux se sont mués en véritables outils de guerre contre les sources de financement des activités terroristes et donc, contre les activités criminelles. Remonter à ces dernières en suivant la trace de l'argent sale est devenu, dans ce cadre, une nouvelle donne qu'il fallait sinon convaincre, obliger les États à intégrer dans leur politique de lutte contre la criminalité - et surtout celle de grande envergure. Sur cet aspect, on peut affirmer, ne serait-ce que du fait de l'existence des ORTG, que le Groupe d'action a réussi le pari de la sensibilisation sur la problématique du blanchiment à l'échelle mondiale. Mais au-delà de l'obtention d'une adhésion au moins apparente des États, les initiateurs de la LBC/FT ont déployé toutes les ressources nécessaires pour que l'étau se resserre notamment autour des blanchisseurs. Il faut croire que l'appel inédit du Conseil de l'Europe - en 1980 - à définir une politique globale destinée à lutter contre la « mise à l'abri » des capitaux d'origine criminelle n'est pas demeuré inutile.

En effet, les Nations unies ont multiplié les instruments de référence dans la LBC/FT. À cet égard, les conventions de Vienne, de Palerme, de Mérida et de New York ont comme point commun de prévoir des obligations qui profitent à la recherche et à la confiscation des produits du crime. Les trois premières conventions citées, en particulier, posent l'obligation d'incriminer le blanchiment de capitaux selon des modalités fondamentalement similaires. Les Résolutions du Conseil de sécurité des Nations unies relatives à la LBC/FT ont pour leur part mis l'accent sur l'importance d'empêcher la levée des fonds destinés à financer les activités terroristes, lesquels peuvent provenir de la participation à la criminalité transnationale organisée ou au blanchiment de capitaux. Enfin, relevons que par le truchement de l'ONUDC, les Nations unies fournissent leur appui notamment technique aux États.

L'approche s'est aussi faite sectorielle, eu égard à la mise à contribution du Comité de Bâle. Effectivement, ce dernier n'a - depuis la publication de la fameuse Déclaration de Bâle - eu de cesse de publier des lignes directrices en fonction de l'évolution des Recommandations. L'anti-blanchiment se retrouve ainsi dans les Principes fondamentaux de Bâle et la Méthodologie y afférente. Le Comité a aussi publié ses lignes directrices en vue d'une saine gestion des risques de LBC/FT. Toujours dans le secteur financier, il faut relever l'existence des lignes directrices du Groupe Wolfsberg, de l'OICV et de l'AICA.

---

[353] *Cf.* « Blanchiment de fonds et contre le financement du terrorisme », sur le site Internet de l'OMD : http://www.wcoomd.org/fr/topics/enforcement-and-compliance/activities-and-programmes/money-laundering-and-terrorist-financing.aspx?p=1.

Enfin, dans le volet de la coopération internationale, les réseaux consacrés au Renseignement financier et à la coopération policière sont censés continuellement se développer et se dynamiser sous le pilotage, respectivement, du Groupe Egmont et d'Interpol (en coopération avec l'OMD). Les Recommandations du GAFI se font le point focal de toutes ces initiatives, qu'elles intègrent pour la plupart (conventions-phares des Nations unies, lignes directrices du Comité de Bâle, adhésion au Groupe Egmont, coopération internationale, y compris celle policière, etc.). La liste n'est certainement pas exhaustive, mais suffit à témoigner de l'importance des ressources déployées pour la cause de la LBC/FT. Même si selon une approche moraliste de la question, l'anticriminalité suffit à justifier le déploiement de ces moyens gargantuesques, l'on ne peut s'empêcher de se demander si les résultats obtenus sont à leur hauteur…

CHAPITRE II. LE RALLIEMENT AFRICAIN DE LA RECHERCHE MONDIALE DES PRODUITS DU CRIME.

76. ***La participation de l'Afrique à la LBC/FT : une question envisagée à l'image des particularités géographiques et institutionnelles du continent*.** L'Afrique a compté parmi les grands absents lors des moments marquants de l'histoire de la LBC/FT. Mais elle a assez vite rallié la lutte en s'engageant dans le combat contre la drogue, puis par une appropriation progressive des problématiques de la criminalité transnationale organisée et de la gestion des produits du crime. Au niveau continental, l'Union africaine a en effet déployé nombre de ses institutions et d'instruments pour s'inscrire dans la dynamique mondiale ; il s'agit là de l'un des aspects sur lesquels il nous sera donné de réfléchir dans le cadre d'une analyse plus globale de la participation de l'Afrique à la lutte contre la criminalité transnationale organisée et contre les flux financiers illicites (Section 1). Seront cependant uniquement envisagées les initiatives des organisations dont l'action se veut continentale ; non celles isolées ou à l'échelle étatique, à l'échelle sous-régionale.

77. Ce dernier aspect a d'ailleurs fait l'objet d'une étude séparée, non pas uniquement en raison de la délimitation géographique de la présente analyse à l'espace de l'UEMOA. Cette démarche est avant tout le reflet du paysage de l'intégration régionale africaine, qui laisse apparaître de multiples organisations régionales au sein desquelles ont été prises, dans divers contextes, des mesures touchant à l'aspect qui nous intéresse. La question qui s'impose est alors celle de l'efficacité de ces nombreuses initiatives au sein de la sous-région - et en particulier dans l'UEMOA, lorsqu'il s'agit de lutter contre le crime transnational organisé et notamment, contre le blanchiment de capitaux… La multiplicité, dans ce contexte, amène à réfléchir sur les perspectives d'une réelle union des États africains en vue d'atteindre communément les objectifs notamment de conformité dans la LBC/FT (Section 2).

Section 1. La participation à la lutte contre la criminalité transnationale organisée et contre les flux financiers illicites au niveau continental africain.

78. ***Du bilan de l'apport de l'Afrique - plus ou moins directement - dans la LBC/FT à l'aune des mesures émanant de l'UA et de la BAD*.** Dans le préambule de l'Acte constitutif de l'UA, ses fondateurs laissent entrevoir une farouche volonté de favoriser le développement socio-économique de l'Afrique et de renforcer les institutions africaines de manière à doter le continent des aptitudes et ressources nécessaires pour faire face aux défis mondiaux[354]. Il est donc du devoir de cette organisation continentale de présider le combat contre les gangrènes de l'économie africaine et mondiale telles que le blanchiment de capitaux. A-t-elle alors fédéré les efforts de manière satisfaisante dans ce sens ? La réponse n'est malheureusement pas aussi évidente qu'elle devrait l'être (Sous-section 1).

79. Le recensement des initiatives de grande portée à l'échelle continentale laisse apparaître, par ailleurs, une particulière implication du Groupe de la Banque africaine de développement (BAD) qui a pour but, conformément à l'article 1er de l'Accord portant création de la BAD, de contribuer au développement économique et au progrès social durables de ses États membres régionaux, individuellement et collectivement[355]. Ce faisant, cette institution a apporté sa contribution à la LBC/FT et a témoigné de son intérêt notamment pour la lutte contre les flux financiers illicites en Afrique (Sous-section 2). L'on se doit ici de mentionner l'action du secteur associatif[356], qui est justement trop importante pour nous permettre d'en dresser un panorama complet dans le cadre de cette analyse restreinte.

Sous-section 1. Une Union africaine fédératrice du combat de l'Afrique contre le crime organisé : entre réalisations… et mythe.

80. ***Des réalisations palpables, mais dont la portée est limitée par des querelles avilissantes pour l'Union, pour l'Afrique***. Même si l'Union africaine

---

[354] Les fondateurs se disent notamment résolus à relever les défis multiformes auxquels sont confrontés le continent africain et ses peuples, à la lumière des changements sociaux, économiques et politiques qui se produisent dans le monde ; convaincus de la nécessité d'accélérer le processus de mise en œuvre du Traité instituant la Communauté Économique Africaine afin de promouvoir le développement socio-économique de l'Afrique et de faire face de manière plus efficace aux défis de la mondialisation ; résolus à promouvoir et à protéger les droits de l'homme et des peuples, à consolider les institutions et la culture démocratiques, à promouvoir la bonne gouvernance et l'État de droit, mais encore, à prendre toutes les mesures nécessaires pour renforcer les institutions communes et à les doter des pouvoirs et des ressources nécessaires afin de leur permettre de remplir efficacement leurs missions (Préambule de l'Acte constitutif de l'Union africaine fait à Lomé (Togo) le 11 juillet 2000).

[355] Banque africaine de développement, *Accord portant création de la BAD*, éd. 2016, p. 2.

[356] Parmi celles-ci, on peut citer **l'Institut d'études de sécurité (ISS)**, qui est une ONG africaine ayant comme domaines de compétences, la criminalité transnationale, la migration, la sécurité maritime et le développement, le maintien et la consolidation de la paix, la prévention de la criminalité et la justice pénale ainsi que l'analyse des conflits et la gouvernance (voir à ce propos le site Internet de l'ISS : https://issafrica.org/fr/a-propos-de-liss/qui-sommes-nous) ; **l'*Open Society Initiative for West Africa* (OSIWA)**, qui aspire à contribuer à la construction de sociétés ouvertes en Afrique de l'Ouest, au sein desquelles les citoyens bénéficieront de « politiques inclusives, d'une bonne gouvernance, de démocraties dynamiques, de transparence, de responsabilité, d'équité et du respect de l'État de droit et des droits humains fondamentaux » (voir site Internet de l'OSIWA : https://www.osiwa.org/fr/mission-et-valeurs/) ou encore, ***TrustAfrica***, qui se veut renforcer les initiatives africaines s'attaquant aux défis les plus complexes auxquels le continent est confronté (voir à ce propos : site Internet de TrustAfrica : https://www.trustafrica.org/Fr/a-propos-de-trustafrica).

a mis ses organes et instruments au service de la lutte contre la criminalité transnationale organisée (Paragraphe 1), elle demeure dépourvue de la légitimité et de l'autorité naturelles qui devraient être siennes (Paragraphe 2).

Paragraphe 1. Les organes et instruments de l'UA au service de la lutte contre la criminalité transnationale organisée.

81. ***Des contributions d'ordre institutionnel et normatif***. Certains organes du l'UA, du fait ne serait-ce que de leur mandat, contribuent à la mise en place et à l'amélioration des conditions nécessaires pour remplir les obligations de conformité aux normes de LBC/FT (A). L'UA a aussi conçu des instruments symbolisant l'appel des Africains à s'impliquer dans la lutte contre la criminalité transnationale organisée (B).

A. Les organes de l'UA, bras armés de l'institution mère.

82. ***D'un déploiement institutionnel important en vue de la recherche et de la mise en œuvre des solutions appropriées pour la sécurité en Afrique***. L'UA compte naturellement sur ses organes permanents pertinents pour la prise en charge de question sécuritaire (I), mais n'a pas hésité par le passé à créer une institution *ad hoc* en vue d'une réflexion sur les flux financiers illicites en provenance de l'Afrique dite « Groupe de Haut niveau sur les flux financiers illicites en provenance d'Afrique » (II). L'on constatera que cette démarche a été très instructive, au point qu'on en espère une autre similaire à l'avenir : celle de la mise en place d'un Groupe de Haut niveau sur la lutte contre le blanchiment de capitaux et le financement du terrorisme en Afrique[357].

I. Les initiatives émanant d'organes permanents de l'UA.

83. L'Architecture africaine de paix et de sécurité (APSA), clé de voûte de la lutte contre le terrorisme et la criminalité transnationale organisée. Organe décisionnel permanent de l'Union africaine pour la prévention, la gestion et le règlement des conflits, le Conseil de paix et de sécurité (CPS) constitue « le pilier central de l'Architecture africaine de paix et de sécurité [...] qui constitue le cadre de promotion de la paix, de la sécurité et de la stabilité en Afrique »[358]. C'est en effet pour mettre en œuvre ses objectifs et principes en matière de sécurité que l'Union africaine a mis en place l'Architecture africaine de paix et de sécurité qui définit le cadre d'intervention de l'Union africaine ainsi que de ses communautés économiques régionales (CER) et mécanismes régionaux (RMs) en matière de prévention, de gestion et

---

[357] Une telle étude pourrait partir notamment des résultats des évaluations sur la conformité et sur l'efficacité de la LBC/FT des États africains ainsi que des études des ORTG et CRF africaines pour dégager les tendances et typologies à l'échelle continentale, les risques et solutions idoines, surtout celles devant permettre une coopération d'un dynamisme sans précédent entre États africains. Elle permettrait ainsi de faire le bilan et d'envisager les perspectives de la LBC/FT au niveau africain.

[358] Union africaine, *Guide de l'Union africaine 2021* [en ligne], 8e éd., p. 76. Disponible sur : https://au.int/sites/default/files/documents/31829-doc-AU_HBK_2021_-_FRENCH_web.pdf.

de résolution des conflits[359]. Fondée sur de solides organes de l'Union africaine[360], l'APSA est - ou tout au moins, devrait être -, au regard de sa vocation, un acteur incontournable de la lutte contre la criminalité transnationale organisée en Afrique. Pour la neutralisation du terrorisme et du crime organisé dans l'espace sahélien en particulier, l'APSA a été au cœur de multiples initiatives au titre desquelles on peut citer le processus de Nouakchott[361], la Stratégie Sahel de l'UA[362] ou encore, la Mi-Sahel[363].

84. La multiplication des institutions en charge de la question terroriste. Dans les années deux mille, de multiples institutions se voyaient dotées d'un mandat spécial de lutte contre le terrorisme. Il en est ainsi de la

---

[359] N. BAGAYOKO, *Le multilatéralisme sécuritaire africain à l'épreuve de la crise sahélienne* [en ligne], Centre FrancoPaix en résolution des conflits et missions de paix - Rapport du projet Stabiliser le Mali, juin 2019, pp. 29-30. Disponible sur : https://www.dandurand.uqam.ca.

[360] Voir *supra*, par. 13.

[361] Le Processus de Nouakchott vise, conformément à la Déclaration de Nouakchott du 18 décembre 2014, le renforcement de la coopération sécuritaire et l'opérationnalisation de l'APSA dans la région sahélo-saharienne. Il regroupe onze États membres appartenant à des CER différentes : le Burkina Faso, la Côte d'Ivoire, la Guinée, le Mali, le Niger, le Nigéria et le Sénégal (CEDEAO) ; l'Algérie, la Libye et la Mauritanie (Union du Maghreb arabe ou UMA) ; le Tchad (CEEAC). Le Processus s'organise autour de trois volets : un volet politique (visant la consolidation de la paix, la promotion de l'État de droit et le renforcement des institutions démocratiques) ; un volet développement (visant à lutter contre le sous-développement et la dégradation de l'environnement) et un volet sécuritaire (visant à favoriser la coordination des efforts de l'UA dans le domaine de la sécurité, notamment en matière de gestion des conflits, de lutte contre le terrorisme et le crime organisé) ; voir à ce propos : N. BAGAYOKO, *op. cit.*, pp. 38-39.

[362] La Stratégie Sahel de l'UA concerne tant les pays situés sur la bande sahélienne séparant l'Afrique du nord de l'Afrique subsaharienne (Algérie, Burkina Faso, Tchad, Lybie, Mali, Mauritanie, Niger et Soudan) que ceux qui, bien que ne se situant pas dans cette zone, méritent tout autant une attention particulière (Côte d'Ivoire, Guinée, Guinée-Bissau, Nigéria et Sénégal). Cette stratégie comporte trois principaux piliers : gouvernance, sécurité et développement. La MISAHEL est la structure responsable de l'opérationnalisation de cette stratégie. Le volet sécuritaire, en particulier, accorde une priorité notamment à la promotion de la coopération régionale en matière de sécurité à travers le Processus de Nouakchott (Conseil de paix et de Sécurité de l'UA, « The African Union Strategy For The Sahel Region » [en ligne] ; en français : « La Stratégie de l'Union africaine pour la région du Sahel », mise à jour : le 12 août 2014. Disponible sur : https://www.peaceau.org/en/article/the-african-union-strategy-for-the-sahel-region). Voir aussi les travaux de Madame Niagalé BAGAYOKO (*op. cit.*, pp. 40-41).

[363] La Mission de l'Union africaine pour le Mali et le Sahel (dite MISAHEL) a pour mandat « d'accompagner le Mali dans le processus de sortie de crise et d'aider les pays du Sahel à faire face aux défis de sécurité, de gouvernance et de développement » ; il s'agit là des trois volets de son mandat déclinés dans la Stratégie de l'UA pour la région du Sahel, dont elle pilote la mise en œuvre (Institut d'Études de Sécurité, *Rapport sur le Conseil de paix et de sécurité* [en ligne], n°58, mai 2014, p. 2. Disponible sur : https://issafrica.s3.amazonaws.com/site/uploads/psc58-fr.pdf). La MISAHEL est, par ailleurs, chargée de promouvoir la coordination de la Stratégie Sahel de l'UA avec les différentes stratégies Sahel adoptées par les autres acteurs internationaux, notamment, l'UE, les Nations unies ou encore la CEDEAO (N. BAGAYOKO, *op. cit.*, p. 42). Les propos rapportés d'un fonctionnaire de la Commission de l'UA présentent la MISAHEL comme ayant longtemps été « un enfant mal aimé » au sein de l'UA en raison de son orientation excessive sur le Mali au mépris des autres foyers de crise tels que le Bassin du Lac Tchad (*ibid.*).

division « Défense et sécurité », mise en place suite à la création en 2004 d'un Département Paix et Sécurité (DPS) au sein de la Commission de l'Union africaine[364]. En 2004, le Centre africain d'Étude et de Recherche sur le Terrorisme (CAERT) est institué à Alger aux fins de centraliser les études sur le terrorisme devant permettre aux États de développer des programmes de lutte[365]. Le Centre peut donc beaucoup aider dans l'approche par les risques, puisqu'il comporte une « équipe de veille »[366] émettant des messages d'alerte antiterroristes et des rapports d'analyse préliminaire sur les attaques terroristes. Sans prétention de dresser une liste exhaustive des nombreuses initiatives de l'UA, on peut enfin relever l'adoption plus que pertinente du Mécanisme africain de coopération policière (Afripol) aux fins d'établir un cadre pour la coopération policière aux niveaux stratégique, opérationnel et tactique entre les institutions policières des États membres de l'UA[367]. Il reste encore au Mécanisme de faire ses preuves en termes d'efficacité, notamment dans la lutte contre le crime organisé, depuis son adoption le 30 janvier 2017. En plus de l'accord déjà approuvé avec Interpol, Afripol devra optimiser ses chances d'efficacité multipliant les accords de coopération avec les autorités de poursuite des autres espaces régionaux.

85. Le chevauchement des initiatives de l'UA pour la bonne gouvernance : les débuts marquants d'une concrétisation avec le Mécanisme africain d'évaluation par les pairs (MAEP)[368]. Un pays qui enregistre de bonnes performances en matière de gouvernance crée un environnement hostile à la prolifération du crime et à la récolte de ses produits. Aussi, l'arsenal Bonne gouvernance de l'Union africaine, pour peu qu'il soit

---

[364] La Commission de l'UA a été créée en vertu de l'art. 5 de l'Acte constitutif de l'UA définissant le statut des organes de l'Union. Elle a remplacé le Secrétariat de l'OUA, constituant ainsi l'organe exécutif de l'UA (Union africaine, *Guide de l'Union Africaine 2021*, *op. cit.*, p. 96).

[365] P. DE GENT, « L'Union africaine face aux défis du continent », *Analyses et Études Politique Internationale*, Service Internationale de Recherche, d'Education et d'Action Sociale (SIREAS), 2016, p. 12.

[366] *Ibid.*

[367] Art. 3 des statuts du Mécanisme africain de coopération policière.

[368] Depuis qu'il avait été créé en mars 2003 jusqu'en 2014, le MAEP était un organisme indépendant régi par un protocole d'accord signé par les États membres. Ce n'est qu'en juin 2014 que la Conférence de l'UA a décidé que le MAEP devait être intégré dans le système de l'UA en tant qu'organe autonome. Par la suite, la Conférence de l'UA a approuvé le travail sur le renouvellement et l'élargissement du rôle du MAEP (*Guide de l'Union africaine 2021*, p. 150). Depuis lors, la Conférence des Chefs d'État et de gouvernement de l'UA a « décidé de revitaliser et repositionner le MAEP en tant qu'instrument novateur de partage des bonnes pratiques » (Union africaine, *Rapport sur la gouvernance en Afrique - Promouvoir les valeurs communes de l'Union africaine* [en ligne], publié par le MAEP en collaboration avec l'AGA, 2019, p. 24. Disponible sur : https://au.int/sites/default/files/documents/36843-doc-aga_report_-_french_-_online.pdf). Lors de sa 28e session ordinaire, la CCEG de l'UA a « a décidé de confier au MAEP la charge de piloter le suivi et l'évaluation de tous les principaux domaines de la gouvernance sur le continent, y compris le suivi de la mise en œuvre de l'Agenda 2063 de l'Union africaine et les objectifs de développement durable (ODD) des Nations Unies » (*ibid.*).

effectivement déployé - et de manière appropriée - devrait-il profiter aux pays africains. En effet, en 2003, l'Union africaine mettait en place le Mécanisme africain d'évaluation par les pairs (MAEP), dotant ainsi les États membres d'un « instrument d'autoévaluation volontaire de la performance des États membres de l'Union africaine (UA) en matière de gouvernance »[369]. L'objectif du MAEP est de s'assurer que les politiques et pratiques des États participants sont conformes aux normes de bonne gouvernance contenues dans la Déclaration sur la gouvernance démocratique, politique, économique et des entreprises qui fut adoptée le 9 mars 2003 à Abuja. Autrement dit, de vérifier que les Chefs d'État et de gouvernement des États membres de l'Union africaine travaillent ensemble en termes de politiques et d'actions pour atteindre les objectifs que sont la démocratie et la bonne gouvernance politique, la gouvernance économique et sociale, le développement socio-économique et la mise en œuvre du Mécanisme africain d'évaluation par les pairs[370].

En 2006, l'ancien Président de la République du Sénégal, M. Abdou DIOUF, constatait que le MAEP n'avait « pas encore fait la preuve de son efficacité »[371] et exprimait le vœu que ce système novateur ne sombre pas dans l'immobilisme[372]. Cette dernière crainte peut être pour l'heure dissipée puisqu'en mai 2016, sur les trente-cinq pays ayant adhéré au Mécanisme, dix-sept étaient évalués (dont cinq pays durant la même année 2016)[373]. En revanche, la préoccupation concernant l'efficacité du dispositif demeure d'actualité puisque les États africains comptaient, avec le MAEP, « enrayer une corruption endémique existant dans nombre d'entre eux et [...] restaurer leur image internationale »[374]. Or, force est de constater que cet objectif est aujourd'hui tout sauf atteint, nombre de pays africains étant toujours, dans l'imaginaire collectif malheureusement étayé par les faits, fortement associés à la gangrène de la corruption.

86. Le renforcement de l'arsenal de bonne gouvernance à l'aune de l'expansion de la criminalité transnationale organisée en Afrique dans les années 2000. Le regain d'intérêt pour les questions de gouvernance au sein de l'Union africaine dans les années deux mille n'avait d'égale que la préoccupation internationale que suscitait l'état de la criminalité organisée en

---

[369] Union africaine, *Guide de l'Union africaine 2021*, *op. cit.*, p. 150.

[370] Préambule de la Déclaration sur la gouvernance démocratique, politique, économique et des entreprises (adoptée lors du 6ème sommet du Comité des Chefs d'État et de gouvernement chargé de la mise en œuvre du NEPAD).

[371] A. DIOUF, « Afrique : l'intégration régionale face à la mondialisation », Institut français des relations internationales, *Politique étrangère*, n°4, 2006 (Hiver), p. 792.

[372] *Ibid.*

[373] Le MAEP a connu un souffle nouveau en 2016 lorsque le Président de la République du Kenya (S. E. Uhuru KENYATTA), élu Président du Forum du MAEP a convoqué, en date du 29 janvier 2016, un sommet extraordinaire consacré à la relance du Mécanisme (Mécanisme africain d'évaluation par les pairs, *Rapport d'évaluation Pays Sénégal*, n°20, janvier 2017, p. 21).

[374] A. DIOUF, *op. cit.*, p. 792.

Afrique[375]. En effet, toujours sur le fondement des principes et objectifs de l'Acte constitutif de l'UA[376], la Charte africaine de la démocratie, des élections et de la gouvernance (CADEG) était adoptée en 2007[377], à un moment où la mal gouvernance au sein du continent africain[378] ne laissait présager aucune réponse appropriée aux problèmes croissants de criminalité. Cette « convention internationale propre au continent »[379] se veut donc promouvoir et renforcer la bonne gouvernance par l'institutionnalisation de la transparence, de l'obligation de rendre compte et de la démocratie participative[380]. Tous les États membres s'engagent conséquemment sous peine de sanctions[381] à mettre en œuvre la

---

375 Le constat est fait pour l'Afrique de l'Ouest, où la criminalité organisée était devenue, au milieu des années 2000, « un sujet de préoccupation internationale [...] quand d'importantes cargaisons de cocaïne furent détectées en transit vers l'Europe » ; et « des études menées ultérieurement par l'ONUDC ont révélé qu'un certain nombre de problèmes de criminalité transnationale organisée menaçaient la stabilité et le développement dans la région, y compris le vol et la contrebande de pétrole brut, le trafic d'armes, la traite des personnes, le trafic de migrants, de déchets toxiques, de médicaments frauduleux, de cigarettes, et le pillage de ressources naturelles » (ONUDC, *Criminalité Transnationale Organisée en Afrique de l'Ouest : une évaluation des menaces* [en ligne], février 2013. Disponible sur : https://www.legal-tools.org/doc/860cff/pdf/).

376 Il est plus spécifiquement fait référence aux articles 3 et 4 de l'Acte constitutif qui « mettent l'accent sur l'importance de la gouvernance démocratique, de la participation populaire, de l'État de droit et des droits de l'homme » (S.E. Mme M. S. CESSOUMA, « Préface du Commissaire », *in* Architecture de la gouvernance africaine, *Dividendes et déficits démocratiques en Afrique* [en ligne], Newsletter Gouvernance Africaine janvier-juin 2017, vol. 4, p. 4 ; disponible sur : http://aga-platform.org/sites/default/files/2017-08/Newsletter%20Gouvernance%20Africaine%20-%20Jan-Juin%202017.pdf).

377 La Charte est cependant entrée en vigueur en 2012.

378 Il a été relevé à ce propos que « l'adoption de la CADEG a été un moment important dans l'histoire d'un continent rendu tristement célèbre par ses changements anticonstitutionnels de gouvernement, sa mauvaise gouvernance et ses violations des droits de l'homme » (*ibid.*, p. 11).

379 B. TCHIKAYA, « La Charte africaine de la démocratie, des élections et de la gouvernance », *Annuaire fr. dr. int.*, vol. 54, 2008, CNRS Editions, p. 515. La CADEG aurait, effectivement, été « développée par des experts africains pour surmonter les défis propres à l'Afrique en matière de gouvernance » (K. MATLOSA, « Point de vue du Directeur : la rédaction de la CADEG », *in* Architecture de gouvernance africaine, *Dividendes et déficits démocratiques en Afrique* [en ligne], Newsletter Gouvernance Africaine janvier-juin 2017, vol. 4, p. 6. Disponible sur : http://aga-platform.org/sites/default/files/2017-08/Newsletter%20Gouvernance%20Africaine%20-%20Jan-Juin%202017.pdf).

380 Préambule de la *Charte africaine de la démocratie, des élections et de la gouvernance*.

381 La Charte prévoit des « sanctions en cas de changement anticonstitutionnel de gouvernement » (art. 23 à 26). Ainsi, si le Conseil de paix et de Sécurité constate qu'il y a eu changement anticonstitutionnel de gouvernement dans un État partie et que les initiatives diplomatiques ont échoué, il prend la décision de suspendre les droits de participation de l'État partie concerné aux activités de l'Union en vertu des articles 30 de l'Acte constitutif et 7 du Protocole (art. 25 al. 1er). La Conférence impose, en outre, des sanctions à tout État qui soutient un changement anticonstitutionnel de gouvernement dans un autre État et peut appliquer d'autres formes de sanctions à l'encontre des auteurs de changement anticonstitutionnel, y compris des sanctions économiques (art. 25 al. 2 à 7). Le Conseil de Paix et de Sécurité lève les sanctions dès que la situation qui a motivé la suspension est révolue (art. 26). Par ailleurs, aux termes de l'art. 46 de la Charte, la Conférence et le Conseil de Paix et de Sécurité de l'UA déterminent les mesures appropriées à appliquer contre tout État partie qui viole la Charte.

Charte conformément aux principes qui y sont énoncés[382] ainsi qu'à respecter le code de conduite qui s'articule autour du triptyque démocratie - élections - bonne gouvernance. Au 31 mars 2017, trente États membres (sur les cinquante - cinq membres que compte l'UA) avaient ratifié la Charte[383], qui est entrée en vigueur depuis le 15 février 2012[384]. La Charte incite les États à promouvoir et renforcer la gouvernance démocratique « par l'application, si nécessaire, des principes et des valeurs fondamentales sanctionnées dans la Déclaration du NEPAD sur la démocratie, la gouvernance politique, économique et d'entreprise et la mise en œuvre du Mécanisme africain d'Évaluation par les Pairs (MAEP) »[385]. C'est dire que ces initiatives sont censées être complémentaires. L'Architecture de gouvernance africaine (AGA) est venue renforcer le dispositif en 2010, avec comme fondement les textes pertinents de l'UA en matière de bonne gouvernance, y compris la CADEG dont elle incarne les valeurs et assure la promotion[386]. Émanation de l'Acte constitutif de l'UA, l'AGA regroupe les organes, institutions et Communautés économiques régionales de l'UA[387]. Son

---

[382] L'article 3 de la Charte africaine de la démocratie, des élections et de la gouvernance énumère onze principes fondamentaux devant guider les États membres dans la mise en œuvre de leurs engagements résultant de la Charte : le respect des droits de l'homme et des principes démocratiques ; l'accès au pouvoir et son exercice, conformément à la Constitution de l'État partie et au principe de l'État de droit ; la promotion d'un système de gouvernement représentatif ; la tenue régulière d'élections transparentes, libres et justes ; la séparation des pouvoirs ; la promotion de l'équilibre entre les hommes et les femmes dans les institutions publiques et privées ; la participation effective des citoyens aux processus démocratiques et de développement et à la gestion des affaires publiques ; la transparence et la justice dans la gestion des affaires publiques ; la condamnation et la répression des actes de corruption, des infractions et de l'impunité qui y sont liées ; le rejet et la condamnation des changements anticonstitutionnels de gouvernement et le renforcement du pluralisme politique, notamment par la reconnaissance du rôle, des droits et des obligations des partis politiques légalement constitués, y compris les partis politiques d'opposition qui doivent bénéficier d'un statut sous la loi nationale.

[383] Quarante-cinq États avaient seulement signé la Charte à cette date (Pr A. M. MANGU, « Vers la ratification universelle de la CADEG pour la démocratisation de l'Afrique », *in* African Governance Architecture ou Architecture de la gouvernance africaine, *Dividendes et déficits démocratiques en Afrique* [en ligne], Newsletter Gouvernance Africaine janvier-juin 2017, vol. 4, p. 12 ; disponible sur : http://aga-platform.org/sites/default/files/2017-08/Newsletter%20Gouvernance%20Africaine%20-%20Jan-Juin%202017.pdf).

[384] Le Cameroun devenait le quinzième État membre à déposer son instrument de ratification auprès de la présidente de la Commission de l'UA. Dès lors, conformément à l'article 48 de la Charte, la CADEG est entrée en vigueur le 15 février 2012, qui correspond au trentième jour suivant le dépôt du quinzième instrument de ratification *(ibid.*, p. 11).

[385] Art. 36 de la Charte africaine de la démocratie, des élections et de la gouvernance.

[386] *Ibid.*, p. 4.

[387] *Rapport sur la gouvernance en Afrique* de 2019, *op. cit.*, p. 21. Plus spécifiquement, l'AGA est composée des organes que sont : le Parlement panafricain ; les représentants permanents des États membres ; le Conseil de paix et de sécurité ; le Système continental d'alerte rapide (SCAR) ; le Conseil économique, social et culturel (ECOSOCC) ; le NEPAD ; le Conseil consultatif de l'UA sur la corruption ; le Fonds pour la démocratie et l'assistance électorale ; la Commission africaine des droits de l'homme et des peuples (CADHP) ; la Cour africaine des droits de l'homme et des peuples ; le secrétariat du MAEP et les CER (Y. BEDZIGUI, *op. cit.*, p. 3).

objectif est d'encourager la coordination et la complémentarité dans la promotion de la gouvernance entre les organes de l'UA et leurs initiatives respectives[388].

87. La fusion, au-delà de la nécessaire coordination des actions pour la paix et la bonne gouvernance en Afrique. N'est-ce pas en exerçant le pouvoir de la bonne manière à l'égard de son peuple et des autres nations que l'on parvient à faire régner l'ordre dans le respect de tous ? Dans tout espace juridique, la bonne gouvernance est la voie privilégiée pour atteindre les objectifs de paix et de sécurité. Dès lors, à l'évocation d'une Architecture africaine de paix et de sécurité, on pourrait légitimement s'attendre à ce que cette dernière inclue la bonne gouvernance qui serait alors un volet spécifique de son activité - et vice versa. D'ailleurs, le Conseil de Paix et Sécurité compte parmi ses objectifs (qui sous-tendent également l'action de l'APSA) « de promouvoir et d'encourager les pratiques démocratiques, la bonne gouvernance et l'état de droit, la protection des droits de l'homme et des libertés fondamentales, le respect du caractère sacré de la vie humaine, ainsi que du droit international humanitaire, dans le cadre des efforts de prévention des conflits »[389]. Par conséquent, la mise en place d'une Architecture de gouvernance africaine parallèlement à l'APSA peut évoquer redondance et complexification inutile du cadre institutionnel de l'Union africaine.

En effet, mieux que d'assurer la synergie entre l'APSA et l'AGA[390], les regrouper en un seul instrument présenterait de multiples avantages. En plus de favoriser une meilleure cohérence/articulation d'un plan d'action pour la paix et la sécurité en Afrique, une architecture unique serait « axée sur une approche proactive, préventive et moins coûteuse »[391]. Aux fins de la mise en place d'un tel cadre global, de pertinentes propositions sont allées dans le sens de la création d'une nouvelle architecture (alors provisoirement dénommée « Architecture pour la stabilité en Afrique »), « qui regrouperait l'APSA et l'AGA en un seul instrument et formerait un cadre global de réponse aux crises et aux conflits en y adjoignant la prévention structurelle et conjoncturelle, la gestion et la reconstruction postconflit »[392]. Mais ne suffirait-il pas de maintenir l'APSA tout en renforçant son action préventive (et notamment celle de bonne gouvernance) en adjoignant les organes

---

[388] *Ibid.*

[389] Art. 3 du Protocole relatif à la création du Conseil de paix et de sécurité de l'UA.

[390] Il est communément admis que la synergie entre ces deux Architectures est indispensable en raison du « lien inextricable qui existe entre les notions de démocratie, de paix et de sécurité » (African Governance Architecture ou Architecture de gouvernance africaine, *Dividendes et déficits démocratiques en Afrique* [en ligne], Newsletter Gouvernance Africaine janvier-juin 2017, vol. 4, p. 4. Disponible sur : http://aga-platform.org/sites/default/files/2017-08/Newsletter%20Gouvernance%20Africaine%20-%20Jan-Juin%202017.pdf).
Cependant, le constat résultant du Rapport sur la gouvernance en Afrique de 2019 est que l'harmonisation et la coordination du fonctionnement de l'APSA et de l'AAG sont faibles (voir p. 61).

[391] Y. BEDZIGUI, *op. cit.*, p. 9.

[392] *Ibid.*, p. 10.

de l'AGA à l'APSA ? Ce schéma institutionnel conduirait à dissoudre l'AGA en tant qu'organe autonome tout en maintenant ses institutions, qui seraient conjointement en charge du volet *Gouvernance* de l'APSA. Quoiqu'il faille relever qu'assez récemment, le « processus d'alignement de l'APSA sur l'Architecture de gouvernance africaine (AGA) »[393] aurait été lancé par la mise en place d'un secrétariat conjoint APSA-AGA.

II. Le sur-mesure institutionnel pour les besoins de l'anticriminalité : l'exemple du Groupe de Haut niveau sur les flux financiers illicites en provenance d'Afrique.

88. Le contexte de la création du Groupe de haut niveau : la révolte contre une injustice économique. C'est à l'occasion d'une réflexion sur les possibilités de réduire la dépendance financière de l'Afrique en favorisant son développement accéléré et soutenu à partir de ses propres ressources qu'il est apparu pertinent s'intéresser à la problématique des sorties illicites de capitaux de l'Afrique[394]. Pour un continent riche, mais paradoxalement très endetté, perdre plus de cinquante milliards de dollars en flux financiers illicites[395] est très révélateur de failles sécuritaires, auxquelles il faut remédier. Tel était l'objet des travaux du Groupe de haut niveau chargé de l'étude des flux financiers illicites en provenance d'Afrique en 2012, ayant donné lieu à la publication d'un rapport qui explique le phénomène et propose des recommandations pour lutter contre[396].

89. L'anti-blanchiment dans la lutte contre les flux financiers illicites : une contribution au développement du continent africain. Le blanchiment du produit de l'activité criminelle figure en tête de liste des éléments générateurs de flux financiers illicites en Afrique[397]. Ce constat est d'autant plus inquiétant lorsqu'on imagine que des montants faramineux sont encore blanchis

---

[393] Union africaine, *Guide de l'Union africaine 2021*, *op. cit.*, pp. 81-82.

[394] Union africaine, *Rapport du Groupe de haut niveau sur les flux financiers illicites en provenance d'Afrique* [en ligne], p. 4. Disponible sur : https://www.un.org/esa/ffd/ffd3/wp-content/uploads/sites/2/2015/11/IFF_Main-Report_FRE.pdf.

[395] *Ibid.*

[396] Lors de la quatrième réunion conjointe de la Conférence des ministres de l'Économie et des Finances de l'UA et de la Conférence des ministres africains des Finances, de la Planification et de développement économique de la CEA (UA/CEA), la CEA a été chargée de créer un Groupe de haut niveau sur les flux financiers illicites en provenance d'Afrique. La décision découlait « directement de la crainte que beaucoup de pays africains ne parviennent pas à réaliser les objectifs du Millénaire pour le développement », ou ne parviennent à atteindre leurs priorités de développement telles que déterminées par exemple dans le NEPAD (*ibid.*).

[397] *Ibid.*, p. 25.

par le biais du secteur bancaire[398] malgré les garde-fous, et à quel point ils pourraient alimenter les organisations terroristes[399]. La difficulté de neutraliser le phénomène des « filières obscures du blanchiment d'argent »[400] telles que le passage d'espèces en contrebande et les transactions triangulaires passant par l'Afrique est accrue par l'instabilité politique, ainsi que les problèmes institutionnels et financiers qui retardent l'application du dispositif de lutte contre le blanchiment de capitaux.

À cela, il faut ajouter les conflits d'intérêts avec certaines autorités étatiques censées elles-mêmes participer à la recherche des produits du crime, qui ne sont pas pour simplifier les choses : il en ainsi « quand une disposition limite à des fins fiscales l'utilisation de l'information recueillie sur le paiement de l'impôt »[401] et que « le fisc s'occupe uniquement de la collecte des impôts, sans nécessairement se préoccuper de ce qui intéresse l'autorité de police »[402]. À l'instar des recommandations du Groupe de haut niveau, il doit être mis fin aux divergences entre le fisc et les services de police quant au partage des informations qui pourraient servir à déceler des faits de blanchiment ; et plus fondamentalement, redoubler de vigilance à l'égard des filières obscures du blanchiment puisqu'elles ne cessent de se réinventer[403]. Cette étude a ainsi permis, au-delà de tirer la sonnette d'alarme sur certaines défaillances notamment du dispositif de lutte contre le blanchiment, d'en rappeler les enjeux économiques. Le blanchiment de capitaux alimente les flux financiers illicites qui, eux-mêmes, représentent une énorme perte pour le continent. Autant la lutte

---

[398] Le Groupe fournit à ce titre de nombreux exemples. Ainsi, une affaire de blanchiment a révélé que des banques libanaises étaient impliquées dans l'utilisation et la vente de voitures d'occasion comme moyen de blanchir l'argent provenant du trafic de drogue, pour montant total de 480 millions de dollars. Les banques en question ont payé des amendes à hauteur de 102 millions de dollars, mais cette affaire a révélé qu'en plus du Liban, d'autres pays tels que le Bénin, le Togo et certains États européens étaient aussi impliqués. Mais encore, qu'il existe un important circuit de contrebande d'espèces à travers les frontières nationales, les aéroports, notamment dans les appareils privés ou nolisés (*ibid.*, p. 34). Dans une autre affaire, un ancien gouverneur d'un État du Nigéria aurait utilisé différents comptes en banques, entreprises fictives, ainsi que le transfert de sommes dans différents pays pour blanchir une richesse mal acquise (*ibid.*). Cette dernière illustration était révélatrice de l'importance des questions de vigilance ; plus spécifiquement, il est apparu que le problème de l'implication des PPE dans les activités criminelles demeure entier. Selon le Groupe, « de sérieuses lacunes subsistent dans l'application des recommandations du GAFI, et il existe d'innombrables indices montrant que de grandes banques, de grandes institutions financières continuent à recevoir, transférer et gérer des capitaux illicites provenant d'Afrique » (*ibid.*, p. 46).

[399] Le Groupe de haut niveau souligne, à ce propos, que le blanchiment d'argent retient l'attention dans le monde, suite aux Recommandations du GAFI pour la LBC/FT ; cela serait dû « probablement à l'intérêt politique que soulève la volonté de tarir le financement des organisations terroristes » (*ibid.*, p. 34).

[400] *Ibid.*, p. 73.

[401] *Ibid.*

[402] *Ibid.*

[403] *Ibid.*

contre la lutte contre le blanchiment constitue à elle seule, un grand défi, autant elle n'est qu'un aspect d'un plus grand combat qu'est celui du développement.

B. Les conventions et plans d'action de l'Union africaine, mot d'ordre pour une implication des pays africains dans la lutte contre le crime organisé.

90. Les conventions antiterrorisme pour une affirmation de l'engagement dans la lutte contre le terrorisme. Les instruments de l'UA figurent au titre des indicateurs d'une implication manifeste de l'Union dans la lutte contre la criminalité transnationale organisée et contre le terrorisme. Du temps de l'Organisation de l'unité africaine (OUA) déjà, était signée en juillet 1999 la Convention sur la prévention et la lutte contre le terrorisme (Convention d'Alger). Elle sera suivie de son plan d'action en 2002, marquant ainsi l'engagement africain à rejeter le terrorisme sous toutes ses formes et à adopter une législation permettant de punir les actes terroristes et de coopérer avec le reste du monde pour prévenir et réprimer le terrorisme[404]. En juillet 2004, face au développement d'actes terroristes notamment en Afrique et aux « risques croissants des liens entre le terrorisme, le mercenariat et les armes de destruction massive, le trafic de drogue, la corruption, la criminalité transnationale, le blanchiment de l'argent et la prolifération illicite des armes légères »[405], l'Union s'armait d'un Protocole à la convention de l'OUA sur la prévention et la lutte contre le terrorisme. Cet instrument se fonde sur les initiatives antérieures et prend acte des textes et recommandations pertinentes au plan mondial, telles que les conventions pertinentes et la résolution 1373 du Conseil de sécurité des Nations unies[406]. L'engagement pour l'antiterrorisme y est plus que jamais réaffirmé.

91. L'adoption de la Convention de lutte contre la corruption du 11 juillet 2003 : un événement marquant pour le palmarès africain de lutte contre le crime organisé. La deuxième session ordinaire de l'Union africaine à Maputo s'est soldée par l'adoption d'un « instrument juridique précurseur »[407] nourrissant l'ambition de promouvoir et renforcer la mise en place en Afrique, par chacun des États parties, des mécanismes nécessaires pour prévenir, détecter et réprimer la corruption et les infractions assimilées dans les secteurs publics et privés[408]. En effet, l'adoption de la convention est apparue tant comme l'expression du caractère inacceptable de la corruption qu'elle reflète, par ailleurs, la nécessité d'adopter une politique pénale commune pour

---

404 P. DE GENT, *op. cit.*, p. 12.

405 Préambule du Protocole à la Convention de l'OUA sur la prévention et la lutte contre le terrorisme.

406 *Ibid.*

407 M. SEGONDS, « La compliance en Afrique - Pour un juste retour à la Convention de Maputo », *RICEA*, n°4, août 2019, étude 131, p. 2.

408 Art. 2 de la Convention de l'UA sur la prévention et la lutte contre la corruption.

protéger les peuples africains des répercussions de la corruption[409]. Pour beaucoup de spécialistes, ce texte est « l'un des plus complets au niveau mondial de prévention et de lutte contre la corruption dans un contexte multilatéral »[410]. Les gouvernements sont appelés à prendre leurs dispositions pour incriminer une large gamme d'actes de corruption et infractions assimilées[411], y compris le blanchiment des produits de la corruption.

À ce titre, l'incrimination doit concerner aussi bien les agissements constitutifs de blanchiment précisés par l'article 6 de la Convention[412] que « la participation en tant qu'auteur, co-auteur, intermédiaire, instigateur, complice avant ou après, de quelque manière que ce soit, à la commission ou à la tentative de commission, ou encore à toute manœuvre ou entente délictueuse »[413] visant à commettre notamment le fait de blanchiment[414]. La latitude est alors laissée aux

---

[409] M. SINJELA, « La Convention de l'Union africaine sur la prévention et la lutte contre la corruption », *in* A. A. YUSUF et F. OUGUERGOUZ (dir.), *L'Union africaine : Cadre juridique et institutionnel - Manuel sur l'Organisation panafricaine*, éd. A. PEDONE, 2013, p. 259.

[410] P. LAPORTE, « La compliance en Afrique : état des forces en présence sur un terrain de jeu objet de toutes les convoitises », *RICEA*, n°4, étude 130, août 2019, p. 2. Sous la plume de Monsieur Marc SEGONDS, a notamment été mise en exergue la singularité de cette convention qui, au-delà de toute espérance, « invite [...] à considérer le trafic d'influence non point seulement à destination d'une autorité publique, mais aussi à destination d'une autorité privée » (M. SEGONDS, *op. cit.*, p. 2). Il a aussi été relevé que cette convention « est la seule parmi les instruments de lutte contre la corruption à comporter des dispositions impératives en ce qui concerne la corruption de personne à personne et la transparence dans le financement des partis politiques » et qu'elle compte aussi au titre de ses points forts les exigences impératives de déclaration des avoirs par les agents publics désignés et des restrictions sur l'immunité pour les agents publics (art. 7) ; l'art. 12 accorde par ailleurs une importance particulière à l'accès des media à l'information (Transparency International, *Les conventions contre la corruption en Afrique : Que peut faire la société civile pour qu'elles fonctionnent ?* [en ligne], 2006, p. 21 ; disponible sur : https://uncaccoalition.org/resources/advocacy/les-conventions-contre-la-corruption-en-afrique-transparency-international.pdf).

[411] Les pays doivent prendre les mesures législatives et toutes autres mesures nécessaires pour conférer le caractère d'infraction pénale à : la corruption d'agents publics nationaux ; la corruption d'agents publics étrangers ; la corruption de décisionnaires du secteur privé ; l'enrichissement illicite d'un agent public ; la soustraction, le détournement et autre usage illicite de biens par un agent public ; le détournement de fonds par des personnes travaillant dans le secteur privé ; le trafic d'influence ; l'abus de fonctions. Sont également envisagés, en plus du blanchiment des produits desdites infractions, le recel ou la rétention continue desdits produits, l'assistance et l'encouragement à la corruption, l'entrave à la justice (Transparency International, *op. cit.*, pp. 18-19).

[412] L'art. 6 dispose : « Les États parties adoptent les mesures législatives et autres mesures qu'ils jugent nécessaires pour établir comme infractions pénales : a) La conversion, le transfert ou la cession de la propriété en sachant que cette propriété est le produit d'actes de corruption ou d'infractions assimilées en vue de cacher ou de déguiser l'origine illicite de la propriété ou d'aider toute personne impliquée dans la perpétration de l'infraction à échapper aux conséquences juridiques de son action ; b) La dissimulation ou le déguisement des vrais nature, source, situation, disposition, mouvement ou propriété ou droits concernant la propriété qui est le produit d'actes de corruption ou d'infractions assimilées ; c) L'acquisition, la possession ou l'utilisation de la propriété en connaissant, au moment de sa réception, que cette propriété est le fruit d'actes de corruption ou d'infractions assimilées. »

[413] Art. 3 de conv. de l'UA sur la prévention et la lutte contre la corruption.

[414] Le texte inclut plus largement tous les actes répréhensibles visés par la Convention.

États souverains de compléter ces grandes lignes en tenant compte d'autres instruments pertinents, parmi lesquels figurent les Recommandations du GAFI pour ce qui est des produits de ces infractions. L'état des ratifications de la Convention laisse apparaître une liste de quarante-quatre États l'ayant ratifiée à la date de juin 2020[415]. Cette Convention a été à l'origine de la création du Conseil de l'UA sur la corruption en mai 2009, suite à l'entrée en vigueur de la Convention en août 2006. Il ressort en effet de l'article 22, alinéa 5 de la Convention que la mission du Conseil est d'encourager les États signataires de la Convention à adopter des mesures pour la prévention, la détection, la sanction et l'éradication de la corruption et des délits connexes en Afrique ; il lui appartient aussi d'assurer le suivi de ces mesures et de présenter les rapports périodiques au Conseil exécutif de l'UA sur les progrès réalisés par chacun des États signataires dans l'application des dispositions de la Convention[416]. Le Conseil est, dans le même sillage, en charge du pilotage des activités de recherche sur les délits de corruption et infractions connexes en Afrique, d'où la responsabilité qui lui a été confiée de conseiller les États sur la manière d'appréhender ces infractions, d'assurer coordination et harmonisation des codes de conduite et moyens de lutte[417].

92. Le Plan d'action de l'Union africaine sur la lutte contre les stupéfiants et la prévention de la criminalité (2019-2023) : dans l'attente de résultats concluants. Le Plan d'action de l'Union africaine sur la lutte contre les stupéfiants et la prévention de la criminalité (2019-2023) constitue le cinquième cadre d'orientation stratégique de la politique de lutte contre la drogue sur le continent africain[418]. Fort des acquis notamment du précédent Plan d'action sur la lutte contre les stupéfiants couvrant la période 2013-2018[419], ce nouveau cadre stratégique repose surtout sur les sept piliers opérationnels du document final de la session extraordinaire de l'Assemblée générale des Nations unies portant sur

---

[415] Union africaine, *Liste des pays ayant ratifié la Convention de l'Union africaine sur la prévention et la lutte contre la corruption* [en ligne], mise à jour : le 18 juin 2020. Disponible sur : https://au.int/sites/default/files/treaties/36382-sl-AFRICAN%20UNION%20CONVENTION%20ON%20PREVENTING%20AND%20COMBATING%20CORRUPTION.pdf.

[416] Union africaine, *Guide de l'Union africaine 2021*, *op. cit.*, p. 140.

[417] *Ibid.*

[418] Union africaine, *Plan d'action de l'Union africaine sur la lutte contre les stupéfiants et la prévention de la criminalité (2019-2023)* [en ligne], Troisième session ordinaire du Comité technique spécialisé sur la santé, la population et le contrôle des drogues (STC-HPDC-3), Le Caire (Égypte), 29 juillet - 2 août 2019. Disponible sur : https://au.int/sites/default/files/newsevents/reports/36768-rp-aupa_on_drug_control_2019-2023_final_with_foreword_-_french.pdf.

[419] Ce dernier est fondé sur la déclaration politique et le Plan d'action des Nations unies de 2009, qui « propose une approche équilibrée et intégrée entre la réduction de l'offre de drogue, de la réduction de sa demande et de ses méfaits et la coopération internationale » (*ibid.*, p. 3). L'UA avait auparavant, en 1996, adopté des plans d'action contre les stupéfiants et la prévention de la criminalité, qui avaient permis d'apporter des réponses institutionnelles en perspective d'une meilleure coordination des réponses apportées dans le cadre de la lutte contre la drogue (*ibid.*, p. 5).

le problème mondial de la drogue, qui s'est tenue en 2016[420]. Les objectifs définis s'articulent autour de neuf chapitres[421], dont certains touchent étroitement à la lutte anti-blanchiment. Sont d'abord concernées les mesures visant à contrer notamment les épiphénomènes du trafic de stupéfiants tels que justement, le blanchiment de capitaux. À ce titre, en plus du renforcement des capacités de coordination des plateformes régionales ainsi que des compétences des services de détection et de police[422], sont prévues des actions spécifiques telles que le démantèlement des liens entre les criminels (corruption, financement illégal, achat d'armes, de drogues, etc.), la promotion des instruments notamment de lutte anti-blanchiment à l'instar des Recommandations du GAFI ou encore, des échanges sur les meilleures pratiques entre les États de l'UA en vue de lutter autant contre la drogue que contre les facteurs favorisant le trafic de stupéfiants (corruption, blanchiment de capitaux, trafic d'armes illicites)[423]. Ensuite ont été définies des mesures de prévention de la criminalité et de réforme de la justice pénale. Celles-ci visent, en premier lieu, le réexamen de la législation des États aux fins d'en vérifier la conformité aux instruments internationaux à l'instar de la Convention des Nations Unies contre la criminalité transnationale organisée[424]. L'UA mise également beaucoup sur le renforcement des mécanismes de coopération et de coordination (*via* Afripol, Interpol, l'OMD, etc.) et en particulier, de la coopération des États membres de l'UA dans la lutte contre le trafic de drogue transfrontalier et le blanchiment de capitaux[425]. Est aussi projetée une surveillance des tendances de la criminalité (identification des marchés la drogue sur Internet et autres types de cybercriminalité, surveillance des tendances du *DarkNet*[426], amélioration de la collecte de renseignements sur les criminels) et des facteurs de risque et de vulnérabilité à la criminalité

---

[420] *Ibid.*

[421] Il s'agit : des mesures visant à réduire la demande de stupéfiants et les problèmes de santé liés à la toxicomanie (I) ; des mesures en faveur de la disponibilité et de l'accessibilité des substances réglementées tout en veillant à empêcher leur détournement (II) ; des mesures aux fins de réduction de l'offre de stupéfiants et contre les épiphénomènes du trafic de drogues, à l'instar des armes à feu, de la corruption, du blanchiment de capitaux (III) ; des mesures de prévention de la criminalité et de réforme de la justice pénale (IV) ; des questions intersectorielles liées aux stupéfiants aux droits de l'homme pour tous les groupes à risque et en particulier, les jeunes, les femmes, les enfants et la collectivité (V) ; de l'évolution de la situation eu égard aux tendances, défis et dangers se profilant à l'horizon (VI) ; des mesures afférentes au développement alternatif et aux autres modes de subsistance (VII) ; des mesures de coopération internationale et régionale basée sur le principe de la responsabilité partagée et commune (VIII) et enfin, de la gestion, la supervision, la présentation de rapports ainsi que le suivi et l'évaluation du Plan d'action de l'UA sur la lutte contre la drogue et la prévention de la criminalité 2019-2023 (IX).

[422] *Ibid.*, pp. 33-34.

[423] *Ibid.*, pp. 36-37.

[424] *Ibid.*, p. 38.

[425] *Ibid.*, p. 43. Il est prévu dans ce cadre une intensification des efforts pour une mise en œuvre des mesures de confiscation et/ou de gel des revenus en provenance du crime organisé.

[426] Le terme « DarkNet » est défini dans le Plan d'action comme étant un « Réseau informatique à accès restreint destiné à un usage caché/secret, qui peut également être employé pour le partage illicite de fichiers de particulier à particulier » (*ibid.*, p. 10).

transnationale organisée[427] ; mais encore, l'examen de l'efficacité et du système de justice pénale, puis sa réforme et celle du droit pénitentiaire[428].

Enfin, certaines mesures portent spécifiquement sur la coopération internationale et régionale. Dans l'essentiel, ces dernières sont axées sur le renforcement des cadres de concertation et de partage d'expérience, par la mise en place de forums nationaux regroupant les partenaires internationaux participant à la réalisation des stratégies nationales de lutte, ainsi que la participation à des forums internationaux, continentaux et régionaux en vue de promouvoir la lutte contre la drogue[429]. L'UA se veut aussi promouvoir le renforcement de l'entraide judiciaire en matière pénale et en vue de l'extradition tant entre les pays membres que ceux d'outre-mer, lorsque les ressortissants font l'objet d'une enquête pour des infractions liées à la drogue[430]. L'Union compte pour cela favoriser l'accélération des procédures d'extradition et d'entraide judiciaire ainsi que des accords de rapatriement entre les États membres et ceux des pays développés[431].

Il va sans dire que le respect d'un tel Plan d'action ne pourra que dynamiser la coopération et la coordination dans la lutte contre la drogue, la criminalité transnationale organisée et en particulier, celle anti-blanchiment. L'on nourrit bien sûr un tel espoir ; mais l'on espère également qu'il sera fait un bilan tout aussi étoffé sur l'application d'un tel Plan d'action ainsi que sur l'atteinte des objectifs définis, afin de mieux cerner les axes d'amélioration. Et surtout, de montrer à l'avenir *dans quelle mesure, selon quelles modalités* les acquis découlant éventuellement de la mise en œuvre du Plan stratégique de l'UA sur la lutte contre les stupéfiants et la prévention de la criminalité 2019-2023 serviront à l'élaboration d'un prochain Plan d'action.

Paragraphe 2. Un *leadership* défié : à la quête d'un respect de la légitimité de l'Union africaine.

93. ***Des perspectives d'une Union africaine autonome et digne de confiance dans la gestion des problèmes sécuritaires***. On peut fustiger les prises de position défiantes à l'égard de l'Union africaine... De même que les échecs et "vides" laissés par celle-ci dans sa gestion du problème sécuritaire, ne laissant pas d'autre choix aux parties prenantes que de relever et combler ses lacunes (A). La question des ressources constitue également une pierre d'achoppement pour l'Union, si tant est qu'elle nourrisse des ambitions d'autonomie (B).

---

427 *Ibid.*, pp. 39-42.
428 *Ibid.*, pp. 44-45.
429 *Ibid.*, pp. 67-68.
430 *Ibid.*, p. 69.
431 Et cela, « lorsque le rapatriement d'Africains est retardé en raison d'allégations selon lesquelles les prisons africaines ne respectent pas les normes en matière de droits de l'homme, en particulier dans le cas des femmes délinquantes ou des passeurs ayant des personnes à charge » (*ibid.*).

A. Une défiance justifiée ?

94. Les projets de clarification de la répartition des compétences entre l'UA et les Mécanismes régionaux : enfin une réponse aux multiples interpellations ? Au niveau régional comme sur la scène internationale, l'UA peine à s'imposer ; un état de fait qui a forcément une incidence sur son autorité et son *leadership.* À l'échelle continentale, a maintes fois été relevée l'absence de clarté dans la répartition des compétences entre l'UA et ses Mécanismes régionaux, notamment en ce qui concerne le maintien de la paix, de la sécurité et la gouvernance. L'expérience a démontré, en effet, que les querelles dans l'application du principe de subsidiarité[432] n'ont d'autre effet que de nuire à la gestion efficace des crises en portant au passage un coup à l'autorité de l'institution mère[433]. Relever le défi de la subsidiarité compte d'ailleurs parmi les objectifs de réforme de l'UA : il est question, à ce titre, de préciser ce que signifie le principe de subsidiarité en termes juridiques, de « déterminer quand il peut être appliqué et quel organe doit décider de sa mise en œuvre »[434]. Et inversement, les enjeux liés au rétablissement de la paix et de la sécurité devraient être suffisamment importants aux yeux des États pour occulter des considérations souverainistes à l'excès[435].

95. La prise en main adéquate des questions sensibles : un chemin vers la construction d'une relation de confiance. Il faut dire que la lenteur, voire la passivité dont l'Union africaine a témoigné face à certaines situations manifestement urgentes ou importantes n'est pas pour favoriser la confiance à son égard en tant qu'organisation pilote. La remarque, cuisante, mais hélas ! difficilement réfutable a été faite sur la question migratoire lorsqu'en 2015,

---

432 Partant du constat que les CER sont parfois les mieux placées pour traiter les problèmes survenant dans les États membres, la subsidiarité est le principe qui laisse aux organisations régionales la latitude d'intervenir en cas de crise dans leur région ou juridiction politique respectives (Institut d'Études de Sécurité, *Rapport sur le Conseil de paix et de sécurité* [en ligne], n°113, mai 2019, p. 3 ; disponible sur : https://issafrica.s3.amazonaws.com/site/uploads/psc113-fr.pdf). Ce principe confère effectivement aux organisations internationales « le soin de prendre toutes les mesures utiles au niveau communautaire que ne pourraient prendre les États », dans la limite des compétences à elles attribuées, conformément au principe de spécialité (S. N. TALL, *op. cit.*, p. 45).

433 Les exemples, à ce propos, sont légion ; on s'en tiendra à quelques-uns, symboliques. Relevons ainsi les « tensions qui ont existé entre l'UA et la CEDEAO dans la gestion de la crise malienne », qui reflétaient d'une manière générale « l'existence de réticences de certaines CER à accepter la coordination de l'UA » (Institut d'Études de Sécurité, *Rapport sur le Conseil de paix et de sécurité* n°58, *op. cit.*, p. 3). Il a encore été noté que « le manque de clarté régissant la répartition des compétences et la mise en application du principe de subsidiarité entre les différents acteurs parties prenantes de l'APSA, sous-tendus par des rivalités entre eux tout comme entre certains États membres de l'UA, expliquent en grande partie les difficultés rencontrées par l'Union africaine et les CER pour s'imposer dans la gestion de la crise sahélienne » (N. BAGAYOKO, *op. cit.*, p. 67). Et qu'en dépit des complémentarités affichées, les relations entre l'UA et les CER sont fréquemment sous-tendues en pratique par des rivalités (*ibid.*, p. 68).

434 Institut d'Études de Sécurité, *op. cit.*, p. 6.

435 À propos des divisions entre États, notamment au sein des CER, voir *infra*, par. 109 et s.

l'Union se contentait de rendre hommage aux migrants disparus sur le chemin de l'Europe en présence d'une assistance « composée à peine d'une poignée d'ambassadeurs africains »[436], alors qu'elle lançait deux années auparavant un appel aux pays africains à réfléchir sur des réactions appropriées à cet épineux problème[437]. Le reproche vaut aussi pour le faible niveau d'implication démontré par l'UA à certains moments cruciaux de la lutte contre le terrorisme, comme ce fut le cas pour la mobilisation - tardive - contre le groupe Boko Haram[438].

Fort à propos, on y ajoutera la question qui nous concerne, celle de la lutte anti-blanchiment. L'UA ne s'est jusque-là attaquée à ce problème qu'indirectement ou du moins, par ricochet. Les initiatives contre le terrorisme, la corruption, la drogue et la criminalité organisée s'attaquent frontalement aux infractions sous-jacentes. Les études sur les flux financiers illicites envisagent encore plus largement la question de la "fuite" des avoirs. Les efforts considérables d'amélioration du cadre de gouvernance tendent vers un espace régional favorable au développement, donc épuré du mal criminel. Mais à cette heure où l'on peut difficilement dissocier le combat antiterrorisme de celui mené contre le blanchiment de capitaux, et où l'importance de ce phénomène est une évidence, le peu - voire l'absence - d'initiatives orientées *spécifiquement* vers la prise en charge de cette préoccupation mérite d'être relevé.

N'eût été le travail remarquable des ORTG et des CER africaines grâce à qui les acquis sur la question sont aujourd'hui déjà considérables, l'on aurait suggéré l'élaboration, au sein de l'Union, d'une convention sur la lutte contre le blanchiment de capitaux et contre le financement du terrorisme et de la prolifération… En revanche, une convention africaine relative à la lutte contre la criminalité transnationale organisée, ambitieuse, reste envisageable. Cela

---

436 P. DE GENT, *op. cit.*, p. 14.

437 *Ibid.*

438 Il a été noté un contraste frappant entre « l'intense activité déployée par l'UA dès les prémisses de la crise malienne et son absence totale de réactivité, voire sa passivité, face aux agissements de la secte Boko Haram ». Au lendemain des attaques des 20 et 21 janvier 2011 qui firent plus de 200 morts à Kano (au Nigéria), l'UA affirmait fermement condamner les activités de Boko Haram, ce qui détonnait alors avec la faible fréquence des réunions de haut niveau consacrées à la lutte contre Boko Haram : cet état de fait était symptomatique « de certaines défaillances de l'UA ainsi que son manque d'anticipation quant à l'ampleur de la problématique terroriste dans la zone du Lac Tchad ». L'UA a toutefois progressivement pris conscience de la dimension transrégionale de ce phénomène qu'elle a longtemps perçu comme étant « un problème domestique du Nigéria ». Ainsi, suite à l'enlèvement de 230 lycéennes de Chibok (dans l'État Borno du Nigéria), la Présidente de la Commission de l'UA affirmait son soutien au gouvernement nigérian et à la coopération internationale pour combattre le terrorisme. Après le Sommet de Paris du 17 mai 2004, les pays de la Commission du Bassin du Lac Tchad (CBLT) décidaient d'accroître leur coopération pour faire face à la menace. L'UA et les Chefs d'État et de gouvernement de la CBLT organisèrent ainsi une série de réunions afin de doter la force multilatérale mixte (FMM) des moyens d'éradiquer Boko Haram et les autres activités terroristes dans le Bassin du Lac Tchad. La FMM devait engager de nouvelles opérations à compter du 30 juin 2015 et depuis lors, opère dans le cadre d'un mandat autorisé du Conseil de paix et de sécurité de l'UA (voir à ce propos : N. BAGAYOKO, *op. cit.*, pp. 42-46).

permettrait de prendre en compte la panoplie d'agissements répréhensibles à ce titre en actualisant les conventions déjà adoptées et en incluant les laissés pour compte non moins importants. Le plan d'action pour la paix n'en sera, de surcroît, que plus cohérent.

B. L'argent, nerf de la guerre… nerf des ambitions d'autonomie de l'Union africaine.

96. Un investissement conséquent des États pour la sécurité à l'échelle continentale : la condition du passage d'une dynamique de dépendance à celle de partenariat. La faiblesse des ressources financières déployées par les États pour veiller à la sécurité sur le continent, longtemps décriée[439], place l'Union africaine sous la dépendance - et donc sous le joug - de ses donateurs. L'UA serait en effet tributaire d'à peu près 80 % de l'aide étrangère pour son fonctionnement[440]… Dans de telles conditions, de quelle marge de manœuvre peut-elle disposer pour décider des priorités d'investissement en tenant compte des intérêts d'ordre sécuritaire du continent ? Les efforts d'appropriation de l'agenda pour la paix et la sécurité du continent par une réduction de cette dépendance financière doivent donc être poursuivis. Même si sans réelle volonté politique sous-tendue par une bonne dose de panafricanisme[441], la désunion de l'"Union" africaine restera au cœur des échecs

---

[439] Il y a une dizaine d'années, il était affirmé que ce sont, en définitive, les difficultés financières chroniques de l'UA qui « plombent son action » (M. L. GUEUYOU, « Le rôle de l'Union afric aine dans la prévention et la résolution des conflits », *in* A. A. YUSUF et F. OUGUERGOUZ (dir.), *L'Union africaine : Cadre juridique et institutionnel - Manuel sur l'Organisation panafricaine*, éd. A. PEDONE, 2013, p. 290). Et cela, en raison notamment de l'appartenance à de trop nombreux regroupements économiques (*ibid.*), et en dépit des apports extérieurs, qui constituent « l'essentiel des ressources de l'Union » (*ibid.*, p. 291).

[440] M. DIA, « L'Union africaine poursuit sa quête d'indépendance financière » [en ligne], 12 février 2019. Disponible sur : https://afrique.latribune.fr/politique/integration-regionale/2019-02-12/l-union-africaine-poursuit-sa-quete-d-independance-financiere-807047.html#:~:text=Un%20programme%20ax%C3%A9%20en%20partie,aide%20%C3%A9trang%C3%A8re%20pour%20son%20fonctionnement.&text=L%27ind%C3%A9pendance%20financi%C3%A8re%20figure%20en,%27Union%20africaine%20(UA).

[441] Le panafricanisme serait apparu aux Caraïbes à la fin du XIXe siècle et trouverait son origine dans la traite des esclaves et la discrimination raciale : « Il exprimait d'abord une manifestation de fierté et de recouvrement d'une dignité bafouée, de solidarité entre les membres de la diaspora noire et de glorification de la mère patrie, l'Afrique. » (M. BEDJAOUI, « Bref survol historique des accomplissements vers l'unité africaine », *in* A. A. YUSUF et F. OUGUERGOUZ (dir.), *L'Union africaine : Cadre juridique et institutionnel - Manuel sur l'Organisation panafricaine*, éd. A. PEDONE, 2013, p. 22). D'abord d'essence raciale et culturelle, la notion aurait évolué pour s'enrichir d'une dimension politique ; le mouvement aurait ainsi gagné l'Afrique en visant la lutte contre le colonialisme et le développement socio-économique du continent africain (*Ibid.*). Il se conçoit comme étant « un mouvement politique et culturel qui considère les Africains, où qu'ils se trouvent, comme un ensemble uni et encourage la solidarité entre les peuples d'origine africaine » (*ibid.*).

dans le maintien de la paix et au-delà, dans la course au développement de l'Afrique.

Sous-section 2. L'appui de la Banque africaine de développement dans la lutte contre le blanchiment et contre les flux financiers illicites en Afrique.

97. ***D'un appui à la fois stratégique et opérationnel.*** « La mission d'une banque de développement est de favoriser l'investissement des capitaux publics ou privés dans des programmes de nature à contribuer au développement économique et social [...] »[442]. Parmi les nombreuses implications de ce mandat pour le moins étendu, figure forcément en bonne place la lutte contre la délinquance économique et financière. Pour ce qui est de l'anti-blanchiment en particulier, l'on verra que la Banque africaine de développement se retrouve à la fois en position de créancière et débitrice à l'endroit des Pays membres régionaux (PMR) et autres parties prenantes (Paragraphe 1). Au-delà de la lutte anti-blanchiment, la BAD a apporté sa pierre à l'édifice dans la problématique de la lutte contre les flux financiers illicites (Paragraphe 2).

Paragraphe 1. La BAD : une entité créancière et débitrice dans l'anti-blanchiment.

98. ***Plus qu'une assistance aux Pays membres régionaux : un devoir d'exemplarité de la BAD dans le respect des obligations de LBC/FT.*** La BAD se doit d'incarner elle-même les mesures et valeurs qu'elle préconise aux États de respecter, puisqu'étant elle-même exposée au blanchiment des capitaux (A). Il en va de même pour les institutions de financement occasionnel de la BAD, à savoir le Fonds africain de développement (FAD) et le Fonds spécial du Nigéria dit « FSN » (B).

A. La BAD, un secouriste exposé : entre l'assistance aux États et l'obligation de se conformer aux mesures de lutte.

99. La BAD créancière de l'anti-blanchiment : l'assistance aux PMR pour un respect des mesures de lutte. La BAD est impliquée dans la lutte contre le blanchiment de capitaux et contre le financement du terrorisme, d'abord, en tant que "créancière" vis-à-vis notamment des pays africains, à qui elle prête assistance pour l'amélioration et le respect de leurs dispositifs de lutte. Au titre des raisons justifiant, en 2007, la mise en place de sa stratégie de prévention du blanchiment de capitaux et du financement du terrorisme en Afrique[443], la BAD évoquait sa vocation à « promouvoir le développement,

---

[442] La BAD n'est donc « pas tournée vers des prêts individuels, mais vers le financement de projets de collectivités publiques ou privées » (Groupe de la Banque africaine de développement, *FAQs*, « Qu'est-ce qu'une banque de développement ? » [en ligne]. Disponible sur : https://www.afdb.org/fr/about-us/frequently-asked-questions/).

[443] Banque africaine de développement et Fonds africain de développement, *Stratégie du Groupe de la banque en matière de prévention du blanchiment de capitaux et du financement du terrorisme en Afrique*, *op. cit.*

alléger la pauvreté, promouvoir la bonne gouvernance, renforcer les institutions financières et prévenir la corruption »[444]. Élaborée par un groupe de travail créé à cet effet en 2005, la place accordée à notre sujet y est importante : « l'accent principal de la stratégie porte sur le blanchiment de capitaux, mais il couvre aussi des mesures contre le financement du terrorisme dans la mesure où celles-ci sont liées à la mise en œuvre d'un régime international de LBC/FT au sein des institutions financières »[445]. Une dizaine d'années plus tard, le Groupe de la BAD a défini sa Politique en matière de prévention des flux financiers illicites suivie d'un Cadre stratégique et plan d'action pour la prévention des flux financiers illicites en Afrique (2016-2020), dans lequel elle se propose d'actualiser la stratégie de 2007 et d'intégrer les évolutions relatives au blanchiment de capitaux ainsi qu'à toutes formes de flux financiers illicites.

100. La BAD, institution financière débitrice de l'anti-blanchiment : l'obligation de respect des obligations de lutte. La BAD constitue, au même titre que toutes les institutions financières, un canal potentiel de blanchiment de fonds et se doit de respecter les mesures de lutte en conséquence. Elle-même rappelle d'ailleurs sa « responsabilité fiduciaire de protéger ses avoirs contre les emplois abusifs potentiels et de veiller à ce que ses propres prêts ne soient pas soumis à des abus financiers ou utilisés pour dissimuler des opérations de BC/FT »[446] ; effectivement, l'article 17 de l'Accord portant création de la BAD qui en précise les principes de gestion[447] dispose que la Banque, dans ses opérations, doit s'inspirer d'un certain nombre de principes, notamment :

- lorsqu'elle accorde un prêt direct, elle n'autorise l'emprunteur à tirer sur les fonds ainsi fournis que pour couvrir les dépenses relatives au projet, au fur et à mesure qu'elles sont effectuées ;
- elle doit prendre les dispositions pour s'assurer que le produit d'un prêt quelconque consenti ou garanti par elle est employé exclusivement aux fins auxquelles ledit prêt est accordé, en donnant aux considérations d'économie et de rendement l'importance qui leur est due.

Ces dispositions appellent donc la Banque à s'assurer que les prêts consentis soient bel et bien utilisés aux fins justifiant leur accord. Autrement dit, elle doit veiller à ce que les fonds ne soient pas utilisés pour des causes étrangères au projet financé et en l'occurrence, à des fins criminelles.

---

[444] *Ibid.*, p. 11.
[445] *Ibid.*, p. 2.
[446] *Ibid.*
[447] *Ibid.*, pp. 15-17.

B. Une responsabilité similaire des institutions de financement occasionnel de la BAD (FAD et FSN).

101. L'obligation de vérification de l'utilisation licite des ressources allouées. Créés en vue de soutenir les initiatives d'aide au développement de la BAD, le FAD[448] et le FSN[449], en tant qu'entités génératrices de flux financiers, ont la responsabilité de veiller à ce que les sommes par eux allouées ne soient pas utilisées à des fins criminelles et notamment, de blanchiment de capitaux. Cette préoccupation est prise en compte dans les accords instituant ces deux entités. En effet, l'Accord portant création du FAD prévoit que le Fonds prend toutes les dispositions utiles pour obtenir que les sommes provenant de ses prêts soient consacrées *exclusivement* aux fins pour lesquelles ils ont été accordés ; ainsi, les fonds à fournir au titre de toute opération de financement ne sont mis à disposition du bénéficiaire que pour lui permettre de faire face aux dépenses liées au projet, à mesure qu'elles sont réellement engagées[450]. Il en est de même dans l'Accord portant création du FSN[451], même si la supervision des opérations exécutées grâce aux ressources du Fonds devrait relever de la responsabilité

---

[448] Le FAD a été créé afin d'aider la Banque à contribuer de manière plus effective au développement économique et social des membres de la Banque et à promouvoir la coopération (régionale et sous-régionale) et le commerce international particulièrement en ses membres. À cet effet, il procure des moyens de financement à des conditions privilégiées pour la réalisation d'objectifs qui présentent une importance primordiale pour ce développement et le favorisent. Les pays éligibles au FAD sont d'une part, ceux qui renforcent leurs capacités économiques pour devenir de nouveaux marchés émergents et d'autre part, ceux qui sont considérés comme États fragiles et ont conséquemment besoin d'une aide spécifique pour garantir la prestation des services de base (Groupe de la Banque africaine de développement, *A propos du FAD* [en ligne]. Disponible sur : https://www.afdb.org/fr/about-us/corporate-information/african-development-fund-adf/about-the-adf/). Ainsi, l'art. 14 de l'Accord portant création du FAD précise que le Fonds fournit des moyens de financement pour les projets et programmes visant à promouvoir le développement économique et social sur le territoire des membres, notamment ceux dont la situation et les perspectives économiques exigent des moyens de financement à des conditions privilégiées. Ces moyens de financement fournis par le Fonds « sont destinés à des fins qui, de l'avis du fonds, sont hautement prioritaires du point de vue du développement, compte tenu des besoins de la région ou des régions considérées […] » (Fonds africain de développement, *Accord portant création du Fonds Africain de Développement* [en ligne], éd. 2016, p. 10. Disponible sur : https://www.afdb.org/sites/default/files/documents/legal-documents/accord_portant_creation_du_fonds_africain_de_developpement_-_edition_2016.pdf).

[449] Le FSN poursuit un but similaire à celui du FAD, qui est de permettre au Gouvernement nigérian de participer à la fourniture des ressources additionnelles pour financer les projets dans divers secteurs des Pays membres régionaux (PMR), et particulièrement aux plus pauvres, afin de renforcer le développement économique et le progrès social en Afrique (Banque africaine de développement, *Fonds Spécial du Nigéria : Directives opérationnelles* [en ligne], novembre 2008, p. 3. Disponible sur : https://www.afdb.org/fileadmin/uploads/afdb/Documents/Policy-Documents/4% 20-FR-%20Fonds_sp%C3%A9cial_du_Nigeria_%28FSN%29_-Directives_op%C3%A9rationnelles.pdf). En effet, alors que les ressources de la BAD sont allouées par pays, celles du FSN le sont par projet.

[450] Fonds africain de développement, *Accord portant création du Fonds Africain de Développement*, *op. cit.*, p. 11.

[451] L'art. 4 Section 4.1 de l'Accord portant création du Fonds spécial du Nigéria renvoie à l'art. 17 de l'Accord instituant la BAD, lequel prévoit des dispositions similaires à celles de l'art. 14 précité.

exclusive de la Banque[452]. Par ailleurs, le FAD et le FSN, en leur qualité de membres du Groupe de la BAD, sont concernés par la Stratégie de LBC/FT mise en place à l'échelle dudit Groupe. Dès lors, ces institutions sont tenues d'appliquer les mesures préventives du blanchiment de capitaux.

Paragraphe 2. De l'anti-blanchiment à la lutte contre les flux financiers illicites : la BAD, un modèle d'engagement.

102. ***D'une pédagogie par l'exemple : l'application et la dissémination de l'anti-blanchiment et de la lutte contre les flux financiers illicites***. De la même manière qu'elle a défini une stratégie visant à prévenir le détournement de ses ressources pour blanchir de capitaux, la BAD fournit une assistance aux Pays membres régionaux à cette fin (A). Plus largement, elle a proposé ses réponses à la problématique de l'« hémorragie financière africaine » à travers sa stratégie de lutte contre les flux financiers illicites (B).

A. La Stratégie de prévention du blanchiment de capitaux : entre autoprotection et assistance à l'échelle régionale.

103. La prévention de l'utilisation de la BAD à des fins de blanchiment. Les mesures prévues dans le cadre de la stratégie de prévention du blanchiment de capitaux par la BAD accordent une place importante à la limitation de l'exposition[453] du Groupe au blanchiment de capitaux et au financement du terrorisme. Ces mesures visent à limiter les risques que les fonds consentis soient utilisés à d'autres fins que celles pour lesquelles ils ont été alloués. Elles consistent globalement à renforcer les activités de contrôle de manière à prévenir les activités frauduleuses pouvant avoir trait au blanchiment de capitaux ou à la corruption ; à mieux s'outiller pour la mise en œuvre des obligations de vigilance ; à imprégner le personnel de leurs obligations de lutte de manière appropriée et à définir, au sein de la banque, les rôles de la Division de la lutte contre la corruption et des enquêtes sur les fraudes, ainsi que du Comité de contrôle de la corruption et de la fraude[454].

104. La promotion et l'assistance dans l'application des mesures de lutte à l'échelle régionale. La Banque entendait en premier lieu adopter des mesures visant à faciliter la mise en œuvre des normes de lutte contre le blanchiment de capitaux et contre le financement du terrorisme. Tout en

---

[452] Fonds spécial du Nigéria, *Accord entre la République Fédérale du Nigéria et la Banque Africaine de Développement portant création du Fonds Spécial du Nigéria* [en ligne], 2e éd., mai 2004, p. 4. Disponible en version anglaise sur : https://www.afdb.org/fileadmin/uploads/afdb/Documents/Legal-Documents/00157770-EN-NTF-AGREEMENT.PDF.

[453] L'« exposition » de la BAD au blanchiment de capitaux tient au fait que les pays et institutions emprunteurs peuvent ne pas satisfaire aux exigences de transparence nécessaires pour prévenir et détecter notamment l'infraction de blanchiment (Banque africaine de développement et Fonds africain de développement, *Stratégie du Groupe de la banque en matière de prévention du blanchiment de capitaux et du financement du terrorisme en Afrique*, *op. cit.*, p. 12).

[454] *Ibid.*

reconnaissant l'autorité des Recommandations du GAFI et des conventions onusiennes, la BAD affirmait dans sa Stratégie de 2007, la nécessité de développer sa propre capacité de participer à la mise en œuvre de stratégies de LBC/FT exhaustives en Afrique[455], d'incorporer les questions de LBC/FT dans son dialogue de politique avec les pays, d'apporter un soutien effectif aux Pays membres régionaux par le biais d'activités de prêt et d'assistance technique et de coordonner ses efforts avec les autres organisations concernées[456]. La Banque prévoyait dans ce cadre de fournir un point focal pour les activités de LBC/FT ainsi qu'un soutien à la recherche et de développer une base de données électronique mise à jour, aux fins d'information[457].

En second lieu, est envisagée l'aide aux Pays membres régionaux qui à cette époque, manquaient pour la plupart des ressources nécessaires pour atteindre un niveau d'efficacité satisfaisant. Ainsi, l'accent devrait être mis sur les activités de renforcement des capacités des Pays membres régionaux en matière de LBC/FT conformément à leurs besoins respectifs, à l'état de leurs institutions financières et juridiques ainsi qu'à la disponibilité de leurs ressources budgétaires et humaines. Les principales méthodes d'assistance de la Banque consisteraient en prêts, dons et activités d'assistance technique, en fonction des priorités d'intervention. La détermination des principaux axes d'assistance aux Pays membres régionaux se ferait sur la base de dialogues de politique avec ceux-ci et de consultation avec les ORTG et d'autres organisations internationales compétentes[458]. En dernier lieu était prévu le soutien au fonctionnement d'ORTG opérationnelles et efficaces à l'échelon sous-régional. L'appui financier à la réalisation de leurs projets, l'assistance dans l'établissement de processus d'évaluation mutuelle devaient permettre d'atteindre cet objectif. Mais avant tout, il était question d'encourager les pays à adhérer aux ORTG et les Cellules de renseignement financier, à adhérer au Groupe Egmont[459].

B. La réponse de la BAD à la problématique de l'« hémorragie financière »[460] africaine : la stratégie de lutte contre les flux financiers illicites.

105. L'accompagnement des Pays membres régionaux au principal fondement de la définition d'une Politique de prévention des flux financiers illicites. Une décennie après la Stratégie de 2007, il était question pour la BAD d'élargir la portée de sa stratégie de LBC/FT pour englober toutes les formes de

---

455 *Ibid.*, p. 13.
456 *Ibid.*
457 *Ibid.*, p. 14.
458 *Ibid.*, pp. 14-15.
459 *Ibid.*, pp. 16-17.
460 Voir : M. DOUSSOU KOMARA, « L'hémorragie financière de l'Afrique : les Flux Financiers Illicites (FFI) » [en ligne], *Financial Afrik*, 21 août 2019. Disponible sur : https://www.financialafrik.com/2019/08/21/lhemorragie-financiere-de-lafrique-les-flux-financiers-illicites-ffi/.

flux financiers illicites et le recouvrement des avoirs volés[461]. La vision de la BAD, préventive, est de libérer le continent des flux financiers illicites[462] et d'autres délits financiers majeurs à l'horizon 2030 afin de contribuer de manière significative à la réponse du continent à la menace que représentent ces flux sortants[463]. Dans cette perspective, une politique en matière de prévention des flux financiers illicites a été conçue pour aider les Pays membres régionaux à contribuer à la résolution des problèmes liés au blanchiment de capitaux, au financement du terrorisme, aux autres formes de flux financiers illicites en Afrique ainsi qu'au recouvrement des avoirs volés[464]. De surcroît, avec l'acquisition du statut d'observateur au sein du GAFI, la BAD se devait de compter parmi les grands porteurs de la LBC/FT sur la scène internationale et continentale, notamment en soutenant toutes les initiatives contre les flux financiers illicites[465].

La Politique participe de cet impératif, puisqu'elle aspire à fournir un cadre de politique et une base stratégique pour accroître la portée de son action anti-FFI ; à renforcer le dispositif de sauvegarde interne de la Banque ainsi que sa capacité à aider les Pays membres régionaux à lutter contre les flux financiers illicites ; à assurer une participation plus grande des pays à la conception et à la mise en œuvre des programmes anti-FFI et à jeter les bases d'une sensibilisation accrue du grand public aux risques et aux implications associés aux FFI. Les orientations et principes devant permettre d'y parvenir s'articulent autour de quatre principaux domaines : le contrôle et les sauvegardes internes, l'aide aux Pays membres régionaux, l'accroissement de la collaboration avec les partenaires internationaux et le renforcement des capacités du personnel[466].

106. Le Plan d'action pour une mise en œuvre du cadre stratégique de lutte contre les flux financiers illicites à l'horizon 2020. Comme l'on peut

---

461 Groupe de la Banque africaine de développement, Département de la Gouvernance, de la Gestion Économique et Financière, *Cadre stratégique et plan d'action pour la prévention des flux financiers illicites en Afrique* (2016-2020), août 2016, p. viii.

462 Pour le Groupe de la Banque africaine de développement, les flux financiers illicites sont de « l'argent gagné, transféré ou utilisé de façon illicite » ; l'illicéité est justifiée par le fait que les flux, qu'ils soient nationaux, régionaux ou internationaux, sont effectués en violation d'une loi, dans leur origine, leur mouvement ou leur utilisation (Groupe de la Banque africaine de Développement, Département de la Gouvernance et de la Gestion des Finances Publiques, Bureau de coordination, *Politique du Groupe de la Banque en matière de prévention des flux financiers illicites*, mars 2017, p. 26). L'expression engloberait donc tous mouvements illégaux d'argent ou de capitaux : blanchiment de capitaux, commerce illicite finançant le terrorisme à l'instar du trafic d'armes, de la contrebande, de la traite des êtres humains, etc. (Groupe de la Banque africaine de développement, *Cadre stratégique et plan d'action pour la prévention des flux financiers illicites en Afrique (2016-2020)*, *op. cit.*, p. vii).

463 *Ibid.*, p. viii.

464 *Ibid.*, p. 3

465 Groupe de la Banque africaine de développement, *Politique du Groupe de la Banque en matière de prévention des flux financiers illicites*, *op. cit.*, p. 4.

466 *Ibid.*, pp. 11-19.

s'y attendre, le *Cadre stratégique et plan d'action pour la prévention des flux financiers illicites en Afrique* a été conçu pour mettre en œuvre les engagements découlant de la Politique du Groupe de la Banque en matière de prévention des flux financiers illicites[467]. En comparaison avec la Stratégie de 2007, le Cadre stratégique et plan d'action anti-FFI (2016-2020) de la BAD est nettement amélioré ; il propose, à l'instar de son intitulé, un véritable plan d'action ainsi que ses modalités d'exécution et de suivi des mesures de lutte. La Banque, à travers un tableau récapitulatif détaillé, y présente l'« Orientation stratégique du cadre stratégique et du plan d'action du Groupe de la Banque pour la prévention des flux financiers illicites en Afrique »[468]. Au-delà des PMR, la BAD se veut soutenir les institutions habilitées et acteurs non étatiques dans la lutte contre le blanchiment de capitaux, le financement du terrorisme et les autres flux financiers illicites[469]. Deux piliers fondamentaux sont alors définis : d'un côté, le renforcement des capacités des Pays membres régionaux et des Communautés économiques régionales dans la lutte contre les flux financiers illicites et d'un autre, le renforcement des sauvegardes internes liées aux FFI ainsi que la gestion de connaissances.

---

[467] Groupe de la Banque africaine de développement, *Cadre stratégique et plan d'action pour la prévention des flux financiers illicites en Afrique (2016-2020)*, *op. cit.*, p. vii.

[468] *Ibid.*, pp. 13-14. Ce tableau laisse apparaître la vision du Groupe de la Banque, qui est celle d'un « continent libre de tout flux financier illicite et autres délits financiers majeurs d'ici à 2020 ». Les objectifs poursuivis à cet effet sont le renforcement des capacités du Groupe de la Banque à lutter contre le BC, le FT et autres FFI ; le soutien aux institutions habilitées et aux acteurs non étatiques dans la LBC/FT et la lutte contre d'autres FFI ; le renforcement de la coopération internationale dans la lutte contre le BC, le FT et autres FFI. L'atteinte de ces objectifs repose sur deux principaux piliers, que sont le renforcement des capacités des PMR et CER à lutter contre les FFI ainsi que le renforcement en interne de la gestion des sauvegardes et des connaissances. L'impact attendu est d'améliorer les réponses au BC, au FT et aux autres FFI en Afrique. Sont précisés, par ailleurs, les résultats attendus, de même que les activités à mener et les instruments nécessaires pour l'atteinte des objectifs sus énoncés.

[469] Les objectifs incluent également le renforcement des capacités du Groupe de la Banque à lutter contre le BC, le FT et les autres FFI, ainsi que celui de la coopération internationale dans la lutte contre le BC, le FT et les autres FFI (*ibid.*, p. 13).

Les mesures prévues pour la mise en œuvre du premier pilier réitèrent le soutien aux ORTG et aux PMR[470], mais surtout, visent une meilleure prise en compte des flux financiers illicites dans l'évaluation nationale des risques et dans la coopération au plan régional. Sur cette dernière question, des mesures novatrices telles que la conclusion de traités d'assistance mutuelle pour promouvoir le partage d'informations fiscales pertinentes entre les pays africains et les pays destinataires des flux financiers illicites sont proposées. Il faut aussi compter parmi les actions projetées, l'identification d'un certain nombre d'universités et d'établissements d'enseignement supérieur dans les différentes sous-régions en consultation avec les PMR et ORTG, afin de mettre en place un réseau d'institutions africaines spécialisées sur les questions liées à la lutte contre le blanchiment de capitaux et contre les FFI ; ou encore, l'appui à la mise en place d'un réseau de centres régionaux (là où ils n'existent pas) dédiés au recouvrement des avoirs et le renforcement des centres existants, suite au constat du peu d'échanges d'informations entre les pays du continent en raison notamment de ressources limitées[471].

Pour ce qui est du second pilier, il repose d'une part, sur le renforcement des capacités du personnel, notamment par le biais de formations, pour une mise en œuvre appropriée des mesures de lutte contre les flux financiers illicites. D'autre part, le renforcement de la vigilance tant à l'échelle nationale qu'en matière de contrôles internes et sauvegardes permettrait une meilleure prise en compte des risques prévalant dans les Pays membres régionaux et dans les opérations de la Banque. Dans le même ordre d'idées, l'acquisition des outils informatiques de filtrage des données relatives aux transactions et plus particulièrement aux opérations suspectes permettrait une vérification des procédures de la BAD en matière de connaissance de la clientèle et une intensification des contrôles de correspondants bancaires. Enfin, la Banque prévoit du fait de son accès à l'information de profiter de cet avantage pour

---

[470] Il est prévu, concernant les ORTG, le renforcement à leur soutien pour leur permettre de fournir une meilleure assistance technique aux PMR et en particulier, à leurs CRF nationales ; dans le même cadre, la priorité serait donnée - à l'instar d'autres partenaires au développement (FMI, UE, OUDC, etc.) - à la participation aux commissions techniques et réunions plénières des ORTG tels que le GIABA, le GABAOA, le GABAC. Concernant les PMR, il est prévu la fourniture d'une assistance technique dans le cadre de leur mise en œuvre de l'évaluation nationale des risques (ENR) conformément aux Recommandations du GAFI de 2012, ce qui permettrait notamment aux secteurs sous-représentés d'être impliqués dans la LBC/FT ; d'encourager et d'aider les PMR non encore membres du Groupe Egmont à renforcer les capacités de leurs CRF afin qu'elles adhèrent au Groupe, pour une meilleure coopération internationale en matière de LBC/FT ; mais encore, établir une relation formelle avec le Groupe Egmont (au niveau de son Secrétariat à Toronto, au Canada) ; d'aider les PMR dans la mise en œuvre du recouvrement des avoirs volés en fournissant une assistance juridique et technique par le biais d'un soutien financier destiné à couvrir les frais de justice, d'une aide pour le dépôt des demandes d'entraide judiciaire et des conseils relatifs aux experts nécessaires (Groupe de la Banque africaine de développement, *Cadre stratégique et plan d'action pour la prévention des flux financiers illicites en Afrique (2016-2020)*, *op. cit.*, pp. 15-16).

[471] *Ibid.*, pp. 17-19.

améliorer significativement les connaissances nécessaires au développement des capacités de lutte contre les flux financiers illicites en Afrique. Ainsi, elle contribuerait à la mobilisation des ressources et aux efforts pour la collecte, l'analyse et la diffusion d'informations y relatives ; ces informations seraient accessibles aux parties prenantes internes et externes, en particulier les gouvernements, la société civile et les médias[472]. Face à toutes ces ambitions exprimées, un bilan faisant état des avancées quant aux objectifs définis et précisant les perspectives d'un prochain Plan d'action serait utile, pour un suivi de la mise en œuvre des mesures.

Section 2. L'efficacité des multiples initiatives sous-régionales : les perspectives d'une réelle union africaine au profit de la conformité dans la LBC/FT.

107. ***En attendant d'atteindre l'idéal d'une Afrique véritablement unie : la nécessité de faire des organisations sous-régionales de véritables points focaux du réseau africain de LBC/FT.*** La fragmentation de l'espace géographique africain a des incidences considérables sur la gestion sécuritaire au sein du continent, puisqu'elle va de pair avec le décuplement des solutions proposées ou appliquées. Un tel contexte est très propice à la dispersion des initiatives et érige la coopération en un défi d'une tout autre envergure (Sous-section 1). La contribution de l'UEMOA, en particulier, tient surtout au déploiement de la stratégie anti-blanchiment et de lutte contre la criminalité transnationale organisée dans cette sous-région (Sous-section 2).

Sous-section 1. Face aux foisonnantes initiatives de l'Afrique balkanisée sur les questions sécuritaires : le défi d'une coopération efficace au niveau continental.

108. ***La coopération internationale et la coordination dans la LBC/FT dans le contexte africain : ampleur du problème et solutions en perspective.*** Les Mécanismes régionaux doivent impérativement parvenir à coordonner leurs actions pour la cause sécuritaire avant de pouvoir prétendre à une coopération africaine et internationale efficace (Paragraphe 1). Il en est de même pour les ORTG africaines, qui doivent aussi réussir à transcender les limites notamment territoriales (Paragraphe 2).

Paragraphe 1. L'impérative coordination dans l'action des (trop nombreux) Mécanismes régionaux.

109. Les CER : piliers du maintien de la paix, piliers de la lutte contre la criminalité (et contre le blanchiment de capitaux) en Afrique. Faisant partie intégrante de l'Architecture africaine de paix et de sécurité, les Mécanismes régionaux ont, dès lors, au titre de leur mandat, le rôle de favoriser paix et sécurité et notamment de lutter contre la criminalité transfrontière au sein

[472] *Ibid.*, pp. 19-21.

des États membres[473]. Parmi ces Mécanismes régionaux, l'Union africaine a accordé un statut de Communauté économique régionale (CER) aux huit organisations régionales que sont la Communauté des États sahélo-sahariens (CEN-SAD)[474], le Marché commun d'Afrique orientale et australe (COMESA)[475], la Communauté d'Afrique de l'Est (CAE)[476], la Communauté économique des États d'Afrique Centrale (CEEAC)[477], la Communauté économique des États d'Afrique de l'Ouest (CEDEAO)[478], l'Autorité

---

[473] Art. 16 du Protocole relatif à la création du Conseil de paix et de sécurité de l'UA.

[474] La CEN-SAD regroupe les 28 États africains suivants : Bénin, Burkina Faso, République centrafricaine, Comores, Côte d'Ivoire, Djibouti, Égypte, Érythrée, Gambie, Ghana, Guinée, Guinée-Bissau, Kenya, Libéria, Libye, le Mali, Maroc, Mauritanie, Niger, Nigéria, Sao Tomé-et-Principe, Sénégal, Sierra Leone, Somalie, Soudan, Tchad, Togo et Tunisie. Elle a été créée le 4 février 1998 à Tripoli (Libye) à l'occasion d'un sommet réunissant les chefs d'État de la Libye, du Mali, du Niger, du Soudan et du Tchad. Elle inscrit son action dans les domaines majeurs que sont la sécurité régionale et le développement durable. À propos des objectifs de la CENSAD, voir art. 3 du Traité révisé de la Communauté des États sahélo-sahariens du 8 novembre 2016.

[475] Le *Common market for eastern and southern africa* regroupe les États suivants : Burundi, Comores, RDC, Djibouti, Égypte, Érythrée, Éthiopie, Kenya, Libye, Madagascar, Malawi, Ile Maurice, Rwanda, Soudan, Swaziland, Ouganda, Zambie et Zimbabwe. Parmi les objectifs principaux de cette organisation (voir art. 3 du traité adopté le 5 novembre 1993 à Kampala en Ouganda), figure la promotion de la paix, de la sécurité et de la stabilité parmi les États membres afin d'accroître le développement économique dans la région.

[476] Six pays de l'Afrique de l'Est composent cette Communauté : Burundi, Kenya, Ouganda, Rwanda, Soudan du Sud et Tanzanie. Elle fut créée en 1967, dissoute en 1977 pour cause de divergences entre les États, puis rétablie le 7 juillet 2000. Tel que modifié le 14 décembre 2006 et le 20 août 2007, le traité, en son article 5 (al. 1 et 2) prévoit les objectifs de la Communauté. Les États membres s'engagent notamment à établir entre eux une union monétaire « et, à la fin, une fédération politique afin de renforcer et de réglementer les relations industrielles, commerciales, culturelles, sociales et politiques des États membres de même que leurs rapports dans le secteur de l'infrastructure et dans d'autres domaines afin de promouvoir un développement accéléré, harmonieux et équilibré et une expansion durable des activités économiques dont les bénéfices seront partagés équitablement entre eux ».

[477] La CEEAC est composée de 11 États membres, à savoir : Angola, Burundi, Cameroun, Centrafrique, Congo, Gabon, Guinée équatoriale, République démocratique du Congo, Rwanda, Sao Tomé et Principe et Tchad. Parmi ces pays, six sont membres de la CEMAC : Cameroun, Congo, Gabon, Guinée équatoriale, République de Centrafrique et Tchad. Le Traité de la CEEAC est entré en vigueur le 18 décembre 1984. Y est exprimé (à l'article 4) le but de la Communauté de promouvoir et de renforcer une coopération harmonieuse et un développement équilibré et auto-entretenu dans tous les domaines de l'activité économique et sociale.

[478] Les 15 pays membres de la CEDEAO sont le Bénin, le Burkina Faso, Cabo Verde, la Côte d'Ivoire, la Gambie, le Ghana, la Guinée, la Guinée-Bissau, le Libéria, le Mali, le Niger, le Nigéria, le Sénégal, la Sierra Leone et le Togo. La Communauté vise « à promouvoir la coopération et l'intégration dans la perspective d'une Union économique de l'Afrique de l'Ouest en vue d'élever le niveau de vie de ses peuples, de maintenir et d'accroître la stabilité économique, de renforcer les relations entre les États membres et de contribuer au progrès et au développement du continent africain » (art. 3 du Traité révisé de la CEDEAO adopté le 24 juillet 1993 à Cotonou).

intergouvernementale pour le développement (IGAD)[479], la Communauté de développement de l'Afrique australe (SADC)[480] et l'Union du Maghreb arabe (UMA)[481]. La poursuite d'objectifs d'intégration et de coopération constitue le point commun de ces Communautés à vocation de développement (notamment économique) dont la diversité est le trait caractéristique. Dans la lutte contre le blanchiment de capitaux, ces Communautés économiques régionales œuvrent pour l'harmonisation et le renforcement des politiques de lutte, de même qu'elles fournissent les instruments de coopération devant permettre une mise en œuvre interactive et coordonnée des normes au sein des États membres.

110. Le cas particulier de la CEDEAO : au cœur de la construction de l'anti-blanchiment en Afrique de l'Ouest et dans l'UEMOA. Pour une réalisation de son objectif principal de promouvoir la coopération et l'intégration dans la perspective d'une Union économique de l'Afrique de l'Ouest visant le

---

479 L'Autorité Intergouvernementale pour le Développement (IGAD) a succédé à l'Autorité Intergouvernementale sur la Sécheresse et le Développement (IGADD), créée en 1986 par les six pays de l'Afrique Orientale (Djibouti, Éthiopie, Kenya, Somalie, Soudan et Ouganda) touchés à l'époque par la sécheresse. L'IGAD a donc été conçue à l'origine pour coordonner les efforts déployés par les États membres en vue de lutter contre la sécheresse et la désertification, puis s'est avérée constituer une enceinte régulière permettant aux dirigeants des pays d'Afrique Orientale d'aborder d'autres questions politiques et socio-économiques dans un cadre régional (Accord portant création de l'Autorité intergouvernementale pour le développement adopté le 21 mars 1996 à Nairobi, Introduction, p. 2). L'IGAD compte 8 États membres : Djibouti, Éthiopie, Érythrée, Kenya, Somalie, Soudan du Sud, Soudan et Ouganda.

480 Née de la Conférence de coordination du développement de l'Afrique australe (SADCC), *la Southern African Development Community* (SADC) fut créée pour faire face aux crises militaires, politiques et économiques qu'éprouvait cette région du fait de l'application de régime de l'apartheid en Afrique du Sud (J. VANHEUKELOM, « SADC : Comment cohabiter avec un puissant voisin ? » [en ligne], *in* European Centre for Development Policy Management (ECDPM*), Organisations régionales en Afrique : trajectoires et facteurs de changements*, 2017, p. 1. Disponible sur : https://ecdpm.org/wp-content/uploads/FR-Summary-06SADC-PERIA.pdf). Suite à la transition démocratique au début des années 90, la SADC a élargi le nombre de ses États membres ainsi que son programme et son mandat (*ibid.*). La SADC est actuellement composée des 16 pays que sont : l'Angola, le Botswana, l'Union des Comores, la République démocratique du Congo, l'Eswatini, le Lesotho, Madagascar, le Malawi, Maurice, le Mozambique, la Namibie, les Seychelles, l'Afrique du Sud, la République unie de la Tanzanie, la Zambie et le Zimbabwe. Les objectifs actuels de cet organisme intergouvernemental consistent dans la réalisation du développement économique, la paix, la sécurité et la croissance, la réduction de la pauvreté, l'accroissement du niveau et de la qualité de vie des peuples de l'Afrique australe et le soutien aux personnes socialement défavorisées au moyen de l'intégration régionale (Southern African Development Community, *Manuel d'identité institutionnelle* [en ligne], 2017, p. 7. Disponible sur : https://www.sadc.int/files/6815/5480/5898/MANUEL_DIDENTITE_INSTITUTIONNELLE_DE_LA_SADC.pdf).

481 Les États membres de l'UMA sont l'Algérie, la Libye, le Maroc, la Tunisie et la Mauritanie. Du Traité constitutif de l'UMA signé le 17 février 1989 (en son article 2), il ressort que l'Union vise à : renforcer les liens de fraternité qui unissent les États membres et leurs peuples ; réaliser le progrès et la prospérité des sociétés qui les composent et la défense de leurs droits ; contribuer à la préservation de la paix fondée sur la justice et l'équité ; poursuivre une politique commune dans différents domaines et œuvrer progressivement à réaliser la libre circulation des personnes, des services, des marchandises et des capitaux.

maintien et l'accroissement de la stabilité économique[482], la CEDEAO (qui fut créée en 1975[483]) inclut dans ses objectifs spécifiques l'harmonisation des normes et mesures, l'instauration d'un environnement juridique propice[484]. Selon une approche en cohérence avec les fameuses *Architectures* de l'Union africaine[485], l'action de la CEDEAO comporte d'une part, un volet "paix et sécurité" et d'autre part, un volet "bonne gouvernance". Ainsi s'est-elle dotée d'un Protocole relatif au maintien de la paix et de la sécurité[486] ainsi que d'un Protocole sur la démocratie et la bonne gouvernance[487]. Dans le domaine spécifique du maintien la sécurité régionale, la Commission de la CEDEAO a entrepris plusieurs actions, lesquelles incluent une formation nationale sur le Manuel de contre-terrorisme des États membres ainsi qu'un renforcement des capacités de Police en matière de criminalité transfrontière et en Afrique de l'Ouest[488].

En matière de lutte contre le blanchiment de capitaux, la contribution majeure de la CEDEAO reste la création, en 2000, du Groupe intergouvernemental d'action contre le blanchiment d'argent en Afrique de

---

482 Traité révisé de la CEDEAO, art. 3 disposant de manière complète : « La Communauté vise à promouvoir la coopération et l'intégration dans la perspective d'une Union économique de l'Afrique de l'Ouest en vue d'élever le niveau de vie de ses peuples, de maintenir et d'accroître la stabilité économique, de renforcer les relations entre les États Membres et de contribuer au progrès et au développement du continent africain. »

483 S. KARANGIZI, « Les Communautés économiques régionales », *in* A. A. YUSUF et F. OUGUERGOUZ (dir.), *L'Union africaine : Cadre juridique et institutionnel - Manuel sur l'Organisation panafricaine*, éd. A. PEDONE, 2013, p. 207.

484 *Ibid.*

485 On fait ici référence à l'Architecture africaine de paix et de sécurité et à l'Architecture de gouvernance africaine de l'Union africaine (Voir à ce propos *supra*, par. 13 ; par. 83 et par. 86).

486 Plus précisément, il s'agit du Protocole relatif au mécanisme de prévention, de gestion et de règlement des conflits, de maintien de la paix et de la sécurité, adopté par le Secrétariat exécutif de la CEDEAO à Abuja en décembre 1999.

487 Protocole A/SP1/12/01 sur la Démocratie et la bonne gouvernance additionnel au protocole relatif au mécanisme de prévention, de Gestion, de règlement des conflits, de maintien de la Paix et de la Sécurité (adopté à Dakar au Sénégal, le 21 décembre 2001).

488 Plus exhaustivement, le travail de la Commission de la CEDEAO en matière de Sécurité régionale a porté sur la préparation d'une Stratégie maritime intégrée de la CEDEAO (SMI) adoptée lors du Sommet des Chefs d'État et de gouvernement de la CEDEAO, tenu en mars 2014 à Yamoussoukro, en Côte d'Ivoire ; la formation nationale sur le Manuel de contre-terrorisme dans les États membres ; l'élaboration d'un plan d'action prioritaire triennal pour le Code de conduite des Forces armées en Afrique de l'Ouest et le renforcement des capacités de la Police en matière de criminalité transfrontalière en Afrique de l'Ouest (Communauté économique des États de l'Afrique de l'Ouest et Nations unies, *Une évaluation des progrès réalisés vers l'intégration régionale dans la Région de la Communauté économique des États de l'Afrique de l'Ouest depuis sa création* [en ligne], mai 2015, p. 83 ; disponible sur : https://repository.uneca.org/bitstream/handle/10855/23133/b11560708.pdf?sequence=1&isAllowed=y).

l'Ouest (GIABA)[489]. Cette institution spécialisée de la CEDEAO, ORTG couvrant la zone ouest-africaine, renforce les capacités des États membres dans la lutte anti-blanchiment[490]. Dans ce cadre, lesdits pays ont bénéficié des instruments et mécanismes de coopération mis en place par la CEDEAO afin de mieux se conformer aux standards internationaux. Pour ce qui est d'abord des instruments de coopération, la CEDEAO se dotait dans les années quatre-vingt-dix déjà - donc avant la création du GIABA et l'adoption de la première loi uniforme anti-blanchiment -, de conventions relatives à l'entraide judiciaire en matière pénale[491] et à l'extradition[492]. Compte tenu de l'importance que le GAFI a accordée à la coopération internationale dès les débuts de cette lutte, ces conventions se sont avérées être de précieux atouts pour les États membres ; et ce, d'autant plus qu'elles semblent avoir inspiré le législateur communautaire dans sa rédaction des dispositions des lois uniformes anti-blanchiment concernant l'entraide judiciaire et l'extradition[493].

Ensuite, l'action de la CEDEAO en termes de renforcement des capacités des pays membres se mesure à l'aune de la mise en place de mécanismes de coopération. On compte parmi les multiples plateformes créées à cet effet, le réseau de coopération des procureurs (WACAP), le Système d'information policière pour l'Afrique de l'Ouest (SIPAO) en faveur d'une amélioration des échanges de données policières pour les États de la CEDEAO et la Mauritanie, le Système de renseignement policier pour l'Afrique de l'Ouest (WAPIS) entre Interpol et la CEDEAO ou encore, le Programme Initiative Côte de l'Afrique de l'Ouest (WACI)[494]. Ce dernier programme a été mis en place en 2009 afin d'accompagner la mise en place d'Unités spécialisées, « multi-agences » de lutte contre la Criminalité Transnationale Organisée (UCT),

---

[489] La création du GIABA serait en effet « une réponse majeure et la contribution de la CEDEAO à la lutte contre le blanchiment de capitaux » (CEDEAO, « Le Groupe inter-gouvernemental d'action contre le blanchiment d'argent et le financement du terrorisme en Afrique de l'Ouest (GIABA) » [en ligne]. Disponible sur : https://www.ecowas.int/institutions-2/le-groupe-inter-gouvernemental-daction-contre-le-blanchiment-dargent-et-le-financement-du-terrorisme-en-afrique-de-louest-giaba/?lang=fr). En effet, la Conférence des Chefs d'État et de gouvernement de la CEDEAO a, lors de sa 22e session à Lomé, voté en faveur de la création du GIABA : « ses Statuts furent formulés lors d'une réunion ministérielle à Dakar en novembre de la même année, et ont été formellement adoptés lors de la 24e session de la Conférence des Chefs d'état et de gouvernement de la CEDEAO à Bamako au cours du même mois. Ainsi, le GIABA est finalement devenu une institution officielle de la CEDEAO » (GIABA, *Présentation sommaire des opérations du GIABA de 2004 à 2013 : une chronique de l'évolution d'une Institution Africaine prometteuse depuis ses débuts*, *op. cit.*, p. 6.).

[490] *Ibid.*

[491] Convention A/P1/7/92 de la CEDEAO sur l'entraide judiciaire en matière pénale, signée à Dakar, au Sénégal le 29 juillet 1992.

[492] Convention A/P1/8/94 sur l'extradition, signée à Abuja, au Nigéria le 6 août 1994.

[493] Voir Deuxième Partie, par. 595 et s.

[494] Pour en savoir plus sur ces plateformes de coopération, voir Deuxième Partie, par. 605 et s.

notamment au Libéria, en Sierra Leone, en Guinée-Bissau et en Côte d'Ivoire[495]. Les « réseaux pertinents »[496] de la CEDEAO comptent également ceux dédiés au recouvrement des avoirs (ARINWA)[497] et à la lutte contre la corruption (RINCLAO)[498].

111. La création de Mécanismes régionaux spécifiques au gré des besoins sécuritaires en Afrique de l'Ouest. Les soldats institutionnels pour la promotion de la paix et de la sécurité se sont multipliés au regard de la persistance de la criminalité dans la sous-région. Ainsi, pour le Conseil de l'entente - la plus ancienne des organisations sous-régionales ouest-africaines -, assurer la paix, la sécurité et la stabilité des États membres est l'objectif principal[499]. Le mandat de la Commission du Bassin du Lac Tchad (CBLT) implique, pour sa part, la promotion de l'intégration et la préservation de la paix et de la sécurité

---

[495] ONUDC/CEDEAO, Bulletin d'information du Projet ONUDC/CEDEAO contre le trafic de drogue (numéro 2, juin 2017), *Renforcer la coopération régionale contre le trafic de drogue et la criminalité organisée en Afrique de l'Ouest* [en ligne], p. 5. Disponible sur : https://www.unodc.org/documents/westandcentralafrica//ecowasgrants/otherfiles/LAST-newletter_FR-2017.pdf.

[496] *Ibid.*, p. 7

[497] Réseau inter-agences en matière de recouvrement des avoirs pour l'Afrique de l'Ouest (voir Deuxième Partie, par. 532 et s.).

[498] Le Réseau des institutions nationales de lutte contre la corruption en Afrique de l'Ouest (RINCLAO) a été débattu lors d'un atelier sur la mise en œuvre de l'art. 38 du Protocole de la CEDEAO sur la démocratie, la bonne gouvernance et la lutte contre la corruption. Les objectifs du RINLCAO furent alors fixés et consistent globalement dans la promotion de la coopération interétatique dans la lutte contre la corruption ; le renforcement des capacités institutionnelles des États dans la lutte contre la corruption ; l'harmonisation des dispositions juridiques, réglementaires et administratives pour le bon fonctionnement du réseau et l'échange d'expériences et de bonnes pratiques dans la lutte contre la corruption au sein des États membres de la CEDEAO ; voir à ce propos : CEDEAO, *Réseau des institutions nationales de lutte contre la corruption en Afrique de l'Ouest (RINCLAO) : Document de stratégie 2015-2017* [en ligne], mars 2015, p. 8. Disponible sur :
https://www.unodc.org/documents/westandcentralafrica/RINLCAO_-_Strategie_-_2015-2017_-_Version_finale.pdf).

[499] Voir le site internet du Conseil de l'entente : « Conseil de l'Entente : De la Création à la réforme » [en ligne], publié le 29 juillet 2019 ; disponible sur : http://www.conseildelentente.org/index.php/institution/historique.html.

transfrontalières dans le Bassin du Lac Tchad[500]. Pour la Commission du Golfe de Guinée (CGG)[501], il s'agit plutôt pour les États riverains de joindre leurs efforts en vue d'harmoniser leurs politiques respectives dans les différents domaines d'intérêt commun, notamment dans le domaine de la paix et de la sécurité[502]. Dans le mandat initial de la Force conjointe du G5 Sahel (FC-G5S)[503], on retrouve notamment la lutte contre le terrorisme, le crime organisé et le trafic d'êtres humains… On ne saurait dresser ici une liste exhaustive des trop nombreuses organisations sous-régionales, mais tout au moins cet échantillon suffit-il à illustrer la multiplicité des cadres de lutte contre la criminalité transnationale organisée rien qu'en Afrique de l'Ouest. Si une telle approche présente ses avantages tels qu'une prise en charge spécifique des besoins sécuritaires, les multiples échecs et de ce fait, la persistance de la criminalité remettent en question son efficacité.

---

[500] Le bassin du lac Tchad couvrirait environ 8 % de la superficie du continent africain répartie entre l'Algérie, le Cameroun, la République centrafricaine, le Tchad, la Libye, le Niger, le Nigéria et le Soudan. Le Bassin Conventionnel regroupe les pays membres de la CBLT que sont le Cameroun, la République centrafricaine, le Tchad, le Niger, le Nigéria et la Libye. Créée en 1964 par la Convention de Fort-Lamy (à N'Djamena au Tchad) dont le siège est à N'Djamena, la Commission du Bassin du Lac Tchad a pour mandat de gérer de façon durable et équitable les eaux du Lac Tchad et les autres ressources en eau transfrontalières du Bassin du Lac Tchad ; de préserver et conserver les écosystèmes du Bassin Conventionnel ; de promouvoir l'intégration régionale et préserver la paix et la sécurité dans le Bassin Conventionnel (ROHALLATI NDARRA P., *Mesures pratiques pour réduire la pénurie d'eau dans le bassin du lac Tchad : Charte de l'eau du bassin du lac Tchad* [en ligne], Atelier international consacré à la pénurie d'eau - prendre des mesures au sein des bassins transfrontaliers et réduire les impacts sur la santé, tenu à Genève en Suisse les 11 et 12 décembre 2017, pp. 1-3. Disponible sur : https://www.unece.org/fileadmin/DAM/env/documents/2017/WAT/12Dec_11-12_Scarcity_WS/presentations/S1-3_Ndara_PRESENTATION_GENEVE-2017.pdf).

[501] La CGG a été créée en 2001 à Libreville, au Gabon.

[502] Art. 5 du Traité instituant la Commission du Golfe de Guinée (adopté à Libreville au Gabon, le 3 juillet 2001). Sont membres de la Commission du Golfe de Guinée les États riverains du Golfe de Guinée, parties au Traité : Angola, Cameroun, République du Congo, République démocratique du Congo, Guinée équatoriale, Gabon, Nigéria, Sao Tomé et Principe. Sur les objectifs spécifiques de la Commission du Golfe de Guinée, voir art. 3 du Traité instituant la Commission du Golfe de Guinée.

[503] Le G5 Sahel est un cadre institutionnel de coordination et de suivi de coopération régionale qui fut créé entre le Burkina Faso, le Mali, la Mauritanie, le Niger et le Tchad (art. 1er de la Convention portant création du G5 Sahel), à Nouakchott, le 19 décembre 2014. Il a pour objet de garantir des conditions de développement et de sécurité dans l'espace des pays membres ; d'offrir un cadre stratégique d'intervention permettant d'améliorer les conditions de vie des populations ; d'allier le développement et la sécurité, soutenus par la démocratie et la bonne gouvernance dans un cadre de coopération régionale et internationale mutuellement bénéfique et de promouvoir un développement régional inclusif et durable (art. 4 de la Convention portant création du G5 Sahel). Conformément à ces engagements, les Chefs d'État concernés ont décidé de doter le G5 Sahel d'un outil militaire et stratégique en mettant sur pied la force conjointe transfrontalière du Sahel dite FC-G5S (O. NWATCHOCK A BIREMA, « La Force conjointe du G5-Sahel (FC-G5S) : Capacités et incapacités pour une "défense collective" au Sahel » [en ligne], Centre Africain de Recherche pour la Paix et le Développement Durable (CARPADD), *Note d'analyses sociopolitiques*, n°4, juillet 2018, p. 1. Disponible sur : https://hal-univ-lyon3.archives-ouvertes.fr/hal-01941574/document).

112. À défaut de suppression des doublons : une coordination des actions de lutte nécessaire dans le combat contre le crime transnational organisé. La multiplicité des cadres de lutte contre la criminalité transnationale organisée n'aurait peut-être pas été autant décriée si elle était le résultat d'une stratégie commune au niveau continental africain. Mais le constat est plutôt celui d'un chevauchement des initiatives (parfois hors de l'Architecture africaine de paix et de sécurité) qui a pour effet de fragmenter les efforts et ainsi, de fragiliser encore plus le dispositif sécuritaire. En effet, au moment où l'on multiplie les appels à la coopération face au constat qu'une frontière n'en est pas une pour nombre de criminels, il apparaît inapproprié de prétendre lutter efficacement contre le crime transnational organisé en multipliant les organisations sous-régionales. On ne peut qu'imaginer les contraintes que cette situation pourrait générer pour un État membre de plusieurs de ces Organisations, partagé entre des plans d'actions, investissements et approches différentes pour traiter un même problème. En outre, à supposer que les Mécanismes régionaux coopèrent réellement, les efforts que cela demande en termes de coût et pour mener des actions conjointes auraient pu être rentabilisés autour d'une seule entité.

Par conséquent, au risque de ne formuler qu'un vœu pieux, on soutiendra quand même que les Communautés économiques régionales (s'inscrivant dans le cadre l'Architecture africaine de paix et de sécurité) suffisent largement à prendre en main les problèmes sécuritaires. Dès lors, c'est à elles qu'il faudrait s'en remettre sur cette question, pour peu qu'elles bénéficient du soutien à la fois politique et financier des États. Ces derniers doivent parvenir à transcender les considérations souverainistes et intérêts (ou désintérêts) particuliers pour la cause panafricaine. Mais une approche pragmatique de la question voudrait que l'on réfléchisse plutôt à une manière d'améliorer le dispositif existant de façon à optimiser les résultats de lutte. Cette réflexion a d'ailleurs déjà été engagée au sein de l'Union africaine, qui envisage notamment « le renforcement de la coopération entre le CPS de l'UA et les CER/MR pour la prévention, la gestion et le règlement des conflits dans la promotion de la paix, de la sécurité et de la stabilité en Afrique »[504]. Cela dit, pour ce qui est de la question spécifique de la lutte contre le blanchiment de capitaux (et contre le financement du terrorisme), il est possible d'exploiter la particulière connaissance des menaces et vulnérabilités par les Mécanismes régionaux. Ces derniers pourraient prêter main-forte aux États dans leurs évaluations nationales de risques et être force de propositions notamment pour la conduite des enquêtes et autres mesures de lutte. Par ailleurs, pour les États membres de l'UEMOA et de la CEMAC en particulier, il existe une plateforme de coopération fournie par

[504] N. BAGAYOKO, *op. cit.*, pp. 71-72.

le Comité de liaison anti-blanchiment de la Zone franc[505]. Ce dernier assure la coordination des efforts engagés par les États membres en matière de lutte contre le blanchiment de capitaux et le financement du terrorisme et apporte un appui technique pour les mises à jour nécessaires à la conformité et à l'efficacité des États membres[506].

Paragraphe 2. Les ORTG africaines à l'image de l'Afrique des régions[507] : l'égale nécessité d'une transcendance des limites territoriales.

113. ***Des actions nécessaires pour une fluidification maximale des interactions entre les ORTG africaines***. Les ORTG africaines ont formulé des intentions de coopération qui laissent espérer une dynamique de fonctionnement en véritable réseau de LBC/FT à l'avenir (A). Le cadre de cette étude amène à s'interroger spécialement sur l'action du GIABA en Afrique de l'Ouest et pour la coopération notamment avec ses homologues au niveau continental (B).

A. Les *prémisses* d'une approche réseau.

114. Les ORTG africaines sur pied une décennie après l'avènement du GAFI. La création et l'opérationnalisation des quatre ORTG africaines remontent au début des années deux mille[508]. Relais du GAFI dans leurs espaces sous-régionaux respectifs, le GABAC, le GABAOA, le GAFIMOAN et le

---

505 Le rattachement des francs CFA et comorien à l'euro le 1er janvier 1999 « a ouvert la voie à une coopération plus étroite entre les pays de la zone franc et l'Union européenne » et « a également coïncidé avec un renforcement du processus de convergence interne à la Zone franc, ce qui requiert une coopération accrue dans tous les compartiments de la politique économique ». Telles seraient les circonstances dans lesquelles il aurait été décidé une coordination des politiques anti-blanchiment par la mise en place d'un comité de liaison au sein de la Zone franc. Celui-ci présente l'enjeu de « permettre aux États membres de la Zone franc de s'intégrer, sans délai et dans les meilleures conditions possibles, au vaste mouvement de coopération internationale destiné à faire échec au blanchiment de l'argent du crime » (Banque de France, Direction de la communication, « Tour d'horizon de la lutte contre le blanchiment des capitaux et le financement du terrorisme dans les pays membres de la Zone franc » [en ligne], Note d'information n°141, novembre 2014. Disponible sur : https://www.banque-france.fr/sites/default/files/media/2020/02/13/note-zf-141_novembre-2014.pdf).

506 Voir site Internet de la Banque de France : « Le Comité de liaison anti-blanchiment de la Zone franc » [en ligne], mise à jour : 8 octobre 2021. Disponible sur : https://www.banque-france.fr/economie/relations-internationales/zone-franc-et-financement-du-developpement/le-comite-de-liaison-anti-blanchiment-de-la-zone-franc.

507 Voir à ce propos : A. DIOUF, « Afrique : l'intégration régionale face à la mondialisation », Institut français des relations internationales, *Politique étrangère*, n°4, 2006 (Hiver), p. 793.

508 À ce propos, voir *supra*, Introduction, par. 14.

GIABA poursuivent ainsi des objectifs similaires[509] : il s'agit principalement de promouvoir une meilleure connaissance des tendances et techniques de blanchiment de capitaux et de financement du terrorisme dans leurs pays respectifs ; d'assister les États membres dans l'élaboration et la mise en œuvre des politiques de lutte et en particulier, dans le renforcement de la coopération internationale et l'application de l'approche fondée sur les risques. Les auto-évaluations et évaluations mutuelles initiées par les ORTG (selon la méthodologie du GAFI) permettent en outre d'apprécier les progrès des pays dans la conformité et l'efficacité des mesures de lutte contre le blanchiment de capitaux et le financement du terrorisme. Ces ORTG renforcent les efforts nationaux de lutte anti-blanchiment, offrant l'opportunité aux pays africains de participer à des activités communes de formation et de renforcement des capacités[510].

115. Les Recommandations de Rabat et le pacte de coopération des ORTG africaines : des résultats attendus. L'Afrique est le seul continent à compter à lui seul quatre Organismes régionaux… Leur création, de manière assez prévisible, s'est faite suivant le traditionnel découpage continental [511]: le Nord, le Centre, l'Ouest, l'Est et le Sud. Si cette approche est favorable à une prise en charge des problèmes spécifiques que partagent les pays selon leur "famille" sous-régionale, elle ne peut être efficace qu'avec une bonne coopération, notamment entre ORTG africaines. À ce propos, en 2018, le premier Atelier Conjoint Moyen Orient-Afrique de Typologies et Renforcement de Compétences, regroupant les quatre Groupes d'action financière régionaux, a été organisé sous le Haut Patronage de Sa Majesté le Roi Mohamed VI (Roi du Maroc)[512].

---

509 En ce qui concerne le mandat/les objectifs respectifs des ORTG, voir **pour le GABAC** : Acte additionnel n°09/00/CEMAC/CCE 02 portant création du Groupe d'action contre le blanchiment d'argent en Afrique centrale, art. 3 ; **pour le GABAOA** (en anglais, site Internet du ESAAMLG) : « *Stategic Objectives* » [en ligne], disponible sur : https://www.esaamlg.org/index.php/about_publications_mission_vision_strategic ; **pour le GAFIMOAN** (en anglais, site Internet du MENAFATF) : « Objectives » [en ligne], disponible sur : http://www.menafatf.org/about/objective ; et **pour le GIABA** : *Présentation sommaire des opérations du GIABA de 2004 à 2013 : une chronique de l'évolution d'une Institution Africaine prometteuse depuis ses débuts*, *op. cit.*, p. 10.

510 Banque africaine de développement et Fonds africain de développement, *Stratégie du Groupe de la banque en matière de prévention du blanchiment de capitaux et du financement du terrorisme en Afrique*, *op. cit.*, p. 14.

511 A. DIOUF, *op. cit.*, p. 793.

512 GAFIMOAN (MENAFATF), GIABA, GABAC, GABAOA (ESAAMLG) et Unité de Traitement du Renseignement Financier (UTRF) du Maroc, *Atelier conjoint Moyen Orient-Afrique de Typologies et Renforcement des Compétences MENAFATF - ESAAMLG - GABAC - GIABA* [en ligne], 22-25 janvier 2018, Rabat (Royaume du Maroc), p. 1. Disponible sur : https://www.anif.cm/index.php/meeting-sp-26963/308-atelier-conjoint-moyen-orient-afrique-sur-les-typologies-et-le-renforcement-des-capacites.

L'atelier visait un partage de connaissances et expériences sur les risques émergents, les tendances et méthodes de blanchiment de capitaux et de financement du terrorisme ainsi que la conduite des évaluations nationales de risques. Mais encore, les participants y ont approuvé et adopté les « Recommandations de Rabat sur la lutte contre le blanchiment de capitaux et le financement du terrorisme au Moyen-Orient et en Afrique »[513]. Ces dernières partent du constat des « défis communs auxquels sont confrontés les pays du Moyen-Orient et de l'Afrique en matière de lutte contre le blanchiment de capitaux et le financement du terrorisme »[514] pour décider d'une union des efforts autour de cinq actions-phares : intensifier les efforts de lutte contre le financement du terrorisme de manière collaborative et harmonisant les actions entre les intervenants ; promouvoir et renforcer la coopération entre les quatre groupes régionaux, notamment à travers leur participation aux activités communes y compris les réunions plénières de chaque groupe où des sujets importants sont discutés ; établir un cadre pour réaliser des projets de typologies et d'autres études sur la LBC/FT d'intérêt mutuel et bénéfiques ; organiser des événements périodiques et réguliers en vue de renforcer les capacités des pays des groupes régionaux et pérenniser cette première initiative conjointe et enfin, promouvoir des échanges et des visites pour les responsables LBC/FT des États membres des quatre groupes régionaux en vue de partager les connaissances et expériences. Tout en relevant la pertinence de l'initiative, il reste surtout à systématiser ce type d'échanges et à encourager les pays dans le partage constant et sécurisé d'informations à l'échelle régionale.

B. L'action du GIABA en Afrique de l'Ouest et pour la coopération au niveau continental.

116. ***Rétrospective et perspectives de la LBC/FT et de la coopération africaine sous l'égide du GIABA***. À l'instar, certainement, de toutes les ORTG du monde, le bilan de l'action du GIABA laisse apparaître tant des réalisations non négligeables que des défis (I). Lorsqu'on en revient à la question cruciale de la coopération, le constat est cependant que les interactions du GIABA avec les ORTG sous-régionales africaines à ce titre sont faibles hors de la Zone franc (II).

I. Entre réalisations et défis.

117. La planification stratégique au fondement des réalisations du GIABA. Compte tenu de la nécessité de développer un niveau élevé de confiance, de transparence et de crédibilité en adoptant les normes internationales et meilleures pratiques requises des États se voulant pleinement participer au marché mondial, la CEDEAO votait, en 2000, en faveur de la

---

[513] *Ibid.* Cette déclaration a été adoptée à l'occasion de l'atelier précité, en date du 25 janvier 2018.
[514] *Ibid.*

création du GIABA[515]. Aux fins de l'accomplissement de son mandat, le Groupe s'est fixé les objectifs définis dans des Plans d'action stratégiques (PAS), qui sont aujourd'hui le reflet de ses considérables réalisations, mais aussi des actions restant à entreprendre. Depuis le premier Plan d'action stratégique datant de 2004, trois autres s'en sont suivis et ont été mis en œuvre.

118. La reconnaissance et la légitimité du GIABA consécutives à la mise en œuvre du premier PAS (2004-2006). Durant cette période, la priorité était d'asseoir les bases devant permettre le bon fonctionnement du GIABA afin de conférer à cette institution la reconnaissance et la légitimité nécessaires à l'accomplissement de ses missions. Pour ce faire, le GIABA a pris des initiatives permettant d'une part, une meilleure organisation de ses activités (élaboration d'un nouveau PAS cohérent, consolidation de son Secrétariat, conduite de recherches et études de typologies en Afrique de l'Ouest, organisation des auto-évaluations et évaluations mutuelles selon la méthodologie du GAFI, etc.) et d'autre part, une aide aux pays ouest-africains dans la mise en œuvre des normes anti-blanchiment. À ce titre, les priorités étaient de promouvoir et d'harmoniser la législation pour lutter contre le blanchiment de capitaux et le financement du terrorisme dans la région, d'aider à la mise en place de Cellules de renseignement financier, d'entreprendre des activités de formation et de sensibilisation dans la sous-région, d'encourager la coopération et la coordination régionale et internationale[516]. Suite à l'évaluation positive de ce plan en 2006 du fait de l'atteinte de ces objectifs, le GIABA a été reconnu comme étant un organisme régional de style GAFI en juin de cette année. Le Nigéria était également retiré de la liste noire du GAFI. Aussi ces trois premières années ont-elles été « une période de succès par rapport aux modestes objectifs définis »[517].

119. Le deuxième PAS (2007-2009) : l'époque de la consolidation. Les trois années suivant la consécration officielle du GIABA en tant qu'ORTG devaient permettre à l'institution de consolider ses acquis par un renforcement et une extension de ses activités en Afrique de l'Ouest. Le GIABA a notamment effectué sa première Évaluation des Besoins en matière d'Assistance Technique (EBAT) ainsi que des études de typologies et d'évaluations mutuelles des États membres[518]. Mais surtout, la priorité était d'aider les États membres à se conformer aux normes internationales ; les pays ont donc été assistés dans l'adoption et dans le renforcement (selon les cas) de leurs législations pour une conformité aux 40+9 Recommandations, aux conventions des Nations unies et autres normes pertinentes de référence. L'objectif a été atteint puisque tous les États membres étaient désormais dotés de lois contre le blanchiment de capitaux et le financement du terrorisme. Ce Plan d'Action Stratégique a été prolongé

---

[515] GIABA, *Présentation sommaire des opérations du GIABA de 2004 à 2013 : une chronique de l'évolution d'une Institution Africaine prometteuse depuis ses débuts*, *op. cit.*, p. 6.
[516] *Ibid.*, p. 26 ; et globalement sur ce premier PAS, voir pp. 26-27.
[517] *Ibid.*, p. 11
[518] *Ibid.*, p. 12.

pour une année supplémentaire, jusqu'en 2010, qui fut « une année intérimaire ou de réflexion au cours de laquelle les activités non achevées du PAS 2007-2009 ont continué et les préparatifs pour le nouveau PAS ont été entrepris d'une manière plus détaillée et plus consultative »[519]. Cette année a également été marquée par nombre d'initiatives afférentes surtout à l'organisation interne du GIABA (gestion de personnel, élaboration du Manuel du GIABA, réorganisation institutionnelle, etc.). Les efforts de l'Institution lui ont valu la reconnaissance, par le GAFI, comme Membre Associé.

120. Le Troisième PAS (2011-2014) : la Gestion axée sur les résultats pour une efficience dans l'atteinte des objectifs de lutte. Le troisième PAS reflète toute l'expérience acquise par le GIABA au fil des années. En effet, adoptant une approche axée sur les résultats[520], le GIABA a défini six principaux domaines d'intervention (ou objectifs clés) ainsi que les stratégies devant lui permettre d'atteindre les objectifs identifiés dans le PAS[521]. En l'occurrence, assurer le développement institutionnel du GIABA[522] ; réaliser des études et recherches sur le blanchiment de capitaux et financement du terrorisme (techniques, méthodes, ampleur, impact, etc.) ; fournir un appui technique aux États membres quant à la mise en place de pratiques de LBC/FT plus efficaces et efficientes ; promouvoir la coopération régionale et internationale ; et le tout, en veillant à l'implication de toutes les parties prenantes et notamment le Secrétariat du GIABA, pour la réalisation de ces objectifs[523]. Pour chacun de ces buts, une stratégie détaillée ainsi que des indicateurs de succès ont été définis[524]. À l'entame du PAS suivant, les réalisations du GIABA correspondaient pour une large part aux objectifs fixés pour la période 2011-2014, puisque le GIABA a « produit plusieurs publications de grande qualité sous la forme de rapports et de documents pertinents de recherche perspicaces couvrant de vastes domaines relatifs à la LBC/FT »[525] et a ouvert des centres de documentation à Abidjan et à Lagos « pour étendre son accès aux parties prenantes dans les États membres francophones ou lusophones »[526].

En ce qui concerne l'aide aux pays membres, il a été noté qu'en plus d'une mise en place de Cellules de renseignement financier dans tous les

[519] *Ibid.*, p. 30 ; et globalement sur le deuxième PAS, voir pp. 27-30.

[520] Cette Gestion axée sur les résultats avait pour but d'accroître la capacité à effectuer des activités dans les meilleurs délais et de manière consistante afin d'augmenter les chances de réussite et d'atteinte des objectifs (*ibid.*, p. 31 ; concernant globalement le troisième PAS, voir pp. 30-34).

[521] GIABA, *Plan stratégique GIABA 2011-2014*, p. 7.

[522] Plus précisément, le GIABA entendait « constituer un Organisme régional fort et compétent pour la LBA/FT, à même de fournir la capacité requise et d'aider les États membres à développer de fortes capacités pour contrer le Blanchiment d'argent et le Financement du terrorisme, dans leurs pays respectifs et à l'échelon régional » (PAS 2011-2014, *op. cit.*, p. 9).

[523] *Ibid.*, pp. 9-10.

[524] *Ibid.* (voir pp. 11-20).

[525] GIABA, *Plan stratégique 2016-2020 du GIABA*, p. 3.

[526] *Ibid.*

États membres, nombre d'initiatives sont venues renforcer le dispositif : la sensibilisation des autorités politiques et hauts responsables de la fonction publique sur des questions liées à la LBC/FT, le dialogue avec des groupes pertinents de la société civile engagés dans ce combat, le renforcement de la capacité de « centaines d'enquêteurs, de procureurs et d'agents de justice »[527] ainsi que l'appui aux entités déclarantes, notamment les banques, autres IF et EPNFD[528].

121. Le Plan d'action stratégique 2016-2020 : l'ère des défis pour l'atteinte des objectifs de coopération et ultimement, d'efficacité. Aligné sur la Vision de la CEDEAO, « *Vers une communauté démocratique et prospère* », le Plan d'action stratégique 2016-2020 met surtout en exergue les défis qu'il reste au GIABA de relever, compte tenu de la phase de transition dans laquelle se trouvent les pays ouest-africains (y compris donc, ceux de l'UEMOA), dans l'application des normes internationales les plus récentes de LBC/FT. Quatre objectifs ont été définis :

- un Secrétariat modèle, doté d'un personnel disposant de compétences appropriées, utilisant des outils et processus modernes pour fournir les services de manière efficace et efficiente ;
- des dispositifs de LBC/FT qui sont basés sur les risques actuels et nouveaux pertinents ;
- des dispositifs de LBC/FT efficaces et collaboratifs ;
- des interventions de LBC/FT qui ont un impact positif sur la bonne gouvernance.

À chacun de ces objectifs, correspondent des défis et programmes opérationnels. Ainsi, pour ce qui est du premier objectif, le principal défi relevé est celui du financement. Les activités du GIABA étant pour la plus grande part financées par le prélèvement communautaire de la CEDEAO, l'Institution propose de distinguer ce financement de base d'un financement spécifique par projet. D'autres acteurs et partenaires, tels que la BAD ou encore l'UE, pourraient appuyer cette initiative[529]. Le programme opérationnel associé à ce premier défi met l'accent sur l'utilisation des sources de financement, notamment pour assurer la forte motivation et la formation du personnel, nécessaires pour l'acquisition des compétences requises.

---

[527] *Ibid.*, p. 3.
[528] *Ibid.*
[529] *Ibid.*, p. 8.

En ce qui concerne la mise en place de dispositifs de LBC/FT basés sur les risques actuels et nouveaux pertinents[530], les principaux défis notés sont la prédominance des transactions en espèces qui permettent aux blanchisseurs de capitaux d'éviter les institutions réglementées. La convertibilité des espèces en différentes monnaies par le biais de bureaux de change agréés et non agréés ainsi que la contrebande de devises ne sont pas pour faciliter les choses. À cela s'ajoute le fléau de la corruption notamment dans le secteur public, identifiée comme étant l'infraction sous-jacente dominante du blanchiment de capitaux et la principale source des flux financiers illicites en dehors de la région ouest-africaine[531] : il s'agirait d'une « sphère intimement liée à la question apparemment insoluble de la volonté politique dans la lutte contre les facteurs qui alimentent la corruption liée au blanchiment de capitaux, au nombre desquels l'on compte le financement des partis politiques et des campagnes électorales »[532].

Les principaux défis concernant le troisième objectif, à savoir la mise en place de dispositifs de LBC/FT efficaces et collaboratifs, sont relatifs à l'évaluation de l'efficacité, à la collaboration et à l'impact positif sur la gouvernance. Pour ce qui est de l'évaluation de l'efficacité, le GIABA attire l'attention sur un écart existant « entre l'idéal et la réalité » en l'absence de données de référence fiables du point de vue empirique des niveaux de blanchiment de capitaux et de financement du terrorisme, alors même que c'est sur ces données que repose l'évaluation. En outre, un obstacle majeur noté quant à l'efficacité de la mise en œuvre des dispositifs de LBC/FT tient à l'accès aux informations détenues par certaines institutions telles que la police, les services de douanes, les entreprises privées, agences de réglementation, agents immobiliers, institutions financières, les Cellules de renseignement financier, que « certaines » de ces entités peuvent être peu disposées à partager. Le même obstacle se pose pour la collaboration entre les institutions publiques et avec les institutions du secteur privé, ce qui contribue à affaiblir l'efficacité dans la LBC/FT. Quant à la collaboration transfrontalière, elle est « entravée par la

530 Le programme opérationnel lié à ces défis prévoit une meilleure prise en compte, dans le cadre des évaluations de risque, de l'évasion fiscale dans les entreprises, fausses factures et taux prohibitifs de transfert, l'objectif étant de freiner le transfert illicite de capitaux des économies des pays membres. Par ailleurs, le GIABA compte appuyer les pays membres dans la conduite des évaluations nationales de risques (ENR) : des données seront, à ce titre, mises à disposition des États afin de les aider à faire l'actualisation quant aux risques actuels et émergents de blanchiment de capitaux et de financement du terrorisme. Les partenariats avec des institutions telles que l'ONUDC ou encore, le Comité des Chefs de Police d'Afrique de l'Ouest (CPAO) seraient renforcés, afin qu'elles apportent leur expertise en matière de collecte de données lors de la mise en œuvre des évaluations de risques. Enfin, concernant le financement des campagnes électorales, le GIABA entreprend d'« influencer les changements positifs en termes de politiques » (*ibid.*, pp. 10- 11).

531 *Ibid.*, p. 10.

532 *Ibid.*

fragmentation des législations et pratiques »[533], d'où la nécessité d'un effort concerté pour harmoniser les politiques et lois.

Enfin, concernant les interventions de LBC/FT ayant un impact positif sur la gouvernance[534], les défis identifiés ont trait au combat contre économies informelles (très favorables aux flux financiers illicites, au blanchiment de capitaux ainsi qu'au financement du terrorisme) et au renforcement corrélatif de l'économie formelle ; à la sensibilisation adéquate du public sur l'impact négatif du blanchiment de capitaux, du financement du terrorisme et des infractions connexes ; au renforcement des lois fiscales des pays membres, de manière à ce que les lois sur le blanchiment de capitaux s'appliquent aux délits fiscaux et enfin, à l'accessibilité de l'information sur la manière dont les partis politiques sont financés.

122. Ce qu'il ressort des réalisations et défis du GIABA : des avancées incontestables, mais des bases restant à consolider. Le GIABA en est aujourd'hui à plus de vingt ans d'existence. Mais suite à sa première décennie déjà, la mise en place et l'application de dispositifs de LBC/FT dans tous les pays membres étaient un acquis, en dépit de toutes les difficultés liées ne serait-ce qu'aux contextes économique et socioculturel ouest africain. Aujourd'hui, le GIABA, en phase avec le calendrier mondial, poursuit très légitimement l'ambition d'une atteinte d'objectifs d'efficacité dans la lutte contre le blanchiment de capitaux et le financement du terrorisme. Pour parvenir à ces fins, l'action de cette institution telle qu'elle transparaît à travers ses Plans d'action stratégiques a toujours été organisée, fort opportunément, autour des deux axes principaux que sont d'une part, le développement institutionnel et du personnel du GIABA-même et d'autre part, l'aide aux pays membres. Seulement, les progrès semblent avoir été ralentis par l'absence de certaines conditions préalables à l'atteinte des ambitieux objectifs précédemment mis en exergue, et parmi lesquels figure la condition de conformité des pays.

En effet, concernant en premier lieu l'aide aux pays membres, l'accent devrait être davantage mis sur l'impératif d'atteindre un haut niveau de conformité aux Recommandations. À ce titre, au-delà de l'appui aux États dans

---

[533] *Ibid.*, p. 12.

[534] Le programme opérationnel correspondant aux défis relevés met l'accent sur la diffusion d'informations pertinentes sur le blanchiment de capitaux, le financement du terrorisme et les flux financiers illicites aux structures de la société civile, en impliquant les institutions ayant un mandat public. Ainsi, le GIABA compte encourager et aider les États membres à publier régulièrement des statistiques sur la criminalité et la corruption. En outre, il est prévu une collaboration avec les partenaires afin d'accéder aux données sur les « structures des revenus et des coûts dans les multinationales qui sont engagées dans les secteurs sensibles à la corruption et aux malversations des sociétés sous la forme de tarification des transferts et d'évasion fiscale ». Enfin, une collaboration est également prévue avec les institutions chargées de la supervision du secteur des ressources naturelles en particulier, telles que l'Initiative pour la Transparence dans les Industries Extractives et les Forums Africains sur l'Administration Fiscale (*Ibid.*, p. 15).

la mise en œuvre de l'approche par les risques dont il est fait état dans le PAS de 2016-2020, il faudrait qu'ils soient d'une manière générale incités à renforcer leurs cadres juridique et institutionnel afin de remplir tous les critères de conformité (au moins) aux Recommandations essentielles. Par exemple, à l'heure actuelle, l'incrimination convenable de toutes les infractions sous-jacentes au blanchiment de capitaux devrait être un acquis au sein de l'intégralité des États membres ; or, tel n'est toujours pas le cas[535]. Plus fondamentalement, le fait que trois États membres de l'UEMOA (à savoir le ***Burkina Faso***, le ***Mali*** et le ***Sénégal***) se trouvent dans la liste grise du GAFI est révélateur de l'existence de lacunes stratégiques persistantes.

En second lieu, le renforcement des actions de sensibilisation et de formation à l'égard des professionnels concernés par la lutte anti-blanchiment figurera constamment au rang des prérequis à un niveau d'efficacité satisfaisant. Il ne pourra y avoir de pleine coopération des assujettis (surtout ceux qui ne sont pas directement concernés par la lutte contre la criminalité) et autres parties prenantes à cette lutte sans une bonne compréhension des enjeux de l'anti-blanchiment et du rôle que chaque maillon de la chaîne doit y jouer. Cette action de sensibilisation a d'ailleurs des incidences sur la qualité des évaluations, ayant été relevé en 2013 dans un rapport du GIABA-même que « les faits semblent indiquer l'empressement du GIABA à évaluer ses pays alors que la sensibilisation nécessaire auprès du grand public et la formation des responsables n'avaient pas atteint le niveau requis pour soumettre un pays à l'exercice d'évaluation »[536].

Enfin, il ne faudrait pas oublier l'importance d'une évaluation convenable des États membres, qui relève en partie de la responsabilité du GIABA[537]. À ce propos, des faiblesses ont pu être notées dans le processus d'évaluation mutuelle tenant notamment à des incohérences dans les notations

---

535 Voir vol. 2 du présent ouvrage, par. 448 et s.

536 GIABA, *Rapport du GIABA - Améliorer la Conformité aux Normes Internationales de Lutte contre le Blanchiment de Capitaux (LBC) et le Financement du Terrorisme (FT) : Une Revue Stratégique du Premier Cycle des Evaluations Mutuelles des États membres du GIABA (2007-2012)*, *op. cit.*, p. 26.

537 Le processus d'évaluation mutuelle des États membres inclût quatre principaux acteurs que sont l'institution d'évaluation, l'État membre à évaluer, l'équipe d'évaluation ainsi que la Commission technique du GIABA et le Comité ministériel. L'institution d'évaluation, justement constituée par le GIABA, le FMI et la Banque mondiale, est responsable de sélection et de la formation des évaluateurs, de l'harmonisation et du contrôle-qualité des rapports présentés par les évaluateurs (*Ibid.*, p. 17).

des pays sur certaines Recommandations[538] ; il nous a d'ailleurs été donné de relever des anomalies dans la rédaction des Rapports d'évaluation mutuelle[539]. Il est requis, dès lors, de mieux former les évaluateurs et d'une manière générale, l'ensemble du personnel du GIABA et des entités concernées pour une meilleure appréciation des performances de lutte des pays[540], pour une présentation et un respect des règles formelles de rédaction des Rapports irréprochables. À ce propos, le GAFI a précisé ses attentes à l'égard des équipes d'évaluation et de leur secrétariat venant en support, en insistant sur l'importance d'avoir recours à des experts. Les équipes d'évaluation devraient ainsi présenter des garanties quant à l'équilibre requis entre le niveau de connaissance et de compétence nécessaires pour mener des évaluations mutuelles de qualité[541]. À ce titre, il devrait être tenu compte, dans la mesure du possible, des facteurs suivants - préalablement à la sélection d'un évaluateur : l'expérience professionnelle ; la langue d'évaluation ; la nature du système juridique considéré (de tradition romano-germanique ou de *common law*) ; mais également, de l'architecture institutionnelle et des caractéristiques du système juridique considéré (par exemple, taille et composition de l'économie et du secteur financier, facteurs géographiques ou encore, pratiques commerciales et culturelles)[542].

---

[538] « Plus précisément, il y avait des cas où certains États membres ont atteint les mêmes notations en termes de satisfaction de critères essentiels de certaines Recommandations, mais ont obtenu des notes globales différentes sur ces Recommandations. Cela semble indiquer qu'il y avait un certain niveau d'inégalité de traitement entre les États membres dans l'attribution des notes » (*ibid.*, p. 54). Et au-delà de ce problème, d'autres faiblesses ont été mentionnées, à savoir que : les processus et procédures d'EM du GIABA n'abordent pas de manière conséquente les préparatifs auxquels un pays doit se soumettre avant la visite sur place, d'autant plus qu'il n'existe pas de procédures formelles devant guider le pays avant la visite ; la sensibilisation nécessaire auprès du grand public et la formation des responsables n'avaient pas atteint le niveau requis pour soumettre un pays à l'évaluation ; le niveau de satisfaction des États membres du GIABA par rapport au processus et aux procédures d'évaluation mutuelle semble faible (*ibid.*, p. 26).

[539] L'on peut citer à ce titre un certain nombre d'exemples. Dans le REM du ***Burkina Faso***, on retrouve des erreurs dans le tableau récapitulatif des notations de conformité, qui laisse apparaître une notation « LC » aux Recommandations 6 et 7 (p. 179), là où les évaluateurs, après le récapitulatif du volet « Pondération et Conclusion », ont plutôt donné des notations « PC » auxdites Recommandations (p. 122 et p. 124). Dans le REM du ***Niger*** d'août 2021, les notations de conformité aux Recommandations 1 (p. 165), 6 (p. 178), 10 (p. 192), 17 (p. 211), 24 (p. 224), 25 (p. 225) et 32 (p. 244), ont été omises à la suite des remarques récapitulatives du volet « Pondération et Conclusion ». Ces notations ne se retrouvent que dans le tableau récapitulatif à fin du REM (p. 262 et s.). La même anomalie se retrouve dans le REM du ***Sénégal*** de mai 2018, en ce qui concerne la Recommandation 22 (p. 160).

[540] *Ibid.*, p. 55.

[541] FATF, *Consolidated Processes and Procedures for Mutual Evaluations and Follow-Up: "Universal Procedures"* ; en français : GAFI, *Processus et Procédures d'Evaluations mutuelles et de Suivi : « Procédures Universelles »*, janvier 2021, p. 6.

[542] *Ibid.*

II. Une coopération à renforcer avec tous les homologues et en particulier ceux du GAFIMOAN et du GABAOA.

123. L'opportunité d'une concrétisation des projets de coopération. Si l'on s'intéresse aux actions conjointes du GIABA en particulier et de ses trois homologues en Afrique, on relève une prépondérance des interactions avec le GABAC. L'appartenance de plusieurs pays d'Afrique de l'Ouest et d'Afrique centrale à la Zone franc, et de ce fait, leurs travaux conjoints au sein du Comité de lutte anti-blanchiment de la Zone franc a été précédemment évoquée[543]. Ainsi, il n'est pas inhabituel que le GIABA mène des ateliers conjoints de formation ou des études et travaux de recherche avec le GABAC[544]. En revanche, il faut chercher bien loin pour trouver des activités similaires avec le GAFIMOAN ou le GABAOA[545]. Non pas que l'idée n'ait pas été émise : lors d'une visite du Secrétaire exécutif du GABAOA et du Président du GIABA au GAFIMOAN en 2011, les discussions ont porté sur les possibilités de développer une coopération entre ces acteurs. Plus spécifiquement, était affirmée l'importance d'organiser des ateliers, des formations et échanges sur des études de typologies afin de promouvoir coopération et coordination[546]. Ce souhait a connu un début de réalisation avec l'adoption par toutes les ORTG africaines des Recommandations de Rabat[547], mais ne s'est jusque-là pas traduit par des actions percutantes. Par conséquent, on ne peut que recommander des initiatives de coopération du GIABA avec le GABAOA et le GAFIMOAN en particulier, l'idéal étant que ces interactions s'inscrivent dans le cadre des engagements résultant des Recommandations de Rabat. Au-delà, les ORTG africaines pourraient élargir les perspectives d'échanges en initiant des rencontres avec leurs homologues au plan international.

---

543 Voir *supra*, par. 112.

544 On peut citer, à titre d'exemple, l'étude conjointe GAFI/GIABA/GABAC sur le financement du terrorisme en Afrique occidentale et centrale, réalisée à la demande de l'État espagnol afin d'actualiser l'étude GAFI/GIABA de 2013 sur le financement du terrorisme en Afrique de l'Ouest en l'étendant à l'Afrique centrale. Le but poursuivi par l'actualisation de cette étude était de « mieux apprécier la vulnérabilité des États, l'impact socio-économique du phénomène, des nouvelles tendances, techniques, méthodes, la répartition géostratégique, le mode opératoire des groupes terroristes et les sources de financement du terrorisme dans ces régions » (GIABA, Rapport annuel 2015, pp. 58-59).

545 Peut-être faudrait-il aussi relever que toutes les ORTG africaines figurent dans la liste des partenaires et observateurs du GABAOA tels que présentés sur le Site internet officiel de ladite institution.
Disponible sur : https://www.esaamlg.org/index.php/about_countries_cooperative_partiner.

546 MENAFATF, « MENAFATF Executive Secretary welcomes his counterparts in the ESAAMLG & GIABA » [en ligne] ; en français : GAFIMOAN, « le Secrétariat exécutif du GAFIMOAN reçoit ses homologues du GABAOA et du GIABA », 20 janvier 2011. Disponible sur : http://www.menafatf.org/information-center/menafatf-executive-secretary-welcomes-his-counterparts-esaamlg-giaba.

547 Voir *supra*, par. 115.

Sous-section 2. Les promesses du « Chantier Paix et Sécurité » de l'UEMOA : vers l'instauration d'un environnement hostile à la criminalité transnationale organisée ?

124. ***Des actions et projets de l'UEMOA pour la paix et la sécurité : une lueur d'espoir en faveur de la conformité dans la LBC/FT ?*** Le « Chantier Paix et Sécurité » de l'UEMOA regorge de promesses en faveur de la LBC/FT et contre la criminalité transnationale organisée (Paragraphe 1). Mais les réactions négatives - parfois virulentes - qu'il a suscitées invitent à une réflexion sur les moyens d'en faire néanmoins un « chantier » prospère (Paragraphe 2).

Paragraphe 1. D'un projet prometteur…

125. Le procédé habituel : une série de déclarations d'intentions. Lors d'une session extraordinaire tenue à Lomé (au Togo) le 30 mai 2011, les Chefs d'État et de gouvernement de l'UEMOA ont décidé de faire de la question de la paix et de la sécurité un chantier majeur de l'Union[548]. En vue d'approfondir la réflexion, ils ont créé un Comité de Haut Niveau[549] le 6 juin 2012, dont la présidence a été confiée à l'actuel Président de la République du Sénégal, Monsieur Macky SALL. Le 24 octobre 2013 à Dakar, était adopté l'Acte additionnel instituant la politique commune de l'UEMOA dans le domaine de la paix et de la sécurité[550] dont le champ d'application, pour le moins étendu, « couvre tous les enjeux sécuritaires de la sous-région, y compris la prévention, la contribution à la gestion des conflits, la consolidation de la paix, ainsi que les conditions pour une meilleure gouvernance politico-institutionnelle »[551].

On retrouve plus spécifiquement, au titre des objectifs de cette politique commune, la prévention de la criminalité transfrontalière et la lutte efficace contre les réseaux mafieux, notamment le trafic de drogue, la prolifération des armes légères et de petit calibre, la traite des humains, la cybercriminalité et le blanchiment de capitaux[552]. L'urgence d'une intensification de cette lutte sera réaffirmée dans une « Déclaration sur la paix et

---

[548] Voir site Internet de l'UEMOA : Espace multimédia, « 4ème réunion du Comité de Haut Niveau sur le Chantier Paix et Sécurité dans l'UEMOA » [en ligne]. Disponible sur : http://www.uemoa.int/fr/4eme-reunion-du-comite-de-haut-niveau-sur-le-chantier-paix-et-securite-dans-l-uemoa.

[549] Le Comité de Haut Niveau est composé des ministres en charge des Affaires étrangères, de la Sécurité et des Finances des États membres de l'UEMOA, du Président de la Commission de l'UEMOA, du Gouverneur de la BCEAO ainsi que du Président de la BOAD (*ibid.*).

[550] Il s'agit plus spécifiquement de l'Acte additionnel n°04/2013/CCEG/UEMOA instituant la politique commune de l'UEMOA dans le domaine de la paix et de la sécurité. Il faut, en outre, noter qu'en 2019, il a été adopté un acte additionnel n°02/CCEG/UEMOA instituant un fonds régional de sécurité, considérant notamment « la nécessité de mettre en place un dispositif opérationnel de financement de la sécurité dans l'espace UEMOA » (voir Préambule). Aux termes de l'art. 2, les ressources du Fonds Régional de Sécurité sont constituées des ressources propres de l'Union, même si le fonds pourrait recevoir « d'autres ressources » auxquelles l'Union peut avoir recours.

[551] Art. 4 al. 1er de l'Acte additionnel du 24 octobre 2013.

[552] Art. 3 de l'Acte additionnel du 24 octobre 2003.

de la sécurité », lors de la session extraordinaire de la Conférence des Chefs d'État et de gouvernement de l'UEMOA tenue à Dakar (au Sénégal) le 5 juin 2016. À la même date était acté un Plan d'action pour la paix et la sécurité dans l'espace UEMOA, organisé autour de trois axes : le renforcement de la coopération dans le domaine sécuritaire, la promotion et la consolidation des actions de développement et du processus d'intégration et enfin, la mise en place d'un mécanisme de suivi.

126. Des opportunités pour la lutte anti-blanchiment. Le fait que la lutte contre le blanchiment de capitaux dans l'espace UEMOA s'inscrive, au regard des développements précédents, dans le cadre du Chantier Paix et sécurité de l'Union présente de multiples opportunités. Les objectifs énoncés dans la Déclaration de politique commune sont particulièrement axés sur la prévention des conflits et de la criminalité transnationale organisée ; y compris la prévention tant de l'infraction autonome de blanchiment que de ses infractions sous-jacentes. De plus, au visa de l'Acte additionnel du 24 octobre 2013 ayant institué la politique commune, a été signé, le 26 avril 2018, l'Accord-cadre de coopération en matière de sécurité et de renseignement entre les États membres de l'UEMOA, qui prévoit, sous réserve du respect de la souveraineté nationale[553], de multiples formes de coopération notamment dans le domaine de la lutte contre le blanchiment de capitaux. Au-delà de l'échange d'informations au plan communautaire, une mise en œuvre du Chantier Paix et Sécurité de l'UEMOA offre l'occasion dynamiser d'une manière générale la coopération bilatérale et multilatérale hors des frontières de l'Union, notamment en matière d'entraide judiciaire.

Paragraphe 2. Et des craintes de l'éternel recommencement d'une spirale d'échecs : les perspectives d'un « Chantier » prospère.

127. Des actions devant s'inscrire dans le prolongement des initiatives de l'UA et de la CEDEAO. Les belles initiatives pour la paix et la sécurité semblent pourtant susciter plus d'inquiétudes et de méfiance que d'engouement. En l'occurrence, la crainte que ce « Chantier » de nature à concurrencer directement les projets et programmes de la CEDEAO en matière de paix et de sécurité ne soit qu'un doublon (de plus) et ne mène à une « concurrence normative communautaire ou [...] une cohabitation de droits communautaires »[554]. D'autres font plus crument état d'une « concurrence

[553] Voir art. 2 de l'Accord-cadre de coopération en matière de sécurité et de renseignement entre les États membres de l'UEMOA du 26 avril 2018.

[554] J. N. K. ATCHIMAN, *Contribution à l'étude des droits régionaux de la concurrence en Afrique de l'Ouest : cas de l'Union économique et Monétaire Ouest africaine et de la Communauté économique des États de l'Afrique de l'Ouest* [en ligne], thèse de doctorat : Droit public (sous la Direction de Monsieur L. GRARD) : Université de Bordeaux, 2018, p. 39. Disponible sur : https://tel.archives-ouvertes.fr/tel-02071784/document.

déloyale »[555] à l'égard de la CEDEAO, si l'on sait que la prévention des conflits et des crises, la criminalité transfrontalière ou encore la prolifération des armes légères et de petit calibre sont des composantes de la politique de sécurité de la CEDEAO[556]. Ces appréhensions sont d'autant plus légitimes que la multiplication des initiatives n'a d'égale, paradoxalement, que la persistance, voire l'évolution de la criminalité transnationale organisée en Afrique de l'Ouest.

Mais il faut relever que l'Acte additionnel instituant la politique commune de l'UEMOA dans le domaine de la paix et de la Sécurité[557], dans son Préambule, se réfère notamment au Traité instituant l'Union africaine et au Protocole portant création du Conseil de paix et de Sécurité de l'Union africaine[558], mais aussi aux Protocoles de la CEDEAO relatifs d'un côté, au maintien de la paix et de la sécurité et de l'autre, à la démocratie et la bonne gouvernance[559]. Il est donc possible de voir en cette initiative une volonté de concrétisation des efforts de maintien de la paix et de la sécurité tels que proclamés par l'Union africaine et par la CEDEAO au sein des huit États de l'Union. Dans cette perspective, le programme de l'UEMOA en matière de paix et de sécurité serait le prolongement des efforts de l'Union africaine et de la CEDEAO, ce qui implique un rapport de complémentarité. En tout état de cause, la coordination devra être de mise pour éviter des efforts inefficients ou de portée limitée.

En matière de lutte contre le blanchiment en tout cas, les standards du GAFI permettent d'avoir une visibilité sur les résultats de la lutte contre la criminalité ; et pour l'heure, ils ne sont guère flatteurs en dépit de toutes les avancées que l'on peut relever. Cela suffit à montrer que les déclarations d'intention des États membres sont encore loin d'atteindre les attentes sécuritaires définies au plan mondial. À supposer que la volonté politique d'y parvenir soit un acquis, il faudrait donc que les plans d'action se fassent plus

---

555 P. S. NDIAYE, « Le nouveau triangle du maintien de la paix en Afrique (UA, CEDEAO, UEMOA) : Entre complémentarité inconsistante et concurrence déloyale ? » [en ligne], décembre 2016, pp. 20-21. Disponible sur : http://afrilex.u-bordeaux.fr/wp-content/uploads/2021/03/Papa_Samba_NDIAYE_UEMOA-CEDEAO-1.pdf.

556 *Ibid.*

557 Acte additionnel n°04/2013/CCEG/UEMOA instituant la politique commune de l'UEMOA dans le domaine de la paix et de la sécurité du 24 octobre 2013.

558 Il est plus explicitement fait référence à l'art. 2 de ce Protocole, qui dispose qu'il est créé, au sein de l'Union, conformément à l'Article 5 (2) de l'Acte constitutif, un Conseil de paix et de sécurité, qui est un organe de décision permanent pour la prévention, la gestion et le règlement des conflits. Le Conseil de paix et de sécurité constitue un système de sécurité collective et d'alerte rapide, visant à permettre une réaction rapide et efficace aux situations de conflit et de crise en Afrique. Le Conseil de paix et de sécurité est appuyé par la Commission, un Groupe des sages, ainsi que par un système continental d'alerte rapide, une force africaine prépositionnée et un Fonds spécial.

559 Il est effectivement fait référence au Protocole de la CEDEAO du 10 décembre 1999 relatif au Mécanisme de prévention, de gestion, de règlement des conflits, de maintien de la paix et de la sécurité, ainsi qu'au Protocole additionnel de la CEDEAO du 21 décembre 2001 sur la démocratie et la bonne gouvernance.

détaillés en incluant les objectifs concrets à atteindre dans des délais raisonnables ; qu'ils identifient les acteurs concernés et que les moyens humains et matériels soient déployés pour leur concrétisation. Peut-être pourra-t-on alors réellement percevoir les fruits de la réalisation de ce qui, pour l'heure, ne demeure qu'une promesse…

Conclusion du Chapitre II

128. Bien qu'elle n'ait pas compté parmi les instigateurs de la stratégie internationale de lutte contre le trafic illicite de stupéfiants, contre la criminalité transnationale organisée et en particulier, contre le blanchiment de capitaux, l'Afrique a su s'inscrire progressivement dans cette dynamique mondiale en mettant à contribution ses ressources, à divers niveaux. On pense d'abord à l'organisation continentale, l'Union africaine, qui a déployé à cet effet organes et instruments. Par le biais de l'Architecture africaine de paix et de sécurité (APSA) et de l'Architecture de gouvernance africaine (AGA) - qu'il serait opportun de regrouper en un seul instrument, l'UA dispose d'une panoplie d'institutions aussi fortes les unes que les autres de par leur vocation, en vue de prendre en charge les problématiques de paix, de sécurité et de bonne gouvernance en Afrique. Ce noyau dur est renforcé par nombre d'autres cadres stratégiques censés entretenir des rapports de complémentarité[560]. L'UA n'a pas également hésité à créer des institutions sur mesure, à l'instar du Groupe de Haut niveau sur les flux financiers illicites en provenance d'Afrique, qui a produit un rapport très édifiant sur l'ampleur de ce problème et les solutions y relatives… Tant et si bien qu'on souhaiterait vivement qu'une initiative similaire soit prise en ce qui concerne spécifiquement la LBC/FT en Afrique. À côté de ces actions d'ordre institutionnel, l'UA a été l'instigatrice de conventions participant de la lutte contre la criminalité transnationale organisée (conventions contre le terrorisme, contre la corruption) ainsi que des plans d'action successifs en vue de la lutte contre le trafic illicite de stupéfiants et la prévention de la criminalité. Mais dans la concrétisation de ces initiatives, l'absence d'efficacité et de clarté dans la répartition des compétences entre l'UA et ses Mécanismes régionaux, mais aussi, son manque d'autonomie sont autant de facteurs ayant peu à peu effrité le *leadership* de l'Union aux yeux de l'Afrique et du reste du monde. L'Institution mère se doit donc de remédier à ces points de vulnérabilité pour prétendre à l'autorité naturelle qu'elle se devrait d'avoir, mais encore, de prendre à bras-le-corps la question sécuritaire. Celle-ci est aussi l'apanage de la BAD, qui a apporté son appui à la fois stratégique et opérationnel dans la lutte contre les flux financiers illicites.

---

[560] On compte parmi ceux-ci le Centre Africain d'Etude et de Recherche sur le Terrorisme (CAERT), le Mécanisme africain d'évaluation par les pairs (MAEP), la Charte africaine de la démocratie, des élections et de la gouvernance (CADEG) ou encore, le Nouveau partenariat pour le développement de l'Afrique (NEPAD).

À l'échelon sous-régional, les Mécanismes régionaux (MRs) de l'UA et plus spécialement, les Communautés économiques régionales (CER) assurent l'application des politiques de lutte. C'est ainsi que la CEDEAO compte parmi les principaux acteurs de l'anti-blanchiment au sein de l'espace ouest-africain et pour cause, a été à l'origine de la création de l'ORTG ouest-africaine : le GIABA. Son œuvre s'étend à la production d'une multitude d'instruments en faveur de la lutte contre la criminalité transnationale organisée et en particulier, de l'entraide judiciaire et de la coopération internationale… Mais la liste n'est pas encore exhaustive et ne saurait l'être, tant les organisations sous-régionales "de renfort" dotées de mandats de lutte anticriminalité dont nombreux : le Conseil de l'entente, la Commission du Bassin du Lac Tchad, la Commission du Golfe de Guinée ou encore, le G5 Sahel n'en sont que quelques-unes. Entre autres inconvénients, cette situation génère d'inévitables redondances, une complexification du dispositif sécuritaire et une dispersion des ressources. Ce sera probablement une gageure que d'exprimer le souhait que toutes les initiatives relevant de la question sécuritaire se cantonnent aux Communautés économiques régionales s'inscrivant dans le cadre de l'APSA. Par contre, il est possible de faire de ce qui apparaît *a priori* comme une faiblesse, un puissant moteur d'efficacité dans la LBC/FT : du fait de la multiplicité des organisations sous-régionales, celles-ci ont été amenées à prendre en charge des questions sécuritaires spécifiques, dont elles ont aujourd'hui suffisamment d'expérience et de maîtrise pour être d'une contribution majeure. Il faudrait donc parvenir à insuffler à ces Mécanismes régionaux la volonté de participer plus activement à cette cause en tant que membres d'un réseau africain de LBC/FT. La remarque s'étend aux quatre ORTG africaines, dont le défi est celui de parvenir à dépasser les clivages notamment géographiques et politiques pour coopérer efficacement et coordonner leurs actions. Pour le GIABA en particulier, un objectif important demeure, en termes de coopération, de renforcer ses interactions hors Zone franc. Du reste, comme à l'égard de toute ORTG, les attentes sont celles d'une meilleure promotion des politiques et mesures de LBC/FT et en particulier, l'aide des États membres à atteindre les objectifs de pleine conformité à toutes les Recommandations. L'on espère qu'il saura compter pour cela sur la contribution de l'UEMOA qui, jusque-là, a conçu et amélioré le cadre notamment juridique de la LBC/FT conformément aux standards internationaux, mais se doit encore de rassurer les esprits quant aux promesses du « Chantier Paix et sécurité ».

CONCLUSION DU TITRE I

129. La stratégie mise en place dans les années quatre-vingt pour suivre la trace de l'argent sale n'a cessé de requérir, au fil du temps, plus de protagonistes et corrélativement, plus d'instruments. Les Quarante Recommandations du GAFI actuellement en vigueur sont très parlantes quant à ce phénomène. Elles incitent notamment au respect des Conventions des Nations unies pertinentes (Conventions de Vienne, de Palerme, de New York, de Mérida), des lignes directrices du Comité de Bâle sur le contrôle bancaire, mais encore à la ratification de la Strasbourg, laquelle fut ouverte à la signature en 1990, soit simultanément avec l'adoption des Recommandations du GAFI. Une décennie avant, le Conseil de l'Europe invitait à une approche stratégique pour venir à bout de la gangrène de l'époque, celle de la drogue. Les autorités régulatrices du secteur financier (en l'occurrence, l'OICV, l'AICA, le Groupe Wolfsberg) - qui, notamment aux débuts de l'anti-blanchiment, était le domaine de prédilection des criminels - ont multiplié les appels à la vigilance. Les exigences de la coopération internationale ont incité à la création du Groupe Egmont des Cellules de renseignement financier, à mieux outiller d'anciennes organisations telles qu'Interpol et l'OMD pour plus d'efficacité. Finalement, les Recommandations du GAFI sont devenues le point de chute de l'ensemble des exigences des organismes internationaux (créés par les puissances mondiales) dont le mandat touche à la prévention, la détection et/ou la répression des activités criminelles (et en particulier, de l'argent sale). La propagande ne fait que se poursuivre, puisque la communauté internationale est appelée à coopérer en se joignant à la stratégie mondiale et en s'adaptant à ses infléchissements, l'idéal étant qu'aucun criminel ne puisse trouver nulle part de refuge. L'ingéniosité de la démarche est remarquable, de même que cette mise à contribution générale était nécessaire pour contrecarrer l'action des grands réseaux criminels, qui ont sans doute une organisation aussi - et peut-être bien, plus - structurée que celle exposée au grand jour par communauté internationale. À l'heure actuelle, les États sont au moins symboliquement engagés dans la LBC/FT.

L'Afrique s'est inscrite dans la mouvance mondiale, en s'évertuant à appliquer la stratégie se voulant être commune. L'Organisation continentale que constitue l'Union africaine (précédée de l'OUA) a déployé ses institutions au service de la cause sécuritaire et a créé des instruments de lutte contre les activités criminelles (drogue, terrorisme, corruption) au gré de l'évolution du calendrier mondial de lutte contre les réseaux criminels. L'on a pu cependant relever l'absence d'initiatives prenant en charge spécifiquement le problème du blanchiment de capitaux ou tout au moins, la LBC/FT envisagée comme un tout indissociable. L'on pense, à ce titre, à la constitution au sein de l'Union africaine d'un Groupe de Haut niveau sur la LBC/FT (comme cela a été le cas, par le passé, pour la lutte contre les flux financiers illicites), en vue d'une réflexion sur une meilleure prise en charge de cette problématique au niveau africain. Par ailleurs, l'élaboration d'une Convention africaine relative à la lutte contre la criminalité transnationale organisée apparaît, à ce stade de l'évolution plus ou moins avancée des initiatives sous-régionales dans la LBC/FT, comme étant une mesure de grande portée à l'échelle africaine. Un tel instrument permettrait de prendre en charge la question sécuritaire dans sa globalité et pourrait impulser une dynamique de coopération entre États africains. Celle-ci demeure l'un des plus grands défis du dispositif sécuritaire au sein du continent, qui souffre du morcellement des initiatives, lequel n'est lui-même que le reflet d'une faible solidarité à l'échelle continentale. La complexité de l'architecture institutionnelle de l'Union africaine, le manque d'autonomie de cette dernière ainsi que la pléthore d'organisations sous-régionales déroulant leurs plans d'action hors Architecture africaine de paix et de sécurité (APSA), sont autant de facteurs rendant indispensable un retour aux fondamentaux. Il faudrait que les règles d'organisation (simplification du dispositif sécuritaire et à ce titre, fusion de l'APSA et de l'AGA par exemple) et de fonctionnement (claire répartition des compétences, modalités de financement, etc.) de l'Union soient repensées. Cela participerait du processus de construction d'une relation de confiance entre l'UA et ses Mécanismes régionaux pour une approche concertée dans la lutte contre la criminalité transnationale organisée. Atteindre cet objectif aurait un effet contagieux sur la coopération entre ORTG africaines, puisque ces dernières ont été créées conformément aux découpages des organisations sous-régionales. En Afrique de l'Ouest, il faut saluer les initiatives de la CEDEAO qui, en plus d'avoir mis sur pied le GIABA, œuvre pour la coopération interétatique et entre autorités homologues, notamment dans le domaine de l'entraide judiciaire. Les instruments conçus par la CEDEAO à cet effet (tels que les Conventions sur l'entraide judiciaire et sur l'extradition) servent naturellement à l'atteinte des objectifs de LBC/FT poursuivis par l'UEMOA, qui a mis en place le cadre notamment réglementaire de l'anti-blanchiment au sein des États membres.

TITRE II. LA FÉDÉRATION DES EFFORTS AUTOUR DU GAFI : L'OBLIGATION DE CONFORMITÉ AUX RECOMMANDATIONS RÉVISÉES ANTI-BLANCHIMENT.

130. ***Des attentes du GAFI vis-à-vis des États (de l'UEMOA) quant à la pleine conformité aux Recommandations… et leurs implications***. Les Recommandations révisées du GAFI précisent les attentes dudit Groupe d'action vis-à-vis des États, dans leurs modalités d'implémentation et de mise en œuvre d'un dispositif de LBC/FT. Dans ce cadre, l'évolution des États fait l'objet d'un suivi grâce à la Méthodologie d'évaluation conçue à cet effet, laquelle spécifie les critères de conformité à chacune des Recommandations. Lesdits critères seront dès lors au cœur de cette partie de l'étude, qui vise précisément à analyser la teneur des obligations de lutte contre le blanchiment de capitaux auxquelles les États doivent se conformer. En effet, c'est à l'aune de ces critères qu'il est décidé du niveau de conformité d'un pays (faisant l'objet d'une notation selon les modalités précédemment expliquées[561]). Les nombreuses lignes directrices à l'initiative des acteurs sus identifiés sont venues éclairer les États sur leur portée et la doctrine, les interroger. C'est donc à la lumière de tous ces facteurs que l'on s'emploiera à apporter une modeste contribution, en attirant l'attention sur les implications de la *compliance* dans l'anti-blanchiment (et en l'occurrence, pour les États membres de l'UEMOA).

131. En effet, du point de vue de la prévention, la flexibilité des mesures applicables est de mise en réponse au caractère polymorphe de l'infraction de blanchiment (Chapitre I). Du point de vue de la répression, les États se doivent de lever tous les obstacles (ou le maximum d'obstacles possibles) à l'appréhension des blanchisseurs (Chapitre II).

---

[561] Voir *supra*, Introduction, par. 9.

CHAPITRE I. L'EXTRÊME FLEXIBILITÉ DES MESURES PRÉVENTIVES DE RIGUEUR EN RÉPONSE À UNE INFRACTION POLYMORPHE[562].

132. ***Une approche préventive misant sur une mobilisation généralisée et stratégique en vue de prévenir les cas de blanchiment.*** Les blanchisseurs ayant vite fait de multiplier les circuits du produit des activités criminelles, il est apparu qu'une prévention efficace de l'infraction se doit en premier lieu de permettre à ses protagonistes de faire preuve d'une égale flexibilité. C'est ainsi que l'approche fondée sur les risques, même si elle n'était pas totalement absente des précédentes Recommandations du GAFI, a été érigée en une véritable stratégie préventive par les Recommandations de 2012 du fait de la souplesse des mesures en comparaison avec une approche basée sur la réglementation[563]. Elle est aujourd'hui encore placée au cœur des dispositifs nationaux de prévention (Section 1).

133. En deuxième lieu, tous secteurs sujets à une instrumentalisation à des fins de blanchiment se devaient d'être impliqués dans le cadre de la mise en place d'une chaîne de prévention, laquelle vise également à détecter au maximum et au plus tôt la survenance de l'infraction (Section 2).

Section 1. L'approche fondée sur les risques placée au cœur des dispositifs nationaux de prévention[564].

134. ***Des multiples étapes et exigences stratégiques pour une bonne gestion du risque de blanchiment.*** Les Recommandations révisées du GAFI[565] ont érigé l'évaluation nationale des risques et l'application d'une approche fondée sur les risques en obligation (Sous-section 1). Il est spécialement lancé aux États un appel à la coopération et la coordination nationales dans ce processus (Sous-section 2).

---

[562] *Cf.* M. SEGONDS, « Les métamorphoses de l'infraction de blanchiment… ou les enjeux probatoires de la lutte contre le blanchiment », *AJ Pénal*, 2016, p. 168.

[563] L'approche fondée sur les risques s'annonçait comme une véritable révolution, au regard des bouleversements qu'elle a opérés sur les obligations de vigilance de manière à modifier la perspective même de la lutte anti-blanchiment : « là où l'analyse était auparavant logiquement faite par le *législateur in abstracto*, *a priori* et de façon uniformisée », elle devait désormais être « essentiellement faite par chaque professionnel assujetti, *in concreto*, constamment et de façon personnalisée » (F. KEREBEL et D. DEDIEU, « Procédure interne de lutte anti-blanchiment et cartographie des risques : Méthodes d'élaboration », *JCP E*, n°43, 28 octobre 2010, par. 35).

[564] Voir à ce propos l'article de Madame Chantal CUTAJAR, « La prévention du blanchiment par l'approche fondée sur le risque après le décret du 2 septembre 2009 », *JCP Ed. G*, n°42, 12 octobre 2009.

[565] Plus précisément, cette obligation résulte de la Recommandation 1 du GAFI.

Sous-section 1. La consécration de l'obligation d'évaluation des risques et de mise en œuvre de l'approche fondée sur les risques.

135. ***Une stratégie à déployer à différents niveaux et dont le succès est sous-tendu par une coopération et une coordination efficaces.*** Compétence partagée entre les autorités étatiques et les personnes assujetties[566], l'évaluation et l'atténuation des risques doivent être effectuées dans le respect des critères de conformité aux Recommandations du GAFI dictant les obligations pour les pays (Paragraphe 1) et pour les assujettis (Paragraphe 2).

Paragraphe 1. L'approche globale : l'obligation d'évaluation et d'atténuation des risques au plan national.

136. ***Les modalités de mise en œuvre de l'approche basée sur les risques par les pays précisées.*** Les standards du GAFI édifient sur les implications d'une évaluation des risques à l'échelle étatique (A) ainsi que sur les dispositions à prendre aux fins d'atténuer les risques identifiés (B).

A. Les implications d'une évaluation des risques par un État.

137. Les critères de conformité concernant l'évaluation des risques par les pays. Quatre critères permettent de présumer d'une évaluation adéquate des risques de blanchiment de capitaux. Le premier est l'identification et l'évaluation des risques en tant que telles par le pays concerné[567]. Le deuxième consiste en la désignation d'une autorité ou d'un mécanisme pour coordonner les actions d'évaluation des risques. Le troisième est de tenir les évaluations de risques à jour. Et le quatrième, de disposer de mécanismes pour fournir des informations sur les résultats des évaluations de risques à toutes les autorités

---

[566] *Op. cit.*, p. 2 : l'auteure y fait plus spécifiquement référence à une « compétence partagée entre le législateur et les assujettis » (quant à la détermination du niveau de risque).

[567] Les lignes directrices du GAFI précisent que le processus d'évaluation des risques stricto sensu est lui-même divisé en plusieurs étapes, que sont l'identification des risques (détermination des risques et facteurs de risque de blanchiment de capitaux), l'analyse des risques (qui est au cœur du processus ; le but en est d'acquérir une compréhension holistique de chacun des risques - en tant que combinaison des menaces, vulnérabilités et conséquences - et de leur attribuer l'importance qui est la leur en les classifiant) et leur évaluation en tant quel, consistant à partir de l'analyse qui en a été faite au préalable pour définir les priorités aux fins d'une gestion convenable du risque (FATF, *FATF Guidance - National Money Laundering and Terrorist Financing Risk Assessment* ; en français : GAFI, *Lignes directrices du GAFI - Évaluation nationale des risques de blanchiment de capitaux et de financement du terrorisme*, février 2013, p. 21).

compétentes et tous les organismes d'autorégulation[568], institutions financières et entreprises et professions non financières désignées (EPNFD)[569]. En un mot, les résultats de l'identification et de l'évaluation des risques doivent être constamment tenus à jour et partagés avec les acteurs pertinents concernés par la LBC/FT. Au niveau européen, on peut relever l'intéressante initiative qui a récemment été prise de mettre en place une base de données centrale en matière de LBC/FT (à savoir, EuReCA), appelée à jouer un rôle central dans « la coordination des efforts déployés par les autorités compétentes et l'*EBA* pour prévenir et contrer les risques de blanchiment de capitaux et le financement du terrorisme au sein de l'Union européenne »[570].

En plus des objectifs d'information et d'évitement d'une obsolescence de données, l'évaluation des risques présente d'autres intérêts majeurs. Elle permet de documenter les modifications potentielles du régime national de LBC/FT (y compris les modifications de lois, règlements et autres mesures) et d'aider à la répartition, la hiérarchisation des ressources dédiées à la LBC/FT par les autorités compétentes[571]. À l'évidence, c'est toute une stratégie de prévention qui serait donc compromise par une évaluation des risques erronée, ce qui fait de cette première étape la plus importante du processus de gestion des risques.

Les lignes directrices du GAFI ont permis de préciser la notion de « risque », qui est la combinaison de trois facteurs : les menaces, les vulnérabilités et leurs conséquences[572]. La menace renvoie à une personne ou un groupe de personnes, un objet ou une activité pouvant porter préjudice ; par exemple, à l'État, à la société, à l'économie, etc[573]. Dans le contexte de la LBC/FT, cela inclut les criminels, groupes terroristes ainsi que leurs facilitateurs et

---

568 Sur la notion d'autorégulation, voir : A. DELION, « L'évolution de la notion et des organismes de régulation », *in* A. DELION et L. VIDAL (dir.), *Les réformes des régulations financières*, Annales de la Régulation, vol. 3, IRJS Éditions, 2013, pp. 13-14. Selon l'auteur, ledit terme désigne « l'élaboration des règles et le contrôle de leur application par ceux-là mêmes qui doivent les appliquer » (*ibid.*, p. 13). Plus loin, il affirme que l'État crée des organismes de régulation lorsqu'il estime que ceux-ci atteindront mieux les objectifs d'intérêt général qu'un service inclus dans la hiérarchie administrative. Ce faisant, il leur donne les compétences jugées adaptées à chaque domaine régulé et leur attribue des pouvoirs qui peuvent être de caractère régalien (par exemple, ceux de réglementer et sanctionner lorsque nécessaire) : à ce titre, « ils ont à faire tout ce qui découle de leurs statuts sans que l'on se pose la question générale de savoir en vertu de quels principes » (*ibid.*, p. 16).

569 GAFI, *Méthodologie d'évaluation de la conformité technique aux Recommandations du GAFI et de l'efficacité des systèmes de LBC/FT*, 2013, mise à jour : novembre 2020, p. 25.

570 Veille Droit financier, « Lancement de EuReCA, la base de données centrale de l'Union européenne en matière de lutte contre le blanchiment de capitaux et le financement du terrorisme », *RD bancaire et fin.*, n°2, mars-avril 2022.

571 Note interprétative de la Recommandation 1, p. 33.

572 GAFI, *Lignes directrices du GAFI - Évaluation nationale des risques de blanchiment de capitaux et de financement du terrorisme*, *op. cit.*, p. 7.

573 *Ibid.*

sources de financement[574]. Les vulnérabilités au sens des standards du GAFI désignent tout ce qui peut être exploité par la menace, soutenir ou faciliter ses activités ; en d'autres termes, toutes les faiblesses d'un système de LBC/FT ou tout élément de nature à empêcher la neutralisation d'une menace sont constitutifs d'une vulnérabilité[575]. Les conséquences (lesquelles peuvent être à court ou long terme) désignent, naturellement, l'impact ou les préjudices que le blanchiment de capitaux peut causer aux différentes parties prenantes[576]. La gestion des risques de blanchiment de capitaux à l'échelle Pays repose donc sur la substantifique moelle devant résulter de la combinaison de ces facteurs.

B. Les obligations aux fins d'atténuation des risques identifiés.

138. Les critères de conformité afférents aux suites de l'évaluation des risques. Sur la base de la compréhension des risques auxquels ils sont exposés, les pays doivent appliquer l'approche fondée sur les risques, d'une part, pour répartir leurs ressources[577], puisque l'un des intérêts de cette approche est justement de permettre l'efficience dans la LBC/FT[578]. Et d'autre part, pour décider « de la mise en œuvre de mesures fondées sur les risques pour toutes les recommandations du GAFI »[579], selon le niveau de risque. Mais la liberté d'appréciation des pays n'en est pas moins encadrée. En premier lieu, les pays qui décident de ne pas appliquer certaines des Recommandations du GAFI exigeant des institutions financières ou des EPNFD qu'elles adoptent certaines mesures doivent démontrer soit, qu'il y a un faible risque avéré de blanchiment de capitaux[580], soit, qu'une activité financière autre que le transfert de fonds ou de valeurs est réalisée par une personne physique ou morale de manière occasionnelle ou très limitée, de sorte que le risque de blanchiment de capitaux soit faible. En second lieu, lorsque les pays identifient des risques plus élevés, ils devraient être obligés de disposer d'un régime de LBC/FT pouvant traiter ces risques[581]. Et inversement, les pays peuvent décider d'autoriser des mesures simplifiées[582] à condition qu'un risque plus faible ait été identifié et que cela soit cohérent avec l'évaluation des risques de blanchiment de capitaux réalisée par le

---

[574] *Ibid.*
[575] *Ibid.*
[576] *Ibid.*, pp. 7-8.
[577] Critère 1.5 de conformité à la Recommandation 1.
[578] Recommandation 1.
[579] Recommandation 1.
[580] Il est ajouté que la décision doit être prise « dans des circonstances strictement limitées et justifiées et s'applique à un type particulier d'institution (s) ou d'activité (s) financière (s) ou d'entreprise (s) ou de profession (s) non financière (s) désignée (s) » (critère 1.6/a de conformité).
[581] Cela implique, « notamment », d'imposer aux institutions financières et EPNFD de prendre des mesures renforcées pour gérer et atténuer les risques ; ou de leur imposer de s'assurer que ces informations soient intégrées dans leurs évaluations des risques (critère 1.7 de conformité).
[582] Il s'agit de mesures simplifiées « pour certaines Recommandations du GAFI obligeant les institutions financières ou les entreprises et professions non financières désignées à prendre certaines mesures » (critère 1.8 de conformité).

pays. En dernier lieu, les autorités de contrôle et organismes d'autorégulation devraient être obligés de s'assurer que les institutions financières et EPNFD mettent en œuvre leurs obligations afférentes à la Recommandation 1[583].

Paragraphe 2. L'approche spécifique : l'obligation d'évaluation et d'atténuation des risques à charge des assujettis.

139. ***Les modalités de mise en œuvre de l'approche basée sur les risques par les institutions financières et EPNFD précisées***. Il y a lieu à présent d'analyser les implications d'une évaluation des risques par les institutions financières et EPNFD (A) ainsi que les mesures d'atténuation des risques à charge de ces dernières (B).

A. Les implications d'une évaluation des risques par les institutions financières et EPNFD.

140. Critères de conformité dans l'évaluation des risques par les assujettis. Il appartient aux États de veiller à ce que les institutions financières et EPNFD soient obligées à prendre des mesures adéquates pour identifier et évaluer, puis atténuer leurs risques de blanchiment de capitaux[584]. Plus spécifiquement, les assujettis devraient être obligés de documenter leurs évaluations des risques ; d'envisager tous les facteurs de risques pertinents avant de déterminer le niveau de risque global et les mesures appropriées à appliquer pour atténuer ces risques ; de tenir à jour ces évaluations et de disposer de mécanismes appropriés pour communiquer aux autorités compétentes et aux organismes d'autorégulation des informations sur leur évaluation des risques. Concrètement, cela implique pour chaque entité de réaliser une cartographie des risques qui mettra en exergue, au-delà des risques déjà identifiés par le GAFI ou par la réglementation, ceux spécifiques à chaque organisme et non recensés par les textes[585]. Cette cartographie doit être réalisée en tenant compte des multiples paramètres identifiés par le GAFI et régulièrement mise à jour, pour prendre en compte l'ensemble des événements ayant pu affecter les critères d'évaluation tels que la création de nouveaux produits[586]. Elle sera, pour un assujetti, au fondement de l'instauration d'un dispositif de vigilance efficace[587],

---

[583] Il est précisé, à ce propos, que les obligations contenues dans ce critère doivent être évaluées en tenant compte des conclusions relatives aux Recommandations 26 et 28 (critère 1.9 de conformité, note 7).

[584] Recommandation 1 ; la Méthodologie d'évaluation révisée précise qu'il peut s'agir de risques liés aux clients, pays ou zones géographiques ; ou encore, aux produits, services, opérations et canaux de distribution (critère 1.10).

[585] A. BELAYACHI et M. BUREAU, *Lutter efficacement contre le blanchiment de capitaux*, éd. L'Argus de l'assurance, coll. Les essentiels, 2013, p. 40-41.

[586] *Ibid.*

[587] *Ibid.*

proportionné[588] et globalement, du niveau de protection du professionnel qui a donc tout intérêt à prêter une attention particulière à son élaboration et à sa mise en application[589].

141. Les modalités de l'évaluation laissées à l'appréciation des États : des mérites d'une combinaison des approches objective et subjective. L'extrême importance de cette première étape qu'est l'évaluation des risques impose un choix rigoureux quant à ses protagonistes. Ces derniers devraient être en mesure de définir les critères d'évaluation devant ensuite permettre d'apprécier les risques encourus. Les États ont pour cela le choix d'opter pour une approche dite « subjective »[590] consistant à laisser entièrement cette responsabilité aux assujettis, à la condition, logiquement, que ces derniers aient la maturité[591] et l'expertise nécessaires pour assumer cette délicate responsabilité. Ou alors, les pays peuvent confier à une autorité législative ou réglementaire la responsabilité d'identifier les situations présentant, objectivement, un risque faible ou élevé de blanchiment ainsi que les mesures de vigilance correspondantes[592]. Cette dernière option ayant cependant pour limite l'impossibilité - ou tout au moins, la difficulté - de prendre en compte les spécificités des différents corps de métier ; ce qui irait à l'encontre de l'esprit même de l'approche par les risques.

---

588 Procédant « indéniablement de l'approche par les risques », la cartographie permet, au-delà d'une compréhension et d'une évaluation adéquate des risques, de prendre des mesures adaptées et proportionnées afin de les maîtriser efficacement (M. SEGONDS, « Compliance, proportionnalité et sanction », *in* M.-A. FRISON ROCHE (dir), *Les buts monumentaux de la compliance*, Dalloz, coll. Régulations & Compliance, Journal of Regulation & Compliance, 2022, p. 231). Dans cette perspective, la proportionnalité est un facteur clé d'efficacité du dispositif.

589 F. KEREBEL et D. DEDIEU, *op. cit.*, par. 41. Les auteurs qui, par ailleurs, présentent la cartographie des risques comme étant la « clé de voûte de la procédure interne » (*ibid.*, par. 38), définissent, en définitive, les qualités requises de toute cartographie des risques. Il en ressort qu'elle est avant tout, un exercice individuel, étant donné « la nécessité absolue, pour chaque professionnel assujetti, de créer sa cartographie personnelle, pleinement adaptée à ses propres activités, afin de dégager ses risques spécifiques et de pouvoir y adapter ses mesures internes » (*ibid.*, par. 45). Ensuite, un exercice exhaustif, puisqu'elle suppose la collecte d'informations pertinentes et complètes ***le concernant*** (telles que celles relatives à la connaissance de ses clients, ses expériences, ses contacts, ses interlocuteurs, ses opérations, ses implantations géographiques, la qualité et les compétences de ses membres, les produits avec lesquels il exerce régulièrement son activité, etc.) ; mais ***concernant aussi le blanchiment de capitaux*** (méthodes, pratiques, typologies, par exemple). Enfin, la cartographie des risques est un exercice permanent, car opérant une classification évolutive, d'où la nécessité des mises à jour. Le professionnel doit assurer une « parfaite traçabilité de ces mises à jour régulières par la formalisation a priori du dispositif de contrôle interne et, *a posteriori* des vérifications, comptes rendus, constats, corrections, améliorations, ajouts et modifications effectués » (*ibid.*, par. 54).

590 J.-B. POULLE et S. AUBERT, « Lutte contre le blanchiment : l'esprit de l'approche par les risques est-il menacé ? », *Revue Droit bancaire et financier*, n°1, janvier 2014, étude 5, par. 13.

591 *Ibid.* pp. 3-4.

592 *Cf.* F. KEREBEL et D. DEDIEU, « Procédure interne de lutte anti-blanchiment et cartographie des risques : Méthodes d'élaboration », *JCP E*, n°43, 28 octobre 2010, par. 34.

L'idéal paraît alors d'identifier les situations à risque faible ou élevé, génératrices d'obligations de vigilance simplifiées ou renforcées, tout en laissant une marge de manœuvre aux assujettis[593]. Cette combinaison de méthodes apparaît comme étant le juste milieu permettant d'éviter une trop grande rigidité réglementaire ou à l'opposé, une responsabilisation excessive des assujettis. Toutefois, l'appréciation subjective des mesures de vigilance simplifiées, en particulier, est une option à manier avec prudence et en l'occurrence, sous réserve que l'État concerné soit parvenu à asseoir une culture de conformité, à atteindre un niveau satisfaisant de sensibilisation des assujettis[594].

B. Les obligations liées aux mesures d'atténuation des risques par les assujettis.

142. Critères de conformité dans l'atténuation des risques de blanchiment de capitaux identifiés. Les États doivent veiller à ce que les assujettis disposent de politiques, contrôles et procédures approuvés par la haute direction, aux fins d'une gestion ou d'une atténuation des risques identifiés (soit par le pays, soit par les assujettis) ; surveiller la mise en œuvre de ces contrôles et les renforcer à chaque fois que nécessaire. Lorsque des risques plus élevés sont identifiés, les institutions financières devraient avoir l'obligation de prendre des mesures renforcées pour gérer et atténuer ces risques. Les mesures simplifiées ne devraient être autorisées que si des risques plus faibles ont été identifiés[595] et devraient être dans tous les cas exclues en cas de suspicion de blanchiment de capitaux.

Les « trois lignes de défense »[596] du Comité de Bâle apportent à ce niveau d'intéressantes précisions qui trouvent matière à s'appliquer au-delà du secteur bancaire. Les critères de conformité pour une atténuation optimale des risques de blanchiment de capitaux impliquent que les politiques et procédures soient clairement énoncées par écrit et diffusées à l'ensemble du personnel de l'entité concernée[597]. En outre, le Responsable de la LBC/FT (devant alors être désigné) doit être chargé de surveiller en continu l'exécution des obligations en matière de LBC/FT, ce qui n'empêche pas d'appliquer un audit interne

---

593 J.-B. POULLE et S. AUBERT, *op. cit.*, par. 14.

594 À ce propos, voir *infra*, par. 294.

595 Cette possibilité n'est ouverte que si l'institution financière ou l'EPNFD met en œuvre l'approche fondée sur les risques conformément à la Recommandation 1 (critère 1. 12 de conformité).

596 Comité de Bâle sur le contrôle bancaire, *Saine gestion des risques de blanchiment de capitaux et de financement du terrorisme*, *op. cit.*, p. 5.

597 Dans le secteur de l'assurance, l'importance pour les entreprises d'assurance et intermédiaires assujettis de « définir des procédures écrites afin de maîtriser le risque de blanchiment de capitaux et de financement du terrorisme selon des modalités adaptées à leur organisation et qui tiennent compte le cas échéant, de leur adaptation à un groupe d'assurance » a été relevée (A. BELAYACHI et M. BUREAU, *op. cit.*, pp. 39-40).

« procédant à des évaluations indépendantes de la gestion des risques et des contrôles »[598]. Exercé par des personnes qualifiées et de manière appropriée, le contrôle externe permet de confirmer (ou d'infirmer) l'efficacité des politiques et procédures de lutte contre le blanchiment de capitaux.

143. Les facteurs à prendre en compte pour l'application et l'évaluation de l'approche fondée sur les risques (par les pays et les assujettis). Dans leur manière d'appliquer l'approche fondée sur les risques dans un secteur déterminé, les États sont appelés à tenir compte du fait notamment que « les responsabilités qu'elle impose aux institutions financières et aux entreprises et professions non financières désignées conviennent davantage aux secteurs qui jouissent d'une capacité et d'une expérience plus grandes en ce domaine »[599]. Si la gestion du risque est en effet traditionnelle dans le secteur bancaire et financier, elle est en revanche, un véritable *challenge* pour les EPNFD (qui pour autant, ne sont pas exonérés par le GAFI[600]). L'appel était donc implicitement lancé aux pays d'accompagner les professionnels les moins expérimentés en la matière et de gérer adéquatement la phase transitoire qu'imposait cette nouvelle donne pour beaucoup d'acteurs des secteurs public et privé.

Des indications apportées quant à l'évaluation de la conformité à la Recommandation 1, il ressort que les évaluateurs doivent avoir une vision globale de l'évaluation des risques et des mesures visant à atténuer les risques définies par les pays, institutions financières et EPNFD, sans être tenus de procéder à un examen approfondi desdites évaluations. En effet, sont davantage appréciées la méthode d'évaluation des risques ainsi que la cohérence des conclusions auxquelles elle a mené avec le contexte et les données que le contenu des évaluations[601]. Cela requiert des pays un choix rigoureux des équipes d'évaluation, sur la base d'un haut niveau d'éthique, de compétence et de professionnalisme. Ces dernières devraient être dotées des moyens de leurs ambitions, car l'atteinte des objectifs d'efficacité dans la lutte contre le blanchiment de capitaux va en grande partie reposer sur la fiabilité des rapports d'évaluation.

---

[598] Comité de Bâle sur le contrôle bancaire, *op. cit.*, p. 5. La classification des risques va donc relever des fonctions du contrôle interne (A. BELAYACHI et M. BUREAU, *op. cit.*, pp. 40-41).

[599] Note interprétative de la Recommandation 1.

[600] Il est en effet précisé par la suite que les institutions financières et EPNFD « ne devraient toutefois pas être exonérées de l'obligation d'appliquer des mesures renforcées lorsqu'elles identifient des situations présentant un risque plus élevé » et qu'en adoptant une approche fondée sur les risques, les autorités compétentes, les institutions financières et les EPNFD « devraient être capables de s'assurer que les mesures visant à prévenir ou à atténuer le blanchiment de capitaux et le financement du terrorisme sont adaptées aux risques identifiés et leur permettent d'allouer leurs ressources de la manière la plus efficace possible » (Note interprétative de la Recommandation 1).

[601] Une telle exigence peut s'expliquer au regard du fait que l'application d'une bonne méthode d'évaluation devrait en principe conduire à des résultats fiables.

144. Aussi nécessaire que contraignante : des inévitables défis imposés par une application convenable de l'approche par les risques. D'aucuns n'ont pas tari d'éloges à l'égard de l'approche par les risques[602], aux multiples avantages qui sont maintenant bien connus. Mais l'analyse de ses implications et modalités a pu en révéler une relative complexité, étant donné les défis qu'elle impose aux assujettis - et notamment aux EPNFD - non familiers aux obligations de *compliance* ni à l'infraction de blanchiment. D'ailleurs, cette dernière fait encore l'objet de multiples questionnements, même pour ceux qui sont censés en maîtriser les contours ; que dire alors des profanes qui ne sont appelés à s'y intéresser en principe que par obligation ?

C'est donc au prix de considérables efforts pour la plupart des pays que cette approche pourra porter ses fruits. Elle nécessite que les États acceptent, voire soient en mesure de consentir les ressources nécessaires pour satisfaire à leurs obligations de mise en œuvre de l'approche par les risques au plan national et à l'égard des assujettis. Sur ce dernier point, leur accompagnement requiert énormément de formations et d'actions de sensibilisation des différents corps de métier sur l'infraction de blanchiment ainsi que leurs obligations de prévention (y compris l'obligation de mise en œuvre d'une approche par les risques). Les autorités de réglementation sectorielles devraient également à l'instar du GAFI[603] jouer leur partition, par la publication de lignes directrices permettant une appropriation ciblée des obligations liées à l'approche par les risques. Tout cela, sans oublier le nerf de la guerre, puisqu'il faut des ressources notamment financières (surtout pour les structures plus ou moins modestes) pour mettre sur pied un tel dispositif. L'on peut *songer* à des subventions étatiques pour appuyer - et superviser en conséquence - notamment les EPNFD selon des critères laissés à la discrétion des États… Si l'on raisonne à l'échelle mondiale, il faudra donc

---

[602] L'approche par les risques a été perçue comme étant « l'unique solution qui permet une lutte efficace », au regard notamment du fait que toutes les ressources doivent être allouées à la lutte contre le blanchiment proportionnellement au risque auquel la banque fait face (S. ANCIBERRO, « La lutte internationale contre le blanchiment et le financement du terrorisme : le point de vue des banques européennes », *in* G. BRAYER, *La lutte internationale contre le blanchiment de capitaux et le financement du terrorisme*, Centre français de droit comparé : Colloque du 1er décembre 2006, Société de législation comparée, vol. 9, p. 132).

[603] Le GAFI a examiné avec le secteur privé la question de l'approche par les risques ; il a à ce titre constitué plusieurs groupes consultatifs électroniques sur l'approche fondée sur les risques afin de faciliter le dialogue entre les parties concernées. Le premier groupe consultatif électronique, composé à la fois de participants des secteurs public et privé, a été mis en place en 2006 ; voir à ce propos : https://www.fatf-gafi.org/fr/documents/approchefondeesurlesrisques/?hf=10&b=0&s=desc(fatf_releasedate). Depuis 2007, plusieurs lignes directrices et Rapports de diverses consultations publiques ont été publiés par le GAFI à destination de secteurs spécifiques tels que les professions du droit, comptables, prestataires de services aux entreprises et *trusts* (2008 et 2019) ; les acteurs de la Sécurité, et notamment celle financière (2018) ; les assurances (2018) ; les services de transfert de valeurs et de fonds (2016) ; les autorités de supervision du secteur financier et réglementaires (2015) ; les transactions virtuelles (2015) ; le secteur bancaire (2015) ; cartes prépayées, paiements via les mobiles et Internet (2013) ; les professions du Droit (2019 et 2008) ; les casinos (2008) ; les métaux et pierres précieuses (2008) ; les comptables (2008) ; le secteur financier (2007).

s'armer de patience avant d'arriver à un niveau de conformité ne serait-ce que satisfaisant dans la mise en œuvre de l'approche par les risques, notamment dans le secteur non financier. En attendant, il reste aux pays de travailler sur un ancrage des réflexes de lutte dans les pratiques quotidiennes, bénéfique bien au-delà de la gestion des risques de blanchiment.

Sous-section 2. L'incitation des pays à la coopération et la coordination nationales.

145. ***Des intérêts d'un engagement effectif des autorités compétentes[604] pour la coopération et la coordination nationales.*** La coopération et la coordination nationales dans la mise en œuvre de l'approche par les risques nécessitent l'implication des gouvernants et autorités compétentes, puisqu'il est de leur responsabilité de définir des politiques de LBC/FT adaptées aux risques identifiés (Paragraphe 1) ; mais aussi, elle détermine l'efficacité des autorités en charge de la LBC/FT (Paragraphe 2).

Paragraphe 1. La nécessaire implication des autorités compétentes pour des politiques de LBC/FT adaptées aux risques identifiés.

146. Critères de conformité tenant à la prise en compte des risques évalués dans l'élaboration des politiques de LBC/FT. L'un des principaux enjeux d'une bonne évaluation des risques (conformément à la Recommandation 1) est de permettre l'application de mesures correctrices ciblées. À cette fin, la Recommandation 2 du GAFI invite les pays à disposer de politiques nationales de LBC/FT prenant en compte les risques identifiés, lesquelles doivent être régulièrement réexaminées. L'autorité responsable des politiques nationales de LBC/FT en question doit être clairement désignée[605]. Concrètement, cela requiert l'élaboration des lois, programmes et plans d'action de lutte conformément aux risques de blanchiment de capitaux identifiés. Il faut toutefois relever que cet objectif est indissociable de la mission globale des gouvernants consistant à créer, d'une manière générale, les conditions d'un système efficace de lutte anti-blanchiment (et donc, de mise en œuvre d'une approche par les risques).

---

[604] Dans le Glossaire des Recommandations du GAFI, l'expression « autorités compétentes » renvoie à toutes les autorités publiques désignées comme responsables de la LBC/FT. Sont incluses en particulier : les CRF ; les autorités en charge des enquêtes et/ou des poursuites du blanchiment de capitaux, des infractions sous-jacentes associées et du financement du terrorisme et de la saisie ou du gel et de la confiscation des avoirs criminels ; les autorités chargées de recevoir les déclarations/communications sur le transport transfrontalier d'espèces et d'instruments négociables au porteur ; et les autorités investies de responsabilités de contrôle ou de surveillance en matière de LBC/FT visant à assurer le respect par les institutions financières et les entreprises et professions non financières désignées de leurs obligations de LBC/FT. Cependant, les organismes d'autorégulation ne sont pas considérés comme des autorités compétentes.

[605] Plus spécifiquement, le critère 2.2 de conformité prévoit que les pays « devraient désigner une autorité ou disposer d'un mécanisme de coordination ou de tout autre mécanisme responsable des politiques nationales de LBC/FT ».

147. Un engagement politique souverain dans l'anti-blanchiment : la condition *sine qua non* pour remplir les critères de conformité. Aussi orientées soient-elles, les politiques de lutte contre blanchiment de capitaux ne peuvent être couronnées de succès que si les conditions nécessaires à une bonne mise en œuvre des obligations de lutte sont réunies. Il appartient ainsi aux gouvernants et autres entités compétentes pour l'élaboration de ces politiques, de créer les institutions publiques requises et dotées des pouvoirs nécessaires ; de veiller à ce que leur système anti-blanchiment soit fondé sur une approche par les risques (tout en admettant que l'approche par les risques ne suffit pas pour éradiquer tous les facteurs de risques[606]) ; de se doter des mécanismes permettant une coopération nationale et internationale la plus large requise et de mener les actions de formation et de sensibilisation des secteurs public et privé pertinentes[607]. C'est dire que la mise en place, puis le réexamen régulier des politiques nationales de LBC/FT tenant compte des évaluations de risques nécessitent un réel engagement politique pour la cause. Ainsi, seuls les pays ayant un bon niveau d'implication dans la lutte anti-blanchiment seront en mesure d'atteindre les objectifs de conformité et d'efficacité attenants à cette Recommandation, dont la portée transcende, dès lors, la seule question de la prise en compte des risques. Le dernier mot revient en définitive aux États, qui restent souverains dans la définition de l'orientation normative de leurs politiques publiques.

Paragraphe 2. Coopération et coordination nationales : le mot d'ordre pour une action efficace des autorités en charge de la LBC/FT.

148. Coopération et coordination : éléments de définition. Selon le *Larousse*, coordonner revient à « ordonner des éléments séparés, combiner des actions, des activités distinctes en vue de constituer un ensemble cohérent ou d'atteindre un résultat déterminé » (le mot est synonyme d'*harmoniser*). Coopérer consiste plutôt à « prendre part, concourir à une œuvre commune ; contribuer » (le mot est synonyme de *collaborer*). La coopération suppose alors que chacun des acteurs prenne part aux efforts de lutte anti-blanchiment ; la coordination voudrait que ces efforts soient le fruit d'une concertation dont l'objectif sera la recherche de cohérence et d'efficacité du dispositif. Mais en pratique, les concepts se matérialisent par des mécanismes similaires tels que l'échange d'informations ou encore, des activités scientifiques (formation, études, etc.) communes.

---

[606] Cette précision est faite par le GAFI (dans son document intitulé *Guidance on the risk-based approach to combating money-laundering and terrorist financing* ; en français : *Lignes directrices sur l'approche fondée sur les risques dans la lutte contre le blanchiment de capitaux et le financement du terrorisme*, 2007, p. 10).

[607] R. BOYLE, « Le Groupe d'action financière », *in* G. BRAYER, *La lutte internationale contre le blanchiment de capitaux et le financement du terrorisme*, Centre français de droit comparé : Colloque du 1er décembre 2006, Société de législation comparée, vol. 9, p. 40.

149. Critères de conformité dans la coopération et coordination nationales. Le GAFI invite à la mise en place de mécanismes permettant aux responsables de l'élaboration des politiques, aux Cellules de renseignement financier (CRF), aux autorités de poursuite pénale, aux autorités de contrôle et autres autorités compétentes concernées de coopérer et le cas échéant, de coordonner leur action au plan national pour l'élaboration et la mise en œuvre des politiques de LBC/FT. De tels mécanismes devraient s'appliquer tant au niveau opérationnel qu'à celui de l'élaboration des politiques. En toute logique, cette responsabilité devrait incomber à l'autorité « multidisciplinaire »[608] désignée responsable des politiques nationales de LBC/FT. Pour atteindre de tels objectifs, les lois et mécanismes des pays devraient être conçus de manière à faciliter la coopération et la coordination entre les autorités compétentes ou tout au moins, ne devraient pas entraver ces efforts de coopération[609]. L'enjeu est d'autant plus important que l'absence de coopération et de coordination au plan national peut nuire aux chances de succès d'une coopération efficace au niveau international.

Section 2. La mise en place d'une chaîne de prévention : les obligations des différents acteurs spécifiées.

150. ***Des obligations au fondement du déploiement d'une véritable chaîne préventive du blanchiment de capitaux.*** Les Recommandations du GAFI en appellent à la vigilance de toutes les parties prenantes de la LBC/FT, qui se doivent d'être en état d'alerte permanent face à un client ou une opération donnée (Sous-section 1). Cette posture - dont les modalités ont été précisées - est en effet capitale pour réduire le risque d'erreur dans l'application des mesures préventives appropriées à sa plus simple expression. L'approche du GAFI s'est aussi faite multisectorielle et multifonctionnelle, afin de distiller les réflexes de conformité jusqu'aux non-habitués de la *compliance* (Sous-section 2). Le résultat espéré, un travail à la chaîne efficace dans l'application de la stratégie préventive.

Sous-section 1. La systématisation des obligations de vigilance à l'égard des personnes et des opérations : les modalités précisées.

151. ***Pour une prévention appropriée : du contenu - et des interrogations autour - des obligations de vigilance et déclaratives.*** Un assujetti aux obligations de LBC/FT se doit d'appliquer des mesures de vigilance adaptées au profil de risque (Paragraphe 1). Les obligations déclaratives, lorsqu'elles ont

---

[608] C. GRIJSEELS, *Les Recommandations Révisées du Groupe d'Action Financière (GAFI) - Normes internationales sur la lutte contre le blanchiment de capitaux, le financement du terrorisme et la prolifération : Les changements majeurs* [en ligne], 2012, p. 12. Disponible sur : http://docplayer.fr/25113094-Les-recommandations-revisees-du-groupe-d-action-financiere-gafi.html.
[609] P. A. SCOTT, *op. cit.*, p. 69.

lieu d'être appliquées, doivent pour leur part tendre vers une détection systématique des infractions de blanchiment tentées ou commises (Paragraphe 2).

Paragraphe 1. L'adaptation des obligations de vigilance au profil de risque.

152. ***Conditions et modalités d'une bonne modulation du niveau de vigilance en fonction du risque.*** Le GAFI a prévu des normes minimales d'identification des clients (aussi dites de vigilance standard) et de conservation des documents (B). Un traitement particulier est réservé aux diverses circonstances pouvant aggraver le risque de blanchiment (C). Mais une application convenable de ces mesures dépend en grande partie d'une bonne organisation interne, laquelle se doit de placer les assujettis dans de bonnes dispositions pour appliquer les mesures préventives (A).

A. Le préalable : une organisation interne plaçant les assujettis dans des conditions favorables au respect de leurs obligations de LBC/FT.

153. Critères de conformité : des programmes de LBC/FT se devant d'être appliqués tant par les sociétés mères que par les filiales et succursales. Les institutions financières doivent mettre en œuvre des programmes de lutte qui prennent en compte les risques de blanchiment de capitaux et de financement du terrorisme ainsi que la dimension de l'activité commerciale, et incluent des politiques, procédures et contrôles internes bien déterminés. Elles devraient ainsi au minimum être dotées de dispositifs de contrôle de conformité (y compris la désignation d'un Responsable de la conformité au niveau de la Direction) ; de procédures garantissant le recrutement des employés selon des critères exigeants ; d'un programme de formation continue des employés et d'une fonction d'audit indépendante pour tester le système. Aux groupes financiers en particulier, sont exigées en plus des mesures précitées, des politiques et procédures de partage des informations requises, la mise à disposition d'informations provenant des succursales et filiales relatives aux comptes et aux opérations lorsque nécessaire[610], et des garanties satisfaisantes en matière de confidentialité et d'utilisation des informations échangées, y compris des garanties pour prévenir la divulgation. D'une manière générale, les groupes financiers doivent mettre en œuvre au niveau du groupe des programmes de lutte contre le blanchiment de capitaux et le financement du

---

610 Plus précisément, « lorsqu'elles sont nécessaires aux fins de la LBC/FT, aux fonctions de conformité, d'audit, et/ou de LBC/FT au niveau du groupe. Ces informations devraient inclure les données et analyses des transactions ou des activités qui apparaissent inhabituelles (si de telles analyses ont été réalisées) ». Il est en outre prévu que lorsque cela est pertinent et approprié pour la gestion des risques, les succursales et filiales devraient également recevoir ces informations de la part des fonctions de conformité du groupe (la portée et l'étendue des informations à partager pouvant être déterminées en fonction de la sensibilité de l'information et de sa pertinence pour la gestion des risques de LBC/FT (critère 18.2-b).

terrorisme qui devraient s'appliquer et être adaptés à toutes leurs filiales et succursales majoritaires.

Vis-à-vis de ces dernières, les institutions financières doivent s'assurer que leurs filiales et succursales majoritaires étrangères appliquent les mesures de lutte contre le blanchiment de capitaux et le financement du terrorisme conformes à celles du pays d'origine, lorsque les obligations de lutte sont moins contraignantes au sein du pays d'accueil[611]. Si le pays d'accueil ne permet pas la mise en œuvre appropriée des mesures de lutte conformes à celle du pays d'origine, les groupes financiers doivent appliquer des mesures supplémentaires appropriées afin de gérer les risques de blanchiment de capitaux et de financement du terrorisme et d'en informer les autorités de contrôle du pays d'origine.

154. Des sociétés mères elles-mêmes irréprochables : l'idéal pour un plein succès de l'approche descendante de la Recommandation 18. La Recommandation 18 met un point d'honneur à ce que les sociétés mères veillent au maintien d'un haut niveau de conformité dans la lutte contre le blanchiment de capitaux et le financement du terrorisme, quel que soit le lieu de situation des filiales et/ou succursales à l'étranger. Ces dernières sont donc appelées à appliquer, s'il le faut, les mesures de lutte définies à l'échelle du groupe qui seraient plus contraignantes que celles prévues par les pays d'accueil. En effet, plutôt que d'entraîner un infléchissement des standards au sein des filiales et succursales, une législation étrangère plus laxiste doit être prise en compte comme un facteur risque par la société mère, conséquemment tenue de l'atténuer. Cette démarche "descendante" consistant à imposer le respect des obligations d'abord au niveau du groupe, puis spécifiquement aux filiales et succursales est tout à fait favorable au renforcement des garanties de conformité. Mais elle va de pair avec des contrôles rigoureux, afin de s'assurer que les politiques et procédures disséminées à si grande échelle répondent aux attentes, celles d'un haut niveau de conformité.

B. Les normes minimales d'identification des clients et de conservation des documents.

155. ***Les obligations de vigilance standard et de conservation des documents : contenu et perspectives d'une mise en œuvre convenable***. Les mesures de vigilance applicables varient selon le type de client concerné (I). La Recommandation 11 du GAFI requiert la conservation de tous les documents obtenus notamment dans le cadre de la mise en œuvre des obligations de vigilance (II).

[611] Et ce, dans la mesure où les lois et règlements du pays d'accueil le permettent (critère 18.3).

I. La variabilité de la norme minimale en fonction du type de client concerné.

156. ***De l'approche explicite du GAFI quant aux modalités d'application des mesures de vigilance.*** À la suite du GAFI, on distinguera ici les mesures de vigilance requises pour tous les clients (a), celles concernant les personnes morales et constructions juridiques (b) ainsi que les bénéficiaires de contrats d'assurance-vie (c). Par ailleurs, des précisions utiles ont été apportées sur les modalités de mise en œuvre de ces obligations de vigilance (d). Dans ce cadre, il a d'ailleurs été précisé l'applicabilité des obligations de vigilance aux clients existants (à la date d'entrée en vigueur des dispositions nationales transposant les Recommandations révisées) selon l'importance des risques qu'ils représentent[612].

a. Les mesures de vigilance requises pour tous les clients.

157. Le message des critères de conformité : connaître son client n'est pas uniquement une question d'identification. Une série d'obligations pèse sur les institutions financières au titre des « Mesures de vigilance requises pour tous les clients »[613]. Elles doivent en effet identifier le client, quel qu'il soit : permanent ou occasionnel, personne physique, morale ou construction juridique. Elles doivent en outre vérifier cette identité au moyen de données d'identification (documents, données ou informations) de sources fiables et indépendantes, y compris notamment les données d'identité numérique[614]. Les obligations d'identification et de vérification s'étendent aux personnes prétendant agir pour le compte du client, dont l'autorisation d'agir/de représenter doit être vérifiée. Elles concernent également les bénéficiaires effectifs, c'est-à-dire « la ou les personnes physiques qui en dernier lieu[615] possèdent ou contrôlent un client et/ ou la personne physique pour le compte de laquelle une opération est effectuée » ; mais encore, « les personnes qui exercent en dernier lieu un contrôle effectif sur une personne morale ou une construction juridique »[616]. En effet, les institutions financières sont tenues d'identifier ce bénéficiaire effectif et de vérifier son

---

[612] Ces obligations doivent être mises en œuvre en temps opportun, compte tenu « de l'existence des mesures de vigilance relative à la clientèle antérieures et du moment où elles ont été mises en œuvre ainsi que de la pertinence des informations obtenues » (critère 10.16).

[613] Voir : *Méthodologie d'évaluation de la conformité technique aux Recommandations du GAFI et de l'efficacité des systèmes de LBC/FT*, *op. cit.*, pp. 46-47.

[614] FATF, *Guidance on digital identity* ; en français : GAFI, *Lignes directrices sur l'identité numérique*, mars 2020, p. 29. Cependant, l'exigence selon laquelle les documents, données ou informations permettant de vérifier l'identité des clients doivent être fiables et indépendants signifie et implique, dans le contexte particulier de l'identification numérique, que le système d'identification numérique utilisé repose sur une technologie, un cadre de gouvernance ainsi que des procédures suffisamment fiables pour permettre de certifier de la production de résultats satisfaisants quant auxdits objectifs d'identification (*ibid.*).

[615] Glossaire général des Recommandations révisées du GAFI.

[616] *Ibid.*

identité à l'aide d'informations ou données pertinentes obtenues d'une source fiable, « de sorte qu'elle sait qui est le bénéficiaire effectif »[617].

Connaître le client implique également pour les assujettis de comprendre et lorsque requis, d'obtenir des informations sur l'objet et la nature de la relation d'affaires[618] et par suite, d'exercer une vigilance constante à l'égard de ladite relation. À ce titre, les assujettis doivent notamment procéder à un examen attentif des opérations effectuées pendant toute la durée de la relation d'affaires[619] et s'assurer que les informations obtenues dans l'exercice du devoir de vigilance restent à jour et pertinentes[620]. La compréhension et le suivi régulier de la relation d'affaires permettront de définir un seuil de "normalité'' et donc, de détecter plus facilement les opérations inhabituelles à suspectes.

b. Les mesures concernant les personnes morales et constructions juridiques.

158. Les critères de conformité : des spécifications de l'objet des mesures de vigilance. À l'égard des personnes morales et constructions juridiques, le *Know your Customer*[621] se décline en une compréhension de la nature de leur activité ainsi que leur structure de propriété de contrôle. Et cela, en application de mesures dont certaines sont communes à toutes les personnes morales et constructions juridiques et d'autres, spécifiques (d'une part, aux personnes morales et d'autre part, aux constructions juridiques). Au titre des mesures communes, l'identification et la vérification de l'identité de la personne morale ou de la construction juridique se font au moyen d'une série d'informations portant sur l'entité en tant que telle[622], les personnes en assurant la direction[623] et la localisation[624]. Les mesures particulières mettent, pour leur part, un point d'honneur à la détermination des bénéficiaires effectifs ou des

[617] Critère 10.5.

[618] La notion ne fait l'objet d'aucune définition dans le glossaire des Recommandations révisées, la latitude étant ainsi laissée aux États de préciser, probablement dans leurs lois anti-blanchiment, ce que l'on entend précisément par « relation d'affaires ». Mais la notion devrait en principe désigner *a minima* la relation professionnelle que les assujettis entretiennent avec les personnes (physiques et morales) et constructions juridiques.

[619] Ce, « afin de s'assurer qu'elles sont cohérentes avec la connaissance qu'elles ont de leurs clients et des activités commerciales et du profil de risque de ces clients, ce qui comprend le cas échéant l'origine des fonds » (critère 10.7/a).

[620] Cela implique « d'examiner les éléments existants, en particulier pour les catégories de clients présentant des risques plus élevés » (critère 10.7/b).

[621] En français : « Connais ton client ».

[622] Il s'agit du nom, de la forme juridique et de l'attestation d'existence (critère 10.9/a).

[623] Selon le critère 10.9/b, il faut identifier et vérifier les pouvoirs qui régissent et lient la personne morale ou la construction juridique ainsi que les noms des personnes pertinentes occupant des fonctions de direction dans la personne morale ou la construction juridique.

[624] En l'occurrence, il faut identifier et vérifier l'adresse du siège social et, si elle est différente, celle de l'un des principaux lieux d'activité (critère 10.9/c).

personnes qui détiennent le cas échéant, en dernier lieu ou sous diverses formes, un contrôle effectif sur la personne morale[625] ou la construction juridique[626].

Une mise en œuvre convenable de ces mesures de vigilance requiert un niveau de transparence suffisant pour permettre une disponibilité des informations sur les personnes morales et constructions juridiques. Sur cet aspect, la Recommandation 10 est à lire conjointement avec les Recommandations 24 et 25, qui invitent justement les pays à s'assurer de l'accessibilité d'informations satisfaisantes, exactes et à jour sur les bénéficiaires effectifs et sur le contrôle des personnes morales[627]. Les États sont alors mis au défi organisationnel d'une collecte de données systématique et dynamique, afin d'empêcher l'utilisation de ces entités et notamment des sociétés-écrans[628] à des fins de blanchiment de capitaux.

159. Le travail en amont requis des pays : assurer la transparence des personnes morales et *trusts* aux fins notamment de faciliter l'identification des bénéficiaires effectifs. Les notes interprétatives des Recommandations 24 et 25 ont considérablement renforcé les obligations en matière de transparence au sujet de la propriété et du pouvoir de contrôle des

---

[625] Pour les clients qui sont des personnes morales, il résulte du critère 10.10 que l'institution financière devrait être obligée d'identifier et de prendre des mesures raisonnables pour vérifier l'identité des bénéficiaires effectifs au moyen des informations suivantes : a) l'identité de la ou des personne(s) physique(s) si elle(s) existe(nt) qui en dernier lieu détient ou détiennent une participation de contrôle dans une personne morale ; et (b) dès lors que, après avoir appliqué (a), il existe des doutes quant au fait de savoir si la ou les personnes ayant une participation de contrôle est le ou sont les bénéficiaire(s) effectif(s), ou dès lors qu'aucune personne physique n'exerce de contrôle au travers d'une participation, l'identité de la ou des personne(s) physique(s), si elle(s) existe(nt), exerçant le contrôle de la personne morale ou de la construction juridique par d'autres moyens et c) (c) lorsqu'aucune personne physique n'est identifiée dans le cadre de la mise en œuvre des points (a) ou (b) ci-dessus, l'identité de la personne physique pertinente qui occupe la position de dirigeant principal.

[626] Pour les clients qui sont des constructions juridiques, l'institution financière devrait être obligée d'identifier les bénéficiaires effectifs et de prendre des mesures raisonnables pour vérifier l'identité de ces personnes au moyen des informations suivantes : (a) pour les *trusts* - l'identité du constituant du *trust*, du ou des *trustees*, du protecteur (le cas échéant), des bénéficiaires ou de la catégorie de bénéficiaires et de toute autre personne physique exerçant en dernier lieu un contrôle effectif sur le *trust* (y compris au travers d'une chaîne de contrôle/propriété) ; (b) pour d'autres types de constructions juridiques - l'identité des personnes occupant des positions équivalentes ou similaires.

[627] Voir Recommandation 24.

[628] Cette préoccupation est de longue date et subsiste. Dans le *Rapport annuel 1995-1996* du GAFI (p. 8), l'Organisme invite à une réflexion sur la prévention de l'utilisation des sociétés-écrans à des fins de blanchiment, au regard du rôle primordial qu'ont toujours joué celles-ci dans les opérations de blanchiment. Plus récemment, la Commission européenne s'est penchée sur la question des « sociétés boîtes aux lettres » désignant aussi les sociétés fictives, dont la création peut être sous-tendue par une volonté de blanchir des fonds : « l'argent illicite peut transiter par une chaîne complexe de comptes ouverts par des sociétés fictives, certaines d'entre elles étant établies à l'étranger » (B. LECOURT, « Les "sociétés boîtes aux lettres" : publication d'une étude par la Commission européenne », *Rev. sociétés* 2022, p. 121).

personnes morales et constructions juridiques[629]. La première norme minimale pour les pays est de disposer de mécanismes qui décrivent les différents types, formes et caractéristiques élémentaires des personnes morales, leurs procédures de création ainsi que les méthodes d'obtention et de conservation des informations élémentaires les concernant (et des informations relatives aux bénéficiaires effectifs). Ils doivent évaluer les risques de blanchiment de capitaux et de financement du terrorisme associés aux différentes catégories de personnes morales créées dans le pays[630].

Il y a également lieu pour les États de s'assurer de détenir des informations exactes et tenues à jour le mieux possible[631] sur les personnes

---

[629] C. GRIJSEELS, *op. cit.*, p. 14. L'auteure précise que le texte des Recommandations 24 (personnes morales) et 25 (constructions juridiques, *trusts*) est presque resté inchangé, mais les obligations en matière de transparence ont été renforcées dans les Notes interprétatives y afférentes, étant acté que « le manque de transparence au sujet de la propriété et du pouvoir de contrôle des personnes morales et des constructions juridiques, les rend excessivement vulnérables à un usage abusif par les criminels et terroristes ».

[630] Critères 24.1 et 24.2.

[631] Critères 24.5 (pour les personnes morales), 24.7 (pour les bénéficiaires effectifs des personnes morales) et 25.2 (pour les *trusts* et autres constructions juridiques).

morales[632], *trusts* et autres constructions juridiques[633] ; mais également, sur leurs bénéficiaires effectifs[634]. Ces informations doivent être communiquées à qui de droit pour les besoins de transparence dans la lutte contre le blanchiment de capitaux et le financement du terrorisme[635] et en particulier, aux autorités de

---

[632] Les critères 24.3 et 24.4 spécifient les « informations élémentaires » requises des pays en ce qui concerne les personnes morales. En premier lieu, ils doivent exiger que toutes les sociétés créées dans un pays soient inscrites dans un registre des sociétés, en consignant la dénomination sociale, la preuve de leur constitution en société, leur forme juridique et leur état, l'adresse de leur siège, les éléments principaux régissant leur fonctionnement et la liste des membres du conseil d'administration. Ces informations devraient être mises à la disposition du public (critère 23.3). Les sociétés devraient, en second lieu, être tenues de conserver les informations établies au point 24.3, et de tenir un registre de leurs actionnaires ou de leurs membres, contenant le nom des actionnaires et des membres et le nombre d'actions détenues par chaque actionnaire ainsi que la catégorie d'actions - y compris la nature des droits de vote qui leur sont associés. Ces informations doivent être conservées dans le pays à un endroit notifié au registre des sociétés (critère 24.4).

[633] Les pays doivent obliger : (a) les *trustees* de tout *trust* exprès régi par leur droit d'obtenir et de détenir des informations satisfaisantes, exactes et à jour sur l'identité du constituant, du ou des *trustees*, du protecteur (le cas échéant), des bénéficiaires ou de la catégorie de bénéficiaires et de toute autre personne physique exerçant en dernier lieu un contrôle effectif sur le *trust* ; (b) les *trustees* de tout *trust* régi par leur droit de détenir les informations élémentaires sur les autres agents réglementés et prestataires de services du *trust*, y compris les conseillers en investissement ou gestionnaires d'investissement, les comptables et les conseillers fiscaux ; et (c) les *trustees* professionnels à conserver ces informations pendant une durée d'au moins cinq ans après la cessation de leur implication dans le *trust* (critère 25.1). Il est cependant précisé que les mesures requises par la Recommandation 25 sont établies en faisant spécifiquement référence aux *trusts* et doivent être interprétées comme renvoyant aux *trusts* exprès (définis dans le glossaire). Concernant les autres types de construction juridique présentant une structure ou une fonction similaire, les pays devraient prendre des mesures similaires à celles imposées aux *trusts*, en vue de garantir des niveaux de transparence similaires. Au minimum, les pays devraient s'assurer que des informations similaires à celles spécifiées au regard des *trusts* sont conservées, exactes et à jour, et que ces informations sont accessibles en temps opportun aux autorités compétentes. Lorsqu'ils considèrent les exemples figurant dans la définition de Construction juridique du glossaire, les évaluateurs doivent se rappeler qu'il ne s'agit pas d'une liste exhaustive. Les évaluateurs doivent se reporter aux définitions de *trust* et *trustee* entendues au sens et conformément à l'article 2 de la Convention de La Haye relative à la loi applicable au *trust* et à sa reconnaissance pour déterminer si une construction juridique a une structure ou une fonction similaire à celle d'un *trust* exprès, relevant ainsi du champ d'application de la R. 25, indépendamment du fait que le pays dénomme la construction juridique en utilisant la même terminologie. Dans le cas où un pays n'appliquerait pas les obligations de la R. 25 applicables aux *trustees* (ou à ceux qui remplissent une fonction similaire dans d'autres constructions juridiques), les évaluateurs devraient confirmer si ces exemptions sont conformes au critère 1.6 » (Voir *Méthodologie d'évaluation*, note 57 - sous Recommandation 25).

[634] Pour ce qui est des *trusts*, voir note précédente. Concernant les personnes morales, voir critère 24.6.

[635] Concernant les *trusts*, tous les pays doivent prendre des mesures pour s'assurer que les *trustees* déclarent leur statut aux institutions financières et aux entreprises et professions non financières désignées lorsqu'ils établissent une relation d'affaires ou exécutent une opération occasionnelle d'un montant supérieur au seuil (critère 25.3). Les *trustees* ne devraient pas être empêchés par la loi ou par un moyen contraignant de fournir aux autorités compétentes toute information sur le *trust* ou de fournir aux institutions financières et aux entreprises et professions non financières désignées, sur demande, des informations sur les bénéficiaires effectifs et les avoirs du *trust* détenus ou gérés dans le cadre de la relation d'affaires (critère 25.4).

poursuite et autres autorités compétentes[636]. Conformément aux Recommandations 37 et 40, les pays doivent aussi faciliter l'accès auxdites informations et de manière rapide, à des fins de coopération internationale[637]. Certaines mesures spéciales concernent par ailleurs les pays disposant de personnes morales qui sont en mesure d'émettre des actions au porteur (ou bons de souscription d'action au porteur) ; mais aussi, les mesures à l'égard des personnes morales pouvant émettre des actions inscrites au nom de prête-noms

---

[636] **S'agissant des personnes morales**, les pays devraient s'assurer que les sociétés coopèrent dans toute la mesure du possible avec les autorités compétentes pour identifier les bénéficiaires effectifs. Cela devrait inclure : (a) exiger qu'une ou plusieurs personnes physiques résidant dans le pays soient autorisées par la société à communiquer toutes les informations élémentaires et les informations disponibles sur les bénéficiaires effectifs et à fournir toute autre forme d'assistance aux autorités compétentes, et en soient responsables vis-à-vis de ces autorités ; et/ou (b) exiger qu'une entreprise ou profession non financière désignée dans le pays soit autorisée par la société à communiquer toutes les informations élémentaires et les informations disponibles sur les bénéficiaires effectifs et à fournir davantage d'assistance aux autorités, et en soit responsable vis-à-vis de ces autorités ; et/ou (c) prendre d'autres mesures comparables spécifiquement identifiées par les pays (critère 24.8). Toutes les personnes, autorités et entités mentionnées ci-dessus, et la société elle-même (ou ses dirigeants, liquidateurs ou autres personnes impliquées dans la dissolution de la société), devraient conserver les informations et pièces mentionnées pendant au moins cinq ans après la date à laquelle la société est dissoute ou cesse d'exister, ou pendant au moins cinq ans après la date à laquelle la société cesse d'être cliente de l'intermédiaire professionnel ou de l'institution financière (critère 24.9). En outre, les autorités compétentes, et en particulier les autorités de poursuite pénale, devraient disposer de tous les pouvoirs nécessaires pour avoir accès en temps opportun aux informations élémentaires et sur les bénéficiaires effectifs détenues par les parties concernées (critère 24.10). **S'agissant des *trusts***, les autorités compétentes et, en particulier, les autorités de poursuite pénale doivent avoir tous les pouvoirs nécessaires pour accéder en temps opportun aux informations détenues par les *trustees* et les autres parties, en particulier les informations détenues par des institutions financières et des entreprises ou professions non financières désignées, sur (a) les bénéficiaires effectifs, (b) la résidence du *trustee* et (c) tout actif détenu ou géré par l'institution financière ou l'entreprise ou profession non financière désignée en lien avec tout *trustee* avec lequel elles sont en relation d'affaires ou pour lequel elles exécutent une coopération occasionnelle (critère 25.5).

[637] **Relativement aux personnes morales**, les pays devraient, de manière rapide, fournir une coopération internationale concernant les informations élémentaires et sur les bénéficiaires effectifs conformément aux Recommandations 37 et 40. Cette coopération devrait notamment impliquer : (a) de faciliter l'accès par les autorités compétentes étrangères aux informations élémentaires des registres de sociétés ; (b) d'échanger des informations sur les actionnaires ; et (c) d'utiliser les pouvoirs d'enquête de leurs autorités compétentes, conformément à leurs lois nationales, pour obtenir des informations sur les bénéficiaires effectifs pour le compte d'homologues étrangers (critère 24.14). Les pays devraient contrôler la qualité de l'assistance qu'ils reçoivent d'autres pays en réponse à des demandes d'informations élémentaires et d'informations sur les bénéficiaires effectifs ou à des demandes d'assistance pour localiser des bénéficiaires effectifs résidant à l'étranger (critère 24.15). **Relativement aux *trusts***, les mesures de coopération internationale concernant les informations sur les *trusts* at autres constructions juridiques, y compris sur les bénéficiaires effectifs, conformément aux Recommandations 37 et 40, devraient notamment impliquer : (a) de faciliter l'accès par les autorités compétentes étrangères aux informations élémentaires conservées dans les registres ou détenues par d'autres autorités nationales ; (b) d'échanger des informations disponibles au niveau national sur les *trusts* ou autres constructions juridiques ; et (c) d'utiliser, dans le respect du droit interne, les pouvoirs d'enquête dont disposent leurs autorités compétentes pour obtenir les informations sur les bénéficiaires effectifs pour le compte d'homologues étrangers (critère 25.6).

ou avoir des administrateurs agissant pour le compte d'une autre personne (« *nominee shareholders* » et « *nominee directors* »)[638]. L'objectif de ces mesures spécifiques reste de promouvoir la transparence en vue d'empêcher l'instrumentalisation à des fins notamment de blanchiment de capitaux. Les personnes morales, *trusts* et autres constructions juridiques qui manqueraient à leurs obligations ainsi identifiées, doivent faire l'objet de sanctions efficaces, proportionnées et dissuasives[639].

---

[638] **Les pays qui disposent de personnes morales étant en mesure d'émettre des actions au porteur ou bons de souscription d'actions au porteur** doivent appliquer un ou plusieurs des mécanismes suivants afin d'assurer qu'ils ne font pas l'objet d'une utilisation abusive à des fins de blanchiment de capitaux ou financement du terrorisme : (a) interdire les actions et bons de souscription d'actions au porteur ; ou (b) convertir les actions et bons de souscription d'actions au porteur en actions nominatives ou bons de souscription d'actions (par dématérialisation, par exemple) ; ou (c) immobiliser les actions et bons de souscription d'actions au porteur en exigeant qu'ils soient détenus auprès d'une institution financière ou d'un intermédiaire professionnel réglementé ; ou (d) imposer aux actionnaires détenant une participation de contrôle de le notifier à la société, et à la société d'enregistrer leur identité ; ou (e) utiliser d'autres mécanismes identifiés par le pays (critère 24.11**). Les pays qui disposent de personnes morales en mesure d'émettre des actions inscrites au nom de prête-noms ou d'avoir des administrateurs agissant pour le compte d'une autre personne (« nominee shareholders » et « nominee directors »)** devraient appliquer un ou plusieurs des mécanismes suivants pour s'assurer qu'elles ne font pas l'objet d'une utilisation abusive :
(a) obliger les actionnaires ou administrateurs agissant pour le compte d'une autre personne à divulguer à la société et à tout registre compétent l'identité de la personne les ayant désignés, et à inclure ces informations dans le registre pertinent ; (b) obliger les actionnaires ou administrateurs agissant pour le compte d'une autre personne à être dûment autorisés, imposer que leur statut de mandataires soit consigné dans les registres des sociétés et les obliger à conserver les informations identifiant la personne les ayant désignés et à mettre à la disposition des autorités compétentes de telles informations sur demande ; ou (c) utiliser d'autres mécanismes identifiés par le pays (critère 24.12).

[639] Voir critère 24.13 **en ce qui concerne les personnes morales** ; au préalable étaient posées les obligations au titre des « autres exigences » à remplir (sur la mise à disposition des informations aux autorités compétentes, sur les mesures à respecter pour les personnes morales en mesure d'émettre des actions au porteur ou bons de souscription d'actions au porteur, sur les personnes morales en mesure d'émettre des actions inscrites au nom de prête-noms ou d'avoir des administrateurs agissant pour le compte d'une autre personne). **Au sujet des constructions juridiques et *trusts***, les pays devraient s'assurer que les *trustees* sont : (a) juridiquement responsables de tout manquement à leurs obligations ; soit (b) que des sanctions proportionnées et dissuasives, qu'elles soient pénales, civiles ou administratives, sont applicables en cas de non-respect de leurs obligations (critère 25.7 ; et ce, sans préjudice de l'obligation de disposer de sanctions en cas de non-respect des autres obligations prévues ailleurs dans les Recommandations). Les pays doivent aussi s'assurer que des sanctions proportionnées et dissuasives, qu'elles soient pénales, civiles ou administratives, soient applicables en cas de non-respect de l'obligation de mettre à la disposition des autorités compétentes, en temps opportun, les informations d'identification minimale visées au critère 25.1.

Le défi pour les États sera d'éviter les revers du « tout transparent »[640], qui se prête volontiers aux violations de la vie privée. Tel fut le cas en France pour la création d'un registre public des *trusts*[641] - et dans la même foulée, d'un Registre des bénéficiaires effectifs - dans des conditions de nature à créer « un manque de prévisibilité juridique dans les modalités d'accès aux données relatives à la vie privée des parties aux *trusts* »[642]. Des initiatives de la sorte ne peuvent effectivement être tolérées qu'à la condition d'une égale transparence quant aux modalités de protection des libertés constitutionnelles. Celle-ci induit un encadrement précis des conditions d'accès à de telles informations (personnes autorisées, procédure à suivre, etc.), et sous réserve d'une utilisation des informations uniquement aux fins pour lesquelles elles sont requises, sous peine de sanctions explicitées.

c. Le devoir de vigilance à l'égard des bénéficiaires de contrats d'assurance-vie.

160. Critères de conformité : des exigences de vérification. Outre la mise en œuvre des mesures de vigilance vis-à-vis du client et du bénéficiaire effectif, les institutions financières doivent s'atteler à l'identification[643] des bénéficiaires de contrats d'assurance-vie et d'autres produits d'investissement en lien avec une assurance. Cette vérification de l'identité doit s'opérer au moment du versement des prestations. Le bénéficiaire d'un contrat d'assurance-vie doit être pris en compte comme un facteur de risque pertinent au moment de la détermination de l'application de mesures de vigilance renforcées. Si le bénéficiaire personne morale ou construction juridique en particulier présente un risque plus élevé, les mesures de vigilance renforcées doivent inclure l'identification et la vérification de l'identité du bénéficiaire effectif du bénéficiaire au moment du versement des prestations. En définitive, les assujettis sont appelés à identifier non seulement, le client d'une assurance-vie, mais

---

[640] *Cf.* G. DESGENS-PASANAU, « La lutte contre le blanchiment d'argent et le financement du terrorisme : quels enjeux pour la vie privée de la clientèle bancaire ? », *Gaz. Pal.*, 7 févr. 2004, n°038, p. 2. L'auteur de cet article met en garde contre les dérives du « tout transparent » (mais en matière bancaire), au regard de l'exigence du respect des normes de confidentialité par les organismes financiers.

[641] À titre informatif, on précisera que les registres des *trusts* et des fiducies sont détenus, en France, par la direction générale des finances publiques (B. FRANCOIS, « Fiducie », *Rép. soc.*, septembre 2011, mise à jour : mai 2022.149).

[642] E. BENDELAC, « Le registre public des trusts et sa saga législative », *PA*, 17 février 2017, n°035, p. 7.

[643] Cela requiert : pour les bénéficiaires qui sont des personnes physiques ou morales ou constructions juridiques nommément identifiées : de relever le nom des personnes ; pour les bénéficiaires désignés par des caractéristiques ou par catégorie ou par d'autres moyens : d'obtenir suffisamment d'informations sur les bénéficiaires pour que l'institution financière ait l'assurance qu'elle sera à même d'établir leur identité au moment du versement des prestations (critère 10.12).

également les bénéficiaires de ces contrats et le cas échéant, les bénéficiaires effectifs de ces bénéficiaires[644].

161. Une réponse à l'utilisation de l'assurance-vie comme méthode classique - et récurrente - de blanchiment. Le secteur des assurances figure au rang des canaux classiques et privilégiés de blanchiment. Une étude de typologie du GAFI datant de plus d'une quinzaine d'années démontrait comment, par la souscription puis le rachat anticipé de polices d'assurance, plus de vingt-neuf millions de dollars issus d'un trafic international de stupéfiants ont pu être blanchis[645]. Et si les contrats d'assurance-vie de type épargne avec faculté de rachat ont effectivement été identifiés comme étant la principale catégorie de contrats concernés par le risque de blanchiment[646], ce n'est là qu'un exemple parmi la multitude de méthodes employées dans ce secteur[647]. L'actualisation de la connaissance de la clientèle devrait donc permettre une meilleure maîtrise du risque de blanchiment et produire l'effet dissuasif escompté dans le domaine de l'assurance-vie.

---

[644] C. CUTAJAR, *Blanchiment d'argent : Prévention et répression*, op. cit., p. 41.

[645] S. ALMASEANU, « Saisie et confiscation pénales des assurances-vie : l'état du droit positif après la loi du 6 décembre 2013 », *Gaz. Pal.*, 19 juillet 2014, n°200, p. 5, note 1 ; voir plus spécifiquement : GAFI, *Report on Money Laundering Typologies 2003-2004* ; en français : *Rapport sur les typologies du blanchiment 2003-2004*, p. 17. Disponible sur : https://www.fatf-gafi.org/media/fatf/documents/reports/2003_2004_ML_Typologies_ENG.pdf ; voir aussi :
G. DELRUE, *Le blanchiment de capitaux et le financement du terrorisme*, 2e éd. MAKLU, 2014, p. 354, note 722.

[646] P. POIGET, « Lutte contre le blanchiment des capitaux et le financement du terrorisme dans le secteur de l'assurance », *in* M. HUNAULT, *La lutte contre la corruption, le blanchiment, la fraude fiscale*, Presses de Sciences Po - Académique, 2017, p. 204.

[647] Voir à ce propos : G. DELRUE, *op. cit.*, pp. 355-357. L'auteur y dresse toute une liste de techniques fréquemment utilisées pour blanchir des capitaux dans le secteur des assurances. En plus des assurances-vie avec prime unique, on retrouve entre autres les dépôts de sommes imprévus ou retraits de fonds soudains, les investissements en actions et fonds d'investissement et des produits d'assurances, l'implication de tiers dans le paiement de primes ou de toute autre modalité associée à la police, etc. Des méthodes similaires ont également été identifiées par la Cellule de Traitement des Informations Financières (CTIF) belge (voir : CTIF-CFI, *La lutte contre le blanchiment d'argent en matière d'assurance-vie : description des méthodes employées dans les opérations de blanchiment dans ce secteur* [en ligne], janvier 2012, pp. 2-4 ; disponible sur :
https://www.centif.ci/documents/luttecontreblanchimentargentmatiereassurance-vie.pdf).
La CTIF y précise des indicateurs devant permettre la détection d'opérations de blanchiment dans le secteur des assurances-vie, à savoir : la souscription d'un contrat par un client particulièrement préoccupé de son droit à résilier le contrat avant le terme initialement prévu et du montant dont il pourra disposer à la résiliation ; la souscription d'un contrat prévoyant le paiement de primes pour des montants très importants ; l'achat d'une police à prime unique réalisé en espèces ou au moyen d'un chèque pour un montant manifestement hors de proportion avec les revenus du souscripteur ; la souscription rapprochée dans le temps de plusieurs contrats d'assurance ; la souscription d'un contrat d'un montant important avec paiement des primes à partir de l'étranger, notamment d'un centre financier offshore ; le client est accompagné par une tierce personne lors de la souscription du contrat ; le titulaire du compte par le biais duquel la prime est versée n'est pas le preneur d'assurance ; la substitution, en cours de contrat, du bénéficiaire initial d'une police par une personne sans lien apparent avec le souscripteur (*ibid.*, pp. 4-5).

d. Des précisions sur les modalités de mise en œuvre des obligations de vigilance.

162. Critères de conformité sur le moment de la vérification d'identité. La vérification de l'identité du client ou du bénéficiaire effectif se fait, en principe, avant ou pendant l'établissement d'une relation d'affaires. Si cela est autorisé, la vérification peut être achevée après l'établissement de la relation d'affaires, sous trois conditions qui paraissent cumulatives : que ladite vérification se produise dès que cela est raisonnablement possible ; que cela soit essentiel pour ne pas interrompre le déroulement normal des affaires et que les risques de blanchiment de capitaux et de financement du terrorisme soient efficacement gérés. Les assujettis doivent aussi adopter des procédures de gestion des risques en ce qui concerne les conditions dans lesquelles un client pourra bénéficier de la relation d'affaires avant la vérification.

163. Dans l'hypothèse d'une impossibilité de satisfaire aux obligations liées au devoir de diligence : le contenu des obligations des professionnels. L'institution financière ainsi que tout autre assujetti ne pouvant respecter les obligations relatives aux mesures de vigilance ne doit ni ouvrir de compte ou effectuer une opération ni établir de relation d'affaires[648]. Elle devrait au contraire être obligée d'y mettre fin et envisager de faire une déclaration d'opérations suspectes (DOS)[649]. Par conséquent, un client non identifiable devrait immédiatement attirer les suspicions. Par ailleurs, les assujettis qui suspecteraient qu'une opération se rapporte au blanchiment de capitaux tout en craignant d'alerter le client en s'acquittant de leur devoir de vigilance peuvent choisir de ne pas accomplir cette procédure et d'effectuer plutôt une déclaration d'opérations suspectes[650].

164. L'approche fondée sur les risques pour déterminer l'étendue des mesures de vigilance : les "disproportions" du principe de proportionnalité remises en question. Les obligations de vigilance doivent être adaptées au niveau de risque. Ainsi, conformément au principe de proportionnalité, les institutions financières et autres assujettis doivent mettre en œuvre des obligations de vigilance renforcées si les risques de blanchiment de capitaux sont plus élevés. *A contrario*, ils *peuvent seulement être autorisés* à appliquer des mesures de vigilance simplifiées lorsque des risques plus faibles ont été identifiés[651]... Doit-on y entrevoir une incitation des pays à interdire les mesures simplifiées, sauf exception ? En tout état de cause, on peut déduire que

---

[648] Critère 10.19.

[649] *Ibid.*

[650] Critère 10.20.

[651] Le critère 10.18 prévoit à la suite que « les mesures simplifiées devraient être adaptées aux facteurs de risque plus faible, mais ne sont pas acceptables dès lors qu'il existe un soupçon de blanchiment de capitaux ou de financement du terrorisme ou dans les cas spécifiques de risques plus élevés ».

l'instauration d'obligations de vigilance allégées est une simple faculté, les obligations de diligence pouvant dès lors se situer, dans certains États dont tel serait le choix, entre la vigilance standard et la vigilance renforcée. Tel est le cas par exemple, en Égypte, où la possibilité n'est pas donnée aux assujettis d'appliquer des mesures de vigilance simplifiée - les critères de conformité afférents à cet aspect ayant dès lors été jugés non applicables[652].

Certains ont pu y voir une « entorse à l'esprit de l'approche par les risques »[653], étant donné la possibilité offerte aux États de dénier aux entités assujetties le recours à des mesures de vigilance allégées quand bien même le risque de blanchiment présenté par certaines situations serait faible[654]. Si l'argument est tout à fait légitime, il faut admettre par ailleurs que le caractère facultatif des mesures de vigilance simplifiées permet de confier aux États la responsabilité d'empêcher un relâchement inapproprié, surtout lorsque des risques plus faibles n'ont pas été rigoureusement identifiés (lors de l'évaluation nationale des risques et/ou les évaluations sectorielles). Car si la mise en œuvre de mesures de vigilance renforcées là où le risque est faible n'a de conséquences défavorables à l'anti-blanchiment, tout au plus, qu'au regard des principes de gestion, l'application inappropriée de mesures de vigilance simplifiées peut en revanche sérieusement compromettre les efforts de prévention. Il semble donc, en définitive, que cette "disproportion" soit davantage une incitation à une extrême vigilance quant à l'application de mesures allégées, ces dernières ne devant être autorisées que si les facteurs de diminution du niveau de risque sont irréfutables et à même d'être convenablement appréciés par des assujettis.

II. Les exigences relatives à la conservation des documents : des enjeux au-delà d'une préparation de la répression.

165. Des critères de conformité au service de la préconstitution de preuve de blanchiment. Le principe selon lequel les institutions financières (et autres assujettis) doivent conserver les documents relatifs aux opérations et les informations obtenues dans le cadre des mesures de vigilance relatives à la clientèle[655] doit être établi par la loi. Plus précisément, les institutions financières et autres assujettis doivent conserver tous les documents nécessaires relatifs aux

---

[652] REM de l'Égypte de mai 2021, p. 181 et p. 204.

[653] J. B. POULLE et S. AUBERT, *op. cit.*, par. 33. Le même reproche est fait par Madame Séverine ANCIBERRO, à propos de la « liste très précise de produits et de types de transactions pour lesquelles une vigilance simplifiée de la clientèle peut être appliquée » (dans le contexte de la mise en œuvre de la troisième Directive anti-blanchiment, complétée par la Directive 2006/70/EC sur des questions spécifiques et en particulier, la vigilance simplifiée à l'égard des clients). Elle estime en effet que « cela va l'encontre de du principe même d'approche basée sur le risque pour lequel un minimum de marge de manœuvre devrait être laissé aux banques » (S. ANCIBERRO, *op. cit.*, p. 133).

[654] *Ibid.*

[655] Cette obligation est imposée à chaque professionnel intervenant au cours d'une opération (C. CUTAJAR, *Blanchiment d'argent : Prévention et répression*, *op. cit.*, p. 50).

opérations nationales et internationales pendant au moins cinq ans[656] après la fin de l'opération. Le même délai de conservation court plutôt à compter de la fin de la relation d'affaires ou de la date de l'opération occasionnelle, pour tous les documents obtenus dans le cadre des mesures de vigilance relatives à la clientèle, les livres de comptes et la correspondance commerciale, ainsi que les résultats de toute analyse réalisée. Cette dernière hypothèse devrait donc couvrir les documents relatifs aux déclarations de soupçon, la référence n'étant pas explicite.

Les documents conservés peuvent ultérieurement s'avérer être des pièces maîtresses en cas de poursuites du chef de blanchiment de capitaux. Aussi est-il exigé que les documents relatifs aux opérations soient suffisants pour permettre la reconstitution d'opérations individuelles afin de fournir, si nécessaire, des preuves dans le cadre de poursuites relatives à une activité criminelle. Dans le même ordre d'idées, ces informations et documents[657] doivent être rapidement disponibles pour les autorités nationales compétentes investies des pouvoirs requis. Les assujettis doivent donc définir des procédures internes de gestion et de conservation des documents propres à en assurer la disponibilité[658].

166. Des mesures d'accompagnement nécessaires à la bonne mise en œuvre des obligations de conservation des documents. La mise en œuvre adéquate des obligations de conservation des documents suppose un rigoureux encadrement réglementaire au plan national. Les autorités nationales devraient en effet préciser les modalités de cette obligation, et notamment pour les EPNFD. Il faudrait que soient déterminées, pour chaque profession ou corps de métier et notamment au sein des EPNFD, les informations devant être conservées[659]. Une précaution de nature à permettre d'anticiper des écueils tels que le stockage de données inutiles et donc aveuglantes, ou plus grave encore, les omissions handicapantes. Mais les questionnements que suscite le stockage de données à caractère personnel sur la clientèle et les opérations y afférentes présentent des enjeux qui transcendent la problématique de l'efficacité des mesures de lutte. Ils touchent aux fondements et fondamentaux des professions financières - et d'une manière générale, celles reposant sur l'*intuitu personae* - au sein desquelles la confiance mutuelle occupe une place vitale. Par le stockage de données à des fins éventuellement d'enquêtes et de partage d'informations, les acteurs des professions notamment financières se retrouvent, bon gré mal gré, en position

[656] Il a précisé que le délai de cinq ans n'est pas un délai de prescription des poursuites disciplinaires pouvant être engagées envers un assujetti *(ibid.*, p. 51).
[657] Sont concernés les informations obtenues dans le cadre des mesures de vigilance relatives à la clientèle et les documents relatifs aux opérations (critère 11.4).
[658] A. BELAYACHI, M. BUREAU, *Lutter efficacement contre le blanchiment de capitaux*, éd. L'Argus de l'assurance, coll. Les essentiels, 2013, p. 74.
[659] C. CUTAJAR, *op. cit.*, p. 51.

« d'auxiliaires de la police »[660] à l'égard de leurs clients, possiblement préjudiciable aux relations professionnelles.

La conciliation des obligations de lutte avec l'impérative protection de la vie privée est aussi une question digne d'intérêt. L'imagination débordante des criminels n'a laissé d'autre choix que d'aller vers des mesures de plus en plus intrusives, mais indispensables si l'on veut augmenter les chances de succès contre une délinquance qui se magnifie dans l'occultisme. Plutôt que de fustiger un mal nécessaire, l'on préconisera de constamment rechercher, et toujours dans l'inclusion, une cohabitation non hostile entre vie privée et vigilance face à la duplicité criminelle. Concrètement, cela revient à s'armer de lois nationales suffisamment explicites pour garantir la confidentialité des données collectées, le droit à l'information[661] ainsi que le principe de proportionnalité[662], et proscrire les détournements de finalités[663] ; fermement sanctionner par des peines dissuasives toute violation, d'où qu'elle puisse émaner, de la réglementation visant à encadrer le respect de la vie privée dans le contexte de la lutte anti-blanchiment.

C. Le traitement particulier des circonstances aggravantes du risque de blanchiment.

167. ***Des spécifications relatives aux facteurs justifiant une vigilance particulière ou renforcée.*** Dans certaines situations explicitées par le GAFI, les assujettis doivent se montrer particulièrement vigilants tantôt en raison du type d'opérations ou de clients concernés, tantôt en raison du contexte (I). Certaines de ces obligations sont reflet des vives préoccupations à l'égard de l'occultisme dans les transactions financières et parfois, dans l'utilisation faite des nouvelles technologies (II).

I. Des situations nécessitant une vigilance renforcée ou particulière.

168. ***Du contenu des obligations de vigilance renforcées/particulières.*** Le niveau de vigilance doit gagner en intensité face aux personnes politiquement exposées (a), en cas de relation de correspondance bancaire (b) ainsi qu'à l'égard des pays présentant un risque plus élevé (c). Une vigilance particulière est aussi exigée relativement à la tierce introduction (d).

---

[660] G. DESGENS-PASANAU, *op. cit.*, p. 4.

[661] Le droit à l'information concernerait ici l'existence du processus de surveillance de la clientèle (*ibid.*, p. 3), à l'exclusion des actes qui ont pu être passés à l'occasion des mesures de diligence telles que les déclarations de soupçon.

[662] Ce principe veut que les moyens mis en œuvre dans le cadre de la surveillance des clients d'organismes financiers soient proportionnés à ce qui justifie une telle démarche (*ibid.*, p. 3).

[663] *Ibid.*, p. 2.

a. Le renforcement des mesures de vigilance à l'égard des personnes politiquement exposées.

169. Quand l'anti-blanchiment sert la cause de la lutte anticorruption… Le glossaire du GAFI propose une définition quadrillant suffisamment la notion de « Personnes politiquement exposées »[664] pour permettre aux États d'adopter des définitions plus édifiantes. L'expression désigne en effet les personnes qui exercent ou ont exercé d'importantes fonctions publiques soit dans un pays étranger[665] (PPE étrangères), soit au plan national[666] (PPE nationales), soit pour le compte d'une organisation internationale[667]. Partant de ces éléments de définition, la latitude est laissée aux pays de préciser les personnes concernées en dressant une liste de PPE, la notion ne pouvant cependant couvrir les personnes de rang moyen ou inférieur relevant des trois catégories précitées.

Les personnes exerçant ou ayant exercé des fonctions publiques importantes sont présumées présenter un plus grand risque de blanchiment, puisqu'elles sont dans une position propice aux actes de corruption et pouvant être exploitée pour commettre également les infractions voisines telles que le blanchiment de capitaux[668]. C'est donc au regard des liens étroits existant entre ces deux infractions que le G20 a demandé au GAFI d'intégrer la corruption dans le cadre de ses travaux sur la lutte contre le blanchiment de capitaux et le financement du terrorisme[669]. Sachant que les avoirs illicites issus de la corruption sont appelés à être investis dans l'économie légale, la

---

664 Cette notion aurait été dégagée par le Comité de Bâle sur le contrôle bancaire et validée par la suite, par le G8 et le GAFI. Le Comité de Bâle définit les « personnes politiquement exposées » comme « les personnes qui exercent ou ont exercé d'importantes fonctions publiques : chefs d'État ou de gouvernements, figures politiques, hauts fonctionnaires de l'administration, de la magistrature ou de l'armée, cadres, dirigeants de sociétés publiques et responsables de grands partis politiques par exemple » (G. DESGENS-PASANAU, *op. cit.*, p. 2).

665 Le GAFI cite à titre d'exemple les chefs d'État et de gouvernement, les politiciens de haut rang, les hauts responsables au sein des pouvoirs publics, les magistrats et militaires de haut rang, les dirigeants d'entreprise publique et les hauts responsables de partis politiques.

666 Les mêmes exemples que pour les PPE étrangères sont énumérés par le GAFI.

667 Les personnes qui exercent ou ont exercé d'importantes fonctions au sein de ou pour le compte d'une organisation internationale désignent les membres de la haute direction, c'est-à-dire les directeurs, les directeurs adjoints et les membres du Conseil d'administration ainsi que toutes les personnes exerçant des fonctions équivalentes.

668 FATF, *Best practices paper - The use of the FATF Recommendations to combat corruption* ; en français : GAFI, *Meilleures pratiques - L'utilisation des Recommandations du GAFI pour lutter contre la corruption*, octobre 2013, p. 8.

669 C. CUTAJAR, « Les évolutions de la lutte contre le blanchiment et le financement du terrorisme - Nouvelles recommandations du GAFI et proposition de la quatrième directive », *RICEA*, n°2, décembre 2013, p. 2. En effet, lors du sommet des vingt pays industrialisés et émergents, tenu en septembre 2009 à Pittsburgh, les dirigeants ont sollicité l'aide du GAFI pour détecter les produits de la corruption et dissuader la commission de l'infraction de corruption par le renforcement des Recommandations du GAFI en lien avec la corruption (*op. cit.*, C. GRIJSEELS, p. 22).

Recommandation 12 propose conséquemment les mesures devant permettre de gérer ce risque.

170. Les critères de conformité à la Recommandation 12 : à la recherche des PPE pour une gestion conséquente du risque de blanchiment[670]. À l'égard des PPE étrangères, les institutions financières et autres assujettis doivent en plus des mesures de vigilance standard[671] prendre quatre séries de mesures : mettre en place des systèmes de gestion des risques permettant de déterminer si le client ou le bénéficiaire effectif est une personne politiquement exposée; obtenir l'autorisation de la haute direction avant d'établir (ou de poursuivre, s'il s'agit d'un client existant) la relation d'affaires ; prendre des mesures raisonnables pour établir l'origine du patrimoine et l'origine des fonds des clients et des bénéficiaires effectifs identifiés comme des personnes politiquement exposées et assurer une surveillance continue renforcée à l'égard de la relation d'affaires. Les mêmes mesures sont à appliquer d'abord, à l'endroit des PPE nationales ou des personnes qui exercent ou ont exercé une fonction importante au sein de ou pour le compte d'une organisation internationale, « lorsque les relations d'affaires avec de telles personnes présentent un risque plus élevé »[672].

Les assujettis doivent également appliquer ces mêmes mesures aux membres de la famille de tous les types de personnes politiquement exposées et aux personnes qui leur sont étroitement associées. S'agissant de cette dernière

---

[670] Il faut relever que ces critères ont été complétés/précisés par des lignes directrices du GAFI sur l'utilisation des Recommandations aux fins de lutter contre la corruption (GAFI, *Meilleures pratiques - L'utilisation des Recommandations du GAFI pour lutter contre la corruption, op. cit.*) ; le GAFI y explique, par-delà les mesures de la Recommandation 12, la manière dont d'autres Recommandations peuvent être utilisées à ces fins de lutte. Ainsi, les mécanismes de coopération et de coordination mis en place par les pays (en application de la Recommandation 2) devraient inclure les experts de la lutte anticorruption et en particulier, les autorités chargées des investigations et poursuites ; ces experts devraient aussi être associés au processus d'évaluation des risques (*ibid.*, p. 6). Les pays devraient aussi veiller à appliquer convenablement certaines Recommandations afin de faciliter la traque des produits de la corruption ; en l'occurrence, la Recommandation 16 permettant une surveillance des virements bancaires et la Recommandation 32 préconisant une surveillance des mouvements transfrontaliers d'espèces et instruments négociables au porteur. Pour ce faire, les États doivent s'assurer de disposer de mécanismes convenables de coopération (*ibid.*, p. 10). A également été relevée l'importance d'une application correcte des Recommandations 18 (partage d'informations à l'échelle Groupe), 24 et 25 (transparence des personnes morales et constructions juridiques), des études ayant révélé la tendance des personnes coupables de corruption à utiliser les entités juridiques pour commettre leurs méfaits (*ibid.*, p. 10). Enfin, les lois sur le secret professionnel (Recommandation 9) ne doivent pas être de nature à empêcher une application adéquate des mesures de transparence facilitant la prévention, la détection et les poursuites du chef de corruption (*ibid.*, p. 11).

[671] Sont concernées les mesures de vigilance requises en application de la Recommandation 10.

[672] Critère 12. 2. Auparavant, il y a lieu de prendre des mesures raisonnables pour déterminer si le client ou le bénéficiaire effectif est une personne politiquement exposée. Dans ce cadre, le niveau de risque associé aux PPE nationales, en particulier, doit être déterminé lors des évaluations nationales et sectorielles des risques.

catégorie, l'opération s'avère plus délicate, les assujettis ne pouvant raisonnablement se livrer de manière systématique à la recherche d'un - hasardeux - lien « étroit » ou de parenté avec une personne politiquement exposée… Des mesures doivent donc être prises au plan national pour faciliter l'identification des PPE et des membres de leur famille, notamment en créant des banques de données mises à disposition des assujettis à cet effet[673].

S'agissant enfin des contrats d'assurance-vie, les assujettis doivent prendre des mesures raisonnables afin de déterminer si les bénéficiaires du contrat et/ou le cas échéant, le bénéficiaire effectif du bénéficiaire du contrat sont des personnes politiquement exposées ; et ce, au plus tard au moment du versement des prestations. Lorsque des risques plus élevés sont identifiés, les assujettis sont tenus d'en informer la haute direction avant le paiement du capital, de réaliser un examen renforcé de l'ensemble de la relation d'affaires avec le titulaire du contrat et d'envisager de faire une déclaration d'opération suspecte.

171. Face à l'indissociabilité des PPE au risque de blanchiment : un nécessaire renforcement corrélatif de la protection des libertés individuelles. On peut difficilement ignorer l'effet stigmatisant des mesures de vigilance renforcées à l'égard des personnes politiquement exposées, face à l'application égale et systématique qui leur en est faite[674]. L'appartenance à cette "catégorie" suffit en définitive à constituer un facteur de risque, même quand aucune circonstance ne laisserait entrevoir une implication dans quelque obscure transaction… La limitation du risque de blanchiment (mais fondamentalement, l'impératif de lutte contre la corruption), encore une fois, triomphe sur les considérations liées au respect des droits de l'homme, pourtant tout à fait opportunes. La tentation - et même la probabilité - de collecter des informations

---

[673] Il est fait état, à ce propos, de l'existence (à la demande des organismes financiers, d'outils et logiciels de connaissance du client très souvent d'origine anglo-saxonne, effectuant une compilation d'informations à caractère public sur plusieurs centaines de milliers de personnes physiques (identité, réputation, etc.) issues de bases de données de nature privée (presse, sites officiels de partis politiques, annuaires, *Who's Who*, etc.) » ; recensements impliquant des personnes politiquement exposées, mais également leurs familles et leurs proches (G. DESGENS-PASANAU, *op. cit.*, pp. 2-3). A également été avancée la possibilité d'abonnement à une base de données spécifique (R. d'ESTAINTOT, « Les personnes politiquement exposées (PPE) : réflexions sur une obligation renforcée de vigilance », *RD bancaire et fin.*, n°3, mai 2009, dossier 16, p. 6). L'auteur ne manque cependant pas de relever, à juste titre, que « la détection des clients pouvant être des PPE n'est pas aisée même si le professionnel a recours à des bases de données spécifiques » ; à titre d'illustration, est évoquée la situation dans laquelle la PPE est représentée par un intermédiaire qui n'est pas notoirement connu pour être un proche de la PPE ni répertorié dans une base de données : le cas échéant, « il sera très difficile de remonter jusqu'à la PPE » (*ibid.*, pp. 4-5).

[674] P. POIGET, *op. cit.*, p. 209. Selon l'auteur, la stigmatisation de toutes les PPE, qui sont toutes présumées présenter un risque élevé de blanchiment, « met en évidence l'équilibre délicat à trouver pour mettre en œuvre des mesures suffisantes à la prise en compte des risques de corruption et de blanchiment, sans s'écarter pour autant de la proportionnalité entre les mesures et les risques » (*ibid.*).

plus que nécessaires au nom de la *due diligence* est grande. L'intrusion dans la vie familiale des personnes politiquement exposées et dans la vie privée de leurs proches est inévitable. Se posent des questions associées liées aux risques de divulgation de ces informations à des tiers, à une utilisation à des fins étrangères au but fixé. Le renforcement des mesures de transparence étant cependant un facteur clé de l'efficacité de la traque des produits de la corruption, une garantie corrélative de la protection des libertés individuelles à travers une rigoureuse application des lois sur le secret professionnel et sur la vie privée nous apparaît une fois de plus comme étant la solution la plus opportune pour limiter le risque d'abus. Les lois nationales devraient donc se faire les plus explicites possibles en précisant notamment les procédés autorisés de collecte d'informations sur les PPE (lesquels se doivent d'être sécurisés), les procédures y afférentes et les personnes habilitées. Le non-respect de telles mesures ou l'utilisation des informations à des fins étrangères à la *compliance* devrait être assorti de sanctions exemplaires.

b. Le renforcement des mesures de vigilance en cas de correspondance bancaire transfrontalière : d'une stratégie de l'isolement des services financiers.

172. Critères de conformité dans l'application des mesures de vigilance. Les institutions financières sont soumises à des obligations de vigilance complémentaires[675] lorsqu'elles s'engagent dans des relations de

[675] La Recommandation 13 prévoit en effet que ces mesures s'appliquent « en plus des mesures de vigilance normales relatives à la clientèle ». Autrement dit, les institutions financières doivent satisfaire aux exigences relatives à l'application de l'approche par les risques aux fins d'appliquer les mesures d'identification et de vérification de l'identité des banques clientes. À ce niveau, les standards du Groupe Wolfsberg apportent d'intéressantes clarifications sur les indicateurs de risques (le domicile du client de services de correspondant bancaire ; la propriété et les structures de gestion du client du service de correspondant bancaire ou encore, l'activité de la clientèle du client de services de banque correspondante). Le Groupe fournit également des indicateurs quant aux éléments devant être examinés pour assurer une meilleure connaissance des clients à haut risque soumis à des mesures de vigilance renforcée. Doivent ainsi être examinés la propriété et la direction ; la participation d'une PPE ; la qualité des contrôles anti-blanchiment chez le client ; la correspondance en aval (lorsque le client de services de correspondant bancaire offre à d'autres institutions financières les mêmes facilités et pour un montant identique que celles qu'il a reçues de la première institution auquel cas il faudrait prendre des mesures pour notamment examiner dans quelle mesure son client se renseigne sur les contrôles anti-blanchiment auxquels se soumettent les institutions financières auxquelles il offre ces services). Voir à ce propos : Groupe Wolfsberg, *Principes anti-blanchiment de Wolfsberg pour les banques correspondantes*, 2014, pp. 3-5.

correspondance bancaire[676] transfrontalières et autres relations similaires[677] (on peut ici envisager, à l'instar des préconisations du Groupe Wolfsberg, une extension à l'ensemble des relations que les institutions financières entretiennent entre elles[678]). Elles doivent à ce titre rassembler suffisamment d'informations sur le correspondant[679] afin de pleinement comprendre la nature de ses activités et d'évaluer, sur la base d'informations publiquement disponibles, la qualité du contrôle dont il est l'objet[680]. Elles sont également tenues d'évaluer les contrôles mis en place par le correspondant en matière de lutte contre le blanchiment ; d'obtenir l'autorisation de la haute direction avant d'établir de nouvelles relations de correspondance bancaire et de comprendre clairement les responsabilités respectives de chaque institution en matière de lutte contre le blanchiment.

---

[676] Selon le glossaire des Recommandations révisées du GAFI, la correspondance bancaire désigne la prestation de services bancaires par une banque (la « banque correspondante ») à une autre banque (la « banque cliente ») : « Les grandes banques internationales assurent en général la fonction de correspondant bancaire pour des milliers d'autres banques dans le monde. Les banques clientes ont accès à une vaste gamme de services, notamment la gestion de trésorerie (par exemple, des comptes rémunérés dans plusieurs devises), les virements électroniques internationaux, la compensation de chèques, les comptes de passage et les services de change ». Le Groupe Wolfsberg définit similairement le terme, définissant les activités de banque correspondante comme la prestation de services bancaires (un compte courant ou tout autre compte ainsi que des services relatifs à ce compte « par une banque à une autre institution financière, afin de permettre de répondre à ses besoins de compensation, de gestion de trésorerie, d'emprunts à court terme ou d'investissement » ; *Principes anti-blanchiment de Wolfsberg pour les banques correspondantes, op. cit.*, pp. 1-2).

[677] Selon la note interprétative de la Recommandation 13, les relations similaires en question comprennent, par exemple, celles qui sont établies dans le but de réaliser des opérations sur les valeurs mobilières ou des transferts de fonds, pour le compte de l'institution financière à l'étranger en tant que mandant ou pour le compte de ses clients.

[678] *Ibid.*, p. 2.

[679] Le Groupe Wolfsberg apporte des précisions sur les normes du devoir de vigilance. Ainsi, lorsque le client évolue dans ou est soumis à un environnement réglementaire bénéficiant d'une reconnaissance internationale sur le plan de la lutte contre le blanchiment de capitaux, l'institution financière peut compter sur les informations disponibles publiquement et qu'elle a pu obtenir de son client ou de tiers de confiance (autorités de surveillance, bourses, etc.) pour satisfaire ses obligations de vigilance. Au titre des éléments devant être considérés pour toute enquête de vigilance sur un client de services de banque correspondante figurent le domicile et l'organisation du client ; les propriétaires et cadres dirigeants du client ; les activités du client, les produits et services offerts ; le statut réglementaire et historique ; la nature des contrôles anti-blanchiment mis en place par le client (et dans quelle mesure ceux-ci sont appliqués globalement) ; la confirmation que le client n'utilisera pas les produits et services de l'institution financière pour engager des relations d'affaires avec des banques fictives ; les visites auprès du client (à moins que les autres mesures ne s'avèrent suffisantes, un représentant de l'institution financière devrait se rendre au siège du client, préalablement à l'établissement d'une relation de correspondant bancaire ou dans un délai raisonnable après celui-ci afin de confirmer, entre autres choses, que le client n'est pas une banque fictive). Source : *Principes anti-blanchiment de Wolfsberg pour les banques correspondantes, op. cit.*, p. 4.

[680] Cela implique notamment de savoir si le correspondant a fait l'objet d'une enquête ou de mesures de la part d'une autorité de contrôle en matière de blanchiment de capitaux et de financement du terrorisme (critère 13.1 - a).

Concernant les comptes de passage[681], les institutions financières doivent s'assurer que le correspondant a appliqué des mesures de vigilance à ses clients ayant un accès direct aux comptes de la banque correspondante et qu'il est en mesure de fournir les informations pertinentes s'y rapportant, sur demande de la banque correspondante. Par ailleurs, interdiction leur est faite de poursuivre une relation de correspondance bancaire avec les banques fictives ; et parallèlement, elles doivent s'assurer que les correspondants n'autorisent pas des banques fictives à utiliser leurs comptes. Enfin, il convient de relever que nombre de détails non moins importants ont été envisagés par le Groupe Wolfsberg dans ses Principes anti-blanchiment pour les banques correspondantes, et parmi lesquels on peut citer ceux concernant les sociétés affiliées[682].

173. Conformité, ou exclusion du réseau de solidarité financière. En plus d'une évidente lutte contre les banques fictives, les mesures de vigilance renforcées à l'endroit des relations de correspondance bancaire présentent au moins un double intérêt. En faisant d'un niveau minimal de conformité de la banque cliente une condition *sine qua non* pour bénéficier d'une quelconque prestation de service, le GAFI incite tous les pays (et plus spécialement, leurs institutions financières) qui voudraient bénéficier de la solidarité bancaire à participer à la lutte anti-blanchiment. Mais surtout, ces mesures de vigilance accrue permettent à toutes les juridictions de se protéger contre les relations de correspondance utilisées à des fins d'évitement ou de contournement des contre-mesures et des pratiques de réduction des risques notamment de blanchiment de capitaux[683]. Dans tous les cas, le résultat est similaire : le "coupable" se retrouve, en quelque sorte, banni du réseau de solidarité financière. La réussite d'une telle stratégie reposant cependant sur un *éternel* défi majeur, qui est de parvenir à une

---

681 Selon la note interprétative de la Recommandation 13, le compte de passage désigne des comptes correspondants, utilisés directement par des tiers pour réaliser des opérations pour leur propre compte.

682 Ces mesures concernent, plus exactement, les branches, filiales et sociétés affiliées. Selon le Groupe, il faut déterminer le niveau et l'étendue des mesures de vigilance à prendre à l'égard du client après avoir examiné la relation entre le client et sa société mère ultime, cette dernière étant prise en compte pour déterminer l'envergure des mesures de vigilance nécessaires. Si le client est une société affiliée qui n'est pas contrôlée par sa société mère, il faudra analyser à la fois le client et la société mère. Certains faits propres à la branche, à la filiale ou à la société affiliée pourront cependant exiger des mesures de vigilance renforcée (*Principes anti-blanchiment de Wolfsberg pour les banques correspondantes*, *op. cit.*, p. 5). Par ailleurs, d'autres mesures - déjà prévues au titre des normes de vigilance standard du GAFI - touchent aux mises à jour des dossiers des clients, à la surveillance et à la déclaration des activités suspectes. Enfin, le Groupe préconise au final l'élaboration et l'approbation réglementaire d'un registre international des institutions financières ; ainsi, « lors de leur enregistrement, les institutions financières fourniraient des informations utiles au devoir de vigilance, telles qu'elles ont été brièvement exposées dans les présents principes. Les institutions financières s'appuieraient sur ces informations pour observer les principes » (*ibid.*, p. 6).

683 GAFI, « Déclaration publique du GAFI - 21 juin 2013 » [en ligne]. Disponible sur : http://www.fatf-gafi.org/fr/publications/juridictions-haut-risques-et-sous-surveillance/documents/declaration-publique-juin-2013.html?hf=10&b=0&s=desc(fatf_releasedate). L'avertissement valait alors pour l'examen des demandes d'ouverture de succursales et de filiales émanant d'institutions financières iraniennes.

égale application de ces mesures-barrières par toutes les institutions financières…

c. Le renforcement des mesures de vigilance à l'égard des pays présentant un risque plus élevé : au cœur des sanctions contre les « moutons noirs » de l'anti-blanchiment.

174. Critères de conformité : entre vigilance renforcée et application des contre-mesures. Les institutions financières sont tenues d'appliquer des mesures de vigilance renforcées et proportionnées aux risques dans leurs relations d'affaires et opérations avec des personnes physiques ou morales (et notamment des institutions financières) de pays pour lesquels le GAFI appelle à le faire. Sont concernés les pays figurant sur la liste noire des « Pays et Territoires non coopératifs » qui ne luttent pas ou pas suffisamment contre la criminalité financière[684]. Les mesures de vigilance renforcées pouvant être prises par les institutions financières incluent les mesures prévues au paragraphe 20 de la note interprétative de la Recommandation 10[685], « ainsi que toute autre mesure similaire en termes d'atténuation des risques »[686].

Plus sévèrement, les États sont appelés à appliquer des contre-mesures proportionnées aux risques lorsque le GAFI les appelle à le faire, mais aussi, indépendamment de tout appel du GAFI[687]. Le GAFI a d'ailleurs défini vingt-cinq critères permettant d'identifier les règles et pratiques entravant les efforts de lutte et notamment la coopération internationale, dans un rapport

[684] J. CHAPPEZ, *op. cit.*, p. 555. Il s'agirait de pays qui « offrent des services financiers alors qu'ils ne disposent pas d'une réglementation convenable, qui s'abritent derrière un secret bancaire strict et qui refusent plus généralement de coopérer » (J. CARLSON, « Combattre le blanchiment de capitaux et la corruption : les deux faces d'un même mal », *in* OCDE, *Affairisme: la fin du système - Comment combattre la corruption*, 2000, p. 151).

[685] Il en résulte que les institutions financières devraient étudier dans la mesure de ce qui est raisonnablement possible le contexte et l'objet de toutes les opérations complexes d'un montant anormalement élevé et de tous les schémas inhabituels d'opérations qui n'ont pas d'objet économique ou licite apparent. Lorsque les risques de blanchiment de capitaux ou de financement du terrorisme sont plus élevés, les institutions financières devraient être obligées d'exercer des mesures de vigilance renforcées adaptées aux risques identifiés. En particulier, elles devraient renforcer le degré et la nature de la surveillance de la relation d'affaires, afin de déterminer si ces opérations ou activités semblent inhabituelles ou suspectes. Il est ensuite procédé à une énumération des mesures de vigilance renforcées susceptibles d'être appliquées à des relations d'affaires présentant un risque plus élevé.

[686] Note interprétative de la recommandation 19 (Pays présentant un risque plus élevé), par. 1.

[687] Critère 19.2.

publié en février 2000[688]. Les contre-mesures pouvant être prises par les pays auront pour effet la mise au ban du PTNC concerné, même si l'objectif proclamé est d'inciter à la mise en œuvre des standards[689] : déclaration systématique des opérations financières ; refus d'établissement de filiales, succursales ou bureaux de représentation des institutions financières du pays concerné (et inversement), limitation des relations d'affaires, et bien d'autres.

Aux fins de faciliter l'application de ces mesures, les États doivent user des voies et moyens devant permettre d'informer les institutions financières des préoccupations suscitées par les défaillances des dispositifs de LBC/FT d'autres pays[690]. Concrètement, les autorités devraient - surtout lorsque leurs législations nationales l'exigent en raison de l'ordonnancement juridique interne - prendre les mesures réglementaires nécessaires pour reprendre la liste des Pays et Territoires non coopératifs du GAFI (le cas échéant), de manière à en garantir l'opposabilité aux institutions financières[691]. La même démarche devrait être

---

[688] Voir : FATF, *Report on Non-Cooperative Countries and Territories* [en ligne] ; en français : GAFI, *Rapport sur les Pays et Territoires non coopératifs*, 14 février 2000. Un article publié dans le cadre du Rapport moral de l'argent sur le monde en 2001 fait l'économie de ces critères reflétant les principes de base contenus dans les Quarante Recommandations. Ainsi, **la première catégorie de critères** est relative aux lacunes de la réglementation financière ; elle traite de questions essentielles comme l'absence de contrôle adéquat des institutions financières ; les règles inadéquates pour l'octroi d'autorisation des institutions financières ; l'insuffisance des mesures d'identification de la clientèle ; le secret bancaire excessif ; et l'absence d'un système efficace de déclaration des transactions suspectes. **La deuxième série de critères** couvre les obstacles posés par d'autres secteurs de réglementation, c'est-à-dire l'inadéquation des règles de droit commercial pour l'enregistrement des entités juridiques et commerciales, ainsi que le manque d'identification du bénéficiaire-propriétaire de ces entités. **Dans la troisième série**, un groupe de huit critères définit les obstacles à la coopération internationale tant au niveau administratif qu'au niveau judiciaire. Ils couvrent des questions très simples comme l'absence de criminalisation du blanchiment de capitaux, jusqu'au refus de fournir une coopération judiciaire, fondé notamment sur la présence d'aspects fiscaux, dans les cas impliquant des délits reconnus en tant que tels par l'État requis. **Enfin, les critères** abordent la question de l'insuffisance de moyens pour prévenir et détecter les activités de blanchiment. Les points visés ici concernent le manque de moyens dans les secteurs public et privé, le manque de règles adéquates pour garantir l'intégrité professionnelle, ainsi que l'absence de services de renseignements financiers (SRF) ou d'un mécanisme équivalent (P. MOULETTE, « L'action du GAFI face aux Pays et Territoires non coopératifs et au financement du terrorisme » [en ligne], *in Rapport mondial sur l'argent dans le monde en 2001* - La lutte contre la délinquance financière, 2 décembre 2001, p. 289 ; disponible sur : https://www.aef.asso.fr).

[689] J. CHAPPEZ, *op. cit.*, p. 557.

[690] Critère 19.3.

[691] On peut à ce titre citer l'exemple français, alors qu'un communiqué de la Direction générale du Trésor faisait renvoi à la « Déclaration publique » du GAFI quant à la détermination des États et territoires dont les insuffisances législatives ou les pratiques faisaient obstacle à la LBC/FT ; il fut relevé qu'une telle interprétation administrative ne reposait sur aucun fondement juridique et ne pouvait, en elle-même, conférer aux Déclarations publiques du GAFI une quelconque force obligatoire dans l'ordonnancement juridique français. Et qu'il fallait, en conséquence, qu'un décret d'application reprenne la liste des pays mentionnés par la Déclaration publique du GAFI, afin de créer les fondements devant permettre des poursuites disciplinaires en cas de manquement aux obligations de vigilance (C. CUTAJAR, « Prévention du blanchiment et financement du terrorisme : un nouveau décret partiellement inefficace ? », *JCP E*, n°42, 18 octobre 2012, act. 628).

suivie lorsque des défaillances concernant des pays autres que ceux identifiés par le GAFI sont relevées et doivent être portées à la connaissance de leurs institutions financières. Entamée en 2000[692], l'initiative « Pays et Territoires non coopératifs » a porté ses fruits puisqu'à partir d'octobre 2006, plus aucun pays ne figurait sur la liste noire[693]. L'effet dissuasif d'une éventuelle intégration (ou réintégration) de cette liste devrait continuer à garantir un minimum de conformité aux standards internationaux.

d. Une vigilance accrue exigée relativement à la tierce introduction : le recours à un tiers par un assujetti ne l'exonère pas de ses responsabilités de LBC/FT.

175. Critères de conformité : connaissance de la clientèle et du tiers. Lorsque les institutions financières sont autorisées à recourir à des institutions financières et à des entreprises et professions non désignées tierces pour s'acquitter des mesures de vigilance de la clientèle spécifiées par le GAFI (à savoir l'identification client, l'identification du bénéficiaire effectif et la compréhension de la nature de l'activité[694]) ou pour jouer le rôle d'apporteur d'affaires, la responsabilité finale de la mise en œuvre des mesures de vigilance de la clientèle reste celle de l'institution financière ayant eu recours au tiers. Cette dernière est tenue d'obtenir les informations nécessaires concernant l'identification du client, du bénéficiaire effectif ainsi que la compréhension de la nature de l'activité, mais encore, d'opérer un certain nombre de vérifications lui permettant d'être édifiée sur les capacités du tiers à s'acquitter convenablement des mesures de vigilance relatives à la clientèle[695]. Les lignes directrices du GAFI sur l'identité numérique exigent à ce titre de vérifier que le

---

[692] Le statut de 47 pays ou territoires avait été déterminé au cours de deux sessions de révision (en 2000 et 2001). Au total, 23 pays ou territoires furent listés comme étant des PTNC (15 en 2000 et 8 en 2001). Depuis 2001, aucun PTNC n'a été identifié par le GAFI (GAFI, « Plus d'information sur l'initiative concernant les pays et territoires non coopératifs » [en ligne]. Disponible sur : https://www.fatf-gafi.org/fr/themes/juridictionsahautrisqueetnoncooperatives/plus/plusdinformationsurlinitiativeconcernantlespaysetterritoiresnoncooperatifsptnc.html?hf=10&b=0&s=desc(fatf_releasedate)).

[693] *Ibid.*

[694] La Recommandation 17 fait spécifiquement référence aux « points (a) à (c) des mesures de vigilance relatives à la clientèle prévues par la Recommandation 10 ». Il s'agit d'identifier le client et de vérifier son identité au moyen de documents, données et informations de sources fiables et indépendantes ; d'identifier le bénéficiaire effectif et prendre des mesures raisonnables pour vérifier son identité de sorte que l'institution financière a l'assurance de savoir qui est le bénéficiaire effectif. Pour les personnes morales et les constructions juridiques, ceci devrait impliquer que les institutions financières comprennent la structure de propriété et de contrôle du client ; enfin, comprendre et, le cas échéant, obtenir des informations sur l'objet et la nature envisagée de la relation d'affaires.

[695] L'institution financière doit à ce titre prendre des mesures pour avoir l'assurance que le tiers est à même de fournir, sur demande et sans délai, la copie des données d'identification et autres documents pertinents liés au devoir de vigilance relatif à la clientèle ; s'assurer que le tiers est soumis à une réglementation et fait l'objet d'un contrôle ou d'une surveillance, et qu'il a pris des mesures visant à respecter l'obligation de vigilance relative à la clientèle et aux obligations de conservation des documents, conformément aux Recommandations 10 et 11.

système d'identification numérique auquel a recours un tiers le cas échéant lui permette d'une part, d'obtenir immédiatement les informations nécessaires sur l'identité du client et d'autre part, de mettre à disposition des copies ou autres formes d'accès à la preuve de l'identité des clients conformément à la Recommandation 10, sur demande et dans les plus brefs délais[696].

Il y a aussi lieu pour les États de faire montre de vigilance au moment de déterminer les pays dans lesquels les tiers qui respectent les conditions peuvent être établis, en tenant compte des informations disponibles sur le niveau de risque lié aux pays. En revanche, lorsque l'institution financière a recours à un tiers faisant partie du même groupe financier, les autorités compétentes pertinentes peuvent considérer qu'elle s'est convenablement acquittée de ses obligations de vigilance si le groupe applique lui-même correctement la *due diligence*, fait l'objet de contrôles par une autorité compétente et atténue tout risque lié à un pays à risque plus élevé par ses politiques de LBC/FT.

176. Les implications pour les assujettis : définir une procédure rigoureuse de sélection des tiers (le cas échéant). Au moment de définir leurs politiques de lutte contre le blanchiment de capitaux et le financement du terrorisme, les assujettis sont appelés à se déterminer sur les possibilités, puis sur l'opportunité d'avoir recours à un tiers. Pour reprendre les préconisations du Comité de Bâle dont la portée dépasse largement le seul secteur bancaire, il y a lieu de déterminer « si et quand il est acceptable et prudent »[697] de recourir à un tiers. Lorsque cette possibilité est envisageable, il y a lieu de définir des critères de sélection du tiers introducteur devant résulter d'une analyse approfondie conduite en amont par l'organisme assujetti[698]. Cette sélection peut s'opérer conformément à une approche par les risques en tenant compte de plusieurs facteurs.

Ainsi, en plus des vérifications minimales imposées par le GAFI à l'égard du tiers, le Comité de Bâle considère une multitude de possibilités : demander au tiers de certifier qu'il a mis en œuvre son programme de lutte contre le blanchiment et que ses mesures de diligence à l'égard de la clientèle sont pour l'essentiel conformes aux standards, tenir compte des informations publiques négatives sur le tiers (comme les sanctions dont il peut faire l'objet pour insuffisances ou violation de ses obligations de lutte anti-blanchiment), détecter et atténuer tout risque additionnel posé par le recours à des parties multiples (recours en chaîne) plutôt qu'à une seule entité, etc. Aux fins d'aider les assujettis

---

[696] GAFI, *Lignes directrices sur l'identité numérique*, *op. cit.*, p. 32.
[697] Comité de Bâle sur le contrôle bancaire, *Saine gestion des risques de blanchiment de capitaux et de financement du terrorisme*, *op. cit.*, p. 23.
[698] A. BELAYACHI et M. BUREAU, *op. cit.*, p. 85.

à mieux s'approprier leurs obligations relatives à la tierce introduction[699], les autorités de contrôle devraient publier des lignes directrices à portée sectorielle lorsque cela est pertinent.

II. D'une guerre ouverte à l'occultisme dans les transactions financières et l'utilisation des nouvelles technologies.

177. ***Les mesures de vigilance à l'égard des transactions au service des objectifs de transparence et de traçabilité.*** Le GAFI s'est employé à promouvoir la transparence des transactions, qu'il s'agisse des services de transfert de fonds ou de valeurs (a), des virements électroniques (b) ou des nouvelles technologies (c).

a. À la quête de transparence dans les services de transfert de fonds ou de valeurs : des capitulations nécessaires face aux commodités de l'informel.

178. Critères de conformité pour les prestataires de services de transfert de fonds ou de valeurs. Les personnes physiques ou morales qui fournissent des services de transfert de fonds ou de valeurs doivent être agréées ou enregistrées. Dès lors, les pays doivent prendre des mesures pour identifier les personnes physiques ou morales qui fournissent des services de transfert de fonds ou de valeurs sans être agréées ou enregistrées, afin de leur appliquer des sanctions proportionnées et dissuasives. La surveillance vaut aussi pour les prestataires de services de transfert de fonds ou de valeurs ainsi que les agents[700] auxquels ils ont recours le cas échéant, dont les États doivent s'assurer de la conformité aux exigences en matière de LBC/FT. Les agents de prestataires de services de transfert de fonds ou de valeurs sont tenus d'être agréés ou enregistrés par une autorité compétente ; ou alors, le prestataire de services de transfert de fonds ou de valeurs devrait être obligé de tenir à jour une liste de ses agents

---

[699] Le GAFI opère une distinction entre la tierce introduction et les cas de sous-traitance ou de mandat, « dans le cadre desquels l'entité sous-contractante applique les mesures de vigilance relatives à la clientèle pour le compte de l'institution financière délégante conformément aux procédures de celle-ci et est soumise au contrôle par l'institution financière délégante de la mise en œuvre efficace de ces procédures ». En effet, la tierce introduction est à distinguer de l'externalisation : « le tiers auprès duquel les prestations sont externalisées ("le prestataire") est considéré comme une émanation de l'organisme qui fait appel à lui et est tenu d'appliquer l'ensemble des procédures internes mises en place par ce dernier » (A. BELAYACHI et M. BUREAU, *op. cit.*, p. 96) ; d'où il résulte que « contrairement au tiers agissant dans le cadre d'une tierce introduction, celui agissant dans le cadre de l'externalisation, n'est pas tenu d'être lui-même assujetti à des obligations de lutte contre le blanchiment de capitaux et le financement du terrorisme » (*ibid.*). Les auteurs citent dans ce cadre l'exemple des agents généraux d'assurance, des mandataires d'assurance et mandataires d'intermédiaires.

[700] Selon le critère 14.5, « Les prestataires de services de transfert de fonds ou de valeurs recourant à des agents devraient être obligés de les intégrer dans leurs programmes de LBC/FT et de surveiller le respect par ces agents de ces programmes. »

accessible aux autorités compétentes des pays dans lesquels le prestataire et ses agents opèrent.

En définitive, les prestataires de services de transfert de fonds ou de valeurs doivent être identifiables par une autorité désignée. Les modalités d'identification sont naturellement laissées à l'appréciation des États, même si deux principales tendances ont jusque-là été relevées. Certains pays exigent à ces agents une licence (à l'instar de l'Afrique du Sud, l'Ouganda ou encore la Mongolie), tandis que d'autres requièrent une déclaration auprès de l'autorité compétente (Mexique, Guatemala, Malaisie)[701].

179. Les *Hawala* et services de transfert similaires dans le viseur GAFI. La conformité à la Recommandation 14 suppose une ferme interdiction des services de transfert de fonds et valeurs opérant *de manière informelle*, en marge des banques et autres institutions financières. En 2013, le GAFI exprimait

---

[701] FATF, *FATF Guidance - Anti-Money laundering and Terrorist Financing Measures and Financial Inclusion/With a Supplement on Customer Due Diligence* ; en français : GAFI, *Lignes directrices - Mesures de LBC/FT et inclusion financière/Supplément sur les Mesures de diligence relatives à la clientèle inclus*, novembre 2017, p. 71.

plus explicitement ses préoccupations à l'égard des *hawala*[702] et autres prestataires de services assimilés, dont il mettait en exergue la contribution au blanchiment de capitaux et au financement du terrorisme[703]. Présentés comme une opportunité de pallier les effets handicapants de l'exclusion financière dans les pays où le taux de bancarisation est faible et l'accès aux services financiers,

[702] Le terme arabe « *Hawala* » renvoie au fait de « transférer » ou « transformer », et dans certains contextes, à la « confiance » (G. J. MARTIS - Advancing Financial Crime Professionnals Worldwide, *A guidance to understand hawala and to establish the nexus with Terrorist financing* [en ligne] ; en français : *Guide pour comprendre le mécanisme des Hawala et pour cerner le lien avec le financement du terrorisme*, 18 mars 2018, p. 12. Disponible sur : http://files.acams.org/pdfs/2018/A_Guidance_to_Understanding_Hawala_G_Martis.pdf ; voir aussi : L. DENEUR et R. PROVOOST, « L'Hawala, un enjeu d'inclusion financière » [en ligne], Réseau Financité, Fédération Wallonie-Bruxelles, 2019, p. 4. Disponible sur : https://www.financite.be/sites/default/files/references/files/hawala_romuald.pdf). Dans le dernier article cité, les auteurs présentent ce mécanisme, à la suite du *Petit Larousse*, comme trouvant son origine en Inde et étant basé sur un système de transfert de fonds reposant sur la seule confiance et ne laissant aucune trace écrite. La pratique persiste aujourd'hui surtout (et justement) en Asie du Sud, mais aussi, au Moyen-Orient et en Afrique (FATF, *The role of Hawala and other similar service providers in money laundering and terrorist financing* [en ligne] ; en français : GAFI, *Le rôle des Hawala et prestataires de services assimilés dans le blanchiment de capitaux et le financement du terrorisme* [en ligne], octobre 2013, p. 9. Disponible sur : https://www.fatf-gafi.org/media/fatf/documents/reports/Role-of-hawala-and-similar-in-ml-tf.pdf). Le principe est d'opérer un « transfert de fonds sans mouvement de fonds » (P. M. JOST et H. S. SANDHU, *The Hawala Alternative Remittance System and its Role in Money Laundering* ; en français : *Le système alternatif de transfert de fonds Hawala et son rôle dans le blanchiment de capitaux* [en ligne], p. 5. Disponible sur : https://www.treasury.gov/resource-center/terrorist-illicit-finance/Documents/FinCEN-Hawala-rpt.pdf) :
« Prenons l'exemple d'une personne A vivant dans un pays A, qui souhaite envoyer une certaine somme à une personne vivant dans un pays B. Cette personne A va confier son argent à un intermédiaire financier (dans le pays A). Cet intermédiaire financier va ensuite contacter par mail, téléphone, fax ou réseaux sociaux une autre personne de confiance dans le pays B, en lui demandant de remettre la somme correspondante à son destinataire en échange de la promesse de la lui rembourser plus tard. Pour pouvoir recevoir l'argent, le destinataire dispose d'un mot de passe qu'il doit impérativement communiquer à l'intermédiaire dans le pays B. Dans la plupart des cas, les intermédiaires financiers prélèvent une commission sur ce transfert financier. Les transactions ne sont soumises à aucun cadre juridique officiel, seule la confiance verbale est synonyme de contrat. » (L. DENEUR et R. PROVOOST, *op. cit.*, p. 5).
[703] GAFI, *Le rôle des Hawala et prestataires de services assimilés dans le blanchiment de capitaux et le financement du terrorisme*, *op. cit.*

limité, les *hawala* sont aussi des circuits privilégiés pour blanchir des fonds[704] et financer le terrorisme. En effet, ont été battus en brèche d'un côté, les nombreux avantages pour les familles de migrants et personnes à revenus modestes (faibles coûts, rapidité des transactions, attachement culturel/relations basées sur la confiance, difficultés d'accès aux banques et services financiers, etc.)[705] et de l'autre, les vulnérabilités au blanchiment de capitaux du fait notamment de l'absence de traçabilité financière. Dans tous les cas, les exigences de conformité dans la lutte contre de blanchiment de capitaux et le financement du terrorisme forcent les pays à trouver les moyens de faire sortir ces acteurs de l'occultisme : « ces compensations financières n'ont rien d'illégal en elles-mêmes, mais elles peuvent servir à des opérations de blanchiment qui seront à peu près indétectables vu l'impossibilité de s'assurer des affirmations tenues sur l'origine de l'argent provenant de l'étranger »[706].

180. Repenser l'inclusion financière : un plaidoyer pour une invitation des *hawaladar*[707] à intégrer les circuits formels. L'application de mesures permettant aux personnes physiques et morales - et particulièrement celles à faibles revenus, non incluses ou pas assez prises en considération par le secteur financier formel - d'accéder aux services financiers opérant en toute légalité promeut la transparence dans les services de transferts de fonds et de

---

[704] Messieurs Patrick M. JOST et Harjit Singh SANDHU expliquent comment le mécanisme des *hawala*, en tant que système de transfert de fonds, peut être utilisé durant n'importe quelle phase du blanchiment de capitaux. S'agissant du **placement**, l'argent sale remis au *hawaladar* (agent intermédiaire) peut faire l'objet de dépôts périodiques en petites coupures (de manière à ne pas dépasser les seuils réglementaires), dont le *hawaladar* justifiera ensuite l'origine en les présentant comme étant le produit de sa propre activité. Concernant **l'empilage**, il suffit de profiter de l'intraçabilité des mouvements de fonds pour les éloigner de leur provenance illicite en les transférant à plusieurs agents de différents pays, et progressivement. Enfin, **l'intégration** peut se faire par une simulation de « réinvestissement » des fonds de provenance illicite dans une activité apparemment licite ; ex. : le *Hawaladar* envoie les fonds d'origine illicite des États-Unis vers la France ; l'argent est ensuite renvoyé aux États-Unis, supposément en tant qu'investissement dans une activité commerciale - par exemple, dans l'activité « officielle » du *Hawaladar* (P. M. JOST et H. S. SANDHU, *op. cit.*, pp. 12-13).

[705] GAFI, *op. cit.*, pp. 17-18.

[706] L. YAZBECK, *Blanchiment d'argent en droit interne et international* [en ligne], thèse de doctorat : Droit international privé (sous la direction de Monsieur G. KHAIRALLAH) : Université Panthéon-Assas (Paris 2), 2020, p. 66. Disponible sur : https://docassas.u-paris2.fr/nuxeo/site/esupversions/c844c513-2d33-4993-acca-04a24e5ebf53?inline.

[707] Le terme désigne l'intermédiaire financier dans le cadre d'un transfert de fonds *via* le mécanisme des *hawala*. Dans la plupart des cas, les *Hawaladar* ont une activité principale parallèle à celle de transfert de fonds ou de valeurs. Il va sans dire que la taille du réseau d'un *hawaladar* (et donc de ses gains) va dépendre de l'étendue de ses contacts… Et de sa réputation. En effet, les relations reposant sur la confiance, le non-respect des engagements expose le hawaladar et les membres de sa famille à un boycott commercial et social (G. J. MARTIS, *op. cit.*, p. 15).

valeurs (et donc, l'efficacité dans la LBC/FT)[708]. Aussi la Recommandation 14 ne laisse-t-elle aux pays qu'une alternative : celle de soumettre à une réglementation (et aux obligations de vigilance) les *hawala* et autres prestataires de services similaires, ou de les interdire en tant qu'activités illégales. Cette deuxième option apparaissant comme une négation des spécificités culturelles et réalités financières pour bon nombre de personnes, et risquant, de surcroît, de contraindre non pas seulement les criminels, mais aussi *hawaladars* de bonne foi[709] à défier la réglementation (pour des raisons manifestement différentes), la première possibilité nous paraît la plus appropriée. Et la plus réaliste, surtout dans les pays en développement où les pratiques informelles demeurent jusqu'à présent profondément ancrées[710]. Les objectifs de transparence, d'accessibilité et de diversification de l'offre en seraient atteints, pour peu que l'on conserve les avantages qui en font l'attrait[711]. Cela pourrait nécessiter un certain courage politique - face à la concurrence éventuellement non désirée que cela risquerait d'engendrer sur le marché -, mais permettrait de sanctionner avec beaucoup

---

[708] GAFI, *Lignes directrices - Mesures de LBC/FT et inclusion financière/Supplément sur les Mesures de diligence relatives à la clientèle inclus*, *op. cit.*, p. 2. Pour le GAFI, l'inclusion financière implique la fourniture de services financiers sûrs, convenables et accessibles (y compris financièrement) aux personnes les plus vulnérables et désavantagées (faibles revenus, méconnaissance des services financiers par certaines personnes évoluant en zone rurale) et qui de ce fait, ont été peu servis ou exclus du secteur financier formel. Elle implique également de proposer une plus large gamme de produits et services financiers aux personnes qui n'ont accès jusque-là qu'aux produits financiers les plus basiques/élémentaires (*ibid.*, p. 38). En définitive, l'inclusion financière « décrit la situation dans laquelle chaque personne peut avoir accès à des services financiers qui correspondent à ses besoins, à un coût abordable auprès d'opérateurs financiers non-stigmatisants (et donc licites) » (L. DENEUR et R. PROVOOST, *op. cit.*, p. 8).

[709] Il est opéré une distinction entre trois grandes catégories de *hawala* (auxquels sont associés des risques de blanchiment de capitaux et de financement du terrorisme distincts) : **les *hawala* de tradition pure et autres prestataires de services similaires** (considérés comme légitimes), dont l'existence remonte à plus d'un siècle et dont l'usage demeure profondément ancré dans certaines sociétés (est cité l'exemple des Émirats arabes unis) où une importante partie de la population active est composée d'expatriés ; les ***hawala* traditionnels « hybrides » (et services assimilés)**, qui servent à la fois les personnes de bonne foi et les criminels (volontairement ou involontairement) et enfin, les ***hawala* purement criminels (et services assimilés)**, utilisés notamment à des fins de blanchiment de capitaux et de financement du terrorisme (GAFI, *Le rôle des Hawala et prestataires de services assimilés dans le blanchiment de capitaux et le financement du terrorisme*, *op. cit.*, pp. 14-15).

[710] Le GAFI a pu constater, à l'occasion d'une enquête concernant 33 États, que la plupart des pays développés (11 sur 17 pays interrogés) ont choisi de conférer un statut légal (réglementé) aux *hawala* tandis qu'une majorité de pays en développement (12 sur 16) ont fait le choix d'interdire ces activités, qui y sont donc considérées comme étant illégales. Ces derniers ont argué avoir retenu cette option en raison de contraintes de ressources… (*ibid.*, p. 45). Un facteur effectivement non négligeable, même s'il faudrait, par ailleurs, que les États aient avant tout la volonté (ou le courage ?) politique d'opérer l'arbitrage entre la prise en compte d'une part, des intérêts des acteurs de bonne foi (*hawaladar* non impliqués dans des trafics douteux, et énormément de familles de migrants ou ne pouvant se payer le luxe des services bancaires officiels) et d'autre part, des impératifs de la LBC/FT.

[711] Pour ne pas décourager l'initiative, il est plus indiqué d'éviter les lourdeurs administratives et financières, qui n'encouragent certainement pas à sortir de l'informalité (voir développements suivants).

moins d'états d'âme les prestataires de services de transfert de fonds et valeurs qui choisiraient (alors suspicieusement) de demeurer dans les circuits officieux. La réglementation de cette activité supposera ainsi de conditionner l'exercice de l'activité des *hawaladars* à l'obtention d'une licence, à une déclaration d'activité ou un enregistrement auprès d'une autorité compétente.

Telle a été l'option des Émirats arabes unis consécutivement à la Déclaration d'Abu Dhabi de novembre 2002[712] : une annonce serait en effet parue dans les journaux locaux, invitant les *hawaladars* à l'accomplissement d'une formalité d'enregistrement auprès de la Banque Centrale des Émirats arabes unis. L'annonce précisait alors les conditions - très simplifiées - à remplir, lesquelles incluaient l'enregistrement des détails de chaque transaction, le signalement des transferts susceptibles d'être liés au blanchiment de capitaux, mais aussi, de faire parvenir à ladite Banque Centrale des formulaires soumis à ces prestataires de services financiers selon les formes prévues par celles-ci (soit, l'équivalent d'un rapport périodique d'activité)[713]. Le Royaume-Uni est également réputé pour sa « *light touch approach* »[714] dans sa régulation des services financiers, caractérisée par la conciliation entre l'inclusion financière et la rigueur dans la réalisation des contrôles et sanctions de la non-conformité[715]. Ainsi, à côté des prestataires de services financiers du secteur formel (tels que les bureaux de change) soumis à une réglementation similaire à celle des banques, ceux de l'informel ou offrant des facilités financières (de type *hawala*) se sont vu offrir l'opportunité de procéder à l'enregistrement de leur activité

---

712 Cette Déclaration fait suite à la "International Conference on Hawala" (Conférence Internationale sur les Hawala) qui a eu lieu en mai 2002 à Abu Dhabi, qui aurait regroupé 300 délégations de 58 pays (S. AL-HAMIZ, « Hawala : A U.A.E. Perspective », *in* International Monetary fund, Monetary Financial Systems Department, *Regulatory Frameworks For Hawala and Other Remittance Systems* [en ligne] ; en français : « Les Hawala selon une perspective des Émirats arabes unis », *in* Fonds monétaire international, Département des systèmes financiers monétaires, *Cadres réglementaires des hawala et autres systèmes de transfert de fonds*, 2005, p. 32. Disponible sur : https://www.elibrary.imf.org/view/books/072/05659-9781589064232-en/05659-9781589064232-en-book.xml).

713 *Ibid.*, pp. 32-33.

714 L'expression anglaise « *light touch* » signifie, selon une traduction littérale en français « touche légère ». La *light touch approach* désigne alors la simplification orientée des procédures liées à la régulation de l'activité des services financiers au Royaume-Uni.

715 D. FAULKNER, « U.K. Regulation of Money Service Businesses », *in* International Monetary fund, Monetary Financial Systems Department, *Regulatory Frameworks For Hawala and Other Remittance Systems* [en ligne] ; en français : « La régulation britannique des entreprises prestataires de services monétaires », *in* Fonds monétaire international, Département des systèmes financiers monétaires, *Cadres réglementaires des hawala et autres systèmes de transfert de fonds*, 2005, pp. 43-44. Disponible sur : https://www.elibrary.imf.org/view/books/072/05659-9781589064232-en/05659-9781589064232-en-book.xml.
Voir aussi : J. R. WANG, « Regulating *Hawala* : a comparison of five national approaches » ; en français : « Réguler les *Hawala* : une comparaison de cinq approches nationales », *J. Money Laund. Control*, vol. 14, n°3, 2011, p. 212. L'auteur affirme également que l'objectif principal de cette « *light touch approach* » est d'éviter que la réglementation ne soit trop complexe ni trop lourde, pour éviter de décourager les prestataires de services monétaires quant au respect de la *compliance*.

selon des modalités simplifiées[716]. Cette stratégie a porté ses fruits, grâce à l'option pour une réglementation à la fois inclusive et proportionnée et en l'occurrence, qui a misé sur la maximisation des contrôles dans les secteurs à risque tout en minimisant les charges administratives pour les parties prenantes[717].

b. Les défis de la transparence dans les virements électroniques : s'outiller pour des données de qualité - et pas uniquement au bénéfice de la compliance.

181. Vue d'ensemble sur les critères de conformité : savoir qui envoie et qui reçoit des fonds[718], et respect des mesures de gel. Le respect des obligations posées par la Recommandation 16 devrait avoir pour effet d'améliorer la traçabilité des transactions, donc de prévenir et détecter le terrorisme et les autres activités illicites telles que le blanchiment de capitaux[719]. Figurant au rang des nouveautés de la révision de 2012, la Recommandation 16 prévoit d'une part, une série d'obligations spécifiquement applicables aux institutions financières du donneur d'ordre, aux institutions financières intermédiaires, aux institutions financières du bénéficiaire et aux opérateurs des services de transmission de fonds ou de valeurs. Et d'autre part, les États sont appelés à s'assurer que dans le cadre du traitement des virements électroniques, les institutions financières prennent des mesures de gel et respectent les interdictions de réaliser des opérations avec des personnes et entités désignées conformément aux obligations établies dans les Résolutions des Nations unies pertinentes relatives à la répression du terrorisme et de son financement, telles que les Résolutions des 1267 et 1373 et leurs Résolutions subséquentes.

182. Détails des critères de conformité selon les types de virements et les institutions financières concernées. La première série d'obligations concerne *les institutions financières du donneur d'ordre*, premier maillon de la chaîne. À ce propos, les institutions financières doivent s'assurer que tous les virements électroniques transfrontaliers[720] de 1 000 USD/EUR ou plus sont

---

[716] *Ibid.*
[717] *Ibid.*
[718] S. MUIR, « Navigating FATF Recommendation 16 » ; en français : « Naviguer dans la Recommandation 16 du GAFI » [en ligne], Advancing Financial Crime Professionnals Worldwide (ACAMS), Compliance (septembre-novembre 2016), 20 septembre 2016. Disponible sur : https://www.acamstoday.org/navigating-fatf-recommendation-16/.
[719] Note interprétative de la Recommandation 16 du GAFI ; voir aussi : C. GRIJSEELS, *op. cit.*, p. 17 ; S. MUIR, *ibid.*
[720] Selon la note interprétative de la Recommandation 16 (qui inclut un Glossaire des termes spécifiques utilisés dans ladite Recommandation), l'expression « Virement électronique transfrontalier » désigne un virement électronique pour lequel l'institution financière du donneur d'ordre et celle du bénéficiaire sont situées dans des pays différents. Cette expression désigne également une chaîne de virements électroniques pour laquelle au moins une institution financière impliquée est située dans un autre pays.

toujours accompagnés des informations requises et exactes[721] sur le donneur d'ordre[722] et des informations requises (sans obligation de vérification)[723] sur le bénéficiaire[724]. Lorsque plusieurs virements électroniques transfrontaliers font l'objet d'une transmission par lot aux bénéficiaires, le lot doit contenir les informations requises et exactes sur le donneur d'ordre[725] et les informations complètes sur le bénéficiaire[726], le parcours de ces informations devant pouvoir être entièrement reconstitué dans le pays de réception. L'institution financière doit dans tous les cas inclure le numéro de compte du donneur d'ordre ou le numéro de référence unique d'opération. Lorsque le virement électronique transfrontalier est inférieur au seuil applicable[727], des informations concernant le donneur d'ordre et le bénéficiaire[728] n'en sont pas moins requises, sauf que leur exactitude n'a pas à être nécessairement vérifiée ; en revanche, l'institution financière reste tenue de vérifier les informations relatives au client concerné en cas de soupçon de blanchiment de capitaux ou de financement du terrorisme[729].

Les virements électroniques nationaux doivent pour leur part être accompagnés de précisions comprenant les informations sur le donneur d'ordre conformément aux dispositions applicables aux virements électroniques transfrontaliers, à moins que ces informations puissent être mises à la disposition de l'institution financière du bénéficiaire et des autorités concernées par d'autres

---

[721] Selon le critère 16.1 (Note 40), le terme « exact » caractérise les informations dont l'exactitude a été vérifiée ; en d'autres termes, les institutions financières devraient être obligées de vérifier l'exactitude des informations requises sur le donneur d'ordre.

[722] Selon le critère 16.1, les informations requises et exactes sur le donneur d'ordre sont : le nom du donneur d'ordre ; le numéro de compte du donneur d'ordre dès lors qu'un tel compte est utilisé pour réaliser l'opération ou, en l'absence de compte, un numéro de référence unique d'opération permettant la traçabilité de l'opération ; et l'adresse du donneur d'ordre, ou son numéro national d'identité, ou son numéro d'identification client ou sa date et son lieu de naissance.

[723] C. GRIJSEELS, *op. cit.*, p. 17.

[724] Il s'agit : du nom du bénéficiaire et du numéro de compte du bénéficiaire dès lors qu'un tel compte est utilisé pour réaliser l'opération, ou en l'absence de compte, un numéro de référence unique d'opération permettant la traçabilité de l'opération (critère 16. 1 - b de conformité).

[725] Cette expression désigne le titulaire du compte qui autorise un virement électronique de ce compte ou, en l'absence de compte, la personne physique ou morale qui donne instruction à l'institution financière de précéder à un virement électronique » (Glossaire de la note interprétative de la Recommandation 16).

[726] Ce terme désigne « la personne physique ou morale, ou la construction juridique, qui a été identifiée comme le destinataire du virement électronique par le donneur d'ordre » (Glossaire de la note interprétative de la Recommandation 16).

[727] Seuil de 1 000 USD/EUR ; sont concernés les pays qui appliquent un seuil pour l'application des obligations liées aux informations sur le donneur d'ordre et sur le bénéficiaire (critère 16.3).

[728] Les informations requises sur le donneur d'ordre sont : le nom du donneur d'ordre et le numéro de compte du donneur d'ordre dès lors qu'un tel compte est utilisé pour réaliser l'opération ou, en l'absence de compte, un numéro de référence unique d'opération permettant la traçabilité de l'opération. Les informations requises sur le bénéficiaire sont : le nom du bénéficiaire et le numéro de compte du bénéficiaire dès lors qu'un tel compte est utilisé pour réaliser l'opération, ou en l'absence de compte, un numéro de référence unique d'opération permettant la traçabilité de l'opération (critère 16.3).

[729] Critère 16.4.

moyens. Le cas échéant, l'institution financière du donneur d'ordre doit seulement inclure le numéro de compte ou le numéro de référence unique de l'opération, à condition que ces éléments suffisent à permettre de reconstituer le parcours de l'opération jusqu'au donneur d'ordre ou au bénéficiaire. Les informations devraient être mises à disposition par l'institution financière du donneur d'ordre dans les trois jours ouvrables à compter de la réception de la demande soit de l'institution ou du bénéficiaire, soit des autorités appropriées[730]. Toutes les informations recueillies (sur le donneur d'ordre et le bénéficiaire) par l'institution financière du donneur d'ordre doivent être conservées pendant au moins cinq ans et d'une manière générale, conformément à la Recommandation 11. Lorsque les virements électroniques ne sont pas en conformité avec les critères précités, l'institution financière du donneur d'ordre ne devrait pas être autorisée à les exécuter.

Les ***institutions financières intermédiaires*** sont tenues de s'assurer que toutes les informations sur le donneur d'ordre et le bénéficiaire qui accompagnent un virement électronique y restent attachées. Lorsque des limites d'ordre technique font obstacle à ce que les informations requises sur le donneur d'ordre ou le bénéficiaire contenues dans un tel virement soient transmises avec le virement électronique national correspondant, l'institution financière intermédiaire devrait être obligée de conserver pendant au moins cinq ans les informations reçues de l'institution financière du donneur d'ordre ou d'une autre institution financière intermédiaire. Elle devrait également prendre des mesures raisonnables, conformes au traitement de bout en bout, pour identifier les virements électroniques transfrontaliers pour lesquels il manque des informations requises sur le donneur d'ordre ou le bénéficiaire. D'une manière générale, les institutions financières intermédiaires doivent disposer de politiques et procédures fondées sur les risques pour décider quand exécuter, rejeter ou suspendre les virements électroniques qui ne comportent pas les informations requises sur le donneur d'ordre ou le bénéficiaire, mais aussi, des actions consécutives appropriées.

Cette dernière obligation vaut également pour ***les institutions financières du bénéficiaire***[731]. Ces dernières devraient prendre des mesures raisonnables - qui peuvent comprendre une surveillance *a posteriori* ou une surveillance en temps réel lorsque cela est possible - pour détecter les virements électroniques transfrontaliers pour lesquels il manque les informations requises sur le donneur d'ordre ou sur le bénéficiaire. La vérification de l'identité du bénéficiaire s'impose pour les virements électroniques de 1 000 USD/EUR ou

[730] Le critère 16.6 précise que les autorités de poursuite pénale devraient pouvoir contraindre à la production immédiate de telles informations.

[731] Aux termes du critère 16.15, « L'institution financière du bénéficiaire devrait être obligée de disposer de politiques et de procédures fondées sur le risque pour décider (a) quand exécuter, rejeter ou suspendre les virements électroniques qui ne comportent pas les informations requises sur le donneur d'ordre ou sur le bénéficiaire et (b) des actions consécutives appropriées. »

plus lorsque cela n'a pas été fait précédemment, ainsi que la conservation des documents conformément aux standards[732].

Enfin, ***les opérateurs de services de transmission de fonds ou de valeurs*** doivent respecter toutes les obligations applicables à la Recommandation 16 dans les pays dans lesquels ils exercent leurs activités, directement ou par l'intermédiaire de leurs agents. Dans l'hypothèse où ils contrôleraient à la fois la passation d'ordre et la réception d'un virement électronique, ils devraient être obligés de prendre en compte toutes les informations émanant du donneur d'ordre et du bénéficiaire afin de déterminer si une déclaration d'opération suspecte doit être faite et de déposer une telle déclaration dans tous les pays concernés par le virement électronique suspect[733].

183. Les institutions financières mises au *challenge* d'une innovation propice à la célérité des transactions. La Recommandation 16 impose une vigilance permanente à l'égard des virements électroniques émis et reçus. Du fait de l'application de l'approche fondée sur les risques pour identifier les informations manquantes sur l'émetteur ou sur le bénéficiaire des virements, nombre d'institutions financières seront contraintes d'appliquer les mesures de vigilance requises, face aux risques de refus d'exécution[734] préjudiciable à leur clientèle. Ce système de censure par les pairs a été bien pensé aux fins de pousser les institutions financières à dépasser les limitations technologiques éventuelles pour se mettre au défi du "*quality data*"[735]. Cela implique l'acquisition ou la conception de logiciels performants, l'investissement dans des systèmes de contrôle de qualité plus sophistiqués[736] sans oublier les activités de formation du personnel subséquentes.

Autant les lacunes de l'une des institutions financières protagonistes peuvent nuire à la chaîne en ralentissant considérablement les transactions, autant les efforts de conformité de part et d'autre vont à l'inverse favoriser la célérité. Il y va donc de l'intérêt des institutions financières - du moins, celles voulant éviter d'être impliquées dans des activités criminelles -

---

[732] Conformément à la Recommandation 11, précisément.

[733] Dans pareil cas, le prestataire de service de transmission de fonds ou de valeurs doit mettre à la disposition de la Cellule de renseignement financier toutes les informations sur l'opération (critère 16.17-b).

[734] L'institution financière homologue peut aller jusqu'à mettre fin à la relation d'affaires, surtout en cas de manquements répétés aux obligations de conformité (S. MUIR, *op. cit.*).

[735] L'expression anglaise signifie : « données de qualité » ; c'est dire que les institutions financières devront prendre les mesures nécessaires pour atteindre le haut niveau de qualité d'information qu'impose un strict respect de la Recommandation 16. La *quality data* permet de trouver la juste mesure entre d'une part, les exigences des mesures de lutte et d'autre part, celles de fournir un service rapide, efficace et à moindre coût. Or, « le seul moyen d'y parvenir est de s'assurer que les données sont suffisamment de haute qualité pour permettre aux solutions automatisées de faire le reste du travail », selon Monsieur Stephen LINDSAY, Responsable des Standards chez SWIFT (*ibid.*).

[736] *Ibid.*

d'adapter leurs politiques et procédures aux exigences des standards du GAFI, de renforcer leurs contrôles de manière à s'assurer de l'exhaustivité des informations fournies et reçues et de se doter des moyens nécessaires à l'atteinte de ces ambitions.

c. Nouvelles technologies et transparence : des pérégrinations pour une mise en œuvre adéquate des obligations de vigilance.

184. Des critères de conformité forçant à la transparence : à lire conjointement avec la nouvelle note interprétative de la Recommandation 15. Les pays et institutions financières doivent identifier et évaluer les risques de blanchiment de capitaux ou de financement du terrorisme pouvant résulter du développement de nouveaux produits et de nouvelles pratiques commerciales, y compris de nouveaux mécanismes de distribution et de l'utilisation de technologies nouvelles ou en développement en lien avec de nouveaux produits ou les produits préexistants. Dans ce cadre, les institutions financières, en particulier, sont tenues d'évaluer les risques avant le lancement ou l'utilisation de ces produits, pratiques et technologies et prendre des mesures appropriées pour gérer et atténuer ces risques.

Le développement progressif des monnaies virtuelles[737] - et l'accroissement corrélatif du risque d'instrumentalisation à des fins de blanchiment de capitaux selon des modalités parfois techniquement simples « pour qui manipule aisément internet »[738] - a fini par attirer l'attention du GAFI qui, après une série d'études sur la question[739], a amendé sa Recommandation 15 aux fins de soumettre explicitement les prestataires de service d'actifs virtuels

---

[737] Présentée comme une « véritable "*game changer*" », la monnaie virtuelle a, selon Madame Delphine BAUER (dans son article intitulé : « Le blanchiment, un enjeu national et européen », *PA*, 15 octobre 2019, n°206, p. 4), cela de particulier qu'elle ne nécessite plus de tiers de confiance, comme les banques centrales : « ce sont les utilisateurs qui redistribuent, ce qui permet de conserver les données des transactions, par les ordinateurs connectés. Une fois que la transaction est validée, le bénéficiaire peut convertir en dollars ou les conserver dans un portefeuille virtuel qu'il peut gérer » (p. 2). Au niveau européen, la 5ᵉ directive, sur des tons négatifs, affirme que les cryptomonnaies « ne sont ni émises par une banque centrale ou une autorité publique et ne possèdent pas le statut juridique de monnaie ou d'argent. Sans oublier que leur convertibilité n'est pas garantie par la loi, mais sujets à des taux fluctuants » (*ibid.*). Le *Bitcoin*, en particulier, est défini par Satoshi Nakamoto (pseudonyme de son créateur dont l'identité serait inconnue) comme « un modèle de paiement électronique de pair à pair, permettant d'envoyer directement de l'argent d'une personne à une autre, sans passer par une institution financière » (A. ELKAHWAGY, « La délinquance économique à l'heure du numérique : *Bitcoin*, blanchiment et autres observations », éd. A. Pédone, *Arch. pol. crim.*, 2017/1, n°39, p. 56). L'auteur précise encore : « techniquement, le Bitcoin est une série cryptographique unique de chiffres, créée toutes les dix minutes et stockée sur la *blockchain*, une sorte de grand-livre électronique partagé par la communauté d'utilisateurs. Conçu pour durer jusqu'en 2140, le système a commencé par 10,5 millions de Bitcoins et devra atteindre 21 millions à sa date d'échéance » (*ibid.*, p. 57). Le *Bitcoin* et les mécanismes similaires reposent sur la « *Blockchain* », définie comme étant une « technologie qui peut permettre le stockage et la transmission d'informations reposant sur des échanges de pair à pair utilisant des clés cryptographiques asymétriques et des algorithmes des hachages, en fonctionnant de façon transparente et sécurisée sans recours à un administrateur central de contrôle » ; « Présentée de manière plus simplifiée, la *blockchain* peut être appréhendée comme un immense registre comptable électronique dont la sécurité est uniquement garantie par une suite d'algorithmes. C'est en cela que la *blockchain* est décentralisée, car elle n'est pas hébergée par un serveur unique, mais par ses utilisateurs, *via* l'utilisation de la technique du partage peer-to-peer (P2P). Grâce à cette technologie, des individus qui ne se connaissent pas, qui ne se sont même jamais rencontrés, pourraient conclure des transactions grâce à un procédé dématérialisé, fiable et inviolable, sans avoir à passer par un intermédiaire : banque, notaire, assureur, etc., la régularité de l'opération étant assurée par les utilisateurs de la *blockchain* faisant partie du réseau. Concrètement, chaque bloc de transactions doit être validé » (B. WALT-TERACOL, « Blockchain et assurance : entre mythe et désillusion », *Revue générale du droit des assurances*, n°11, nov. 2019, p. 5). Le « dispositif d'enregistrement électronique partagé » (DEEP) est l'appellation officielle de la technologie de la *Blockchain* (M. JULIENNE, « Les actifs numériques, entre droit et technologie », *Bulletin Joly bourse*, janv. 2020, n°01, p. 64).

[738] S. CLEMENT et J. LELIEUR, « La conformité anti-blanchiment face aux crypto-actifs », *RSC*, 2021/1, n°1, p. 18.

[739] Voir à ce propos : *FATF Report, Virtual Currencies - Key Definitions and Potential AML/CFT Risks* ; en français : GAFI, *Monnaies virtuelles - Définitions clés et risques potentiels de blanchiment de capitaux et de financement du terrorisme*, juin 2014 ; FATF, *Guidance for a risk-based approach - Virtual currencies* ; en français : GAFI, *Guide pour une application de l'approche par les risques - Monnaies virtuelles*, juin 2015 ; FATF, *Guidance for a risk-based approach - Vitual assets and Virtual asset service providers* ; en français : GAFI, *Guide pour une application de l'approche par les risques - Actifs virtuels et Prestataires de services d'actifs virtuels*, juin 2019.

aux obligations de lutte contre le blanchiment de capitaux et le financement du terrorisme[740]. La note interprétative de ladite Recommandation intègre ainsi de nouvelles obligations spécifiquement applicables aux actifs virtuels et prestataires de services d'actifs virtuels. En plus de prévoir l'obligation d'appliquer l'approche par les risques, le GAFI entend bien soumettre les prestataires de services d'actifs virtuels aux obligations de transparence. Est donc prévue l'obligation d'appliquer la fameuse "*travel rule*"[741] de la Recommandation 16 aux prestataires de services d'actifs virtuels, qui sont alors tenus de fournir des éléments d'identification du donneur d'ordre et du bénéficiaire des transactions[742]. Les prestataires doivent également être enregistrés ou être titulaires d'une licence[743] (délivrée par le pays du lieu de création de l'actif virtuel), la liberté étant laissée aux États de décider de la catégorie dont ils relèvent (institution financière, EPNFD ou toute autre catégorie distincte). Une autorité de contrôle doit être désignée au plan national pour superviser leurs activités et s'assurer du respect par ces prestataires de leurs obligations de lutte, et prendre des sanctions efficaces, proportionnées et

[740] D. CONCE, « GAFI et Régulation des Actifs Numériques : Une Impérieuse Recommandation aux États » [en ligne], *Défi Economie*, 31 octobre 2019. Disponible sur : https://rosemont-int.com/fr/article/news/gafi-et-regulation-des-actifs-numeriques-une-imperieuse-recommandation-aux-etats. Les modifications des Recommandations du 18 octobre 2018 ont aussi permis d'intégrer de nouvelles définitions au Glossaire, comprenant celles des « actifs virtuels » et « prestataires de services d'actifs virtuels » ; les actifs virtuels étant définis comme la représentation numérique de valeurs qui peuvent être vendues, transférées ou utilisées comme paiement ou comme investissement (*ibid.*).

[741] L'expression qui, littéralement, signifie « règle de voyage », renvoie dans le contexte de la Recommandation 16, à l'obligation des institutions financières de collecter, puis de se transmettre mutuellement les informations concernant le donneur d'ordre et le bénéficiaire d'un virement (*ibid.*, p. 3).

[742] Ces informations devront être mises à disposition des autorités compétentes (*ibid.*).

[743] A été notée une frappante « concordance de certaines positions des différents États » sur cette question (A. ELKAHWAGY, *op. cit.*, p. 61). En effet, selon l'auteur, l'Allemagne, la France et les États-Unis exigent tous un agrément préalable de la part d'une autorité financière compétente pour l'exercice de ce genre d'activités. En Allemagne, il s'agit de la BaFin, qui exige un agrément même si l'entreprise est installée à l'étranger, tant qu'elle est au service de clients allemands. Alors qu'en France l'exigence de l'agrément de l'Autorité de contrôle prudentiel et de résolution (ACPR) a été étendue aux prestataires de *Bitcoins*. Au niveau fédéral aux États-Unis, les transmetteurs de Bitcoins sont requis de demander l'autorisation du Financial Crimes Enforcement Network (FinCen), alors qu'au niveau étatique, sont de plus en plus délivrés des « Bit-licences ». Si la Cour de Justice de l'UE a exonéré l'opérateur, qui vend cette monnaie, de la TVA inscrite à la directive n°2006/112/CE56, l'administration fiscale française qualifie « l'achat-revente de Bitcoins exercé à titre habituel » d'activité commerciale imposable, de la même manière que son homologue américain.

dissuasives en cas de manquement (y compris la suspension ou le retrait de licence/d'autorisation d'exercer)[744].

Les clarifications de la nouvelle note interprétative concernent aussi les mesures préventives particulières auxquelles les prestataires de services d'actifs virtuels doivent se soumettre[745]. En l'occurrence, l'application de mesures de diligence pour les transactions d'un montant supérieur ou égal à 1 000 USD/EUR ; la conservation des documents pendant au moins cinq ans ; la déclaration des opérations suspectes. Par ailleurs, les États doivent veiller à permettre une application adéquate des Recommandations et notamment des mesures de gel, des saisies et confiscations, en déterminant la nature juridique des actifs virtuels[746] (qui doivent pouvoir rentrer dans les catégories de "propriété", "produit", "fonds" ou "actifs" ou "autres biens de valeur correspondante"). Ils devraient coopérer et s'accorder l'entraide la plus large

---

[744] L. BYUNGKWON, A. V. MAXIMENKO, G. E. MURPHY et al., « FATF Guidance on AML Regulations Poses Significant Challenges to Crypto Industry » [en ligne] ; en français : « Les lignes directrices du GAFI sur les obligations anti-blanchiment posent des défis considérables à la Crypto-industrie », Debevoise & Plimpton, 12 juillet 2019, p. 4. Disponible sur : https://www.debevoise.com/insights/publications/2019/07/fatf-guidance-on-aml-regulations-poses ; FATF, « Public Statement - Mitigating Risks from Virtual Assets » ; en français : GAFI, « Déclaration publique - Atténuation des risques liés aux actifs virtuels »), *Draft* sur la note interprétative de la Recommandation 15, 22 février 2019.

[745] *Ibid.*

[746] L'on devrait plus spécifiquement faire référence ici à la détermination de la catégorie juridique à laquelle ces actifs virtuels appartiennent ; dans les pays de tradition romano-germanique se pose la question de savoir si ces actifs constituent des biens (par essence, susceptibles d'appropriation) et le cas échéant, de quelle catégorie de biens ils relèveraient. L'on se contentera ici de l'exemple français (puisqu'il s'agit du droit d'inspiration des États de l'UEMOA, objet de notre analyse), qui range naturellement, de tels actifs dans la catégorie des biens meubles incorporels en raison de leur immatérialité. Il s'ensuit qu'ils sont bel et bien saisissables en application des règles concernant cette catégorie juridique (voir à ce propos : S. ALMASEANU, « Le traitement pénal du *Bitcoin* et des autres monnaies virtuelles », *Gaz. Pal.*, 30 août 2014, n°242, p. 11). Ceci étant, pour plus de précisions sur la problématique de leur nature juridique, les débats suscités par la définition juridique du *Bitcoin* en illustrent la complexité. Dans un intéressant article qui traite de cette question (A. EL KAHWAGY, *op. cit.*, pp. 60-61), a été envisagée une définition partant d'abord, d'une approche institutionnelle. Ainsi, pour les adeptes de la théorie de l'étatisme fondée sur « l'existence du droit que l'État souverain aurait par nature sur la monnaie », selon Lycette CORBION-CONDÉ (« De la défiance à l'égard des monnaies nationales au miroir du Bitcoin », *RD bancaire et fin.*, n°2, mars 2014, dossier 13, p. 2 ; cité par l'auteur de l'article, en note 46), le pouvoir exclusif de création monétaire est un attribut de l'État. Or, « la création du Bitcoin n'est pas assurée par cette autorité centrale et, par là, ne peut avoir un effet de libération universel », donc sa capacité à éteindre les dettes. Par l'approche fonctionnelle en revanche, qui s'intéresse aux qualités classiques d'unité de compte, de mesure de valeur et de réservoir de liquidité (Jean CARBONNIER, Droit civil 2, les biens, les obligations, Presses universitaires de France, collection Quadrige, 2004, p. 1560 ; cité par l'auteur en note 49), permet de considérer les *Bitcoins* comme des unités de compte, donc des instruments financiers. Telle serait l'analyse suivie par l'Allemagne et dans la même perspective, par la Cour fédérale américaine du Texas qui dans l'affaire SEC v. Shavers (Securities and Exchange Comissions v. Trendon T. Shavers and Bitcoin Saving and Trust, Case n°4:13-CV-416 (E.D. Tex. September 18, 2014), a affirmé que le *Bitcoin* est une monnaie, car utilisé pour l'achat de biens et services, et étant échangeable contre la monnaie conventionnelle.

possible (échange d'informations, entraide judiciaire et d'une manière générale, application des obligations de coopération comme prévu par les Recommandations 37 à 40), tout en respectant les mesures de protection des données à caractère personnel et de la vie privée[747].

Plus récemment, le GAFI a publié un rapport sur les indicateurs de suspicion de BC/FT en lien avec les actifs virtuels, qui devrait être profitable tant aux entités déclarantes (institutions financières et EPNFD et surtout, prestataires de services d'actifs virtuels) qu'aux autorités en charge de la détection, des enquêtes et poursuites[748]. En effet, le document contient une liste d'indicateurs de suspicion (donc, de "signaux d'alerte") qui ont été répartis en catégories, à savoir : les indicateurs relatifs aux transactions (notamment, compte tenu du volume et de la fréquence des transactions)[749] ; les indicateurs en lien avec les typologies ou modèles de transactions, l'idée étant de montrer comment l'irrégularité ou le caractère inhabituel d'une transaction peut permettre de repérer des opérations de blanchiment de capitaux ou de financement du terrorisme[750] ; les signaux d'alerte suscités par l'anonymat[751] ; les indicateurs afférents aux expéditeurs et destinataires de transactions[752] ; les indicateurs de suspicion sur les sources de fonds ou de richesse(s)[753] et enfin, les indicateurs en rapport avec les risques géographiques[754]. Cependant, à l'instar des précisions figurant dans le document, il ne s'agit là que d'hypothèses et d'exemples non exhaustifs dont la conception repose notamment sur plus d'une centaine d'études de cas fournies par diverses juridictions sur la période 2017-2020[755]. Ces indicateurs doivent aussi être appréciés compte tenu du contexte particulier de la survenance des opérations considérées[756]. Dès lors, toutes les parties prenantes gagneraient à intégrer ces (relativement) nouveaux éléments dans leurs analyses et/ou formations en lien avec la LBC/FT afin de tirer le meilleur profit de ce document particularisé, fort utilement, par une approche pragmatique de la question.

185. Le refus légitime d'une dictature des nouvelles technologies : de la nécessaire abdication des prestataires de services d'actifs virtuels. La lointaine époque pendant laquelle le GAFI qualifiait délicatement les nouvelles

---

[747] *Ibid.*

[748] FATF, *Virtual assets red flag indicators of money laundering and terrorist financing* ; en français : GAFI, *Indicateurs de blanchiment de capitaux et de financement du terrorisme par utilisation des actifs virtuels*, 2020, p. 3.

[749] *Ibid.*, pp. 5-7.

[750] *Ibid.*, pp. 7-9.

[751] *Ibid.*, pp. 9-12.

[752] *Ibid.*, pp. 12-15.

[753] *Ibid.*, pp. 15-17.

[754] *Ibid.*, pp. 17-18.

[755] *Ibid.*, p. 4.

[756] *Ibid.*

technologies de « menace potentielle »[757] est bien révolue, les craintes s'étant révélées justifiées. Il est actuellement certain que les criminels profitent allègrement de l'anonymat conféré par la technologie de la *Blockchain*[758] et de la cryptographie[759], conçues de manière à se passer des intermédiaires dans la réalisation des transactions et à exclure l'identification des utilisateurs[760]. Il est alors très vite apparu nécessaire de résoudre la question de savoir qui assujettir aux obligations de vigilance : « il faut se focaliser sur le prestataire de services d'échanges, véritable point de contact »[761]. Au regard des développements précédents, c'est exactement ce qu'a fait le GAFI.

---

[757] Le GAFI affirmait en effet dans son *Rapport annuel 1995-1996* (p. 8) : « Même si rien ne prouve encore que ces nouvelles technologies sont abusivement utilisées de cette façon, le GAFI a décidé de prendre les devants sur la question en demandant aux pays de noter la menace potentielle posée par les nouvelles technologies et d'adopter les mesures appropriées pour la restreindre au minimum. »

[758] Sur la définition de la *Blockchain*, voir *supra*, par. 184.

[759] Sur les modes opératoires de blanchiment à partir de la cryptographie, voir : S. CLEMENT et J. LELIEUR, *op. cit.*, pp. 15-27. Décrivant les modes opératoires de blanchiment à partir de la cryptographie, les auteures prennent l'exemple notamment du blanchiment à partir d'une cryptomonnaie : « […] le simple fait de convertir une devise en cryptomonnaie(s) puis de reconvertir les valeurs cryptographiques dans la monnaie valant cours dans le pays choisi pour l'investissement final est très efficace pour dissimuler l'origine illégale des fonds » (*ibid.*, p. 19).

[760] Le quasi-anonymat caractéristique de la *blockchain* rend complexe la traçabilité des identités des utilisateurs de *Bitcoins* et les transforme en « monnaie courante » pour le blanchiment d'argent, surtout pour la dissimulation de fonds d'origine délictueuse par conversion » (A. ELKAHWAGY, *op. cit.*, p. 62). Dans la très célèbre affaire *Silk Road* (Indictment, United States of America v. Ross William Ulbricht, n°14-CR-068 (S.D.N.Y. February 4, 2014, note 67 de l'article précité), l'accusé (*Ross Ulbritch*) était le fondateur du site *Silk Road*, qui était une plateforme de trafic de stupéfiants et autres produits illicites, exclusivement négocié en *Bitcoins*. Il a été poursuivi pour plusieurs actes parmi lesquels figure l'entente en vue de commettre l'infraction du blanchiment d'argent. Ulbricht a sollicité le rejet de l'acte d'accusation en avançant que les faits ne peuvent être qualifiés de blanchiment parce que toutes les transactions se sont produites en *Bitcoins* et, par conséquent, il n'y avait aucune « transaction financière » légalement reconnue. La Cour fédérale a refusé cet argument en précisant que les *Bitcoins*, par leur but et leur fonction, portent de la valeur, ils constituent un médium de transactions et ils peuvent être échangés contre des monnaies ayant cours légal (*ibid.*, p. 63). D'une manière générale, les monnaies virtuelles peuvent soit, faire partie intégrante de l'infraction, selon plusieurs variantes (intrusions informatiques pour se procurer des *Bitcoins* ou à l'aide de *Bitcoins* ; actes d'escroquerie visant à délester les utilisateurs de leurs *Bitcoins* à s'attaquant à leurs portefeuilles électroniques dits *wallets* ou encore, exercice illégal), soit, constituer un moyen de blanchiment de capitaux ; « la monnaie virtuelle sert à blanchir le produit d'autres infractions classiques, notamment le trafic de stupéfiants qui, comme on le sait, produit de très nombreuses liquidités difficiles à intégrer dans l'économie légale » (S. ALMASEANU, *op. cit.*, p. 1).

[761] D. BAUER, *op. cit.*, p. 3. L'auteure cite dans ce cadre les propos de Madame Silvia Allegrezza. Concernant les prestataires de services de paiement, la Banque de France a précisé que « dans le cadre d'une opération d'achat/vente de bitcoins contre une monnaie ayant cours légal, l'activité d'intermédiation consistant à recevoir des fonds de l'acheteur de bitcoins pour les transférer au vendeur de bitcoins relève de la fourniture de services de paiement. Exercer cette activité à titre habituel en France implique de disposer d'un agrément de prestataire de services de paiement [...] » (J.-G. DUMAS, P. LAFOURCADE, E. ROUDEIX et al., *Les NFT en 40 questions - Des réponses claires et détaillées pour comprendre les Non Fungible Tokens*, Dunod, 2022, p. 27).

Cela dit, par quels moyens parvenir à atteindre un niveau satisfaisant d'identification des bénéficiaires effectifs ? C'est là que le bât blesse... À l'occasion d'un processus de consultation, les acteurs du marché des services d'actifs virtuels ont attiré l'attention du GAFI sur les limitations technologiques qui empêchent - du moins à l'heure actuelle - une application convenable des obligations de transparence requises en vertu de la "*travel rule*"[762] ; l'infrastructure actuelle de la *Blockchain* limitant par exemple les possibilités de transmettre des informations exhaustives sur le donneur d'ordre et le bénéficiaire du service[763]. Est envisagée la possibilité de repenser l'architecture même de la *Blockchain* (vers une acceptation de l'« *off-chain* »[764])[765], ce qui toucherait cependant à l'essence même et surtout, à l'attractivité du mécanisme.

Mais l'on est d'avis qu'il s'agit là d'une belle occasion de mettre fin à ce qui n'aurait jamais dû être toléré. L'espace numérique devrait aujourd'hui se concevoir comme une société virtuelle au sein de laquelle l'absence de régulation par une autorité centrale équivaudrait à créer, au moins pour certains, une échappatoire aux règles de vie commune propice aux comportements antisociaux. Ainsi, s'il faut en arriver à renoncer aux charmes de la *Blockchain* ou des autres merveilles des nouvelles technologies pour des raisons sécuritaires, les acteurs du secteur devraient tenir compte de telles préoccupations majeures pour opérer le travail de déconstruction (ou de reconstruction) qui s'impose. Étant parfaitement conscients des évolutions de la criminalité transnationale organisée et suffisamment imprégnés des standards du GAFI, les États - ainsi que les génies du *high tech* d'ailleurs - devraient être en mesure d'anticiper sur les besoins sécuritaires avant toute sommation du GAFI (pour peu, encore une fois, que les exigences de lutte constituent réellement une priorité).

Paragraphe 2. Les obligations déclaratives : *tendre vers* une détection systématique des infractions de blanchiment.

186. ***Des lois bien pensées combinées à une mobilisation des ressources nécessaires : des exigences pour une conformité relativement aux obligations déclaratives***. La déclaration des opérations suspectes peut être considérée comme étant la seconde grande étape du processus préventif, après l'application des obligations de vigilance dont elle résulte. Celles-ci ont été posées par le GAFI, mais selon des termes et modalités qui soulèvent nombre de questions (A). Les exigences liées à la déclaration des espèces et instruments négociables au porteur, plus spécifiquement, fournissent une illustration particulière de l'importance pour les États de consentir des ressources en quantité

---

762 À ce propos, voir *supra*, par. 184.

763 L. BYUNGKWON, A. V. MAXIMENKO, G. E. MURPHY et al., *op. cit.*, p. 6.

764 Traduit littéralement : « hors des chaînes » ou rupture des chaînes.

765 *Op. cit.* p. 6.

et qualité suffisantes pour atteindre la pleine conformité - et l'efficacité - dans la LBC/FT (B).

A. Des multiples clarifications et arbitrages d'intérêts afférents à l'obligation de déclaration de soupçon.

187. Les critères de conformité… et la foultitude de questions y associées. Lorsqu'une institution financière suspecte ou a des raisons de suspecter que des fonds sont le produit d'une activité criminelle ou ont un rapport avec le financement du terrorisme, elle devrait être obligée de faire immédiatement une déclaration d'opérations suspectes, y compris auprès de la Cellule de renseignement financier. Elle devrait ainsi déclarer toutes les opérations suspectes et tentatives d'opérations suspectes, quel que soit le montant de l'opération[766]… Mais qu'est-ce qu'un soupçon ? Quand doit-on avoir des « raisons de suspecter » que des fonds sont le produit d'une activité criminelle ? Comment faire une déclaration d'opération(s) suspecte(s) à une Cellule de renseignement financier de manière à permettre la manifestation de la vérité ?

Par rapport à la première interrogation, l'on peut peut-être reprocher au GAFI le silence du glossaire des Recommandations sur le terme « soupçon »… Jusqu'à ce que l'on se rende compte qu'il serait alors proposé une définition proche de celle du *Larousse* ou du *Petit Robert* qui ne résoudrait en rien les difficultés éventuelles de réception de cette notion dans certains systèmes juridiques. La seconde question recouvre un trop grand nombre de situations à apprécier au cas par cas avec une bonne dose de vigilance et parfois, de moyens technologiques. La question des modalités est forcément laissée à la discrétion des États. La liste des questions (et des réponses) ne pouvant prétendre à une quelconque exhaustivité dans le cadre de cette analyse limitée.

La Recommandation 21 prévoit, de surcroît, les mesures de protection des déclarants qui ne sauraient naturellement être poursuivis pour avoir satisfait à une obligation commandée par la loi. Ainsi, les institutions financières, de même que leurs dirigeants et employés doivent être légalement protégés contre toute responsabilité pénale ou civile pour violation de toute règle encadrant la divulgation d'informations imposée par contrat ou par toute disposition législative, réglementaire ou administrative, lorsqu'ils déclarent de bonne foi leurs soupçons à la CRF (*quid* des déclarations de mauvaise foi ?). Et ce, même s'ils ne savaient pas précisément quelle était l'activité criminelle sous-jacente ou si l'activité illégale ayant fait l'objet du soupçon ne s'est pas effectivement produite. En revanche, ces assujettis devraient être soumis par la loi à une interdiction de divulguer le fait qu'une déclaration d'opération suspecte ou une information s'y rapportant est communiquée à la CRF (cette disposition ne visant pas à empêcher le partage d'information au titre de la Recommandation

[766] Recommandation 20.

18[767]). Effectivement, l'interdiction se conçoit surtout à l'égard des personnes concernées par la déclaration ou des tiers, afin d'éviter que le suspect ne fasse disparaître les preuves de l'infraction commise ou tentée le cas échéant.

188. Des réponses - les plus précises possibles - attendues des États pour une meilleure conformité dans les déclarations. La première préoccupation ne peut que concerner *la définition du soupçon*. L'on commence l'exploration (par réflexe sans doute largement partagé) par une consultation *Larousse*, qui retient : une « opinion défavorable à l'égard de quelqu'un, de son comportement, fondée sur des indices, des impressions, des intuitions, mais sans preuves précises [...] » ; autre sens : « simple conjecture, idée vague ». Le soupçon ne repose donc sur aucune certitude, mais a forcément un fait générateur[768] qui, dans le contexte des obligations de vigilance visant à prévenir le blanchiment, ne devrait pas être ignoré[769]. Tout l'enjeu réside donc, en réalité, dans l'identification des situations devant alerter les professionnels ; le GAFI y a

---

[767] La Recommandation 18 exhorte à la mise en œuvre des programmes de LBC/FT à l'échelle Groupe et dans ce cadre, au partage d'information au sein des Groupes aux fins de LBC/FT.

[768] Au titre des critères de définition du soupçon ont été retenues l'opacité et l'anormalité : ces deux critères « sont une source de méfiance à l'encontre d'une situation apparemment illicite » (N. B. DIOP, *Le soupçon en droit pénal des affaires* [en ligne], thèse de doctorat : Droit (sous la direction de C. MASCALA) : Université Toulouse Capitole, 2016, p. 646. Disponible sur : http://publications.ut-capitole.fr/43185/1/DiopNdeyeBinty2016.pdf).

[769] Appliqué au blanchiment, le soupçon serait une défiance ou une incompatibilité entre l'opération projetée et ce qui est connu du client ; « il s'agit encore d'un certain nombre d'indices qui ne correspondent pas à ce que le professionnel connaît de son cocontractant » (B. PEREIRA, « Blanchiment, soupçon et sécurité financière », *RIDE*, 2011/1 (t. XXV) p. 53). Ceci illustre parfaitement l'idée selon laquelle « le soupçon a d'abord et avant tout une fonction préventive » (N. B. DIOP, *op. cit.*, p. 134). Plus loin, l'auteure affirme encore qu'en matière de blanchiment, l'utilisation du soupçon comme fondement peut s'avérer intéressante et « permettre d'aller au-delà des apparences de licéité des fonds d'origine criminelle » (*ibid.*, p. 377).

partiellement aidé pour ce qui est des déclarations automatiques[770], mais la question est entière en ce qui concerne les situations soumises à l'appréciation des assujettis.

Il appartient donc aux États de les accompagner dans ce sens, en veillant d'abord à s'acquitter convenablement des obligations en termes d'évaluation des risques (y compris des études de typologies permettant d'anticiper sur une large gamme de comportements et d'éclairer sur les subtilités des méthodes de blanchiment employées) ; à publier des lignes directrices ou rapports régulièrement mis à jour et mettant en exergue au moins, les indicateurs de comportements ou de transactions suspects. En France, la Commission bancaire a précisé la notion de soupçon, notamment en identifiant diverses situations pouvant être à l'origine de soupçons de blanchiment[771]. On peut aussi citer le cas de la Cellule de renseignement financier des îles Turques-et-Caïques qui, dans un Guide consacré aux déclarations de transactions suspectes, présente

[770] Il est traditionnellement opéré une distinction entre d'un côté, les systèmes de déclaration systématique de soupçon s'appuyant sur des critères objectifs (seuils prédéterminés, nature des opérations, pays destinataires des opérations, etc.) et qui génèrent beaucoup d'informations pour les services de détection et de l'autre, le mode de déclaration s'appuyant sur des critères subjectifs tenant par exemple, aux suspicions de l'assujetti, à une mauvaise compréhension des opérations réalisées par le client, etc. (A. BAC et E. JOUFFIN, « Point de vue sur la déclaration de soupçon et ses incohérences », *in* J. L. GUILLOT, A. BAC, E. JOUFFIN et al., *Le soupçon en questions - pour une lutte efficace contre le blanchiment*, Revue Banque Édition, janv. 2008, p. 53). Chacune des options présente ses avantages et inconvénients ; l'automaticité des déclarations conduit à un engorgement des Cellules de renseignement financier (ce fut le cas pour le système américain prévoyant l'information automatique auprès de la cellule de renseignement financier, le FINCEN ; voir à ce propos : B. PEREIRA, *op. cit.*, p. 67). Tandis que le système de déclaration subjectif par essence, repose sur l'appréciation d'un individu qui peut parfois être erronée ; de plus, il conduit à un plus faible nombre de déclarations, comme ce fut le cas en France dans les années 2000 (A. BAC et E. JOUFFIN, *op. cit.*). Comme il a pu être relevé, « les conséquences du choix entre l'une ou l'autre approche sont profondément différentes en termes de tâches et en termes de sanctions » : l'automaticité « passe par la définition de critères clairs et objectifs, une obligation de faire et des sanctions dissuasives en cas de manquement. Dans l'autre approche, le flou même du concept doit admettre le droit à l'erreur, ne justifiant de sanctions que dans les cas où il y aurait délibérément défaillance du contrôle ou volonté de dissimuler »… (P. WERNER, « Avant-propos », *in* J. L. GUILLOT, A. BAC, E. JOUFFIN et al., *Le soupçon en questions - pour une lutte efficace contre le blanchiment*, Revue Banque Édition, janv. 2008, pp. 15-16). Mais au final, la généralisation de l'approche fondée sur les risques a intégré dans la sphère du soupçon l'impossibilité de l'exclure et de ce fait, conduit à une déclaration quasi automatique du soupçon de blanchiment (à l'image du modèle américain) ; de sorte qu'il a été depuis lors, opéré une extension de la déclaration de soupçon excluant une grande part de liberté d'appréciation des assujettis (B. PEREIRA, *op. cit.*, p. 67).

[771] Voir à ce propos : E. JOUFFIN et D. HOTTE, « La déclaration de soupçon - état des lieux et questions », *in* J. L. GUILLOT, A. BAC, E. JOUFFIN et al., *Le soupçon en questions - pour une lutte efficace contre le blanchiment*, Revue Banque Édition, janv. 2008, pp. 104-107. Y est opérée une distinction entre le soupçon à raison des montants, à raison des modalités de fonctionnement d'un compte et à raison de la justification économique des opérations.

les « *red flags* »[772] ainsi qu'une multitude de situations génératrices d'un doute raisonnable de blanchiment de capitaux[773]. Une telle démarche sera d'autant plus utile si de telles informations sont intégrées par les Responsables au sein des institutions financières et autres entités assujetties dans les programmes de formation du personnel. Mais mieux, les Cellules de renseignement financier peuvent elles-mêmes former le personnel des institutions financières (et au-delà, celui de toutes les entités déclarantes) à la détection des opérations suspectes, ce qui leur permettra de communiquer par la même occasion, leurs besoins et attentes quant aux qualités des déclarations. Mais encore, de créer un climat de confiance entre le personnel de la CRF et les entités déclarantes[774].

Autre question délicate, celle de la difficile conciliation des obligations déclaratives avec une panoplie d'autres « devoirs généraux »[775] auxquels sont soumises les institutions financières. Le craquellement du secret en raison de la recherche des produits du crime est aujourd'hui largement admis - du moins, par les textes réglementaires, mais ont été exprimées des inquiétudes quant à la compatibilité des obligations déclaratives avec le principe de non-

[772] Financial Intelligence Agency Turks and Caicos Islands (FIA-TCI), *Guidance on Suspicious Activity and Suspicious Transaction Reporting* [en ligne] ; en français : Cellule de renseignement financier des Iles Turques-et-Caïques, *Lignes directrices/Guide sur les transactions suspectes et déclarations d'opérations suspectes*, pp. 11-17. Disponible sur : https://www.fia.tc/wp-content/uploads/2018/04/FIA-SARGUIDE-0515-1.0.pdf.

[773] *Ibid.*, pp. 9-17. Il est bien précisé cependant - et à raison - que les situations identifiées restent simplement des indicateurs, et que leur survenance ne signifie pas forcément qu'il y a eu commission de blanchiment de capitaux ou financement du terrorisme (p. 11).

[774] Fonds monétaire international et Groupe de la Banque Mondiale, *Les Cellules de renseignements financiers - Tour d'horizon*, 2004, pp. 91-92.

[775] D. LEGEAIS, « Synthèse-Responsabilité du banquier », *J-Cl. Banque-Crédit-Bourse*, Fasc. 150, mise à jour : 4 octobre 2021.

ingérence[776], le droit au compte[777], la lutte contre les discriminations (dans l'accès aux services bancaires)[778] et d'une manière générale, les obligations professionnelles à l'égard du client. Sans oublier l'omniprésente préoccupation

---

[776] Le devoir de non-immixtion ou de non-ingérence signifie que l'établissement de crédit ne doit pas s'immiscer dans les affaires de son client. Ainsi, il n'est pas obligé d'intervenir pour empêcher son client d'accomplir un acte irrégulier, inopportun ou dangereux. Il est en droit de refuser l'exécution d'instructions du client au motif qu'elles ne lui paraîtraient pas judicieuses. Le principe constitue un frein aux actions en responsabilité dans la mesure où le principe limite les possibilités d'information du banquier. Ce devoir est opposable au client et aux tiers (*id.*, « Synthèse-Responsabilité du banquier », *J-Cl. Banque-Crédit-Bourse*, Fasc. 141, 200, 151 et 900, mise à jour : 4 octobre 2021). Toutefois, l'évolution contemporaine traduit un recul du devoir de non-immixtion au profit de la mise à la charge des établissements d'un devoir de mise en garde ; est cité à ce propos un arrêt de la Cour de cassation française : Cass. com., 3 mai 2016, n°14-11.358 : JurisData n°2016-008637 (*id.*, « Synthèse-Devoirs et responsabilité des établissements de crédit », *J-Cl. Commercial*, Fasc. 343, mise à jour : 1er févr. 2020). La difficile conciliation du principe de non-ingérence avec les obligations de vigilance a placé (et la question reste d'actualité) les professionnels dans une position fatalement inextricable, celle dans laquelle le choix d'appliquer une norme au détriment de l'autre conduit, de toute manière, à subir des sanctions. La Cour de cassation française a en effet, fait interdiction aux établissements de refuser une opération (par application du principe de non-ingérence) quand bien même un soupçon de blanchiment était caractérisé (B. PEREIRA, *op. cit.*, pp. 57-58). L'auteur cite et explicite à ce propos les arrêts suivants : Cass. com., 21 janvier 2004, Société Optima Conseil c. Société Axa Conseil Vie, Jurisdata, n°20040022001, Revue Dr. Sociétés, 2004, p. 33, note T. Bonneau ; et CA Paris, 9 avril 2004, 15e ch., section B, n°2003/03522. Dans un article de Madame Marie-Christine DUPUIS-DANON intitulé « Excès d'information, défaut de formation : les nouveaux risques de la finance » (*in Documentaliste-Sciences de l'information*, 2014, vol. 51, p. 36), l'auteure passe notamment en revue, avec force de pragmatisme, « le dilemme des injonctions paradoxales » (dites *double mind*) contraignant le sujet à désobéir à l'une pour obéir à l'autre, « tension insupportable pour l'individu ». Dans ce contexte, sont évoquées, à titre d'exemple, les règles de connaissance du client imposant une entrée en clientèle longue, laborieuse, voire intrusive, donc peu appréciée. Le chargé de clientèle est ainsi amené à faire preuve de diplomatie au risque de perdre un client au profit de la concurrence.

[777] Était relevée l'incompatibilité entre la réglementation du droit au compte et celle de l'après-déclaration de soupçon : « si la banque a pris la décision de cesser les relations, après avoir procédé à une déclaration de soupçon pour ne pas se mettre en risque, il est en pratique absurde qu'elle puisse se voir enjoindre par la Banque de France, en application de la réglementation sur le "droit au compte", de rouvrir un compte à la même personne. Or, la réglementation sur le droit au compte ne permet pas actuellement à une banque de s'opposer à la demande de la Banque France, de sorte qu'elle sera contrainte, si elle ne veut pas se mettre en risque, d'accepter dans un premier temps l'ouverture du compte, puis de la clôturer dans les meilleurs délais » (A. BAC et E. JOUFFIN, *op. cit.*, p. 139).

[778] En France, la Haute autorité de lutte contre les discriminations et pour l'égalité des chances (HALDE) a reproché à un établissement bancaire d'avoir refusé un retrait d'espèces à un client qui présentait comme justificatif d'identité une carte de séjour non valide (au motif que selon les termes de la délibération n°2006-245 du 6 novembre 2006, le fait de subordonner notamment l'utilisation d'un compte de dépôts à une condition de vérification du caractère régulier du séjour constitue une discrimination, prohibée par l'art. 19 de la loi portant création de la HALDE). « Pour autant, il n'est pas certain que la présentation d'une pièce d'identité étrangère dont on ne peut apprécier la régularité permette de satisfaire à l'obligation de vérifier l'identité du client, obligation de résultat qui, à défaut d'être satisfaite, doit conduire à une déclaration de soupçon » (C. CUTAJAR, « Postface », *in* J. L. GUILLOT., A. BAC, E. JOUFFIN et al., Le soupçon en questions - pour une lutte efficace contre le blanchiment, Revue Banque Édition, janv. 2008, p. 140).

vis-à-vis de la protection des données à caractère personnel[779]. C'est dire qu'en plus des clarifications sur le soupçon et sur les obligations incombant aux professionnels, il faudra aux pays effectuer les aménagements réglementaires nécessaires pour permettre une coexistence des normes anti-blanchiment en harmonie avec ces principes non moins importants. Dans le cas contraire, le risque est celui de voir les professionnels opérer eux-mêmes un arbitrage entre ces différents intérêts (puisqu'il faut bien choisir !), qui ne sera pas toujours en faveur du respect des obligations préventives.

Combler le silence des Recommandations[780] sur les multiples questions qui gravitent autour de l'obligation de déclaration de soupçon implique également d'en préciser les modalités et les conséquences. La qualité des informations transmises - lesquelles devraient être suffisamment documentées - va en permettre l'exploitabilité par les Cellules de renseignement financier. Cet état de fait suffit à démontrer toute l'importance des actions de formation et de sensibilisation du personnel, sur la base de lignes directrices suffisamment détaillées pour permettre une application méticuleuse des obligations déclaratives. Celle-ci repose, en effet, sur une bonne compréhension du dispositif dans sa globalité, y compris des besoins et attentes des Cellules de renseignement financier quant aux déclarations. Par ailleurs, l'importance d'une bonne gestion des suites de la déclaration de soupçon s'apprécie tant au regard des relations commerciales avec la clientèle que du point de vue de l'efficacité des enquêtes. Le dilemme est, cette fois-ci, de choisir entre la rupture des relations commerciales (sur la base de simples conjectures et au risque de compromettre éventuellement l'enquête) et leur maintien, qui pourrait exposer les professionnels à des faits de complicité de blanchiment. La première solution n'étant avantageuse sur aucun front, il paraît plus approprié de protéger d'un point de vue réglementaire les assujettis qui feraient des déclarations de soupçon de bonne foi, de manière à permettre un maintien des relations commerciales

---

[779] L'actuelle Recommandation 18 (anciennes Recommandations 15 et 22 ; sur les contrôles internes/succursales et filiales à l'étranger) exhorte vivement les pays à permettre la mise en œuvre de politiques de partage d'information au niveau des groupes de sociétés, y compris les DOS, les informations se rapportant aux DOS, ou le fait qu'une DOS ait été soumise (voir : Note interprétative de la Recommandation 18). Une réglementation inappropriée sur la protection de la vie privée peut cependant facilement poser des contraintes à une mise en œuvre convenable de cette Recommandation, comme ce fut le cas en France ; la CNIL avait adopté une Autorisation unique (n°AU-003 du 1er décembre 2005) qui interdisait l'échange, entre entités d'un même groupe, de quelque information que ce soit sur l'existence d'une déclaration de soupçon. Elle interdisait aux correspondants TRACFIN d'un même groupe de s'informer mutuellement des déclarations effectuées et des suites qui ont été données, alors même qu'il était admis que cet échange était indispensable pour lutter contre le blanchiment de capitaux (A. BAC et E. JOUFFIN, *op. cit.*, p. 33). Se posait également le problème de la compatibilité de la réglementation anti-blanchiment avec le droit d'accès que conférait la loi « Informatique et libertés » accordant alors aux personnes fichées sur les données les concernant : « en exerçant leur droit d'accès, ces personnes pourraient apprendre qu'elles ont fait l'objet d'une déclaration de soupçon, alors que le Code monétaire et financier l'interdit formellement, sous peine de sanctions pénales » (*ibid.*, p. 36).

[780] Il est ici fait référence aux Recommandations 20 et 21 du GAFI.

pour des raisons d'enquêtes (et ce, jusqu'à confirmation éventuelle des faits de blanchiment)[781].

B. Atteindre un niveau de conformité optimal quant à la déclaration des espèces et instruments négociables au porteur : une question de moyens ?

189. Critères de conformité dans le dépistage des produits du crime. La Recommandation 32 (ancienne Recommandation spéciale IX) a été spécialement conçue pour garantir que les terroristes et autres criminels ne puissent financer leurs activités ou blanchir le produit du crime par le transport physique transfrontalier d'espèces ou d'instruments négociables au porteur[782]. Elle prévoit ainsi un ensemble de mesures reposant sur un mécanisme de détection des espèces et instruments négociables aux porteurs susceptibles d'être le produit d'une activité criminelle et d'appliquer les sanctions appropriées le cas échéant[783]. Ainsi, tous les pays doivent s'assurer qu'un système de déclaration ou de communication est requis pour tous les transports physiques transfrontaliers, que ce soit par des voyageurs ou par courrier et fret. Ils peuvent utiliser des systèmes différents pour divers modes de transport, l'essentiel étant que dans tous systèmes de déclaration, toutes les personnes qui procèdent au transport physique transfrontalier d'espèces ou d'instruments négociables au porteur dont la valeur dépasse un seuil (ne pouvant être supérieur à 15 000 EUR/ USD) remettent une déclaration de bonne foi aux autorités compétentes désignées. Dans ce cadre, les États ont le choix entre un système de déclaration écrite pour tous les voyageurs qui transportent des sommes d'un montant supérieur à un certain seuil et un système de déclaration verbale pour tous les voyageurs. Ces derniers sont tenus de répondre de bonne foi et de fournir aux autorités les informations appropriées sur demande[784].

190. Critères de conformité afférents aux déclarations inexactes ou mensongères. La découverte d'une fausse déclaration d'espèces ou d'instruments négociables au porteur ou le manquement à l'obligation d'effectuer une telle déclaration confère immédiatement aux autorités

---

[781] A. BAC et E. JOUFFIN, *op. cit.*, p. 29 ; voir aussi : C. CUTAJAR, « Postface », *op. cit.*, p. 141.
[782] Note interprétative de la Recommandation 32.
[783] *Ibid.* La note interprétative prévoit que plus précisément, la Recommandation 32 vise à garantir que les pays se sont dotés de mesures permettant : (a) de repérer les transports physiques transfrontaliers d'espèces ou d'instruments au porteur négociables ; (b) d'arrêter ou de retenir les espèces ou instruments négociables au porteur suspectés d'être en rapport avec le financement du terrorisme ou le blanchiment de capitaux ; (c) d'arrêter ou de retenir les espèces ou instruments négociables au porteur faisant l'objet de fausses déclarations ou de communications d'informations fausses ; (d) d'appliquer des sanctions appropriées en cas de fausse déclaration ou de communication d'informations fausses ; et (e) d'autoriser la confiscation des espèces ou instruments négociables au porteur qui sont en rapport avec le financement du terrorisme ou le blanchiment de capitaux.
[784] Les voyageurs ne sont cependant pas tenus d'effectuer préalablement une déclaration écrite ou verbale (critère 32.3).

compétentes l'habilitation à exiger et obtenir du porteur les informations complémentaires concernant l'origine des espèces ou des instruments négociables au porteur ainsi que l'usage auquel ils sont destinés. Les données recueillies peuvent en effet constituer un bon point de départ pour la constitution d'un dossier et servir d'éléments d'enquêtes pour les CRF, mais également, pour d'autres affaires ou juridictions au plan international[785]. Les auteurs de fausses déclarations ou communications doivent faire l'objet de sanctions proportionnées et dissuasives, qu'elles soient de nature pénale, civile ou administrative. Il en est de même des personnes effectuant un transport physique transfrontalier d'espèces ou d'instruments négociables au porteur en rapport avec le blanchiment de capitaux, le financement du terrorisme ou des infractions sous-jacentes, à l'égard desquelles est requise l'application des mesures de confiscation conformément à la Recommandation 4.

191. Critères de conformité quant à la gestion de l'information : favoriser la détection et la preuve de l'infraction de blanchiment. Les informations recueillies dans le cadre du système de déclaration et/ou de communication doivent être mises à disposition des Cellules de renseignement financier grâce à un dispositif permettant soit de notifier à la CRF les incidents suspects de transport transfrontalier, soit de lui communiquer directement ces informations par tout autre moyen. Dès lors qu'il existe un soupçon de blanchiment de capitaux, de financement du terrorisme ou d'infraction sous-jacente, les autorités compétentes doivent être en mesure d'arrêter ou de retenir les espèces ou instruments négociables au porteur pendant un délai raisonnable, de manière à leur permettre d'établir si des preuves de blanchiment de capitaux ou de financement du terrorisme sont susceptibles d'être trouvées.

Au niveau national, les États doivent s'assurer que les informations collectées font l'objet d'une coordination satisfaisante entre les services douaniers, les services chargés de l'immigration ou toute autre autorité

[785] Dans un document intitulé : « Meilleures pratiques internationales : Détecter et empêcher le transport physique transfrontalier illicite d'espèces et d'instruments au porteur négociables » (19 février 2010, p. 7), le GAFI met en exergue, exactement, quatre objectifs attenants au recueil d'informations. En ce qui concerne le voyageur, les données peuvent servir de point de départ à un dossier. En ce qui concerne l'application de la loi et les poursuites, les données peuvent servir d'éléments dans d'autres affaires et/ou pour le travail d'analyse de Cellules de renseignement financier. Pour ce qui est des juridictions, les données peuvent servir à déceler les tendances afin de mieux savoir où affecter le plus efficacement les faibles ressources disponibles et à détecter les clignotants susceptibles de servir à former les autorités compétentes. Les tendances et les clignotants peuvent également servir pour les programmes de témoins experts et d'établissement des preuves. Au plan international, les données peuvent servir à aider d'autres juridictions. Par ailleurs, il est préconisé dans ce cadre, de « mettre en œuvre un système qui rassemble toutes les données nécessaires sans que ce soit un fardeau pour les voyageurs ni pour les autorités compétentes » en adaptant le volume d'informations à rassembler à la gravité de la situation et en s'attachant à obtenir les principales informations dont on sait qu'elles sont en rapport avec les circonstances (*ibid.*, p. 8).

concernée[786]. Le système de déclaration doit également autoriser la coopération et l'assistance internationales conformément aux Recommandations 36 à 40[787]. À ce titre, les informations devraient être conservées toutes les fois qu'une déclaration ou communication concerne des montants supérieurs au plafond prescrit, mais aussi, en cas de fausse déclaration ou communication ; et enfin, lorsqu'il y a soupçon de blanchiment de capitaux ou de financement du terrorisme. Ces prérogatives doivent cependant être exercées dans le respect des droits fondamentaux : des précautions strictes sont requises afin de garantir le bon usage des informations collectées et de ne limiter en aucune façon ni les paiements relatifs aux échanges de biens ou de services entre pays ni la liberté de circulation des capitaux. Pour cela, il est possible de prévoir légalement de telles garanties, de les intégrer dans les accords de coopération ou encore, de veiller à ce que les bases électroniques de données désactivent automatiquement tout accès et partage non autorisé de données[788].

192. La conformité à la Recommandation 32 subordonnée au déploiement de considérables efforts pour une bonne marche de la chaîne logistique. Face à la libre circulation des personnes et des biens, c'est à l'État qu'il revient de contrôler la fragilisation corrélative des garanties sécuritaires en renforçant les initiatives, mais surtout, les investissements dans ce volet essentiel. Car lorsqu'on va dans le détail des exigences de la Recommandation 32, l'on relève autant leur pertinence (pour contrer l'imagination fertile des passeurs) que l'ampleur des ressources matérielles et humaines que cela va (encore une fois) nécessiter. Par exemple, pour que le système de déclaration ou de communication des espèces et instruments négociables au porteur soit efficace notamment à des fins de poursuites, il faut que les voyageurs, entrants comme sortants, sachent quelles sont leurs obligations déclaratives. Ce qui nécessite, concrètement, des panneaux suffisamment explicites et en nombre suffisant ainsi que des systèmes de déclaration ou de communication performants favorisant la célérité des déclarations. De même, les pays sont appelés à s'équiper des joyaux

---

[786] Il est recommandé ici une étroite collaboration entre les autorités douanières et les autorités de police visant le partage d'informations et éventuellement, à mener des enquêtes conjointes dans lesquelles les autorités douanières assument le rôle d'un service chargé de l'application de la loi. Il en va de même pour la coopération entre autorités douanières et services de l'immigration (et d'autres administrations connexes), qui devraient coordonner leur action et coopérer en s'appuyant sur un protocole. Lorsque les autorités douanières n'ont pas les compétences suffisantes en matière d'application des lois, il importe particulièrement de veiller à ce qu'un suivi rapide s'instaure en coopération avec les services de l'immigration, les gardes-frontière et la police en vue du transfert des informations sur les éventuels cas de blanchiment d'argent et de financement du terrorisme. Il serait aussi pertinent de créer des groupes de travail composés de toutes les autorités compétentes installées à la frontière (GAFI, *op. cit.*, p. 9).

[787] Ces Recommandations portent respectivement sur la ratification des instruments internationaux ; sur l'entraide judiciaire ; sur l'entraide en matière de gel et confiscation ; sur l'extradition et enfin, sur les autres formes de coopération internationale.

[788] GAFI, *op. cit.*, p. 8.

de la technologie permettant de collecter des informations sur les passagers[789], l'enregistrement d'informations sur les billets de banque, la détection des grosses coupures[790], etc.

L'importance de la formation et de la conscientisation du personnel douanier et des autres autorités compétentes mérite aussi d'être soulignée. La première étape est de veiller à ce que ces personnes aient une très bonne connaissance de l'infraction de blanchiment de capitaux[791] et des problématiques liées, qui leur permettra ensuite de tenir la conduite appropriée lors de la mise en œuvre des obligations de vigilance aux frontières[792]. « L'efficacité du système est également facilitée si les autorités sont tenues au courant des besoins spécifiques d'autres autorités compétentes qui peuvent jouer un rôle dans les enquêtes et les poursuites menées dans des affaires de blanchiment d'argent et de financement du terrorisme (par exemple, la cellule de renseignements financiers et les autorités chargées de l'application de la loi et des poursuites) »[793] ; c'est dire qu'une fois les enjeux bien cernés par les acteurs, les chances d'une meilleure implication sont en principe décuplées (et partant, celles d'une meilleure détection et de poursuites abouties).

Enfin, tout l'engouement autour de l'approche par les risques (étant donné sa pertinence notamment du point de vue de l'allocation des ressources) ne doit faire perdre de vue que la conformité, puis l'efficacité dans l'application de la Recommandation 32 est subordonnée à une *vigilance constante à l'égard de tout mouvement transfrontière*, quel qu'il soit, ce qui met encore plus en exergue l'importance des actions de formation et de sensibilisation. À supposer que des études de typologie révèlent que la voie maritime est une zone de transit de prédilection des blanchisseurs dans telle région du monde, cela n'exclut pas pour autant que les voies terrestres et aériennes y servent également à faire transiter une quantité importante de produits d'activités criminelles. Les pays doivent donc tendre vers le maintien d'un contrôle sur toute l'étendue du territoire (y compris, mettre fin aux circuits "officieux" et à la porosité de certaines frontières) pour éviter de ne faire rien d'autre que de modifier la trajectoire des fonds d'origine ou à destination illicite.

Sous-section 2. La recherche d'une distillation des obligations préventives par une approche multisectorielle et multifonctionnelle.

193. ***L'extension du champ d'application des obligations préventives : un autre symptôme de la conquête mondiale pour l'anti-blanchiment*.** L'extension de la liste des assujettis aux obligations de LBC/FT est la condition minimale devant permettre à long terme de faire de la conformité dans la LBC/

[789] *Ibid.*, pp. 10-11.
[790] *Ibid.*, p. 16.
[791] *Ibid.*, p. 13.
[792] *Ibid.*, p. 15.
[793] *Ibid.*

FT une chose aussi naturelle pour le banquier que pour tout autre commerçant, pour l'avocat ou encore le prestataire de services concerné (Paragraphe 1). À cette approche multisectorielle est associée celle fonctionnelle, chaque acteur de la chaîne notamment préventive se voyant attribuer un rôle précis (Paragraphe 2).

Paragraphe 1. L'extension de la liste des assujettis aux obligations de lutte contre le blanchiment de capitaux.

194. La soumission des entreprises et professions non financières désignées aux obligations de vigilance : le champ d'application des mesures. La Recommandation 22 précise les circonstances dans lesquelles les EPNFD sont tenues aux obligations de vigilance. Sont à ce titre concernés :

- les casinos, lorsque les clients effectuent des opérations financières[794] égales ou supérieures à 3 000 USD/EUR ;
- les agents immobiliers, lorsqu'ils sont impliqués dans des opérations pour leurs clients concernant l'achat ou la vente de biens immobiliers[795] ;
- les négociants en métaux précieux et négociants en pierres précieuses, lorsqu'ils effectuent avec un client une opération supérieure ou égale à 15 000 USD/EUR ;
- les avocats, notaires, autres professions juridiques indépendantes et comptables, lorsqu'ils préparent ou effectuent des opérations pour leurs clients concernant : l'achat et la vente de biens immobiliers ; la gestion de capitaux, de titres ou autres actifs du client ; la gestion de comptes bancaires, d'épargne ou de titres ; l'organisation des apports pour la création, l'exploitation ou la gestion de sociétés et enfin, la création, l'exploitation ou l'administration de personnes morales ou de constructions juridiques ainsi que l'achat et la vente d'entités commerciales ;

---

[794] Il est précisé à ce niveau que procéder à l'identification des clients à l'entrée d'un casino peut être suffisant, mais pas nécessairement. Les pays doivent obliger les casinos à s'assurer qu'ils peuvent établir un lien entre les informations découlant de l'exercice de leur devoir de vigilance et les opérations effectuées par le client dans ce casino. Les « opérations financières » ne font pas référence aux opérations de jeu impliquant uniquement des jetons de casinos.

[795] Les agents immobiliers sont tenus de respecter les obligations de vigilance aussi bien vis-à-vis des acquéreurs que des vendeurs du bien immobilier.

- les prestataires de services aux *trusts* et aux sociétés, lorsqu'ils préparent ou effectuent des opérations pour un client en lien avec des activités expressément déterminées par la Recommandation 22[796].

Lorsqu'ils se trouvent dans l'une quelconque des situations précitées, ces assujettis sont tenus de se conformer précisément aux obligations de vigilance telles qu'elles sont prévues par les Recommandations 10 (devoir général de vigilance relative à la clientèle), 11 (conservation des documents), 12, 15 et 17 (vigilance particulière à l'égard, respectivement, des personnes politiquement exposées, des nouvelles technologies et en cas de recours à des tiers pour l'accomplissement de la *due diligence*).

195. Les entreprises et professions non financières désignées également tenues de déclarer les opérations suspectes. Sont également applicables à toutes les EPNFD, les Recommandations 18 à 21[797], conformément aux précisions de la Recommandation 23 sur les obligations déclaratives. En effet, le GAFI maintient la même précision chirurgicale que pour les mesures de vigilance, en spécifiant les obligations de déclarations des opérations suspectes concernant :

- les avocats, notaires, autres professions juridiques indépendantes et comptables, qui sont obligés de déclarer les opérations suspectes lorsqu'au nom ou pour le compte d'un client, ils effectuent l'une quelconque des opérations financières ou immobilières précisées par la Recommandation 22[798] ;

---

[796] Les prestataires de services aux *trusts* et aux sociétés sont soumis aux obligations de vigilance lorsqu'ils préparent ou effectuent des opérations pour un client en lien avec les activités suivantes : lorsqu'ils agissent en qualité d'agent pour la constitution d'une personne morale ; ils agissent (ou prennent des mesures afin qu'une autre personne agisse) en qualité de dirigeant ou de secrétaire général (« secretary ») d'une société de capitaux, d'associé d'une société de personnes ou de titulaire d'une fonction similaire pour d'autres types de personnes morales ; ils fournissent un siège social, une adresse commerciale ou des locaux, une adresse administrative ou postale à une société de capitaux, une société de personnes ou toute autre personne morale ou construction juridique ; ils agissent (ou prennent des mesures afin qu'une autre personne agisse) en qualité de *trustee* d'un *trust* exprès ou exercent une fonction équivalente pour une autre forme de construction juridique ; ils agissent (ou prennent des mesures afin qu'une autre personne agisse) en qualité d'actionnaire agissant pour le compte d'une autre personne (« *nominee shareholder* »).

[797] En d'autres termes, les EPNFD sont aussi concernées, lorsque la situation s'y prête, par l'application de mesures complémentaires à l'échelle Groupe (Recommandation 18), par les mesures de vigilance renforcées à l'égard des pays présentant un risque plus élevé (Recommandation 19), par les obligations de déclaration des opérations suspectes (Recommandation 20) ainsi que les règles de protection et de confidentialité (Recommandation 21) y relatives.

[798] Rappelons qu'il s'agit de : l'achat et la vente de biens immobiliers ; la gestion de capitaux, de titres ou autres actifs du client ; la gestion de comptes bancaires, d'épargne ou de titres ; l'organisation des apports pour la création, l'exploitation ou la gestion de sociétés et enfin, la création, l'exploitation ou l'administration de personnes morales ou de constructions juridiques ainsi que l'achat et la vente d'entités commerciales.

- les négociants en métaux précieux ou en pierres précieuses, qui doivent systématiquement faire une déclaration d'opération suspecte lorsqu'ils effectuent avec un client des opérations en espèces égales ou supérieures à 15 000 USD et
- les prestataires de services aux *trusts* et aux sociétés, tenus à une telle obligation lorsqu'au nom ou pour le compte d'un client, ils effectuent une opération en lien avec les activités précisées par la Recommandation 22[799].

196. L'approche multisectorielle dans la recherche des produits du crime : la solution évidente au regard de l'évolution des typologies de blanchiment. Les précédentes Recommandations (notamment celles de 2003)[800] étendaient déjà les obligations de vigilance et de déclaration des opérations suspectes aux entreprises et professions non financières désignées. Bien auparavant, celles de 1996 exhortaient les pays à s'assurer que les mesures préventives soient étendues à « l'exercice d'activités financières, à titre commercial, par des entreprises ou professions qui ne sont pas des institutions financières, lorsqu'un tel exercice est autorisé ou non interdit »[801]. C'est dire que le processus a été amorcé très tôt, les études de typologies ayant à l'époque confirmé l'invasion de plus en plus massive de tous les secteurs par les blanchisseurs. En effet, au fondement de la révision des mesures préventives des Recommandations en juin 1996, figurent les inquiétudes étant donné « l'augmentation du nombre des membres des professions juridiques, de comptables, de conseillers financiers et d'administrateurs de biens, dont les services étaient utilisés pour faciliter l'écoulement des fonds provenant d'activités criminelles »[802]. Mais encore, face au constat qu'un important volume de gains provenant d'activités illicites était investi dans l'immobilier et que le secteur des casinos était particulièrement propice au blanchiment de capitaux

---

[799] Comme pour les obligations de vigilance, les prestataires de services aux *trusts* et aux sociétés sont tenus aux obligations de vigilance quand ils agissent en qualité d'agent pour la constitution d'une personne morale ; ils agissent (ou prennent des mesures afin qu'une autre personne agisse) en qualité de dirigeant ou de secrétaire général (« *secretary* ») d'une société de capitaux, d'associé d'une société de personnes ou de titulaire d'une fonction similaire pour d'autres types de personnes morales ; ils fournissent un siège social, une adresse commerciale ou des locaux, une adresse administrative ou postale à une société de capitaux, une société de personnes ou toute autre personne morale ou construction juridique ; ils agissent (ou prennent des mesures afin qu'une autre personne agisse) en qualité de *trustee* d'un *trust* exprès ou exercent une fonction équivalente pour une autre forme de construction juridique ; ils agissent (ou prennent des mesures afin qu'une autre personne agisse) en qualité d'actionnaire agissant pour le compte d'une autre personne (« *nominee shareholder* »).

[800] Les Recommandations 12 et 16 de la version de 2003 sont l'équivalent des actuelles Recommandations 22 et 23 concernant l'application des obligations de vigilance et de déclaration des opérations suspectes par les entreprises et professions non financières désignées.

[801] Recommandations du GAFI de 1996 (Recommandation 9).

[802] J. SPREUTELS et C. SCOHIER, « La prévention du blanchiment de capitaux : évolutions récentes » [en ligne], *Revue de Droit de l'Université Libre de Bruxelles (ULB)*, 1997-1, p. 3. Disponible sur : http://www.ctif-cfi.be/fr/index.thm.

« dans la mesure où ceux-ci offraient souvent les mêmes services que les banques, y compris les possibilités de crédit, des facilités de change et des services de transfert de fonds »[803].

Deux ans plus tard[804], le problème demeurait entier ; cette fois-ci, le GAFI relatait l'implication d'avocats dans des opérations de blanchiment et évoquait les possibilités d'utilisation de la profession à cette fin[805]. En effet, le développement de combinaisons sophistiquées de techniques (telles que l'usage croissant des personnes morales pour dissimuler la véritable propriété et le véritable contrôle des produits d'activités illicites) ainsi que le recours accru à des professionnels pour obtenir des conseils et de l'assistance afin de blanchir des fonds criminels constituaient alors de sérieux problèmes. Tirant les conséquences de ses propres constatations, le GAFI recommandait d'assujettir les professions non financières et notamment les avocats au respect des obligations de vigilance et de déclaration en vigueur[806]. L'« effet de déplacement »[807] des blanchisseurs vers les professions non financières n'ayant fait que s'amplifier, les Recommandations se sont conséquemment faites plus rigoureuses à l'égard des professionnels concernés. Vue sous l'angle de la stratégie de prévention, cette solution paraît tout à fait naturelle ; mais confrontée à la réalité des différents corps de métiers, elle se prête beaucoup moins aux évidences… Et à l'approbation.

197. L'accompagnement sectoriel - selon une démarche néanmoins consultative : la voie privilégiée vers l'intégration harmonieuse des obligations préventives au sein des EPNFD. La Recommandation 34 prend tout son sens lorsqu'on se projette dans l'application des obligations préventives par les entreprises et professions non financières désignées. Ladite Recommandation incite les autorités compétentes, autorités de contrôle et organismes d'autorégulation à établir des lignes directrices et assurer un retour d'informations qui aideront les institutions financières et EPNFD dans l'application des mesures nationales de LBC/FT et en particulier, à détecter et déclarer les opérations suspectes. L'idée d'ériger cet appui en obligation est d'autant plus excellente que le niveau et les modalités d'exposition au risque de

---

803 *Ibid.*

804 On est donc en 1998 ; le GAFI évoquait les questions faisant l'objet des présents développements dans un rapport du 12 février 1998 (voir C. CUTAJAR et M. BEAUSSIER, « Les avocats et la lutte contre le blanchiment », *JCP Ed. G*, n°48, 23 novembre 2009, p. 11).

805 *Ibid.*

806 *Ibid.*

807 GAFI, *Rapport annuel 2002-2003*, p. 7. Il est relevé que les blanchisseurs cherchent en effet à se servir de professions ou d'entreprises en dehors du secteur financier, pour contourner les mesures préventives instaurées dans ce secteur. Pour cette raison, après examen des données disponibles, il a été décidé que les entreprises et professions suivantes devraient être couvertes par les quarante Recommandations : casinos, agents immobiliers, négociants en métaux précieux et pierres précieuses, avocats, notaires, comptables et autres professions juridiques indépendantes, prestataires de services aux *trusts* et sociétés.

blanchiment sont très différents d'une profession à l'autre ; une versatilité à laquelle il apparaît plus indiqué de remédier par une approche sectorielle.

Cette dernière devrait se concrétiser par l'adoption de lignes directrices ou rapports mettant en exergue les typologies de blanchiment selon les différents secteurs ainsi que les mesures corrélatives de gestion des risques de blanchiment. Ces lignes directrices devraient préciser, pour chaque profession envisagée, tant la teneur des obligations de vigilance (conditions d'applicabilité desdites mesures, situations pouvant être à l'origine de l'allègement ou du renforcement des mesures, etc.) que celle des déclarations de soupçons (objet de la déclaration ? Personnes habilitées à déclarer ? Formes de la déclaration ? Etc.). De la sorte, le risque d'aboutir à un non-sens réglementaire dans la transposition des Recommandations sera au moins, considérablement amoindri[808]. Pour les professions juridiques et comptables en particulier, les ordres peuvent apporter leur appui à maints égards ; notamment, en assumant eux-mêmes la responsabilité de la publication des lignes directrices (en accord avec les autorités étatiques et conformément aux Recommandations) ou alors au minimum, en prêtant assistance aux professionnels dans l'appropriation des mesures de lutte. Peuvent être envisagées par exemple, relativement à la dernière hypothèse, des

---

[808] En France, le problème s'était posé suite à l'adoption de la Directive du 26 octobre 2005 ; la nécessité de mettre en œuvre une approche sectorielle dans la lutte anti-blanchiment était alors évoquée par Madame Chantal CUTAJAR (« Postface », *op. cit.*, p. 147), qui démontrait dans quelle mesure le dispositif français d'alors, conçu pour les institutions financières, prévoyait des obligations qui ne sont pas adaptées aux professionnels du chiffre et du droit. On reviendra simplement, en guise d'illustration, sur l'exemple des commissaires aux comptes, envisagé par l'auteure dans sa démonstration : « [...] en ce qui concerne le bénéficiaire effectif, les commissaires aux comptes ne réalisent pas d'activités ou d'opérations pour les entités qu'ils contrôlent et ne nouent pas de relations d'affaires avec celles-ci. Ils exercent une mission d'intérêt général dans les conditions déterminées par le Code de déontologie de la profession de commissaire aux comptes issu du Décret n°2005-1412 du 16 novembre 2005. Dès lors, au regard du caractère légal de la mission et de sa nature, l'identification du bénéficiaire effectif de l'intervention du commissaire aux comptes défini comme la personne qui, en dernier lieu, contrôle le client pour le compte duquel une activité est réalisée ou une opération effectuée ne semble pas pertinente ».

activités de formation en collaboration avec les Cellules de renseignement financier[809].

Une approche sectorielle, certes, mais non isolée ; et pour cause, le GAFI ne manque pas de rappeler dans ses lignes directrices dédiées aux professions juridiques l'importance, pour les autorités de supervision, d'encourager l'échange d'informations entre les secteurs public et privé et plus spécifiquement, entre les professions juridiques et les institutions financières[810]. Ces dernières ont en effet dans beaucoup de pays une longue expérience de la *compliance* pouvant être bénéfique à d'autres acteurs, qui s'inspireraient de leurs pratiques. Les interactions peuvent aussi à l'instar des préconisations du GAFI avoir pour objet des échanges d'informations (concernant les évaluations de risques, les études de typologies, les rapports, les personnes concernées par des mesures de gel et autres informations pertinentes), l'idée étant de maintenir une synergie propice à une meilleure compréhension des risques et à la coordination des mesures de lutte.

Nonobstant toutes ces mesures d'accompagnement, les assujettis n'en demeurent pas moins, en définitive, responsables du respect de leurs obligations de vigilance. Ils devront donc consentir les efforts nécessaires pour atteindre leurs objectifs de conformité, ce qui impliquera de toute manière une

---

[809] On peut ici, à titre illustratif, comparer les modèles japonais et français. Au Japon, la loi de 2007 sur la Prévention du transfert des produits d'activités criminelles (*Act on the Prevention of Criminal Proceeds*), en son article 8, délègue à la Fédération japonaise des associations du Barreau (Japanese Federation of Bar Associations ou JFBA) l'élaboration des obligations préventives (de vigilance et de déclaration des opérations suspectes) applicables aux avocats ; voir à ce propos : Australian Government, Australian Institute of Criminology (Publications/research and public policy series/ Industry perspectives on money laundering and financing terrorism risks in non-financial sector businesses and professions), « The characteristics and regulation of non-financial businesses and professions overseas » [en ligne] ; en français : Institut australien de criminologie, « Les caractéristiques et régulations des entreprises et professions non financières à travers le monde », mise à jour : 3 novembre 2017. Disponible sur : https://aic.gov.au/publications/rpp/rpp122-part2/characteristics-and-regulation-non-financial-businesses-and-professions-overseas). En France, la démarche est différente ; les directives européennes sont transposées au niveau national, l'ordre des avocats ayant ainsi un devoir d'information et d'assistance des avocats dans la mise en œuvre de leurs obligations de lutte (voir : M. BENICHOU, « Le rôle des ordres dans la lutte contre le blanchiment et la sauvegarde du secret professionnel », *Gaz. Pal.*, 22 avril 2000, n°113, p. 2).

[810] FATF, *Guidance for a risk-based approach - Legal professionals* ; en français : GAFI, *Lignes directrices pour une application de l'approche par les risques - Professions juridiques*, juin 2019, pp. 63-64.

mobilisation humaine et technique plus ou moins considérable[811]. Car en l'état actuel des mesures préventives, les professionnels se doivent de considérer les normes de conformité à l'anti-blanchiment comme faisant partie intégrante des conditions d'exercice de leurs activités. Ils sauront, dans pareille posture, mieux se préparer aux exigences de lutte et ce faisant, davantage se prémunir contre la survenance du risque pénal.

198. Des émois suscités par les infléchissements - pourtant nécessaires - du secret professionnel des avocats. L'applicabilité aux avocats des obligations de vigilance et surtout, celles de déclarer les opérations suspectes ont suscité bien des remous. Un vent d'opposition s'est levé dans nombre de pays pour relever les effets désastreux que cela pourrait avoir sur le respect du droit d'accès à la justice, sur les relations entre l'avocat et son client, qui pourrait être réticent à communiquer librement face au risque de dénonciation encouru[812]. « La mission de conseil, d'assistance et de représentation en justice implique un secret professionnel absolu. »[813] Pour l'avocat notamment, ce secret constitue à la fois un droit (garantissant le secret des correspondances, mais aussi, l'absence d'ingérence de l'autorité publique dans la relation de confiance entre le

---

[811] La mobilisation humaine implique, non exhaustivement, une organisation des ressources humaines de manière à identifier les correspondants avec les Cellules de renseignement financier, l'affectation d'un personnel suffisant pour analyser les alertes produites par les outils de détection le cas échéant, la formation du personnel. La mobilisation technique, « complément utile de la mobilisation humaine », peut inclure l'acquisition d'outils informatiques de profilage, de dispositifs d'évacuation, de gestion des risques, etc. (C. ANDRE, « Regards critiques sur le dispositif de lutte contre le blanchiment de capitaux : les obligations de vigilance et de déclaration des professionnels de l'expertise comptable et du commissariat aux comptes », *RIDE*, 2011/1, t. XXV, p. 88).

[812] Institut australien de criminologie, *op. cit.* ; ce document évoque en effet les réticences que la soumission des avocats à la déclaration des opérations suspectes a suscitées à travers le monde, sur ces fondements. En France, « plusieurs organisations professionnelles d'avocats dans l'Union avaient mis en avant une atteinte au droit d'accéder à un tribunal impartial garanti par l'article 47 de la Charte des droits fondamentaux de l'Union européenne et par l'article 6 de la Convention EDH. La Cour de justice des Communautés européennes a rejeté cette argumentation (CJCE, gr. ch., 26 juin 2007, aff. C-305/05, Ordre des barreaux francophones et germanophones c/ Cons. min.) » ; voir : C. CUTAJAR, « L'Union européenne et le blanchiment d'argent : l'avocat entre secret professionnel et obligation de vigilance », Veille par Joseph Jehl, J.-Cl. Droit comparé, *JCP Ed. G*, n°17, 23 avr. 2012, 527). En effet, l'obligation de déclaration a soulevé bien des oppositions en France notamment dans les années 2000, « eu égard à la sensibilité de la profession concernant le secret professionnel, lequel est souvent vu notamment comme une garantie des droits de la défense » (J.-B. PERRIER, « Le secret professionnel de l'avocat et la transposition de la troisième directive anti-blanchiment », *Gaz. Pal.*, 24 septembre 2009, n°267, p. 2). Historiquement, le secret professionnel de l'avocat « est l'un des trois grands secrets protégés avec le secret médical et le secret de la confession » (*ibid.*) ; n'étant établi ni dans l'intérêt des professionnels qui reçoivent les confidences, ni même dans l'intérêt de ceux qui ont livré leurs confidences, mais dans l'intérêt général » (H. Ader et A. Damien, Règles de la profession d'avocat, Dalloz, 2008, § 36,11, *in* J. B. PERRIER, *op. cit.*, note 9) le secret professionnel n'existe pas seulement pour protéger les divulgations qui auraient été faites, mais aussi et surtout, parce que « l'intérêt général l'exige » (E. Garçon, Code pénal annoté, Sirey, 1956, note sous l'article 378, § 7, cité par J. B. PERRIER, *ibid.*, note 10) ; à ce titre, il est « absolu et d'ordre public » (*ibid.*, note 11).

[813] M. BENICHOU, *op. cit.*, p. 2 ; voir aussi : Institut australien de criminologie, *op. cit.*

justiciable et son conseil) et un devoir (celui d'assurer la confidentialité des informations portées à sa connaissance)[814]. Symbole de la garantie de principes universels participant du respect des droits fondamentaux[815], mais refuge idéal pour qui déciderait de l'instrumentaliser à des fins de blanchiment de capitaux, le secret professionnel pourrait-il, dès lors, être à la fois préservé et restreint au nom de la recherche des produits du crime ?

D'aucuns s'agacent d'ailleurs, de ce qui apparaît comme un excès de zèle pour la levée du secret en ce qui concerne le blanchiment, qui ne serait pourtant pas plus grave qu'un meurtre[816] (et entendons que toute autre infraction "grave")… Mais si l'on part sur cette lancée, on peut par exemple avancer que la lutte anti-blanchiment n'a pas non plus, davantage d'importance que la préservation de la vie privée, et pourtant cette dernière a dû faire bien des concessions pour les besoins de l'anticriminalité. Les arguments sont donc nombreux et aussi convaincants les uns que les autres, d'où l'importance d'une approche pragmatique de la question. Le fait reste qu'il a été démontré à suffisance à quel point cette profession peut constituer une faille monumentale du dispositif si l'on venait à faire de ses protagonistes des intouchables à cause d'une réglementation trop rigide, voire élitiste. Il importe donc de se livrer à la recherche du plus juste milieu possible, même si la tâche s'annonce bien ardue.

Le GAFI, qui reconnaît d'ailleurs la difficulté de la question[817], en a tenu compte d'abord, en laissant la possibilité aux États de limiter les circonstances dans lesquelles les mesures de vigilance et de déclaration des opérations suspectes ont vocation à s'appliquer ; en l'occurrence, la fameuse limitation aux transactions financières et immobilières. Tel a été le choix, par

---

[814] H. DIAZ, « Secret professionnel : lorsque le fond remonte à la surface », *Dalloz actualité*, 9 février 2022.

[815] À ce propos, il a été affirmé que le secret professionnel des avocats, dont l'importance est grande tant pour l'avocat et son client que pour le bon fonctionnement de la justice, « est l'un des principes fondamentaux sur lesquels repose l'organisation de la justice dans une société démocratique » (P. DOURNEAU-JOSETTE, « Convention européenne des droits de l'homme : jurisprudence de la cour européenne des droits de l'homme en matière pénale », *Rép. Pén.*, mars 2021).

[816] (50) F. Teitgen, Un livre sur blanchiment, Droit et patr., no 81, avril 2000, propos recueillis par J. Roussel (*in* C. JUNCU, « Les nouvelles dispositions de lutte contre le blanchiment des capitaux confrontées au secret professionnel de l'avocat et du notaire », *PA*, 14 juin 2005, n°117, p. 4).

[817] GAFI, *Lignes directrices pour une application de l'approche par les risques - Professions juridiques*, *op. cit.*, p. 10. Le GAFI y reconnaît que le secret professionnel (pour les pays à tradition romano-germanique) ou privilège juridique professionnel (pour les pays anglo-saxons) est à la fois source de protection pour le client et un devoir pour les professionnels (et notamment pour l'avocat) ; qu'il a vocation, dans les pays à tradition romano-germanique comme dans les pays anglo-saxons, à empêcher que les informations fournies par le client et les conseils fournis dans ce cadre ne soient dévoilés ; qu'il se fonde sur le principe universel du droit d'accès à la justice et le droit du client de communiquer librement en présence de son avocat/conseil juridique sans crainte d'être inquiété ; que la Recommandation 23 et ses notes interprétatives reconnaissent tout à fait les concepts de secret professionnel et de privilège juridique professionnel.

exemple, des pays d'Afrique de l'Ouest[818] et de plusieurs pays européens (Royaume-Uni, Belgique, France, Allemagne[819]), tandis que d'autres (Hong Kong, Singapour) ne font aucune distinction selon les clients ou opérations[820]. Concernant plus spécifiquement les déclarations d'opérations suspectes, les avocats, notaires, autres professions juridiques indépendantes et comptables agissant en qualité de juristes professionnels indépendants ne sont pas tenus de déclarer les opérations suspectes si les informations correspondantes ont été obtenues dans des circonstances relevant du secret professionnel ou du privilège juridique professionnel[821]. Le GAFI laisse alors à chaque pays la latitude de déterminer les situations relevant du secret ou du privilège professionnel, mais précise qu'il s'agit normalement des informations que les avocats, notaires ou membres des professions juridiques indépendantes reçoivent ou obtiennent d'un de leurs clients lorsqu'ils évaluent la situation juridique de ce dernier, ou lorsqu'ils accomplissent leur devoir de défense ou de représentation du client dans le cadre de procédures judiciaires ou administratives, d'arbitrage ou de médiation[822].

À l'égard des avocats plus spécifiquement, il est donc possible de limiter le champ du secret (donc l'exemption des obligations de déclaration de soupçon) aux seules situations dans lesquelles il se trouve dans le cadre d'une consultation (condition minimale)[823] ou d'une procédure juridictionnelle, c'est-à-dire une activité de défense. Ainsi, comme il a pu être souligné, « ce qui fait la nécessité, le cœur et la noblesse de ces professions - c'est-à-dire leur dimension juridictionnelle - est donc totalement placé en dehors du champ d'application de l'ensemble du dispositif "anti-blanchiment", à moins, naturellement, que les informations fournies par le professionnel ne l'ont été « à des fins de blanchiment de capitaux ou de financement du terrorisme ou en sachant que le client les demande aux fins de blanchiment de capitaux ou de financement du terrorisme »[824].

---

[818] Voir art. 6 al. 2-a) de la loi uniforme relative à la lutte contre le blanchiment de capitaux et le financement du terrorisme dans les pays membres de l'UEMOA et art. 7 al. 2-a) du Règlement n°01/CEMAC/UMAC/CM portant Prévention et répression du blanchiment des capitaux et du financement du terrorisme et de la Prolifération en Afrique centrale.

[819] *Australian Government*, *Australian Institute of Criminology*, *op. cit.*

[820] Critère 23.1, note 67.

[821] *Ibid.*

[822] *Ibid.*

[823] Sauf si elle est fournie aux fins de blanchiment de capitaux ou si l'avocat y procède en sachant que le client souhaite obtenir des conseils juridiques aux fins de blanchiment (F. DEFFERRARD, « Les métamorphoses de la législation française "anti-blanchiment" », *Gaz. Pal.*, 24 oct. 2009, n°297, par. 45).

[824] *Ibid.* Sauf que tout le problème pour l'avocat, dans ce cas, est « de savoir que le client désire obtenir des conseils aux fins de blanchiment des capitaux, d'autant plus qu'étant un professionnel, il pourra être considéré par le juge comme ne pouvant l'ignorer » (M. BEAUSSIER, Le secret professionnel en danger, Droit et patr., no 98, novembre 2001, propos recueillis par J. Roussel ; *in* C. JUNCU, *op. cit.*, p. 4).

Paragraphe 2. L'approche fonctionnelle dans la mise en œuvre des mesures préventives.

199. ***Des fonctions réparties selon les besoins des assujettis, les besoins de l'anti-blanchiment.*** Aux autorités réglementaires et de contrôle, a été confiée la responsabilité de permettre et superviser la mise en œuvre adéquate des mesures préventives par les institutions financières et EPNFD (A). Pour les Cellules de renseignement financier, il est *principalement* question de permettre la détection du blanchiment (B).

A. Permettre et superviser la mise en œuvre adéquate des mesures préventives : le devoir des autorités réglementaires et de contrôle.

200. ***Des obligations spécifiées relativement à la réglementation et au contrôle des institutions financières et des EPNFD.*** Le GAFI a spécifié les mesures applicables au titre de la réglementation et du contrôle des institutions financières (I) et des EPNFD (II). Mais il faut mentionner certaines obligations communes aux autorités de contrôle, mais encore, incombant aux autorités compétentes et organismes d'autorégulation, à l'instar de l'élaboration de lignes directrices et de la production d'un retour d'informations afin d'aider les assujettis dans l'application des mesures de LBC/FT[825].

I. Du point de vue de la réglementation et du contrôle des institutions financières.

201. La responsabilité des autorités de contrôle des institutions financières dans le filtre de l'accès au marché : critères de conformité. Les pays doivent désigner une ou plusieurs autorités de contrôle responsables de la réglementation et du contrôle (ou de la surveillance) du respect par les institutions financières des exigences de lutte contre le blanchiment de capitaux

[825] Critère 34.1.

et le financement du terrorisme[826]. Un filtre devrait dans ce cadre se faire à l'entrée du marché, en soumettant les institutions financières à une procédure d'agrément ou d'enregistrement[827]. Les pays ne devraient pas autoriser l'établissement de banques fictives ni la poursuite de leurs activités. De même, les autorités compétentes et autorités de contrôle du secteur financier doivent prendre les mesures législatives ou réglementaires requises pour empêcher les criminels ou leurs complices de détenir ou de devenir bénéficiaires effectifs d'une participation significative ou de contrôle d'une institution financière, ou d'y occuper un poste de direction. Pour cela, une stratégie très prisée des pays consiste à faire un tri visant à empêcher les personnes ayant un certain passé criminel d'obtenir un agrément. Il s'agit d'une variante du mécanisme des interdictions, visant à empêcher les personnes ayant commis certaines infractions d'exercer des professions données, à la fois pour les protéger (contre le risque de récidive) que pour protéger la profession et les tiers[828].

Aux États-Unis par exemple, l'obtention de cet agrément est refusée à de telles personnes, à moins que le passé criminel n'ait aucun impact négatif sur l'aptitude à respecter les exigences afférentes à la gestion d'une institution financière[829]. Un mécanisme similaire est appliqué au Canada, où les personnes ayant fait l'objet d'une condamnation pour l'une des infractions

[826] Les pays disposent pour cela de plusieurs possibilités ; le GAFI a en effet mis en évidence l'existence de plusieurs modèles de supervision dans ses lignes directrices sur la supervision du secteur financier (FATF, *Guidance for a risk-based approach - Effective supervision and enforcement by AML/CFT supervisors of the financial sector and law enforcement* ; en français : GAFI, *Lignes directrices pour une application de l'approche par les risques - Supervision et mise en œuvre efficaces de la LBC/FT par les autorités de surveillance du secteur financier, et application des lois*, octobre 2015, p. 6). Il s'agit de : **l'approche intégrée,** par laquelle une autorité de supervision « universelle » (unique) assure la fonction de contrôle à l'égard de la sécurité et de la solidité réglementaires, mais encore, de la bonne conduite des affaires pour l'ensemble des services financiers proposés par l'institution ; **le « Twin Peaks approach » (ou approche des fonctions jumelées/jumelage de fonction)** : avec une répartition des fonctions régulatrices et de contrôle entre deux (ou plusieurs autres autorités de contrôle), par exemple d'un côté, le contrôle de la sécurité et de la solidité financières et de l'autre, celui de la conduite des affaires et services financiers ; **l'approche fonctionnelle** : la compétence de l'autorité de surveillance est déterminée par les types ou catégories de transactions passées par l'institution financière, quel que soit son statut juridique. Ainsi, chaque catégorie d'activité au sein de l'institution financière est soumise à une autorité de supervision (fonctionnelle) spécifique ; et enfin, **l'approche institutionnelle** : le statut légal de l'institution financière détermine quelle est l'autorité compétente pour superviser son activité. Peu important l'approche retenue, l'essentiel reste de remplir les critères de conformité aux Recommandations.

[827] Les institutions financières soumises aux Principes fondamentaux doivent être agréées ; tandis que les autres institutions financières et notamment, celles qui fournissent des services de transfert de fonds ou de valeurs ou des services de change doivent être soit agréées, soit enregistrées (critère 26.2).

[828] Dans la législation des pays francophones de l'UEMOA calquée sur le droit français (Acte uniforme révisé portant sur le droit commercial général de l'OHADA, applicable dans tous les États de l'Union, art. 10 à 12), les interdictions empêchent l'accès à la profession commerciale. Elles peuvent être générales, définitives ou temporaires.

[829] GAFI, *op. cit.*, p. 9.

déterminées (y compris, le blanchiment de capitaux, certaines infractions criminelles ou liées aux stupéfiants) sont d'office inéligibles auprès du Centre d'analyse des opérations et déclarations financières du Canada (CANAFE)[830]. On peut enfin relever la stratégie mexicaine, dont la force repose sur le contrôle *a priori* : avant tout démarrage d'activité par une institution financière, les autorités de supervision effectuent des visites permettant de vérifier tous les aspects de la conformité à la LBC/FT, y compris notamment le passé pénal des membres de la personne morale[831].

202. Critères de conformité dans l'application de l'approche par les risques en matière de contrôle et de surveillance[832]. Rappelons qu'au moment où ils évaluent les risques, les pays et institutions financières doivent tenir compte de la manière dont les risques de blanchiment de capitaux et de financement du terrorisme peuvent les affecter et appliquer les mesures d'atténuation requises[833]. Il subsiste tout de même une possibilité que certaines institutions financières (et même, certains pays) n'atténuent pas convenablement les risques identifiés à cause d'une mauvaise compréhension, ou appliquent pour une quelconque autre raison, *la* mauvaise approche par les risques[834]. D'où l'importance d'une bonne supervision par les autorités de contrôle, qui se doivent pour leur part d'envisager un risque de non-conformité des assujettis et d'appliquer elles-mêmes, dans ce cadre, une approche par les risques.

Le GAFI distingue à ce niveau les institutions financières soumises aux Principes fondamentaux pertinents en matière de LBC/FT[835] (qui prennent déjà en compte dans une large mesure le risque de blanchiment) des autres institutions financières : les premières devraient être soumises à une réglementation et un contrôle en accord avec lesdits Principes fondamentaux, y compris l'application d'une surveillance consolidée au niveau du groupe à des fins de LBC/FT. Les autres doivent être soumises à une réglementation et un contrôle (ou surveillance), compte tenu du risque de blanchiment de capitaux ou de financement du terrorisme du secteur dans lequel elles opèrent. Au minimum, pour les institutions financières qui fournissent des services de transfert de fonds

---

[830] *Ibid.*, pp. 9-10. Le CANAFE (ou *Financial Transactions and Reports Analysis Centre of Canada*/FINTRAC) est la Cellule de renseignement financier du Canada.

[831] *Ibid.*, p. 11. Les vérifications portent également sur le contenu du Manuel de conformité, des politiques et procédures de prévention de la LBC/FT (y compris d'application des mesures de vigilance à l'égard de la clientèle), sur la gouvernance d'entreprise, etc.

[832] Critère 26.4.

[833] GAFI, *op. cit.*, p. 11.

[834] *Ibid.*, p. 12.

[835] Le GAFI cite à ce titre et notamment, les Principes fondamentaux du Comité de Bâle sur le contrôle bancaire (BCBS) 1-3, 5-9, 11-15, 26, et 29 ; les Principes de l'Association internationale des contrôleurs d'assurance (AICA) 1, 3-11, 18, 21-23, et 25 ainsi que les Principes de l'Organisation internationale des commissions de valeurs (OICV) 24, 28, 29 et 31. Les évaluateurs peuvent se référer à des évaluations existantes de la conformité d'un pays à ces Principes fondamentaux si celles-ci sont disponibles (critère 26.4, note 61).

ou de valeurs ou des services de change, les systèmes de surveillance mis en place par les pays doivent assurer le respect de leurs obligations nationales en matière de lutte contre le blanchiment de capitaux et le financement du terrorisme. La fréquence et l'étendue des contrôles - sur place et à distance - exercés en matière de LBC/FT sur les institutions financières ou les groupes financiers doivent aussi être déterminées sur la base des risques identifiés et des capacités (présumées ou avérées) de l'institution financière d'y apporter des réponses convenables. L'autorité de contrôle doit revoir l'évaluation du profil de risque de blanchiment de capitaux et de financement du terrorisme d'une institution financière ou d'un groupe financier, y compris le risque de non-conformité, de manière régulière et dès que surviennent d'importants événements ou évolutions dans la gestion et les opérations de l'institution financière ou du groupe financier.

203. Critères de conformité des pays quant à l'étendue des pouvoirs dévolus aux autorités de contrôle. Les autorités de contrôle doivent être dotées de pouvoirs leur permettant de contrôler ou surveiller les institutions financières, afin de s'assurer qu'elles respectent leurs obligations en matière de lutte contre le blanchiment de capitaux et le financement du terrorisme. Cela implique qu'elles soient en mesure de procéder à des inspections des institutions financières ; d'exiger la production de toute information pertinente pour contrôler le respect des obligations de lutte[836]. Et enfin, d'imposer des sanctions conformément à la Recommandation 35[837] en cas de non-respect des obligations de lutte contre le blanchiment de capitaux et le financement du terrorisme. En l'occurrence, les autorités de contrôle devraient pouvoir imposer une gamme de sanctions disciplinaires et financières, y compris le pouvoir de retirer, limiter ou suspendre l'agrément de l'institution financière.

Le GAFI insiste cependant sur l'importance d'administrer des sanctions intelligentes, lesquelles devraient avoir pour effet, au-delà de remédier aux manquements identifiés, de pousser à l'adoption d'une culture d'entreprise propice à un bon management du risque notamment de blanchiment et à la conformité aux normes nationales de lutte[838]. Si l'on considère le cas des Pays-Bas, les mesures correctrices des autorités de supervision des institutions financières reposent sur trois différentes stratégies : éducationnelle (dynamique

---

[836] Le GAFI précise que le pouvoir des autorités de contrôle en matière de production d'informations ou d'obtention d'accès aux informations à des fins de surveillance ne devrait pas être conditionné à l'obtention d'une décision d'un tribunal (critère 27.3, note 62).

[837] Rappelons qu'elle incite les pays à s'assurer qu'une gamme de sanctions efficaces, proportionnées et dissuasives, pénales, civiles ou administratives, est applicable aux personnes physiques et morales visées par les assujettis qui ne respectent pas les obligations en matière de LBC/FT. Les sanctions devraient être applicables non seulement aux institutions financières et aux entreprises et professions non financières désignées, mais également à leurs dirigeants.

[838] GAFI, *Lignes directrices pour une application de l'approche par les risques - Supervision et mise en œuvre efficaces de la LBC/FT par les autorités de surveillance du secteur financier, et application des lois*, *op. cit.*, p. 18.

d'explication des ajustements à effectuer), normative (guide dans la mise en conformité) et répressive (punition, sanction)[839]. Et naturellement, là où l'approche éducationnelle peut suffire pour remédier à certains manquements, d'autres vont requérir l'application de peines plus ou moins sévères et dans des délais plus ou moins longs[840]. Plus que de se doter d'une armada de sanctions, l'important est donc surtout pour les pays de veiller à ce que ces dernières incitent à une conformité immédiate et durable, dans le respect du critère notamment de proportionnalité.

204. Critères de conformité dans l'échange d'informations entre autorités de contrôle du secteur financier. La collaboration entre autorités de contrôle du secteur financier ne peut se concevoir, au regard des standards du GAFI, sans une bonne circulation de l'information. Pour toutes les parties prenantes concernées, il y va d'une vision encore plus étendue des menaces liées au blanchiment de capitaux et au financement du terrorisme, ce qui ne peut qu'être bénéfique à une application encore plus orientée de l'approche par les risques[841]. Pour cela, les autorités de contrôle du secteur financier doivent supprimer les contraintes légales empêchant une coopération appropriée avec leurs homologues étrangers[842].

L'échange d'informations entre autorités de contrôle du secteur financier s'applique dès lors aux informations - notamment détenues par les institutions financières - auxquelles elles ont accès au plan national. Le GAFI recommande également l'échange d'informations avec les autres autorités de contrôle partageant une responsabilité commune vis-à-vis des institutions financières opérant au sein du même Groupe[843], mais également, avec leurs homologues étrangers[844]. Mais à la condition de garantir un strict respect des

[839] *Ibid.*, pp. 16-17.
[840] *Ibid.*
[841] Plus spécifiquement, l'échange d'informations entre les autorités de supervision permet une meilleure allocation des ressources pour l'application de l'approche fondée sur les risques (FATF, *Private sector information sharing* ; en français : GAFI, *Partage d'informations dans le secteur privé*, novembre 2017, p. 4).
[842] Et cela, peu important leur nature ou leur statut respectif (critère 40.12). Doivent être respectées, dans ce cadre, les normes internationales pertinentes, applicables en matière de contrôle et en particulier, en matière d'échange d'informations relatives au contrôle à des fins de LBC/FT.
[843] Peuvent être partagées les informations d'ordre réglementaire (réglementation nationale, informations générales sur les secteurs financiers), les informations prudentielles (telles que les informations sur les activités des institutions financières, leurs bénéficiaires effectifs, leur gestion et honorabilité - désignée par l'appellation « *fit and properness* ») et d'une manière générale, les informations sur la LBC/FT (procédures et politiques internes de lutte des institutions financières, vigilance relative à la clientèle, dossiers de clients, échantillons de comptes ou encore, opérations). Ces obligations sont prévues par le critère 40.14.
[844] Cela implique de rechercher des informations pour le compte d'homologues étrangers, ou de les autoriser à rechercher eux-mêmes des informations dans le pays (ou tout au moins, de leur faciliter cette tâche), le but étant d'appliquer, selon les cas, la solution la plus favorable à un contrôle efficace des groupes (critère 40.15).

conditions de confidentialité et de finalité du partage d'informations[845]. Le respect de cette dernière exigence est déterminant pour le maintien des relations de confiance entre les autorités de contrôle concernées, voire pour leurs interactions futures.

II. Du point de vue de la réglementation et du contrôle des EPNFD.

205. Critères de conformité : des normes similaires aux mécanismes de contrôle des institutions financières. Dans la réglementation et le contrôle des entreprises et professions non financières désignées, il y a lieu d'abord de s'assurer que les casinos en particulier sont soumis à une réglementation et un contrôle en matière de lutte contre le blanchiment de capitaux et le financement du terrorisme. Les pays doivent ainsi exiger que les casinos soient agréés et prendre les mesures nécessaires pour empêcher les criminels ou leurs complices de détenir ou de devenir bénéficiaires effectifs d'une participation significative ou d'un contrôle d'un casino, d'y occuper un poste de direction ou d'en être l'exploitant. Puis, s'assurer qu'ils fassent l'objet d'un contrôle du respect de leurs obligations de lutte.

Pour les entreprises et professions non financières désignées autres que les casinos, une autorité de contrôle ou un organisme d'autorégulation (OAR)[846] désigné doit être responsable de la surveillance et du respect par ces assujettis de leurs obligations de lutte contre le blanchiment de capitaux et le financement du terrorisme. Des dispositifs de surveillance doivent permettre de s'assurer qu'elles respectent leurs obligations. L'organisme d'autorégulation ainsi désigné doit disposer des pouvoirs nécessaires pour remplir ses fonctions et notamment, des pouvoirs de contrôle de conformité et de sanction, conformément à la Recommandation 35. Il doit également prendre les mesures visant à empêcher les criminels ou leurs complices d'accéder au statut de professionnel agréé ou de détenir un contrôle significatif au sein de l'entité juridique. D'une manière générale, toutes les entreprises et professions non financières désignées doivent faire l'objet de mesures de surveillance en fonction

[845] Le GAFI exige à cet effet que les autorités de contrôle concernées s'assurent qu'elles disposent de l'autorisation de l'autorité de contrôle du secteur financier requise avant toute dissémination des informations échangées ou toute utilisation à des fins de contrôle ou à d'autres fins, à moins que l'autorité de contrôle du secteur financier ne soit légalement obligée de divulguer ou de communiquer ces informations. Dans ce cas, l'autorité requérante devrait au moins, informer promptement l'autorité requise de cette obligation.

[846] Les organismes d'autorégulation peuvent être fondés sur une profession (avocats, notaires, fiduciaires, etc.), centrés sur une entreprise (par exemple, la poste, les chemins de fer, en ce qui concerne les activités de change ou de transfert de fonds de ces entreprises) et enfin, les OAR « généralistes qui gèrent tous les types de profession » (G. FAVAREL-GARRIGUES, T. GODEFROY et P. LASCOUMES, *Les banques, sentinelles de l'anti-blanchiment - L'intervention d'une spécialité professionnelle dans le secteur financier*, Centre d'études et de recherches internationales, 2014, p. 64).

des risques, selon des modalités similaires à celles prévues pour les institutions financières[847].

206. Des exigences de la concrétisation d'une supervision adéquate des entreprises et professions non financières désignées. En dépit de toutes les controverses qu'elle peut susciter, la possibilité de recours aux organismes d'autorégulation a le mérite de traduire symboliquement, la responsabilisation des acteurs des secteurs public et privé dans l'anti-blanchiment ; de prendre en

[847] En appliquant une surveillance des EPNFD en fonction des risques, il y a lieu de déterminer la fréquence et l'étendue des contrôles de LBC/FT des EPNFD en fonction de leur compréhension des risques de blanchiment de capitaux et de financement du terrorisme et en tenant compte de leurs caractéristiques, notamment de leur diversité et de leur nombre ; de tenir compte du profil de risques de blanchiment de capitaux et de financement du terrorisme des EPNFD, et du degré de discrétion qui leur est accordé en vertu de l'approche fondée sur les risques, lors de l'évaluation de la pertinence des contrôles internes, des politiques et procédures de LBC/FT des EPNFD (critère 28.5).

compte les spécificités professionnelles et sectorielles[848]. Mais son succès est subordonné à une franche collaboration des professionnels, qui elle-même, nécessite d'opérer les ajustements réglementaires (s'il y a lieu) aux fins de doter les organismes d'autorégulation des pouvoirs nécessaires à une supervision conforme aux Recommandations. Dans le même ordre d'idées, ils doivent être dotés de moyens notamment financiers en raison des charges supplémentaires

---

[848] Les positions des pays sur cette question sont, comme l'on peut s'y attendre, différentes. **L'on est d'avis que cette démarche est préférable**, partageant pleinement l'idée selon laquelle il vaut mieux être régulé par ses pairs que par des organes/personnes extérieures qui ne maîtrisent pas forcément les subtilités et rouages du métier (G. FAVAREL-GARRIGUES, T. GODEFROY et P. LASCOUMES, *op. cit.*, p. 65). Pour les professions libérales surtout, l'autorégulation devrait, *a priori*, inciter à davantage de déclarations. Pour la profession de notaire par exemple, certains États ont institué un organisme d'autorégulation (Allemagne, Espagne, Suisse) alors que d'autres comme l'Autriche, la Belgique et la France, s'y refusent : « Les organismes d'autorégulation présentent eux-mêmes des caractéristiques très différentes selon les États, d'un simple organe de transmission comme en Allemagne ou en Italie, à une institution de contrôle des opérations (comme la Fédération suisse des notaires) ou, comme l'O.C.P. en Espagne, à une véritable cellule professionnelle d'assistance au notaire, de mise en place des procédures, d'analyse et de synthèse des opérations et des déclarations effectuées par les notaires, venant pleinement assister la C.R.F. dans l'exercice de ses missions » (J.-C. GINISTY, « Le rôle du notaire dans la lutte contre le blanchiment de capitaux », *Defrénois*, 15 févr. 2009, n°3, p. 279). Ainsi, les notariats bénéficiant d'un organisme d'autorégulation font valoir que « sa présence permet à la profession de mieux connaître et analyser les opérations suspectes déclarées par les professionnels et d'entretenir un dialogue avec la C.R.F., situation de nature à développer des outils plus pertinents d'assistance aux notaires ». Pour ce qui est des avocats l'autorégulation constitue, du point de vue de nombre des professionnels concernés, « la condition de l'indépendance de l'avocat et donc du respect du secret professionnel, condition d'un procès équitable » (précisons que les auteurs de l'article d'où est extraite une telle position sont tous avocats : M. BILLET, J. C. KREBS et C. LEROY, « La lutte contre le blanchiment et le financement du terrorisme - Dossier spécial sur « Les enjeux de la réglementation de la profession d'avocat par le droit européen » [en ligne], *L'Observateur de Bruxelles*, n°117, juillet 2019, p. 23. Disponible sur :
https://www.cnb.avocat.fr/sites/default/files/article_lobservateur_de_bruxelles_juillet_2019.pdf).
En effet, pour les professionnels concernés, il était hors de question que la transposition de la 5e Directive européenne en France remette en question le maintien de l'autorégulation (notamment, que le contrôle du bon respect de leurs obligations par les avocats relève de l'ordre) et le filtre du bâtonnier dans le cadre des déclarations de soupçon, au regard des enjeux pour la préservation du secret professionnel (M. LARTIGUE, « Anti-blanchiment : de nouvelles obligations pour la profession d'avocat », *Gaz. Pal.*, 25 févr. 2020, n°08, p. 5). Mais, les arguments opposés au « contrôle délégué » (G. FAVAREL-GARRIGUES, T. GODEFROY et P. LASCOUMES, *op. cit.*, p. 63) n'en restent pas moins pertinents : « [...] ces tâches devraient rester celles de l'État, il n'y a pas lieu de déléguer à des organismes privés qui en font un business » (*ibid.*) ; l'on fait aussi valoir dans les pays où le mécanisme d'autorégulation n'a pas été institué (en ce qui concerne surtout les notaires) qu'il y a intérêt à disposer de déclarations spontanées et subjectives des professionnels, « craignant d'un organe intermédiaire qu'il favorise les déclarations de nature "objectives", sans réelle plus-value pour la C.R.F. » (J.-C. GINISTY, *op. cit.*). De l'avis pertinent de l'auteur de l'article précité, « tout dépend de la culture et de l'organisation de la profession au sein de chaque État et, surtout, de la manière dont sont organisés les rapports entre les professions et la C.R.F. Dès lors que ces rapports sont bilatéraux et fructueux, tant avec chaque notaire qu'à l'égard des organes représentatifs de la profession, l'institution d'un organe d'autorégulation peut ne pas s'avérer indispensable. En revanche, lorsque pour des raisons historiques ou institutionnelles, ce type de relation n'existe pas ou difficilement, il constitue un instrument privilégié pour les créer » (*ibid.*).

que ne peuvent manquer de générer les fonctions de contrôle de la *compliance* dans l'anti-blanchiment.

Mais pour en revenir aux fondamentaux, les autorités de contrôle des entreprises et professions non financières désignées - qu'il s'agisse d'une autorité centrale ou d'organismes d'autorégulation - doivent être identifiables. Au titre des clarifications requises quant aux prérogatives des autorités d'autorégulation, doit être précisée leur compétence pour recevoir les déclarations de soupçon (dans le cas contraire, les Cellules de renseignement financier seraient directement destinataires desdites déclarations). Par ailleurs, par l'effet des Recommandations[849], l'accès à l'exercice d'une quantité d'activités professionnelles est subordonné à un passé pénal idéalement irréprochable... Une menace supplémentaire pour les libertés individuelles (liberté d'exercice d'une activité professionnelle, liberté de commerce et d'industrie), de nature à dénier le droit à l'oubli. C'est dire qu'il s'agit d'un aspect non négligeable que les pays sont appelés à prendre en considération, en précisant le champ et/ou la durée des interdictions d'accès aux activités professionnelles le cas échéant.

B. La détection du blanchiment de capitaux : les Cellules de renseignement financier, « clé de voûte »[850] du dispositif de lutte.

207. ***Les États au défi de doter les Cellules de renseignement financier de la force institutionnelle nécessaire pour performer dans l'activité motrice de l'anti-blanchiment.*** Le renforcement des exigences de conformité à l'égard des Cellules de renseignement financier est à l'image de l'importance de leur

---

[849] Il est ici fait référence aux Recommandations 26 et 28, qui insistent sur l'importance d'empêcher les criminels ou leurs complices d'accéder au contrôle (ou de détenir une participation significative) au sein des institutions financières ou EPFND.

[850] A. AMICELLE, « Naissance d'une agence de renseignement : droits d'entrée dans les univers de la finance et de la sécurité », *Culture et Conflits*, 2019/2 n°114-115, p. 142. Les Cellules de renseignement financier ont été créées, selon l'auteur, pour être « la clef de voûte opérationnelle des politiques mises sur pied au nom de la mobilisation contre les flux de capitaux illicites ».

cœur de métier : le Renseignement[851] (I). Fort à propos, les exigences de conformité mettent un point d'honneur à baliser la voie pour une diffusion internationale de l'information (II).

I. Le renforcement des exigences de conformité à l'égard des CRF : le fruit d'une prise de conscience collective des besoins informationnels.

208. Éléments historiques autour de la construction d'une stratégie internationale de détection des produits du crime. La Convention des Nations unies contre le trafic illicite de stupéfiants et de substances psychotropes a marqué les débuts d'une approche stratégique dans la lutte contre le blanchiment de capitaux[852]. Cette stratégie s'est progressivement centrée autour des produits du crime, sauf que les organismes policiers n'avaient qu'un accès limité aux informations financières utiles[853] ; il est alors apparu opportun d'engager le système financier dans l'effort de lutte contre le blanchiment tout en s'efforçant de maintenir les conditions nécessaires à l'efficacité de son fonctionnement[854]. C'est dans ce contexte que naquirent les premières Cellules de renseignement financier dans le début des années quatre-vingt-dix pour remplir les trois fonctions de base qui demeurent les leurs : la réception, l'analyse et la diffusion des informations financières aux fins de lutter contre le blanchiment de capitaux - et au gré de l'évolution des Recommandations, contre le financement du

---

[851] Mettant en exergue les éléments de distinction avec la notion d'« information », Madame Alice MORNET s'est livrée à une analyse des travaux de la doctrine sur cet aspect, dont la substantifique moelle laisse apparaître « cinq caractéristiques propres au renseignement » (A. MORNET, *Les fichiers pénaux de l'Union européenne - Contribution à l'étude de la protection des données à caractère personnel* [en ligne], thèse de doctorat : Droit privé et Sciences criminelles (sous la codirection de B. de LAMY et G. BEAUSSONIE) : Université Toulouse Capitole, 2020, pp. 296-299. Disponible sur : https://publications.ut-capitole.fr/id/eprint/42767/1/MornetAlice2020.pdf). Ainsi : 1°) Contrairement à l'information qui serait brute, le renseignement serait le résultat d'un traitement lui conférant, d'ailleurs, toute sa valeur. 2°) Il présenterait une dimension secrète particulière. 3°) Il serait constitutif d'une information orientée vers une utilité particulière. 4°) Le renseignement et sa collecte semblent déterminés et soumis aux exigences des pouvoirs publics ; de surcroît, le renseignement serait l'apanage de certains services déterminés, à savoir les services de renseignement. 5°) Le renseignement serait exclusivement tourné vers la prévention, cette dernière caractéristique étant liée à la dichotomie effectuée entre police administrative et police judiciaire. Ces précisions laissent ainsi déduire que le renseignement est une information sublimée de manière à servir une cause déterminée, cette valeur ajoutée justifiant l'aménagement d'un cadre (réglementaire et institutionnel) particulier en vue d'en assurer l'usage approprié ainsi que la protection.

[852] Fonds monétaire international et Groupe de la Banque Mondiale, *op. cit.*, p. 1.

[853] *Ibid.*

[854] W. C. Gilmore, 1999, Dirty Money: The Evolution Of Money-Laundering CounterMeasures, 2e éd. (Strasbourg : Presses du Conseil de l'Europe), p. 103. ; *in* Fonds monétaire international et Groupe de la Banque Mondiale, *ibid.*, p. 1. Les pays ont estimé par ailleurs que la mise en œuvre d'un système nécessitant la déclaration des opérations suspectes par les établissements financiers rendait nécessaire la création d'un bureau ou d'un organisme central pour l'évaluation et le traitement de ces déclarations ; les CRF ont été incluses dans la méthodologie utilisée pour évaluer les cadres de LBC/FT depuis 2001 (*ibid.*)

terrorisme[855]. L'importance des Cellules de renseignement financier dans cette lutte n'a fait que croître avec la création, en 1995, du Groupe Egmont pour renforcer la coopération notamment dans l'échange d'informations ; avec la réaffirmation de la nécessité d'établir ces Cellules par la Convention des Nations unies contre la criminalité transnationale organisée de 2000, par la Convention des Nations unies contre la corruption de 2003. L'on en est, actuellement, à plus de cent-soixante Cellules de renseignement financier à travers le monde[856].

209. La conformité des Cellules de renseignement financier au cœur du mandat du Groupe Egmont : l'information prometteuse au centre de toutes les convoitises... « La présente Charte et ses éléments sont exécutoires. Par conséquent, les cas de non-conformité significative et pertinente seront assujettis au *Processus de soutien et de conformité du Groupe Egmont* »[857]. Telles sont les toutes premières stipulations de la Charte du Groupe Egmont qui, dans ce cadre, donne force exécutoire à la définition des Cellules de renseignement financier telle que résultant des Recommandations et intègre la note interprétative de la Recommandation 29 à la Charte[858]. Dans cette mesure, le Groupe Egmont se porte garant de la conformité des Cellules de renseignement financier aux Recommandations pertinentes du GAFI. Et pour cause, les faibles notes attribuées aux Cellules de renseignement financier dans les Rapports d'évaluation mutuelle peuvent être des indicateurs d'une non-conformité à la Charte, auquel cas le Membre concerné fera l'objet d'un Examen

---

[855] Les Recommandations de 1990 mentionnaient tout juste les « autorités compétentes » pour recevoir et traiter les opérations suspectes » (Recommandations 16, 18, 24, 26, 27, 28 et 32). En dépit de la création des premières CRF à la même époque, les Recommandations de 1996 n'ont pas apporté de changements majeurs dans la manière dont les recommandations citaient les « autorités centrales » dans le cadre du signalement des opérations suspectes. En revanche, les Recommandations spéciales de 2001 sur le financement du terrorisme ont étendu la portée de l'obligation de déclaration des opérations soupçonnées d'être liées au financement du terrorisme (Recommandation spéciale du GAFI IV sur le financement du terrorisme). En 2003, la publication de la version révisée des Quarante Recommandations du GAFI a marqué une étape importante dans l'évolution de l'approche du GAFI vis-à-vis des CRF, qui comptaient désormais, explicitement parmi les « autorités compétentes » du système de LBC/FT - Recommandations 30 et 40 (*ibid.*, pp. 20-21).

[856] A. AMICELLE, *op. cit.*, p. 171. Plus récemment, le GAFI a rapporté l'existence de 165 CRF en 2020 : depuis la création du Groupe Egmont en 1995 avec juste 13 membres, 152 membres auraient rejoint ledit Groupe (GAFI, *Rapport sur le niveau d'efficacité et de conformité dans la LBC/FT*, *op. cit.*, p. 38).

[857] Groupe Egmont des Cellules de renseignements financiers, *Charte du Groupe Egmont des Cellules de renseignements financiers*, juillet 2013 (révisée en septembre 2018), p. 3.

[858] *Ibid.*, p. 5.

dans le cadre du *Processus d'appui et de conformité*[859]. Et inversement, la Recommandation 29 incite les pays ayant créé une CRF à adhérer au Groupe Egmont et à tenir compte des lignes directrices relatives aux rôles et fonctions des CRF ainsi qu'à l'échange d'informations entre ces dernières[860].

Ce resserrement des points de pression autour des Cellules de renseignement financier, plus que quiconque talonnées pour une conformité maximale aux Recommandations, démontre bien la valeur attribuée au Renseignement. Autant sa dissimulation est importante pour les criminels, autant son décryptement - puis sa circulation - est capital pour les autorités chargées de poursuite, surtout dans le contexte de la lutte contre la délinquance économique et financière. Mettre les Cellules de renseignement financier dans des conditions adéquates pour parvenir à cet objectif en promouvant la conformité aux Recommandations est donc la voie privilégiée pour répondre à l'extrême mobilité des criminels et de leurs capitaux. La noblesse de cette cause aurait suffi

---

[859] Le groupe Egmont a mis en place un processus d'identification et d'intervention appelé à être mis en œuvre toutes les fois que le fonctionnement d'un Membre n'est plus conforme à la *Charte* et aux *Principes d'échange d'informations entre les Cellules de renseignements financiers* (Groupe Egmont des Cellules de renseignements financiers, *Processus d'appui et de conformité*, juin 2014, p. 3). Le mécanisme du *Processus d'appui et de conformité* mis en place à cet effet est « axé sur l'échange, la communication, et l'assistance, et n'impose de sanctions qu'en dernier recours » (*ibid.*, p. 4). Ont été identifiés les critères de non-conformité permettant de déclencher le *Processus d'appui et de conformité* (exhaustivement, voir l'Annexe A du document du Groupe Egmont précité) ; les principaux sont la non-conformité à la définition d'une CRF, la non-conformité aux Principes d'échange d'informations entre les CRF et à la Charte du Groupe Egmont, la violation des règles de sécurité/confidentialité, les manquements aux principales responsabilités sociales du Groupe Egmont (*ibid.*, pp. 7-8). Le cas échéant, le *Processus d'appui et de conformité* peut être déclenché selon quatre procédures (*ibid.*, pp. 8-12) : la plainte formelle écrite auprès du Secrétariat du Groupe Egmont contre un Membre (Déclencheur de procédure n°1), l'obtention d'informations ayant une incidence sur le statut de Membre (Déclencheur de procédure n°2), les Notes pertinentes du Rapport d'évaluation mutuelle au sujet des CRF, qu'il s'agisse de l'évaluation de la conformité technique ou de l'efficacité (Déclencheur de procédure n°3), la revue statistique limitée (Déclencheur de procédure n°4) et les procédures institutionnelles spéciales, dans la situation où par exemple, un Membre n'aurait pas payé sa cotisation annuelle ou aurait utilisé les actifs du Groupe Egmont de manière abusive après avoir reçu un avertissement dudit Groupe (Déclencheur de procédure n°5). Dans le cadre Déclencheur de procédure n°3 en particulier, le Secrétariat soumet la question au Comité du Groupe Egmont pour qu'il prenne les mesures adéquates (*ibid.*, p. 17). S'il y a lieu de prendre (en dernier recours) des sanctions, celles-ci sont prises par les Responsables de CRF ; ces derniers peuvent dans ce cadre : estimer que la question ne nécessite pas de prendre des mesures (affaire réglée) ; adresser un avertissement (informer le Membre de sa non-conformité et lui demander une action corrective immédiate ; adresser un avertissement de suspension (auquel cas le Membre bénéficie du délai d'un an pour mettre en œuvre les mesures nécessaires à la résolution de la non-conformité) ; prononcer une limitation de la participation aux réunions du Groupe Egmont, une interdiction de participer aux séances de formation du Groupe Egmont, une suspension des comptes de l'ESW ; prononcer une suspension, auquel cas le membre se verra interdire de participer aux activités d'Egmont et se verra refuser l'accès à ESW ; retirer le statut de membre ; lorsque le Membre ne fait montre d'aucune capacité ou volonté de prendre des mesures correctives (*ibid.*, pp. 20-21).

[860] Note interprétative de la Recommandation 29.

à admettre les entorses corrélatives au respect de la vie privée que cela implique - sous réserve d'une protection des données à caractère personnel, surtout pour les innocents - si les détournements d'objectifs et notamment, l'instrumentalisation au nom d'une course (vaniteuse ?) à la superpuissance sur la scène mondiale n'étaient venus assombrir le tableau[861].

II. Des exigences de conformité pour la diffusion internationale de l'information.

210. Critères de conformité dans la création de Cellules de renseignement financier correspondant aux normes du GAFI et du Groupe Egmont. La diversité des types de Cellules de renseignement financier[862],

[861] Nombre de reproches ont été formulés quant aux détournements d'objectifs des renseignements obtenus/analysés par divers procédés, notamment ceux d'intelligence artificielle. Cette dernière présente, en dépit de ses apports, de nombreux revers parmi lesquels son utilisation comme outil de compétition stratégique, de course à la puissance technologique, économique et militaire (F. PARLY, « Avant-propos-Intelligence artificielle et défense », *Revue Défense Nationale*, n°820, p. 10).

[862] Quatre grands types de CRF ont été identifiés (sachant, à l'instar des constatations du FMI et de la Banque Mondiale, que plusieurs formules restent possibles quant à la configuration d'une CRF par un pays), des avantages et inconvénients étant attachés à chaque option. Si l'on part de l'étude menée par le FMI et la Banque Mondiale sur les Cellules de renseignement financier (Fonds monétaire international et Groupe de la Banque mondiale, *op. cit.*, pp. 10-19), on a d'abord : **la CRF de type administratif**, relevant d'une administration ou d'un organisme en dehors de la sphère des autorités répressives ou judiciaires. Elle peut constituer un organisme distinct relevant techniquement d'un ministère ou d'une administration (CRF autonome) ou n'en relevant pas (CRF indépendantes). Elle sert alors d'interface entre les assujettis et les autorités chargées de l'application de la loi (avantage : meilleures communication et relation de confiance avec les entités déclarantes, car la CRF est perçue comme étant « neutre » ; inconvénients : retards possibles dans l'application des mesures répressives, compétences limitées restreignant l'obtention de preuves). Ensuite, **la CRF de type policier** peut être créée dans le cadre d'un organisme chargé de l'application de la loi ; avantages : accès plus simplifié à l'information, réaction plus rapide aux indices de blanchiment de capitaux et autres infractions, échange d'informations possible par le canal de réseaux internationaux tels qu'Interpol ; inconvénients : CRF plus axée sur les enquêtes que sur les mesures de prévention, difficultés éventuelles dans les relations avec les institutions financières et autres assujettis. **La CRF de type judiciaire**, dotée de pouvoirs de poursuite, est créée au sein du pouvoir judiciaire et relève souvent de l'autorité du Parquet. Elle est présentée comme étant l'option idéale dans les pays où « les lois sur le secret bancaire sont à ce point strictes qu'un lien direct avec les autorités judiciaires ou le parquet est nécessaire pour assurer la coopération des institutions financières » (*ibid.*, p. 23) ; avantages : CRF moins sujettes aux ingérences du pouvoir judiciaire, compétence pour mener les enquêtes et engager des poursuites dès que les informations sont communiquées ; inconvénients : difficultés à partager des informations avec des CRF d'un autre type, difficultés pour établir une relation de confiance avec les assujettis. Enfin, **la CRF hybride** réunit des caractéristiques de chacune des catégories de CRF précitées et se présente comme « une tentative de réunir les avantages de tous les éléments » (*ibid.*, p. 19).

parfois présentée comme un obstacle à une pleine coopération internationale[863], témoigne cependant du respect de la liberté des pays d'apprécier la structure organisationnelle la plus adéquate, en fonction de leurs spécificités gouvernementales et de la stratégie qu'ils jugent la plus performante. L'important reste en effet de remplir les critères de conformité répondant à la définition d'une Cellule de renseignement financier et à ses caractéristiques, surtout si l'on sait qu'une pleine coopération dépend davantage, en définitive, de la volonté des États[864]…

Cela dit, l'obligation la plus élémentaire pour les pays est d'instituer une Cellule de renseignement financier faisant office de centre national pour la réception et l'analyse des déclarations d'opérations suspectes et d'autres informations concernant le blanchiment de capitaux, les infractions sous-jacentes et le financement du terrorisme, et pour la dissémination du résultat de cette analyse. Les Cellules de renseignement financier doivent également tenir lieu d'agence centrale pour la réception des communications émises par des entités déclarantes, notamment les déclarations d'opérations suspectes conformément aux Recommandations 20 et 23[865], ainsi que toutes autres informations requises par la législation nationale[866]. Et au-delà, elles devraient chercher à obtenir et faire usage de toutes informations supplémentaires auprès

---

[863] Le fait qu'il existe divers types de CRF constitue, pour Monsieur José Antonio F. LOPES de LIMA, l'un des facteurs portant atteinte aux accords d'entraide entre les CRF. Sont mises en lumière, à l'appui de cette assertion, les difficultés pour une CRF de type administratif, par exemple, de partager des informations avec une CRF insérée dans l'organisation policière d'un autre pays : « Un tel échange, sans avoir des garanties précises et satisfaisantes, pourrait miner une des missions fondamentales des CRF du type indépendant, c'est-à-dire, éviter la communication directe des informations très sensibles aux organes chargés de l'application de la loi », une situation à l'origine d'un « blocage dans les deux sens. » Sont aussi relevées les difficultés d'accès des CRF indépendantes aux bases de données des services de police étrangers « parce que ce type de CRF ne cadre pas avec le profil exigé pour accéder au système international de communication entre les polices » (J. A. F. LOPES DE LIMA, « La perspective d'une agence européenne anti-blanchiment », *Arch. pol. crim.*, 2007/1 n°29, pp. 277-278). Mais ne serait-il pas opportun de réfléchir plutôt sur des techniques/outils pouvant permettre aux CRF de coopérer pleinement, en dépit de leurs différences ? La première difficulté que poserait l'universalisation d'un modèle de CRF serait celle du choix, chacune d'entre elles présentant ses avantages et inconvénients… Les caractéristiques environnementales et l'architecture institutionnelle des pays devraient donc guider le choix d'un type de CRF.

[864] Refuser la coopération sous prétexte que la demande provient d'une CRF de nature différente a d'ailleurs été identifié au titre des conditions restrictives déraisonnables ou trop sévères pour refuser la coopération internationale (Groupe Egmont des Cellules de renseignements financiers, *Principes du Groupe Egmont des Cellules de renseignements financiers pour l'échange d'information entre les Cellules de renseignements financiers*, juillet 2013, p. 5).

[865] Les Recommandations 20 et 23 posent une obligation de déclaration des opérations suspectes respectivement, pour les institutions financières et pour les EPNFD.

[866] Le GAFI cite l'exemple des déclarations d'opérations en espèces, des déclarations concernant les virements électroniques et autres déclarations/communications faites en fonction d'un seuil (critère 29.2).

des assujettis et avoir accès à la gamme la plus large possible d'informations[867] et notamment, celles émanant des autorités de poursuite pénale, lorsque nécessaire[868].

211. Critères de conformité quant au respect des obligations définies pour les CRF : de l'exploitation à la transmission de l'information. Les Cellules de renseignement financier sont tenues à une double obligation de réaliser des analyses opérationnelle et stratégique[869]. La première consiste pour la CRF à exploiter les informations obtenues ou susceptibles de l'être aux fins d'identification de cibles ou de traçage d'activités, puis de croiser ces informations pour établir les liens possibles entre le sujet et des profils criminels[870]. La seconde relève surtout de l'anticipation et consiste à exploiter l'information (y compris, celle provenant d'autres autorités de lutte) pour établir les tendances d'évolution ou de mutation des infractions de blanchiment de capitaux et de financement du terrorisme.

L'information doit par suite être disséminée[871] spontanément ou sur demande aux autorités concernées, par des canaux prévus à cet effet, répondant aux besoins de sécurisation et de protection. Cette diffusion est obligatoire et doit être faite le plus rapidement possible toutes les fois que l'analyse confirme une infraction de blanchiment de capitaux. En ce sens, la Cellule de renseignement financier est pleinement dans son « rôle de filtre »[872] permettant de « séparer le bon grain de l'ivraie »[873] parmi la masse de déclarations de soupçon reçues et

---

867 Sont concernées les informations financières et administratives (critère 29.3-b).

868 Critère 29.3-b.

869 L'étude réalisée par le FMI et la Banque Mondiale en 2004 (Fonds monétaire international et Groupe de la Banque mondiale, *op. cit.*, pp. 66-69) prévoit outre l'analyse stratégique qui répond à la même définition que celle du GAFI, une distinction entre l'analyse tactique et l'analyse opérationnelle (ces deux types d'analyse relevant simplement de l'analyse opérationnelle dans les Recommandations du GAFI). Alors que l'analyse tactique à l'instar de son appellation, permet d'obtenir des informations tactiques (agissements à l'origine d'infractions et autres éléments requis pour la constitution d'un dossier) et de confronter les données fournies par les entités déclarantes à celles détenues ou obtenues par la CRF, l'analyse opérationnelle permet d'utiliser les informations collectées pour formuler des hypothèses : « grâce à l'analyse opérationnelle, les informations reçues par la CRF sont transformées en renseignements opérationnels qui peuvent être transmis aux organismes policiers ou au parquet pour suivi » (*ibid.*, p. 68).

870 Des liens peuvent être établis avec le blanchiment de capitaux (et ses infractions sous-jacentes), le produit du crime, le financement du terrorisme (*ibid.*, p. 68).

871 La diffusion de l'information recouvre un triple aspect : au plan national, elle implique la transmission des informations aux autorités compétentes pour complément d'enquête ou exercice de poursuites lorsque l'analyse est révélatrice de la commission d'une infraction de blanchiment ou d'une autre activité délictueuse, ainsi que la transmission à tout autre organisme national, lorsque requis ; au niveau international, l'information est en principe, diffusée entre CRF, ou à d'autres autorités non homologues (*ibid.*, p. 70).

872 A. AMICELLE, *op. cit.*, p. 192.

873 *Ibid.*

répondant ainsi au double objectif d'efficacité opérationnelle et de protection des données personnelles.

Fort à propos, la protection de l'information est une obligation pour les Cellules, qui se doivent de définir des règles assurant un niveau de sécurité et de confidentialité suffisant[874] ; de s'assurer que le personnel ait les autorisations requises avant tout accès à l'information et soit conscient de ses responsabilités dans le traitement et la diffusion d'une information sensible et confidentielle ; de prévoir des limitations aux systèmes informatiques et d'une manière générale, aux informations. Pour cela, les CRF ont la possibilité d'utiliser le site Web sécurisé du Groupe Egmont. Une autre option est d'en créer un au niveau régional lorsqu'il y a lieu, comme pour les pays de l'UE qui ont mis en place le réseau informatique FIU.NET (à condition, d'offrir un niveau de fiabilité et d'efficacité au moins équivalent à ceux du Web sécurisé Egmont)[875].

212. L'autonomie des CRF en question : entre critères de conformité et réalités du "terrain". Le GAFI exige des Cellules de renseignement financier qu'elles soient indépendantes d'un point de vue opérationnel et autonomes. Cela implique, d'une part, une autonomie fonctionnelle, quand bien même la Cellule serait instituée au sein d'une autorité préexistante[876]. Et d'autre part, les Cellules de renseignement financier doivent détenir pouvoir et aptitude à exercer librement leurs fonctions[877] ; à collaborer avec des autorités nationales ou homologues étrangers ou conclure des accords en toute indépendance ; à obtenir et mobiliser les ressources leur permettant d'exercer leurs fonctions sans subir aucune influence ni ingérence

---

[874] Ces règles doivent être applicables aux procédures de traitement, de stockage, de dissémination, de protection et de consultation des informations (critère 29.6-a).

[875] Groupe Egmont des Cellules de renseignements financiers, *Principes du Groupe Egmont des Cellules de renseignements financiers pour l'échange d'information entre les Cellules de renseignements financiers*, *op. cit.*, p. 6.

[876] La CRF doit, dans ce cas, « disposer de fonctions essentielles distinctes de celles de cette autre autorité » (critère 29.7-c). De plus, elle doit disposer des ressources financières, humaines et techniques nécessaires pour assurer son indépendance opérationnelle (A. J. MARCUS - Transparency International, « Financial intelligence units (FIUs): Effective institutional design, mandate and powers » [en ligne] ; en français : « Les Cellules de renseignement financier : modèle institutionnel, mandat et pouvoirs efficaces », 10 juillet 2019. Disponible sur : https://knowledgehub.transparency.org/assets/uploads/helpdesk/Financial-Intelligence-Units_Design-Mandate-Powers_2019_PR.pdf).

[877] La CRF doit pouvoir en toute autonomie, analyser, demander ou diffuser des informations données (critère 29.7-a).

indue et susceptible de compromettre son indépendance opérationnelle, qu'elle soit politique, administrative ou du secteur privé[878].

Toutefois, l'analyse de Monsieur Anthony AMICELLE partant de l'exemple de FINTRAC Canada a apporté la lumière sur une dangereuse tendance au clientélisme des Cellules de renseignement financier en quête de légitimité auprès de la grande variété d'acteurs de la lutte contre le blanchiment de capitaux et le financement du terrorisme[879]. La réactivité des Cellules de renseignement financier face aux priorités des « partenaires »[880] et notamment, des autorités chargées de poursuites, a des implications directes sur l'orientation de la lutte contre l'argent sale et les multiples formes de criminalité y associées, car conduisant à « un renforcement perpétuel de l'attention portée aux cibles traditionnelles de la lutte contre le blanchiment de capitaux que sont les trafiquants de drogue et le crime organisé en général [...] »[881]... Au détriment de la prise en compte des risques auxquels il devrait - plutôt ou tout aussi bien - être

[878] À la demande notamment des Responsables de CRF, le Groupe Egmont a élaboré un document destiné à permettre une meilleure compréhension de ce qu'est une CRF indépendante (Groupe Egmont des Cellules de renseignements financiers, *Comprendre l'indépendance opérationnelle d'une CRF et son autonomie* [en ligne], octobre 2018. Disponible sur : https://www.egmontgroup.org/sites/default/files/filedepot/FIU_Independence_and_Autonomy/COMPRENDRE%20LINDEPENDANCE%20OPERATIONNELLE%20DUNE%20CRF%20ET%20SON%20AUTONOMIE%20%28French%29.pdf). Il rappelle à ce titre que l'indépendance et l'autonomie d'une CRF ne sont pas un objectif, mais « un élément fondamental qui contribue à soutenir l'efficacité d'une CRF et à garantir qu'elle fonctionne sans influence indue » (*ibid.*, p. 5). Les enjeux de cette indépendance sont nombreux : d'abord, du fait de la nature de leurs mandats, les CRF sont appelées à analyser moult questions sensibles liées à la corruption, le crime organisé et le financement du terrorisme, et pouvant faire l'objet d'influences indues. Ensuite, cette indépendance est cruciale pour la coopération internationale, qui repose sur la confiance ; dans le même sillage, elle est de nature à renforcer l'intégrité et l'efficacité de la CRF ; enfin, il est relevé que la réduction des risques de défaillance de la CRF dans le cadre des évaluations mutuelles menées par le GAFI (*ibid.*, p. 9).

[879] L'auteur relate les difficultés auxquelles la CRF en question a été confrontée, telle que la défiance persistante de ses interlocuteurs après la création de l'Agence ; à l'époque, les informations communiquées n'« évoquaient rien » aux autorités policières et dès lors, restaient souvent sans suite - surtout face aux priorités d'enquête et aux ressources limitées (A. AMICELLE, *op. cit.*, p. 192). Cet état de fait a insidieusement conduit les agents à privilégier les besoins des partenaires en vue d'établir le plus rapidement possible une relation de confiance. La tendance d'alignement sur la clientèle n'a fait que croître, au point de devenir un « business », les Cellules de renseignement financier étant en réalité largement tributaires de la volonté des partenaires qui ont besoin d'aide dans leurs investigations (*ibid.*, pp. 195-196).

[880] *Ibid.*, p. 196.

[881] *Ibid.*, p. 195.

prêté attention[882]. À l'évidence, ces réalités ne cadrent pas avec l'autonomie attendue des Cellules de renseignement financier. Peut-être devraient-elles alors être accompagnées par les autorités surtout nationales, qui pourraient commencer par renforcer leurs ressources pour leur permettre d'augmenter leurs capacités de production.

213. Critères de conformité dans l'échange d'informations entre CRF. Les dispositions légales régissant les Cellules de renseignement financier doivent leur permettre de coopérer convenablement en cas de blanchiment de capitaux (y compris, concernant les infractions sous-jacentes) et de financement du terrorisme[883]. Il devrait s'ensuivre, si possible et sur demande, un retour d'information sur l'usage des informations fournies et sur les résultats des analyses qu'elles ont permises. L'échange d'informations en particulier doit pouvoir porter sur celles obtenues ou consultées par la CRF conformément à la Recommandation 29 et bien au-delà, sur toute autre information utile et accessible[884], sous réserve du principe de réciprocité.

C'est bien parce qu'il est gage du succès des poursuites dans nombre d'enquêtes internationales que les pays doivent méticuleusement circonscrire le cadre de l'échange d'informations. D'un point de vue procédural, l'accord explicite de la Cellule de renseignement financier informatrice est nécessaire à l'utilisation de l'information financière comme preuve auprès des autorités judiciaires[885]. Sous l'angle de la célérité, la recherche d'une suppression des restrictions veut qu'elle puisse se faire sans accord préalable ; mais une étude du Fonds monétaire international et de la Banque mondiale a mis en évidence que beaucoup de Cellules de renseignement financier ont pris l'engagement d'échanger des informations avec leurs homologues suivant le modèle du Protocole d'accord du Groupe Egmont prévu à cet effet[886]. Encore tolérable, cette dernière option est préférable à celle exigeant un accord formel « soumis au visa du ministre des affaires étrangères ou d'un autre fonctionnaire de haut rang [...] »[887], cette condition n'étant pas de nature à permettre une large coopération internationale au sens de la Recommandation 40[888].

---

882 *Ibid.* Par ailleurs, le Groupe Egmont a identifié six grandes catégories répondant aux caractéristiques d'une CRF indépendante sur le plan opérationnel et autonome : il s'agit de la gouvernance et la structure organisationnelle de la CRF, son budget et ses ressources, la nomination et la révocation de la direction et du personnel de la CRF, la protection de l'information et des échanges d'informations ainsi que des caractéristiques liées à la responsabilité, à l'intégrité, à la transparence et au leadership (Groupe Egmont des Cellules de renseignements financiers, *Comprendre l'indépendance opérationnelle d'une CRF et son autonomie*, *op. cit.*, pp. 3-4).

883 Abstraction doit être faite de la nature de la CRF homologue (critère 40.9, note 72).

884 Le GAFI fait précisément référence aux informations que les CRF « ont le pouvoir de consulter ou d'obtenir, directement ou indirectement, au niveau national [...] » (critère 40.11-b).

885 Fonds monétaire international et Groupe de la Banque mondiale, *op. cit.*, p. 75.

886 *Ibid.*, p. 76.

887 *Ibid.*, p. 77.

888 *Ibid.*

D'ailleurs, dans ses Principes de bases régissant l'échange d'informations entre les Cellules de renseignement financier, le Groupe Egmont identifie les « Conditions restrictives déraisonnables ou trop sévères pour refuser la coopération internationale »[889]. L'on en déduit que le refus opposé à une Cellule de renseignement financier homologue uniquement pour l'un des motifs suivants devra être interprété comme un prétexte pour ne pas coopérer : une demande portant sur une question fiscale, le secret ou la confidentialité (qui serait invoqué par une institution financière ou une EPNFD) sauf si la question est couverte par le secret ou le privilège juridique professionnels ; l'enquête en cours dans le pays requis, alors que l'entraide sollicitée n'est pas de nature à entraver ladite enquête ou la procédure et la différence de nature ou de statut de l'autorité requérante[890].

Conclusion du Chapitre I

214. Dans sa définition des obligations de conformité relevant de la prévention du blanchiment de capitaux, le GAFI a placé la souplesse des mesures au cœur de sa stratégie. Les risques doivent en effet être évalués et atténués tant selon une approche globale (à l'échelle nationale) que spécifiquement, au sein des différents secteurs d'activités (démarche sectorielle) ; de sorte qu'il suffira d'une bonne coopération et coordination nationale pour adopter des politiques de lutte appropriées. Il appartiendra ensuite aux institutions financières et EPNFD d'appliquer les mesures de vigilance (standard, allégées ou renforcées) en fonction des risques identifiés, les obligations déclaratives lorsqu'il y a lieu et celles de conservation des documents. Dans ce cadre, le GAFI s'est montré particulièrement explicite quant aux obligations à poser relativement aux règles d'organisation interne, à chaque niveau de vigilance, auxdites obligations déclaratives, sans oublier celles facilitatrices et de contrôle de l'œuvre des assujettis. Une attention particulière a aussi été prêtée aux Cellules de renseignement financier, qui ont vocation à sublimer le Renseignement. Il va sans dire que le GAFI a veillé à poser de solides fondements (missions, pouvoirs, compétences, etc.) pour que ces Cellules puissent se voir conférer le statut devant leur permettre d'exercer pleinement leur vocation.

Mais malgré cette force de précisions, nombre de zones d'ombres ne peuvent être comblées que par les États (exemple des modalités des déclarations de soupçon), qui ont aussi la responsabilité de prévoir les mesures

---

[889] Groupe Egmont des Cellules de renseignements financiers, *Principes du Groupe Egmont des Cellules de renseignements financiers pour l'échange d'information entre les Cellules de renseignements financiers*, *op. cit.*, pp. 5-6.

[890] *Ibid.*, p. 5. Le refus demeure toutefois admis, à condition d'être clairement exprimé. Une CRF peut en effet refuser de communiquer une information allant au-delà du champ d'application des dispositions en lien avec la LBC/FT, ou qui pourrait compromettre une enquête criminelle, qui dépasse manifestement les intérêts légitimes d'une personne physique ou morale ou de l'État de la CRF fournissant l'information, ou qui ne respecte pas les principes fondamentaux de la loi nationale. Est aussi admis le refus pour absence de réciprocité (*ibid.*, p. 6).

les plus appropriées (exemple de l'application d'une approche objective ou/et subjective dans l'évaluation des risques par les assujettis, du choix d'interdire ou réglementer les pratiques de type *hawala*) et les plus à même de cohabiter avec d'autres intérêts concurrents (secret professionnel, principe de non-ingérence, droit au compte, etc.). C'est dire que les pays se doivent de faire de la pleine conformité un véritable chef-d'œuvre, celui-là qui s'intègre avec harmonie dans le corpus juridique national tout en servant pleinement le but de l'anti-blanchiment.

CHAPITRE II. LES ÉTATS AU DÉFI DE LA LEVÉE DES OBSTACLES À LA RÉPRESSION DE L'INFRACTION DE BLANCHIMENT

215. ***Dans un contexte amplificateur des difficultés de répression du blanchiment : les standards porteurs de l'idéal d'une réponse collective.*** Même lorsqu'elles ne permettent pas de détecter immédiatement les cas de blanchiment, les réflexes préventifs consistant à recueillir le maximum d'informations sur la clientèle peuvent s'avérer vitaux par la suite pour retracer le parcours de l'argent sale. Car là réside toute la difficulté, surtout à cette ère de globalisation financière procurant aux délinquants d'infinies possibilités pour placer le produit du crime hors de portée. Dans pareil contexte, il est du devoir des législateurs nationaux de penser les incriminations et règles procédurales de manière à faciliter l'appréhension des blanchisseurs et du produit de leurs activités criminelles, de veiller au prononcé et à l'application de peines exemplaires, notamment à des fins dissuasives (Section 1).

216. À côté d'une dotation en ressources humaines et techniques à la hauteur de l'extrême efficacité de certains réseaux criminels, il faudrait que l'action des autorités en charge des poursuites soit la plus rapide possible. En effet, l'un des principaux avantages des criminels sur lesdites autorités tient à ce qu'ils n'aient certainement pas besoin de traités, protocoles d'accords, procédures diplomatiques et autres lourdeurs procédurales pour coopérer. Souvent mus par leurs propres intérêts, leurs victimes ne sont *a priori*, rien d'autre que des dommages collatéraux, là où leurs poursuivants se doivent de prendre en compte l'intégrité de leurs témoins ou encore, le respect des droits de l'homme… Le déséquilibre est patent, ce qui ne devrait que rendre même les petites victoires plus savoureuses. Celles-ci ne pourront s'obtenir que si les États prennent la cause anti-criminelle suffisamment à cœur pour fluidifier leurs rapports et relever le défi de la célérité procédurale en vue d'une coopération internationale « la plus large possible »[891] (Section 2).

Section 1. L'exigence de législations nationales propres à permettre la recherche et l'appréhension efficaces des produits du crime.

217. ***Une réglementation se devant d'être soucieuse autant des fondements que des acteurs de la poursuite des délinquants.*** Les États sont tenus de définir et sanctionner l'infraction de blanchiment conformément aux exigences des standards internationaux qui, comme on le mentionnait précédemment, sont convergents (Sous-section 1). Les normes se doivent aussi d'inciter au renforcement des capacités d'enquêtes et de poursuites pénales, l'aspect réglementaire n'étant, après tout, qu'au service de celui opérationnel (Sous-section 2).

---

[891] L'on reprend ici l'expression du GAFI (voir Recommandation 40).

Sous-section 1. L'obligation de définir et sanctionner le blanchiment de capitaux conformément aux caractéristiques convergentes des standards internationaux.

218. ***Des outils réglementaires en perspective du prononcé de sanctions exemplaires à l'encontre de tous blanchisseurs***. Les standards internationaux ont posé les fondements de l'incrimination (Paragraphe 1) et des sanctions (Paragraphe 2) de l'infraction de blanchiment de capitaux.

Paragraphe 1. Des exigences relatives à l'incrimination du blanchiment de capitaux.

219. ***L'incitation à une définition la plus large possible de l'infraction de blanchiment de capitaux***. Les États se doivent de définir les éléments constitutifs de l'infraction de blanchiment de capitaux conformément aux instruments juridiques universels ayant été d'un apport significatif sur cet aspect de la répression (A). Ils se doivent aussi d'exploiter toutes les possibilités d'extension du champ d'application de l'infraction (B).

A. Définir les éléments constitutifs de l'infraction conformément aux instruments juridiques universels[892] anti-blanchiment.

220. Le renvoi aux Conventions de Vienne et de Palerme quant à la définition des éléments matériels du blanchiment : critères de conformité attenants aux agissements répréhensibles. Ne serait-ce qu'en raison de ses incidences majeures sur les possibilités de coopération internationale[893], l'incrimination conforme du blanchiment de capitaux devrait figurer au rang des objectifs prioritaires des pays souhaitant améliorer leur cadre juridique de lutte anti-blanchiment. Pour cela, la toute première exigence découlant de la Recommandation 3 est de prendre comme fondement les dispositions pertinentes des Conventions de Vienne et de Palerme pour prévoir les agissements punissables au titre du blanchiment de capitaux. La Convention de Palerme en l'occurrence, qui étend simplement le champ des dispositions de la Convention de Vienne au-delà du trafic de drogues, exige des États parties qu'elles adoptent les mesures nécessaires pour conférer le caractère d'infraction pénale, conformément à leur droit interne, et lorsque l'acte a été commis intentionnellement :

---

892 Monsieur Jean-Paul LABORDE aborde la question de l'approche mondialisée aux fins de lutte contre la criminalité transnationale organisée ; il analyse à ce titre la portée des « instruments juridiques universels de nature pénale » (J.-P. LABORDE, *État de droit et crime organisé*, Dalloz, 2005, p. 87).

893 En plus de son importance pour la coopération internationale, la définition conforme de l'infraction de blanchiment de capitaux est une réponse à la cohérence exigée avec les mesures de prévention, de même qu'elle permet de relier des actes apparemment innocents à une activité qui, en réalité, est criminelle (P. A. SCOTT, *op. cit.*, p. 48).

- à la conversion, au transfert de biens dont celui qui s'y livre sait qu'ils sont le produit du crime, dans le but de dissimuler ou de déguiser l'origine illicite desdits biens ou d'aider toute personne qui est impliquée dans la commission de l'infraction principale à échapper aux conséquences juridiques de ses actes ;
- à la dissimulation ou au déguisement de la nature véritable, de l'origine, de l'emplacement, de la disposition, du mouvement ou de la propriété de biens ou de droits y relatifs dont l'auteur sait qu'ils sont le produit du crime ;

Et sous réserve des concepts fondamentaux de leur système juridique :

- à l'acquisition, à la détention ou à l'utilisation de biens dont celui qui les acquiert, les détient ou les utilise sait, au moment où il les reçoit, qu'ils sont le produit du crime ;
- à la participation à l'une des infractions établies conformément au présent article ou à toute autre association, entente, tentative ou complicité par fourniture d'une assistance, d'une aide ou de conseils en vue de sa commission.

Cette dernière réserve est reprise au titre des critères de conformité à la Recommandation 3, qui invite les États à prévoir les infractions connexes à l'infraction de blanchiment de capitaux « sauf lorsque ce n'est pas permis par les principes fondamentaux du droit interne »[894].

221. La marge laissée aux États dans la définition de l'élément matériel : décryptage. Que chaque État partie puisse conférer le caractère d'infraction pénale aux agissements ci-dessus exposés « conformément aux principes fondamentaux de son droit interne »[895], signifie simplement que les pays ont la latitude d'introduire les mesures nécessaires pour satisfaire aux exigences de la Convention sous la forme qu'ils jugent appropriée[896]. En effet, la disposition ne doit pas être interprétée comme prévoyant une quelconque dérogation eu égard aux principes constitutionnels et concepts fondamentaux de leurs systèmes juridiques[897]. Il s'agit là de la première remarque concernant les modalités d'internalisation des Conventions de Vienne et de Palerme dans le dispositif interne des États.

La deuxième tient à la démarcation entre les deux séries d'agissements répréhensibles par une clause de sauvegarde, insérée pour tenir

---

[894] Critère 3.11.

[895] Art. 6-1 de la Convention de Palerme ; on retrouve une formulation équivalente à l'article 3-1 de la Convention de Vienne, qui invite chaque État partie à adopter les mesures nécessaires pour conférer le caractère d'infraction pénale aux agissements ciblés « conformément à son droit interne ».

[896] Nations unies, *Commentaire de la convention des Nations Unies contre le trafic illicite de stupéfiants et de substances psychotropes*, *op. cit.*, p. 37 et p. 46.

[897] *Ibid.*

compte des spécificités législatives et réglementaires dans certains pays ; il a par exemple été relevé que l'entente et les infractions connexes sont totalement inconnues de certains systèmes juridiques[898]. Les États ne devraient donc être obligés, au titre l'incrimination des deux dernières séries d'agissements conformément aux Conventions-références, que dans la mesure du possible, eu égard aux principes constitutionnels et concepts fondamentaux de leurs systèmes juridiques[899]. Même si au regard du niveau actuel d'exigence de conformité - et d'efficacité - dans la lutte anti-blanchiment, il convient que les pays *trouvent le moyen* d'incriminer ces agissements d'une manière compatible avec leurs normes fondamentales.

222. Ce que recouvrent les agissements répréhensibles au titre du blanchiment de capitaux : l'ouverture sur d'infinies possibilités. Il y a lieu pour les pays d'incriminer, dans un premier temps, *la conversion et le transfert de biens* dont celui qui s'y livre sait qu'ils sont le produit du crime, dans le but de dissimuler ou de déguiser l'origine illicite desdits biens ou d'aider toute personne impliquée dans la commission de l'infraction principale à échapper aux conséquences juridiques de ses actes. Le bien peut ainsi être transféré en l'état d'une personne à une autre, ou converti en une autre forme (vente, échange, etc.) ; dans ce dernier cas de figure, le fait pourrait être imputable aux deux parties[900]. L'acte de conversion ou de transfert doit spécifiquement avoir été commis dans l'un des deux buts précités, l'un étant apprécié sous l'angle du bien et l'autre, sous l'angle du délinquant[901]. Dans un second temps, sont à prohiber *les actes de dissimulation ou déguisement*[902] *de la nature véritable, de l'origine, de l'emplacement, de la disposition, du mouvement ou de la propriété de biens ou droits y relatifs*, tout en sachant qu'ils sont le produit du crime. En

---

[898] *Ibid.*, p. 65. Il était noté qu'une définition large de ces infractions « risquait d'aller à l'encontre des garanties constitutionnelles relatives à la liberté d'expression » dans certains pays. Aussi a-t-il a été mentionné, au titre de cette réserve, non seulement les « principes constitutionnels », mais encore, les « concepts fondamentaux » des systèmes juridiques nationaux (*Ibid.*).

[899] Il est en effet opéré une distinction entre la clause de sauvegarde et les expressions similaires du type : « conformément au droit interne » (du pays considéré), ou encore, « conformément aux principes fondamentaux de son droit interne ». Alors que ces dernières, comme il a été précédemment souligné, n'en obligent pas moins les pays à satisfaire aux obligations, les clauses de sauvegarde « limitent les obligations des parties en cas de conflit avec les règles constitutionnelles ou législatives internes en stipulant que les Parties doivent adopter certaines mesures "sous réserve de", "dans la mesure autorisée par" ou "sans préjudice" des principes fondamentaux de leurs systèmes juridiques internes » (*ibid.*, p. 38).

[900] *Ibid.*, p. 58.

[901] *Ibid.*, p. 59.

[902] Les travaux préparatoires de la Convention de Palerme précisent que les termes « dissimuler » ou « déguiser », et « dissimulation » et « déguisement », doivent être entendus comme impliquant le fait d'empêcher de découvrir l'origine illicite des biens (Office des Nations unies contre la drogue et le crime, *Travaux préparatoires des négociations en vue de l'élaboration de la Convention des Nations Unies contre la criminalité transnationale organisée et des Protocoles s'y rapportant* [en ligne], 2008, p. 62. Disponible sur : https://www.unodc.org/documents/organized-crime/Travaux_Prep_ebook/Travaux_Prep_ebook-f.pdf).

comparaison avec le premier groupe d'agissements, il a été relevé à juste titre que le "but" des actes ou faits de dissimulation et autres agissements similaires n'a pas été ici spécifié parce que découlant implicitement des termes employés. D'où l'on déduit que la volonté de maquiller l'illicéité de l'origine des biens - y compris de couvrir les personnes impliquées - est au cœur de l'infraction de blanchiment.

La clause de sauvegarde s'ouvre ensuite sur *l'acquisition, la détention ou l'utilisation de biens* dont celui qui s'y livre sait qu'ils sont le produit du crime *au moment où il les reçoit*. Au regard de cette dernière précision, l'élément déterminant est ici la réception des biens, condition *sine qua non* pour que l'infraction soit constituée. En dépit de la référence à la détention et à l'utilisation des biens, une simple entrée en possession - suffisant à caractériser l'acquisition - tout en sachant que le bien est de provenance illicite, suffit à caractériser l'infraction[903]. En dernier lieu sont couvertes les différentes modalités de participation à une activité criminelle[904] avec l'incrimination de *la participation à l'une des infractions de blanchiment, ou l'association, l'entente, la tentative ou la complicité par fourniture d'une assistance, d'une aide ou de conseils* en vue de sa commission. Le jeu de la clause de sauvegarde devrait permettre de tenir des comptes des différences des systèmes juridiques tant en ce qui concerne la qualification que le seuil de responsabilité pénale[905].

On s'attardera sur ce dernier aspect, au regard de l'importance particulière d'une incrimination de la gamme la plus large possible d'agissements constitutifs d'une participation à une activité criminelle. L'on est en effet, au cœur du champ d'application des Conventions, qui s'attaquent aux réseaux de trafiquants de drogue (Vienne) et du crime transnational organisé (Palerme). Du dirigeant haut placé au petit revendeur de quartier, les formes d'implication dans ces activités criminelles souvent complexes peuvent être aussi diverses et variées que le permette l'imagination. Ainsi, dans le Commentaire de la Convention de Vienne, les experts insistent sur l'importance de veiller notamment à ce que les mesures promulguées au titre de la participation criminelle permettent de couvrir une gamme aussi large que possible des actes préparatoires, non incriminés dans le droit commun de certains systèmes juridiques (opérant une distinction avec la tentative) ; ils interpellent également les États à l'époque peu familiarisés avec les concepts de "tentative" ou d'"entente"[906], qui avaient alors intérêt à « s'inspirer de l'expérience acquise

---

[903] Nations unies, *Commentaire de la convention des Nations Unies contre le trafic illicite de stupéfiants et de substances psychotropes*, *op. cit.*, p. 68.
[904] *Ibid.*
[905] *Ibid.*
[906] Les Nations unies donnaient à ce titre l'exemple de la Thaïlande pour ce qui est de la tentative et celui de l'Italie en ce qui concerne l'entente (*ibid.*, p. 70).

par d'autres États ayant adopté dans ce domaine des approches spécifiquement axées sur le trafic de drogue »[907].

223. La convergence vers une simplification de la preuve de l'élément intentionnel du blanchiment : critères de conformité. L'agissement qualifié de « blanchiment de capitaux » conformément aux critères constitutifs de l'élément matériel ci-dessus analysés doit avoir été commis « intentionnellement »[908], ce qui permet aux pays qui souhaitent délimiter raisonnablement le champ définitionnel du blanchiment[909] de ne pas en faire une infraction non intentionnelle. Mais les possibilités de consécration du blanchiment par négligence ne sont pas exclues, étant par ailleurs prévu dans le modèle de loi de l'ONU, au titre des différentes variantes d'incrimination, le blanchiment commis par « toute personne qui sait, aurait dû savoir ou soupçonne »[910] que les biens sont le produit d'une activité criminelle[911]. Aux fins d'anticiper sur les difficultés de preuve de l'élément intentionnel, la Recommandation 3 de même que les Conventions de Vienne et de Palerme permettent de déduire la connaissance et l'élément intentionnel de circonstances factuelles objectives[912]. Les juges peuvent donc selon leur intime conviction opérer des déductions, en fonction des circonstances de la cause.

B. Exploiter toutes les possibilités d'extension du champ d'application de l'infraction de blanchiment de capitaux.

224. ***D'une multitude de possibilités...*** Les États peuvent élargir le champ des infractions principales du blanchiment (I), adopter une large définition des « biens » et du « produit de l'activité criminelle » (II) et admettre l'autoblanchiment (III). Il s'agit là d'autant de leviers permettant d'étendre le champ d'application du blanchiment de capitaux.

I. Par l'élargissement du champ des infractions principales du blanchiment de capitaux.

225. Critères de conformité : des modalités d'incrimination des infractions principales. L'expression « infraction principale », absente du Glossaire des Recommandations du GAFI, est en revanche définie par la Convention de Palerme : elle désigne toute infraction à la suite de laquelle un produit susceptible de devenir l'objet d'une infraction de blanchiment de

---

[907] *Ibid.*

[908] La précision figure tant dans la Convention de Vienne (art. 3 Par. 1) que dans la Convention de Palerme (art. 6 Par. 1).

[909] U. CASSANI, *op. cit.*, p. 58.

[910] Nations unies (Office contre la drogue et le crime) et Fonds monétaire international, *Modèle de loi sur le blanchiment de capitaux et le financement du terrorisme* [en ligne], 1er décembre 2005, p. 33. Disponible sur : https://www.imolin.org/pdf/imolin/MLawFrench_IMoLIN.pdf.

[911] *Ibid.*

[912] Critère 3.8 ; art. 3 Par. 3 de la conv. de Vienne et art. 6 Par. 2-f) de la conv. de Palerme.

capitaux est généré[913]. D'abord limité au trafic de drogue avec la Convention de Vienne, le champ des infractions principales a évolué[914] au point d'inclure, partant des termes de l'actuelle Recommandation 3 du GAFI, « toutes les infractions graves »[915] et ce, afin de couvrir la gamme la plus large d'infractions sous-jacentes[916]. Ces dernières devraient au minimum comprendre une gamme d'infractions au sein des vingt-et-une catégories désignées d'infractions listées

[913] Art. 2-h) de la conv. de Palerme.

[914] Suite à la Convention de Vienne, les Recommandations de 1990 préconisaient aux pays déjà d'« envisager d'étendre l'infraction du blanchiment des capitaux issus du trafic de stupéfiants à d'autres infractions liées aux stupéfiants » ; une autre approche constituerait à incriminer le blanchiment de capitaux se rapportant à toutes les infractions graves, et/ou à toutes les infractions qui génèrent un montant important de produits, ou à certaines infractions graves » (Recommandation 5). La version révisée des Recommandations de 1996 se faisait plus ferme : « chaque pays devrait prendre les mesures nécessaires, y compris législatives, en vue d'incriminer le blanchiment des fonds comme le prévoit la Convention de Vienne. Chaque pays devrait étendre l'infraction du blanchiment des capitaux issus du trafic de stupéfiants au blanchiment de capitaux se rapportant aux infractions graves » (Recommandation 4). La détermination des infractions graves devant être considérées comme des infractions sous-jacentes du blanchiment de capitaux était laissée à la discrétion de chaque pays. Puis en 2000, la Convention de Palerme appelait les États parties à prévoir « l'éventail le plus large d'infractions principales » (art. 6 Par. 2-a de la conv. de Palerme). Les Recommandations de 2003 précisaient enfin les modalités de définition des infractions principales et intégraient la fameuse liste de catégories désignées d'infractions (qui étaient à l'époque au nombre de vingt).

[915] Critère 3.2. Par ailleurs, l'expression « infraction grave » est aussi définie par l'art. 2 de la Convention de Palerme ; elle désigne un acte constituant une infraction passible d'une peine privative de liberté dont le maximum ne doit pas être inférieur à quatre ans ou d'une peine plus lourde.

[916] Critère 3.2.

par le GAFI[917]. En revanche, la méthode de détermination des infractions principales est laissée à la discrétion des pays, qui peuvent choisir l'approche juridique devant permettre de les incriminer.

Ils peuvent ainsi définir les infractions sous-jacentes du blanchiment de capitaux par rapport à l'ensemble des infractions ; à un seuil lié soit à une catégorie d'infractions graves, soit à la peine privative de liberté dont est passible l'infraction sous-jacente (méthode du seuil) ; à une liste d'infractions sous-jacentes ou à une combinaison de ces méthodes[918]. On relèvera que la première option paraît particulièrement intéressante pour une conformité optimale à la définition des infractions principales au sens de la Convention de Palerme, pour peu que toutes les infractions figurant dans la liste du GAFI soient convenablement incriminées. Pour les pays qui choisissent de déterminer les infractions graves par application de la méthode du seuil[919], les infractions sous-jacentes doivent au minimum inclure toutes les infractions :

- relevant de la catégorie des infractions graves en vertu de leur droit interne ; ou
- étant passibles d'une peine maximale de plus d'un an d'emprisonnement ; ou

---

[917] Les 21 catégories désignées d'infractions sont les suivantes : **1.** la participation à un groupe criminel organisé et la participation à un racket ; **2.** le terrorisme, y compris son financement ; **3.** la traite des êtres humains et le trafic illicite de migrants ; **4.** l'exploitation sexuelle, y compris celle des enfants ; **5.** le trafic illicite de stupéfiants et de substances psychotropes ; **6.** le trafic illicite d'armes ; **7.** le trafic illicite de biens volés et autres biens ; **8.** la corruption ; **9.** la fraude ; **10.** le faux monnayage ; **11.** la contrefaçon et le piratage de produits ; **12.** les infractions pénales contre l'environnement ; **13.** les meurtres et les blessures corporelles graves ; **14.** l'enlèvement, la séquestration et la prise d'otages ; **15.** le vol ; **16.** la contrebande (y compris relativement aux taxes et droits de douane et d'accise) ; **17.** les infractions fiscales pénales (liées aux impôts directs et indirects) ; **18.** l'extorsion ; **19.** le faux ; **20.** la piraterie ; **21.** les délits d'initiés et la manipulation de marchés. Le GAFI laisse la possibilité aux États, lorsqu'ils déterminent la gamme des infractions sous-jacentes dans chacune des catégories énumérées, de décider conformément à leur droit interne, de la manière dont ils définiront ces infractions et la nature de tout élément particulier de ces infractions qui en fait des infractions graves.
Auparavant, les Recommandations de 2003 comptaient une liste de 20 catégories désignées d'infractions qui n'incluait pas les infractions fiscales. Sinon, la différence d'avec l'actuelle liste réside surtout dans des détails, la nouvelle liste ayant tantôt précisé, tantôt élargi certaines des « anciennes » catégories désignées d'infractions, à savoir : « trafic d'armes » (remplacé par : « trafic illicite d'armes » ; « fraude et escroquerie » (remplacé par « fraude », cette catégorie englobant notamment l'escroquerie) ; « contrefaçon de monnaie » (remplacé par « faux monnayage ») ; « crimes contre l'environnement » (remplacé par « infractions pénales contre l'environnement ») ; « contrebande » (remplacé par « contrebande, y compris relativement aux droits de douane et d'accise »).
[918] Critère 3.3, Note 11.
[919] L'hypothèse inclut aussi les pays adoptant une combinaison de méthodes comprenant la méthode du seuil (critère 3.3).

- étant passibles d'une peine maximale de plus de six mois d'emprisonnement (dans les pays qui ont un seuil minimum pour les infractions dans leur système juridique).

226. Des enjeux vitaux pour l'optimisation des poursuites, et au-delà de l'échelon national. Il va sans dire qu'une incrimination d'une large gamme d'infractions sous-jacentes étend le champ infractionnel du blanchiment de capitaux et permet d'éviter, par la même occasion, que les délinquants n'exploitent des faiblesses réglementaires pour échapper aux poursuites. Mais les enjeux sont aussi, sinon plus importants pour la coopération internationale, si l'on sait que la convention de Palerme notamment, se veut surtout un outil d'harmonisation des incriminations au plan international pour faciliter l'entraide judiciaire. On ne rappellera jamais assez à quel point cette coopération est indispensable pour appréhender les réseaux internationaux de trafics de tous genres.

Pour ce qui est du blanchiment de capitaux, ce travail d'harmonisation doit débuter avec les infractions sous-jacentes, desquelles dépend son existence. Aussi le GAFI pose-t-il une condition minimale de double incrimination tout en proposant une option permettant d'assouplir encore plus les conditions de poursuites[920] : les infractions sous-jacentes au blanchiment de capitaux devraient s'étendre aux actes commis dans un autre pays, qui constituent une infraction dans ce pays et qui auraient constitué une infraction sous-jacente s'ils avaient été commis sur le territoire national[921], mais les pays peuvent prévoir en guise d'unique condition que l'acte aurait constitué une infraction sous-jacente s'il avait été commis sur le territoire national[922]. En tout état de cause, l'absence de double incrimination de l'infraction sous-jacente ne devrait pas constituer un obstacle à l'entraide judiciaire[923].

II. Par une large conception des « biens » et du « produit de l'activité criminelle ».

227. Critères de conformité concernant la définition des notions de « bien » et de « produit ». À partir du moment où les faits infractionnels sont commis, l'infraction de blanchiment devrait être constituée peu important les types de biens concernés ; peu important également leur valeur, dès lors qu'ils

---

[920] Il s'agit là d'un critère de conformité (voir notes suivantes).

[921] Critère 3.6.

[922] Cette dernière précision résulte de la Note interprétative de la recommandation 3.

[923] Il résulte de la Recommandation 37, en effet, que les pays devraient fournir l'entraide judiciaire même en l'absence de double incrimination si l'assistance n'implique pas d'actions coercitives, de même qu'ils doivent envisager d'adopter les mesures leur permettant de fournir une large assistance en l'absence de double incrimination. Lorsque la double incrimination est néanmoins exigée pour l'entraide judiciaire, cette obligation devrait être considérée comme remplie, que les deux pays classent ou non l'infraction dans la même catégorie d'infractions ou qu'ils utilisent ou non la même terminologie pour la désigner, lorsque les deux pays incriminent l'acte qui est à la base de l'infraction (critère 37.7). Voir à ce propos : P. A. SCOTT, *op. cit.*, pp. 54-55.

représentent directement ou indirectement le produit du crime[924]. Il y a donc lieu d'adopter une large définition à la fois des « biens » en question que des « produits du crime ». Alors que la première notion permet d'inclure dans le champ de l'infraction les avoirs de toute nature[925], la notion de « produit » renvoie à l'origine des biens ; elle est en effet définie comme étant « tout bien provenant directement ou indirectement, de la commission d'une infraction ou obtenu, directement ou indirectement, par la commission d'une infraction »[926]. De la sorte - et encore une fois -, le champ infractionnel du blanchiment de capitaux sera étendu. Mais surtout, il y va de la circonscription des possibilités de confiscation aux plans national et international. Cette sanction que l'on sait être l'arme décisive contre les blanchisseurs et autres criminels peut avoir la portée souhaitée, sous condition d'une commune et égale conformité réglementaire.

228. Des facilités probatoires requises pour la preuve de l'origine illicite des biens. Toute la question reste de prouver qu'un bien constitue le produit d'une activité criminelle. Immanquablement, cette preuve nécessitera au minimum d'établir l'*existence* d'une infraction préalable. En revanche, les États doivent veiller à ce qu'il ne soit pas nécessaire qu'une personne soit condamnée pour une infraction sous-jacente pour pouvoir prouver qu'un bien constitue le produit du crime. Il s'agit d'une exigence minimale de la Recommandation 3 qui, ce faisant, amorce le renforcement de l'autonomie du blanchiment de capitaux vis-à-vis de son infraction sous-jacente… À charge pour les États de prendre les mesures réglementaires permettant - conformément à l'esprit de la Recommandation précitée - de faciliter la tâche à leurs autorités chargées des poursuites dans le respect des libertés individuelles et notamment, des droits de la défense de leurs citoyens. Pour cela, diverses possibilités sont envisageables ; l'option la plus contraignante serait d'exiger de l'accusation une identification précise de l'infraction principale ayant généré le produit du crime. Au contraire, la plus souple serait d'admettre que le blanchiment puisse être constitué alors même que seule a été établie *l'existence* d'une infraction principale du fait de l'impossibilité pour la défenderesse de prouver l'origine licite des biens (renversement de la charge de la preuve par le jeu des présomptions).

---

[924] Critère 3.4.

[925] Nations unies, *Commentaire de la convention des Nations Unies contre le trafic illicite de stupéfiants et de substances psychotropes*, *op. cit.*, p. 32. La définition des « biens » était, dans les projets antérieurs de la Convention de 1988, plutôt celle du « produit », de sorte que les deux notions se confondaient (*ibid.*, p. 32).

[926] Cette définition résulte du Glossaire des Recommandations ; elle est similaire à celles proposées, respectivement, par les Conventions de Vienne (art. 1-p) et de Palerme (art. 2-e). Le produit d'une infraction est donc, en définitive, « un bien mal acquis » (G. BEAUSSONIE, « Le produit de l'infraction et le principe de la personnalité des délits et des peines », *in Annales de l'Institut de criminologie et de sciences pénales Roger Merle*, Actes du colloque du 20 février 2018 sur « Le produit de l'infraction en droit pénal », vol. 1, 2020, p. 139).

III. Par l'application du blanchiment de capitaux à ceux qui commettent l'infraction sous-jacente.

229. Autoblanchiment et *non bis in idem* : une difficile, mais nécessaire conciliation. Si l'autorité du GAFI sur les États (pourtant souverains !) devait se mesurer à l'aune de leur progression dans la conformité aux Recommandations, l'incrimination de l'autoblanchiment jouerait sans nul doute en faveur de l'Organisme international. Lentement mais sûrement, les États ont plié - parfois en dépit d'une position majoritairement défavorable de la doctrine[927] - sous la pression d'une incrimination toujours plus étendue aux fins d'augmenter les chances de poursuites fructueuses au plan national et de faciliter la coopération internationale. C'est que les mêmes standards permettant l'application de l'infraction de blanchiment de capitaux aux personnes qui commettent l'infraction sous-jacente uniquement si cela ne va pas à l'encontre des principes fondamentaux du droit interne[928] qualifient pourtant systématiquement de « lacune » l'absence d'incrimination de l'autoblanchiment[929]...

Tout part, en réalité, de la Convention de Palerme[930] qui a tenu compte des principes juridiques de nombre d'États dans lesquels il n'était pas admis, à l'époque, qu'une personne puisse faire l'objet de poursuites ou de sanctions à la fois pour le blanchiment de capitaux et pour son infraction sous-

---

[927] D. BORCAN et al., *L'infraction de blanchiment - Répression pénale et prévention : Allemagne, Angleterre et Pays de Galles, Espagne, Italie, Suisse* [en ligne], Étude réalisée à la demande du Ministère de la Justice, Service des affaires européennes et internationales (sous la direction de M. MOREAU), 30 avril 2016, p. 8. Disponible sur : https://www.hal.archives-ouvertes.fr/hal-02305869/document. Il est relevé qu'en Suisse notamment, l'autoblanchiment est réprimé sur le fondement d'une jurisprudence constante, mais contre l'avis majoritaire de la doctrine. En Allemagne, l'autoblanchiment n'était pas encore incriminé, un projet de loi ayant été adopté par le *Bundestag* en avril 2016 pour y remédier. En Italie, l'incrimination était actée suite à l'introduction d'une disposition légale expresse à cet effet, entrée en vigueur le 1er janvier 2016 (*ibid.*).

[928] Critère 3.7, qui prévoit que l'infraction de blanchiment de capitaux doit être applicable aux personnes qui commettent l'infraction sous-jacente, à moins que cela ne soit contraire aux principes fondamentaux du droit interne.

[929] On peut citer ici l'exemple de la Croatie, notée « Largement Conforme » relativement à la Recommandation 3 notamment à cause d'une absence d'incrimination de l'autoblanchiment concernant l'acquisition, la possession ou l'utilisation des produits du crime. Il est reproché aux autorités dudit État d'invoquer un obstacle d'ordre constitutionnel à une telle incrimination alors même que les évaluateurs ne trouvaient, pour leur part, aucun obstacle légal (Committee of Experts on the Evaluation of Anti-money laundering Measures and the Financing of Terrorism (Moneyval), *Anti-money laundering and counter-terrorist financing measures - Croatia, Fifth Round Mutual Evaluation Report* [en ligne] ; en français : Comité d'Experts sur l'Evaluation des Mesures de Lutte Anti-blanchiment et contre le Financement du Terrorisme, *Mesures de lutte anti-blanchiment et contre le financement du terrorisme - Croatie, Rapport du Cinquième Cycle des Evaluations Mutuelles*, décembre 2021, p. 223. Disponible sur : https://www.fatf-gafi.org/media/fatf/documents/reports/mer-fsrb/MONEYVAL-MER-Croatia-2022.pdf).

[930] L'article 6-e) de la Convention de Palerme dispose : « Lorsque les principes fondamentaux du droit interne d'un État Partie l'exigent, il peut être disposé que les infractions énoncées au paragraphe 1 du présent article ne s'appliquent pas aux personnes qui ont commis l'infraction principale. »

jacente[931]. Alors que la réserve trouve son fondement dans le principe *ne bis in idem,* qui interdit qu'une personne soit condamnée plusieurs fois pour les mêmes faits, il est maintenant largement admis - *et à raison* - que les faits de blanchiment (supposons, investir des fonds détournés dans des sociétés immobilières situées dans divers pays) sont distincts de ceux caractérisant l'infraction principale (détournement de fonds en tant que tel). Une distinction rigoureuse entre les faits de blanchiment et ceux caractérisant l'infraction d'origine au moment de la qualification juridique apparaît dès lors comme la voie privilégiée pour éviter la censure[932].

Paragraphe 2. Des exigences relatives aux sanctions de l'infraction de blanchiment de capitaux.

230. ***Des exigences minimales liées aux caractères et à la nature des sanctions***. Le GAFI recommande que les sanctions prononcées à l'encontre des blanchisseurs et professionnels non respectueux des obligations de LBC/FT soient efficaces, proportionnées et dissuasives. Ces deux derniers caractères retiendront notre attention, dans le cadre de cette étude restreinte à la question de la conformité (par opposition à l'efficacité) dans l'anti-blanchiment (A). Pour des raisons que l'on ne manquera pas de préciser, une importance particulière

---

[931] Office des Nations unies contre la drogue et le crime, *Travaux préparatoires des négociations en vue de l'élaboration de la Convention des Nations Unies contre la criminalité transnationale organisée et des Protocoles s'y rapportant, op. cit.*, p. 62. Les pays concernés confirmaient, cependant, qu'ils ne refusaient pas l'extradition, l'entraide judiciaire ou la coopération à des fins de confiscation uniquement parce que la demande était fondée sur une infraction de blanchiment d'argent dont l'auteur était également celui de l'infraction principale (*ibid.*).

[932] Pour l'illustration, les magistrats français ont fait plus d'une fois l'expérience de la censure - parfois remise en question - de l'autoblanchiment au visa du principe *non bis in idem*. Tel fut le cas d'abord, dans deux arrêts rendus en 2016, sanctionnant, respectivement, le cumul de qualification entre recel et blanchiment (Cass. crim., 26 oct. 2016, n°15-84552), puis entre abus de biens sociaux et blanchiment d'abus de biens sociaux (Cass. crim., 7 déc. 2016, n°15-84552). Les juges y affirment que des faits procédant de manière indissociable d'une infraction unique caractérisée par une seule intention coupable ne peuvent donner lieu, contre le même prévenu, à deux déclarations de culpabilité de nature pénale, fussent-elles concomitantes (voir à ce propos : V. MALABAT, « Ne bis in idem et le juge pénal », *Revue du droit public*, n°1, 2018, p. 27). Le principe sera réaffirmé par la Chambre criminelle de la Cour de cassation par l'arrêt du 30 janvier 2019 (n°18-82589), pour censurer un arrêt de la Cour d'appel de Fort-de-France ayant déclaré les prévenus coupables de complicité d'escroquerie et de blanchiment sans avoir caractérisé s'ils avaient commis des faits constitutifs de blanchiment distincts et si, au contraire, les faits ne procédaient pas d'une action unique. Mais procédant à qualification à la manière des Cours et tribunaux, la doctrine n'a pas manqué de relever qu'il était bel et bien possible, dans la dernière décision de justice précitée, de distinguer les faits constitutifs - et se succédant dans le temps - de complicité d'escroquerie de ceux de blanchiment de capitaux (J. MOREL-MAROGER, « Non-cumul, en cas d'action unique, des qualifications de complicité d'escroquerie et de blanchiment », *Gaz. Pal.*, 11 juin 2019, n°21, p. 78). Le constat était au final, celui notamment d'une difficile circonscription précise du champ d'application du principe *non bis in idem* dans le contexte de l'autoblanchiment, et - fort opportunément -, celui d'une exigence de la plus grande rigueur pour justifier notamment le cumul des qualités de complice et d'auteur du blanchiment de l'infraction d'origine par une même personne (*ibid.*).

doit être accordée aux mesures de confiscation, que les États se doivent de faciliter et mettre en œuvre (B).

A. Prévoir des sanctions proportionnées et dissuasives à l'encontre des blanchisseurs et des professionnels non respectueux des obligations de lutte.

231. ***D'une analyse des critères d'appréciation des caractères requis des peines et de leurs modalités d'application*.** La proportionnalité et le caractère dissuasif des peines ont forcément fait couler beaucoup d'encre. Mais l'idée n'est pas ici de se livrer à une revue critique de l'abondante littérature sur cette question pour déduire des attentes qui devraient ou pourraient être celles du GAFI quant auxdits caractères requis des sanctions. La recherche des critères d'appréciation de la proportionnalité et du caractère dissuasif des peines se fera, conformément aux standards de référence de cette analyse, à l'aune des quelques précisions apportées par le GAFI sur cette question, lesquelles seront complétées des leçons tirées de la *démarche* adoptée jusque-là par les évaluateurs de la *compliance* dans la LBC/FT pour apprécier ces caractères (I). L'exploitation d'un échantillon (aléatoire simple) de rapports d'évaluation mutuelle permettra d'en dégager les grandes lignes. Puis, on s'intéressera à l'applicabilité des sanctions aux personnes morales et aux assujettis (II).

I. À la recherche des critères d'appréciation du caractère proportionné et dissuasif des peines.

232. Critères de proportionnalité définis par le GAFI : entre sauvegarde des principes fondamentaux et harmonisation des législations. La nouvelle Méthodologie d'évaluation notamment de la conformité technique aux Recommandations ne contient aucune précision sur la proportionnalité des sanctions. En revanche, l'ancienne méthodologie précise que cette proportionnalité s'apprécie compte tenu d'une part, du niveau des sanctions (notamment, peines d'emprisonnement et/ou amendes) applicables à l'infraction de blanchiment de capitaux à l'aune d'autres infractions graves dans le pays évalué et d'autre part, du niveau des sanctions applicables à ladite infraction par rapport aux infractions correspondantes dans d'autres pays[933].

Le premier critère participe du respect, au plan national, de la proportionnalité des peines aux délits - corollaire du principe fondamental de nécessité des peines - et ce, dans la mesure où les sanctions de l'infraction de blanchiment de capitaux sont alors alignées sur celles applicables aux autres infractions - notamment financières - comparables… L'inconvénient d'une telle exigence est cependant qu'elle peut conduire à une sanction insuffisamment sévère (*donc a priori*, peu dissuasive) de l'infraction de blanchiment pour peu qu'il en soit également ainsi des peines prévues pour les infractions

---

[933] GAFI, *Méthodologie d'évaluation de la conformité aux 40 Recommandations et aux 9 Recommandations Spéciales du GAFI*, *op. cit.*, p. 14.

"similaires"[934]. Quant au second critère, il permet de s'assurer d'une harmonisation des sanctions au plan international, puisqu'à défaut, l'on donnerait l'opportunité aux criminels d'appliquer à leur tour une "approche par les risques" en partant des différences réglementaires pour choisir leurs terrains de prédilection (qui seraient naturellement, les pays aux sanctions les moins sévères).

233. Le caractère dissuasif des peines applicables au blanchiment de capitaux : quels critères d'appréciation ? La punition est, selon une conception utilitariste du « nouveau droit pénal »[935], simplement destinée à empêcher que de nouveaux délits soient commis dans l'avenir[936] ; c'est là d'ailleurs, l'exacte définition du verbe « dissuader » : « faire renoncer à quelqu'un son intention de faire quelque chose, l'en détourner »[937]. L'on conviendra alors qu'une peine dissuasive est celle de nature à décourager les personnes physiques et morales qui seraient tentées de commettre une infraction ; et il faudrait pour cela qu'elle suscite chez les potentiels agents pénaux une crainte des conséquences que leurs actes infractionnels pourraient engendrer.

S'il est admis que la rationalité punitive prospective, qui correspond à la fonction dissuasive attachée à la peine[938], est tout à fait adaptée aux formes de délinquances mues par l'*animus cupidi*[939], encore faudrait-il savoir comment obtenir cet effet dissuasif. Le silence du GAFI sur cet aspect laisse toute latitude aux États, détenteurs du droit de punir, de définir une politique criminelle adaptée et à cette fin. Aussi tentante que soit l'idée d'une réflexion poussée sur cette question, on se contentera de relever, surtout au regard des critères d'appréciation retenus à maintes reprises par les évaluateurs du GAFI, qu'il faudrait tout au moins tenir compte de deux indicateurs, que sont la nature et le quantum de la peine.

---

[934] Lors de l'évaluation mutuelle de la Suisse en novembre 2005, il était fait la remarque que les sanctions pénales de l'infraction de blanchiment n'étaient pas assez sévères et donc, pas réellement dissuasives (REM de la Suisse de novembre 2005, p. 50). Même s'il était par ailleurs établi que les peines prévues pour le blanchiment de capitaux étaient « proportionnées par rapport à celles prévues pour d'autres infractions telles que le vol et le recel » (*ibid.*). C'est dire que la sévérité recherchée quant aux sanctions de l'infraction de blanchiment peut parfois être inconciliable avec l'impératif de proportionnalité des peines.

[935] Merle et Vitu, *Traité de Droit Criminel - Droit pénal général*, Tome I, 7e éd. Cujas, 1997, p. 111.

[936] *Ibid.* Le droit de punir n'étant que le droit de défense cédé par chaque individu à l'État, la punition ne peut alors intervenir que dans la proportion où elle est utile à la défense de la société : « Elle n'a pour but ni d'assouvir la vindicte, ni la satisfaction d'un besoin de Justice absolue, ni même l'expiation du coupable ou la rétribution de son forfait. Elle est simplement destinée à empêcher que de nouveaux délits soient commis dans l'avenir. » (*ibid.*).

[937] Définition du *Larousse*.

[938] G. ROYER, *L'efficience en droit pénal économique - Étude de droit positif à la lumière de l'analyse économique du droit*, LGDJ Lextenso Éditions, coll. Droit & Économie, 2009, p. 132.

[939] *Ibid.* ; cette expression désigne, selon l'auteur, l'esprit de lucre ou de cupidité qui anime la délinquance en col blanc - présentée comme astucieuse.

Sur le premier aspect, l'article 11 de la Convention de Palerme incite les États parties à rendre la commission de l'infraction de blanchiment de capitaux passible de sanctions tenant compte de la gravité de cette infraction ; dans sa formulation initiale, étaient cités non limitativement « l'emprisonnement, d'autres peines privatives de liberté, l'imposition d'amende et la confiscation »[940]. Ces peines apparaissent comme étant la constante au sein des pays. Toutefois, de l'avis des économistes, la « reine des sanctions »[941], celle dont l'effet dissuasif ne fait aucun doute, demeure la sanction monétaire[942]. Le blanchiment de capitaux étant effectivement de ces infractions qui se prêtent à un profil de délinquants portés vers la recherche de profits illicites, l'un des moyens privilégiés de sanctionner ce comportement est de « frapper la poche »[943] du délinquant. Les peines d'amende et de confiscation vont alors revêtir un intérêt particulier.

Pour ce qui est du quantum de la peine, on relève, partant des observations faites par les experts dans divers rapports d'évaluations mutuelles de pays[944], qu'il s'agit d'un facteur non négligeable. En effet, on note que les pays dans lesquels la peine applicable à l'infraction de blanchiment de capitaux est particulièrement élevée sont les mieux notés par les évaluateurs sur le caractère dissuasif des peines (Rapport d'Évaluation mutuelle de l'Australie de 2015[945], Rapport d'Évaluation mutuelle des États-Unis de 2006[946]) ; et

---

[940] Office des Nations unies contre la drogue et le crime, *Travaux préparatoires des négociations en vue de l'élaboration de la Convention des Nations Unies contre la criminalité transnationale organisée et des Protocoles s'y rapportant*, *op. cit.*, p. 99. Il s'agit de la formulation initiale de l'actuel article 11 de la Convention de Palerme, soumise à l'amendement des pays à l'occasion de la Première session (19-29 janvier 1999).

[941] *Op. cit.*, p. 181.

[942] *Ibid.* L'auteur met auparavant en exergue les avantages des sanctions frappant le droit de propriété, qui tiennent une place très importante dans l'analyse économique du droit : « Puisqu'elles résident dans un transfert de valeurs, elles sont peu coûteuses, voire rentables pour l'État qui trouve une source de revenus en privant, à son profit, l'un de ses sujets de son droit de propriété. » La sanction monétaire présente donc l'avantage d'allier l'effet sanctionnateur recherché à l'efficience (du fait d'un moindre coût), voire à une certaine rentabilité pour le compte de l'État.

[943] *Ibid.* ; l'auteur affirme, à la suite de Leszek Lernell, le caractère dissuasif des sanctions qui « frappent la poche ».

[944] Ont été choisis pour les besoins de l'analyse faite dans les lignes qui suivent, six rapports d'évaluation mutuelle de pays et dates différents : Australie (REM réalisé en avril 2015) ; États-Unis (3ème REM, 23 juin 2006) France (REM du 25 février 2011) ; Sénégal (REM réalisé en mai 2018) ; Suisse (3ème REM, novembre 2005) ; les données étudiées pour le cas de la Chine (voir : REM de la République Populaire de Chine d'avril 2019, p. 187) n'ont cependant pu être utilisées dans les développements ultérieurs, car les commentaires des évaluateurs semblent davantage portés vers l'appréciation de la proportionnalité (ou tout le moins, ne nous ont pas permis de distinguer l'appréciation de la proportionnalité de celle du caractère dissuasif des peines).

[945] Pour l'Australie, les évaluateurs partaient du constat que les sanctions pouvaient aller jusqu'à 25 ans d'emprisonnement et/ou 255 000 AUD d'amende (sachant que les peines varient selon que le blanchiment est intentionnel ou par négligence et selon l'importance du montant blanchi) pour déduire que les peines étaient dissuasives (REM de l'Australie d'avril 2015, p. 132).

[946] REM des États-Unis du 23 juin 2006, p. 36. Les sanctions jugées notamment dissuasives, peuvent aller, d'après ce rapport, notamment jusqu'à 500 000 USD ou le double de la valeur des biens concernés par la transaction et/ou 20 ans d'emprisonnement.

inversement (Rapport d'Évaluation mutuelle de la Suisse de 2005[947]). Au Sénégal également, les experts estimaient en 2019 que les sanctions étaient notamment dissuasives, puisqu'elles s'inscrivaient « dans la moyenne supérieure (05 ans) »[948] ; d'où l'on déduit que la proportionnalité des sanctions de l'infraction de blanchiment à celles prévues pour d'autres infractions financières graves comparables est aussi un critère entrant en jeu pour apprécier le caractère dissuasif de la peine. En effet, la sévérité de la sanction applicable au blanchiment de capitaux s'apprécie objectivement, compte tenu du maximum légal prévu pour les infractions appartenant à la même catégorie que le blanchiment de capitaux (soit la catégorie des infractions financières graves) dans le pays considéré[949].

Cela dit, il faut relever que la sévérité de la peine doit être combinée à l'effectivité des sanctions pour produire l'effet dissuasif recherché, d'où l'importance accordée aux statistiques, principal outil de vérification de l'efficacité. Par ailleurs, l'expérience a démontré qu'il demeure possible que des peines peu élevées puissent tout de même produire un effet dissuasif. La remarque a été faite à l'occasion de l'Évaluation mutuelle de la France en 2011, alors que les évaluateurs faisaient valoir que les peines d'emprisonnement effectivement prononcées n'étaient pas très élevées par rapport au maximum légal (même si elles étaient par ailleurs, proportionnées)[950]. Les autorités françaises, après avoir précisé qu'un tel état de fait était dû à l'application de certains principes fondamentaux de droit pénal interne[951], affirmaient que les poursuites et condamnations n'en demeuraient pas moins dissuasives. Étaient citées en exemple plusieurs affaires de condamnations pour blanchiment dans le milieu bancaire « qui, malgré l'absence de condamnations à la prison ferme, ont eu un fort retentissement dans le secteur financier, avec pour conséquence, une plus grande mobilisation de la profession autour des obligations de LBA/ CFT »[952].

---

[947] Était évoqué l'art. 305 bis du Code pénal prévoyant alors des peines d'emprisonnement ou d'amende et dans les cas graves, la réclusion pour 5 ans au plus ou l'emprisonnement (étant considéré comme « cas graves » les situations dans lesquelles le délinquant agit comme membre d'une organisation criminelle ; lorsqu'il agit comme membre d'une bande formée pour se livrer de manière systématique au blanchiment d'argent ; lorsqu'est réalisé un chiffre d'affaires ou un gain importants en faisant métier de blanchir de l'argent ; Source : REM de la Suisse de novembre 2005, pp. 44-48).
[948] REM du Sénégal de mai 2018, p. 128.
[949] Il devient dès lors concevable que les sanctions sénégalaises, pourtant beaucoup plus faibles que celles de l'Australie et des États-Unis, aient tout de même été jugées dissuasives.
[950] REM de la France du 25 février 2011, pp. 110-111.
[951] Les autorités françaises ont fourni l'explication selon laquelle il est commun, en droit français, que les peines prononcées soient largement inférieures au maximum légal. Le principe est en effet, la prise en compte des faits (selon qu'ils aient été réitérés ou non, commis sur une longue période ou non, etc.) et surtout de la personnalité de la personne condamnée et notamment de son casier judiciaire (cas de récidive ou pas) ; tous ces éléments étant susceptibles d'influer sur la peine (*ibid.*, p. 111).
[952] *Ibid.*

L'on convient que la sévérité n'est pas l'unique moyen de parvenir à de telles fins. Et dans le même ordre d'idées, cet exemple montre qu'il est possible de parvenir aux effets escomptés par les Recommandations dans le respect des traditions juridiques internes ne convergeant pas forcément avec les critères de conformité. Mais il n'en demeure pas moins qu'*a priori*, des peines plus sévères combinées à l'effectivité des condamnations (et éventuellement, une variété de sanctions) sont davantage susceptibles de dissuader la commission de l'infraction.

II. L'applicabilité des sanctions requises à l'endroit des personnes morales et des assujettis.

234. L'obligation de prévoir la responsabilité pénale des personnes morales et/ou les autres formes de responsabilité. Face aux possibilités infinies d'utilisation des personnes morales à des fins de blanchiment de capitaux, la Recommandation 3 exige aux États de prévoir la responsabilité pénale et l'application de sanctions pénales aux personnes morales, et uniquement si ce n'est pas possible au regard des principes fondamentaux de droit interne, de leur imputer la responsabilité civile ou administrative[953]. Le choix est donc laissé aux pays parmi les trois grandes catégories précitées, même si la formulation encourage particulièrement l'imputation de la responsabilité ainsi que les sanctions pénales. Il demeure possible, toujours au regard des critères de conformité, d'envisager des procédures parallèles, qu'elles soient pénales, civiles ou administratives, si cela est permis par le droit interne. Le cumul avec la responsabilité des personnes physiques est envisageable, toutes sanctions devant être proportionnées et dissuasives[954].

235. L'obligation de prévoir des sanctions à l'encontre des assujettis non respectueux de leurs obligations préventives. Les États doivent prévoir une gamme de sanctions proportionnées et dissuasives, de nature pénale, civile ou administrative, applicables aux personnes physiques et morales non respectueuses de leurs obligations de lutte telles que prévues par les Recommandations 6 et 8 à 23[955]. Autrement dit, sont notamment concernées les mesures préventives consistant dans les obligations de vigilance et les obligations déclaratives. Doit donc être passible de sanctions, le non-respect de *toutes* les obligations prévues par ces Recommandations ; doivent aussi être passibles de sanctions toutes les personnes physiques et morales assujetties aux obligations de lutte. Le GAFI précise d'ailleurs, à ce titre, que les sanctions devraient être applicables non seulement, aux institutions financières et

953 Critère 3.10.

954 *Ibid.*

955 Critère 35.1

entreprises et professions non financières désignées, mais encore, aux membres de l'organe d'administration et à la haute direction[956].

B. Créer les conditions d'applicabilité et mettre en œuvre les mesures de confiscation.

236. ***Des États se devant d'adopter une approche multidimensionnelle de la confiscation***. Dans leur définition des mesures de confiscation, les États doivent permettre une combinaison de la confiscation basée sur la propriété avec celle basée sur la valeur, afin d'anticiper sur certains obstacles pouvant nuire aux possibilités de mise en œuvre de cette sanction (I). La confiscation se doit aussi d'être conçue comme un processus, dont toutes étapes (notamment, phases pré-confiscation et post-confiscation) doivent être gérées de manière adéquate (II).

I. Par une combinaison de la confiscation fondée sur la propriété avec la confiscation basée sur la valeur.

237. Des multiples exigences de la confiscation basée sur la propriété. La Recommandation 4 appelle les pays à prendre les mesures notamment législatives permettant la confiscation d'abord, des biens blanchis ; du produit de l'infraction de blanchiment de capitaux ou d'infractions sous-jacentes ainsi que des revenus et avantages dérivés de ce produit ; et des instruments utilisés ou destinés à être utilisés en vue de commettre le blanchiment de capitaux ou les infractions sous-jacentes[957]. Ce type de confiscation basée sur la propriété[958] nécessite d'établir le lien entre les avoirs et l'infraction ainsi qu'un lien entre les avoirs et l'auteur de l'infraction[959]. Face aux difficultés probatoires pouvant se poser, les instruments internationaux pertinents tels que les Conventions de Vienne et de Palerme[960] préconisent un renversement

---

[956] Critère 35.2.

[957] Critère 4.1.

[958] Encore appelée confiscation *in rem* ou confiscation de « propriété illicite », la confiscation basée sur la propriété vise les biens constituant le produit ou les instruments d'une infraction ; et d'une manière générale, tous les avoirs en lien avec celle-ci. Elle est donc utile lorsqu'il est possible de relier les biens à une infraction.

[959] T. BALLOT, « Réflexions sur les sanctions patrimoniales à la lumière du recouvrement des avoirs issus de la corruption transnationale », *RSC*, 2013/2, n°2, p. 325.

[960] Art. 5 par. 7 de la conv. de Vienne ; art. 12 par. 7 de la conv. de Palerme ; mais il en est également ainsi de la Convention du Conseil de l'Europe relative au blanchiment, au dépistage, à la saisie et à la confiscation des produits du crime et au financement du terrorisme du 16 mai 2005 (art. 3 Par. 4).

de la charge de la preuve, dans le respect des principes fondamentaux du droit interne et en particulier, de la présomption d'innocence[961].

En plus des biens blanchis, la Recommandation 4 permet de confisquer, en premier lieu, le produit direct (c'est-à-dire « sur les richesses ou le bénéfice tiré de l'infraction »[962], par exemple, les avoirs volés par un Agent public de l'État) ou indirect (« visant toutes les formes d'enrichissement susceptibles d'avoir un lien avec l'infraction »[963], à l'instar du portefeuille d'actions acquis au moyen des biens volés)[964] du blanchiment de capitaux ou des infractions sous-jacentes, dont l'évaluation doit permettre d'inclure tous les bénéfices annexes qui n'auraient pas été réalisés sans la commission de l'infraction[965]. Doivent également être sujets à confiscation les « avoirs obtenus à partir des produits originels » (produits mélangés), selon une formulation la plus large possible permettant d'inclure les biens « qui sont mélangés avec des avoirs constituant les produits d'une activité illicite »[966]. À ce propos, l'atteinte au droit de propriété découlant d'une telle approche est proportionnée à la gravité de l'infraction de blanchiment ; il faut en effet envisager tant l'indemnisation des victimes (y compris l'État) que de produire l'effet dissuasif recherché par la sanction pécuniaire.

Peuvent être confisqués, en second lieu, les instruments utilisés ou destinés à être utilisés pour commettre le blanchiment de capitaux ou une infraction sous-jacente, et ce, peu important qu'ils soient détenus par les prévenus dans la procédure pénale ou par des tiers. Ainsi, concernant la personne

---

[961] Il est en effet préconisé de renverser la charge de la preuve de la licéité de l'origine des biens, de sorte qu'il revienne à la personne dont les avoirs risquent d'être confisqués d'en prouver l'origine licite. Les précisions quant aux modalités sont laissées à la discrétion des législateurs nationaux, mais ces derniers devront faire en sorte que l'accusé ait des possibilités suffisantes de réfuter la présomption (Nations unies, *Commentaire de la convention des Nations Unies contre le trafic illicite de stupéfiants et de substances psychotropes*, *op. cit.*, p. 119). La Cour européenne des Droits de l'Homme a ainsi considéré que les présomptions de fait ou de droit ne sont pas prohibées en matière pénale, mais les États ne doivent pas dépasser un certain seuil. Les présomptions doivent être enserrées dans les limites raisonnables prenant en compte la gravité de l'enjeu et la préservation des droits de la défense (T. BALLOT, *op. cit.*, p. 329).

[962] M. GIACOPELLI, « Le produit de l'infraction et le principe d'individualisation », *in Annales de l'Institut de criminologie et de sciences pénales Roger Merle*, Actes du colloque du 20 février 2018 sur « Le produit de l'infraction en droit pénal », vol. 1, 2020, p. 148.

[963] *Ibid.*

[964] J.-P. BRUN, L. GRAY, C. SCOTT et al., *Manuel de recouvrement des biens mal acquis - Un guide pour les praticiens*, Banque Mondiale, 2011, p. 127.

[965] *Ibid.* Sur les modalités d'évaluation de la valeur des produits ou bénéfices dérivés d'une infraction, voir : *ibid.*, pp. 127-128.

[966] Telle est la formulation adoptée dans le *Prevention of Organised Crime Act* de 1998 (Afrique du Sud) ; elle permet la confiscation de « tout avoir avec lequel des produits ont été mélangés », ce qui rend l'ensemble desdits biens susceptibles d'être confisqués. D'autres variantes permettent cependant la confiscation, uniquement, de « tout ou partie d'un avoir », ou « des avoirs dérivés, obtenus ou réalisés à partir d'une infraction », ou encore « des avoirs substantiellement dérivés ou réalisés à partir d'une infraction » (*ibid.*, p. 128).

dont l'intention doit être prouvée, le législateur national ou à défaut, les Cours et tribunaux peuvent se contenter de la preuve qu'une personne a détenu les biens, alors même que quelqu'un d'autre les utiliserait pour commettre l'infraction[967]. Par ailleurs, s'il est admis que l'instrument se définit par l'usage illégal auquel le bien a été affecté, il est moins évident de s'entendre sur la définition de l'« usage » en question[968]. Au moment où certains tribunaux exigent des liens plus ou moins étroits entre l'avoir et l'infraction, d'autres se contentent d'une simple « connexion avec »[969] le méfait. C'est dire que la précision des législateurs nationaux sera aussi importante que la rigueur des Cours et tribunaux, à qui l'on s'en remettra en définitive quant à la démonstration du lien entre l'instrument et le blanchiment de capitaux ou ses infractions sous-jacentes. Par exemple, pour les juges français, « il suffit que l'instrument ait été l'une des causes efficientes de l'infraction »[970], n'étant pas nécessaire de démontrer que le bien instrument du délit ait été déterminant dans sa commission.

238. De l'extension des possibilités de recouvrement par la confiscation en valeur. La Recommandation 4 inclut les « biens d'une valeur correspondante »[971] dans le champ de la confiscation. Dès lors, est aussi sujet à confiscation l'équivalent du gain ou du bénéfice que le délinquant a tiré des infractions et jusqu'aux avoirs détenus, contrôlés ou offerts par le défendeur[972]. Ce type de confiscation basée sur la valeur a le double mérite de compléter la confiscation *de in rem* et de se substituer à celle-ci lorsque les circonstances rendent difficiles, voire impossible la confiscation des biens reçus ou tirés de l'infraction. Il en est ainsi lorsque des tiers innocents détiennent des parts sur un bien conjointement avec le délinquant, auquel cas il apparaît plus judicieux de confisquer la valeur de cette part, représentée par les autres avoirs du délinquant[973]. Ce mécanisme de substitution d'avoirs est également très efficace dans l'hypothèse où le prévenu aurait dissipé les produits directs, car permettant

---

[967] Nations unies, *Commentaire de la convention des Nations Unies contre le trafic illicite de stupéfiants et de substances psychotropes*, *op. cit.*, p. 106. Cette option est plus large que celle exigeant que la confiscation ne porte que sur les éléments détenus par la personne qui a elle-même par la personne qui a elle-même l'intention de les utiliser pour commettre une infraction (*Ibid.*).

[968] J.-P. BRUN, L. GRAY, C. SCOTT et al., *op. cit.*, p. 130.

[969] *Ibid.*

[970] M. SEGONDS, « A la recherche d'une définition du produit de l'infraction (selon la loi pénale) », *in Annales de l'Institut de criminologie et de sciences pénales Roger Merle*, Actes du colloque du 20 février 2018 sur « Le produit de l'infraction en droit pénal », vol. 1, 2020, pp. 128-129.

[971] Critère 4.1-d.

[972] *Op. cit.*, p. 131. La confiscation en valeur consiste donc « précisément à confisquer un bien dont la valeur équivaut au produit de l'infraction, mais qui ne constitue pas lui-même le produit direct ou indirect de l'infraction » (D. SENAT, « La confiscation du produit de l'infraction », *in Annales de l'Institut de criminologie et de sciences pénales Roger Merle*, Actes du colloque du 20 février 2018 sur « Le produit de l'infraction en droit pénal », vol. 1, 2020, p. 202).

[973] Nations unies, *op. cit.*, p. 105.

d'exiger la confiscation du montant équivalent, lequel sera déduit des avoirs légitimes du délinquant[974].

II. Par une gestion adéquate des phases préparatoire et de suivi des confiscations.

239. ***Des enjeux tenant aux possibilités d'aboutissement (pré-confiscation) et d'augmentation de la valeur contributive (post-confiscation) des mesures de confiscation***. Pour qu'une quelconque sanction de confiscation puisse être mise en œuvre, il faudrait que les avoirs aient été au préalable identifiés et - souvent - sécurisés notamment au moyen des saisies (a). Une fois les biens confisqués, il reste à s'interroger sur le sort, sur la gestion des avoirs confisqués (b).

a. La phase pré-confiscation : de l'identification à la saisie des avoirs sujets à confiscation.

240. Le maniement du Renseignement au cœur de l'entame de la pré-confiscation. Selon la Recommandation 4, les lois nationales doivent permettre aux autorités compétentes dans un premier temps, d'identifier, de dépister et d'estimer les biens faisant l'objet d'une mesure de confiscation[975] et dans un second temps, de mettre en œuvre des mesures provisoires telles que le gel ou la saisie[976]. Cette dernière exigence vise à faire empêcher toute opération ou tout transfert ou disposition de biens faisant l'objet d'une confiscation ; si cela ne contrevient aux principes fondamentaux du droit interne, des mesures devraient à ce titre permettre le dépôt *ex parte* ou sans notification préalable d'une première demande de gel ou de saisie de biens soumis à confiscation[977]. Par ces exigences, le GAFI incite les pays au respect du processus de recouvrement des avoirs, qui doit reposer sur une véritable stratégie dont chaque étape est importante.

La première étape de ce processus devrait aboutir à la détermination de l'assiette de la confiscation. Logiquement, il faudrait déjà identifier les biens concernés en réunissant les informations devant permettre de reconstituer les faits ; les mesures préventives prennent alors tout leur sens, puisque le flux d'informations générées par les déclarants et analysées par les Cellules de renseignement financier[978] seront déterminantes. Il est tout aussi important que les pays aient les ressources humaines, technologiques et financières nécessaires pour mener des enquêtes aux plans national et international, ce que le GAFI ne

---

[974] J.-P. BRUN, L. GRAY, C. SCOTT et K. M. STEPHENSON, *op. cit.*, p. 136. Dans ce cas, il peut être requis d'apporter la preuve que les avoirs originels proviennent ou constituent le bénéfice d'une infraction ou encore, qu'un bien a été utilisé comme l'instrument d'une infraction ; et que l'avoir ne peut être localisé ou est, pour quelque raison, inatteignable (*ibid.*).

[975] Critère 4.2-a.

[976] Critère 4.2-b.

[977] Critère 4.2-b (note 12 y afférente).

[978] Voir à ce propos : J.-P. BRUN, L. GRAY, C. SCOTT et K. M. STEPHENSON, *op. cit.*, pp. 26-29.

manque pas de rappeler. En effet, toujours aux termes de la Recommandation 4, les États doivent mettre en place les mesures aux fins de « prendre toutes les mesures d'enquête appropriées »[979]. Il n'aurait pas été inutile, à ce niveau, que la Recommandation 4 rappelle également l'importance de la coordination nationale, notamment au niveau opérationnel, souvent indispensable pour l'aboutissement des enquêtes, même pour les affaires les moins complexes.

241. De la nécessité d'une stratégie de dépistage des avoirs pour l'obtention des preuves nécessaires à l'exécution de la confiscation. La distinction entre l'identification et le dépistage des biens devant faire l'objet d'une mesure de confiscation semble ne pas être aussi fortuite qu'il y paraît. Au-delà d'une simple identification, le dépistage implique le « traçage » des avoirs[980] devant permettre de fournir les preuves nécessaires à la mise en œuvre de la confiscation, qu'elle soit basée sur la propriété ou sur la valeur. Pour des poursuites de l'infraction de blanchiment, les enquêteurs doivent souvent déjouer la douance des criminels pour mettre en place le « voile social »[981] ainsi que divers montages juridiques et financiers destinés à dissimuler leurs traces. Tout l'enjeu du dépistage des biens est alors de réunir les pièces du puzzle - ou dénouer les liens - devant permettre de localiser les avoirs, puis de les relier aux activités criminelles. Aboutir à ce résultat est très souvent le résultat d'un travail d'enquête de longue haleine reposant sur un solide « plan d'enquête »[982] qui devrait pouvoir permettre à terme d'évaluer la consistance des avoirs dont la confiscation est projetée.

242. La sécurisation des avoirs aux moyens des mesures provisoires. Les mesures conservatoires permettent d'éviter la volatilisation des biens, souvent orchestrée par le délinquant pour éviter les affres de la sanction. Aussi rappellera-t-on les dispositions précitées de la Recommandation 4 voulant que soient prévues, dans le cadre de la mise en œuvre des mesures provisoires, des mesures telles que le gel ou la saisie des biens faisant l'objet d'une mesure de confiscation. On accueille avec soulagement les précisions apportées par le Glossaire des Recommandations sur le sens des termes « gel » et « saisie » au regard des différences de contenu que ces notions peuvent revêtir selon les pays

[979] *Ibid.*, p. 50.
[980] *Ibid.*, p. 51.
[981] *Ibid.*
[982] À ce propos, voir : *ibid.*, p. 50 et s.

et même, selon les standards internationaux envisagés[983]. Si les deux mécanismes permettent l'immobilisation des biens destinés à être confisqués, la saisie se particularise en ce qu'elle permet aux autorités compétentes des pays de prendre le contrôle des avoirs. Naturellement, il faudra s'en remettre aux lois nationales pour ce qui est des exigences de preuve et procédurales de mise en œuvre des mesures de gel et de saisie. En revanche, ces dernières devraient permettre une bonne synchronisation des mesures provisoires[984] afin d'éviter que le suspect, alerté, ne s'emploie à faire disparaître les biens.

D'une manière générale, toutes les précautions doivent être prises pour « empêcher ou annuler les actions »[985] de nature à compromettre les procédures de gel, de saisie ou le recouvrement des biens faisant l'objet d'une mesure de confiscation. On retrouve ici les échos de la Convention de Vienne qui, à l'époque déjà, recommandait aux États parties d'une part, de prendre leurs dispositions pour conférer aux tribunaux et enquêteurs les habilitations nécessaires pour ordonner la production ou la saisie de documents pertinents et d'autre part, de faire en sorte que le secret professionnel ne soit pas un obstacle à l'exécution des confiscations[986]. Ces préoccupations sont à ce jour largement prises en charge par les Recommandations[987].

Mais au-delà, les pays soucieux de se doter de procédures de confiscation efficaces devront prendre en compte les multiples obstacles légaux mis en lumière sous l'égide de la Banque Mondiale par des experts, tenant aux règles de compétence, aux immunités des agents publics, à la prescription, aux dispositions légales relatives au rapatriement des avoirs ou encore, aux standards

---

[983] On a pu relever, par exemple, que la notion de « saisie » telle que définie par le GAFI ne recouvre pas le même sens que celle figurant dans *le Manuel de Recouvrement des Biens Mal Acquis* conçu par des experts sous l'égide de la Banque Mondiale (et constitutif d'une référence pour les parties prenantes). En effet, alors que le Manuel distingue entre la *saisie* (qui « implique la prise de possession physique ou juridique des avoirs concernés ») et les *mesures de contrôle* qui à l'inverse des décisions de saisie, « n'ont pas pour résultat une prise de possession physique des avoirs » (J.-P. BRUN, L. GRAY, C. SCOTT et al., *op. cit.*, pp. 91-92), les Recommandations considèrent plutôt que la saisie, contrairement aux mesures de gel, « se déroule selon un mécanisme qui permet à l'autorité compétente ou au tribunal de prendre le contrôle des biens concernés » (voir Glossaire des Recommandations définissant le terme « saisie »).

[984] J.-P. BRUN, L. GRAY, C. SCOTT et K. M. STEPHENSON, *op. cit.*, pp. 102-103. Le GAFI recommande à ce titre l'instauration de mesures permettant le dépôt sans notification préalable d'une première demande de gel ou de saisie de biens soumis à confiscation (Note attenante au critère 4.2-b).

[985] Critère 4.2-c.

[986] Art. 5 par. 3 de la conv. de Vienne.

[987] À l'heure actuelle, la Recommandation 31 veut que les autorités de poursuite pénale et autorités chargées des enquêtes soient dotées des pouvoirs pour être en mesure, notamment, d'exiger la production de documents détenus par les assujettis ou autres personnes physiques et morales. La Recommandation 9 veut que les pays fassent en sorte que les lois sur le secret professionnel des institutions financières n'entravent pas la mise en œuvre des Recommandations.

de preuve[988]. La liste est cependant loin d'être exhaustive ; d'ailleurs, dans la même dynamique, un manuel spécifique a été consacré à la thématique des obstacles au recouvrement des biens mal acquis[989]. Parmi les principales Recommandations qui y sont formulées aux fins d'outiller les pays se voulant neutraliser les obstacles identifiés[990], figure l'application efficace des mesures de lutte contre le blanchiment de capitaux, sous peine de faciliter le transfert des avoirs détournés ; d'où l'importance des mesures de vigilance et déclaratives[991]. Enfin, les États doivent également envisager d'intégrer les alternatives à la confiscation pénale et aux mesures provisoires, qui impliquent la confiscation

---

[988] Voir à ce propos : J.-P. BRUN, L. GRAY, C. SCOTT et K. M. STEPHENSON, *op. cit.*, pp. 37-42. **Pour ce qui est de la compétence**, les experts insistent sur l'importance de vérifier, avant le déclenchement d'une action, que les tribunaux sont effectivement compétents ; la compétence pouvant être territoriale ou personnelle. Dans les dossiers impliquant plusieurs États et nécessitant que ces derniers mènent conjointement, des procédures, la coordination est cruciale afin d'éviter de poser des actes de nature à compromettre la procédure, par exemple en avertissant les cibles de l'enquête. **L'immunité** (nationale ou internationale, personnelle ou fonctionnelle) empêche parfois la poursuite de certains agents publics du chef d'infractions pénales. Dès lors, les autorités de poursuite concernées doivent opérer les vérifications nécessaires quant à ces immunités (nature, étendue), considérer les opportunités de poursuites d'autres personnes concernées notamment par l'infraction de blanchiment (famille, collaborateurs, etc.). Les lois doivent aussi être réfléchies quant à la reconnaissance ou non des immunités nationales d'autres pays, à l'opposabilité des immunités internationales ou à l'applicabilité d'autres formes de poursuite (confiscation sans condamnation préalable, par exemple). **Le régime de la prescription** devrait, de l'avis des experts, faire l'objet d'une réflexion aux fins d'éviter que celle-ci ne soit un obstacle à la mise en œuvre des poursuites notamment du chef de blanchiment : il faudrait à ce titre tenir compte autant de la prescription de l'infraction sous-jacente que de celle de blanchiment. Il importe alors de trouver des stratégies permettant d'en différer le point de départ, de suspendre le délai, d'envisager de continuer une enquête pouvant mener à la découverte d'infractions non encore prescrites. Les auteurs attirent par ailleurs l'attention sur l'importance du choix du fondement des poursuites pénales (locales, à l'étranger, etc.), **en tenant compte des effets de cette décision sur le montant et le sort des avoirs recouvrés**. Enfin, il importe de tenir compte du **standard de preuve** requis pour les actes d'enquête et de poursuite, et ce, à chaque étape de la procédure de confiscation (de l'identification des avoirs à la décision définitive de confiscation) ; mais aussi ne pas perdre de vue, dans les affaires internationales, les spécificités des exigences probatoires selon que l'on est dans un système de *common law* ou de tradition de droit civil.

[989] *Cf.* K. M. STEPHENSON, L. GRAY, R. POWER et al., *Les obstacles au recouvrement des biens mal acquis : analyse et recommandations pour l'action*, Banque Mondiale, 2014, 203 pages.

[990] Sont recommandées à ce titre : l'adoption et la mise en œuvre de stratégies de recouvrement d'avoirs détournés ainsi que la fourniture de ressources et d'une formation suffisantes (Recommandation 1) ; la mise en place des politiques et procédures opérationnelles pour cultiver la confiance mutuelle et améliorer la communication (Recommandation 2) ; l'introduction des réformes réglementaires permettant aux autorités d'être aptes à confisquer les avoirs détournés (Recommandation 3) ; l'établissement des fondements juridiques nécessaires au déploiement d'un large éventail de mesures d'entraide judiciaire (Recommandation 5) ; la consécration d'une possibilité de localiser rapidement, geler et saisir temporairement des biens avant réception d'une demande formelle d'entraide judiciaire (Recommandation 6) ; l'encouragement, prioritairement, de l'assistance informelle avant le recours à l'assistance formelle (Recommandation 7) et le partage de bonnes pratiques avec des pays les moins expérimentés dans le domaine du recouvrement des avoirs (Recommandation 7 ; *ibid.*, pp. 5-11).

[991] *Ibid.*, p. 8. Ces mesures sont préconisées par la Recommandation 4.

sans condamnation préalable qui à l'instar de son appellation, permet d'aboutir à l'exécution d'une confiscation sans qu'une condamnation pénale soit requise[992]. De même, les lois anti-blanchiment devraient aménager la possibilité - encadrée compte tenu du droit à la libre disposition du patrimoine - pour les Cellules de renseignement financier de s'opposer à tout mouvement de fonds consécutivement à une déclaration d'opération suspecte afin de sécuriser lesdits biens[993].

243. La non moins importante question de la protection des tiers de bonne foi. Les mesures conservatoires et la sanction de confiscation n'ayant pour cible que le délinquant, il devient dès lors indispensable de prévoir les modalités de protection des tiers de bonne foi, conformément à la Recommandation 4[994]. L'on a déjà relevé dans les développements précédents que la substitution d'avoirs au titre de la confiscation en valeur peut permettre de contourner la difficulté liée à l'implication de tiers de bonne foi. Mais ces innocents devraient aussi être pris en compte lors de la mise en œuvre des mesures de gel et de saisie, ces dernières devant être modulées de manière à préserver leurs intérêts, par exemple en libérant les avoirs ou instruments détenus légitimement. Les possibilités sont multiples, mais en pratique, des solutions à l'amiable devraient être privilégiées.

b. La phase post-confiscation : des exigences concernant la gestion des avoirs confisqués.

244. La conservation des avoirs sécurisés au moyen des mesures provisoires. Les développements antérieurs sur la sécurisation des avoirs soulèvent, en toile de fond, la question de la conservation des biens. La durée parfois très longue de certaines procédures ainsi que la nature des biens exigent que soient dépêchés des moyens plus ou moins importants, pour éviter qu'ils ne se détériorent ou ne perdent de leur valeur entre-temps. Il faudrait donc que les cadres réglementaire et institutionnel des pays permettent d'identifier une structure compétente pour la gestion des avoirs saisis ou recouvrés et qu'y soient affectées des personnes ayant les compétences, les moyens et l'autorité requise pour prendre les mesures appropriées[995]. Parmi les multiples possibilités d'ordre notamment institutionnel[996], la création d'un bureau de gestion des avoirs spécialisé paraît particulièrement intéressante, car lançant, symboliquement, le signal fort d'une autonomie et d'un renforcement de la fonction de recouvrement

---

[992] Glossaire général des Recommandations du GAFI, définition du terme « Confiscation sans condamnation préalable ».

[993] *Op. cit.*, p. 106.

[994] Critère 4.3.

[995] J.-P. BRUN, L. GRAY, C. SCOTT et K. M. STEPHENSON, *op. cit.*, p. 108.

[996] *Ibid.* En plus de la création d'un bureau de gestion des avoirs spécialisé, les auteurs envisagent aussi l'implémentation, au sein d'une administration existante, d'une unité spécialisée dans la gestion des avoirs et enfin, la sous-traitance de la gestion des avoirs (pp. 108-109).

et de gestion des avoirs. Et cela, même si l'essentiel réside dans la mise en œuvre intelligente des mesures de gestion.

245. La transparence quant au sort des avoirs confisqués. Le GAFI recommande aux États, précisément, de mettre en place des mécanismes permettant de gérer, et lorsque cela s'impose, de disposer des biens gelés, saisis ou confisqués[997]. Les lois nationales devraient donc être édifiantes sur la question du sort des avoirs qui, dans la plupart des cas, sont versés à l'État après liquidation[998]. Il n'est pas non plus inhabituel que les fonds soient - fort opportunément - utilisés pour les besoins de la lutte anticriminalité ; l'encaissement des revenus de la délinquance par l'État permet, à cet égard, « la rétribution d'une infime partie des sommes engagées par lui dans la lutte contre le phénomène criminel »[999]. Mais dans tous les cas, il apparaît important d'en préciser la destination ; il y va de l'incarnation des valeurs de transparence tant portées par l'acteur ultime de cette lutte qu'est l'État, d'autant plus que la doctrine n'a pas manqué de relever « une certaine inélégance à ce que l'État tire profit de la délinquance de ses sujets »[1000].

Sous-section 2. L'adoption de normes incitatives au renforcement des capacités d'enquêtes et de poursuites pénales.

246. ***Des États se devant de rechercher à la fois l'ouverture et le juste milieu***... Les organes et techniques de recherche de la preuve constituent un volet crucial du dispositif répressif... Mais dont les performances, nécessaires pour l'anti-blanchiment, sont difficilement conciliables avec les libertés individuelles (Paragraphe 1). Un autre facteur clé du renforcement des capacités d'enquête et de poursuites pénales réside dans le niveau d'interaction avec les homologues ; le GAFI encourage en effet cette dynamique et notamment l'échange d'informations entre autorités de poursuite pénale (Paragraphe 2).

Paragraphe 1. La dialectique liberté-sécurité au cœur des prérogatives infinies conférées aux autorités investigatrices.

247. ***Du renforcement des pouvoirs des autorités chargées des enquêtes et poursuites : la recherche d'un contrepoids pour une protection des libertés individuelles***. L'approche du GAFI dans sa responsabilisation des autorités chargées des enquêtes et poursuites s'est faite fonctionnelle, mais décloisonnée, une démarche en laquelle on peut voir une incitation à œuvrer collectivement de manière à servir au mieux la cause de la LBC/FT (A). Toutefois, l'étendue des prérogatives d'enquête des autorités investigatrices interpelle sur la protection des libertés individuelles (B).

---

[997] Critère 4.4.

[998] *Op. cit.*, p. 140.

[999] G. ROYER, *op. cit.*, p. 184. L'auteur cite à ce titre, Madame le Professeur Michèle-Laure Rassat.

[1000] *Ibid.* L'auteur cite ici Roger MERLE et André VITU.

A. Une approche fonctionnelle et décloisonnée dans la responsabilisation des autorités chargées des enquêtes et poursuites.

248. Une double exigence de précision quant aux autorités compétentes et aux responsabilités à elles conférées. La recherche de la vérité et notamment des preuves de la commission d'une infraction le cas échéant est d'une manière ou d'une autre, au centre des fonctions d'enquête et de poursuites. Aussi les standards du GAFI mettent-ils les « autorités de poursuite pénale désignées »[1001], acteurs clés, au défi de s'assurer que le blanchiment de capitaux et ses infractions sous-jacentes fassent l'objet d'enquêtes satisfaisantes dans le cadre des politiques nationales de lutte contre le blanchiment de capitaux et financement du terrorisme[1002]. L'une des conditions primordiales sous-tendant l'atteinte d'une telle finalité est de parvenir à faire en sorte que les investigateurs et autres autorités concernées fassent primer les objectifs de lutte sur toute autre considération inappropriée (querelles et obstacles de compétence, soif de récolter les mérites de l'obtention d'une condamnation, etc.). Face à l'interconnexion croissante des affaires criminelles, la responsabilité des poursuites doit en effet être confiée aux autorités compétentes ayant le plus de chances d'obtenir efficacement des condamnations, mais encore faudrait-il qu'elles soient clairement identifiées et que la teneur de leurs obligations soit précisée. Ces préoccupations transparaissent à travers la Recommandation 30, qui s'emploie à créer les conditions pour y satisfaire.

Ainsi, la possibilité doit être est laissée aux enquêteurs menant des investigations sur les infractions sous-jacentes, soit, de poursuivre les investigations sur toute infraction liée notamment au blanchiment de capitaux[1003] en vertu d'une enquête financière parallèle[1004] soit, de confier l'affaire à une autre entité pour suivi des enquêtes, peu important le lieu de commission de l'infraction sous-jacente[1005]. Cette dernière précision est de nature à rappeler l'intérêt que les États ont à exploiter pleinement la souplesse de la règle du droit international au moment de l'élaboration de leurs lois pénales[1006], en tenant

[1001] Critère 30.1.

[1002] Critère 30.1.

[1003] La norme est aussi valable pour le financement du terrorisme (critère 30.2).

[1004] L'enquête financière parallèle est définie par le GAFI comme étant une enquête financière menée dans le cadre d'une enquête pénale classique ou parallèlement à celle-ci concernant une affaire de blanchiment de capitaux, de financement du terrorisme et/ou une infraction sous-jacente. L'enquête financière s'entendant de l'examen des affaires financières en lien avec une activité criminelle, en vue de cerner l'ampleur des réseaux et/ou du degré de criminalité, d'identifier et dépister les produits du crime, fonds terroristes et autres biens sujets à confiscation et enfin, d'établir des preuves pouvant être produites dans le cadre des procédures pénales (voir note 66, critère 30.2).

[1005] Critère 30.2.

[1006] Nations unies, *Commentaire de la convention des Nations Unies contre le trafic illicite de stupéfiants et de substances psychotropes*, *op. cit.*, p. 92.

compte tant de « l'endroit où l'acte a été entrepris et celui où il a été achevé »[1007]. Par ailleurs, il faudrait qu'une ou plusieurs autorités compétentes « désignées » - donc clairement et explicitement identifiées - soient en charge de l'identification, du dépistage et du déclenchement des procédures de gel ou de saisie des biens sujets à confiscation ou suspectés d'être le produit du crime et cela, le plus rapidement possible[1008].

249. La circonscription du champ d'application de la Recommandation 30 selon un critère fonctionnel. La Recommandation 30 est applicable, par extension, à toute autorité ayant pour *responsabilité* de conduire des enquêtes financières sur des infractions sous-jacentes - dans la mesure où elles exercent des *fonctions* couvertes par ladite Recommandation -, même si elles ne constituent pas en soi des autorités de poursuite pénale[1009]. Cette approche fonctionnelle permet d'éviter que la variabilité de l'architecture institutionnelle des pays ne vienne conduire à l'exclusion, du champ de la Recommandation, d'acteurs jouant un rôle non moins important. On pense notamment aux Cellules de renseignement financier de type administratif[1010] qui, sans cette précision, seraient considérablement handicapées dans l'exercice de leurs fonctions et comparativement à leurs homologues. Par ailleurs, c'est en vertu de ce critère fonctionnel que les autorités chargées de la lutte contre la corruption, qui peuvent jouer un rôle déterminant dans l'anti-blanchiment, ont été incluses dans le champ de la Recommandation 30.

En effet, dans l'hypothèse où les autorités chargées de la lutte contre la corruption sont désignées pour mener des investigations sur des infractions de blanchiment de capitaux liées à des infractions de corruption (ou en résultant), elles devraient également disposer des pouvoirs leur permettant d'identifier, de dépister, de geler et de saisir les biens[1011]. Face à l'ampleur de la corruption à travers le monde et compte tenu des liens avec l'infraction de blanchiment, le processus de recouvrement du produit de ces infractions obéit au même cheminement, aux mêmes principes. Plus fondamentalement, il faut

---

[1007] *Ibid.* Et les commentateurs de préciser que la règle de droit international englobe autant les aspects subjectifs (lieu où l'acte a été entrepris) que ceux objectifs (lieu où l'acte a été achevé) du principe de territorialité. Cette souplesse est « particulièrement précieuse en matière de trafic de drogues et dans le cas d'autres infractions transnationales dont les éléments constitutifs sont fréquemment commis sur le territoire de plus d'un État » (*ibid.*). Plus tard, cet aspect sera pris en compte par l'art. 15 de la Convention de Palerme. En effet, en vertu des règles de compétence matérielle, cet article retient une « compétence étendue de l'infraction de blanchiment ; « la convention étend la compétence de l'État où le blanchiment a eu lieu à l'infraction principale et à l'infraction d'entente en vue de blanchir le produit d'un crime », de sorte que même si ces infractions ont eu lieu à l'étranger, « elles peuvent être poursuivies par les autorités de l'État dans lequel le blanchiment de l'argent s'est produit ou est prévu » (J.-P. LABORDE, *op. cit.*, p. 169).

[1008] Critère 30.3.

[1009] Critère 30.4.

[1010] Voir *supra*, par. 210.

[1011] Critère 30.5.

veiller à la compatibilité des normes internationales, puisque la Convention des Nations unies contre la corruption (CNUCC) exige aussi, pour sa part, que des personnes ou organes spécialisés dans la lutte contre la corruption soient chargés de la détection et la répression - et notamment des poursuites - de cette infraction au sein des pays, en s'assurant que ces personnes aient la formation et les ressources appropriées pour exécuter leurs tâches[1012]. La complémentarité de ces acteurs justifie donc l'appel à la coopération lancé par la Recommandation 30 d'autant plus qu'en définitive, ils servent tous la même cause.

B. Des prérogatives d'enquête à l'image des capacités grandissantes de la criminalité organisée : quelle protection pour les libertés individuelles ?

250. Des critères de conformité incitant à la concession des plus larges prérogatives aux autorités chargées des enquêtes et poursuites. L'usage des « techniques de recherche de preuve »[1013] aussi variées qu'extrêmes doit être permis aux autorités compétentes menant des enquêtes sur notamment l'infraction de blanchiment de capitaux et les infractions sous-jacentes[1014]. Elles doivent ainsi être mesure d'appliquer les mesures coercitives appropriées pour l'obtention des documents et informations dont ils ont besoin pour mener à bien les enquêtes et poursuites. Ces mesures doivent permettre la production de documents détenus par les entités déclarantes ou autres personnes physiques et morales ; la fouille de personnes et de locaux ; le recueil de témoignages ainsi que la saisie et l'obtention de preuves[1015]. Au titre de la « vaste gamme de techniques d'enquêtes »[1016] utilisables parce qu'étant adaptées aux enquêtes de blanchiment de capitaux et ses infractions sous-jacentes[1017], figurent notamment les opérations sous couverture, l'interception de communications, l'accès aux systèmes informatiques et la livraison surveillée. Ces pouvoirs d'enquête doivent pouvoir être utilisés à la suite d'une demande d'entraide judiciaire ou, lorsque le droit interne le permet, suite à une demande directe formulée par des autorités de

[1012] C. LATIMIER, *Le recouvrement des avoirs illicites de la corruption internationale - « Évolutions récentes en droit français et recommandations à la lumière de la Convention des Nations Unies contre la corruption »* [en ligne], thèse de doctorat : Droit privé (sous la Direction de Y. STRICKLER) : Université Côte d'Azur, 2017, p. 118. Disponible sur : https://tel.archives-ouvertes.fr/tel-01721324/document. Ces standards figurent dans le *Guide technique de la Convention des Nations Unies contre la corruption*, document élaboré par l'ONUDC en 2010 (p. 129) et cité par l'auteur.

[1013] J.-P. LABORDE, *op. cit.*, p. 27 ; selon l'auteur, « les questions les plus délicates relatives à la preuve en matière de lutte contre la criminalité transnationale organisée se concentrent, comme l'indique Jean Pradel dans le rapport de la Guadalajara, sur les "les techniques de recherche de preuve" ».

[1014] La règle est aussi valable pour le financement du terrorisme.

[1015] Critère 31.1.

[1016] Critère 31.2.

[1017] Il en va de même pour le financement du terrorisme.

poursuite pénale étrangères à des homologues nationaux[1018]. Par ailleurs, les États doivent s'outiller pour être en mesure de déterminer, très tôt, si des personnes physiques ou morales détiennent ou contrôlent des comptes, mais encore, pour s'assurer que les autorités compétentes puissent identifier des biens sans notification préalable au propriétaire. Pour les besoins de leurs enquêtes, celles-ci devraient également pouvoir demander toutes les informations pertinentes détenues par les Cellules de renseignement financier.

251. Les méthodes intrusives d'enquête supposément à l'origine d'une violation des libertés individuelles : le mauvais accusé ? On ne saurait ignorer le procès - sans doute interminable - fait aux procédés d'enquêtes ci-dessus rappelés et dont l'usage plus qu'autorisé a été *rendu obligatoire* par les standards internationaux (bien sûr, à la hauteur des moyens notamment technologiques plus ou moins sophistiqués selon les pays). La question est d'autant plus délicate que les autorités chargées des enquêtes et poursuites, de par leurs fonctions, sont garantes de la protection de toutes les libertés individuelles… Et au regard de leurs prérogatives actuelles, sont aussi actrices des plus violentes intrusions dans la vie privée des citoyens. Peut-on en vouloir, face à ce paradoxe apparent, à qui penserait qu'entre deux maux, il faudrait choisir le moindre (même s'il n'en reste pas moins éprouvant) ?

Pour remonter aux origines du problème, il faut partir du développement de la science, celui des technologies de l'information et de la communication. Le discours sur leur utilité sans conteste a très vite été dilué pour prendre en compte leurs revers qui, dans le contexte de cette analyse, tient au détournement à des fins criminelles. Mieux que la réactivité face à cet état de fait, les standards ont intégré l'approche préventive de la criminalité, mais surtout, pour ce qui est de la question du moment, des procédés d'enquête tant proactive[1019] que réactive pour augmenter les chances, voire *créer une possibilité* de prouver les actions criminelles. Car ce serait manquer de réalisme que de

---

[1018] Critère 37.8. Le GAFI précise à la suite que la coopération doit, non exhaustivement, impliquer l'usage de tous pouvoirs spécifiques au titre de la Recommandation 31 permettant le recueil de témoignages, la production, la perquisition, la saisie d'informations, de documents et autres éléments de preuve (pièces de nature financière incluses) que détiendraient les institutions financières ou autres personnes physiques et morales. Mais encore, l'utilisation d'un vaste éventail d'autres pouvoirs et techniques d'enquête.

[1019] Monsieur Jean-Paul LABORDE revient, à ce propos, sur le dilemme des pays face à l'admission de ces procédés d'enquête : « ou bien les organes de police de justice se mettent à déjouer les infractions par avance et à démanteler les groupes criminels organisés ou bien ils ne traitent le mal que lorsque le groupe criminel est passé à l'action, ce qu'est le cas dans l'enquête dite réactive ». Et l'auteur de préconiser, compte tenu des dégâts que provoquent les activités de ce type de groupe, de travailler en amont et d'essayer de repérer les actions du crime organisé avant que des infractions très graves ne soient commises. L'auteur rappelle également, partant des travaux de Monsieur J. PRADEL, les enjeux de l'usage de tels procédés, face aux intrusions dans l'intimité du domicile « d'une manière inconsidérée », alors que dans le même temps, « la criminalité organisée ne peut être vaincue que par l'utilisation d'un arsenal juridique et technique hors du commun » (J.-P. LABORDE, *op. cit.*, pp. 30-31).

vouloir arrêter les agissements de ceux qui ne se gênent pas d'exploiter les possibilités infinies de la haute technologie pour dissimuler leurs actes, tout en se contentant des méthodes d'enquêtes d'antan. L'approche anticipative de l'infiltration ou encore des livraisons surveillées a suffisamment fait la preuve de son efficacité dans la lutte contre la criminalité organisée[1020]. On pourrait, dans le même ordre d'idées, difficilement prouver les faits de blanchiment résultant de montages financiers des plus complexes sans détenir le maximum d'informations possibles sur les transactions et communications entre les personnes impliquées.

C'est dire que les normes juridiques et notamment celles procédurales, comme toutes les autres et en tous domaines, étaient inéluctablement appelées à subir les revers des progrès technologiques et scientifiques. Ces derniers n'ont laissé aucune place à l'immobilisme des législations nationales, qui ont dû faire face à ce qui ne peut être imputé, en définitive, qu'à l'extrême créativité de l'Homme… Car le procès de l'utilisation faite de la science n'est dans une certaine mesure, nul autre que celui de la science même, qui n'aura de limites que celles que l'intelligence humaine voudra bien s'imposer.

252. Le devoir des législateurs nationaux : équilibrer le bouleversement des règles procédurales par une protection renforcée des données à caractère personnel. L'intégration des procédés de preuve de la Recommandation 31 doit, en premier lieu, se faire selon le niveau d'exhaustivité requis du principe de légalité. On conviendra qu'il faudrait que les pays disposent de législations précises et ne se contentent ni de pouvoirs généraux ni de pouvoirs imprécis[1021]. En d'autres termes, les lois devraient préciser l'étendue des prérogatives des autorités chargées des poursuites dans l'usage de chacune de ces techniques d'enquêtes et en l'occurrence, les conditions de fond et de forme à respecter. En second lieu, il convient de veiller à respecter - et faire respecter, dans le contexte de la coopération transfrontière - les principes fondamentaux régissant la protection des données à caractère personnel et définis par les lignes

---

[1020] L'art. 11 de la Convention de Vienne a été le premier instrument international à approuver l'utilisation des livraisons surveillées comme méthode d'enquête. Celles-ci présentent l'avantage de faciliter l'identification, l'arrestation et les poursuites de ceux qui conçoivent, organisent et financent les trafics, et pas uniquement ceux opérant au bas de l'échelle. Son champ d'application, étendu, concerne tant le territoire terrestre que les espaces maritime et aérien (Nations unies, *Commentaire de la convention des Nations Unies contre le trafic illicite de stupéfiants et de substances psychotropes*, *op. cit.*, p. 202). L'art. 2 de la Convention de Palerme définit l'expression « livraison surveillée » comme étant « la méthode consistant à permettre le passage par le territoire d'un ou de plusieurs États d'expéditions illicites ou suspectées de l'être, au su et sous le contrôle des autorités compétentes de ces États, en vue d'enquêter sur une infraction et d'identifier les personnes impliquées dans sa commission ».

[1021] C. DI MARIANO, « Investigations policières et respect du secret de la vie privée », *in* BOULAN Fernand, *Problèmes actuels de la science criminelle*, vol. XIX, Presses Universitaires d'Aix-Marseille, 2006, pp. 203-204.

directrices pertinentes de portée mondiale[1022]. Ces règles devraient être assorties des mécanismes de contrôle et des sanctions nécessaires pour en garantir le respect.

Paragraphe 2. L'incitation à l'échange d'informations entre autorités de poursuite pénale.

253. L'appel à l'usage des diverses modalités d'échanges d'informations. Il y a lieu de rappeler que l'une des particularités du blanchiment de capitaux tient à ce que tant ses infractions sous-jacentes que ses éléments constitutifs peuvent être commis dans (ou impliquer) différents pays. Les échanges d'informations des autorités de poursuite pénale avec leurs homologues étrangers sont dès lors, cruciaux pour mener à bien les enquêtes concernant ces infractions et plus fondamentalement, pour satisfaire aux exigences de renseignement. Aussi ont-ils été érigés en obligation, y compris en vue de l'identification et du dépistage du produit et des instruments du crime[1023]. Mieux, le GAFI recommande dans ce cadre de créer les conditions nécessaires pour mener des enquêtes conjointes[1024] qui, comme cela a pu être relevé, permettent aux autorités compétentes d'être tenues au fait de l'état des procédures et des enquêtes dans les pays conduisant conjointement les investigations[1025]. De ce fait, ils pourront éviter les doubles poursuites ainsi que les conflits de compétence[1026]. En Europe, par exemple, il a été institué un

---

[1022] On peut citer à ce titre, la Convention 108 du Conseil de l'Europe, qui est la première convention internationale juridiquement contraignante en matière de protection des données à caractère personnel. Les lignes directrices de l'OCDE sur la protection de la vie privée, modifiées en 2013 (par contre, non contraignantes) figurent également parmi les textes de référence, de même que le Cadre de la coopération économique des pays du Pacifique (APEC) relatif à la protection de la vie privée qui a été mis à jour en 2015. On retrouve dans ces documents de référence des principes similaires et largement reconnus comme constituant un fondement solide pour les politiques et bonnes pratiques de protection de la vie privée (Union africaine, *Lignes directrices sur la protection des données à caractère personnel pour l'Afrique - Une initiative de l'Internet Society et de la Commission de l'Union africaine* [en ligne], 9 mai 2018, p. 9. Disponible sur : https://www.internetsociety.org/wp-content/uploads/2018/05/AUCPrivacyGuidelines_201809June_FR.pdf). Doivent être respectées les exigences liées à : la limitation de la collecte des données (traitement loyal, équitable et transparent) ; la qualité des données (exactitude maintenue) ; la spécification de l'objectif (demande et utilisation à des fins explicites, légitimes) ; la limitation de l'utilisation (interdiction de divulgation, de mise à disposition ou détournements de finalité, à moins que la loi ne l'autorise ou que la personne concernée n'y consente) ; les garanties de sécurité (protection de l'intégrité et de la confidentialité des données), l'ouverture (politique d'ouverture à propos des pratiques en matière de protection des données personnelles) ; la participation individuelle (reconnaissance aux particuliers du droit de détenir les informations sur leurs données à caractère personnel détenues par des tiers, de les contester ou les faire modifier en cas d'inexactitude) et le sens des responsabilités (aptitude des personnes responsables de la collecte et de la conservation des données de prouver le respect de ses principes). *Cf.* Lignes directrices de l'UA précitées, pp. 9-10.

[1023] Critère 40.17.

[1024] Critère 40.19.

[1025] J.-P. LABORDE, *op. cit.*, p. 196.

[1026] *Ibid.*

parquet européen aux fins de protéger les intérêts financiers de l'Union européenne[1027], qui « vient compléter les autres dispositifs de coopération européenne en matière de lutte contre les fraudes »[1028]. Malgré le défi que cela représente, l'institution d'un tel cadre élargi de coopération offre de plus grandes opportunités de coopération à l'occasion des enquêtes transnationales. Elle incite à une démarche positive consistant dans la recherche des mécanismes devant permettre de maximiser l'efficacité la coopération judiciaire en anticipant sur les obstacles potentiels : définition des modalités d'arrestation et de remise de suspects, des règles et mécanismes d'investigation ou de collecte de preuve, etc.[1029].

Un autre volet important de la question concerne l'utilisation des pouvoirs et techniques d'enquête conformément au droit interne des pays, pour demander et obtenir des informations pour le compte d'homologues étrangers[1030]. L'exécution d'une telle mesure nécessite de circonscrire clairement les conditions de faisabilité, lesquelles doivent reposer sur - et favoriser - la confiance entre les acteurs concernés. Le GAFI renvoie ainsi aux bonnes pratiques régissant la coopération en matière de poursuite pénale aux fins de déterminer les restrictions d'usage pouvant éventuellement être imposées par

---

[1027] M. SEGONDS, « Le périmètre d'intervention du parquet européen - A propos de la compétence *ratione delicti commisi* du parquet européen », *AJ Pénal*, 2018, p. 287. Ce parquet européen a vocation à intervenir contre les fraudes portant atteinte à l'Union européenne, parmi lesquelles figure le blanchiment de capitaux (A. SALA, M. LEROY et L. POSOCCO, « Banque », *Répertoire de droit européen*, Dalloz, juin 2020, mise à jour : février 2022, par. 161).

[1028] L'auteure cite à ce titre « l'Office européen de lutte anti-fraude (OLAF), Eurojust (coopération entre autorités judiciaires) ou Europol (coopération entre forces de police) qui, pour leur part, ne sont pas habilités à mener d'enquêtes et de poursuites pénales dans les États membres » (M. LARTIGUE, « Le parquet européen, un cadre qui reste encore à définir en France », *Gaz. Pal.*, n°12, 23 mars 2021, p. 7).

[1029] Voir à ce propos : J. VERVAELE, « La mise en œuvre du parquet européen à la lumière du projet *corpus juris* : les nécessités d'un espace judiciaire européen », *RSC*, 2022/2, n°2, p. 241. L'auteur y explique comment les problématiques liées aux pouvoirs d'enquête et enquêtes transnationales sont envisagées dans le cadre du Parquet européen. Ainsi, alors, que l'utilisation - par le Procureur européen délégué (PED) - du mandat d'arrêt européen est de mise pour l'arrestation et la remise des suspects, un système *sui generis* d'enquêtes transfrontalières a été établi pour la collecte de preuves (*ibid.*).

[1030] Critère 40.18.

l'autorité de poursuite pénale requise. Pourraient tenir lieu d'exemples les conventions conclues entre Interpol, Europol ou Eurojust et les pays[1031].

[1031] Critère 40.18. Ces trois organisations, qui ont en commun de favoriser la coopération entre les pays dans la lutte contre la criminalité transnationale organisée, prennent toutes en charge la problématique de la protection des données à caractère personnel. En 1982 déjà, **Interpol** avait créé une autorité indépendante de protection des données, consécutivement à l'adoption de la convention 108 du Conseil de l'Europe (Interpol, *Document de référence sur les garanties offertes par le système d'information d'Interpol en ce qui concerne le traitement des données à caractère personnel* [en ligne], pp. 5-6 ; disponible sur : www.interpol.int). Le premier règlement sur la protection des données entrait en vigueur en 1984 et depuis lors, des évaluations et mises à jour permettent d'adapter le dispositif en fonction notamment des évolutions du numérique. Le règlement actuel (dit RTD), adopté en 2011 par l'Assemblée générale pour entrer en vigueur en 2012, régit toutes les opérations de traitement des données faites dans le Système d'information d'Interpol. Ledit règlement est juridiquement contraignant et contient 135 articles détaillés (*ibid.*, pp. 6-7). Il contient notamment les principes fondamentaux régissant la protection des données contenus dans les instruments internationaux de référence (*ibid.*, p. 7). En son article 58, le RTD prévoit les modalités d'application des restrictions d'accès et dispose à ce titre que tout Bureau central national ou toute entité internationale peut définir à tout moment, à l'encontre d'autres Bureaux centraux nationaux, d'autres entités internationales ou d'entités privées, des restrictions générales d'accès aux données qu'il ou elle a enregistrées dans une base de données de police. Les restrictions d'accès générales définies par un Bureau central national s'appliquent aux données enregistrées par les entités nationales qu'il a autorisées (Interpol, *Règlement d'INTERPOL sur le traitement des données* [en ligne], III/IRPD/GA/2011, mise à jour : 2019, p. 28 ; disponible sur : www.interpol.int). Lesdites restrictions ne peuvent être levées par le Secrétariat qu'en cas d'urgence et selon la procédure définie à cet effet, ou lorsque les données sont devenues publiques (art. 58 al. 7). **Europol** (Office européen de police) a été créé en 1995 afin de faciliter la coopération policière en Europe. Favoriser l'échange d'informations entre États membres dans le contexte de la lutte contre la criminalité internationale (au même titre que l'analyse et la coordination des opérations) constitue un volet important de son mandat. Pour ce faire, l'Organisation a conçu un système informatisé de recueil d'informations reposant sur les trois éléments que sont le système d'informations informatisé, les fichiers de travail et le système d'index (S. PREUSS-LAUSSINOTTE, « L'élargissement problématique de l'accès aux bases de données européennes en matière de sécurité » [en ligne], *Culture & Conflits*, n°74, été 2009, mis en ligne le 28 octobre 2010, p. 86. Disponible sur : http://journals.openedition.org/conflits/17441). Aussi le dispositif qui se veut « intensifier la fourniture d'informations à Europol tout en assurant un niveau élevé de protection des données au moyen de garanties procédurales applicables à tout type particulier d'informations », précise-t-il en détail (et non exhaustivement), les objectifs des activités de traitement des données, les sources d'information et les personnes autorisées à accéder aux données. Sont aussi énumérées, pour chaque activité spécifique de traitement des données, des catégories de données personnelles et de personnes concernées dont les données peuvent être collectées (A. GATTOLIN, D. BAILLY, P. BERNARD-REYMOND et al., *Rapport d'information fait au nom de la commission des affaires européennes (1) sur Europol et Eurojust : perspectives d'avenir* [en ligne], n°477, adopté par le Sénat, Session ordinaire de 2013-2014, Enregistré à la Présidence du Sénat le 14 avril 2014, p. 18. Disponible sur : https://www.senat.fr/rap/r13-477/r13-4771.pdf). Enfin, à propos d'**Eurojust**, sa création par décision du Conseil des ministres 2002/87/JAI est sous-tendue par une volonté de promouvoir la coordination des enquêtes et poursuites entre les autorités concernées des États de l'Union, en ce qui concerne les formes graves de criminalité. En vertu des échanges d'informations, Eurojust a accès aux fichiers nationaux, reçoit des informations d'autres organismes y compris Europol. Les conditions d'exercice en sont toutefois précisées notamment par les législations nationales. Le volet « Protection des données personnelles » est pris en charge par des dispositions détaillées y afférentes (*ibid.*, pp. 37-38).

Section 2. La mobilité des criminels et capitaux illicites au fondement de l'importance particulière d'une coopération internationale « la plus large possible ».

254. ***L'idéal d'une coopération la plus large possible : une coopération illimitée et de bonne foi.*** La coopération internationale est un aspect de la LBC/FT d'autant plus crucial que le GAFI en a précisé, avec force de détails, les modalités (Sous-section 1). Au-delà de l'entraide judiciaire et l'extradition, il semblerait qu'il faille tendre vers une coopération constante et entre les acteurs de l'anti-blanchiment du monde entier… (Sous-section 2).

Sous-section 1. Face à la menace d'une mondialisation croissante du blanchiment de capitaux[1032] : des standards méticuleux quant aux règles de coopération internationale.

255. ***Coopérer de gré… ou de force ?*** Les règles de coopération internationale ont été conçues de sorte à limiter au mieux les possibilités pour un État de se dérober à cette condition indispensable au succès de l'anti-blanchiment (Paragraphe 1). À cet effet, ont spécifiquement été définis des mécanismes et principes subordonnant la levée des obstacles à l'entraide (Paragraphe 2).

Paragraphe 1. L'ingénieuse convergence des standards internationaux pour la création des conditions favorables à une coopération optimale.

256. ***Des efforts remarquables pour faire de la coopération la seule option…*** À la question de savoir quels sont les prérequis pour qu'un État soit en mesure d'accorder l'entraide la plus large dans l'anti-blanchiment et cela, le plus efficacement possible, l'on pourrait répondre qu'il lui faudrait tout au moins et en premier lieu, remplir tous les critères de conformité à l'ensemble des Recommandations. L'application convenable de l'approche par les risques accroît les chances de "rentabilité" des obligations de vigilance et déclaratives qui elles-mêmes, permettent de fournir aux autorités de renseignement et de poursuite les éléments nécessaires à l'aboutissement des enquêtes (nationales et internationales). C'est dire qu'il faudrait déjà « mettre en place une capacité nationale efficace et complète »[1033] dans l'anti-blanchiment avant d'être en mesure d'assister convenablement d'autres pays. En particulier, l'importance de disposer d'une « base légale » bien pensée, définissant des procédures claires, identifiant les autorités compétentes et les dotant des pouvoirs adéquats apparaît

---

[1032] Le GAFI, dans son Rapport annuel 2011-2012, y fait référence plus exactement, à une menace de « mondialisation croissante » du blanchiment de capitaux et du financement du terrorisme justifiant l'importance de l'obligation de coopération internationale » (pp. 16-17).
[1033] P. A. SCOTT, *op. cit.*, p. 120.

en filigrane dans toutes les Recommandations liées à la coopération efficace entre autorités. Ces dernières en font même parfois un critère de conformité[1034].

Mais pour ce qui est de la coopération judiciaire en particulier, *les prérequis* exigés à cette fin se font plus ciblés et témoignent d'une volonté de faire plier jusqu'aux pays les moins coopératifs. En effet, en plus d'exiger la pleine mise en œuvre des instruments internationaux spécialement conçus pour harmoniser les incriminations et au-delà (ou ce faisant), permettre aux États d'appliquer efficacement les mesures d'entraide judiciaire[1035], le GAFI intègre aux Recommandations les principes fondamentaux émanant de ces instruments et facilitant ladite entraide. Tel un étau qui se resserre autour des États, les standards convergent pour ne laisser, *a priori*, d'autre choix que la pleine coopération. La démarche semble d'autant plus minutieuse que les Recommandations portant sur la coopération internationale couvrent « plusieurs concepts figurant dans les 25 critères d'identification des PTNC »[1036], dont on connaît bien le sort… Et pour couronner le tout, les Nations unies fournissent apparemment toute l'assistance technique nécessaire pour l'internalisation et la

---

[1034] À ce titre, on relève que la Recommandation 37 commence par inciter les pays à mettre en place « une base juridique » leur donnant la possibilité de fournir rapidement l'éventail le plus large possible d'entraide judiciaire pour les enquêtes, les poursuites et les procédures connexes liées au blanchiment de capitaux, aux infractions sous-jacentes et au financement du terrorisme (critère 37.1). Le critère suivant exige l'identification d'une autorité centrale pour la gestion des demandes d'entraide, cette dernière devant y procéder selon « des procédures claires » préalablement définies. La Recommandation 38 insiste sur l'importance de conférer aux autorités le *pouvoir* de prendre les actions requises pour répondre aux demandes d'identification, de gel, de saisie et de confiscation émanant de pays étrangers (la confiscation pouvant porter sur les biens blanchis ; sur le produit du blanchiment de capitaux, de ses infractions sous-jacentes et/ou du financement du terrorisme ; sur les instruments utilisés ou ceux destinés à être utilisés dans la commission de ces infractions et sur les biens d'une valeur correspondante). Il faudrait également qu'ils aient le *pouvoir* d'assister des pays étrangers quant aux demandes de coopération en vue de la confiscation sans condamnation préalable et des mesures provisoires associées (critère 38.2). La Recommandation 39 met l'accent sur *l'établissement des procédures* servant de base à la gestion efficace des dossiers d'extradition (critère 39.1). Enfin et surtout, la Recommandation 40 prévoit, au titre des principes généraux fondant la coopération internationale et en particulier, l'échange d'informations entre toutes autorités compétentes pour l'anti-blanchiment, qu'il faudrait s'assurer *que les autorités compétentes puissent accorder* une coopération maximale dans cette lutte notamment anti-blanchiment (critère 40.1). Cette possibilité doit reposer (selon le critère 40.2) : sur une *base légale* ; sur l'utilisation des moyens les plus efficaces pour coopérer, mais aussi, de canaux, circuits et mécanismes clairs et sécurisés pour permettre la transmission et l'exécution faciles des demandes ; sur des *procédures claires* pour établir les priorités et permettant l'exécution des demandes en temps opportun, ainsi que la protection des informations reçues (critère 40.2).

[1035] La Recommandation 36 invite les États à devenir parties aux Conventions de Vienne, de Palerme, de Mérida et de New York (critère 36.1). Mais encore, à pleinement les mettre en œuvre (critère 36.2) ; sont concernés à ce titre : les articles 3 à 11, 15, 17 et 19 de la Convention de Vienne ; les articles 5-7, 10-16, 18-20, 24-27 ; 29-31 et 34 de la Convention de Palerme ; les articles 14-17, 23 et 24, 26-31, 38, 40, 43-44, 46, 48, 50-55, 57 et 58 de la Convention de Mérida et les articles 2-18 de la Convention de New York.

[1036] Rapport annuel du GAFI 2002-2003, p. 8.

mise en œuvre adéquates des Conventions pertinentes, ce qui empêche le prétexte - bien trop commode - de l'insuffisance des ressources de prospérer.

Cela dit, pour des considérations encore plus pragmatiques, les principaux mécanismes qui sous-tendent la coopération internationale - et au titre desquels figure l'entraide judiciaire, l'extradition ainsi que la coopération internationale aux fins de la confiscation des produits d'activités criminelles[1037], envisagés dans les Recommandations - ont également pour fondement les accords bilatéraux et multilatéraux. Ces accords servent encore plus efficacement en permettant surtout de favoriser la confiance et la pérennité des relations d'entraide. Le principe est aussi énoncé à la Recommandation 40, qui exhorte les autorités compétentes, chaque fois que de besoin, à négocier et signer de tels arrangements bilatéraux ou multilatéraux avec le plus grand nombre possible d'homologues étrangers[1038]. Plus spécifiquement, en matière de gel et confiscation, c'est sur des accords que repose la coordination des actions de saisie et de confiscation avec d'autres pays[1039] et éventuellement, le partage avec d'autres pays des avoirs confisqués (*a fortiori*, lorsque la confiscation résulte d'actions répressives coordonnées impliquant plusieurs pays)[1040].

Paragraphe 2. La définition des mécanismes et principes subordonnant la levée des obstacles à l'entraide.

257. ***Le crédo des États se voulant coopératifs : promouvoir la célérité et éliminer les lourdeurs procédurales***. Les pays sont invités à fournir toutes les garanties institutionnelles et réglementaires nécessaires pour la célérité dans la mise en œuvre des procédures d'entraide et d'extradition (A) ; mais aussi, pour la souplesse dans l'application des règles procédurales (B).

A. Des garanties nécessaires pour une célérité dans la mise en œuvre des procédures d'entraide et d'extradition.

258. L'exigence et les implications d'une centralisation de la gestion des demandes d'entraide judiciaire et d'extradition. Face à l'extrême

1037 Nations unies, Office contre la drogue et le crime, *Questions transversales - Coopération internationale : Compilation d'outils d'évaluation de la justice pénale* [en ligne], New York : 2008, p. 1. Disponible sur : https://www.unodc.org/documents/justice-and-prison-reform/cjat/Cooperation_internationale.pdf. Selon les Nations unies, ces mécanismes impliquent aussi le transfèrement de prisonniers, le transfert de procédures pénales ainsi que la coopération internationale aux fins du recouvrement d'avoirs.

1038 Critère 40.3. Il convient également que les autorités requérantes assurent un retour d'informations à celles requises et en temps opportun, sur l'usage et relativement à l'utilité des informations fournies (critère 40.4).

1039 Le critère 38.3 invite les pays, notamment, à signer des accords permettant la coordination des actions de saisie et de confiscation avec d'autres pays.

1040 Aux termes du critère 38.4, chaque État doit être en mesure de partager avec d'autres pays les biens confisqués, surtout si c'est grâce à des actions répressives coordonnées que la confiscation a pu avoir lieu.

mobilité des personnes (et notamment des criminels) et capitaux, les États se doivent de faire preuve d'une efficacité maximale dans la recherche et la poursuite de l'infraction de blanchiment. À cette fin, il leur appartient de veiller à ce que les règles procédurales, puis le cadre institutionnel soient favorables à la célérité dans le traitement et l'exécution des demandes d'entraide judiciaire et d'extradition. D'un point de vue opérationnel, les standards sont unanimes quant à l'importance de confier à une unique autorité centrale clairement identifiée au sein de chaque pays, la transmission et l'exécution des demandes[1041]. Le GAFI ne fait pas exception et invite au recours « à une autorité centrale ou à un autre mécanisme officiel »[1042], cette solution favorisant la coordination et la rapidité et à force, la création d'un véritable « centre de compétence »[1043] dans le traitement des demandes.

Le *Manuel sur l'entraide judiciaire et l'extradition* conçu par l'ONUDC a d'ailleurs consacré une particulière attention à la création d'une telle structure en concevant une liste de fonctions caractérisant une autorité centrale « forte et énergique »[1044]. Celle-ci doit remplir toutes exigences touchant au traitement concret des demandes et faire office de canal de communication ainsi que de centre de compétences[1045]. Il importe également de se doter du personnel compétent (y compris des représentants affectés à l'étranger) et ayant les ressources nécessaires pour remplir ses missions le plus efficacement possible[1046]. Dans ce cadre, le GAFI exige que des procédures claires soient mises en place, de manière à permettre la définition des priorités et l'exécution

[1041] La remarque est faite dans le commentaire officiel de la Convention de Vienne, qui souligne que la désignation d'une autorité centrale dédiée à l'exécution ainsi qu'à la transmission des demandes d'entraide judiciaire est un « élément commun à un grand nombre de traités et d'arrangements dans ce domaine » (Nations unies, *Commentaire de la convention des Nations Unies contre le trafic illicite de stupéfiants et de substances psychotropes*, *op. cit.*, p. 161). La création de cette Autorité centrale ferait en effet partie des « facteurs critiques » de l'efficacité de la coopération internationale en matière pénale ; et pour cause, les traités d'entraide judiciaire exigent de plus en plus la désignation d'une Autorité centrale comme destinataire des demandes d'entraide plutôt que d'emprunter la voie diplomatique (Nations unies, *Questions transversales - Coopération internationale : Compilation d'outils d'évaluation de la justice pénale*, *op. cit.*, p. 3). Le *Manuel sur l'entraide judiciaire et l'extradition* de l'ONUDC met en lumière les avantages de disposer d'une autorité centrale : un meilleur contrôle des demandes reçues et émises face à la multitude d'instruments internationaux que les États doivent prendre en compte (il faudrait éviter les redondances, et créer les conditions pour une prise en charge coordonnée des demandes) ; la création d'un cadre propice au développement des compétences des juristes dans ce vaste et important domaine qui tend à se développer (ONUDC, *Manuel sur l'entraide judiciaire et l'extradition*, 2012, pp. 30-31).

[1042] Critère 37.2.

[1043] ONUDC, *op. cit.*, p. 30.

[1044] *Ibid.*, p. 33.

[1045] *Ibid.*, pp. 33-35.

[1046] *Ibid.*, pp. 35-37. En plus d'avoir des connaissances et compétences solides en droit de l'entraide judiciaire et de l'extradition, le personnel, composé de juristes, se doit d'avoir certaines qualités (discrétion, créativité, ouverture d'esprit et grande adaptabilité) et compétences spécifiques (compétences diplomatiques, communication).

en temps opportun des demandes d'entraide judiciaire[1047] et d'extradition[1048]. Le suivi de l'avancement des demandes doit être assuré au moyen de la mise en place d'un système de gestion des dossiers[1049]. Enfin, des mesures doivent être prises pour garantir la confidentialité des demandes d'entraide judiciaire et des informations, car participant de la préservation de l'intégrité des demandes de renseignement ou d'enquête[1050].

B. Des concessions requises : l'assouplissement des conditions d'octroi de l'entraide judiciaire et de l'extradition.

259. La neutralisation de l'obstacle potentiel de double incrimination. On ne saurait vouloir favoriser la coopération internationale sans passer au peigne fin les conditions la subordonnant afin d'identifier les obstacles inutiles ou du moins, contournables. Pour le GAFI, le mot d'ordre est précis : ni l'entraide judiciaire ni l'extradition en particulier ne doivent être soumises à des conditions déraisonnables ou indûment restrictives[1051]. Dans ce cadre, l'attention est particulièrement portée sur une exigence fondamentale, celle de double incrimination qui dans le contexte de l'anti-blanchiment, va requérir que l'infraction sous-jacente soit incriminée par toutes les juridictions concernées afin que l'entraide judiciaire et/ou l'extradition puissent être consenties. Selon une démarche similaire à celle préconisée par les standards de lutte contre la criminalité transnationale, le GAFI exige l'adoption de l'approche basée sur la conduite en invitant les pays à faire abstraction des différences de terminologie et de qualification pour prévoir le cas échéant que seule la conduite constitue une infraction partant des lois des pays impliqués[1052]. Mieux, les demandes d'entraide judiciaire n'impliquant pas d'actions coercitives ne devraient pas être subordonnées à la double incrimination.

260. La double éviction du secret bancaire et de la nature fiscale de l'infraction comme motifs de refus des demandes d'entraide. Étant désormais de notoriété publique que les membres des groupes criminels organisés exploitent toutes les subtilités du système financier[1053] ainsi que les commodités du secret professionnel, la levée du secret bancaire puis au-delà, du

---

[1047] Critère 37.2.

[1048] Critère 39.1-b.

[1049] Critère 37.2 (pour l'entraide judiciaire) et 39.1-b (pour l'extradition).

[1050] Critère 37.5.

[1051] Critère 37.3. (pour ce qui est de l'entraide judiciaire qui ne doit pas non plus être interdite) et critère 39.1-c, en ce qui concerne l'extradition.

[1052] Critère 37,7 qui prévoit que lorsque la double incrimination est exigée pour l'entraide judiciaire, cette obligation doit être considérée comme remplie, dès l'instant que les deux pays incriminent le comportement qui est à la base de l'infraction, peu important que les deux États classent ou non l'infraction dans la même catégorie ou qu'ils utilisent ou non la même terminologie pour la désigner. Le critère 39.3 est formulé de la même manière pour ce qui est de l'extradition.

[1053] J.-P. LABORDE, *op. cit.*, p. 180.

secret professionnel, se sont imposées comme une nécessité[1054]. Un avantage considérable découlant de cette mesure est la possibilité de saisir les documents bancaires, financiers ou commerciaux afin d'optimiser les chances de découvrir le produit du crime[1055]. Dans le même sillage, l'interdiction d'accorder la coopération en raison de la connotation fiscale de l'infraction a dû être levée, face au constat que les infractions fiscales font partie intégrante de la criminalité transnationale organisée et ne doivent donc échapper aux poursuites. À l'instar de Monsieur Jean-Paul LABORDE, on conviendra que « certes, le caractère privé du patrimoine doit être conservé, mais cela ne peut se faire au détriment du combat essentiel que les autorités des pays mènent contre le crime organisé »[1056].

261. Des exigences particulières liées à l'extradition : une reprise des obligations minimales requises des standards de lutte contre la criminalité transnationale organisée. Le GAFI, sans grande surprise, a envisagé la question de l'extradition en particulier, qui constitue un point crucial pour l'appréhension des criminels. Selon une démarche similaire aux standards internationaux s'intéressant à la criminalité transnationale organisée, la Recommandation 39 inclut les grands principes incontournables en ce qu'ils limitent considérablement les obstacles à la faisabilité, puis à l'efficacité des procédures d'extradition. En plus de l'obligation - élémentaire - de s'assurer que le blanchiment de capitaux figure au titre des infractions pouvant donner lieu à une extradition[1057], est repris le fameux principe : *aut dedere, aut judicare*[1058]. L'option des États face à la Recommandation 39 est ainsi soit d'extrader leurs nationaux, soit dans le cas contraire (pour des raisons liées à la nationalité) et à la demande du pays qui requiert l'extradition, de soumettre l'affaire sans retard indu à leurs autorités compétentes pour que des poursuites portant sur les infractions mentionnées dans la demande soient engagées. La règle de spécialité à laquelle il est fait allusion dans la Recommandation 39 - et de toute manière, constitutive d'une condition fondamentale de mise en œuvre des procédures

[1054] Le critère 37.4-b prévoit que les pays ne devraient pas refuser de mettre en œuvre une demande d'entraide judiciaire au motif que les informations sont couvertes par le secret ou la confidentialité des IF ou des EPNFD, sauf lorsque celles-ci ont été obtenues dans des circonstances couvertes par le secret ou le privilège juridiques professionnels.

[1055] *Op. cit.* Et cela, même s'il peut arriver qu'un État insiste pour maintenir le secret en dépit des exigences précitées, auquel cas il est recommandé de « d'étudier attentivement ce qui est demandé et dans quel but pour voir si le refus se fonde sur la façon dont la demande est formulée, et de parler avec l'autorité centrale pour s'enquérir de ce qui peut être fait pour résoudre cette situation » (ONUDC, *Manuel sur l'entraide judiciaire et l'extradition*, 2012, p. 71).

[1056] J.-P. LABORDE, *op. cit.*, p. 189.

[1057] Critère 39.1-a. Il en est de même pour le financement du terrorisme.

[1058] Est posée l'obligation d'« extrader ou poursuivre », de manière à lutter contre l'impunité. Ladite obligation remonterait au moins depuis l'époque d'Hugo Grotius, qui aurait énoncé le principe « *aut dedere aut punire* » signifiant : extrader ou punir ; source : Nations unies, Commission du droit international, *Obligation d'extrader ou de poursuivre (aut dedere aut judicare)* [en ligne], Rapport final 2014 (*in* Annuaire de la Commission du droit international, 2014, vol. II), pp. 2-3. Disponible sur : https://legal.un.org/ilc/texts/instruments/french/reports/7_6_2014.pdf).

d'extradition dans la plupart sinon la totalité des pays[1059] -, invite à la plus grande précision possible dans la formulation des demandes d'extradition.

Enfin, au regard des enjeux de l'exécution rapide des demandes d'extradition, les pays doivent se doter de mécanismes simplifiés d'extradition[1060]. Une fois un suspect localisé, il est en effet important de l'appréhender le plus rapidement possible pour éviter qu'il ne fuie vers une nouvelle destination, obligeant ainsi les autorités chargées des poursuites à formuler une nouvelle demande[1061]. Les options de modernisation des procédures d'extradition sont multiples et incluent la transmission directe des demandes d'arrestation provisoire entre autorités compétentes, l'extradition sur le seul fondement d'un mandat d'arrêt ou d'un jugement ou encore, l'extradition simplifiée de personnes acceptant de renoncer à une procédure formelle d'extradition[1062].

Sous-section 2. Au-delà de l'entraide judiciaire : vers l'instauration d'une dynamique de coopération constante ?

262. ***Les États appelés à tendre vers l'atteinte d'objectifs de coopération pour le moins, ambitieux***. À lire la Recommandation 40 du GAFI, la coopération internationale n'a de limites que celles que les États voudront bien se fixer (Paragraphe 1). C'est sans compter l'ampleur du travail requis des pays en amont et encore, aux fins uniquement de *tendre vers* l'atteinte de l'idéal d'une coopération internationale digne de ce nom, telle que conçue par le GAFI (Paragraphe 2). En effet, l'on se fait d'emblée la réflexion que dans cet idéal, aucun pays/territoire ne se soustrait pour quelque raison ou de quelque manière que ce soit, à son devoir de coopérer…

Paragraphe 1. Le champ illimité des « autres formes de coopération internationale » : du vaste contenu de l'obligation de coopérer.

263. Des exigences d'une coopération à la fois sectorielle et intersectorielle. La multiplicité des acteurs impliqués dans l'anti-blanchiment qui, de surcroît, dépendent les uns les autres quant à la volonté en principe communément recherchée d'arrêter la prolifération des produits du crime, ne laisse d'autre choix que de coopérer. La certitude que cette coopération se doit d'être avant tout sectorielle, mais pas uniquement, a fini par s'imposer. Dans une infraction de blanchiment transnationale, les autorités de poursuite pénale des divers pays impliqués doivent collaborer pour les besoins des poursuites, mais

---

1059 *Ibid.*, p. 11. Dans ce même document, sont également citées comme conditions celles de double incrimination, les principes *ne bis in idem* et de légalité (*nullum crimen sine lege*), ainsi que la non-extradition vers un pays où le suspect serait jugé pour des motifs liés à l'origine ethnique, la nationalité, la religion ou les opinions politiques.

1060 Critère 39.4.

1061 ONUDC, *Manuel sur l'entraide judiciaire et l'extradition*, 2012, p. 56.

1062 Ces options sont citées à titre d'exemples de mécanismes simplifiés d'extradition par le GAFI (critère 39.4, note 71).

obtiendront tout ou partie des preuves requises grâce aux renseignements collectés… D'où qu'ils puissent provenir. Ainsi, un banquier australien peut détenir des informations qui s'avèrent être la clé d'une affaire de trafic de stupéfiants faisant l'objet d'une enquête conjointe par les autorités camerounaises et indonésiennes (et encore, impliquant la douane, la police, les renseignements financiers, etc.). Le décloisonnement imposé par la Recommandation 40 prend, dans ce contexte, tout son sens.

En effet, les développements précédents ont permis de mettre en exergue, progressivement, des obligations d'échange d'informations entre autorités de contrôle du secteur financier, puis entre Cellules de renseignement financier et enfin, entre autorités de poursuite pénale. Mais il est également requis d'instaurer des « passerelles claires et efficaces entre autorités »[1063] par l'autorisation des échanges indirects d'informations[1064] avec des autorités non homologues, en s'assurant que la demanderesse indique systématiquement dans quel but précis et pour le compte de qui la demande est formulée[1065].

264. La neutralisation des obstacles tenant aux règles matérielles de coopération. Les « *Principes généraux* » applicables aux formes de coopération autres que l'entraide judiciaire et l'extradition ne se contentent pas de poser les fondements d'une coopération efficace. Ils semblent être le résultat d'un minutieux recensement des différents obstacles à la coopération internationale, partant des exigences évolutives de la répression et de l'expérience des acteurs. Est ainsi reconduite l'interdiction - auparavant formulée pour l'entraide judiciaire et l'extradition - d'empêcher l'échange d'informations ou l'entraide, ou de les assortir de conditions déraisonnables ou indûment restrictives. On retrouve dans la liste des motifs irrecevables dans ce cadre, le fait que la demande porte sur des questions fiscales et le secret professionnel[1066]. Il n'est pas non plus possible de faire valoir le motif d'enquête en cours dans le pays requis (à moins que l'entraide sollicitée ne risque réellement de l'entraver), ni la nature ou le statut[1067] de l'autorité requérante différent de celui de son homologue étranger[1068].

En revanche et sous peine de refus, toutes les précautions doivent être prises pour veiller à la protection des données et de la vie privée, la norme

---

[1063] Rapports annuels du GAFI (2001-2002 et 2002-2003), p. 8.

[1064] L'échange indirect d'informations est défini par le GAFI comme étant la transmission des informations demandées par l'autorité requise *via* une ou plusieurs autorités nationales ou étrangères avant leur réception par l'autorité requérante. Dès lors, ce type d'échange d'informations et son utilisation peuvent requérir l'autorisation d'une ou plusieurs autorités compétentes du pays requis (critère 40.20, note 74).

[1065] Critère 40.20.

[1066] Critère 40.5-a et b.

[1067] Selon le GAFI, la différence de statut (notamment civil, administratif ou judiciaire) entre l'autorité requérante et son homologue étranger importe peu (critère 40.5-d).

[1068] Critère 40.5-d.

minimale étant un niveau de protection au moins équivalent à celle assurée pour les informations analogues reçues de sources nationales[1069]. Il revient également à l'État requérant d'instaurer les contrôles et mesures de protection appropriés, de manière à garantir que les informations échangées par les autorités concernées ne soient utilisées qu'aux fins et par les autorités pour lesquelles elles ont été fournies, à moins qu'une autorisation ait été accordée par l'autorité compétente requise[1070].

Paragraphe 2. L'idéalisme de la Recommandation 40 à l'épreuve de la difficile concrétisation de l'échange d'informations tous azimuts.

265. Des multiples exigences pour une application possible et convenable de la Recommandation 40. L'idéal d'une circulation sans entraves de l'information pour les besoins de la lutte anti-blanchiment, même s'il *venait à être* atteint, ne saurait suffire à garantir l'efficacité de la coopération internationale. Car plus important encore que le renseignement, demeure la capacité des acteurs à en faire un usage approprié... Or, celle-ci est grandement tributaire d'une multitude de facteurs, parmi lesquels on compte un personnel en nombre suffisant, compétent avec notamment des spécialisations dans divers domaines de la recherche et de la confiscation des produits du crime. Celui-ci devant bien sûr évoluer au sein de l'architecture institutionnelle adéquate et être doté des moyens suffisants. Ces exigences ayant d'ailleurs déjà été évoquées, l'idée est surtout, à présent, qu'il faudrait que les États soient préparés et disposés à consentir *monstre de moyens* pour exploiter convenablement les informations reçues.

Mais encore faudrait-il parvenir à atteindre cet idéal. Les standards auront beau lever ou contourner des obstacles, assouplir des conditions ou établir les stratagèmes les plus élaborés, une coopération n'en reste pas moins, en définitive et avant tout, volontaire. Car en pratique, nombre de subterfuges peuvent permettre de se dérober des obligations de coopération. Dès lors, l'application des Recommandations n'en demeure certes, pas moins importante, mais il faudrait que les États travaillent *autant, sinon plus* à établir et développer leurs relations diplomatiques avec le plus grand nombre de pays (car la réalité reste que la modernisation de l'entraide judiciaire n'est pour l'heure pas un phénomène généralisé).

Cette exigence vaut aussi pour les autorités de contrôle, qui devraient veiller à établir des relations de confiance tout au moins avec leurs homologues et exploiter les circuits informels de coopération, qui ont aussi fait

---

[1069] Critère 40.7.
[1070] Critère 40.6.

leurs preuves[1071]. Et parlant de loyauté, on ne peut qu'*aspirer* à une égale coopération des pays conformément au principe de réciprocité, qui devrait prévaloir abstraction faite de ce que l'on trouve son intérêt à la coopération ou non… C'est dire que même si de considérables initiatives ont été prises dans le développement des réseaux de coopération[1072], il devrait leur être accordé une importance accrue ; et dans ce cadre, les forums internationaux réunissant des autorités homologues - et ceux regroupant les autorités non homologues - du monde entier devraient se multiplier.

Enfin, la Recommandation 40 laisse tout de même sceptique quant à l'échange spontané d'informations "déverrouillées" par l'écartement du secret professionnel. La relation de confiance (notamment celle liant les professionnels aux tiers) au fondement des interactions dans nombre de professions en pâtit, surtout face à l'absence de certitude quant à l'usage qui sera fait de l'information, malgré toutes des garanties que le GAFI s'est efforcé de prévoir. Mais l'on suppose que la responsabilité incombera aux législateurs nationaux d'élaborer des lois nationales les plus précises possibles quant aux procédures et habilitations nécessaires en vue l'échange d'informations. Il conviendra également, selon une approche sectorielle, d'élaborer des Manuels de procédure suffisamment explicites en interne pour préciser les limitations nécessaires aux prérogatives des différents acteurs.

Conclusion du Chapitre II

266. Les États se sont vus procurer nombre d'outils et de mécanismes devant permettre une répression conforme du blanchiment de capitaux. On commencera par rappeler l'appel à la ratification notamment des Conventions de Vienne et de Palerme et plus précisément, l'exigence d'incriminer le blanchiment de capitaux conformément à celles-ci. Il faut admettre qu'on pourrait difficilement faire mieux que ces conventions si l'on se réfère à la largesse de la définition de l'infraction… Les possibilités d'élargissement du champ de celle-ci tiennent à sa nature complexe et d'infraction de conséquence, permettant en effet d'adopter de larges définitions des infractions sous-jacentes, des « biens » ou encore, du « produit d'activités criminelles ». Le volet réglementaire se doit également de permettre d'appliquer des sanctions

---

[1071] Dans le *Manuel de recouvrement des biens mal acquis*, il est expliqué à quel point il est crucial de tisser des liens personnels avec des homologues étrangers, cette démarche étant importante dans toutes les phases de l'avancement des dossiers. La création de telles relations de confiance ne peut qu'être bénéfique, car permettant de faire le bénéfice de bien des formalités et donc, de favoriser l'efficacité (J.-P. BRUN, L. GRAY, C. SCOTT et al., *op. cit.*, pp. 145-146).

[1072] Le *Manuel de recouvrement des avoirs mal acquis* met en exergue l'existence de multiples réseaux de praticiens : ceux du Recouvrement des avoirs volés, du Point focal d'Interpol, du Groupe Egmont, des organisations ayant pour vocation de faciliter la coopération policière internationale comme Interpol, Europol, Aseanpol et Ameripol, les bureaux de liaison, le réseau arabe anti-corruption (*Arab Anti-Corruption and Integrity Network*), etc. (J.-P. BRUN, L. GRAY, C. SCOTT et al., *op. cit.*, pp. 148-149).

convenables, c'est-à-dire du point de vue de la conformité, proportionnées et dissuasives à l'aune des critères d'appréciation résultant des standards et de la pratique des évaluations mutuelles. Parmi ces sanctions, une place de choix se doit d'être accordée à la confiscation (tant celle basée sur la propriété que la confiscation basée sur la valeur), qui se conçoit également comme un processus dont toutes les étapes (identification, saisie, gestion des avoirs) se doivent d'être menées avec soin.

Du point de vue des règles procédurales, il y a lieu de doter les autorités en charge des enquêtes et poursuites des pouvoirs et moyens nécessaires pour augmenter les chances d'aboutissement de leurs actions. Dans ce cadre, les Recommandations se sont évertuées à orienter les pays vers une claire répartition des responsabilités anti-blanchiment (et même à anticiper sur d'éventuels conflits de compétence), à inciter à l'utilisation des techniques spéciales d'enquête et à coopérer entre autorités homologues (entraide judiciaire, extradition, équipes conjointes d'enquêtes, échange d'informations entre autorités de poursuite pénale, etc.) et non homologues (coopération entre CRF et autorités de poursuite pénale - lorsque distinguées - ou encore, entre autorités de contrôle du secteur financier et douane, par exemple). Soit, autant de principes justifiés par les besoins de la LBC/FT et suivant, comme ailleurs, le développement technologique… Mais ramenant continuellement à la question des libertés individuelles.

Seul le renforcement de la protection de celles-ci (et non le recul dans l'utilisation faite des nouvelles technologies pour traquer les délinquants qui s'en servent aussi à souhait) en veillant à l'application des principes fondamentaux (à l'instar de ceux régissant la protection des données à caractère personnel), nous semble pouvoir garantir une prise en compte raisonnable des droits de l'homme à l'avenir. Le droit pénal et de procédure pénale peut y contribuer au moyen de la précision réglementaire, allant dans le sens d'une circonscription la plus précise qui soit du cadre d'intervention de ces autorités. Mais la réflexion pourrait surtout être portée vers l'adoption d'une démarche similaire à celle du GAFI pour concevoir un instrument universel et sa méthodologie d'évaluation, aux fins de vérifier tant la conformité que l'efficacité dans la protection notamment des données personnelles, si tant est que cette question soit réellement d'une égale importance pour les puissances mondiales (qui rappelons-le, sont en définitive à l'origine des standards du GAFI). Mais encore, vers les voies et moyens les plus adaptés pour utiliser ces mêmes technologies dites intrusives au service d'une meilleure protection des libertés individuelles (renforcement des mécanismes de cryptage des données, de sécurisation des canaux d'échange d'informations, etc.).

CONCLUSION DU TITRE II

267. La pleine conformité aux Recommandations du GAFI, c'est d'abord le symbole d'une adhésion à une stratégie. Celle-ci comporte un volet préventif, qui repose sur une approche par les risques permettant selon une démarche stratifiée (niveaux national, puis sectoriel) d'identifier et d'atténuer les risques de blanchiment de capitaux identifiés. Cela nécessite la contribution des assujettis aux obligations de LBC/FT pour l'application de mesures de vigilance (de niveau standard, renforcé ou allégé selon l'importance du risque) ; mais encore, des Cellules de renseignement financier qui permettent entre autres, la détection du blanchiment ainsi que l'anticipation des tendances et circuits potentiels de l'infraction. Vient ensuite le volet répressif, dont les principales préoccupations tiennent à l'élargissement de l'incrimination et des possibilités de coopération nationale et internationale, à la facilitation des enquêtes et poursuites de l'infraction par des moyens humains (répartition des compétences entre les autorités chargées des enquêtes et poursuite) et techniques (mise à disposition de techniques d'enquête, d'outils en vue d'une gestion efficace des procédures d'entraide judiciaire), sans compter les préconisations résultant des instruments universels de référence (preuve de l'élément intentionnel, prescription, etc.). Enfin, il faut mentionner les exigences relatives aux sanctions, qui se doivent d'être proportionnées et dissuasives et notamment, orientées vers une recherche systématique de la confiscation des produits du crime. L'on a pu constater que la question de l'après-blanchiment est d'une égale importance, eu égard aux exigences liées à la gestion convenable des biens saisis et confisqués. Partant de tous ces constats, l'on peut affirmer qu'un État pleinement conforme aux standards de LBC/FT est un État qui aura réussi le pari de la construction d'une architecture réglementaire et institutionnelle favorable à la coopération de tous les acteurs de la chaîne préventive et répressive au plan national, puis international. Les chances d'atteindre l'efficacité dans l'appréhension des blanchisseurs devraient en être décuplées.

Mais, force d'envisager la cohérence de l'anti-blanchiment (d'ailleurs, uniquement un but de la *compliance* parmi d'autres) avec d'autres intérêts, que l'on raisonne du point de vue des mesures préventives ou répressives (inclusion financière, secret professionnel, libertés individuelles, etc.). Le hors-la-loi peut par définition se permettre d'ignorer de tels facteurs (ou au contraire, d'en profiter pour commettre ses méfaits), mais en aucun cas, les autorités en charge d'assurer le respect de la loi. Ce déséquilibre devrait être pris en considération en renforçant les intérêts concurrents à ceux de la LBC/FT et dans le respect de celle-ci. En pratique, l'harmonisation et la précision des textes réglementaires ainsi que le renforcement des cadres institutionnels sont de nature à apporter un début de solution.

CONCLUSION DE LA PARTIE PRÉLIMINAIRE

268. Suite à l'appel du Conseil de l'Europe à définir une politique globale pour se protéger de la « mise à l'abri » des capitaux d'origine criminelle en 1980, les instruments au fondement du cadre stratégique de la LBC/FT se sont succédé, de même que ses acteurs se sont multipliés. En plus des instruments universels marquant la contribution réglementaire des Nations unies, on compte parmi les premières initiatives marquantes, celle du Comité de Bâle sur le contrôle bancaire (Déclaration de Bâle de 1989), le secteur financier étant alors le terrain de prédilection des blanchisseurs. D'ailleurs, la mobilisation s'est poursuivie avec la multiplication des lignes directrices du Comité de Bâle, mais encore, du Groupe Wolfsberg, les contributions de l'OICV, de l'AICA, etc. Du point de vue de la coopération, le Groupe Egmont, Interpol ou encore l'OMD ont augmenté de manière exponentielle des possibilités d'échanges d'information, de coopération policière et douanière. Ces grands noms de la construction du dispositif anti-blanchiment et au-devant, le GAFI, ont veillé à son internationalisation, étant apparu dès l'aube de ces initiatives que la coopération se devait d'être la plus étendue possible pour limiter les échappatoires. C'est ainsi qu'en Afrique, sa pénétration s'est faite du temps de la lutte contre la drogue déjà, tant au niveau de l'Union africaine qu'au sein des États.

Effectivement, par effet de contagion, la criminalité transnationale organisée est devenue aussi un problème africain, ayant poussé à l'adoption de divers instruments abordant cette problématique de manière plus ou moins directe (entre autres initiatives, Convention sur la prévention et la lutte contre le terrorisme, Convention de lutte contre la corruption, Plan d'action de lutte contre la drogue, ou encore plus récemment, Plan d'action contre la drogue et la criminalité). La question sécuritaire est, du reste, tant l'affaire de l'Union africaine que de ses nombreux Mécanismes régionaux et organisations sous-régionales, qui gagneraient à mieux coopérer en vue d'une action commune notamment pour l'anti-blanchiment. La remarque vaut pour les ORTG ouest-africaines et particulièrement pour le GIABA, qui devrait renforcer sa coopération hors Zone franc. Les instruments d'intégration régionale ayant toujours figuré parmi les voies royales pour la coordination des initiatives dans l'intérêt de tous, une Convention africaine de lutte contre la criminalité transnationale organisée (qui accorderait notamment à l'anti-blanchiment toute l'importance qui est sienne) pourrait être porteuse d'espoir d'une Afrique unie dans la prise en main de la question sécuritaire, et réellement coopérante.

À l'heure actuelle, les Recommandations du GAFI sont le reflet d'une expérience trentenaire dans la mobilisation contre le recyclage de l'argent sale. Cette expérience a permis de tirer toutes les conséquences de l'extrême mobilité des criminels et capitaux et en l'occurrence, du caractère polymorphe de l'infraction. Les standards ont en effet adopté la stratégie préventive consistant à ajuster les mesures de vigilance en fonction des risques de blanchiment identifiés, ce qui a conduit à la fameuse distinction entre la vigilance standard, allégée et renforcée (et conséquemment, à l'application de l'approche par les risques également en matière de contrôle). De la sorte, les possibilités de détection de l'infraction sont décuplées par le mécanisme des déclarations d'opérations suspectes, qui font l'objet d'un traitement par les Cellules de renseignement financier. Les autorités en charge des enquêtes et poursuites se voient donc considérablement appuyées par ce colossal travail en amont. Mais le défi reste entier, d'où l'incitation des États à faire usage de tous les instruments internationaux de référence pour incriminer le blanchiment de capitaux et faciliter les procédures aux autorités chargées des enquêtes et poursuites ; à favoriser la coopération entre autorités homologues et non homologues. Ces grandes lignes des Recommandations du GAFI suffisent à démontrer l'ampleur des résultats attendus des pays, qui se doivent de concilier les besoins de la LBC/FT avec de multiples autres intérêts *a priori* menacés par la pleine conformité, à l'instar des droits fondamentaux... Se devant alors d'être corrélativement renforcés.

Atteindre le but de la pleine conformité dans la LBC/FT va requérir des États une volonté politique sans faille. Seule celle-ci pourra permettre le déploiement des moyens humains (ressources humaines à former à tous niveaux) et techniques nécessaires, une coordination adéquate au niveau national, une implication dynamique dans la coopération internationale et en un mot, une démarche effective (et non feinte) de contribution à la cause. Cette volonté politique se devrait d'être insufflée aux dirigeants actuels et futurs notamment par une communication suffisante sur les conséquences néfastes du recyclage de l'argent sale, laquelle devrait surtout être orientée sur ce qu'il y a à perdre (au niveau individuel et collectif) si le phénomène venait à prospérer. Peut-être un système de sanction positive des pays les plus coopératifs pourrait-il aider dans ce cadre, nonobstant le fait qu'il est une obligation naturelle pour l'État que de lutter contre toute forme de criminalité...

PREMIÈRE PARTIE. LA NÉCESSAIRE OPTIMISATION DES POSSIBILITÉS DE PRÉVENTION DU BLANCHIMENT DE CAPITAUX DANS LES ÉTATS MEMBRES DE L'UEMOA.

269. ***Le défi : améliorer le cadre juridique et créer des conditions favorables à l'application convenable des obligations préventives.*** Dans les États membres de l'UEMOA et certainement comme dans beaucoup d'autres pays, l'on prend la mesure de l'ampleur des réformes nécessaires pour une prévention du blanchiment de capitaux conformément aux standards internationaux. D'abord, définir convenablement les obligations des divers acteurs concernés constitue l'élément fondamental. En l'état actuel de la réglementation et du contexte de mise en œuvre des obligations visant à empêcher l'utilisation des institutions financières et EPNFD à des fins de blanchiment, l'on est parvenu au constat qu'il faudrait que les États membres créent de meilleures conditions de mise en œuvre des obligations de vigilance (Titre I).

270. Ce constat est valable également pour les obligations déclaratives et plus généralement, celles liées à la détection du blanchiment. Certes, l'ambition poursuivie par les États membres de favoriser la traçabilité des transactions ne fait nul doute. En effet, la création des premières Cellules de renseignement financier dans les États membres de l'UEMOA remonte aux années deux mille, suite à l'adoption de la première loi uniforme qui les a instituées. La seconde loi uniforme n'a fait que renforcer les obligations déclaratives et de contrôle de la circulation des espèces et instruments négociables au porteur, selon diverses modalités qui seront ultérieurement précisées. Mais en plus de l'aspect réglementaire, la décision de concrétiser les initiatives nécessaires à l'amélioration des conditions structurelles et du cadre institutionnel doit être sans appel (Titre II). Car la prévention conforme et efficace n'est pas envisageable sans venir à bout des pratiques obstinément informelles et corrélativement, parvenir à asseoir une culture de conformité.

TITRE I. LA MISE EN PLACE DE MEILLEURES CONDITIONS DE MISE EN ŒUVRE DES OBLIGATIONS DE VIGILANCE REQUISE.

271. ***Des obligations préventives (et mesures subséquentes) se devant d'être précisées et complétées.*** S'il y a un aspect sur lequel le législateur doit se montrer particulièrement pointilleux quant à l'amélioration du cadre de lutte anti-blanchiment, c'est bien celui de la prévention. Cette étape est d'autant plus déterminante qu'elle permet sinon d'empêcher la commission de l'infraction, de détecter puis poursuivre les blanchisseurs, ce qui induit que mieux les mesures préventives sont élaborées (et appliquées), plus efficace devrait être la répression. Mais surtout, en comparaison avec la stratégie répressive qui a pour son compte des siècles d'évolution des méthodes dissuasives de la criminalité, celle préventive du blanchiment de capitaux en particulier est encore nouvelle pour les États membres. Dès lors, les standards internationaux constituent la boussole du législateur communautaire ainsi que des législateurs nationaux et autorités de contrôle ; dans un tel contexte, plus les autorités concernées se montreront méticuleuses et dans l'internalisation des Recommandations, plus les chances de conformité se feront grandes.

272. Pour les États membres de l'UEMOA, des efforts restent à fournir tant du point de vue de la définition des prérequis à une vigilance appropriée de l'assujetti (Chapitre I) que des obligations de vigilance et de conservation des documents en tant que tels (Chapitre II).

CHAPITRE I. L'EXIGENCE D'UNE DÉFINITION ADÉQUATE ET EXHAUSTIVE DES PRÉREQUIS À UNE VIGILANCE APPROPRIÉE DE L'ASSUJETTI

273. ***L'exigence d'une application plus adéquate de l'approche par les risques et d'un renforcement des obligations organisationnelles des assujettis***. L'assujetti aux obligations de LBC/FT module son niveau de vigilance en fonction du risque du blanchiment, d'où l'importance d'une application appropriée de cette stratégie préventive. En ce qui concerne les États membres de l'UEMOA, l'on est d'avis que l'application de l'approche par les risques devrait se faire de manière plus appropriée au regard des menaces et vulnérabilités qui y ont été identifiées (Section 1).

274. Par ailleurs, la vigilance adéquate face à un client ou à l'occasion de l'exécution d'une transaction nécessite que l'entité/les personnes assujetties mettent en place, en amont, les mécanismes d'organisation requis. Sur cet aspect également, le constat est que les États membres devraient renforcer leurs exigences (Section 2).

Section 1. Les mesures requises en perspective d'une amélioration de la mise en œuvre de l'approche par les risques.

275. ***Des assujettis en besoin d'orientation pour une application convenable de l'approche par les risques***. Faisant suite à la consécration légale de l'approche par les risques, le processus de réalisation des Évaluations nationales de risques (ENR) se poursuit dans les États membres, même s'ils n'ont pas encore tiré le meilleur parti des résultats desdites évaluations (Sous-section 1). Une situation qui accroît le besoin d'orientation des assujettis par leurs autorités de contrôle et notamment, relativement à la teneur des politiques et procédures adaptées au niveau de risque (Sous-section 2).

Sous-section 1. La nécessité d'une prise en compte optimale par les pays des résultats des évaluations de risques.

276. ***Les États membres de l'Union au défi d'exploiter convenablement les résultats des évaluations nationales de risques***. La plupart des États membres ont déjà procédé à leurs évaluations nationales de risques (Paragraphe 1). Mais il leur reste à exploiter convenablement les informations fournies par ces évaluations afin d'atténuer les risques identifiés, comme préconisé par le GAFI (Paragraphe 2).

Paragraphe 1. La réalisation des évaluations nationales de risques : un acquis.

277. ***Consécutivement à la réalisation des ENR : l'identification de risques élevés de blanchiment dans les États membres***. Fort opportunément, le législateur communautaire a posé les fondements légaux des actions relatives à la tenue des évaluations nationales de risques (A). Celles-ci ont été révélatrices de risques élevés de blanchiment de capitaux dans les États membres (B).

A. Des dispositions en faveur d'une conformité aux obligations liées à l'évaluation nationale des risques.

278. Un processus de mise en œuvre restant à améliorer. La tenue d'une évaluation nationale des risques a été érigée en obligation par l'article 10 de la loi uniforme[1073], qui requiert l'adoption de mesures appropriées pour l'identification, la compréhension et l'atténuement des risques de blanchiment de capitaux et de financement du terrorisme. Si l'on prend comme point de départ la publication des Recommandations révisées du GAFI (soit 2012), on peut reprocher aux États de l'Union la lenteur dans la réalisation des Évaluations nationales de risques[1074]. Mais au moins les risques de blanchiment de capitaux ont-ils été identifiés dans les pays, comme le soulignent les Rapports d'évaluation mutuelle des pays[1075]. Ainsi, au ***Burkina Faso***, il a été relevé que l'ENR « semble de bonne qualité »[1076], en dépit des difficultés rencontrées dans l'obtention des données et la validation des informations, en raison d'un manque

---

[1073] Art. 10 al. 1er de la LU.

[1074] L'Évaluation nationale des risques a été achevée, d'après le *Résumé des rapports d'activités des pays octobre 2017-septembre 2018* réalisé par le GIABA (GIABA, *Résumé des rapports d'activités des pays Octobre 2017-septembre 2018*, 30ème Réunion Plénière de la Commission Technique du GIABA : Banjul, Gambie, 12-16 novembre 2018) en avril 2018 au ***Bénin*** (p. 10), en juillet-août 2018 au ***Burkina Faso*** (p. 10), en mai 2018 au ***Niger*** (p. 12) ; en août 2017 selon le REM du ***Sénégal*** de mai 2018 (p. 123). Au ***Mali***, le processus a été entamé en octobre 2018, de sorte que lors de l'évaluation mutuelle, le pays avait préparé un avant-projet de rapport qu'il examinait à ce moment-là (REM du Mali de novembre 2019, p. 115). L'ENR a été lancée en ***Guinée-Bissau*** en 2018 (GIABA, *op. cit.*, p. 11) et au ***Togo*** (voir : *Rapport annuel 2018 de la CENTIF-Togo,* Rapport d'activités 2018, p 23 ; il y est mentionné que l'atelier de lancement officiel de l'ENR s'est tenu du 11 au 13 juin 2018). Elle a été achevée en mai 2020 en ***Guinée-Bissau*** (REM de la Guinée-Bissau de février 2022, p. 159). En ***Côte d'Ivoire***, l'ENR était simplement en préparation en 2018 et était à l'ordre du jour lors de l'Atelier de sensibilisation et de vulgarisation de la législation en matière de lutte contre le blanchiment de capitaux, de financement du terrorisme et préparation à l'évaluation nationale des risques (ENR), à la stratégie nationale et à l'évaluation mutuelle, organisé par le ministère de l'Économie et des Finances et qui s'est tenu les 4 et 5 juin 2018 (Comité de Coordination des politiques nationales de lutte contre le blanchiment de capitaux et le financement du terrorisme et la prolifération des armes de destruction massive, *Atelier de sensibilisation et de vulgarisation de la législation en matière de lutte contre le blanchiment de capitaux, de financement du terrorisme et préparation à l'évaluation nationale des risques (ENR), à la stratégie nationale et à l'évaluation mutuelle* [en ligne], mise en ligne : 5 juin 2018. Disponible sur : http://www.cclbcft.ci/atelier-de-sensibilisation-et-de-vulgarisation-de-la-legislation-en-matiere-de-lutte-contre-le-blanchiment-de-capitaux-de-financement-du-terrorisme-et-preparation-a-levaluation-nationale-des/). Le pays a finalement procédé à son évaluation nationale des risques en 2019 (Rapport annuel du GIABA de 2019, p. 25). Le ***Togo,*** également, aurait aussi finalisé son évaluation nationale des risques (*ibid.*, p. 41), réalisée en décembre 2019 (REM du Togo de juin 2022, p. 152).

[1075] REM du ***Bénin*** de mai 2021, p. 156 ; REM du ***Burkina Faso*** de mai 2019, p. 110 ; REM de la ***Côte d'Ivoire*** de juin 2023, pp. 10-11 ; REM de la ***Guinée-Bissau*** de février 2022, p. 7 ; REM du ***Mali*** de novembre 2019, p. 115 ; REM du ***Niger*** d'août 2021, p. 162 ; REM du ***Sénégal*** de mai 2018, p. 123 et REM du ***Togo*** de juin 2022, p. 152.

[1076] REM du Burkina Faso de mai 2019, p. 110.

de maîtrise des questions liées au blanchiment de capitaux et au financement du terrorisme dans certains secteurs[1077]. Au ***Sénégal*** et au ***Mali*** également, les évaluateurs présentaient l'identification des risques par ces pays comme un acquis ; il en est de même pour la ***Côte d'Ivoire***, sous réserve des insuffisances relevées quant à l'ENR[1078]. Au ***Bénin*** et au ***Niger***, l'on peut affirmer, partant des rapports d'Évaluation nationale des risques qui ont été publiés par ces pays, que ces derniers ont identifié les risques de blanchiment de capitaux[1079], sur lesquels on ne manquera pas de revenir dans les lignes qui suivent. Il en est de même pour le ***Togo***[1080]. Par contre, en ***Guinée-Bissau***, le Rapport d'Évaluation nationale des risques n'était toujours pas finalisé à la date de la tenue des évaluations mutuelles[1081], celles-ci ayant révélé par ailleurs une faible compréhension des risques de BC/FT par cet État[1082].

En outre, il est requis des États qu'ils tiennent à jour leurs évaluations nationales des risques[1083], la coordination de la réponse nationale aux risques devant être confiée à une autorité désignée par décret et dont l'identité est notifiée tant aux États membres qu'aux autorités communautaires de contrôle[1084]. En ***Côte d'Ivoire***, l'ENR (qui s'est achevée en 2019) aurait déjà été mise à jour en 2020 « afin de tenir compte de la menace de BC liée à la criminalité environnementale »[1085]. Cette précision faite, les prochains rapports de suivi de l'évaluation mutuelle ne devraient pas manquer de se prononcer sur l'actualisation des évaluations des risques par les pays. Toutefois, à l'instar du ***Bénin*** et du ***Niger***, la périodicité de la mise à jour des évaluations - soit

1077 *Ibid.*, p. 110.
1078 REM du Sénégal de mai 2018, p. 123 ; REM du Mali de novembre 2019, p. 115 ; REM de la Côte d'Ivoire de juin 2023 (pp. 185-186) affirmant que l'ENR « n'examine pas en détail les flux financiers liés à la corruption, pourtant considérée comme l'une des principales menaces de BC », pas plus qu'elle ne considère dans quelle mesure les flux transfrontaliers contribuent au niveau de risque de BC en Côte d'Ivoire (*ibid.*, p. 186).
1079 Voir : Cellule nationale de traitement des informations financières et Comité national de lutte contre le blanchiment de capitaux et le financement du terrorisme, *Rapport du Bénin sur l'évaluation nationale des risques de blanchiment de capitaux et de financement du terrorisme* [en ligne], mai 2018. Disponible sur : http://centif.bj/wp-content/uploads/2020/02/Rapport_ENR-Projet-V02-benin.pdf; Cellule nationale de traitement des informations financières, *Rapport d'Évaluation nationale des risques de blanchiment de capitaux et de financement du terrorisme du Niger* [en ligne]. Disponible sur : file:///C:/Users/HP/Downloads/Rapport-evaluation-nationale-des-risques-de-blanchiment-de-capitaux-et-de-financement-du-terrorisme%20(1).pdf). Ces ENR identifient notamment les menaces et vulnérabilités au blanchiment de capitaux dans ces pays et partant, les risques de blanchiment de capitaux.
1080 REM du Togo de juin 2022, p. 152.
1081 La tenue des évaluations nationales de risques a en revanche été affirmée (REM de la Guinée-Bissau de février 2022, p. 7).
1082 *Ibid.*
1083 Art. 1er al. 1er de la LU.
1084 Art. 10 al. 2 de la LU.
1085 REM de la Côte d'Ivoire de juin 2023, p. 186.

respectivement, cinq et trois ans après la réalisation des ENR[1086] - devrait être définie par chaque État. La coordination desdites évaluations a été confiée dans les États membres plus ou moins directement aux CENTIF[1087]. Une solution judicieuse, si l'on sait que ces Cellules de renseignement financier occupent déjà une position stratégique, entre les entités déclarantes et les autorités de poursuite et en charge de la LBC/FT dans les États membres.

[1086] REM du ***Bénin*** de mai 2021, p. 157 (y étant précisé que la mise à jour de l'ENR selon la périodicité ci-dessus indiquée est envisagée sans le document national de politique et de stratégie de LBC/FT pour la période 2018-2022) ; REM du ***Niger*** d'août 2021, pp. 162-163 ; la mise à jour de l'ENR du Niger se doit d'être effectuée tous les trois ans, par application de l'art. 1er al. 2 du Décret n°2020-110/PRN/MF du 27 janvier 2020 portant désignation de l'autorité compétente chargée de la coordination de la réponse nationale aux risques de blanchiment de capitaux et de financement du terrorisme.

[1087] Au ***Burkina Faso***, le REM de mai 2019 (pp. 110-111) affirme que par l'arrêté n°2017-0049/MINEFID/CENTIF du 25 septembre 2017, il a été créé, au sein de la CENTIF, un Secrétariat permanent en charge de la conduite des activités de l'ENR de blanchiment de capitaux et de financement du terrorisme. Celui-ci a été institué pour la durée de l'exercice de l'ENR et est chargé entre autres, de l'élaboration des TDR et du budget pour la réalisation de l'ENR, la proposition des compositions des groupes techniques ainsi que la coordination et la supervision de ces groupes. Une démarche similaire a été suivie au ***Niger***, où il aurait été créé au sein de la CENTIF, par l'arrêté n°0343 du 5 août 2016, un groupe de travail chargé de la conduite des activités de l'évaluation nationale des risques de BC et de FT (REM du Niger d'août 2021, p. 162). D'après le REM du ***Mali*** de novembre 2019 (p. 115), c'est le Décret n°2018-0294/P-RM du 19 mars 2018 qui a désigné la CENTIF au titre de la coordination des actions d'ENR. Au ***Sénégal***, cette même décision aurait été prise en vertu d'une décision émanant du Comité de national de coordination de la LBC/FT, à l'occasion d'une session tenue le 7 septembre 2016 à Dakar (REM du Sénégal de mai 2018, p. 123). Au ***Bénin***, il a été créé un Comité technique national de LBC/FT (dit CTN-LBC/FT), dont les membres sont les points focaux de la CENTIF au sein de leurs structures respectives (REM du Bénin de mai 2021, p. 60). Ce comité aurait été désigné par l'arrêté interministériel n°2018-0631/MEF/MISP/MAEC/MJL/MDN/055SGG10 du 22 février 2018 comme étant l'autorité chargée de coordonner les actions d'évaluation des risques de blanchiment de capitaux et de financement du terrorisme au Bénin. Dans le cadre de son mandat, ce Comité se doit de prendre des mesures appropriées visant à identifier, évaluer, comprendre et atténuer les risques de blanchiment de capitaux et de financement du terrorisme auxquels le Bénin est exposé et tenir à jour cette évaluation ; à ce titre, il intègre les parties prenantes et acteurs pertinents de la LBC/FT au Bénin (REM du Bénin de mai 2021, pp. 156-157). En ***Guinée-Bissau***, la coordination des ENR relève de la responsabilité du Groupe de travail en charge des Evaluations nationales des risques (National Risk Assessment Working Group, dite GTANR), présidé par la CRF bissau-guinéenne et composé des représentants des différentes autorités compétentes en matière de LBC/FT (voir REM de la Guinée-Bissau de février 2022, p. 27). En ***Côte d'Ivoire***, c'est le Comité de Coordination des Politiques Nationales de lutte contre le BC, le FT et la PADM (Comité de coordination) qui coordonne les ENR ; ce Comité est assisté d'un secrétariat permanent, assuré par la CENTIF (art. 5 du Décret n°2014-505 du 15 septembre 2014 portant création, composition, attributions et fonctionnement du Comité de coordination des politiques nationales de lutte contre le blanchiment de capitaux, le financement du terrorisme et la prolifération des armes de destruction massive dénommé « Comité de coordination »). Enfin, au ***Togo***, il faut souligner que la CENTIF est simplement *membre* du Comité national de coordination (CONAC), qui est l'autorité en charge de la coordination de la réponse nationale aux risques de BC/FT au Togo (REM du Togo de juin 2022, p. 64 et p. 152).

B. L'identification de risques élevés de blanchiment de capitaux au sein des États membres.

279. ***Niveau d'exposition au risque de blanchiment et circuits de l'argent sale : au cœur de l'ampleur du problème.*** Une étude des menaces et vulnérabilités identifiées dans les États membres de l'Union conférera un aperçu du niveau de risque de blanchiment dans ces pays (I). Dans la même dynamique, seront envisagées les typologies de blanchiment de capitaux dans la sous-région (II).

I. Vue d'ensemble sur les menaces et vulnérabilités sous-tendant l'exposition des États membres au blanchiment de capitaux.

280. ***Combinaison de l'approche globale à l'approche sectorielle.*** Pour une meilleure visibilité sur le niveau d'exposition au risque, on distinguera les menaces et vulnérabilités identifiées d'une manière générale à l'échelle sous-régionale (a) des vulnérabilités sectorielles (b).

a. Les menaces et vulnérabilités globales.

281. Présentation des menaces et vulnérabilités globales[1088]. Les conclusions des évaluations nationales de risques (et avant cela, des diverses études sur l'anti-blanchiment) laissent apparaître un niveau élevé d'exposition de la plupart des États membres de l'Union au blanchiment de capitaux[1089]. Un résultat prévisible, face à la prolifération des agissements criminels dans la sous-région, qui sont largement favorisés par la persistance des vulnérabilités - multifactorielles et multisectorielles. Dans le cadre de cette analyse, l'identification de ces menaces et vulnérabilités (présentées dans le tableau joint en annexe[1090]) auxquelles sont exposés les États membres - partant des données

[1088] Le tableau présentant les menaces et vulnérabilités des États membres de l'UEMOA se trouve en annexe : Annexe 3, Tableau 1.

[1089] L'ENR du ***Bénin*** (p. 7) ; le REM du ***Burkina Faso*** de mai 2019 (p. 26), le REM du ***Mali*** de novembre 2019 (p. 3) et l'ENR du ***Niger*** laissent apparaître un niveau élevé d'exposition au blanchiment de capitaux (dans l'ENR du Niger, se référer au tableau présentant une menace globale de niveau élevé en ce qui concerne l'exposition du pays au blanchiment de capitaux, p. 27). En outre, les REM du ***Sénégal*** de mai 2018 (p. 22) et du ***Mali*** de novembre 2019 (p. 23) ont fait ressortir d'importantes vulnérabilités et menaces de blanchiment de capitaux dans ces deux pays. Le REM du ***Bénin*** de mai 2021 (p. 156) affirme que le niveau de risque de blanchiment de capitaux déterminé partant de l'ENR du pays est élevé. Il en va de même pour le ***Togo*** (REM du Togo de juin 2022, p. 9). En revanche, en ***Côte d'Ivoire***, la menace nationale et la vulnérabilité de ce pays au blanchiment de capitaux ont été jugées moyennement élevées ; voir : Ministère de l'Économie et des Finances de la République de Côte d'Ivoire, Comité de Coordination des politiques nationales de lutte contre le blanchiment de capitaux, le financement du terrorisme et de la prolifération des armes de destruction massive, *Avant-projet de stratégie nationale 2020-2030 de lutte contre le blanchiment de capitaux, le financement du terrorisme et de la prolifération des armes de destruction massive* [en ligne], octobre 2020, p. 7. Disponible sur : https://www.cclbcft.ci/wp-content/uploads/2021/01/Projet-de-Strategie-Nationale-LBCFT-modif-19-01-21_.docx.

[1090] Annexe 3 précité, Tableau 1 (intitulé « Exposition au risque de blanchiment : menaces et vulnérabilités des États membres de l'UEMOA »).

les plus récemment publiées - va permettre ne serait-ce qu'une meilleure appréciation des mesures notamment préventives en vigueur. En dépit de ce que les résultats des évaluations nationales de risques n'ont pas été publiés pour tous les États membres à cette date, d'autres sources ont pu permettre de recueillir les facteurs de risques mis en exergue dans le tableau présentant les menaces et vulnérabilités des États membres de l'UEMOA au blanchiment de capitaux[1091].

282. Des tendances communes quant aux menaces et vulnérabilités au sein des États de l'Union. Il apparaît, au regard des données[1092], qu'il existe de grandes similitudes quant au risque de blanchiment tel que matérialisé notamment par les menaces et vulnérabilités. Pour ce qui est, en premier lieu, de la prévalence/prédominance des infractions sous-jacentes, on relève que certaines d'entre elles figurent dans la presque totalité des États membres : il s'agit de la corruption[1093], du trafic illicite de stupéfiants, de la fraude et la fraude fiscale ainsi que l'évasion fiscale. Le réseau de traite des humains semble aussi bien implanté, puisque cinq pays (sur les huit que comporte l'Union) l'ont inclus dans leur liste rouge[1094]. D'une manière générale, tous les États apparaissent comme étant gangrénés par une forte présence des infractions financières, y compris dans le secteur public. Par ailleurs, une étude récemment réalisée par le

---

[1091] Voir Annexe 3, tableau 1 précité. Les informations présentées dans ledit tableau (ainsi que les notes y afférentes) proviennent en effet de diverses sources, à savoir : pour le ***Bénin*** : le *Rapport sur l'Évaluation nationale des risques de blanchiment de capitaux et de financement du terrorisme* (*op. cit.*, pp. 7-8, et p. 10 pour ce qui est du risque lié aux produits d'inclusion financière) ; pour le ***Burkina Faso*** : REM de mai 2019, pp. 2-6 ; pour la ***Côte d'Ivoire*** : REM de la Côte d'Ivoire de juin 2023, pp. 10-11 et *Résumé analytique de l'Évaluation Nationale des Risques de Blanchiment de Capitaux, de Financement du Terrorisme et de la prolifération des armes de destruction massive*, décembre 2019 ; pour la ***Guinée-Bissau*** : REM de février 2022, p. 7 et p. 158 et Rapport annuel du GIABA de 2019, pp. 29-30 (la diversification des sources se justifiant ici par les lacunes relevées relativement à l'ENR en Guinée-Bissau, le REM précité laissant apparaître, en effet, que le rapport d'ENR manquait d'analyse approfondie en certains aspects et ne couvrait pas certains secteurs susceptibles de présenter des risques élevés de blanchiment de capitaux, à l'instar du secteur immobilier ; voir pp. 158-159) ; pour le ***Mali*** : REM de novembre 2019, pp. iv-v et pp. 1-5 ; pour le ***Niger*** : *Rapport d'Évaluation nationale des risques de blanchiment de capitaux et de financement du terrorisme* (*op. cit.*, pp. III-V) ; pour le ***Sénégal*** : REM de mai 2018, pp. 4-7 et pour le ***Togo*** : REM de juin 2022, p. 9 et pp. 22-23.

[1092] Annexe 3, Tableau 1.

[1093] La corruption ne figure pas dans le tableau pour ce qui est des infractions les plus génératrices de produits d'activités criminelles au ***Burkina Faso*** ; le REM du Burkina Faso publié en 2018 souligne en effet, partant de l'Indice de perception de la corruption publié par Amnesty International (pour l'année 2017), que ce pays figurait dans la première moitié des États les moins corrompus et donc était « assez sûr ». Mais il figure également dans le REM l'affirmation selon laquelle certains des principaux risques de blanchiment de capitaux identifiés dans l'État burkinabè sont liés à la corruption ainsi qu'à l'importance du secteur informel (REM du Burkina Faso de mai 2019, p. 10).

[1094] Au regard des données précédemment exposées, cette infraction se retrouve dans tous les pays, excepté au Burkina Faso, en Côte d'Ivoire et au Sénégal (donc au Bénin, en Guinée-Bissau, au Mali, au Niger et au Togo).

GIABA a attiré l'attention sur l'ampleur de la contrebande de marchandises[1095] en Afrique de l'Ouest, dont le développement a été favorisé par une multitude de facteurs. Sont évoqués « les grands secteurs informels stimulés par les opérations en espèces, les liens ethniques, religieux et culturels, la porosité des frontières, l'absence de gouvernement et de gouvernance dans la plupart des zones de contrebande et la prolifération des petites organisations criminelles et cellules terroristes qui prétendent assurer la sécurité dans ces zones abandonnées [...] »[1096].

En second lieu, les vulnérabilités globales tiennent, pour une grande part, aux facteurs d'ordre socio-économique que constituent la forte prévalence du secteur informel et la persistance (corrélative) d'une culture de l'usage des espèces[1097]. Ces résultats concordent avec ceux des études de typologies de blanchiment réalisées par le GIABA, qui placent la prédominance des transactions en espèces et du secteur informel au cœur des vulnérabilités de la sous-région ouest-africaine au blanchiment de capitaux[1098]. Les vulnérabilités face aux transactions en espèce telles qu'identifiées en 2007 par le GIABA dans son rapport sur les typologies de transactions en espèces et les passeurs de fonds en Afrique de l'Ouest[1099] seraient liées aux difficultés de détection des blanchisseurs, « en particulier, lorsque tout le monde utilise librement l'espèce pour effectuer des paiements sans restriction ni système de contrôle »[1100]. En dépit de l'évolution du cadre réglementaire depuis lors, il semblerait, au regard des données plus récentes mises en exergue dans le tableau précité, que le problème est demeuré entier.

1095 Dans le rapport du GIABA, il est fait référence à la contrebande de marchandises au sens large de manière à inclure toutes activités visant à contourner les tarifs douaniers lors des échanges transfrontaliers (GIABA, *Le Blanchiment de Capitaux/Financement du Terrorisme (BC/FT) et la Contrebande de Marchandises en Afrique de l'Ouest*, août 2020, p. 16).

1096 *Ibid.*, p. 12.

1097 La dimension sociale a pu être mise en exergue dans l'étude de typologie réalisée par le GIABA sur les transactions en espèce. Le constat était que pour certains, les grosses transactions en espèces sont souvent source de respect ou enviées, conformément à l'adage répandu selon lequel « l'argent achète le respect » (GIABA, Groupe de travail sur les Typologies du GIABA/GGTTYP, *Rapport sur les typologies de transactions en espèces et les passeurs de fonds en Afrique de l'Ouest*, novembre 2007, p. 12). Cela dit, le tableau laisse apparaître que la forte prévalence du secteur informel (et corrélativement, des transactions en espèces) est source de vulnérabilité dans tous les pays ayant réalisé leurs évaluations nationales de risques. D'une manière générale, la prévalence des espèces est un problème commun aux États de la CEDEAO (GIABA, *Examen de la situation de l'application des mesures de lutte contre le blanchiment de capitaux relative à l'inclusion financière au sein des États membres du GIABA*, janvier 2014, p. 17).

1098 *Ibid.*, p. 31.

1099 Selon ce rapport, les vulnérabilités face aux transactions en espèces seraient liées aux mouvements transfrontaliers d'argent liquide, aux concessionnaires d'automobiles de luxe, aux activités liées aux métaux précieux et à l'immobilier, aux activités des bureaux de change (soit, les activités parallèles), à la constitution de sociétés et au financement d'organisations (*ibid.*, p. 13).

1100 *Ibid.*

La porosité des frontières et l'insuffisance des contrôles des mouvements transfrontaliers de fonds apparaissent également comme un manquement commun à la presque totalité des États[1101]. Ce problème est d'autant plus sérieux que les études - et notamment celle précitée du GIABA - sont révélatrices d'une utilisation des passeurs de fonds « comme système majeur de mouvement d'argent »[1102] transfrontalier ou au sein de l'Union. Pour les acteurs du secteur informel en particulier, les passeurs fourniraient des services présentant l'avantage de la facilité et de la rapidité, en comparaison avec la « lourde bureaucratie »[1103] des institutions financières.

En troisième lieu, il semblerait que les États peinent à faire respecter les obligations de vigilance et notamment, d'identification des bénéficiaires effectifs. Qu'il s'agisse des assujettis ou plus inquiétant encore, de certaines autorités de contrôle, les obligations de lutte contre le blanchiment de capitaux et le financement du terrorisme sont encore pour une large part, méconnues. Tandis que le secteur bancaire semble le plus vulnérable dans la catégorie des institutions financières, le problème est encore plus grave au sein des entreprises et professions non financières désignées et notamment, du secteur immobilier. À ce propos, le rapport du GIABA sur les typologies de blanchiment soulignait il y a plus d'une dizaine d'années l'exploitation par les blanchisseurs des failles du dispositif, tenant au faible niveau de contrôle et d'application des mesures de vigilance dans ce secteur.

En dernier lieu, les risques de blanchiment de capitaux demeurent élevés face à la faible application des mesures de lutte aux produits d'inclusion financière. Si cette dernière favorise l'accès aux services financiers et la minimisation progressive de l'usage des espèces, elle doit concilier ces objectifs avec celui de promouvoir l'application des mesures anti-blanchiment. Selon le GIABA, les principaux défis au sein de la CEDEAO tiennent à de nombreux facteurs venant alourdir le bilan des vulnérabilités : l'accès limité aux services financiers[1104] (en raison de leur emplacement, de l'insuffisance des infrastructures de système de paiement, de la méconnaissance et du manque de confiance à l'égard des services financiers) ; la faiblesse du cadre réglementaire et de supervision ; les coûts élevés des transactions, avec une lenteur dans leur exécution et une mauvaise tenue des dossiers ; les défaillances du personnel

---

1101 Le tableau laisse apparaître que plusieurs pays ont relevé le problème de la porosité des frontières (soit, le ***Bénin***, le ***Burkina Faso***, la ***Guinée-Bissau***, le ***Mali*** et le ***Niger***) ; tandis que les mouvements transfrontaliers de fonds/d'espèces constituent un point de vulnérabilité en ***Guinée-Bissau***, au ***Niger*** où il est plus généralement fait état d'une « Faiblesse de contrôle aux frontières » et au ***Togo***.

1102 GIABA, Groupe de travail sur les Typologies du GIABA/GGTTYP, *op. cit.*, p. 14.

1103 *Ibid.*

1104 Ceux-ci ne seraient accessibles qu'à « une petite frange de la population » des pays de la CEDEAO (GIABA, *Examen de la situation de l'application des mesures de lutte contre le blanchiment de capitaux relative à l'inclusion financière au sein des États membres du GIABA*, *op. cit.*, p. 15).

(incompétence, manque d'éthique professionnelle, manque de transparence des prestataires de service)[1105]. L'ampleur ainsi que les enjeux du problème ayant été cernés[1106], seule une réelle volonté politique se traduisant notamment par investissements en vue d'une application des mesures de supervision adéquates pourra permettre de remédier à l'utilisation des systèmes financiers informels à des fins illicites.

b. Le cas spécifique des vulnérabilités sectorielles au blanchiment de capitaux.

283. Considérations d'ordre méthodologique - quant à l'analyse par secteur. La *summa divisio*, lorsqu'on fait référence aux assujettis à la lutte contre le blanchiment de capitaux, permet de distinguer entre les institutions financières et les entreprises et professions non financières désignées. Cette distinction sera alors le point de départ, lorsqu'on envisage une analyse des vulnérabilités au blanchiment de capitaux par secteur. Concernant les institutions financières, le rapport annuel du GAFI de l'année 2002-2003 indiquait sa démarche à l'endroit des membres du Groupe d'action, jugés en fonction de l'application des mesures anti-blanchiment « à la fois aux banques et à quatre catégories d'institutions financières non bancaires »[1107], à savoir les bureaux de change, des sociétés de bourse, des sociétés d'assurance et des sociétés de remise ou de transfert de fonds. À l'heure actuelle, cette nomenclature prévaut encore puisqu'il y a lieu, à l'occasion des évaluations de risques, d'identifier les vulnérabilités au sein de chacun de ces sous-secteurs du monde financier. Cette même démarche sera retenue dans le cadre de la présente analyse, aux fins de

---

[1105] *Ibid.*, p. 20.

[1106] Au titre des problèmes sous-tendant la faible application des mesures de LBC/FT aux produits de l'inclusion financière dans les pays de la CEDEAO, le GIABA a relevé, d'abord, **les capacités limitées des gouvernements** : en ce qui concerne la supervision (centrée sur les entités « facilement accessibles », contre une négligence des petites institutions informelles non réglementées ; dès lors, le coût de conformité pour les institutions financières formelles sous supervision augmente, là où les institutions non régulées seront en mesure d'offrir des produits et services de manière informelle à des taux beaucoup plus bas… Il va sans dire dans ces conditions qu'un grand nombre de clients sont poussés vers les services de financiers non réglementés présentant des risques plus élevés), la répression criminelle (du fait que les évaluations de risque étaient alors basées sur des hypothèses et études de typologies internationales ; et cette absence d'évaluations nationales de risques au sein des États membres conduisait à des lacunes dans la répression criminelle ainsi qu'à l'adoption de mesures de contrôle plus onéreuses que nécessaire) et les capacités d'utilisation des mesures de contrôle en matière de LBC/FT pour une meilleure formalisation de l'économie. Ensuite, **l'application par les institutions financières formelles de mesures d'identification trop rigides ou inadaptées**, de nature à générer notamment inutilement des coûts supplémentaires ; **la prolifération des opérateurs informels de transfert d'argent** ; **l'application de mesures de vigilance inadaptées par les filiales de sociétés mères étrangères** (dès lors que lesdites mesures de vigilance ne sont basées sur les risques identifiés au plan national). L'objectif est, en définitive, de parvenir à atteindre un niveau satisfaisant d'inclusion financière tout en respectant les exigences d'un système de LBC/FT efficace (*ibid.*, pp. 21-24).

[1107] GAFI, *Rapport annuel 2002-2003*, p. 31.

mettre en exergue les vulnérabilités relevées au sein du secteur financier dans les États membres de l'UEMOA.

284. Vulnérabilités du secteur financier. Pour ce qui est du **secteur bancaire**, le constat est qu'il constitue le plus grand générateur des déclarations d'opérations suspectes dans les États membres de l'Union[1108]. Une situation guère surprenante, étant donné qu'il s'agit du plus important secteur du domaine financier[1109] et qu'il y a été noté de meilleures compréhension et application des mesures de vigilance[1110]. Mais force est d'en déduire une probabilité d'utilisation des banques à des fins de blanchiment de capitaux, une donnée confirmée par les résultats des évaluations globales de risques ci-dessus analysés[1111]. D'ailleurs, dans la plupart des États membres, ce secteur a été identifié comme présentant une vulnérabilité globale élevée au blanchiment de capitaux[1112].

Au niveau des **agréés de change manuel**, il est globalement noté un faible niveau de compréhension des risques de blanchiment de capitaux au sein des États membres, qui ont été jugés élevés[1113]. La situation semble similaire pour le **secteur des titres**, au sein duquel il a été relevé d'importantes vulnérabilités au blanchiment de capitaux dans certains pays. Celles-ci tiennent à nombre de facteurs, au regard des faibles notations des fonctions de conformité dans les États membres ayant publié les résultats de leurs évaluations nationales de risques, et du constat de manquements dans l'application des mesures de

---

[1108] REM du ***Burkina Faso*** de mai 2019, p. 41 ; REM de la ***Guinée-Bissau*** de février 2022, p. 12 ; REM du ***Mali*** de novembre 2019, p. 35 ; REM du ***Sénégal*** de mai 2018, p. 7 ; Rapport d'Évaluation nationale des risques du ***Niger***, p. 58 ; REM du ***Togo*** de juin 2022, p. 35. Cependant, au ***Bénin***, l'ENR a révélé que le niveau de déclaration des opérations suspectes (DOS) demeure faible au sein du secteur bancaire, et que la qualité des DOS reçue doit être améliorée (Rapport d'Évaluation nationale des risques du Bénin, p. 68).

[1109] REM du ***Burkina Faso*** de mai 2019, p. 69 ; REM de la ***Guinée-Bissau*** de février 2022, p. 31 ; REM du ***Mali*** de novembre 2019, p. 6 et p. 13 ; REM du ***Sénégal*** de mai 2018, p. 12.

[1110] REM du ***Bénin*** de mai 2021, p. 13 , REM du ***Burkina Faso*** de mai 2019, pp. 69-70 ; REM du ***Mali*** de novembre 2019, p. 23 ; REM du ***Sénégal*** de mai 2018, p. 80 ; REM du ***Togo*** de juin 2022, pp. 100-101.

[1111] Voir *supra*, par. 279 et s.

[1112] Rapport d'ENR du ***Bénin***, p. 80 (où il est noté une vulnérabilité « moyennement élevée », alors que la capacité des banques à combattre le blanchiment de capitaux reste faible) ; REM du ***Burkina Faso*** de mai 2019, p. 4 ; REM de la ***Guinée-Bissau*** de février 2022, p. 26 ; REM du ***Mali*** de novembre 2019, p. 3 (note 8) ; Rapport d'ENR du ***Niger***, p. 58 ; REM du ***Sénégal*** de mai 2018, p. 4 ; REM du ***Togo*** de juin 2022, p. 35.

[1113] Rapport d'ENR du ***Bénin***, pp. 38-39, p. 111-118 (à la page 117, la conclusion est celle d'un niveau de vulnérabilité très élevé au sein des agréés de change manuel) ; REM du ***Burkina Faso*** de mai 2019, p. 27 ; REM de la ***Guinée-Bissau*** de février 2022, p. 53 (risque de BC jugé moyen à élevé) et p. 107 (affirmation d'une faible compréhension des risques au sein des bureaux de change) ; REM du ***Mali*** de novembre 2019, p. i ; Rapport d'ENR du ***Niger***, p. IV et p. 65 (où l'on note de faibles notations pour les fonctions de conformité et de connaissance de la LBC/FT par le personnel) ; REM du ***Sénégal*** de mai 2018, p. 13 ; REM du ***Togo*** de juin 2022, p. 101.

vigilance[1114]. Au sein du **secteur des transferts de fonds**, la situation est tout aussi préoccupante. Au fondement d'une telle affirmation, le constat qu'un nombre important de transactions seraient traitées par des canaux informels et notamment, par utilisation des *hawala* ; une information confirmée pour le ***Bénin***, le ***Burkina Faso***, la ***Côte d'Ivoire***, la ***Guinée-Bissau***, le ***Mali***, le ***Niger*** et le ***Sénégal***[1115]. Dans ce dernier pays, les juges ont récemment eu l'occasion de se prononcer sur un cas de blanchiment par le biais du système de *hawala* de manière à en exposer le côté obscur, affirmant « qu'un tel système de transfert d'argent est de nature à contourner le fisc et l'assujettissement des commissions bancaires, et contribue de manière décisive, de par son manque de traçabilité, à déguiser l'origine et les mouvements de biens numéraires […] »[1116]. Il s'agit là d'une illustration de la persistance du défi majeur que représente la lutte contre les systèmes informels de transfert de fonds. En revanche, le **secteur des assurances** est déclaré dans plusieurs États membres comme étant à faible risque, la faiblesse de la culture de l'assurance étant à l'origine d'un faible

---

[1114] Rapport d'ENR du ***Bénin***, p. 99 et p. 109, où il est constaté une « très grande vulnérabilité » au blanchiment de capitaux ; REM du ***Burkina Faso*** de mai 2019, p. 70 ; Résumé de l'ENR de la ***Côte d'Ivoire***, p. 11 et s. (voir : Ministère de l'Économie et des Finances de la République de Côte d'Ivoire, Comité de Coordination des politiques nationales de lutte contre le blanchiment de capitaux, le financement du terrorisme et de la prolifération des armes de destruction massive, *Résumé analytique - Évaluation Nationale des risques de Blanchiment de Capitaux, de Financement du Terrorisme et de la prolifération des armes de destruction massive*, décembre 2019. Disponible sur : https://www.cclbcft.ci/enr-2018-2019/) ; REM du ***Mali*** de novembre 2019, p. 70 (il a été noté des manquements dans le respect des mesures de vigilance dans l'unique SGI existant au Mali) ; Rapport d'ENR du ***Niger***, p. 75 ; REM du ***Sénégal*** de mai 2008, pp. 76-77.

[1115] Rapport d'ENR du ***Bénin***, p. 39 (y étant affirmé que les instruments d'inclusion financière tels que le transfert électronique de fonds d'une part et les systèmes de transfert de type *hawala* d'autre part sont des moyens de blanchiment transfrontalier de capitaux provenant de la contrebande, de l'escroquerie ou de la fraude) - voir aussi pp. 159-160 ; REM du ***Burkina Faso*** de mai 2019, p. 8 (il y est affirmé qu'un nombre important de transferts de fonds sont traités par des canaux informels, notamment les entreprises de transport et les *hawala* ; le secteur informel compterait environ trente entreprises opérant principalement dans le secteur des transports et fournissant des services de transfert de fonds locaux et internationaux) ; REM de la ***Côte d'Ivoire*** de juin 2023, p. 92 ; REM de la ***Guinée-Bissau*** de février 2022, p. 89 ; REM du ***Mali*** de novembre 2019, p. viii (sur l'utilisation du système de *hawala*, compromettant pour la traçabilité des fonds) et p. 13 (où il est rapporté, conformément aux données résultant du projet d'ENR, l'existence de risques importants tenant à l'utilisation des systèmes de financements décentralisés par les entreprises et les ONG ; ledit risque étant aggravé par un faible niveau de formalisation ainsi qu'une absence de mise en œuvre des obligations de LBC/FT) ; Rapport d'ENR du ***Niger***, p. 9 (il y est noté un développement incontrôlé du change informel et des transferts alternatifs de type *hawala*) ; REM du ***Sénégal*** de mai 2018, p. 22 (le transfert d'argent et la monnaie électronique figurent dans les secteurs à haut risque) et p. 150 (affirmation d'une existence de transfert de fonds de type *hawala*, exercés sans autorisation préalable et échappant à tout contrôle).

[1116] TGI Hors Classe de Dakar, Première Chambre correctionnelle, 3 mars 2022, n°92/2021.

recours à ce mécanisme[1117]. En ***Guinée-Bissau***, le niveau de risque y a été jugé moyen[1118]. Au ***Togo***, il devrait être accordé une attention particulière aux produits de l'assurance-vie au regard de leur expansion[1119], alors même que le niveau de compréhension des risques dans le secteur des assurances a été jugé faible[1120].

285. Vulnérabilités au sein des EPNFD. Les EPNFD sont sans nul doute très exposées au blanchiment, au regard de la faible mise en œuvre des mesures préventives par les assujettis ; ce manquement est doublé d'une absence de contrôle et de supervision de leurs activités[1121]. A cependant été relevée une particulière vulnérabilité des organismes à but non lucratif (OBNL)[1122], du

---

[1117] La vulnérabilité du secteur des assurances serait moyenne au ***Bénin***, contre une capacité moyennement faible des compagnies d'assurances à lutter efficacement contre le blanchiment de capitaux (Rapport d'ENR du Bénin, p. 97) ; le niveau de risque de BC est déclaré moyen au ***Burkina Faso*** (REM du Burkina Faso de mai 2019, p. 17 ; p. 40) ; en ***Côte d'Ivoire***, le secteur des assurances présenterait une faible vulnérabilité au blanchiment de capitaux (Résumé de l'ENR de la Côte d'Ivoire, *op. cit.*, p. 12) ; au ***Mali***, est mis en exergue le faible niveau de développement du secteur des assurances, mais l'on est d'avis que la vigilance y reste de mise puisqu'il a aussi été noté une faible mise en œuvre des mesures de lutte, notamment par les entreprises de petite taille (REM du Mali de novembre 2019, p. x) ; au ***Niger***, les risques y seraient peu élevés, contre une vulnérabilité modérément élevée en raison de la faible application des dispositions de la LU dans ce secteur (Rapport d'ENR du Niger, p. IV) ; au ***Sénégal***, le secteur des assurances serait à faible risque de blanchiment de capitaux (REM du Sénégal de mai 2018, p. 4) ; au ***Togo***, le classement des différents sous-secteurs du secteur financier (selon leur importance ainsi que celle des risques de BC/FT) laisse apparaître une faible pondération pour le secteur des assurances (REM du Togo de juin 2022, pp. 34-36).

[1118] La fréquence d'utilisation des produits d'assurance est considérée comme étant faible et le niveau de risque, moyen (voir REM de la Guinée-Bissau de février 2022, p. 105).

[1119] REM du Togo de juin 2022, p. 25.

[1120] *Ibid.*, p. 101.

[1121] Rapport d'ENR du ***Bénin***, p. 118 ; REM du ***Burkina Faso*** de mai 2019, p. 18 (le risque de BC serait élevé au sein de tous les secteurs composant les EPNFD, excepté pour les avocats, notaires, comptables agréés, et auditeurs, qui présentent un risque moyen) ; Résumé de l'ENR de la ***Côte d'Ivoire*** (*op. cit.*), p. 19 et s. ; REM de la ***Guinée-Bissau*** de février 2022, p. 102 ; REM du ***Mali*** de novembre 2019, p. 14 ; Rapport d'ENR du ***Niger***, p. IV ; REM du ***Sénégal*** de mai 2018, p. 7 et REM du ***Togo*** de juin 2022, pp. 101-102.

[1122] Rapport d'ENR du ***Bénin***, p. 135 (le secteur des OBNL y est jugé secteur « extrêmement vulnérable » au BC) ; REM du ***Burkina Faso*** de mai 2019, p. 28 ; Résumé de l'ENR de la ***Côte d'Ivoire***, p. 19 ; REM de la ***Guinée-Bissau*** de février 2022, pp. 96-97 ; REM du ***Mali*** de novembre 2019, p. 14 ; Rapport d'ENR du ***Niger***, p. 24 (menace de blanchiment de capitaux jugée moyennement élevée) et p. 27 ; REM du ***Sénégal*** de mai 2018, p. 7.

secteur immobilier[1123], des professions du chiffre et du droit[1124], du secteur hôtelier[1125] et celui des jeux de hasard[1126]. Une particulière attention devrait être prêtée aux activités aurifères, constitutives du sous-secteur le plus important de la catégorie des EPNFD au ***Burkina Faso*** et au ***Mali*** [1127]. Il a d'ailleurs été observé une recrudescence des cas de fraude à la commercialisation de l'or et des autres matières précieuses au ***Burkina Faso***, face à une multiplication des sites miniers, peu organisés en pratique[1128]. Au ***Togo***, la contrebande transfrontalière de l'or figure parmi les menaces sous-tendant le risque de

---

[1123] Rapport d'ENR du ***Bénin***, p. 135 et p. 141 (il est fait état d'un secteur immobilier « réputé très corrompu et rempli d'arnaqueurs et d'escrocs ») ; REM du ***Burkina Faso*** de mai 2019, p. 5 ; REM du ***Mali*** de novembre 2019, p. 20 ; REM de la ***Côte d'Ivoire*** de juin 2023, p. 10 ; Rapport d'ENR du ***Niger***, p. 24 (menace de blanchiment de capitaux jugée moyennement élevée) ; REM du ***Sénégal*** de mai 2018, p. 13 (secteur à risque moyennement élevé) ; REM du ***Togo*** de juin 2022, p. 23 (présentant le secteur immobilier comme ayant « le plus haut niveau de risque »). Concernant la ***Guinée-Bissau***, le secteur immobilier n'a pas fait l'objet d'une étude approfondie à l'occasion des ENR, un fait qui a d'ailleurs été reproché à cet État (REM de la Guinée-Bissau de février 2022, p. 11).

[1124] Rapport d'ENR du ***Bénin***, p. 128 (vulnérabilité très élevée au sein des professions du chiffre et du droit) ; REM du ***Burkina Faso*** de mai 2019, p. 17 (étant rapporté que le risque de BC « existe » dans la sphère d'activité des avocats) et p. 18 (risque de BC jugé moyen pour les professions du droit et du chiffre) ; Résumé de l'ENR de la ***Côte d'Ivoire***, p. 20 (vulnérabilité élevée à moyennement élevée au sein de ces professions) ; REM de la ***Guinée-Bissau*** de février 2022, p. 26 (présentant les avocats parmi les catégories les plus exposées) ; Rapport d'ENR du ***Niger***, p. IV ; REM du ***Sénégal*** de mai 2018, p. 13 (secteur à risque moyennement élevé) et REM du ***Togo*** de juin 2022, p. 35 (secteur à risque élevé).

[1125] Rapport d'ENR du ***Bénin***, p. 28 ; REM du ***Burkina Faso*** de mai 2019, p. 5 ; REM du ***Mali*** de novembre 2019, p. 5 ; Rapport d'ENR du ***Niger***, p. 126 (la vulnérabilité de ce secteur peut être déduite des faibles notations obtenues en ce qui concerne le niveau de connaissance du personnel de la LBC/FT, à l'efficacité de la fonction de conformité et l'efficacité et le suivi des DOS) ; REM du ***Sénégal*** de mai 2018, p. 13 (secteur à risque moyennement élevé).

[1126] Rapport d'ENR du ***Bénin***, p. 118 ; REM du ***Burkina Faso*** de mai 2019, p. 62 ; Résumé de l'ENR de la ***Côte d'Ivoire***, p. 21 (vulnérabilité moyenne) ; REM du ***Mali*** de novembre 2019, p. 20 ; Rapport d'ENR du ***Niger***, pp. 125-126 (au regard du tableau de priorisation, les notations sont faibles en ce qui concerne la connaissance de la LBC/FT par le personnel, l'efficacité de la fonction de conformité, l'efficacité et le suivi des DOS ainsi que celle des activités de supervision/de surveillance). Par contre, en ***Guinée-Bissau***, il est affirmé que le peu de casinos existants n'étaient pas opérationnels au moment de la réalisation de l'ENR (REM de la Guinée-Bissau de février 2022, p. 40 ou encore, p. 109), d'où un niveau d'exposition nul.

[1127] REM du ***Mali*** de novembre 2019, p. 7 ; REM du ***Burkina Faso*** de mai 2019, pp. 7-8. Il est aussi affirmé que secteur des métaux précieux et pierres précieuses fait partie des plus vulnérables au Mali (*op. cit.*, p. 3). Sachant qu'au ***Niger*** également, ce secteur a été cité au titre des points de vulnérabilité des EPNFD (Rapport d'ENR du ***Niger***, p. IV) ; il en est de même au ***Bénin***, où il est rapporté l'existence d'insuffisances au sein de l'industrie minière au même titre que les autres EPNFD (Rapport d'ENR du Bénin, p. 118).

[1128] L. P. THIOMBIANO, « Lutte contre la délinquance financière au Burkina Faso », *Cahiers de la justice*, 2022, p. 279.

blanchiment dans ce pays[1129]. Enfin, en ***Côte d'Ivoire***, la vulnérabilité élevée dans ce secteur serait liée « au volume élevé du chiffre d'affaire, à l'usage abondant de l'espèce, ainsi qu'aux cas d'exploitation de leur profession par les criminels financiers surtout dans l'orpaillage clandestin, chez les bijoutiers, les joailliers et les orfèvres »[1130]. En dehors de ces points névralgiques, certains domaines n'en méritent pas moins l'attention des autorités des pays concernés : tel est le cas du secteur automobile au ***Bénin***[1131] ainsi que celui des sociétés commerciales[1132]. Les ***autorités sénégalaises*** devraient également prêter une attention particulière au secteur automobile qui bien que n'ayant pas été expressément identifié par le dernier Rapport d'évaluation mutuelle en date comme étant à haut risque, apparaît comme étant une potentielle voie de prédilection de blanchiment des capitaux. En effet, l'analyse de plusieurs décisions de justice rendues en fait de blanchiment au Sénégal laisse apparaître que l'achat notamment en espèces de véhicules (afin d'éviter toute traçabilité des transactions) a permis le blanchiment d'importantes sommes d'argent[1133], ce qui reflète par ailleurs un irrespect des prescriptions légales concernant le paiement en espèces des transactions au-delà des seuils légaux[1134]. La ***Côte d'Ivoire*** se démarque positivement en prêtant une attention particulière aux institutions financières du secteur public apparaissant comme étant vulnérables au blanchiment de capitaux. Parmi les facteurs explicatifs avancés, figure le profil de clients très variés et parfois à risque, l'ignorance des règles de LBC/FT au

---

[1129] À ce propos, voir *infra*, Annexe 3, Tableau 1. De 2015 à 2018, une contrebande de l'or produit au Burkina Faso et au Ghana (par suite, réexporté vers les Émirats arabes unis et la Suisse) aurait été organisée vers le Togo (REM du Togo de juin 2022, p. 73). Suite aux injonctions du FMI, de la Banque mondiale et de la BCEAO, il aurait été mis fin à cette situation à partir de septembre 2018, mais en définitive, il a été retenu que rien ne prouve la cessation des activités de contrebande d'or au regard de la porosité des frontières et du défaut de contrôle approprié auxdites frontières (*ibid.*).
[1130] Résumé de l'ENR de la Côte d'Ivoire, p. 19.
[1131] Rapport d'ENR du ***Bénin***, p. 38 (les concessionnaires de véhicules ne collaboreraient pas à la LBC/FT, se livrant à des ventes de véhicules de grand luxe « contre des espèces sonnantes sans se soucier de l'origine des fonds de l'acheteur ni faire une déclaration d'opération suspecte à la CENTIF »).
[1132] REM du ***Mali*** de novembre 2019, p. 3 (note 8) ; les sociétés commerciales sont citées parmi les secteurs les plus vulnérables au blanchiment de capitaux.
[1133] Voir à titre d'exemple : TGI Hors Classe de Dakar, 17 février 2022, n°68/2022 ; Cour d'appel de Dakar, 18 juillet 2011, n°706. Dans la première affaire, il est fait état de l'achat de trois véhicules par le prévenu déclaré coupable d'escroquerie, qui a été dans l'impossibilité de justifier de la provenance licite desdits biens. Les magistrats affirment que notamment, « en achetant également la voiture Range Rover en espèce numéraire pour l'équivalent de 20. 000. 000 de francs, en lieu et place d'un effet de commerce permettant une traçabilité des mouvements de fonds », le prévenu a usé de la technique de dissipation pour anticiper sur toute enquête financière ultérieure, organisant ainsi son insolvabilité. Dans la seconde affaire, les faits de blanchiment ont été déduits notamment du réinvestissement de biens de provenance illicite dans l'économie légale à travers l'achat de biens immobiliers ou de véhicule.
[1134] Voir *infra*, par. 389 et s.

profit des règles administratives classiques ou encore, la persistance de l'utilisation des espèces[1135].

II. Aperçu des tendances quant aux canaux/typologies de blanchiment de capitaux au sein de la sous-région.

286. Présentation des typologies de blanchiment de capitaux dans la sous-région ouest-africaine - telles qu'analysées par le GIABA. Selon une approche plus spécifique que celle des évaluations nationales de risques, les études de typologies de blanchiment de capitaux dans les États membres du GIABA permettent de déceler les tendances quant aux canaux de prédilection des blanchisseurs. C'est tout l'objet du tableau présentant les typologies du blanchiment de capitaux dans la sous-région ouest-africaine[1136], qui permettra d'édifier - au regard des études de typologies jusque-là réalisées[1137], donc sans prétention d'exhaustivité - sur les méthodes et circuits de blanchiment les plus usités dans la sous-région.

287. Des données[1138] globalement confirmatives des risques évalués. Si l'on se livre à un classement des canaux et méthodes de blanchiment, l'exploitation des activités commerciales se situe en tête de liste[1139], suivie de l'utilisation des systèmes informels de crédit et/ou de change[1140]. Cela confirme les conclusions précédentes identifiant la prédominance de l'informel au titre des principales vulnérabilités du dispositif ; et ce, au regard notamment de

---

[1135] Résumé de l'ENR de la Côte d'Ivoire, p. 14 et s.

[1136] Annexe 3, Tableau 2.

[1137] Les données présentées dans le tableau proviennent des rapports de typologies de blanchiment de capitaux produits par le GIABA concernant **le secteur immobilier** (GIABA, *Typologies du blanchiment d'argent par le biais du secteur immobilier en Afrique de l'Ouest*, juillet 2009, pp. 27-47) ; **le trafic de stupéfiants** (GIABA, *Rapport de typologies : blanchiment des produits du trafic de stupéfiants en Afrique de l'Ouest*, décembre 2010, pp. 32-44) ; **les transactions en espèces et passeurs de fonds** (GIABA, *Rapport sur les typologies de transactions en espèces et les passeurs de fonds en Afrique de l'Ouest*, novembre 2007, pp. 19-30) ; **le trafic de produits pharmaceutiques contrefaits** (GIABA, *Rapport de typologies - Blanchiment de capitaux résultant du trafic de produits pharmaceutiques contrefaits*, juillet 2017, pp. 19-36) ; **le secteur de l'industrie extractive et minière** (GIABA, *Blanchiment de Capitaux et Financement du Terrorisme liés au secteur de l'Industrie Extractive et Minière en Afrique de l'Ouest*, octobre 2019, pp. 30-65) ; **les prestataires de services de change informel et illégal** (GIABA, *Typologies (2020) de Blanchiment de Capitaux et Financement du Terrorisme à travers les Prestataires de Services de Change informel et illégal en Afrique de l'Ouest*, août 2020, pp. 18-42) et **le secteur des casinos et des jeux de hasard** (GIABA, *Blanchiment de capitaux : Risques et vulnérabilités dans le secteur des casinos et des jeux de hasard en Afrique de l'Ouest*, 2021, pp. 30-33).

[1138] Les développements suivants découlent de l'interprétation des données figurant dans le Tableau présentant les typologies du blanchiment de capitaux dans la sous-région ouest-africaine (Annexe 3, Tableau 2).

[1139] Le blanchiment de capitaux par utilisation du secteur/des transactions commerciales transparaît dans toutes typologies de blanchiment présentées dans le tableau, à l'exception de celles concernant le secteur immobilier.

[1140] Ce canal de blanchiment vaut pour le secteur immobilier, les transactions monétaires ainsi que le trafic de stupéfiants.

l'importance particulière de l'informel du commerce dans les pays de la sous-région et même au-delà. En outre, la corruption apparaît tant comme une infraction sous-jacente qu'un *outil* des blanchisseurs de capitaux, dans la situation où certains agents publics faciliteraient l'injection des biens d'origine illicite dans l'économie légale (ou interviendraient pour faciliter toute autre phase du blanchiment)[1141]. Les données sont également confirmatives sur cet aspect, car rappelons que cette infraction apparaissait à la fois comme une menace et un facteur de vulnérabilité au blanchiment de capitaux[1142]. Vient ensuite le constat d'un recours aux sociétés-écrans, aux passeurs et transactions en espèces[1143] pour blanchir des fonds ; mais encore, que le secteur immobilier constitue un domaine de prédilection du blanchiment des biens provenant du trafic de stupéfiants[1144].

288. Des failles globalement liées à la faible traçabilité des transactions : le défi d'une transcendance des obstacles sociaux et institutionnels. L'étude des vulnérabilités des États membres au blanchiment de capitaux est révélatrice, au final, d'un réel problème de traçabilité des transactions, là-où les standards promeuvent tout l'inverse : la transparence. En réalité, dans les États membres, le système de fonctionnement basé sur la confiance et le relationnel est profondément ancré dans le mode d'interaction des individus. Il sous-tend la prolifération des circuits informels de paiement (tontines[1145], *hawala*[1146] et autres méthodes traditionnelles de transferts de fonds ou de valeurs), favorise la conclusion de transactions orales plutôt qu'écrites et s'éloigne du formalisme caractéristique des obligations de lutte contre le blanchiment de capitaux. Comme il a d'ailleurs été relevé dans une étude

---

[1141] La corruption est envisagée, au regard des données figurant dans le tableau, d'une part comme une infraction sous-jacente (dont les produits sont blanchis par recours aux passeurs ou dans le secteur de l'industrie minière et extractive, par le biais des sociétés-écrans) et d'autre part, comme moyen pour les blanchisseurs de parvenir à leurs fins pour ce qui est des biens provenant du trafic de produits pharmaceutiques contrefaits.

[1142] Dans le tableau présentant les facteurs de risque de blanchiment de capitaux au sein des États membres (voir Annexe 3, Tableau 1), la corruption apparaît au Bénin par exemple, dans la rubrique « Menaces » comme dans celle consacrée aux « Vulnérabilités ».

[1143] Ces canaux de blanchiment de capitaux concernent, au regard des données figurant dans le tableau, le blanchiment des produits du trafic de stupéfiants ainsi que dans le secteur de l'industrie minière et extractive.

[1144] Le tableau (en sa rubrique « Trafic illicite de stupéfiants », p. 921) laisse transparaître que le blanchiment des produits de la drogue se fait notamment par l'intermédiaire du secteur immobilier ; mais aussi, une utilisation des biens immobiliers pour dissimuler activités illégales (rubrique « Secteur immobilier », *ibid.*). Au titre des activités illégales précitées, le GIABA a justement présenté un cas de blanchiment des produits du trafic de stupéfiants (cas 10) dans le rapport de typologies de blanchiment de capitaux par le biais du secteur immobilier. Le délinquant en question avait notamment « pénétré le secteur de la promotion immobilière comme un investisseur anonyme, c'est-à-dire par l'intermédiaire de prête-noms et construit des immeubles à usage de bureau et des galeries marchandes dans un emplacement de choix de la ville » (GIABA, *Typologies du blanchiment d'argent par le biais du secteur immobilier en Afrique de l'Ouest*, *op. cit.*, p. 47).

[1145] À ce propos, voir Annexe 3, Tableau 2.

[1146] Sur les *hawala*, voir Partie préliminaire, par. 178.

consacrée au secteur informel en Afrique de l'Ouest, « les pratiques managériales africaines traditionnelles sont souvent en conflit avec la plupart des règles et normes largement importées de l'Occident et souvent inadaptées »[1147]. Un avis partagé par la doctrine, qui évoque la complexité du phénomène de blanchiment de capitaux en Afrique dans la mesure où « les techniques que l'on y trouve sont assez éloignées de celles surveillées dans les pays développés »[1148]. C'est dire que certains facteurs sociaux, souvent ignorés - tout au moins, de prime abord - des standards internationaux, sont pourtant d'une égale importance pour l'atteinte des objectifs de conformité et d'efficacité.

En tout état de cause, les États membres se sont engagés auprès de la communauté internationale à prendre les mesures idoines pour au moins limiter autant que faire se peut l'occultisme dans les transactions, propice à la persistance des activités criminelles. L'adhésion aux standards internationaux ne laisse d'autre choix que de tendre vers une architecture institutionnelle permettant la formalisation maximale des opérations et ultimement, d'alimenter le Renseignement. En conséquence, il appartient aux États de persister dans la prise d'initiatives conduisant à créer des réflexes de conformité[1149], lesquels doivent être étendus aux entreprises et professions non financières désignées.

Paragraphe 2. Les défis d'une meilleure prise en compte des ENR pour l'atténuation des risques identifiés.

289. ***Une atténuation des risques dans le respect des standards restant à garantir***. Les lenteurs constatées dans la diffusion des résultats des Évaluations nationales de risques aux assujettis interpellent, entre autres aspects, sur le niveau d'engagement des États dans la satisfaction de cette exigence (A). Les obligations au fondement de l'atténuation des risques identifiés devraient aussi

---

1147 N. BENJAMIN, A. A. MBAYE et al., *op. cit.*, p. 9.

1148 J.-L. K. VOVOR, « La compliance en Afrique - Les problématiques de lutte contre le blanchiment des capitaux en Afrique Occidentale », *RICEA*, n°4, étude 132, août 2019, p. 2.

1149 Le GIABA exprimait en 2010 déjà une volonté d'asseoir une culture de conformité et se voulait faciliter l'atteinte de cet objectif, notamment par une mise à disposition des assujettis du Manuel destiné à éclairer sur les modalités de mise en place d'un programme de conformité par les IF et les EPNFD (GIABA, *Manuel du programme de conformité à la lutte contre le blanchiment de capitaux et le financement du terrorisme à l'intention des agents des institutions financières et professions non financières désignées (IF & EPNFD) en Afrique de l'Ouest*, Dakar : Presses de l'Imprimerie Saint-Paul, juillet 2010, p. 20). Les États membres ont également exprimé le vœu d'instaurer une « culture de conformité », d'abord communément et au sein des établissements de crédit et compagnies financières de l'UMOA. Ils sont ainsi appelés à favoriser la diffusion au sein desdits établissements, notamment d'une « culture de conformité » devant traduire d'un point de vue formel, par une attention accrue à l'égard du risque de conformité concernant chaque membre de l'établissement (art. 4 de la Circulaire n°05-2017/CB/C relative à la gestion de la conformité aux normes en vigueur par les établissements de crédit et les compagnies financières de l'UMOA). Certains pays, tels que le ***Mali*** et le ***Sénégal***, ont formellement déclaré leur intention d'adopter les mesures nécessaires en vue d'instaurer cette culture de conformité - à la LBC/FT spécifiquement - dans le secteur financier, pour une meilleure traçabilité des transactions (REM du Mali de novembre 2019, p. 25 ; REM du Sénégal de mai 2018, p. 24).

être repensées et appliquées de manière à promouvoir un meilleur respect des standards du GAFI (B).

A. Des lenteurs dans la diffusion des résultats des ENR aux assujettis : l'exigence minimale de meilleures garanties de mise en œuvre.

290. La diffusion des résultats des évaluations nationales de risques à l'ensemble des assujettis non avérée. L'achèvement du processus d'Évaluations nationales de risques est relativement récent. Toutefois, il y a une certaine lenteur et des anomalies quant à la diffusion des résultats des ENR aux assujettis. Seule la ***Côte d'Ivoire*** - pays le plus récemment évalué parmi les États membres - est radicalement affirmative quant à la diffusion des résultats des ENR[1150], tandis qu'au ***Burkina Faso***, des séries de rencontres auraient eu lieu avec certains acteurs de l'anti-blanchiment, n'étant cependant pas avéré que celles-ci ont concerné tous les assujettis[1151]. Au ***Niger***, il a été rapporté que le Décret n°2020-110/PRN/MF du 27 janvier 2020 portant désignation de l'autorité compétente chargée de la coordination de la réponse nationale aux risques de BC/FT prévoit, en son article 3, que les résultats de l'ENR se doivent d'être partagés avec les autorités compétentes et les organismes d'autorégulation ainsi qu'avec les institutions financières et EPNFD, par le canal des sites web du ministère des Finances et de la CENTIF[1152]. Mais il a été tout aussi bien soulevé que le partage des conclusions de l'ENR n'a pas été accompagné de sessions de sensibilisation afin d'en assurer une meilleure appropriation par les parties prenantes[1153]. Au ***Mali***, l'existence d'un mécanisme permettant le partage des résultats de l'ENR avec les parties prenantes demeure incertaine[1154], tandis qu'au ***Sénégal***, la responsabilité en a été confiée au Comité LBC/FT. Celui-ci aurait entamé le processus de diffusion, mais la dernière évaluation mutuelle en date laisse apparaître qu'en définitive, peu d'informations sur les résultats des ENR ont été fournies aux assujettis et autres autorités compétentes en raison du « démarrage récent du processus de l'ENR »[1155]. Au ***Bénin***, les évaluateurs sont parvenus à la conclusion qu'il n'existe pas de mécanisme spécifique pour une vulgarisation des constatations de l'ENR aux parties prenantes[1156], même s'il était auparavant constaté que la CENTIF a facilité la diffusion des résultats de

---

[1150] REM de la Côte d'Ivoire de juin 2023, p. 186.

[1151] Des mécanismes devant permettre de communiquer sur les résultats de l'ENR aux autorités compétentes, OAR, institutions financières et EPNFD seraient prévus et incluraient « un forum des acteurs et d'autres moyens ». Les séries de rencontres auraient été organisées avec les acteurs des systèmes financiers décentralisés et assurances, des OBNL, de l'immobilier, des hôtels, du transport, des sociétés de transfert rapide d'argent, des bureaux de change et des banques (REM du Burkina Faso de mai 2019, p. 111).

[1152] REM du Niger d'août 2021, p. 163.

[1153] Et cela, même si des copies du rapport d'ENR auraient été distribuées à *certaines* parties prenantes (*id.*, p. 1).

[1154] REM du Mali de novembre 2019, p. 116.

[1155] REM du Sénégal de mai 2018, p. 124.

[1156] REM du Bénin de mai 2021, p. 160.

l'ENR par le biais d'un certain nombre de sessions de partage[1157]. En ***Guinée-Bissau***, aucune diffusion des résultats des Évaluations nationales de risques n'aurait été faite, sachant que le Rapport d'ENR n'était pas encore achevé au moment des évaluations mutuelles de ce pays[1158]. En revanche, en ***Côte d'Ivoire*** (où cependant, le rapport d'ENR en tant que tel n'a pas été publié[1159]), le Projet de stratégie nationale de LBC/FT envisage spécifiquement la vulgarisation et la diffusion des « résultats de l'ENR expurgés des données sensibles auprès des assujettis »[1160]. Enfin, au ***Togo***, le Rapport d'évaluation mutuelle de l'année 2022 affirme qu'il n'existe aucun mécanisme formel de partage des résultats de l'Évaluation nationale des risques avec les parties prenantes, même si la CENTIF a effectué une large diffusion du rapport de l'ENR et de son plan d'action à toutes les parties prenantes par voie électronique[1161].

L'on peut dès lors déplorer le minimalisme - voire parfois l'inexistence ? - des actions de sensibilisation pourtant cruciales pour une participation effective des divers acteurs à la LBC/FT. Le bilan ci-dessus dressé laisse présager d'une très lente progression vers une pleine implication de l'ensemble des parties prenantes. D'ailleurs, à l'appui de ce constat, il est affirmé dans le rapport du GIABA sur les risques de blanchiment de capitaux dans le secteur des casinos et jeux de hasard en Afrique de l'Ouest que la plupart des casinos interrogés n'ont aucun souvenir d'avoir reçu les résultats des évaluations nationales de risques ; pire, certains d'entre eux « ne semblent même pas être au courant »[1162] de l'existence de ce processus… Dans le même sillage, l'on a constaté l'absence de systématisation de la publication/numérisation des ressources pertinentes et en l'occurrence, des Évaluations nationales de risques ainsi que des plans d'actions y afférents. Cela aurait pu permettre une meilleure visibilité sur les actions envisagées, le calendrier ainsi que les modalités d'exécution. La transparence sur les actions projetées aurait tout au moins laissé présumer de l'engagement des pays quant à l'effectivité et la généralisation de la diffusion des résultats des ENR à l'ensemble des acteurs. Au regard de la faible voire l'absence de communication sur cette question dans la plupart des États membres, la portée de ces évaluations demeure incertaine.

1157 *Ibid.*, p. 157.

1158 REM de la Guinée-Bissau de février 2022, p. 159. Il est aussi mentionné qu'il n'a été établi l'existence d'aucun mécanisme devant permettre de garantir la diffusion des résultats des ENR aux parties prenantes (*ibid.*)

1159 Il est ici fait référence à la numérisation du document.

1160 Ministère de l'Économie et des Finances de la République de Côte d'Ivoire, *Avant-projet de stratégie nationale 2020-2030 de lutte contre le blanchiment de capitaux, le financement du terrorisme et de la prolifération des armes de destruction massive*, *op. cit.*, p. 11.

1161 REM du Togo de juin 2022, p. 153.

1162 GIABA, *Blanchiment de capitaux : Risques et vulnérabilités dans le secteur des casinos et des jeux de hasard en Afrique de l'Ouest*, 2021, p. 22.

B. Des incertitudes quant à l'application de l'approche fondée sur les risques dans le respect des standards.

291. ***Des défaillances dans l'appréhension et le respect de l'approche basée sur les risques par les pays.*** De notre point de vue, certains choix réglementaires liés à la modulation du risque de blanchiment par les assujettis ne sont pas des plus opportuns et devraient, à défaut d'être réexaminés, donner lieu à certaines mesures correctrices (I). De meilleures garanties d'adéquation entre les mesures d'atténuation des risques et les résultats des Évaluations nationales de risques devraient également être fournies (II).

I. De l'opportunité d'un réexamen des choix réglementaires.

292. Les assujettis tenus de moduler les obligations de vigilance en fonction du risque, mais non contraints de tenir compte des évaluations nationales de risques à cet effet... Est prévue l'obligation pour les institutions financières ainsi que les entreprises et professions non financières désignées, de prendre des mesures de vigilance renforcées à l'égard de la clientèle lorsque des risques plus élevés sont identifiés. À ce niveau, le législateur a optimisé les possibilités de renforcement des obligations de vigilance en combinant l'approche objective à celle subjective. En effet, les assujettis doivent être sur le qui-vive non seulement, dans les situations devant donner lieu au renforcement des mesures de vigilance en application des Recommandations,[1163] mais encore, toutes les fois que le risque de blanchiment de capitaux présenté par un client, un produit ou une transaction leur paraît élevé[1164]. Cependant, l'on regrette que la loi uniforme n'ait pas imposé aux assujettis de s'assurer que les informations émanant des Évaluations nationales de risques soient intégrées dans leurs évaluations sectorielles. Et cela, compte tenu du fait qu'au regard des données actuelles, il apparaît que les obligations de lutte contre le blanchiment de capitaux sont encore largement méconnues de la plupart d'entre eux[1165]... La promesse qu'il reste alors à tenir à l'égard de ces acteurs est de fournir l'accompagnement nécessaire pour la tenue d'évaluations sectorielles de qualité, afin d'éviter que des erreurs d'appréciation dues à une connaissance encore approximative des problématiques liées au blanchiment de capitaux ne viennent compromettre la stratégie de prévention. Cet accompagnement suppose le respect des engagements liés à la formation ainsi que la sensibilisation des acteurs. Mais additionnellement, un appui financier devrait être envisagé dans le secteur des EPNFD en particulier, au sein duquel le risque de non-conformité est exacerbé

[1163] À ce propos, voir *infra*, par. 362 et s.

[1164] Art. 51 al 1er de la LU ; l'alinéa 2 ajoute que les assujettis doivent effectuer un examen renforcé des opérations d'une particulière complexité, d'un montant inhabituellement élevé ou sans apparente justification économique ou objet licite. Le cas échéant, il y a lieu de se renseigner auprès du client sur l'origine des fonds, la destination des sommes, l'objet de l'opération et l'identité du bénéficiaire.

[1165] Voir *supra*, par. 289 et s.

par les coûts de la *compliance*. Au moins la ***Côte d'Ivoire***, qui prévoit l'adoption d'un texte réglementaire afin d'organiser l'évaluation sectorielle des risques « sous l'égide de l'ENR », semble-t-elle heureusement s'inscrire dans cette dynamique[1166], qui devrait être largement partagée.

293. L'atténuation des mesures de vigilance face au risque faible apprécié par l'assujetti, ou prédéterminé par la loi uniforme. Est également prévue la possibilité pour les assujettis d'appliquer des mesures de vigilance simplifiées si le risque de blanchiment de capitaux est faible et après justification auprès de l'autorité de contrôle dont ils relèvent de l'adéquation de ces mesures aux risques[1167]. En l'absence de tout soupçon de blanchiment de capitaux, les assujettis ne sont pas tenus aux obligations de vigilance constante à l'égard de la relation d'affaires[1168] ou des opérations prévues par la loi uniforme[1169]. Cette décharge vaut en effet à l'égard de certains clients, produits et des paiements en ligne, mais dans des conditions restreintes et précises. Le législateur communautaire insiste d'ailleurs sur le devoir pour les assujettis de recueillir, dans chaque cas, des informations suffisantes pour déterminer si le client ou le produit remplit les conditions requises pour bénéficier des dérogations légales[1170].

D'abord, l'atténuation de l'obligation de vigilance est possible à l'égard des clients et produits présentant un faible risque de blanchiment de capitaux devant être consignés sur liste établie et conservée par l'assujetti. Pour le client ou le bénéficiaire effectif de la relation d'affaires, les mesures d'atténuation ne sont applicables que lorsqu'il s'agit d'une institution financière, d'une société cotée, d'une autorité/organisme public ou d'un bénéficiaire effectif

---

[1166] Ministère de l'Économie et des Finances de la République de Côte d'Ivoire, Comité de Coordination des politiques nationales de lutte contre le blanchiment de capitaux, le financement du terrorisme et de la prolifération des armes de destruction massive, *op. cit.*, p. 11.

[1167] Art. 46 al. 1er de la LU.

[1168] La relation d'affaires est définie par l'art. 1er, point 48 de la loi uniforme comme étant une situation dans laquelle un assujetti visé par l'article 5 de la LU (soit, un assujetti autre que les professionnels du droit et du chiffre) engage une relation professionnelle ou commerciale qui est supposée, au moment où le contact est établi, s'inscrire dans une certaine durée. La relation d'affaires peut être prévue par un contrat selon lequel plusieurs opérations successives seront réalisées entre les cocontractants ou qui crée à ceux-ci des obligations continues. Une relation d'affaires est également nouée lorsqu'en l'absence d'un tel contrat, un client bénéficie de manière régulière de l'intervention d'une personne susmentionnée pour la réalisation de plusieurs opérations ou d'une opération présentant un caractère continu ou s'agissant des prestataires de services aux sociétés et fiducies, pour l'exécution d'une mission légale.

[1169] Art. 46 al. 2.

[1170] Art. 49.

remplissant les conditions posées par la loi uniforme[1171], celles-ci ayant pour point commun de garantir le respect de mesures de vigilance équivalentes et/ou d'une transparence de nature à objectivement neutraliser le risque de blanchiment de capitaux[1172]. D'après la loi uniforme, sont également concernés par l'allègement des obligations de vigilance, les assujettis se livrant à des opérations d'assurance telles que spécifiées par un Règlement de la CIMA… Sauf qu'une telle éventualité n'a pas été finalement envisagée par le Règlement de la CIMA du 2 mars 2021, qui n'a effectivement identifié aucune situation pouvant intrinsèquement être génératrice de risques faibles de blanchiment de capitaux. L'application de mesures de vigilance allégées pour les assujettis de ce secteur reste cependant envisageable si les cartographies de risques venaient à identifier des situations s'y prêtant. Il appartiendra dès lors aux autorités de contrôle de prêter une attention particulière à l'opportunité de la simplification des mesures de vigilance à l'initiative des organismes d'assurance, le cas échéant.

Pour ce qui est ensuite des produits à l'égard desquels la vigilance constante peut être allégée, la loi uniforme cite[1173] :

- la monnaie électronique destinée à être utilisée seulement pour acquérir des biens ou services, sauf lorsqu'une demande de remboursement

---

[1171] L'art. 46 al. 2 prévoit la possibilité d'appliquer des obligations de vigilance allégées notamment, pour le client ou le bénéficiaire effectif de la relation d'affaires, si ce dernier est : **une institution financière**, établie ou ayant son siège dans un pays membre de l'Union (le pays concerné ou un autre État membre) ou dans un État tiers exigeant des obligations de vigilance équivalentes de LBC/FT, la liste de ces pays devant être précisée par le ministre chargé des finances ; **une société cotée** dont les titres sont admis à la négociation sur un marché réglementé dans un membre (le pays concerné ou un autre État membre) ou au sein d'un État tiers imposant des exigences de publicité compatibles avec la législation en vigueur ; **une autorité publique ou un organisme public** (désigné comme tel par application des Traités de l'UMOA et de l'UEMOA, du droit communautaire dérivé, du droit public d'un État membre ou de tout autre engagement international contracté par le pays de l'Union concerné) satisfaisant à trois critères cumulatifs : son identité est accessible au public, transparente et certaine ; ses activités et pratiques comptables sont transparentes et enfin, il est soit responsable devant une institution communautaire ou devant les autorités d'un État membre, soit soumis à des procédures appropriées de contrôle de son activité ; **le bénéficiaire effectif** des sommes déposées sur les comptes détenus pour le compte de tiers par des notaires, huissiers de justice ou membres d'une autre profession juridique indépendante établis au Sénégal ou dans un État membre ou un pays tiers imposant des obligations équivalentes en matière de LBC/FT, pour autant que les informations afférentes à l'identité du bénéficiaire effectif soient mises à la disposition des établissements agissant en qualité de dépositaires pour ces comptes, lorsqu'ils en font la demande.

[1172] Le législateur insiste cependant sur la nécessité que les assujettis recueillent suffisamment d'informations sur leur client, de manière à vérifier qu'il satisfait aux conditions justifiant l'application des mesures de vigilance allégées précitées (art. 46 al. 3).

[1173] Art. 47 de la LU.

porte sur un montant unitaire ou global d'au moins six cent mille francs CFA au cours de la même année civile[1174] ;

- les financements d'actifs physiques dont la propriété n'est pas transférée au client ou ne peut l'être qu'à la cessation de la relation contractuelle et dont le loyer ne dépasse pas cent millions de francs CFA hors taxe par an[1175], à condition que le remboursement soit effectué exclusivement par un compte ouvert au nom du client auprès d'une institution financière établie dans un État membre ; et à la condition précitée, les opérations de crédit la consommation, lorsqu'elles ne dépassent pas deux millions six cent mille francs CFA ;
- les contrats d'assurance, dont les spécificités sont précisées par un règlement de la CIMA[1176] ; le Règlement n°001/CIMA/PCMA/PCE/SG/2021 ne contient, une fois de plus, aucune spécification quant aux contrats d'assurance présentant un faible risque de blanchiment.

Enfin, concernant les paiements en ligne, la vérification de l'identité du client ou du bénéficiaire effectif de la relation d'affaires n'est exceptionnellement pas exigée lorsque les institutions financières effectuent des prestations de services de paiement[1177] en ligne, pour peu qu'il n'existe pas de soupçon de blanchiment de capitaux et que certaines conditions soient remplies[1178]. Il faudrait, en l'occurrence, que les fonds reçus du client émanent d'un compte ouvert à son nom auprès d'une institution financière établie ou ayant son siège dans un État membre (l'État membre concerné ou un autre pays de l'Union) ou dans un État tiers imposant des obligations anti-blanchiment équivalentes[1179]. Il en est de même pour les fonds à destination d'un compte ouvert auprès d'une institution financière remplissant les mêmes conditions[1180]. Il faudrait en outre que l'opération ne dépasse pas le montant unitaire de cent

---

1174 Dans ce cas, les assujettis doivent appliquer les mesures de vigilance prévues aux articles 18 et 19 de la LU, à savoir respectivement, le respect des conditions préalables à l'entrée en relation d'affaires et de l'obligation de vigilance constante sur la relation d'affaires (art. 47-1° de la LU).

1175 Peu importe, selon la loi uniforme, que la transaction soit effectuée en une opération ou en plusieurs opérations apparemment liées (art. 47-2° de la LU).

1176 Art. 47-4° de la LU.

1177 La notion de « services de paiement », que l'on conçoit de manière « très large », a été définie comme étant toute transmission de fonds mis à disposition par un payeur à un prestataire de services de paiement, qui va alors transmettre le montant correspondant à un bénéficiaire (ou à un autre prestataire de services agissant pour le compte du bénéficiaire) *via* un réseau de télécommunication (C. J. BERR, « Circulation de capitaux : paiements internationaux et investissements », *Rép. com.*, octobre 2009, mise à jour : janvier 2022, par. 19). Sont cités, à titre d'exemple, les transferts de fonds effectués par virement, par carte, par des dispositifs informatiques, par prélèvements, voire par téléphone ; tandis que les chèques, espèces monétaires et d'une manière générale, les titres sous forme de papier sont exclus (*ibid.*).

1178 Art. 46 *in fine* de la LU qui pose ce principe général ; art. 48 al. 1er qui précise les conditions d'applicabilité des dérogations.

1179 Art. 48-1°.

1180 Art. 48-2° de la LU.

cinquante mille francs CFA et que le total des opérations exécutées pour le client n'excède pas le montant d'un million six cent mille francs CFA[1181].

294. L'application *subjective* de mesures de vigilance simplifiées dans un contexte de méconnaissance extrême des obligations de LBC/ FT… ? On peut s'interroger sur l'opportunité, au regard du peu de connaissance et de la faible mise en œuvre du dispositif de lutte contre le blanchiment de capitaux et le financement du terrorisme par les assujettis, de laisser à ces derniers la possibilité d'appliquer des mesures de vigilance simplifiées lorsque le risque de blanchiment de capitaux leur paraît faible. Nul n'étant censé ignorer la loi, l'on consent que le respect des obligations de conformité relève de la responsabilité des parties prenantes. Mais dans un contexte où les vulnérabilités incluent l'insuffisance de lignes directrices sectorielles ainsi que des défaillances dans l'application des mesures de surveillance et de contrôle (les autorités de contrôle des EPNFD n'ayant pas été identifiées dans la plupart des États membres), l'argument de l'accessibilité limitée de la loi - d'une particulière complexité - est de taille. L'appropriation par les assujettis de leurs obligations est très difficile dans de telles conditions et est à l'heure actuelle, loin d'être imminente ni un phénomène généralisé.

Partant de ce constat et sachant que les standards permettent aux pays d'écarter l'application de mesures de vigilance simplifiées lorsque cela est jugé pertinent, ç'aurait été faire montre d'une plus grande cohérence au regard des résultats des Évaluations nationales de risques que d'exploiter cette possibilité, en ne permettant dans un premier temps une vigilance allégée *que* dans les cas limitativement prévus par la loi. Le décalage déjà important entre l'entrée en vigueur de la loi uniforme au sein des pays et la diffusion des résultats des Évaluations nationales de risques ne fait qu'amplifier les possibilités d'une application inappropriée de cette disposition, puisqu'il faudrait déjà cerner le niveau d'exposition normale au risque pour être en mesure d'apprécier, subjectivement, les situations requérant une vigilance allégée ou renforcée. Mais à présent, il ne reste qu'à rappeler l'urgence de la formation, la sensibilisation et l'accompagnement des acteurs, plus que jamais déterminants pour une application judicieuse des mesures préventives.

II. L'incertitude quant à l'adéquation entre les mesures d'atténuation des risques appliquées et les ENR.

295. L'ineffectivité de la prise en compte des ENR en vue d'appliquer l'approche par les risques et d'allouer les ressources. La loi uniforme ne dispose pas spécifiquement que les autorités compétentes des États doivent, sur la base de la compréhension des risques auxquels ils sont exposés, appliquer l'approche par les risques pour procéder à la répartition des ressources et la mise en œuvre des mesures de prévention du blanchiment de capitaux. La

[1181] Art. 48-3° et 4.

précision aurait tout de même pu être faite tant dans la Directive communautaire que dans la loi uniforme[1182]. Plusieurs États ont quand même procédé à l'élaboration d'un projet de plan d'action, dont la mise en œuvre n'est en revanche pas encore effective. Tel est le cas au ***Burkina Faso***, où il a été projeté de mettre en place une Autorité nationale chargée de formuler et d'appliquer les politiques et stratégies de lutte contre le blanchiment de capitaux et le financement du terrorisme qui veillerait, dans le cadre de ses fonctions, à l'exécution des obligations liées à l'approche par les risques[1183]. Au ***Bénin***, la tâche a été confiée au Comité technique national de LBC/FT[1184]. Le pays aurait adopté un plan d'action prévisionnel et budgétisé en partant des résultats de l'Évaluation nationale des risques, mais il a été rapporté qu'en dehors de certaines institutions financières, « le Bénin n'applique pas une approche basée sur les risques, en particulier à toutes les EPNFD »[1185]. En ***Côte d'Ivoire***, la stratégie nationale de LBC/FT aurait été élaborée « à la lumière de l'ENR »[1186]. Au ***Mali***, le plan d'action définirait les autorités compétentes pour mener des activités et appliquer des mesures précises et ce, dans un délai déterminé et conformément à un ordre de priorité[1187]. Au ***Niger***, il est apparu qu'en dépit des dispositions de l'article 4 du Décret n°2020-110/PRN/MF du 27 janvier 2020[1188] (celles-ci prévoyant une répartition des ressources allouées et une mise en œuvre des mesures proportionnellement aux risques identifiés dans tous les secteurs), la démarche adoptée par cet État « ne traduit une priorisation basée sur les risques »[1189]. Et cela, étant donné que dans la mise en œuvre des mesures visant la prévention ou l'atténuation du blanchiment de capitaux et du financement du terrorisme, « seules les actions préconisées qui n'ont pas d'incidences financières, ont connu un début d'exécution, même si celles en lien avec le renforcement du cadre juridique sont jugées prioritaires »[1190]. À ce constat, s'est ajouté celui d'une absence de mobilisation par les autorités des ressources prévues par le plan d'action, malgré leur inscription au budget de l'année

---

[1182] La précision aurait pu figurer plus précisément dans l'art. 10 de la Directive (également art. 10 dans la LU). Cet article prévoit l'obligation pour les autorités compétentes des États membres de veiller à ce que les pays identifient, évaluent, comprennent et atténuent les risques de BC/FT auxquels ils sont exposés.

[1183] Cette Autorité sera chargée de veiller à la priorisation des actions, à l'allocation des ressources en application de l'approche basée sur les risques (ABR), à accompagner les assujettis dans leurs évaluations de risques et dans l'application de ladite ABR. Mais le dernier REM en date de ce pays précise que le plan d'action n'a pas encore été approuvé, et les mesures ne sont pas encore mises en œuvre (REM du Burkina Faso de mai 2019, p. 111).

[1184] REM du Bénin de mai 2021, p. 157.

[1185] *Ibid.*

[1186] REM de la Côte d'Ivoire de juin 2023, p. 186.

[1187] REM du Mali de novembre 2019, p. 116.

[1188] Plus précisément, il s'agit du Décret n°2020-110/PRN/MF du 27 janvier 2020 portant désignation de l'autorité compétente chargée de la coordination de la réponse nationale aux risques de blanchiment des capitaux et de financement du terrorisme.

[1189] REM du Niger d'août 2021, p. 163.

[1190] *Ibid.*

2020[1191]… Le ***Sénégal*** est le seul pays ayant communiqué des éléments de budget (d'un montant de 580 000 000 de francs CFA, soit 884 146.34 € à titre de ressource prévisionnelle)[1192], mais ni le plan d'action ni le budget n'auraient été formellement approuvés par les Autorités[1193]. En ***Guinée-Bissau***, aucun plan d'action n'aurait été adopté[1194]. Enfin, au ***Togo***, il a été constaté que le document national de politique et de stratégie comportant des mesures d'atténuation des risques identifiés n'a pas été formellement adopté par les autorités compétentes de manière à lui conférer une force obligatoire[1195]. Mais aussi, que le plan d'action de l'Évaluation nationale des risques ne priorise pas les secteurs identifiés comme étant à haut risque au Togo (immobilier, banques, change manuel)[1196].

296. Les précisions réglementaires requises relativement au contrôle de l'application de l'approche basée sur les risques. Il a été relevé qu'aucune disposition de la loi uniforme ne prévoit que les autorités de contrôle ou organismes d'autorégulation doivent veiller à ce que les institutions financières ainsi que les entreprises et professions non financières désignées mettent en œuvre leur obligation d'appliquer l'approche fondée sur les risques, conformément à la Recommandation 1[1197]. Pour ce qui est des institutions financières, l'effet recherché par la Recommandation est dans une certaine mesure, atteint, puisque les textes communautaires émanant des autorités de contrôle imposent le respect des obligations notamment de prévention. Par exemple, on retrouve dans l'Instruction de la BCEAO portant modalités d'application par les institutions financières de la loi uniforme relative à la lutte contre le blanchiment de capitaux et le financement du terrorisme dans les États membres de l'UMOA, une disposition obligeant les institutions financières assujetties à assurer un contrôle de la bonne application des programmes et procédures internes relatifs à l'anti-blanchiment[1198]. Le silence de la loi uniforme relativement au contrôle par les autorités compétentes de l'application de l'approche par les risques est donc surtout préjudiciable vis-à-vis des entreprises et professions non financières désignées, au sein desquelles un risque élevé de blanchiment de capitaux a pourtant été identifié, d'autant plus qu'elles ne font

---

[1191] *Ibid.*

[1192] Ce budget serait alloué, globalement, à la prévention et l'atténuation du BC/FT (REM du Sénégal de mai 2018, p. 124). L'on constate donc l'absence de précisions quant à la répartition de ces ressources entre les différents secteurs, et selon le niveau de risque.

[1193] La remarque a été également été faite que même si le Sénégal a identifié ses risques, « leur compréhension ainsi que la mise en œuvre de son plan d'action restent encore à faire » (*ibid.*, p. 123).

[1194] REM de la Guinée-Bissau de février 2022, p. 159.

[1195] REM du Togo de juin 2022, p. 153.

[1196] *Ibid.*

[1197] La remarque est faite notamment dans le REM du Mali de novembre 2019 (p. 116).

[1198] Art. 10 de l'Instruction n°007-09-2017 portant modalités d'application par les institutions financières de la loi uniforme relative à la lutte contre le blanchiment de capitaux et le financement du terrorisme dans les États membres de l'UEMOA du 25 septembre 2017.

pas, pour l'heure, l'objet de surveillance ou de contrôle appropriés[1199]. Pour cette raison et pour répondre exactement à l'exigence de la Recommandation 1 se voulant notamment ériger la supervision de l'application adéquate de l'approche par les risques en *obligation* pour les autorités de contrôle[1200], ladite précision devrait être intégrée dans une prochaine loi uniforme[1201]. Les lenteurs dans la désignation des autorités de contrôle des EPNFD ne font que confirmer la pertinence d'une telle mesure puisqu'à l'heure actuelle, seuls le ***Mali*** et le ***Niger*** ont désigné lesdites autorités ; et encore, en posant une telle obligation plus ou moins explicitement[1202]. En effet, on peut reprocher d'une manière générale à ces textes leur excès de concision, alors que les standards internationaux sont suffisamment explicites quant aux attentes vis-à-vis des mesures préventives pour permettre aux législateurs nationaux de faire montre d'autant de précision. En ***Côte d'Ivoire***, seuls ont été désignés des Organismes d'autorégulation en charge du contrôle de la LBC/FT concernant les notaires, les avocats, les experts-comptables, les commissaires de justice et mandataires judiciaires, à l'exclusion des autres professionnels concernés[1203].

[1199] La remarque est faite dans tous les rapports d'évaluation mutuelle des États : REM du ***Bénin*** de mai 2021, p. 10 ; REM du ***Burkina Faso*** de mai 2019 (p. 24) ; REM de la ***Côte d'Ivoire*** de juin 2023 (p. 9) ; REM du ***Mali*** novembre de 2019 (p. ii) : REM du ***Niger*** d'août 2021, p. 5 (y étant indiqué que malgré la désignation des autorités de contrôle des EPNFD, celles-ci n'ont pas encore « effectué de mission dans ce sens ») et REM du ***Sénégal*** de mai 2018 (p. 22).

[1200] Rappelons qu'est concerné à ce titre le critère 1. 9.

[1201] La précision pourrait figurer dans le Chapitre V (intitulé : « Obligations des autorités de régulation et de contrôle, lignes directrices et retour d'information » du Titre III de la loi uniforme (intitulé : « Détection du blanchiment de capitaux et du financement du terrorisme »). En effet, l'art. 86 de la LU, en énumérant les obligations des autorités de contrôle quant à la réglementation, la surveillance et l'orientation des assujettis dans l'application des mesures de lutte, ne mentionne que l'obligation pour lesdites autorités de veiller au respect par les assujettis des mesures énoncées aux Titres II et III de la loi uniforme (lesquels portent respectivement sur la prévention et la détection du BC et du FT). Il suffit donc d'étendre le champ de l'art. 86 en y intégrant l'obligation pour les autorités de contrôle de veiller au respect, par les IF et EPNFD, des dispositions du Chapitre III du Titre Premier (lequel porte sur l'« Évaluation des risques » et dont l'article 11 porte sur l'évaluation des risques par les personnes assujetties).

[1202] Au ***Mali*** : art. 4 du Décret n°2021-0681/PT-RM du 24 septembre 2021 portant désignation et attributions des autorités de supervision et de contrôle des assujettis du secteur non financier en matière de blanchiment de capitaux et de financement du terrorisme et de la prolifération des armes de destruction massive ; cet article dispose que les activités de supervision et de contrôle comprennent notamment, l'identification et l'évaluation des risques liés à l'activité des assujettis. Au ***Niger*** : art. 4 al. 1er du Décret n°2020-113/PRN/MF du 27 janvier 2020 portant désignation des Autorités de Contrôle, de Régulation et d'Autorégulation des Entreprises et Professions Non Financières Désignées (EPNFD) dans le cadre de la Lutte contre le Blanchiment des Capitaux, le Financement du Terrorisme et le Financement de la Prolifération des Armes de Destruction Massive et déterminant leurs pouvoirs. Ledit article impose aux Autorités de contrôle des EPNFD de s'assurer du respect par ces assujettis de leurs obligations notamment préventives (lesquelles incluent la modulation du niveau de vigilance en fonction du risque).

[1203] REM de la Côte d'Ivoire de juin 2023, p. 254.

Sous-section 2. Des lignes directrices sectorielles nécessaires pour une conformité dans l'atténuation des risques par les assujettis.

297. ***Des dispositions légales à clarifier en vue d'une meilleure application sectorielle de l'approche par les risques***. Malgré les précisions apportées par la loi uniforme à propos des obligations d'évaluation et d'atténuation des risques de blanchiment de capitaux par les assujettis (Paragraphe 1), il subsiste des zones d'ombres qui devraient être comblées par les autorités de contrôle. En l'occurrence, il devrait être apporté des précisions sur la teneur des politiques et procédures devant être élaborées par les assujettis en tenant compte du niveau de risque (Paragraphe 2).

Paragraphe 1. Une consécration conforme des obligations d'évaluation et d'atténuation des risques par les assujettis.

298. Les grandes lignes des modalités d'évaluation et d'atténuation des risques par les assujettis précisées. La loi uniforme prévoit toutes les mesures devant permettre aux institutions financières et aux entreprises et professions non financières désignées d'évaluer et d'atténuer les risques de blanchiment de capitaux, conformément aux standards. En effet, les assujettis sont tenus de prendre les mesures nécessaires pour l'identification et l'évaluation des risques auxquels ils sont exposés, en tenant compte des facteurs de risques tels que les clients, les pays ou les zones géographiques, les produits, les services, les transactions ou les canaux de distribution[1204]. Ces mesures doivent être prises compte tenu de la nature des personnes assujetties ainsi que du volume de leurs activités, en application du principe de proportionnalité[1205]. Les évaluations doivent être documentées, tenues à jour et mises à la disposition des autorités compétentes et organismes d'autorégulation[1206].

Aux fins d'atténuer et de gérer efficacement les risques de blanchiment de capitaux identifiés au sein de l'UEMOA, des États membres et à leur propre niveau, les assujettis doivent disposer de politiques, procédures et contrôles appropriés[1207]. Ceux-ci doivent être proportionnés à la nature, à la taille ainsi qu'au volume des activités des personnes assujetties[1208]. La loi uniforme précise l'objet de ces politiques, procédures et contrôles. Ils concernent, d'une part, les obligations de vigilance à l'égard de la clientèle, de déclaration, de conservation des pièces et documents, de contrôle interne, de gestion du respect

---

1204 Art. 11 al. 1er de la LU.

1205 *Ibid.*

1206 Art. 11 al. 2.

1207 Art. 11 al. 3.

1208 *Ibid.*

des obligations[1209] et de vérifications sur le personnel[1210]. Et d'autre part, l'opportunité d'une fonction d'audit indépendante chargée de tester les politiques, procédures et contrôles au regard de la taille et la nature des activités[1211]. Enfin, la loi uniforme requiert l'autorisation d'un niveau élevé de la hiérarchie pour l'application par les assujettis des politiques, procédures et contrôles mis en place[1212]. Ceux-ci doivent faire l'objet du suivi et du renforcement requis toutes les fois que le besoin s'en fait ressentir ; ils doivent en outre être communiqués aux autorités de contrôle[1213].

Paragraphe 2. Des précisions néanmoins attendues sur la teneur des politiques et procédures adaptées au niveau de risque.

299. L'urgence d'une désignation des autorités de contrôle des EPNFD *dans tous les États membres*, à l'exemple du Niger et du Mali[1214]. Il est louable que la loi uniforme ait imposé l'application de l'approche basée sur les risques par les assujettis conformément aux exigences du GAFI. Mais les politiques et procédures sur lesquelles doit reposer celle-ci devraient être précisées par les autorités de contrôle selon une approche sectorielle. Les modalités de prise en compte des évaluations nationales de risques, études de typologies et autres données pertinentes pour l'élaboration des cartographies de risques et l'application de l'approche par les risques devraient figurer dans les lignes directrices requises, surtout à l'intention des entreprises et professions non financières désignées (moins accoutumées à la *compliance*). Or, excepté au ***Niger*** et au ***Mali***, la désignation des autorités de contrôle au sein du secteur des EPNFD n'a toujours pas été faite.

Ce manquement a d'ailleurs valu à plusieurs États membres une notation « Non conforme » à la Recommandation 28[1215]. En effet, même s'il existe des textes réglementaires définissant les conditions d'accès aux différentes professions ainsi que des sanctions administratives au non-respect des obligations professionnelles, ces derniers ne prennent pas en compte la législation anti-blanchiment. Dès lors, au-delà d'un manque criant de lignes directrices à l'endroit

---

[1209] La loi uniforme inclut à ce titre les vérifications aux fins de savoir si la taille et la nature de l'activité justifient du point de vue de l'encadrement, la nomination d'un responsable du contrôle du respect des obligations (art. 11 al. 4).

[1210] *Ibid.*

[1211] *Ibid.*

[1212] Art. 11 *in fine*.

[1213] *Ibid.*

[1214] Le Niger est ainsi le premier des États membres de l'UEMOA à avoir procédé à la désignation des autorités de contrôle des EPNFD.

[1215] REM du ***Bénin*** de mai 2021, p. 217 ; REM du ***Burkina Faso*** de mai 2019, p. 160 ; REM de la ***Côte d'Ivoire*** de juin 2023, p. 256 ; REM du ***Mali*** de novembre 2019, p. 167 (car la désignation desdites Autorités dans ce pays s'est faite tout récemment, postérieurement à l'évaluation du Mali) ; REM du ***Sénégal*** de mai 2018, p. 172. En revanche, le ***Niger*** et le ***Togo*** ont été notés « Partiellement conforme » à la Recommandation 28 (REM du Niger d'août 2021, p. 234 et REM du Togo de juin 2022, p. 206).

des EPNFD pour une application notamment de l'approche par les risques, c'est d'une manière générale la conformité concernant les mesures de contrôle requises au titre de la Recommandation 28 qui se trouve être compromise. Par conséquent, les États membres devraient rapidement concrétiser le projet de désignation des autorités compétentes, qui serait en cours dans certains pays[1216].

Concernant le ***Niger*** qui s'est mis en conformité sur cet aspect, c'est l'article 2 du Décret n°2020-PRN/MF du 27 janvier 2020[1217] qui détermine les Autorités de contrôle des EPNFD. Ont été désignés comme Autorités de contrôle et de Régulation principalement, les ministères de tutelle selon les secteurs d'activités concernés, à l'instar des informations figurant dans le tableau récapitulatif figurant en annexe[1218]. Par ailleurs, l'autorégulation est de mise pour les professionnels du droit et du chiffre, l'article 3 du Décret précité désignant comme OAR :

- l'Ordre National des Experts-Comptables et des Comptables agréés du Niger dit « ONECCA » (pour les experts-comptables et Comptables agréés) ;
- l'Ordre National des Avocats du Niger, soit le Barreau (pour les avocats) ;
- la Chambre Nationale des notaires (pour les notaires) ;
- la Chambre Nationale des Huissiers de Justice du Niger (pour les huissiers de justice, Commissaires-priseurs judiciaires, Opérateurs de ventes volontaires de meubles aux enchères publiques) ;
- la Commission Nationale de Contrôle des Mandataires judiciaires dite « CNCMJ » (pour les mandataires judiciaires).

Toutefois, des précisions demeurent attendues sur la répartition des compétences entre les différentes autorités concernées par l'exercice conjoint de contrôle et de supervision des assujettis. Plus spécifiquement, le rôle de chacun de ces acteurs ainsi que les modalités d'exercice des contrôles devraient faire l'objet de plus amples précisions, puisque le Décret n°2020-113 se contente d'affirmer que les autorités de contrôle, de régulation et d'autorégulation doivent s'assurer du respect par les EPNFD de leur ressort, de leurs obligations en matière de prévention et de détection du blanchiment de capitaux et du financement du

---

[1216] Au ***Burkina Faso*** et au ***Sénégal***, les CENTIF ont porté à la connaissance des évaluateurs (dans le cadre du second cycle d'évaluations mutuelles) l'existence d'un projet d'élaboration d'un texte réglementaire désignant les autorités chargées de la réglementation et du contrôle des EPNFD (REM du Burkina Faso de mai 2019, p. 159 ; REM du Sénégal de mai 2018, p. 89).

[1217] Plus précisément, il s'agit du Décret n°2020-113/PRN/MF du 27 janvier 2020 portant désignation des Autorités de contrôle, de Régulation et d'Autorégulation des Entreprises et Professions Non Financières Désignées (EPNFD) dans le cadre de la Lutte contre le Blanchiment des Capitaux, le Financement du Terrorisme et le Financement de la Prolifération des Armes de Destruction Massive et déterminant leurs pouvoirs.

[1218] Ce tableau présente et synthétise la liste des Autorités de contrôle et de Régulation des EPNFD assujetties à la LBC/FT au Niger, telle que fournie par l'art. 2 du Décret n°2020-PRN/MF du 27 janvier 2020. Voir à ce propos : Annexe 3, Tableau 3 intitulé « Présentation des autorités de contrôle et de régulation des EPNFD au Niger ».

terrorisme et en particulier, celles liées à la déclaration des opérations suspectes[1219]. En outre, l'allocation de ressources (humaines, techniques) de qualité et suffisantes, le partage de bonnes pratiques en matière de contrôle et de supervision de la LBC/FT par lesdites autorités ainsi que la coordination de leurs activités, l'élaboration de lignes directrices à l'intention de tous les acteurs (sectorielles et/ou conjointement avec les Comités de coordination de la LBC/FT, le GIABA et les autres acteurs pertinents notamment du secteur privé), sont autant d'initiatives devant suivre ce qui ne constitue pour l'instant que le premier pas vers une prise en main adéquate de l'implication des EPNFD dans la LBC/FT au Niger. Enfin, le Décret n°2020-113 confère aux Autorités de contrôle, de régulation et d'autorégulation, en fait de blanchiment, les mêmes pouvoirs de contrôle et de sanctions administratives ou disciplinaires qui leur sont reconnus par les textes sectoriels des EPNFD en cas de violation de leurs obligations générales[1220]. Sont cités à titre et de manière non exhaustive : l'inspection sur place et sur pièces, la réprimande, l'avertissement, le blâme avec inscription au dossier, la suspension ne pouvant excéder trois ans ou un an selon les cas, l'interdiction temporaire de l'exercice des fonctions, l'omission du tableau d'inscription, la radiation des listes ou des tableaux d'inscription selon les cas, la suspension ou le retrait des agréments, la suspension ou le retrait des licences, la fermeture provisoire de l'établissement, les amendes[1221].

[1219] Art. 4 du Décret n°2020-113/PRN/MF du 27 janvier 2020 portant désignation des Autorités de contrôle, de Régulation et d'Autorégulation des Entreprises et Professions Non Financières Désignées (EPNFD) dans le cadre de la Lutte contre le Blanchiment des Capitaux, le Financement du Terrorisme et le Financement de la Prolifération des Armes de Destruction Massive et déterminant leurs pouvoirs. Plus exhaustivement, cet article confie aux Autorités de contrôle des EPNFD la responsabilité de s'assurer du respect de leurs obligations en matière de prévention et de détection du blanchiment de capitaux et du financement du terrorisme, prévues aux Titres II et II de la loi uniforme. Mais encore, de s'assurer du respect de l'obligation de déclarer sans délai à la CENTIF, dans les conditions prévues par la loi uniforme et selon le modèle de déclaration fixé par arrêté du ministre chargé des finances, les sommes inscrites sur leurs livres ou les opérations portant sur des sommes dont elles soupçonnent ou ont de bonnes raisons de soupçonner qu'elles proviennent d'une infraction de blanchiment de capitaux, de financement du terrorisme ou d'une tentative de blanchiment de capitaux, de financement du terrorisme et de financement de la prolifération des armes de destruction massive. Enfin, elles s'assurent du respect de leurs obligations déclaratives concernant les tentatives d'inscription des sommes dans leurs livres ou de réalisation d'opérations portant sur des sommes dont elles soupçonnent ou ont de bonnes raisons de soupçonner qu'elles proviennent d'une infraction de blanchiment de capitaux, de financement du terrorisme et de financement de la prolifération des armes de destruction massive.

[1220] Art. 5 du Décret n°2020-113/PRN/MF du 27 janvier 2020 portant désignation des Autorités de contrôle, de Régulation et d'Autorégulation des Entreprises et Professions Non Financières Désignées (EPNFD) dans le cadre de la Lutte contre le Blanchiment des Capitaux, le Financement du Terrorisme et le Financement de la Prolifération des Armes de Destruction Massive et déterminant leurs pouvoirs.

[1221] *Ibid.*

Pour ce qui est du ***Mali***, le Décret n°2021-0681/PT-RM du 24 septembre 2021[1222] désignant les autorités de contrôle des EPNFD, à l'instar de la démarche nigérienne, confie aux différents ministères de tutelle la responsabilité de la supervision des assujettis[1223]. Plus précisément, ces autorités de supervision et de contrôle « sont pour la plupart des directions administratives relevant de la tutelle de différents ministères »[1224]. Par contre, selon une démarche malheureusement peu inclusive, il semblerait que l'autorégulation soit exclue, puisqu'aucun organisme n'est désigné à cet effet. Pourtant, ne serait-ce que leur légitimité dans l'exercice du contrôle des activités des assujettis concernés ainsi que les avantages de la régulation par les pairs suffisent à justifier l'implication à part entière de ces parties prenantes. Tout au moins reste-t-il à espérer moins de rigidité de la part des autres États membres de l'Union ; en d'autres termes, que l'option malienne reste marginale sur cet aspect. Du reste, ont été précisées les attributions des autorités de contrôle des EPNFD, lesquelles se font plus explicites que dans le texte nigérien, mais demeurent non exhaustives[1225]. Le Décret consacre aussi, fort opportunément, une obligation d'harmonisation et de mise à jour au besoin, des procédures et processus en vue de concourir à l'efficacité du dispositif malien de prévention et de répression du blanchiment de capitaux, du financement du terrorisme et de la prolifération[1226]. Enfin est promue la coopération entre les autorités de contrôle et la CENTIF, celle-ci pouvant effectivement informer lesdites autorités de tous manquements, faiblesses ou négligences qu'elle aurait constatés à l'occasion du traitement d'une procédure concernant un assujetti du secteur des EPNFD[1227]. Et inversement, sont portés à la connaissance de la CENTIF et du Procureur de la République compétent les faits constatés lors des contrôles, susceptibles de sanctions disciplinaires et/ou pénales[1228]. Dans le même ordre d'idées, les rapports consécutifs aux missions de

---

[1222] Il s'agit plus précisément, du Décret n°2021-0681/PT-RM du 24 septembre 2021 portant désignation et attributions des autorités de supervision et de contrôle des assujettis du secteur non financier en matière de blanchiment de capitaux et de financement du terrorisme et de la prolifération des armes de destruction massive.

[1223] Art. 3 du Décret n°2021-0681/PT-RM du 24 septembre 2021 portant désignation et attributions des autorités de supervision et de contrôle des assujettis du secteur non financier en matière de blanchiment de capitaux et de financement du terrorisme et de la prolifération des armes de destruction massive.

[1224] Y. R. KALIEU ELONGO, « Mali : le blanchiment des capitaux dans le secteur non financier - précisions sur les autorités de supervision et de contrôle », *LEDAF*, n°03, mars 2022, p. 6.

[1225] L'art. 4 dispose que les activités de supervision et de contrôle comprennent *notamment* : l'élaboration et la mise en place de procédures de supervision et de contrôle ; l'élaboration d'instructions, de lignes directrices ou de recommandations à l'intention des assujettis des EPNFD ; les contrôles sur pièces effectués par le biais de la réception et l'analyse des états périodiques de suivi des activités des assujettis du secteur des EPNFD ; les contrôles sur place ; l'application de sanctions le cas échéant ; la tenue de statistiques sur les activités de contrôle et de supervision ; l'identification des risques liés à l'activité des assujettis ; la veille juridique.

[1226] Art. 5. L'obligation est à la charge des autorités de contrôle et de supervision des assujettis du secteur non financier.

[1227] Art. 8.

[1228] Art. 7.

contrôle sont adressés à la fois aux ministères de tutelle des autorités de contrôle et à la CENTIF[1229].

300. D'une désignation des autorités de contrôle des institutions financières : précisions (préalables) quant à leurs pouvoirs. Les autorités de contrôle des institutions financières ont été désignées selon des modalités similaires, du fait de la réglementation uniforme applicable quant à l'organisation générale de la distribution et du contrôle du crédit au sein des États membres de l'UEMOA ; mais aussi, de leur appartenance commune à la CIMA. Ainsi :

- d'après la loi n°2008-26 portant réglementation bancaire (dite « Loi bancaire »), **les banques et établissements financiers à caractère bancaire** sont sous le contrôle de la BCEAO, de la Commission bancaire et du ministère des Finances (lesdites autorités s'assurent dans ce cadre de la délivrance d'agrément, du contrôle et de la supervision) ;
- **les services financiers de la Poste et les Caisses de dépôts et consignations** sont soumis au contrôle de la Cour des comptes ;
- **les sociétés d'assurance et de réassurance ainsi que les courtiers d'assurance et de réassurance** sont sous le double contrôle du ministère des Finances (comportant une Direction des assurances) et de la Commission régionale de contrôle des assurances (CRCA) ;
- **les Services financiers décentralisés** sont placés sous la supervision du ministre en charge des finances, de la BCEAO et de la Commission bancaire de l'UMOA ;
- **les acteurs du Marché financier régional** sont pour leur part, soumis au contrôle de l'Autorité des Marchés Financiers de l'UMOA (AMF-UMOA) auparavant dénommé « Conseil Régional de l'Épargne publique et des Marchés Financiers » (CREPMF)[1230]. Quant aux **agréés de change manuel**, ils sont placés sous le contrôle du ministère des Finances et de la BCEAO ; toutes ces autorités procèdent à des contrôles sur place et sur pièces[1231].

[1229] Art. 9.

[1230] L'AMF-UMOA aurait officiellement adopté cette nouvelle dénomination le 1er octobre 2022, la décision ayant cependant été prise depuis juillet 2019 ; voir : SIKA Finance, « UMOA : le CREPMF adopte la dénomination AMF » [en ligne], mis en ligne le 07 octobre 2022. Disponible sur : https://www.sikafinance.com/marches/umoa-le-crepmf-adopte-la-denomination-amf_37024#:~:text=Le%20CREPMF%2C%20le%20gendarme%20du,March%C3%A9s%20Financiers%20de%20l'UMOA.

[1231] Voir à ce propos : REM du ***Bénin*** de mai 2021, pp. 208-209 ; REM du ***Burkina Faso*** de mai 2019, p. 155 ; REM de la ***Côte d'Ivoire*** de juin 2023, p. 155 et s. ; REM du ***Mali*** de novembre 2019, pp. 162-163 ou encore, REM du ***Sénégal*** de mai 2018, p. 167.

Le bilan-conformité est plutôt satisfaisant du point de vue de la réglementation des institutions financières[1232] ; mais encore, du point de vue de la détermination de leurs pouvoirs. En effet, globalement, les États membres ont

---

[1232] La conformité des États membres en ce qui concerne la réglementation de l'entrée des institutions financières sur le marché (critères 26.2 et 26.3) a été jugée globalement satisfaisante, même si le système demeure perfectible. En effet, plusieurs textes - la liste n'étant cependant, pas exhaustive, car étant trop nombreux pour être tous étudiés dans le cadre de cette analyse limitée - peuvent être convoqués quant à la réglementation de l'accès au marché desdites entités. Ainsi, qu'il s'agisse de la loi bancaire (loi n°2008-26 portant réglementation bancaire) ou de la loi portant réglementation des systèmes financiers décentralisés, sont fixées les conditions d'agrément et de retrait d'agrément pour les assujettis et parmi lesquelles celle de remplir des critères d'honorabilité (art. 13 et s. de la loi bancaire ; art. 7, 8 et s. de la loi sur les systèmes financiers décentralisés). Ces lois précisent les conditions que doivent remplir notamment les dirigeants et posent, à ce titre, des interdictions d'accès à la profession aux personnes ayant commis certaines infractions (art. 25 et s. de la loi bancaire ; art. 29 et s. de la loi sur les systèmes financiers décentralisés). Plus spécifiquement, la Circulaire n°02-2017/cb/c relative aux conditions d'exercice des fonctions d'administrateurs et de dirigeants au sein des établissements de crédit et des compagnies financières de l'UMOA, en son article 14, confère à la Commission bancaire la prérogative de se prononcer à la fois sur des critères d'aptitude (compétences, diplômes, expérience professionnelle des personnes pressenties au poste de dirigeant) et de moralité, y compris l'exigence d'une absence de condamnation entraînant l'interdiction d'exercer). Des règles similaires sont prévues pour les administrateurs. Concernant les acteurs de la monnaie électronique, il faut se référer à l'Instruction n°008-05-2015 du 21 mai 2015 relative aux conditions d'émission de monnaie électronique, dont les articles 8 et s. concernent les conditions d'agrément pour les structures et établissements autres que les banques et établissements financiers de paiement habilités par la loi portant réglementation bancaire. L'art. 21 exige une « honorabilité irréprochable » aux dirigeants de l'établissement de monnaie électronique, qui ne doivent, à ce titre, avoir fait l'objet d'une condamnation définitive par suite d'infractions portant atteinte aux biens pour crime de droit commun. L'on peut également citer, l'Instruction n°06/07/2011/RFE du 13 juillet 2011 relative aux conditions d'exercice de l'activité d'agréé de change manuel, qui spécifie aussi des conditions de délivrance et de retrait des demandes d'agrément (art. 2). Cependant, ce texte ne prévoit pas expressément de « filtre » lié à l'honorabilité des candidats (tout au plus, l'art. 2 de ladite instruction prévoit-il, au titre de la liste des pièces à fournir dans le cadre de la demande d'agrément, un extrait de casier judiciaire des dirigeants sociaux datant de moins de trois mois). D'ailleurs, dans le REM du Mali de novembre 2019, il est fait la remarque que « les exigences prévues dans les banques et établissements financiers ainsi que les compagnies d'assurances ne sont pas ou insuffisamment prévues dans les autres institutions financières (parties prenantes des marchés financiers, bureaux de change) » ; ce à quoi il faudrait remédier (p. 163). Pour ce qui est des acteurs du marché financier régional, le Règlement général relatif à l'organisation, au fonctionnement et au contrôle du marché financier régional de l'UMOA comporte des dispositions relatives à l'agrément des structures de marché (art. 12 et s.). Il est précisé dans ce cadre que pour l'examen de leur demande d'agrément, les Sociétés de gestion et d'intermédiation (SGI) postulantes doivent présenter des garanties suffisantes, notamment relativement à l'honorabilité et l'expérience de leurs dirigeants, ainsi que les dispositions propres à assurer la sécurité des opérations de la clientèle (art. 27 dudit Règlement général). Il en est de même pour les dirigeants des organismes de placement collectif en valeurs mobilières (art. 78). Par ailleurs, l'art. 32 prévoit des interdictions d'exercer les fonctions de dirigeants sociaux, actionnaires, ou administrateur d'une Société de gestion et d'intermédiation à l'encontre des personnes au passé pénal douteux. Enfin, dans le secteur des assurances, les art. 328-3 et s. de l'Annexe au Traité instituant la Conférence interafricaine des Marchés d'Assurance (CIMA) du 10 juillet 1992, sont consacrés aux « conditions des agréments ». En particulier, l'art. 329, qui porte spécifiquement sur l'agrément des dirigeants (ceux d'entreprises d'assurance et de réassurance de toute nature et de capitalisation), pose des interdictions d'exercer.

été notés « Conforme »[1233] et « Largement conforme »[1234] à la Recommandation 27, à l'exception de la ***Côte d'Ivoire***[1235]. Ce constat s'est fait sur la base du contenu des textes spécifiques de réglementation sectorielle,[1236] mais aussi, sur le fondement de certaines dispositions de la loi uniforme. En effet, partant des dispositions de l'article 86, on peut affirmer que les autorités de contrôle des institutions financières ont le pouvoir notamment de contrôler et surveiller le respect des obligations de lutte par ces assujettis, de procéder à des inspections des institutions financières. De plus, l'article 96 qui ordonne la levée du secret professionnel permet aux autorités compétentes d'exiger la production de toute information pertinente pour exercer leur contrôle du respect des obligations de LBC/FT. L'article 112, alinéa 1er de la loi uniforme confère quant à lui aux autorités de contrôle le pouvoir de prononcer des sanctions conformément aux « conditions prévues par les textes législatifs et réglementaires spécifiques en vigueur ».

Justement, il convient d'identifier les pouvoirs de sanction des autorités de contrôle, puisqu'ils ont vocation à être exercés notamment en fait de blanchiment. Car bien évidemment, les textes sectoriels régissant les institutions financières précisent les sanctions applicables en cas de violation de la réglementation (et donc, y compris la violation des obligations de LBC/FT). En premier lieu, la loi-cadre portant réglementation bancaire (dite « loi bancaire ») telle que transposée par le Sénégal, en son article 66, consacre la possibilité de prononcer des sanctions disciplinaires tout en renvoyant à l'Annexe à la Convention régissant la Commission bancaire (modifiée par la Décision n°010 du 29/09/2017/CM/UMOA). Celle-ci prévoit une large gamme de mesures applicables en cas de non-respect de la réglementation par les assujettis, lesquelles sont graduelles. Sont d'abord prévues des **mesures administratives**. À ce titre, lorsque la Commission bancaire constate qu'un établissement assujetti a manqué aux règles de bonne conduite de la profession, compromis son équilibre financier, pratiqué une gestion anormale ou ne remplit plus les conditions requises pour l'agrément ou l'autorisation d'exercice le cas échéant, elle peut, après en avoir informé le ministre chargé des Finances de l'État concerné, adresser à l'établissement assujetti soit une mise en garde, soit une injonction, en vue de prendre ou de mettre en œuvre, dans un délai déterminé, les mesures correctrices nécessaires ou toutes mesures conservatoires appropriées[1237]. Elle peut aussi, au titre des **mesures conservatoires**, exiger la cessation de toute activité qui est de nature à compromettre la solidité financière

[1233] REM du ***Bénin*** de mai 2021, p. 215 ; REM du ***Burkina Faso*** de mai 2019, pp. 157-158 ; REM de la ***Guinée-Bissau*** de février 2022, p. 209 ; REM du ***Sénégal*** de mai 2018, pp. 169-170 et REM du ***Togo*** de juin 2022, p. 204.

[1234] REM du ***Mali*** de novembre 2019, pp. 164-165.

[1235] Celle-ci a été notée « Partiellement conforme » (REM de juin 2023, p. 253).

[1236] Voir note 1232.

[1237] Art. 29 de l'Annexe à la Convention régissant la Commission bancaire de l'UMOA telle que modifiée par la Décision n°010 du 29/09/2017/CM/UEMOA.

d'un établissement assujetti ; mais aussi, suspendre tout ou partie des droits des actionnaires[1238].

D'« autres mesures » consistent à s'opposer à la nomination d'une personne au sein des organes délibérant et exécutif de l'établissement assujetti ; demander à un auditeur externe de procéder, à la charge de l'établissement assujetti, à tout contrôle spécial jugé nécessaire dans l'intérêt des déposants, des créanciers ainsi que des actionnaires et de lui produire un rapport ; mettre tout établissement assujetti sous surveillance rapprochée, en vue du suivi étroit de la mise en œuvre des termes d'une injonction ou de ses recommandations ; prendre toutes autres mesures administratives nécessaires lorsque la sécurité et la solidité d'un établissement assujetti ou du système bancaire sont en jeu[1239]. Enfin, des **sanctions disciplinaires et pécuniaires** sont prévues par l'article 31 de l'Annexe à la Convention régissant la Commission bancaire. D'abord, la Commission bancaire qui constate une infraction à la réglementation bancaire et à toutes autres législations applicables aux établissements de crédit, aux compagnies financières, aux systèmes financiers décentralisés, aux établissements de monnaie électronique ou à toute autre entité soumise à son contrôle sur le territoire d'un État membre, en informe le ministre chargé des Finances de cet État et, sans préjudice des sanctions pénales ou autres encourues, prononce une ou plusieurs des sanctions disciplinaires suivantes : l'avertissement ; le blâme ; la suspension ou l'interdiction de tout ou partie des opérations ; toutes autres limitations dans l'exercice de la profession, la suspension ou la démission d'office des dirigeants responsables ; l'interdiction pour les personnes responsables de diriger, d'administrer ou de gérer un établissement soumis à son contrôle ou une de ses agences[1240] ; le retrait d'agrément ou d'autorisation d'installation. Quant aux **sanctions pécuniaires**, elles sont précisées par l'article 31.2 de l'Annexe à la Convention régissant la Commission bancaire, disposant que cette dernière peut prononcer, en plus des sanctions disciplinaires visées au premier alinéa, une sanction pécuniaire dont le montant est fixé par Instruction de la Banque Centrale[1241]. Les sanctions disciplinaires prononcées par la Commission bancaire de l'UMOA peuvent être rendues publiques dans des journaux ou supports qu'elle désigne[1242]. Enfin, la Commission bancaire peut décider **la mise en liquidation** d'un établissement assujetti ou d'une entreprise exerçant de manière illégale l'activité d'établissement assujetti. Elle notifie sa décision au ministre chargé des Finances de l'État concerné qui nomme un liquidateur auprès de l'établissement ou de l'entreprise concernée. La mise en

---

[1238] Art. 29.2.

[1239] Art. 29.3.

[1240] En fonction de la gravité de l'infraction commise, cette interdiction peut être permanente ou limitée dans le temps. Cette interdiction peut être prononcée même après la cessation des fonctions des personnes précitées.

[1241] Voir aussi, art. 77 de la loi bancaire (telle que transposée par le Sénégal).

[1242] Art. 33.

liquidation d'un établissement assujetti est subordonnée le cas échéant au retrait préalable de son agrément[1243].

En second lieu, on retrouve dans les autres textes ayant vocation à prévoir une réglementation spécifique des sanctions similaires. Pour les **systèmes financiers décentralisés**, L'Instruction n°007-06-2010 relative aux modalités de contrôle et de sanction des systèmes financiers décentralisés par la Banque Centrale des États de l'Afrique de l'Ouest et la Commission bancaire de l'Union Monétaire Ouest africaine (UMOA) reconduit en son article 3 la possibilité de prononcer des sanctions disciplinaires ainsi que des sanctions pécuniaires. Pour les **établissements de monnaie électronique**, on retrouve, partant de l'Instruction n°008-05-2015 régissant les conditions et modalités d'exercice des activités des émetteurs de monnaie électronique dans les États membres de l'UMOA, les sanctions que sont le retrait d'agrément[1244], des mesures administratives[1245] ainsi que des sanctions disciplinaires et pécuniaires[1246].

Concernant les **agréés de change manuel**, l'Instruction n°06/07/ 2011/RFE du 13 juillet 2011 relative aux conditions d'exercice de l'activité d'agréé de change manuel prévoit une possibilité de retrait d'agrément[1247], notamment en cas d'infraction aux dispositions du Règlement n°09/2010/CM/ UEMOA du 1er octobre 2010 relatif aux relations financières extérieures des États membres de l'Union Économique et monétaire ouest-africaine (UEMOA). Ces dispositions sont complétées par la Décision n°CM/UMOA/020/12/2012 du 14 décembre 2012 portant adoption du projet de loi uniforme sur le contentieux des infractions à la réglementation des relations financières extérieures des États membres de l'Union Économique et monétaire ouest-africaine (UEMOA) et de deux projets de décrets d'application : en plus d'une large gamme de mesures coercitives[1248] et sous réserve des possibilités de transaction[1249], l'article 46, alinéa 2 prévoit une amende de cinq millions à cinquante millions de francs CFA pour toute personne physique ou morale autre qu'un établissement de crédit qui a refusé de répondre ou a fourni sciemment des réponses inexactes à toute demande d'informations exprimées par les autorités chargées du suivi de l'application des dispositions de la réglementation des relations financières extérieures des États membres de l'UEMOA.

[1243] art. 35.
[1244] Art. 38 de ladite Instruction.
[1245] Art. 39.
[1246] Art. 40.
[1247] Art. 5 et 6 de ladite Instruction.
[1248] Art. 20 et s.
[1249] Art. 16 à 18 ; voir aussi le Projet de décret fixant les conditions d'acceptation d'une transaction avant la mise en œuvre de l'action judiciaire dans le cadre des poursuites pour infractions à la réglementation des relations financières extérieures des États membres de l'Union économique et monétaire ouest-africaine.

S'agissant des **sous-agents exerçant l'activité de transfert rapide d'argent**, rappelons qu'ils sont assujettis aux dispositions des réglementations relatives aux relations financières extérieures des États membres de l'UEMOA et à la lutte contre le blanchiment de capitaux et le financement du terrorisme[1250] ; et dès lors, sont sanctionnés en conséquence. Plus précisément, ces assujettis sont sanctionnés « conformément à la loi portant réglementation bancaire, la loi portant réglementation des systèmes financiers décentralisés, la loi sur le contentieux des infractions à la réglementation des relations financières extérieures des États membres de l'UEMOA ainsi qu'à la loi relative à la lutte contre le blanchiment de capitaux et le financement du terrorisme, sans préjudice de toute autre disposition législative et réglementaire en vigueur dans l'État membre d'implantation »[1251].

Par ailleurs, de manière plus spécifique, l'Instruction n°006-005-2018 du 16 mai 2018[1252] définit les modalités d'application des sanctions pécuniaires prononcées par la Commission bancaire de l'UMOA (et ce, en sus des sanctions disciplinaires) à l'encontre des établissements de crédit[1253]. Parmi les infractions à la réglementation bancaire et des Bureaux d'information sur le Crédit, qui y sont classées en trois catégories, figure dans la deuxième catégorie le « non-respect des règles portant sur le fonctionnement du contrôle interne, de la gestion des risques et de la gestion de la conformité contenues dans les textes en vigueur »[1254]. Ce manquement donne lieu à diverses sanctions pécuniaires selon qu'il est le fait d'une banque (cinquante et un millions à cent cinquante millions de francs CFA, dans la limite du plafond de trois cents millions de francs CFA) ou d'un établissement financier à caractère bancaire (seize millions à soixante millions de francs CFA, dans la limite du plafond de quatre-vingt-dix millions de francs CFA)[1255]. Ces sanctions ont ainsi vocation à être appliquées en cas de violation des obligations de conformité relatives à la LBC/FT.

Dans le secteur des **assurances**, la Commission régionale de contrôle des assurances qui constate à l'encontre d'une société soumise à son contrôle une infraction à la réglementation des assurances prononce les sanctions disciplinaires que sont : l'avertissement, le blâme, la limitation ou l'interdiction de tout ou partie des opérations, toutes autres limitations dans l'exercice de la

---

[1250] Art. 5 de l'Instruction n°013-11-2015 relative aux modalités d'exercice de l'activité de transfert rapide d'argent en qualité de sous-agent au sein de l'Union monétaire ouest-africaine.
[1251] Art. 10.
[1252] Instruction n°006-005-2018 du 16 mai 2018 fixant les modalités d'application des sanctions pécuniaires prononcées par la Commission bancaire de l'Union monétaire ouest-africaine à l'encontre des établissements de crédit de l'UMOA.
[1253] Art. 1er de l'Instruction précitée, qui en précise l'objet.
[1254] Voir art. 2 de l'Instruction n°006-005-2018 du 16 mai 2018 et son Annexe n°1 portant Classification des infractions à la réglementation bancaire ou des bureaux d'information sur le crédit.
[1255] Voir art. 3 de l'Instruction n°006-005-2018 du 16 mai 2018 et son Annexe n°2 portant Quantum des sanctions pécuniaires.

profession, la suspension ou la démission d'office des dirigeants responsables et le retrait d'agrément. La Commission peut prononcer le transfert d'office du portefeuille des contrats ou encore, infliger des amendes[1256]. Les décisions prononçant des sanctions sont publiées dans le journal officiel de la CIMA ou dans un journal habilité à recevoir les annonces légales de l'État membre de l'entreprise sanctionnée ou de l'État membre de l'entreprise du dirigeant sanctionné aux frais de l'entreprise, à moins que la publication ne risque de causer un préjudice disproportionné aux parties en cause ou de perturber la confiance du marché. Dans ce cas, la décision de la Commission peut prévoir qu'elle sera publiée sous une forme ne permettant pas l'identification des personnes en cause, ou qu'elle ne sera pas publiée[1257]. Des sanctions similaires sont spécifiquement prévues à l'encontre des sociétés de courtage ou courtiers soumis au contrôle de la Commission[1258].

Enfin, **pour les acteurs des marchés financiers**, l'article 10 du Code d'éthique et de déontologie applicable au personnel de l'ex-CREPMF[1259] dispose que le non-respect des règles déontologiques par tout Agent de l'AMF-UMOA expose son auteur à des sanctions administratives et disciplinaires, sans préjudice des poursuites judiciaires pouvant être intentées contre l'intéressé par les Autorités compétentes de l'AMF-UMOA et toute autre personne lésée. En tout état de cause, toute sanction à un manquement aux dispositions du Code d'éthique et de déontologie est fonction de la nature de la faute, des circonstances dans lesquelles elle a été commise, du degré de l'implication de l'Agent incriminé et des conséquences qu'elle a entraînées[1260]. Elle peut revêtir des circonstances aggravantes en cas de récidive[1261]. Justement, au titre des obligations qu'impose ledit Code, figure celle pour les Agents concernés d'accomplir leurs obligations professionnelles avec probité, honnêteté, loyauté et intégrité[1262]. L'Annexe portant composition, organisation, fonctionnement et attributions du CREPMF apporte des précisions sur la nature des sanctions disciplinaires en son article 35 disposant qu'en cas d'infraction à la réglementation, une ou plusieurs des sanctions disciplinaires peuvent être prononcées : l'avertissement, le blâme, l'interdiction à titre temporaire ou définitif de tout ou partie des activités, la suspension ou la démission d'office des dirigeants responsables, le retrait temporaire ou définitif d'un agrément ou d'un

---

1256 Art. 312 de l'Annexe au Traité instituant la Conférence interafricaine des Marchés d'Assurances du 10 juillet 1992, à jour des modifications du 12 avril 2018.

1257 Art. 312-1.

1258 Art. 534-2.

1259 Ce Code d'éthique et de déontologie applicable au personnel de l'ex-Conseil Régional de l'Épargne publique et des Marchés financiers date du 10 décembre 2015. Rappelons que le CREPMF est à présent dénommé (AMF-UMOA).

1260 Art. 11 du Code d'éthique et de déontologie applicable au personnel de l'ex-Conseil Régional de l'Épargne publique et des Marchés Financiers.

1261 *Ibid.*

1262 Art. 3 al. 1er.

visa accordé ou encore la radiation des listes professionnelles tenues par l'AMF-UMOA. En outre, peuvent être prononcées des sanctions pécuniaires dont la décision est prise en fonction de la gravité des fautes, omissions et violations commises, et compte tenu des avantages ou profits tirés de ces actes[1263]. Plus précisément, relevons que selon une démarche similaire à celle de l'Instruction n°006-005-2018 du 16 mai 2018 précitée[1264], des sanctions pécuniaires sont applicables aux manquements à la réglementation du marché financier et dans ce cadre, à la réglementation relative à la LBC/FT[1265]. La doctrine n'a pas manqué de relever cette particularité des infractions boursières au sein de l'UMOA, qui font l'objet d'une double répression : pénale et administrative[1266]. Un choix qui, cependant, « n'est pas sans poser des difficultés au regard de la règle *ne bis in idem* »[1267].

301. L'exigence d'une application de l'approche par les risques en matière de contrôle par les autorités de contrôle des institutions financières. Quelques manquements ont été relevés concernant l'application de l'approche par les risques en matière de contrôle. En effet, le dispositif prudentiel mis en place assez récemment par la Commission bancaire de l'UMOA inclut la Surveillance sur base consolidée, qui est mise en œuvre à l'égard des banques et établissements financiers sur le fondement de la Décision n°014/24/06/CB/UMOA du 24 juin 2016 ; et « le même cadre de consolidation est prévu pour les Assurances »[1268]. De plus, la Commission bancaire de l'UMOA aurait mis en place « un outil de notation des institutions financières reposant sur un ensemble de dix critères, dont sept fondamentaux et trois complémentaires. Les critères fondamentaux portent sur les fonds propres, le gouvernement d'entreprise, le système d'information et de reporting, le contrôle interne, la structure financière, la gestion des risques et les performances financières. Ils servent à positionner les établissements de crédit sur une échelle de risques »[1269]. Tandis que l'AMF-UMOA aurait mis en service, depuis octobre 2012, un logiciel de surveillance automatisée du marché boursier régional aux fins de veiller à l'intégrité du marché par la détection des pratiques pouvant s'assimiler à des délits boursiers[1270]. Mais également, de visualiser et analyser les transactions réalisées à la BRVM et garantir une plus grande transparence du marché financier et une

[1263] Art. 31 de l'Annexe portant composition, organisation, fonctionnement et attributions du Conseil Régional de l'Épargne publique et des Marchés Financiers.
[1264] Voir *supra*, par. 300.
[1265] *Cf.* Décision n°CM/10/06/2022 relative à la mise en œuvre du dispositif des sanctions pécuniaires applicables sur le marché financier régional.
[1266] B. KEITA, « Marché financier de l'UMOA : réforme du dispositif de sanctions administratives », *LEDAF*, n°10, novembre 2022, p. 5.
[1267] *Ibid.*
[1268] REM du Sénégal de mai 2018, p. 168.
[1269] *Ibid.*
[1270] *Ibid.*

meilleure protection des épargnants ; dans ce cadre, la LBC/FT, sans être expressément visée, serait incluse dans la pratique[1271].

Mais, les évaluateurs du ***Sénégal***, à l'occasion du second cycle des évaluations mutuelles, affirmaient ne pas avoir connaissance de l'évaluation des Principes fondamentaux qui sont pertinents en matière de LBC/FT, y compris l'application d'une surveillance consolidée au niveau du groupe à des fins de LBC/FT[1272]. De plus, aucune des informations fournies aux évaluateurs n'aurait permis de démontrer que l'approche par les risques était appliquée dans le cadre du contrôle des institutions financières non soumises aux Principes fondamentaux (critère 26.4-b) ni que la fréquence et l'étendue des contrôles exercés en matière de LBC/FT sur les institutions financières étaient déterminées sur la base des risques (critère 26.5). Il en est de même pour l'évaluation du profil de risque de BC/FT des assujettis conformément au critère 26.6. Ces manquements dans l'application de l'approche par les risques en matière de contrôle ont été relevés dans les autres États membres[1273]. Il pourrait y être remédié en incluant dans la loi uniforme l'obligation pour les autorités de contrôle d'adapter la fréquence et l'intensité des contrôles au profil de risque des assujettis. D'ailleurs, assez récemment, la BCEAO a adopté une Instruction[1274] fixant les modalités de surveillance des infrastructures des marchés financiers, des moyens et des services de paiement dans les États membres de l'UMOA, laquelle prévoit que ce dispositif de surveillance est basé sur les risques y afférents et en particulier dans le domaine des innovations[1275]. Mais il ne s'agit là que de la mesure minimale devant permettre d'atteindre la pleine conformité sur cet aspect[1276].

Si l'on considère l'exemple de la Belgique, des dispositions détaillées incluent aussi une obligation préalable pour les autorités de contrôle de disposer elles-mêmes d'une bonne compréhension des risques de blanchiment de capitaux et de financement du terrorisme, en se basant sur les informations fournies quant aux risques nationaux et internationaux[1277]. Toute une panoplie d'obligations détaillées à charge des autorités de contrôle s'ensuivent, lesquelles

---

1271 *Ibid.*

1272 REM du Sénégal de mai 2018, p. 169.

1273 REM du ***Bénin*** de mai 2021, pp. 212-213 ; REM du ***Burkina Faso*** de mai 2019, p. 157 ; REM de la ***Côte d'Ivoire*** de juin 2023, p. 247 et s. ; REM de la ***Guinée-Bissau*** de février 2022, pp. 207-208 ; REM du ***Mali*** de novembre 2019, p. 164 et REM du ***Togo*** de juin 2022, pp. 202-203.

1274 Instruction n°001-03-2021 fixant les modalités de surveillance des infrastructures des marchés financiers, des moyens et des services de paiement dans les États membres de l'Union monétaire ouest-africaine.

1275 Art. 8 de l'Instruction fixant les modalités de surveillance des infrastructures des marchés financiers, des moyens et des services de paiement dans les États membres de l'UMOA.

1276 L'adaptation de la fréquence et de l'étendue des contrôles au niveau de risques a aussi été prévue en Suisse (REM de la Suisse de décembre 2016, p. 227) ou encore, en Chine (REM de la République populaire de Chine d'avril 2019, p. 236).

1277 Art. 87 § 1er de la loi belge du 18 septembre 2017 relative à la prévention du blanchiment de capitaux et du financement du terrorisme et à la limitation de l'utilisation des espèces.

fournissent force de détails sur les modalités de mise en œuvre du contrôle basé sur le risque : veiller à disposer des informations pertinentes concernant les entités assujetties en vue de l'établissement de leur profil de risque, modalités de réexamen du profil de risque des assujettis, prise en compte de la marge d'appréciation des risques laissée aux entités assujetties, etc[1278]. Les États membres devraient s'inscrire dans cette dynamique d'exhaustivité réglementaire, en précisant tous les aspects devant être pris en compte pour une réalisation convenable de l'approche basée sur les risques par les autorités de contrôle. Plus concrètement, les Rapports d'Évaluation mutuelle des certains pays fournissent des illustrations quant à la mise en œuvre convenable de l'approche basée sur les risques en matière de contrôle. En Afrique du Sud, il a ainsi été choisi d'adapter l'étendue et la fréquence des contrôles selon que le risque de BC/FT est très élevé[1279] (périodicité de douze à dix-huit mois ; inspections détaillées et focalisées sur les secteurs à risques plus élevés), élevé (contrôles réalisés tous les vingt-quatre mois ; inspections détaillées et focalisées sur les secteurs à risque élevé et moyen), moyen (contrôles réalisés tous les trente-six mois), ou faible/très faible (contrôles effectués tous les quarante-neuf mois)[1280]. Au Chili, il est affirmé que les résultats des évaluations nationales et sectorielles de risques font partie intégrante de la matrice des risques servant de base à la définition du Plan National de Surveillance Annuelle[1281].

302. Des exigences de régularité et d'exhaustivité dans l'élaboration des lignes directrices à l'intention des institutions financières. L'article 86 de la loi uniforme précise les devoirs des autorités de contrôle des institutions financières et EPNFD, parmi lesquels celui d'édicter des instructions, lignes directrices ou recommandations en vue d'aider les assujettis à respecter les

---

1278 *Ibid.*
1279 Il est également tenu compte de la taille des IF (REM de l'Afrique du Sud d'octobre 2021, p. 206).
1280 *Ibid.*
1281 REM du Chili de septembre 2021, p. 202.

obligations préventives et de détection résultant de ladite loi[1282]. C'est ce qu'ont fait la BCEAO et l'AMF-UMOA, qui ont publié des Instructions relatives à l'application du dispositif de LBC/FT respectivement, par les institutions financières[1283] et les acteurs du marché financer régional[1284] dans les États membres de l'UMOA. Mais, on y retrouve à peine des précisions sur les *modalités* d'application de l'approche par les risques. L'Instruction n°007-09-2017 de la BCEAO indique tout juste que les politiques et procédures internes mises en place par les institutions financières en vue de la LBC/FT doivent prescrire les diligences à accomplir et les règles à respecter notamment en matière d'élaboration d'une cartographie et d'évaluation des risques de blanchiment de capitaux et de financement du terrorisme auxquels l'institution financière est exposée[1285]. On retrouve la même disposition dans l'Instruction de l'AMF-UMOA,[1286] ajoutant que pour l'application notamment de l'article 11 de la loi uniforme[1287], les acteurs du Marché financier régional doivent :

[1282] L'art. 86 de la LU dispose que les autorités de contrôle des IF et EPNFD doivent s'assurer du respect par ces assujettis, des prescriptions énoncées au Titre II de la LU (soit, celles concernant les mesures préventives). Et que conformément à la réglementation en vigueur, chaque autorité de contrôle doit : 1. prendre les dispositions requises pour définir les critères appropriés pour la possession, le contrôle ou la participation directe ou indirecte à la direction, à la gestion ou au fonctionnement d'une institution financière ou d'une EPNFD ; 2. réglementer et surveiller l'observance, par les EPNFD, des obligations énoncées aux titres II et III de la loi uniforme (à savoir, le respect des obligations préventives et de détection), y compris par les inspections sur place ; 3. édicter des instructions, des lignes directrices ou des recommandations visant à aider les institutions financières et les EPNFD à respecter les obligations énoncées aux titres II et III de la loi uniforme ; 4. coopérer et échanger des informations avec d'autres autorités compétentes et apporter son aide aux enquêtes, poursuites ou procédures relatives au blanchiment de capitaux, aux infractions sous-jacentes et au financement du terrorisme ; 5. définir, en concertation avec les CENTIF, des normes ou des critères applicables aux déclarations de soupçons qui tiennent compte des autres normes nationales et internationales existantes ou futures ; 6. veiller à ce que les institutions financières et leurs succursales à l'étranger ainsi que leurs filiales à l'étranger dans lesquelles elles détiennent une participation majoritaire, adoptent et fassent appliquer des mesures conformes aux dispositions de la loi uniforme, dans la mesure où les lois et règlements locaux le permettent ; 7. communiquer, sans retard, à la CENTIF, toute information relative aux opérations suspectes ou à des faits suspects qui pourraient être liés au blanchiment de capitaux ou au financement du terrorisme ; 8. apporter une coopération rapide et efficace aux organismes qui exercent des fonctions similaires dans d'autres États membres ou d'autres États tiers, y compris par l'échange d'informations ; 9. tenir des statistiques concernant les mesures adoptées et les sanctions infligées (dans le contexte de l'application du chapitre de la loi uniforme concernant les « Obligations des autorités de régulation et de contrôle, lignes directrices et retour d'information »).

[1283] Il est précisément fait référence à l'Instruction n°007-09-2017 portant modalités d'application par les institutions financières de la loi uniforme relative à la lutte contre le blanchiment de capitaux et le financement du terrorisme dans les États membres de L'UMOA.

[1284] Est ici concernée l'Instruction n°59/2019/CREPMF relative à la lutte contre le blanchiment de capitaux et le financement du terrorisme au sein des acteurs agréés du Marché financier régional de l'UMOA.

[1285] Art. 5 al. 2, point 5 de l'Instruction n°007-09-2017 de la BCEAO.

[1286] Art. 21 al. 3, point 5 de l'Instruction n°59/2019/CREPMF.

[1287] Rappelons que cet article pose les obligations relatives à l'évaluation des risques par les personnes assujetties.

- élaborer une classification des risques de blanchiment de capitaux et de financement du terrorisme présentés par leurs activités, selon le degré d'exposition à ces risques, apprécié en fonction notamment de la nature des produits ou des services offerts des conditions des transactions proposées, des canaux de distribution utilisés ainsi que des caractéristiques des clients ;
- déterminer, si besoin est, un profil de la relation d'affaires avec le client, permettant de détecter des anomalies dans cette relation au regard des risques de blanchiment de capitaux ou de financement du terrorisme ;
- définir les procédures à appliquer notamment pour le contrôle des risques et la mise en œuvre des mesures de vigilance relatives à la clientèle, mais aussi, celles déclaratives, de détection et de conservation des pièces et documents ;
- mettre en œuvre des procédures de contrôle périodique et permanent des risques de blanchiment de capitaux et de financement du terrorisme ;
- prendre en compte, pour le recrutement de leur personnel, selon le niveau des responsabilités à exercer, les risques au regard de la LBC/FT[1288].

Dans le secteur des assurances, les assujettis se contentaient encore assez récemment du Règlement de la CIMA n°004/CIMA/PCMA/PCE/SG/08 définissant les procédures applicables par les organismes d'assurance, datant du 4 octobre 2008. Celui-ci ne contenait évidemment pas de précisions sur l'application de l'approche par les risques, car ayant précédé la révision des Recommandations en 2012. Mais à présent, le Règlement de la CIMA du 2 mars 2021, selon une approche semblable à celle de l'AMF-UMOA, consacre son article 4 à la « mise en œuvre de l'approche par les risques » par les entreprises et organismes d'assurance[1289]. Les assujettis concernés doivent à ce titre se doter d'un dispositif d'identification, d'évaluation, de gestion et de contrôle des risques de blanchiment de capitaux et financement du terrorisme et de la prolifération[1290]. Pour ce faire, ils sont tenus d'établir d'une part, une évaluation des risques devant porter sur : les différents produits ou services proposés, leur mode de commercialisation, la localisation ou les conditions particulières des opérations ainsi que les caractéristiques de la clientèle ; les activités de gestion

1288 Art. 22 de l'Instruction n°59/2019/CREPMF.

1289 L'art. 3 précise le champ d'application du Règlement. Il en résulte (en son premier alinéa) que ledit article s'applique aux sociétés d'assurance et de réassurance, aux courtiers d'assurance et de réassurance exerçant dans les États membres de la CIMA (englobés sous la désignation : « entreprises et organismes d'assurance »). L'art. 3 dispose également, en son deuxième alinéa, que les dispositions à mettre en œuvre par les entreprises et organismes d'assurance visés à l'alinéa premier sont relatives à toutes les opérations réalisées sous leur responsabilité. Elles comprennent également, le cas échéant, celles effectuées par les agents généraux et leurs salariés ou sous-agents, les vendeurs salariés, les apporteurs d'affaires, les personnes chargées de l'encaissement des primes ou du recouvrement, etc.

1290 Art. 4 du Règlement n°001/CIMA/PCMA/PCE/SG/2021.

des contrats, y compris celles qui ont été externalisées[1291]. Et d'autre part, une classification des risques prenant au moins en compte les opérations avec les personnes politiquement exposées ainsi que les risques souscrits hors de la zone CIMA[1292]. L'évaluation et la classification des risques doivent être régulièrement tenues à jour et en particulier de tout événement affectant de manière significative les clientèles, les activités, les filiales et établissements[1293].

Ces dispositions (et en particulier, celles de l'AMF-UMOA et de la CIMA) se placent certes, dans le prolongement de celles de la loi uniforme, qu'elles reprennent et complètent ; mais sont insuffisantes à répondre à la grande question du *Comment*. À supposer que telle ne soit pas la vocation de ces textes réglementaires, le dispositif devrait dans un futur proche être complété par des lignes directrices détaillées quant aux modalités d'application tant de l'approche par les risques que d'une manière générale, des mesures préventives et déclaratives. Car pour le moment, qu'il s'agisse du contenu ou de la fréquence des textes d'application, le constat est celui d'une approche très minimaliste des autorités de contrôle qui ne favorise guère la compréhension, pas plus qu'elle ne fournit l'accompagnement idéal pour la mise en œuvre de la LBC/FT.

Section 2. La nécessaire consolidation des obligations organisationnelles des institutions financières.

303. ***Consécutivement à l'identification des assujettis : analyse des mesures requises pour des programmes de prévention plus complets***. Parmi les nouveautés de la seconde loi uniforme, figure l'intégration de dispositions visant la conformité eu égard aux mesures organisationnelles requises des institutions financières. Lesdites mesures peuvent néanmoins être renforcées (Sous-section 2). Mais avant de s'étendre plus amplement sur cette question, il convient d'envisager celle de l'identification des assujettis (Sous-section 1).

Sous-section 1. La question préalable de l'identification des assujettis.

304. ***Une extension considérable et non pas maximale de la liste des assujettis aux obligations de LBC/FT***. La liste des assujettis s'est faite nettement plus longue sous l'empire de la seconde loi uniforme (Paragraphe 1). À cet égard, on se risquera au néologisme en affirmant qu'on en est tout juste à la *presque*-conformité, puisqu'il est des détails importants (du moins, de notre point de vue) que le législateur semble avoir choisi d'omettre (Paragraphe 2).

[1291] Art. 4 al. 2.
[1292] Art. 4 al. 3.
[1293] Art. 4 *in fine*.

Paragraphe 1. Un élargissement de la liste des assujettis par la seconde loi uniforme conformément aux standards.

305. ***Un élargissement du champ d'application ratione personae*.** La BCEAO relevait, aux débuts de l'anti-blanchiment au sein de l'UEMOA, la soumission aux obligations de LBC/FT de « toute personne physique ou morale, qui dans le cadre de sa profession, réalise, contrôle ou conseille des opérations entraînant des dépôts, des échanges, des placements, des conversions ou tous mouvements de capitaux »[1294]. À l'heure actuelle, la seconde loi uniforme retient une démarche similaire et va plus loin que l'ancienne, face à l'extension de la liste des assujettis comme préconisé par les standards ; et ce, pour ce qui est des professions financières (A) et non financières (B).

A. L'élargissement des professions financières assujetties aux obligations de lutte.

306. Les nouveautés essentielles de la seconde loi uniforme. Dans la catégorie des professions financières, sont soumises aux obligations de vigilance et celles déclaratives, le Trésor public, la BCEAO ainsi que les institutions financières[1295] (et les apporteurs d'affaires aux institutions financières). Si les dispositions de la seconde loi uniforme sont demeurées inchangées à l'égard des deux premiers acteurs cités, la notion « d'institution financière » s'est en

---

[1294] Banque centrale des États de l'Afrique de l'Ouest, *Le dispositif de lutte contre le blanchiment de capitaux et le financement du terrorisme dans l'Union économique et monétaire Ouest africaine (UEMOA)*, 2005, p. 9. La même précision se retrouve dans l'exposé des motifs de la première LU.

[1295] Art. 5 de la LU. La première loi uniforme employait plutôt l'expression « organismes financiers », en son article premier. La notion désignait les banques et établissements financiers ; les services financiers des Postes ainsi que des Caisses de Dépôts et Consignations ou les organismes en tenant lieu au sein des États membres ; les sociétés d'assurance et de réassurance ainsi que les courtiers d'assurance et de réassurance ; les institutions mutualistes ou coopératives d'épargne et de crédit, de même que les structures ou organisations non constituées sous forme mutualiste ou coopérative et ayant pour objet l'épargne et/ou l'octroi de crédit ; la Bourse Régionale des Valeurs Mobilières, le Dépositaire de Central/Banque de Règlement, les Sociétés de Gestion de Patrimoine ; les Organismes de placement collectif en valeurs mobilières (OPCVM) ; les entreprises d'investissement à capital fixe et les agréés de change manuel.

revanche faite plus explicite[1296]. Chose nouvelle, le texte communautaire commence en effet par inclure dans cette catégorie toute personne ou entité exerçant, à titre commercial, une ou plusieurs activités ou opérations déterminées[1297], au nom et pour le compte d'un client. À ce critère définitionnel tenant à l'activité, s'ajoute une énumération des différentes entités pouvant être désignées comme étant des institutions financières. L'apport le plus significatif de la seconde loi uniforme à ce niveau tient à l'inclusion explicite des établissements de monnaie électronique et de « toute autre structure déterminée par l'autorité compétente »[1298]. De même, en plus des structures centrales du Marché financier régional (Bourse régionale des valeurs mobilières, Dépositaire central/Banque de Règlement), des Sociétés de gestion et d'intermédiation et des Sociétés de gestion de patrimoine - qui étaient déjà assujetties du temps de l'ancienne loi uniforme -, sont désormais concernés « tous autres intervenants commerciaux ayant le statut d'institution financière au sens des textes régissant le marché financier régional »[1299]. À ce propos, l'Instruction de l'AMF-UMOA, précisant les modalités d'application de la seconde loi uniforme, permet une

---

1296 La notion d'« institution financière » désigne, d'après la seconde loi uniforme (art. 1er, point 35) toute personne ou entité qui exerce, à titre commercial, une ou plusieurs des activités ou opérations suivantes au nom et pour le compte d'un client : a) acceptation de dépôts et d'autres fonds remboursables du public ; b) prêts, y compris le crédit à la consommation, le crédit hypothécaire, l'affacturage avec ou sans recours, le financement de transactions commerciales ; c) crédit-bail, à l'exception du crédit-bail se rapportant à des produits de consommation ; d) transfert d'argent ou de valeurs ; e) émission et gestion de moyens de paiement ; f) octroi de garanties et souscription d'engagements ; g) négociation sur : les instruments du marché monétaire, le marché des changes, les instruments sur devises, taux d'intérêt et indices ; les valeurs mobilières ; les options et marchés à terme de marchandises ; h) participation à des émissions de valeurs mobilières et prestation de services financiers connexes ; i) gestion individuelle et collective de patrimoine ; j) conservation et administration de valeurs mobilières, en espèces ou liquides, pour le compte d'autrui ; k) autres opérations d'investissement, d'administration ou de gestion de fonds ou d'argent pour le compte d'autrui ; l) souscription et placement de produits d'assurances vie et non vie et d'autres produits d'investissement en lien avec une assurance ; m) change manuel ; n) toutes autres activités ou opérations déterminées par l'autorité compétente.
Sont désignés sous le nom d'institutions financières : les établissements de crédit ; les services financiers des postes, ainsi que les caisses de dépôt et consignations ou les organismes qui en tiennent lieu, des États membres ; les sociétés d'assurance et de réassurance, les courtiers en assurance et de réassurance et les agents généraux d'assurance ; les systèmes financiers décentralisés ; les structures centrales du marché financier régional (BRVM, dépositaire central/ banque de règlement) ainsi que les sociétés de gestion et d'intermédiation, les sociétés de gestion de patrimoine et tous autres intervenants commerciaux ayant le statut d'institution financière, au sens des textes régissant le marché financier régional ; les organismes de placement collectif en valeurs mobilières ; les entreprises d'investissement à capital fixe ; les agréés de change manuel ; les établissements de monnaie électronique ; toute autre structure déterminée par l'autorité compétente.

1297 Voir note précédente. L'on remarque, en comparaison avec l'ancienne définition de la notion d'« organisme financier » (voir note 1295 ci-dessus) que cette dernière ne présentait qu'une liste des entités relevant de cette catégorie et n'y alliait pas l'approche définitionnelle selon le critère d'activité.

1298 Art. 1er, point 35 *in fine* de la LU.

1299 Art. 1er, point 35 al. 2-5) de la LU.

identification plus précise des acteurs du Marché financier régional de l'UMOA concernés par les obligations de lutte. Une liste en est fournie par l'article 3 de ladite Instruction, qui laisse la possibilité à ladite Autorité d'étendre son champ d'application à toute personne physique ou morale par lui agréée ou approuvée[1300].

307. Les acteurs "reconduits". En plus des personnes et entités précédemment mentionnées, sont soumis aux obligations de vigilance et déclaratives :

- les établissements de crédit ;
- les systèmes financiers des postes ainsi que les caisses de dépôt et des consignations, ou les organismes qui en tiennent lieu au sein des États membres ;
- les sociétés d'assurance et de réassurance, les courtiers en assurance et de réassurance ainsi que les agents généraux d'assurance[1301] ;
- les systèmes financiers décentralisés[1302] ;
- les Organismes de placement collectif en valeurs mobilières (OPCVM) ;
- les entreprises d'investissement à Capital fixe et
- les agréés de change manuel.

B. L'extension - considérable - du champ d'application de la seconde loi uniforme concernant les professions non financières.

308. Une approche plus exhaustive dans l'assujettissement des professionnels du droit. Sont maintenant[1303] nommément identifiés les

[1300] Rappelons qu'il s'agit de l'Instruction n°59/2019/CREPMF du 30 septembre 2019 relative à la lutte contre le blanchiment de capitaux et le financement du terrorisme au sein des acteurs agréés du Marché financier régional de l'UMOA. L'article 3 en précise le champ d'application ; sont concernés à ce titre : la Bourse régionale des valeurs mobilières (BRVM) ; le Dépositaire Central/ Banque de Règlement (DC/BR) ; les Sociétés de Gestion et d'Intermédiation (SGI) ; les Sociétés de Gestion de Patrimoine (SGP) ; les Organismes de Placement Collectif en Valeurs Mobilières (OPCVM) ; les Sociétés de Gestion d'OPCVM ; les Banques Teneurs de Comptes et Conservateurs (BTCC) ; les apporteurs d'affaires ; les Conseils en Investissements Boursiers ; les démarcheurs ; les Sociétés de Gestion de Fonds Communs de Titrisation de Créance (FCTC) ; les garants ; les Agences de Notation ; les Listings Sponsors et toute autre personne physique ou morale agréée ou approuvée par le Conseil Régional.

[1301] Cette dernière catégorie d'acteurs (agents généraux d'assurance) ne figurait pas dans la liste des assujettis de l'ancienne loi uniforme.

[1302] Les SFD ne figuraient pas explicitement dans l'ancienne loi uniforme, mais relevaient tout de même de la (large) catégorie des « établissements financiers ».

[1303] La première LU incluait dans la liste des personnes assujetties, plus imprécisément, « les membres des professions juridiques indépendantes, lorsqu'ils représentent ou assistent des clients en dehors de toute procédure judiciaire » et notamment dans le cadre d'activités déterminées (à savoir l'achat et la vente de biens, d'entreprises commerciales ou de fonds de commerce ; la manipulation d'argent, de titres ou d'autres actifs appartenant au client ; l'ouverture ou la gestion de comptes bancaires, d'épargne ou de titres ; la constitution, la gestion ou la direction de sociétés, de fiducies ou de structures similaires ainsi que l'exécution d'autres opérations financières).

membres des professions juridiques légalement obligées de participer à la lutte anti-blanchiment, même si la liste demeure non exhaustive. Il s'agit des avocats, notaires, huissiers de justice et autres membres des professions juridiques indépendantes incluant les administrateurs judiciaires, mandataires judiciaires et commissaires-priseurs judiciaires. Conformément à la Recommandation 22, ils ne sont soumis aux obligations de lutte, dans le cadre de leur activité professionnelle, que dans certaines circonstances particulières. La première hypothèse est celle dans laquelle lesdits professionnels du droit participent, au nom de leur client ou pour le compte de ce dernier, à toute transaction financière ou immobilière, ou agissent en tant que fiduciaires[1304]. La deuxième concerne l'assistance du client dans la préparation ou l'exécution de transactions ayant pour objet :

- l'achat et la vente de biens immobiliers ou d'entreprises commerciales ;
- la gestion de fonds, de titres ou d'autres actifs appartenant au client ;
- l'ouverture ou la gestion de comptes d'épargne ou de portefeuilles ;
- l'organisation des apports nécessaires à la constitution, à la gestion ou à la direction de sociétés ;
- la constitution, la gestion ou la direction de sociétés, de fiducies ou de constructions juridiques similaires ;
- la construction ou la gestion de fonds de dotation[1305].

Le législateur a en outre pris en considération les difficultés précédemment évoquées concernant la soumission des avocats, en particulier, aux obligations de lutte[1306]. En effet, les avocats exerçant une activité liée aux transactions précitées ne sont pas soumis aux obligations de vigilance et à celles déclaratives lorsque l'activité est en rapport avec une procédure juridictionnelle[1307] ni lorsqu'ils donnent des consultations juridiques, à moins que celles-ci n'aient été fournies à des fins de blanchiment de capitaux ou de financement du terrorisme ou en sachant que le client les demande aux fins de commettre de telles infractions[1308]. L'absence de définition de la notion de consultation juridique est ici à relever, alors que celle-ci serait utile afin de cerner l'étendue de l'exception posée par le législateur : « la question peut parfois se poser de savoir si un entretien avec un client doit être qualifié de consultation juridique et ainsi échapper à l'obligation de déclaration, ou au contraire être

[1304] Art. 6 al. 2-a) de la LU.
[1305] Art. 6 al. 2-b) de la LU.
[1306] Voir *supra*, par. 198.
[1307] Et ce, « que les informations dont ils disposent soient reçues ou obtenues avant, pendant ou après cette procédure, y compris dans le cadre de conseils de conseils relatifs à la manière d'engager ou d'éviter une telle procédure », précise l'art. 6 al. 3 de la LU.
[1308] Art. 6 al. 3 et 4 de la LU.

considéré comme s'inscrivant dans une opération et soumis à ce titre à l'obligation de déclaration »[1309], fait remarquer Madame Cécile BIGUENET-MAUREL. Sur le fondement de la Directive européenne du 4 décembre 2001[1310], l'auteure propose de se référer au critère de la finalité de l'entretien qui, pour être qualifié de consultation, devrait viser à évaluer la situation juridique du client[1311]. De telles clarifications devraient figurer éventuellement dans les prochaines Directives communautaires et lois uniformes.

Ces précisions faites, soulignons que ce choix réglementaire apparemment d'inspiration française a ses inconvénients qui ont été décriés : « lorsqu'il se situe dans le cadre de la consultation juridique et de la procédure juridictionnelle, l'avocat est dispensé de toute obligation de déclaration et de communication d'informations, ce qui est normal, mais également de toute obligation de vigilance, ce qui ne l'est pas »[1312]. L'on consent qu'effectivement, l'application des mesures de vigilance est de nature à placer l'avocat dans de meilleures dispositions pour détecter les opérations douteuses et en conséquence, essayer de dissuader le client de commettre son forfait[1313]. Rappelons, en outre, qu'il a été relevé de possibles difficultés pour l'avocat de savoir qu'un client sollicite des conseils à des fins de blanchiment de capitaux ; or, il y a des chances que du fait de sa qualité de professionnel, un juge considère qu'il ne pouvait l'ignorer[1314] (d'autant plus que de manière fort contestable, la loi uniforme a classé dans le lot des blanchisseurs les personnes qui « auraient dû savoir »[1315] que des biens étaient de provenance illicite). En définitive, une bonne manière d'éviter aux avocats d'être instrumentalisés à des fins de blanchiment de capitaux

---

1309 C. BIGUENET-MAUREL, « Notariat. – Lutte contre le blanchiment. – Etendue des obligations notariales », *J-Cl. Notarial Formulaire*, fasc. 24, 1er juin 2009, mise à jour : 4 mars 2022, par. 46.

1310 Il est précisément fait référence à la Directive n°2001/97/CE, 4 décembre 2001 (consid. 17 et art. 1er, 5°).

1311 *Ibid.*

1312 C. CUTAJAR et M. BEAUSSIER, *op. cit.*, p. 13.

1313 *Ibid.* Les auteurs précités (voir note précédente) expliquent qu'en dispensant l'avocat des obligations de vigilance durant la phase de consultation juridique, celui-ci est privé du moyen de détecter les opérations douteuses et donc, est davantage exposé au risque d'implication involontaire dans des montages n'ayant d'autres fins que de blanchir des fonds (ce dont il s'apercevra bien plus tard alors que la relation d'affaires est déjà avancée, de sorte qu'il sera contraint d'effectuer une déclaration de soupçon). Alors que si les obligations de vigilance sont appliquées dès la phase de consultation juridique, celle-ci entrant dans le périmètre des obligations de vigilance et de déclaration, l'avocat est dans de bonnes dispositions pour détecter les opérations douteuses et en conséquence, tenter de dissuader son client de les commettre (tout en refusant de donner suite aux sollicitations) sans avoir à déclarer de soupçon.

1314 C. JUNCU, *op. cit.*, p. 245, note 803.

1315 Art. 7 de la LU ; voir à ce propos vol. 2 du présent ouvrage, par. 489.

(y compris durant la phase de consultation juridique[1316] pendant laquelle ils pourraient, sans le savoir, prêter conseil à un client qui en réalité ambitionne d'en tirer profit pour blanchir des fonds) serait de les soumettre à une vigilance constante, et non sélective. Les activités de formation et de sensibilisation devraient également être de mise au sein de cette profession[1317].

309. Le rallongement de la liste des « autres assujettis » relevant des professions non financières. Les professions non financières occupent à présent une place de choix dans la loi uniforme. Alors que le premier texte communautaire énumérait « notamment » huit grandes catégories d'« autres assujettis »[1318], la seconde loi uniforme inclut en plus des professionnels du chiffre (en l'occurrence, les auditeurs externes, les salariés autorisés à exercer la profession d'expert-comptable en application de la loi et les conseillers fiscaux) :

- les prestataires de services aux sociétés et fiducies ;
- les sociétés immobilières et agents immobiliers, y compris les agents de location ;
- les autres personnes physiques ou morales négociant des biens, seulement dans la mesure où les paiements sont effectués ou reçus en espèces pour un montant de cinq millions de francs CFA au moins[1319] ;
- les opérateurs de ventes volontaires de meubles aux enchères publiques ;
- les agents sportifs et promoteurs d'événements sportifs ;

[1316] Monsieur Christian Ousmane CISS fournit, dans sa thèse de doctorat précitée, des éléments de définition de la notion de consultation, qui peut « être définie, dans son sens positif comme « la prestation intellectuelle personnalisée, distincte de la simple information documentaire, construite sur l'examen d'un dossier qui suppose un problème de qualification juridique, qui formule un avis argumenté, parfois aussi un conseil, qui concourt par les éléments qu'elle apporte à la prise de décision de son commanditaire et bénéficiaire » (*op. cit.*, p. 111, note 614 - par laquelle l'auteur cite : H. ROBERT (Professions juridiques et prévention du blanchiment, Après la transposition de la directive (CE) 2005/60 du 26 octobre 2005). La notion renverrait aussi, dans son sens négatif, au fait de déconseiller une opération ou une prestation en considération du risque qu'elle comporte (*ibid. ;* l'auteur cite, au titre de cette définition : I. ARNAUD-GROSSI, Les obligations de l'avocat à la croisée des chemins, p. 75).

[1317] Il a été à ce titre préconisé que les avocats se forment en urgence au droit du blanchiment et à la pratique du contrôle interne, et ce, dans le cadre de la formation initiale comme de la formation continue (C. CUTAJAR et M. BEAUSSIER, *op. cit.*, p. 13).

[1318] En plus du Trésor public, de la BCEAO, des organismes financiers et des membres des professions juridiques indépendantes, la première loi uniforme assujettissait également aux obligations préventives et déclaratives notamment les apporteurs d'affaires aux organismes financiers ; les commissaires aux comptes ; les agents immobiliers, les marchands d'articles de grande valeur tels que les objets d'art (tableaux et masques notamment), pierres précieuses et métaux précieux ; les transporteurs de fonds ; les gérants, propriétaires, directeurs de casinos et d'établissements de jeux (y compris les loteries nationales) ; les agences de voyages et les Organisations non gouvernementales (art. 5 *in fine* de la première LU).

[1319] Peu importe, selon les dispositions de l'art. 5-6), que la transaction soit exécutée en une fois ou sous la forme d'opérations fractionnées apparemment liées.

- les prestataires de jeux d'argent et de hasard, notamment les propriétaires, directeurs et gérants de casinos et d'établissements de jeux (y compris les loteries nationales) ;
- les personnes se livrant habituellement au commerce ou organisant la vente de pierres précieuses, de métaux précieux d'antiquités, d'œuvres d'art ;
- les transporteurs de fonds ;
- les sociétés de gardiennage ;
- les agences de voyages ;
- les hôtels ;
- les organismes à but non lucratif et
- toute autre personne physique ou morale désignée par l'autorité compétente.

Cette toute dernière précision laisse la possibilité aux autorités de contrôle, chacune en ce qui la concerne, de spécifier les personnes et entités juridiques devant se soumettre aux obligations préventives. Pour l'heure, seules certaines autorités de contrôle des institutions financières ont exercé cette prérogative[1320], pourtant également utile dans les domaines à risque des professions non financières ; on citera bien sûr le secteur immobilier ou encore, celui des industries extractives. Les lignes directrices de la part des autorités de contrôle des EPNFD devraient donc être contributives sur cet aspect.

310. Une nouvelle exclusion - sous conditions - des activités financières à risque de blanchiment limité. Sont exclues du champ d'application *ratione personae* de la loi uniforme, les personnes physiques et morales exerçant occasionnellement ou à une échelle limitée une activité financière comportant peu de risques de blanchiment de capitaux (ou de financement du terrorisme) ; mais encore faudrait-il qu'elles satisfassent à

1320 Rappelons que tel a été le cas pour la BCEAO qui a adopté notamment l'Instruction n°007-09-2017 portant modalités d'application par les institutions financières de la loi uniforme relative à la lutte contre le blanchiment de capitaux et le financement du terrorisme dans les États membres de l'UEMOA, même si le champ d'application de ladite Instruction ne présente pas d'apport significatif, du point de vue de la liste des assujettis, en comparaison avec la seconde loi uniforme. Celle-ci précise, en effet, les obligations de lutte à l'endroit des banques et établissements financiers ; des services financiers des postes ainsi que des Caisses de Dépôt et Consignations ou des organismes qui en tiennent lieu ; des institutions mutualistes et coopératives d'épargne et de crédit, ainsi que des structures ou organisations non constituées sous forme mutualiste ou coopérative et ayant pour objet la collecte de l'épargne et/ou l'octroi de crédit et des agréés de change manuel (art. 3). La remarque vaut aussi pour le secteur des assurances. En revanche, l'on a pu précédemment constater que l'Instruction n°59/2019/CREPMF du 30 septembre 2019 relative à la lutte contre le blanchiment de capitaux et le financement du terrorisme au sein des acteurs agréés du marché financier régional de l'UMOA a apporté de considérables précisions quant aux acteurs du Marché financier régional exactement (même si non exhaustivement) concernés par les obligations de lutte (voir *supra*, note 1300).

l'ensemble des critères (lesquels sont donc cumulatifs) prévus par la loi uniforme[1321]. En effet, il est exigé :

- que l'activité financière soit limitée en termes absolus ;
- qu'elle soit limitée au niveau des transactions ;
- qu'elle ne constitue pas l'activité principale (et donc, qu'elle ne soit exercée qu'à titre accessoire et directement liée à l'activité principale) et
- qu'elle soit exercée pour les seuls clients de l'activité principale et ne soit généralement pas offerte au public.

Paragraphe 2. Une définition *presque* conforme des Entreprises et professions non financières désignées.

311. L'assujettissement à quelques nuances près de la totalité des acteurs désignés par le GAFI au titre des EPNFD. Le texte communautaire[1322] a retenu une définition de la notion « Entreprises et professions non financières désignées (EPNFD) » *presque* identique à celle proposée dans le Glossaire des Quarante Recommandations. Dans l'espace UEMOA, cette notion recouvre ainsi :

- les casinos, y compris ceux sur Internet (et non explicitement, ceux établis sur un navire...[1323]) ;
- les agents immobiliers et les courtiers en biens immeubles ;
- les personnes se livrant habituellement au commerce ou organisant la vente de pierres précieuses, de métaux précieux, d'antiquités, d'œuvres d'art ;
- les avocats, notaires et autres membres des professions juridiques indépendantes, lorsqu'ils préparent ou effectuent des transactions pour un client dans le cadre de : l'achat et la vente de biens immobiliers ; la gestion de capitaux, titres ou autres actifs du client ; la gestion de comptes[1324] et l'organisation des apports pour la création, l'exploitation ou la gestion des sociétés, ou création, exploitation ou gestion de personnes morales ou constructions juridiques ainsi que l'achat et la vente d'entités commerciales ;
- les professionnels de l'expertise comptable et du commissariat aux comptes ;
- les prestataires de services aux sociétés et fiducies, lorsqu'ils fournissent les services suivants, à des tiers et à titre commercial :

[1321] Art. 6 *in fine* de la LU.

[1322] Art. 1er, point 24) de la LU.

[1323] La norme internationale inclut, en plus des casinos en ligne, ceux établis sur un navire. Peut-être l'existence de cette dernière catégorie n'a-t-elle pas été jusque-là établie au sein des États membres, justifiant ici l'absence de référence explicite aux casinos établis sur un navire... **Mais tant qu'à émettre des précisions définitionnelles, ceux-ci pourraient être aussi être assujettis.**

[1324] « Y compris les comptes-titres », précise l'art. 1er, point 24-d) de la LU.

- l'intervention, en qualité d'agent, en vue de la constitution, l'enregistrement et la gestion de personnes morales (et notamment des fiducies) ;
- l'intervention ou la réalisation des arrangements requis afin qu'une autre personne intervienne, en qualité d'administrateur ou de secrétaire général d'une société de capitaux, d'associé d'une société de personnes ou de titulaire d'une fonction similaire pour d'autres personnes morales ;
- la fourniture d'un siège, d'une adresse commerciale ou de locaux, d'une adresse administrative ou postale à une société de capitaux, d'associé d'une société de personnes ou toute autre personne morale ou structure juridique ;
- l'intervention ou la réalisation des arrangements nécessaires afin qu'une autre personne intervienne, en qualité d'administrateur d'une fiducie exprès, de titulaire d'une fonction similaire pour d'autres personnes morales ;
- l'intervention ou la réalisation des arrangements nécessaires afin qu'une autre personne intervienne, en qualité d'actionnaire agissant pour le compte d'une autre personne ;

• toutes autres entreprises ou professions pouvant être désignées par l'autorité compétente.

312. L'évitement de la notion de « *trust* » par le législateur communautaire : une démarche évitable ? Le législateur communautaire ne fait référence, dans la définition des EPNFD, qu'aux prestataires de services aux sociétés et *fiducies*, opérant donc apparemment le choix de tirer toutes les conséquences du fait que les *trusts* soient inconnus des systèmes juridiques des États membres. La notion de « fiducie »[1325] vient ainsi se substituer à celle de « *trust* » dans la loi uniforme, conformément au constat selon lequel « les fiducies sont pour le droit romano-germanique ce que sont les trusts pour le droit anglo-saxon »[1326]. Le législateur semble donc admettre l'assujettissement des prestataires de services aux *trusts* (de conception anglo-saxonne) aux obligations de lutte par souci notamment de conformité, mais en application d'un système d'équivalence face à l'incompatibilité de certaines règles de fonctionnement du

[1325] Une définition de la notion de fiducie, apparemment inspirée du système juridique français (art. 2011 du Code civil), est proposée dans l'art. 1er, point 27 de la LU ; il s'agit de « l'opération par laquelle un ou plusieurs constituants transfèrent des biens, des droits ou des sûretés, ou un ensemble de biens, de droits ou de sûretés, présents ou futurs, à un ou plusieurs fiduciaires qui, les tenant séparés de leur patrimoine propre, agissent dans un but déterminé au profit d'un ou plusieurs bénéficiaires ».

[1326] Cellule nationale de traitement des informations financières, *Rapport d'Évaluation nationale des risques de blanchiment de capitaux et de financement du terrorisme du Niger*, *op. cit.*, p. 94.

trust avec les principes fondamentaux de droit interne des États membres[1327]. Alors qu'en revanche, la réforme de l'Acte uniforme portant organisation des sûretés entrée en vigueur en 2011 a été l'occasion d'instituer ce que la doctrine appelle des « crypto-fiducies » dans les pays membres de l'OHADA[1328] (et donc, dans les États membres de l'UEMOA).

[1327] Il résulte de l'art. 2 al. 1er de la Convention de La Haye relative à la loi applicable au *trust* et à sa reconnaissance (du 1er juillet 1985) que le terme « *trust* » vise les relations juridiques créées par une personne, le constituant - par acte entre vifs ou à cause de mort - lorsque des biens ont été placés sous le contrôle d'un *trustee* dans l'intérêt d'un bénéficiaire ou dans un but déterminé. Et l'alinéa 2 de cet article de préciser les trois caractéristiques juridiques du *trust* : les biens du *trust* constituent une masse distincte et ne font pas partie du patrimoine du *trustee* ; le titre relatif aux biens du *trust* est établi au nom du *trustee* ou d'une autre personne pour le compte du *trustee* ; le *trustee* est investi du pouvoir et chargé de l'obligation, dont il doit rendre compte, d'administrer, de gérer ou de disposer des biens selon les termes du *trust* et les règles particulières imposées au *trustee* par la loi. Il apparaît dès lors que « le trust de la *common law* est clairement fondé sur la propriété, et plus spécifiquement sur un dédoublement de la propriété en une propriété légale/*legal title* conférée au fiduciaire et une propriété équitable/*equitable title* reconnue au bénéficiaire » ; or, les systèmes civilistes ignorent ce mécanisme consistant dans le dédoublement du titre de propriété (Y. EMERICH, « Les fondements conceptuels de la fiducie française face au trust de la *common law* : entre droit des contrats et droit des biens », *Revue internationale de droit comparé*, vol. 61, n°1, 2009, p. 55). Il en est ainsi dans les États de l'Union, où prévaut le principe de l'unité du patrimoine.

[1328] On retrouve au sein de l'OHADA (dont sont membres les États de l'Union) des mécanismes juridiques similaires à la fiducie, ce qui leur a valu l'appellation de « cryptos-fiducies » (F. I. SOLOU, « Les Crypto-fiducies du Droit OHADA pour la sécurisation et le développement du crédit en Afrique » [en ligne], réseau Recherche Édification et Développement (RED), 22 juin 2017. Disponible sur : https://redforsearchers.wordpress.com/2017/06/22/les-crypto-fiducies-du-droit-ohada-pour-la-securisation-et-le-developpement-du-credit-en-afrique/). L'expression a été empruntée à Claude WITZ (sur renvoi de l'auteur de l'article précité, voir : C. WITZ, *La fiducie en droit privé français*, éd. Economica, 1981). Ces « mécanismes crypto-fiduciaires du droit OHADA » mis en exergue dans l'article de Monsieur Franck Ikael SOLOU précité sont constitués d'une part, par l'Agent des sûretés et d'autre part, le transfert fiduciaire de somme d'argent. La première institution résulte de l'art. 5 de l'Acte uniforme portant organisation des sûretés, qui dispose : « Toute sûreté ou garantie de l'exécution d'une obligation peut être constituée, inscrite, gérée et réalisée par une institution financière ou un établissement de crédit national ou étranger, agissant, en son nom et en qualité d'agent des sûretés, au profit des créanciers de la ou des obligations garanties l'ayant désigné à cette fin. » Dès lors, ce mécanisme se rapproche de la fiducie puisque « l'agent des sûretés pourra être amené à devenir propriétaire des biens remis en garantie qu'il devra alors détenir dans un patrimoine distinct de son patrimoine propre » (K. M. AGBENOTO, « L'agent des sûretés en droit OHADA » [en ligne]. Disponible sur : https://barreaucameroun.org/site/wp-content/uploads/2019/10/LAGENT-DES-S%C3%9BRETES-OHADA_2019.pdf).

Quant au transfert fiduciaire de somme d'argent, il constitue, selon l'art. 87 de l'Acte uniforme portant organisation des sûretés, une convention par laquelle un constituant cède des fonds en garantie de l'exécution d'une obligation. Ces fonds doivent être inscrits sur un compte bloqué, ouvert au nom du créancier de cette obligation, dans les livres d'un établissement de crédit habilité à les recevoir. Et selon l'art. 88, la convention doit, à peine de nullité, déterminer la ou les créances garanties, de même que le montant des fonds cédés à titre de garantie ; elle doit en outre, identifier le compte bloqué : « le bénéficiaire de cette cession est censé être le créancier, pour lequel un compte bloqué est ouvert comme pour distinguer clairement dans les livres de l'établissement de crédit, le patrimoine affecté à la garantie du bénéficiaire de l'opération et le patrimoine du détenteur des fonds » (F. I. SOLOU, *op. cit.*).

Mais face au constat qu'un *trust* institué à l'étranger est reconnu au sein des États membres et peut y exercer ses activités ou y être administré[1329], rien ne devrait s'opposer à ce que la loi uniforme soumette spécifiquement les prestataires de services aux *trusts* aux obligations de lutte. Au ***Sénégal***, une démarche similaire est appliquée en matière fiscale, les *trusts* faisant partie des sociétés imposables dans ce pays[1330]. L'assujettissement de ces structures de *common law* aux obligations fiscales en dépit de leur méconnaissance par le dispositif interne sénégalais est une bonne illustration de la possibilité et mieux, de l'opportunité d'adopter la même démarche pour l'anti-blanchiment, et notamment en soumettant les prestataires de services à ces *trusts* aux obligations de lutte. La conformité aux recommandations en sera d'autant mieux respectée que la démarche anticipative relève de l'essence même des mesures préventives. Dès lors, la loi uniforme pourrait plus exhaustivement soumettre les prestataires de services aux sociétés, fiducies et *trusts* aux obligations de lutte. Ou tout au moins, à l'instar des pays de la CEMAC, prévoir que les prestataires de services aux sociétés et fiducies doivent respecter les mesures anti-blanchiment notamment lorsqu'ils interviennent « pour la constitution, l'enregistrement et la gestion de personnes morales, notamment les trusts et les fiducies »[1331].

Sous-section 2. L'exigence de meilleures garanties réglementaires de conformité quant aux politiques, procédures et au contrôle des institutions financières.

313. ***Des acquis à consolider***. Des dispositions relatives à l'élaboration de programmes de prévention de la LBC/FT ont été intégrées à la seconde loi uniforme, puis complétées par les autorités de contrôle des institutions financières. Mais encore une fois, l'on ne peut se contenter de ce minimum si l'ambition est de promouvoir de parfaites compréhension et maîtrise des mécanismes de prévention de la LBC/FT par l'ensemble des assujettis (Paragraphe 1). À l'échelle Groupe, il faudrait que la loi renforce les garanties de réciprocité dans le partage d'informations (Paragraphe 2).

Paragraphe 1. La nécessaire consolidation des obligations liées à la mise en place de programmes de prévention du blanchiment de capitaux.

314. ***Pour des programmes de prévention de la LBC/FT plus complets et limpides : des lignes directrices et précisions réglementaires requises***. Les assujettis seraient d'autant mieux éclairés si les autorités de contrôle venaient à publier des lignes directrices s'étendant plus amplement sur les modalités d'implémentation des procédures et mesures de contrôle interne (A). Pour sa

---

[1329] REM du ***Bénin*** de mai 2021, p. 141 ; REM du ***Burkina Faso*** de mai 2019, p. 95 et p. 99 ; REM de la ***Côte d'Ivoire*** de juin 2023, pp. 161-162 ; REM du ***Mali*** de novembre 2019, pp. 95-96 ; Rapport d'Évaluation nationale des risques du ***Niger***, p. 95 ; REM du ***Sénégal*** de mai 2018, p. 165.
[1330] REM du Sénégal de mai 2018, p. 165.
[1331] Règlement n°01/CEMAC/UMAC/CM portant prévention et répression du blanchiment des capitaux et du financement du terrorisme et de la prolifération en Afrique Centrale, art. 1er, point 31.

part, le législateur communautaire devrait ériger en obligation le recrutement d'employés selon des critères exigeants (B).

A. L'opportunité de clarifier les modalités de mise en place des procédures et mesures de contrôle interne.

315. La consécration d'une obligation générale de mise en place de programmes de prévention du blanchiment de capitaux par les institutions financières. La loi uniforme a intégré des dispositions obligeant les institutions financières à mettre en place des programmes de prévention du blanchiment de capitaux et du financement du terrorisme[1332]. Il faut relever qu'auparavant, l'article 23 pose l'obligation pour l'ensemble des assujettis d'assurer la formation et l'information régulière de leurs personnels en vue du respect des obligations de prévention relatives à la réglementation des relations financières extérieures et aux obligations de vigilance. D'ailleurs, les programmes de prévention du blanchiment de capitaux et du financement du terrorisme doivent notamment contenir une formation continue du personnel en vue d'aider à détecter les opérations et agissements pouvant être en lien avec le blanchiment de capitaux et le financement du terrorisme ; mais encore :

- une centralisation des informations sur l'identité des clients, des donneurs d'ordre, des bénéficiaires effectifs, des bénéficiaires et titulaires de procuration, des mandataires et sur les transactions suspectes ;
- une désignation au sein de la Direction, d'un Responsable de conformité chargé de veiller à l'application du dispositif de LBC/FT ;
- un dispositif de contrôle interne aux fins de vérifier la conformité, le respect et l'efficacité des mesures adoptées pour l'application de la loi uniforme ;
- le traitement des transactions suspectes[1333].

L'article 24 de la loi uniforme a également laissé la possibilité aux autorités de contrôle de préciser, en fonction de leurs domaines de compétence respectifs, le contenu ainsi que les modalités d'application des programmes de prévention du blanchiment de capitaux et du financement du terrorisme. Elles devront mener le cas échéant des investigations sur place en vue de vérifier l'application convenable desdits programmes[1334].

La BCEAO a précisé les modalités d'application ainsi que les moyens devant permettre de l'opérationnalisation de tels programmes. Ceux-ci doivent être documentés et validés par le Conseil d'Administration ou l'organe délibérant équivalent de l'Institution financière avant toute mise en application, tandis que la mise en œuvre en sera assurée par la Direction générale ou l'organe

---

1332 Art. 24 de la LU.
1333 Art. 24 al. 1er de la LU.
1334 Art. 24 *in fine* de la LU.

exécutif de l'institution financière[1335]. Ces programmes font l'objet d'un examen d'efficacité par la structure chargée de l'audit interne, au moins une fois par an, en vue de tenir compte de l'activité de l'institution financière ainsi que de l'environnement légal et réglementaire[1336]. La BCEAO prévoit, par ailleurs, une obligation pour les institutions financières de mettre en place un système d'information permettant de satisfaire à certaines exigences[1337] qui se révèlent être utiles, justement, à la centralisation des informations ainsi qu'au traitement des transactions suspectes (tels que prévus par l'article 24 de la loi uniforme). Enfin, sont requis d'une part, la création d'une structure interne de lutte contre le blanchiment de capitaux et le financement du terrorisme (dont les missions ont

[1335] Art. 4 de l'Instruction n°007-09-2017 portant modalités d'application par les institutions financières de la loi uniforme relative à la lutte contre le blanchiment de capitaux et le financement du terrorisme dans les États membres de l'UEMOA, qui précise les obligations des IF telles que posées par l'art. 24 de la LU.

[1336] Art. 4 *in fine* de l'Instruction n°007-09-2017 de la BCEAO.

[1337] Art. 6 de l'Instruction n°007-09-2017 de la BCEAO, qui dispose que les IF doivent se doter d'un système d'information permettant : le profilage des clients et des comptes ouverts dans leurs livres ; le filtrage en temps réel des clients et des transactions ; le suivi des mouvements sur les comptes et la génération des alertes ; la détermination du solde global de l'ensemble des comptes détenus par un même client ; le recensement des opérations effectuées par un même client qu'il soit occasionnel ou habituel et l'identification des transactions à caractère suspect ou inhabituel. Il doit être dans ce cadre, tenu compte de toute information de nature à modifier le profil du client, dans les délais prévus pour la vérification de l'identité des clients et la mise à jour des informations y afférentes. Les modifications doivent être intégrées au système d'information dans un délai maximum d'un mois. Les agréés de change manuel, en particulier, doivent se doter d'un système d'information permettant l'identification des transactions à caractère suspect et le recensement des opérations effectuées par un même client, qu'il soit occasionnel ou habituel. Le système d'information doit faire l'objet d'un examen périodique de son efficacité, au moins une fois par an.

été précisées)[1338] et d'autre part, la mise en place de programmes de formation et d'information du personnel en matière de lutte contre le blanchiment de capitaux, le financement du terrorisme et de la prolifération[1339].

[1338] L'obligation est prévue par l'art. 7 de l'Instruction n°007-09-2017 de la BCEAO, la structure devant être adaptée à l'organisation, à la nature et au volume des activités de l'institution financière. Dans ce cadre, il est prévu que la structure chargée de la gestion des risques ou celle responsable de la fonction conformité peut prendre en charge les responsabilités en matière de lutte contre le blanchiment de capitaux et le financement du terrorisme lorsque la taille de l'établissement ne justifie pas que cette fonction soit confiée à une structure distincte. Ses missions sont de mettre en œuvre un système de surveillance et de contrôle du bon fonctionnement des procédures édictées conformément aux dispositions en vigueur en matière de lutte contre le blanchiment de capitaux et le financement du terrorisme. L'organe exécutif dote le responsable de la structure interne de lutte contre le blanchiment de capitaux et le financement du terrorisme de moyens humains et matériels adéquats et lui assure une indépendance opérationnelle, pour l'exécution de sa mission. Le responsable de la structure interne de lutte contre le blanchiment de capitaux et le financement du terrorisme est rattaché à la Direction générale. La structure spécifique de lutte contre le blanchiment de capitaux et le financement du terrorisme est chargée plus spécifiquement : de centraliser les faisceaux d'indices de soupçons identifiés par le personnel ; d'instruire en interne les dossiers de déclarations de soupçon ; de rédiger les déclarations de soupçon et de les transmettre à la CENTIF ; de répondre aux requêtes régulières ou ponctuelles des autorités de contrôle, de la CENTIF ou des institutions partenaires ; de participer à l'organisation des actions de formation et de sensibilisation du personnel en matière de lutte contre le blanchiment de capitaux et le financement du terrorisme ; de prendre en charge toutes autres diligences dans le cadre du dispositif interne de prévention du blanchiment de capitaux et du financement du terrorisme. La structure spécifique de lutte contre le blanchiment de capitaux et le financement du terrorisme ne doit pas être impliquée dans l'exécution de tâches opérationnelles.

[1339] Aux termes de l'art. 9 de l'Instruction n°007-09-2017 de la BCEAO, les IF doivent mettre en place un programme de formation et de sensibilisation du personnel en matière de LBC/FT. Ledit programme doit être adapté aux exigences légales et réglementaires en vigueur et aux besoins des parties prenantes. La mise en œuvre du programme doit être documentée. À ce titre, ce programme doit comporter : une formation interne ou externe de base au profit des employés nouvellement recrutés, en vue de les sensibiliser sur la politique de LBC/FT de l'IF ainsi qu'aux exigences légales et réglementaires en la matière ; des formations internes ou externes continues à l'intention du personnel, en particulier les agents qui sont en contact direct avec la clientèle, afin de les aider à détecter les transactions inhabituelles et à reconnaître les tentatives de blanchiment ou de financement du terrorisme. Ces formations continues doivent également porter sur les procédures internes à suivre par le personnel en cas de détection d'un soupçon de blanchiment ou de financement du terrorisme ; des réunions d'information régulières pour les employés afin de les tenir au courant des évolutions quant aux techniques, méthodes et tendances de blanchiment et de financement du terrorisme ainsi qu'aux règles et procédures préventives à respecter en la matière ; la diffusion périodique d'une documentation relative à la lutte contre le blanchiment de capitaux et le financement du terrorisme. Dans l'hypothèse où les IF reprendraient un programme de formation et de sensibilisation élaboré hors de l'UMOA, elles doivent adapter ce programme aux exigences législatives et réglementaires en vigueur dans les États membres de l'Union. Sont soumis à l'obligation de suivre le programme de formation et de sensibilisation : les membres du personnel dont les tâches portent, directement ou indirectement, sur la lutte contre le blanchiment de capitaux et le financement du terrorisme ; les membres du personnel dont les tâches exposent au risque d'être confrontés à des tentatives de blanchiment de capitaux ou de financement du terrorisme ; les membres des organes sociaux intervenant dans le dispositif de contrôle, en particulier le Conseil d'Administration ou l'organe délibérant équivalent, le Comité d'Audit et le Comité de Surveillance.

L'AMF-UMOA prévoit des dispositions presque identiques à celles de la BCEAO en ce qui concerne la mise en place d'une structure interne de lutte anti-blanchiment et d'un système d'information[1340]. Il en est de même pour les exigences concernant la formation et l'information du personnel[1341]. Les règles se font cependant plus détaillées en ce qui concerne les exigences à l'égard du dispositif interne[1342], qui doit être *consigné par écrit*[1343] et validé par le Conseil d'Administration ou par l'organe délibérant équivalent de l'acteur du Marché financier régional, puis transmis au Conseil régional avant sa mise en application[1344]. Les politiques, procédures et contrôles doivent répondre à des critères de proportionnalité bien définis[1345] et mis à jour[1346].

Enfin, **dans le secteur des assurances**, le cinquième article du Règlement n°001/CIMA/PCMA/PCE/SG/2021 a effectué des précisions similaires à celles de la BCEAO et de l'AMF-UMOA - mais plus exhaustives. En effet, après une reprise des dispositions de l'article 24 de la loi uniforme[1347], l'article 5 précité ajoute qu'avant sa mise en application, le dispositif de LBC/FT est documenté et validé par le Conseil d'administration ou l'organe délibérant

---

[1340] Les dispositions de l'art. 20 de l'Instruction n°59/2019/CREPMF, plutôt destinées aux acteurs du Marché financier régional, sont identiques à celles de l'art. 7 de l'Instruction n°007-09-2017 de la BCEAO précitée.

[1341] Art. 25 de l'Instruction n°59/2019/CREPMF, similaire à l'art. 9 de l'Instruction n°007-09-2017 de la BCEAO.

[1342] Ce dispositif interne doit notamment décrire à titre particulier : la politique de l'acteur en matière de LBC/FT, prenant en compte notamment la protection des données ; les contrôles mis en place et les systèmes d'évaluation et de gestion des risques, notamment les mesures d'identification, d'évaluation et d'atténuation des risques de BC/FT auxquels l'acteur est exposé, en tenant compte des facteurs de risques tels que les clients, pays ou zones géographiques, les produits, services transactions ou canaux de distribution (art. 19 al. 3 de l'Instruction n°59/2019/CREPMF).

[1343] On ne retrouve pas cette exigence spécifique dans l'art. 4 de l'Instruction n°007-09-2017 de la BCEAO, mais l'on présume qu'en toute logique, tel devrait être le cas. **La précision n'en demeure pas moins requise**.

[1344] Art. 19 *in fine* de l'Instruction n°59/2019/CREPMF.

[1345] Aux termes de l'art. 19 al. 4 de l'Instruction n°59/2019/CREPMF, les politiques, procédures et contrôles doivent être proportionnés à la nature et à la taille de l'acteur du Marché financier régional ainsi qu'au volume de ses activités.

[1346] L'art. 19 al. 4 de l'Instruction n°59/2019/CREPMF prévoit notamment que les politiques, procédures et contrôles doivent être mis à jour sur la base des évaluations sectorielle et nationale des risques de BC/FT du Marché financier régional des États membres de l'Union.

[1347] Selon des termes similaires à ceux de l'art. 24 de la LU, l'art. 5 al. 1er du Règlement n°001/CIMA/PCMA/PCE/SG/2021 dispose que le dispositif de LBC/FT tel que prévu par l'art. 4 dudit Règlement (sur la mise en œuvre d'une approche fondée sur les risques) comprend notamment : la centralisation des informations sur l'identité des clients, des donneurs d'ordre, des bénéficiaires effectifs, des bénéficiaires et titulaires de procuration, des mandataires et sur les transactions suspectes ; la désignation de responsables chargés de l'application du dispositif de lutte contre le blanchiment de capitaux et le financement du terrorisme et de la prolifération ; la formation continue du personnel destiné à les aider à détecter les opérations et les agissements susceptibles d'être liés au blanchiment de capitaux et au financement du terrorisme et de la prolifération ; un dispositif de contrôle interne pour vérifier la conformité, l'observance et l'efficacité des mesures adoptées pour l'application du règlement ; le traitement des transactions suspectes.

équivalent de l'entreprise ou de l'organisme d'assurance[1348]. La Direction générale ou l'organe exécutif de l'entité assujettie doit en assurer la mise en œuvre, conformément aux dispositions de l'article 23 du Règlement n°001/ CIMA/PCMA/PCE/SG/2021[1349] (lesquelles portent sur le contrôle interne des procédures de LBC/FT). Par ailleurs, l'article 7 est consacré à la question de la mise en place d'une structure interne chargée de l'application des programmes de LBC/FT ; et l'article 11, à celle de la formation et l'information du personnel. Sur ces aspects, les attentes du législateur communautaire sont à quelques détails près les mêmes que celles de la BCEAO et de l'AMF-UMOA[1350]. De plus amples précisions sont apportées spécialement sur les Responsables internes en charge des programmes de LBC/FT, dont la désignation incombe aux entreprises et organismes d'assurance[1351]. Ces derniers doivent s'assurer qu'ils disposent de pouvoirs suffisants, d'un accès facile à toutes les informations utiles et qu'il soit connu des personnels concernés[1352]. Dès leur désignation, l'information doit être portée sans délai à la connaissance de la Commission et des CRF[1353].

316. Des exigences spécifiques liées aux procédures et au contrôle interne devant être mis en place par l'ensemble des assujettis. Ces exigences ont été prévues en perspective de l'application des dispositions relatives d'une part, à la vigilance à l'égard des personnes politiquement exposées et d'autre part, à la mise en place des programmes de prévention du blanchiment de capitaux[1354] (tels que précédemment présentés). Il est exigé, dans ce cadre, que les assujettis :

1. élaborent une classification des risques de blanchiment des capitaux et de financement du terrorisme présentés par leurs activités ; et cela, en fonction du degré d'exposition à ces risques apprécié compte tenu notamment, de la nature des produits ou des services offerts, des conditions des transactions proposées, des canaux de distribution utilisés ainsi que des caractéristiques des clients ;

1348 Art. 5 al. 2 du Règlement n°001/CIMA/PCMA/PCE/SG/2021.

1349 Art. 5 *in fine* du Règlement n°001/CIMA/PCMA/PCE/SG/2021.

1350 Voir *supra*. Les seules différences notées sont d'une part, que le Règlement n°001/CIMA/ PCMA/PCE/SG/2021 prévoit, au titre des obligations de cette structure, celle d'assurer la diffusion des procédures de LBC/FT aux personnes concernées (art. 7 al. 6-1°) ; d'autre part, concernant les personnes soumises à l'obligation de suivre les programmes de formation et de sensibilisation, le Règlement n°001/CIMA/PCMA/PCE/SG/2021 inclut « les personnes en relation directe avec les clients (personnes mandatées ou travaillant pour le compte des entreprises d'assurance et de réassurance en tant qu'agents généraux et leurs salariés ou sous-agents, vendeurs salariés, personnes travaillant dans les sociétés de courtage en qualité de vendeurs salariés, commerciaux et les personnes chargées de l'encaissement des primes ou du recouvrement, etc.) » (art. 11 al. 4).

1351 Art. 8 al. 1er du Règlement n°001/CIMA/PCMA/PCE/SG/2021. Il est spécifié qu'il peut en être désigné un ou plusieurs.

1352 Art. 8 al. 2 du Règlement n°001/CIMA/PCMA/PCE/SG/2021.

1353 Art. 8 *in fine*.

1354 Art. 25 al. 1er de la LU.

2. déterminent, si besoin est, un profil de la relation d'affaires avec le client, afin de permettre la détection des anomalies dans cette relation, au regard des risques de blanchiment de capitaux ou de financement du terrorisme ;
3. définissent les procédures à appliquer pour le contrôle des risques, la mise en œuvre des mesures de vigilance relatives à la clientèle, la conservation des pièces, la détection des transactions inhabituelles ou suspectes et le respect de l'obligation de déclaration de soupçon à la CENTIF ;
4. mettent en œuvre des procédures de contrôle, périodique et permanent, des risques de blanchiment de capitaux et de financement du terrorisme et prennent en compte, pour le recrutement de leur personnel, selon le niveau des responsabilités à exercer, les risques au regard de la lutte contre le blanchiment de capitaux et le financement du terrorisme.

La loi uniforme confie à chacune des autorités de contrôle concernées la responsabilité de préciser les modalités de mise en œuvre des procédures et mesures de contrôle interne prévues aux points 3 et 4. **La BCEAO et l'AMF-UMOA** y ont procédé selon une démarche visiblement harmonisée, si l'on s'en tient aux Instructions émanant de ces autorités de contrôle respectives. On constate en effet que d'une part, ces autorités ont prévu des listes identiques quant à la précision des domaines concernés par la définition de procédures internes de prévention du blanchiment de capitaux et du financement du terrorisme. De ce point de vue, l'article 5 de l'Instruction n°007-09-2017 de la BCEAO portant « procédures internes de prévention du blanchiment de capitaux et du financement du terrorisme » est l'équivalent de l'article 21 de l'Instruction n°59/2019/CREPMF. Ces dispositions prévoient que les assujettis concernés (institutions financières et acteurs du Marché financier régional, respectivement) doivent se doter de procédures internes afin d'assurer le respect des dispositions légales et réglementaires concernant la prévention du blanchiment de capitaux et du financement du terrorisme. Ces procédures doivent prescrire les diligences à accomplir ainsi que les règles à respecter en matière :

1. d'identification et de connaissance de la clientèle ;
2. de constitution et d'actualisation des dossiers de la clientèle ;
3. de fixation de délais pour la vérification de l'identité des clients et la mise à jour des informations y afférentes ;
4. d'identification et de suivi des opérations concernant des personnes politiquement exposées aux risques de blanchiment de capitaux et de financement du terrorisme ;
5. d'élaboration d'une cartographie et d'évaluation des risques de blanchiment de capitaux et de financement du terrorisme auxquels l'institution financière est exposée ;

6. d'établissement de relations avec les correspondants bancaires transfrontaliers (l'Instruction de la BCEAO ajoute à ce niveau : « notamment sur la base du modèle de canevas de recueil d'informations joint en annexe de la présente Instruction, préalablement à l'entrée en relation d'affaires. Le document dûment renseigné doit être validé par la Direction générale ou l'organe équivalent de la structure sollicitée ») ;
7. de surveillance et d'examen des opérations et des transactions inhabituelles ;
8. de détection et d'analyse des opérations susceptibles de faire l'objet d'une déclaration de soupçon à la CENTIF ;
9. de mise en œuvre des mesures de gel de fonds et autres ressources financières prises par les autorités compétentes ;
10. de conservation de l'ensemble des pièces et documents relatifs à l'identité des clients ;
11. de constitution et de conservation de bases de données, relatives aux opérations des clients, recueillies dans le cadre des obligations de vigilance ;
12. d'approbation préalable de tous nouveaux produits, services ou applications informatiques par rapport aux risques de blanchiment de capitaux et de financement du terrorisme ;
13. de suivi des opérations exécutées par Internet et autres supports électroniques ;
14. de formalisation de la surveillance des opérations effectuées par le personnel pour le compte de tiers ;
15. de suivi des opérations avec les pays et territoires déclarés non coopératifs par le GAFI et les personnes visées par des mesures de gel des avoirs ;
16. de traitement des demandes d'information reçues de la CENTIF ainsi que des autorités d'enquêtes et de poursuites ;
17. de mise en œuvre de toutes les autres obligations à la charge de l'institution financière ou de l'acteur du Marché financier régional.

Notons qu'il est précisé que lesdites procédures doivent être approuvées par le Conseil d'Administration ou l'organe équivalent de l'IF ou de l'acteur du Marché financier régional, selon les cas.

D'autre part, le contrôle interne doit être effectué selon les mêmes modalités et périodicité. Le contrôle est en effet audité selon une périodicité tenant compte de la nature, du volume et de la complexité des opérations de l'entité assujettie[1355]. Le dispositif doit être audité au moins une fois par an[1356]. Les conclusions des missions d'audit sont consignées dans un rapport devant être

[1355] Art. 10 al. 2 de l'Instruction n°007-09-2017 de la BCEAO ; art. 26 al. 2 de l'Instruction n°59/ 2019/CREPMF.
[1356] *Ibid.*

soumis au Conseil d'Administration ou à l'organe délibérant équivalent, qui prend les mesures nécessaires pour en assurer un suivi[1357]. Les conclusions d'audit infra-annuelles portant sur le dispositif de contrôle sont consignées dans le rapport périodique de contrôle interne à transmettre aux Autorités de contrôle - et au Conseil régional pour les acteurs du Marché financier régional[1358].

Par ailleurs, les institutions financières et acteurs du Marché financier régional doivent, dans le cadre de l'élaboration obligatoire d'un Rapport de mise en œuvre du dispositif interne de LBC/FT, produire tous documents et renseignements nécessaires à l'appréciation de la qualité de leur dispositif de prévention du blanchiment de capitaux et du financement du terrorisme[1359]. Ce rapport doit notamment : décrire l'organisation et les moyens en matière de prévention et de lutte contre le blanchiment de capitaux et le financement du terrorisme ; relater les actions de formation et de sensibilisation menées ; inventorier les contrôles effectués pour s'assurer de la bonne mise en œuvre et du respect des procédures d'identification de la clientèle, de conservation des données, de détection et de déclaration des transactions suspectes ; faire ressortir les résultats des investigations, notamment en ce qui concerne les faiblesses relevées dans les procédures et dans leur respect, ainsi que des statistiques se rapportant à la mise en œuvre du dispositif de déclaration de soupçon ; signaler, le cas échéant, la nature des informations transmises à des institutions tierces, y compris celles établies à l'extérieur du pays d'implantation ; dresser une cartographie des opérations suspectes les plus courantes, en indiquant les évolutions observées ; présenter les perspectives et le programme d'actions pour l'année à venir[1360].

Dans le secteur des assurances, le Règlement de la CIMA invite les entreprises ou organismes d'assurance à se doter des procédures écrites de maîtrise du risque de blanchiment de capitaux et de financement du terrorisme et de la prolifération, selon des modalités adaptées à leur organisation[1361]. Dans ce cadre, elles doivent tenir compte, si tel est le cas, de leur appartenance à un

---

[1357] Art. 10 al. 3 de l'Instruction n°007-09-2017 de la BCEAO ; art. 26 al. 3 de l'Instruction n°59/2019/CREPMF.

[1358] Art. 10 *in fine* de l'Instruction n°007-09-2017 de la BCEAO ; art. 26 *in fine* de l'Instruction n°59/2019/CREPMF.

[1359] Art. 11 de l'Instruction n°007-09-2017 de la BCEAO ; art. 28 *in fine* de l'Instruction n°59/2019/CREPMF (qui ajoute qu'à cet égard, les procédures écrites et la documentation interne doivent être disponibles en langue française).

[1360] Art. 12 de l'Instruction n°007-09-2017 de la BCEAO ; art. 28 de l'Instruction n°59/2019/CREPMF.

[1361] Art. 6 al. 1er du Règlement n°001/CIMA/PCMA/PCE/SG/2021.

groupe au sens de l'article 301-1 du Code des assurances[1362]. Du reste, des exigences similaires à celles de la BCEAO et de l'AMF-UMOA quant aux diligences devant être prescrites par les procédures internes de LBC/FT sont prévues par l'article 6, alinéa 2 du Règlement n°001/CIMA/PCMA/PCE/SG/ 2021[1363]. Les similitudes s'étendent à l'exigence d'approbation des procédures par le Conseil d'Administration ou l'organe équivalent (de l'entreprise ou de

---

[1362] *Ibid.* Précisons que l'art. 301-1 du Code des assurances définit notamment l'expression « groupe d'assurance », qui désigne un ensemble constitué par : a) au moins deux entreprises soumises au contrôle de la Commission en application des articles 300 et 309 et ayant leur siège dans un État membre ; b) ou d'une part, au moins une entreprise soumise au contrôle de la Commission en application des articles 300 et 309 et ayant son siège dans un État membre, et d'autre part, au moins une entreprise d'assurance située dans un pays tiers, une société de groupe d'assurance ou une entreprise de réassurance. À côté est définie l'expression « société de groupe d'assurance », désignant les entreprises dont l'activité principale consiste : à prendre et à gérer des participations dans des entreprises soumises au contrôle de la Commission régionale de Contrôle en application des articles 300 et 309 ou dans des entreprises de réassurance situées dans l'espace CIMA ou dans des entreprises d'assurance ou de réassurance dont le siège social est hors de l'espace CIMA ; et/ou à nouer et à gérer des liens de solidarité financière importants et durables avec des sociétés d'assurance mutuelle régies par le Code des assurances ou des entreprises de réassurance mutuelle situées dans l'espace CIMA ou des entreprises d'assurance ou de réassurance mutuelle ayant leur siège social hors de l'espace CIMA. Mais encore, l'expression « société de groupe mixte d'assurance », qui désigne les entreprises mères d'au moins une entreprise soumise au contrôle de la Commission régionale de Contrôle en application des articles 300 et 309 ayant son siège social dans l'espace CIMA autres que : les sociétés de groupe d'assurance ; les entreprises soumises au contrôle de la Commission régionale de Contrôle en application des articles 300 et 309.

[1363] Les seules différences relevées tiennent à l'exclusion *de facto* de certaines obligations qui ne sont pas de l'apanage des assujettis du secteur de l'assurance (par exemple, il n'y a pas lieu pour les organismes ou entreprises d'assurance de prévoir, dans le cadre de leurs procédures, les diligences à accomplir concernant l'établissement de relations avec les correspondants bancaires transfrontaliers). Aux termes de l'art. 6 al. 2 du Règlement n°001/CIMA/PCMA/PCE/SG/2021, les procédures internes de prévention notamment du blanchiment de capitaux doivent prescrire les diligences à accomplir et les règles à respecter en matière : 1. d'identification et de connaissance de la clientèle, et le cas échéant du bénéficiaire effectif ; 2. de constitution, de suivi et d'actualisation des dossiers de la clientèle ; 3. de fixation de délais pour la vérification de l'identité des clients et la mise à jour des informations y afférentes, afin de conserver une connaissance adéquate de ceux-ci, et le cas échéant des bénéficiaires effectifs ; 4. d'enregistrement, d'archivage et de conservation des pièces et documents relatifs à l'identité des clients, selon les modalités propres à en assurer la confidentialité et la disponibilité ; 5. de constitution et de conservation de bases de données, relatives aux opérations des clients, recueillies dans le cadre des obligations de vigilance ; 6. de surveillance et d'examen des opérations et des transactions inhabituelles ; 7. d'identification et de suivi des opérations concernant des personnes politiquement exposées aux risques de blanchiment de capitaux et de financement du terrorisme et de la prolifération ; 8. d'analyse informatisée et de détection des opérations susceptibles de faire l'objet d'une déclaration de soupçon à la CENTIF ou à l'ANIF ; 9. de suivi des opérations exécutées par Internet et autres supports électroniques ; 10. d'élaboration d'une cartographie et d'évaluation des risques de blanchiment de capitaux et de financement du terrorisme et de la prolifération auxquels l'entreprise ou l'organisme d'assurance est exposé ; 11. de traitement de demandes d'information reçues de la CENTIF ou de l'ANIF, ainsi que des autorités d'enquêtes et de poursuites ; 12. d'identification, d'évaluation et d'approbation préalable de tous nouveaux produits, politiques commerciales, services, ou applications informatiques par rapport aux risques de blanchiment de capitaux et de financement du terrorisme et de la prolifération.

l'organisme d'assurance)[1364]. En revanche, on retrouve davantage de précisions concernant les mesures d'accompagnement idoines, ce qui ne peut qu'apporter plus de clarté au texte réglementaire. En effet, les entreprises d'assurance doivent en outre :

- diffuser les règles et procédures sur support papier et numérique avec un accès en ligne, en attachant beaucoup d'importance à une bonne définition de la liste de diffusion ;
- former les personnes concernées (les documents de formation étant normalement distincts des documents de procédures) ;
- assurer la formation des nouveaux arrivants et effectuer les mises à jour nécessaires (nouvelles diffusions, nouvelles formations, faire des procédures numérotées et datées)[1365].

Sur le contrôle interne et la production obligatoire de rapports de mise en œuvre du dispositif de prévention du blanchiment de capitaux (y compris les contrôles sur place), le Règlement n°001/CIMA/PCMA/PCE/SG/2021 ne présente guère plus de spécificités en comparaison avec les Instructions de la BCEAO et de l'AMF-UMOA[1366], hormis une précision utile apportée. Il s'agit de l'obligation pour les groupes d'assurance de s'assurer que leurs succursales et filiales situées à l'étranger appliquent les mesures de LBC/FT conformes à celles en vigueur dans l'espace CIMA, lorsque les obligations minimales telles que prévu par le pays d'accueil en la matière sont moins contraignantes que celles applicables dans l'espace CIMA, et dans la mesure où les lois et règlements du pays d'accueil le permettent[1367].

Une dernière précision - et non des moindres - est que la seconde loi uniforme étend le champ de l'obligation de mettre en œuvre les procédures et mesures précitées aux courtiers en assurance soumis aux obligations préventives ainsi qu'à l'ensemble des assujettis ; mais uniquement « si elles sont compatibles avec leur statut, leurs missions et leur niveau d'activité et dans des conditions

---

[1364] Art. 6 al. 3. du Règlement n°001/CIMA/PCMA/PCE/SG/2021.
[1365] Art. 6 *in fine* du Règlement n°001/CIMA/PCMA/PCE/SG/2021.
[1366] Sont concernés l'art. 23 du Règlement n°001/CIMA/PCMA/PCE/SG/2021 (pour ce qui est du contrôle interne), l'art. 24 (s'agissant de la production d'un rapport de mise en œuvre du dispositif interne de prévention), l'art. 25 (contrôle sur place) et l'art. 26 (transmission des rapports aux autorités de supervision).
[1367] Art. 23 *in fine* du Règlement n°001/CIMA/PCMA/PCE/SG/2021.

définies par un arrêté du ministre chargé des finances »[1368]. Cet article permet de déduire que certains courtiers en assurance et autres assujettis (entreprises et professions non financières désignées) pourraient, lorsque le statut, les missions et le niveau d'activité le justifient, ne pas appliquer les exigences de la loi uniforme quant aux procédures et au contrôle interne. Cette mesure paraît adéquate puisqu'il faut, à la fois par souci de réalisme (quant à la faisabilité) et d'efficacité, tenir compte de l'opportunité d'imposer de telles obligations - qui ont un coût - à certaines structures dont ni la taille ni la nature/l'ampleur des activités ne justifient ou ne permettent l'application de mesures d'une telle complexité. Mais il faudra que les critères d'exemption au titre de ces obligations organisationnelles soient définis avec précision et compte tenu du niveau d'exposition au risque de blanchiment de capitaux. Les arrêtés des ministres chargés des Finances sont alors vivement attendus[1369].

317. Des regrets et attentes quant au contenu des lignes directrices. Les Instructions de la BCEAO et de l'AMF-UMOA ainsi que le Règlement de la CIMA ont répondu aux exigences de l'article 25 de la loi uniforme en établissant une liste des procédures internes spécifiques devant être mises en place et en précisant les modalités de réalisation des contrôles internes. Mais une fois de plus, aucun détail n'est fourni en ce qui concerne les *modalités de mise en place* des procédures internes exigées, ce qui limite la portée l'initiative ou en tout cas, laisse intact le besoin de plus amples précisions au bénéfice des assujettis. Des lignes directrices plus détaillées précisant les mesures à prendre au titre de chaque procédure (y compris, en renvoyant aux dispositions de la loi uniforme et à ses textes d'application lorsque nécessaire) seraient plus édifiantes. Enfin, l'on ne peut qu'espérer que le cas échéant, les indications à l'égard des entreprises et professions financières non désignées, qui ont moins l'expérience de la *compliance* que les organismes financiers, seront à la hauteur des attentes, notamment en application du principe de proportionnalité. En effet, l'un des risques attachés au fait d'inciter à la mise en place d'un dispositif inadapté et de surcroît, difficile à appréhender pour des agents non formés aux procédures de

---

[1368] Art. 25 *in fine* de la LU. Notons que même si elle est absente de la première LU, cette précision figurait dans le Règlement n°0004/CIMA/PCMA/PCE/SG/08 de la CIMA du 4 octobre 2008, en son article 16 disposant que « Les courtiers d'assurance et de réassurance sont des organismes financiers. À ce titre, ils doivent répondre de toutes les obligations mises à la charge des organismes financiers en matière de lutte contre le blanchiment des capitaux. Le fait qu'une entreprise d'assurance ou de capitalisation respecte ses obligations en matière de lutte contre le blanchiment des capitaux n'exonère pas pour autant le courtier et réciproquement. Bien que mandataires des assurés ou souscripteurs, les courtiers d'assurance et de réassurance qui effectuent une déclaration de soupçon sont tenus de ne pas informer leurs mandants sous peine de sanctions prévues par la réglementation de lutte contre le blanchiment de capitaux et le financement du terrorisme. » Cet article a été reconduit dans le nouveau Règlement de la CIMA n°001/CIMA/PCMA/PCE/SG/2021, en son article 22.

[1369] Nos recherches ne nous ont pas permis d'établir l'existence de tels arrêtés, dont il n'a pas été procédé à la publication par voie de numérisation.

contrôle, est de conduire à une totale inefficacité se traduisant par une absence notoire de déclarations de soupçon[1370].

B. La mesure restant à imposer : le recrutement d'employés selon des critères exigeants.

318. De la pertinence tant d'une consécration légale que de plus amples clarifications par des lignes directrices. Il n'y a pas d'obligation pour les institutions financières et autres assujettis d'adopter des procédures garantissant *le recrutement des employés selon des critères exigeants*[1371]. Or, cette obligation est fondamentale, car participant de la réduction du risque d'utilisation du personnel des institutions financières et EPNFD à des fins de blanchiment de capitaux. Elle devrait donc non seulement être intégrée dans la loi uniforme de manière explicite, mais encore, être prise en compte dans les lignes directrices aux fins de déterminer quels critères devraient permettre aux assujettis de se doter de ressources humaines présentant un haut niveau d'éthique et de professionnalisme. Cette exigence devrait *a fortiori* concerner le Responsable de la Structure interne de lutte contre le blanchiment de capitaux et le financement du terrorisme (au sein des organismes financiers) ou d'une manière générale, l'Agent de conformité chargé de veiller au respect des mesures anti-blanchiment.

Cette question est brièvement évoquée dans le Règlement de la CIMA, dont l'article 10 consacré à la question du recrutement et de la surveillance des personnels sensibles pose une obligation pour les entreprises d'assurance de mettre en œuvre les procédures adéquates lors de l'embauche des employés, notamment le personnel jugé sensible, afin de s'assurer que celle-ci s'effectue selon des critères exigeants. Lesdites entreprises doivent aussi maintenir une surveillance ultérieure des personnels sensibles[1372]. Mais quels sont ces « critères exigeants » ? Qui doit être considéré comme « personnel sensible » ? Etc. Il s'agit là de quelques exemples des types de précisions que l'on attend des lignes directrices. Pour l'exemple, la Banque nationale de Belgique impose aux institutions financières de veiller à ce que le haut dirigeant responsable de la LBC/FT soit honorable et dispose de l'expertise nécessaire

---

[1370] S. LACROIX-DE SOUSA, « L'assujettissement aux obligations de lutte contre le blanchiment », *Jurisport*, n°230, 2022, p. 38.

[1371] REM du ***Bénin*** de mai 2021, pp. 197-198 ; REM du ***Burkina Faso*** de mai 2019, p. 145 ; REM de la ***Guinée-Bissau*** de février 2022, p. 195 ; REM du ***Mali*** de novembre 2019, p. 151 et REM du ***Togo*** de juin 2022, pp. 189-190. Tout au plus retrouve-t-on à l'article 25 (*in fine*) de la LU, une obligation pour les institutions financières de prendre en compte « pour le recrutement de leur personnel, selon le niveau des responsabilités à exercer, les risques au regard de la lutte contre le blanchiment de capitaux et le financement du terrorisme ». Une disposition qui apparaît imprécise au regard de la formulation, et qui, par application d'une interprétation stricte, n'oblige pas pour autant à recruter « selon des critères exigeants », comme le prévoit la Recommandation 18. Dès lors, il nous apparaît inapproprié que, dans le cadre de l'évaluation du ***Niger*** (REM du Niger d'août 2021, p. 212), cette disposition ait été invoquée pour justifier de la conformité au critère 18.1-b).

[1372] Art. 10 *in fine* du Règlement n°001/CIMA/PCMA/PCE/SG/2021.

pour assurer ses fonctions ; elles doivent à ce titre procéder à des vérifications dites « *Screening fit & proper* »[1373]. À cette fin, la Banque nationale de Belgique a spécialement élaboré un Manuel pour l'évaluation de l'expertise et de l'honorabilité professionnelle, dans lequel on retrouve des critères détaillés permettant d'apprécier cette double exigence[1374].

Paragraphe 2. L'opportunité de renforcer les garanties de partage d'informations à l'échelle Groupe.

319. ***De l'intérêt d'un renforcement des garanties d'échange d'informations dans le respect des droits fondamentaux***. Il est du devoir des institutions financières de respecter les politiques et procédures de prévention à l'échelle Groupe (A), mais n'a pas été couverte l'obligation de mise à disposition des informations à provenance ou à destination des filiales et succursales pour les besoins de la LBT/FT (B) ; et pourtant, la précision ne serait pas dépourvue d'intérêt.

A. Les institutions financières tenues au respect des politiques et procédures préventives à l'échelle Groupe.

320. Le mot d'ordre : l'application de politiques, procédures et mesures de vigilance au moins équivalentes à celles en vigueur au sein de l'Union. Au regard du paysage bancaire des États membres, il doit être accordé une vigilance particulière à la réglementation de l'anti-blanchiment au sein des Groupes. En effet, d'après les données fournies par la Commission bancaire de l'UMOA, cent quatorze des cent cinquante-cinq établissements en activité dans l'Union (soit 73,5 %) étaient affiliés à trente-quatre groupes bancaires[1375]. Parmi ces derniers, seuls treize groupes ont leurs maisons-mères installées dans l'Union, tandis que les autres proviennent du Maghreb, de l'Union européenne (UE), de la Zone Monétaire de l'Afrique de l'Ouest (ZMAO), de la CEMAC, de la SADC et du reste du monde (RDM)[1376]. Si à l'égard des Groupes bancaires de l'UMOA il est acté, du fait de l'uniformisation des mesures anti-blanchiment,

[1373] Banque nationale de Belgique, *Prévention du blanchiment de capitaux et du financement du terrorisme* [en ligne], 2018, p. 34. Disponible sur : https://www.nbb.be/doc/cp/fr/aml/archivage/20180522_siteaml_archivage_fr.pdf. La personne est considérée comme étant experte (*fit*) lorsque, pour une fonction spécifique, elle dispose des connaissances, expérience et compétences du comportement professionnel requis pour la fonction concernée. Tandis que le terme « *proper* » fait référence à l'honnêteté et à l'intégrité de la personne. Ces deux critères réunis font l'aptitude professionnelle dite « *suitability* » (*id.*, *Manuel pour l'évaluation de l'expertise et de l'honorabilité professionnelle* [en ligne], septembre 2018, p. 4. Disponible sur : https://www.nbb.be/doc/cp/fr/2018/20180918_nbb_2018_25_annexe1.pdf).

[1374] *Manuel pour l'évaluation de l'expertise et de l'honorabilité*, *op. cit.* Ce Manuel a été instauré par la circulaire du 18 septembre 2018 portant Aptitude des administrateurs, membres du comité de direction, responsables de fonctions de contrôle indépendantes et dirigeants effectifs d'établissements financiers.

[1375] Commission bancaire de l'UMOA, *Rapport annuel 2022*, p. 58.

[1376] *Ibid.*, pp. 60-61.

que des politiques, procédures et mesures de vigilance équivalentes doivent être appliquées, il y a lieu de veiller à mettre en place les garde-fous devant permettre de neutraliser le risque de non-conformité pour les institutions financières se situant hors des frontières de la sous-région.

Ainsi, lorsqu'elles font partie d'un Groupe, les institutions financières doivent appliquer les politiques et procédures à l'échelle du Groupe, lesquelles incluent des politiques de protection des données ainsi que des politiques et procédures relatives au partage des informations utiles à la lutte contre le blanchiment de capitaux et le financement du terrorisme[1377]. Lesdites politiques et procédures doivent être mises en œuvre efficacement au sein des filiales et succursales, qu'elles soient établies dans les États membres ou dans des États tiers[1378]. La loi uniforme prévoit également la règle de l'application, par les bureaux de représentation, succursales et filiales des institutions financières de l'Union établies dans des pays tiers, de mesures anti-blanchiment conformes à celles du pays d'origine *lorsque celles du pays d'accueil sont moins strictes* (si les dispositions législatives et réglementaires de l'État tiers le permettent)[1379]. Dans pareille situation, le législateur communautaire privilégie fort opportunément le dialogue, en prévoyant que les autorités de contrôle concernées se tiennent mutuellement informées des cas dans lesquels la législation de l'État tiers ne permet pas d'appliquer les mesures (plus strictes) du pays d'origine, en vue d'engager une action coordonnée visant la recherche d'une solution[1380]. Lorsque la législation de l'État tiers *ne permet pas du tout l'application des mesures relatives aux politiques et procédures à l'échelle du Groupe*, le législateur prévoit, conformément aux standards, que les institutions financières doivent prendre des mesures supplémentaires pour traiter efficacement le risque de blanchiment de capitaux (ou de financement du terrorisme), puis tiennent les autorités de surveillance de leur État d'origine informées[1381]. Si ces mesures supplémentaires ne sont toujours pas suffisantes, les autorités compétentes de l'État d'origine envisagent des mesures de surveillance additionnelles et si besoin, de demander au groupe financier de cesser ses activités dans l'État d'accueil[1382].

Des règles similaires sont prévues en ce qui concerne *l'application des mesures de vigilance* dans les filiales et succursales se trouvant à l'étranger. Dans cette hypothèse, les institutions financières des États membres doivent

---

1377 Art. 89 al. 1er de la LU.
1378 *Ibid.*
1379 Art. 89 al. 2 de la LU.
1380 Art. 89 al. 3 de la LU. Il faut relever qu'au titre de ses attributions, la Commission bancaire de l'UMOA est notamment chargée de « gérer les relations avec les Autorités de supervision compétentes des pays d'accueil et d'origine des établissements assujettis » (Commission bancaire de l'UMOA, *Rapport annuel 2020*, p. 24).
1381 Art. 89 *in fine* de la LU.
1382 *Ibid.*

veiller à ce que des mesures de vigilance à l'égard des clients et de conservation des informations au moins équivalentes à celles de la seconde loi uniforme soient appliquées au sein de leurs filiales et succursales se trouvant à l'étranger[1383]. Si le droit du pays tiers ne le permet pas, les institutions financières en tiennent informées la CENTIF ainsi que l'autorité de surveillance et de contrôle dont elles relèvent[1384]. L'on peut alors avancer, puisque le législateur ne donne pas plus de détails que cela, que ces autorités de contrôle pourraient graduellement, envisager « d'engager une action coordonnée en vue de la recherche d'une solution »[1385] ; et si le manquement persiste, décider d'une cessation d'activité dans l'État tiers[1386]. Par ailleurs, les institutions financières sont pour leur part tenues de communiquer les mesures minimales appropriées de lutte contre le blanchiment de capitaux et le financement du terrorisme à leurs filiales et succursales situées à l'étranger[1387].

B. L'omission (volontaire ?) de la mise à disposition des informations en provenance/à destination des filiales et succursales : des obligations à préciser.

321. Une omission à portée variable. Il a été reproché au législateur communautaire de ne pas avoir prévu, spécifiquement, l'obligation d'une mise à disposition d'informations en provenance des succursales et filiales relatives aux clients, aux comptes et aux opérations, lorsqu'elles sont nécessaires à la lutte contre le blanchiment de capitaux et le financement du terrorisme ; et ce, aux fonctions de conformité, d'audit et de LBC/FT au niveau du Groupe[1388]. Rappelons que ces informations doivent inclure les données et analyses des activités semblant inhabituelles et inversement, les filiales et succursales devraient recevoir ces informations de la part des fonctions de conformité du Groupe, lorsque cela est pertinent et approprié pour la gestion des risques[1389]. Il faut relever, en ce qui concerne les filiales et succursales se trouvant au sein de l'Union et faisant partie d'un Groupe situé dans un pays tiers, qu'elles pourraient

---

[1383] Art. 91 al. 1er de la LU.

[1384] Art. 91 al. 2.

[1385] Rappelons que telle est la démarche retenue par l'art. 89 al. 3 dans la situation où l'institution financière du pays de l'Union a des bureaux de représentation, filiales ou succursales dans des pays tiers dans lesquels les obligations minimales de LBC/FT sont moins strictes que sur le territoire dans lequel elle est installée.

[1386] Telle est la solution extrême envisagée par le législateur communautaire (art. 89 *in fine*), dans l'hypothèse où la législation de l'État tiers ne permettrait pas d'appliquer les obligations afférentes à la mise en œuvre de politiques et procédures anti-blanchiment au sein d'un Groupe.

[1387] Art. 91 *in fine* de la LU.

[1388] REM du ***Bénin*** de mai 2021, p. 198 ; REM du ***Burkina Faso*** de mai 2019, p. 145 ; REM de la ***Côte d'Ivoire*** de juin 2023, p. 227 ; REM de la ***Guinée-Bissau*** de février 2022, p. 196 ; REM du ***Mali*** de novembre 2019, p. 152 ; REM du ***Niger*** d'août 2021, p. 212. Cela dit, n'a pas non plus été expressément prévue la possibilité pour les succursales et filiales de recevoir des informations relatives aux clients, aux comptes et aux opérations lorsqu'elles sont nécessaires à la LBC/FT, de la part des fonctions de conformité du Groupe.

[1389] Critère 18.2.

de toute manière être appelées à satisfaire aux exigences de partage des informations spécifiques précédemment évoquées à l'échelle Groupe par l'effet loi de l'État tiers. Par exemple, les filiales et succursales de groupes notamment français établies dans les États membres de l'UEMOA doivent se conformer aux obligations de partage d'informations à l'échelle Groupe telles que prévues par la loi française, étant entendu que sont concernées toutes les informations « nécessaires à la lutte contre le blanchiment de capitaux et le financement du terrorisme »[1390], sous réserve des limitations et conditions posées par le Règlement général sur la protection des données. En revanche, cette omission du texte réglementaire ne profite pas aux entités mères situées sur le territoire de l'Union ; le législateur aurait pu en effet se faire plus précis quant à la détermination des informations à partager (conformément à la Recommandation 18) et de la sorte, garantir légalement l'accès à une plus large gamme d'informations par les maisons-mères situées sur le territoire de l'Union. Une telle démarche est donc souhaitée et devra être assortie, le cas échéant, de procédures définissant les modalités de transmission de telles informations (personnes habilitées, nature des informations accessibles, etc.).

On s'interroge tout de même sur les raisons de l'omission de cette obligation par le législateur communautaire... Est-ce là le résultat d'une démarche inclusive, à l'issue de laquelle certaines parties prenantes se seraient opposées, pour quelque raison, à satisfaire aux exigences d'une mise à disposition d'informations de cette étendue ? Ou le législateur aurait-il estimé suffisant de poser l'obligation générale de partage d'information (à l'article 89) ? Si les réponses à ces interrogations demeurent incertaines, il est admis en revanche, que la mise à disposition de données aussi sensibles à une échelle Groupe doit se faire dans des conditions garantissant le strict respect de la protection de données, que l'on soit dans l'hypothèse d'une entité mère, ou d'une filiale/succursale localisée au sein de l'Union. La loi uniforme prévoit, certes, pareille obligation ; mais une lecture conjointe - néanmoins succincte, l'exhaustivité ne se prêtant pas au cadre de cette analyse limitée - avec les normes régissant la protection des données à caractère personnel au sein des États membres de l'UEMOA s'impose, aux fins d'en cerner l'étendue.

[1390] Art. L511-34 du Code monétaire et financier (modifié par ordonnance n°2020-115 du 12 février 2020). Plus spécifiquement, les procédures prévoient quelles informations doivent être communiquées pour les besoins de pilotage du dispositif anti-blanchiment et de la vigilance à l'égard de la clientèle : les informations relatives à l'évaluation des risques auxquels sont exposées les différentes entités du groupe ; les informations spécifiques afférentes à un client ou à une opération et nécessaires à la vigilance au sein du groupe et les informations nécessaires pour le pilotage du dispositif de lutte contre le blanchiment de capitaux et le financement du terrorisme (Autorité de contrôle prudentiel et de résolution, *Lignes directrices relatives au pilotage consolidé du dispositif de LCB-FT des groupes*, 2 mars 2020, pp. 10-12).

322. Des possibilités d'amélioration des cadres réglementaire et institutionnel de la protection des données à caractère personnel en faveur de l'anti-blanchiment. Les lois sur la protection des données à caractère personnel des États membres prévoient des garanties minimales en consacrant notamment les principes fondamentaux régissant la matière[1391] ainsi que les droits des personnes concernées[1392]. La nécessité de rechercher le fameux équilibre entre liberté et sécurité est cependant au fondement de nombreux

---

[1391] Dans l'espace communautaire (CEDEAO), l'Acte Additionnel A/SA.1/01/10 du 16 février 2010 relatif à la protection des données à caractère personnel dans l'espace de la CEDEAO sert de fondement notamment aux États membres de l'UEMOA quant au respect de la protection des données à caractère personnel. Participant de la vie privée, il s'agit dès lors d'un droit fondamental, constitutionnellement consacré au sein des États membres où prévalent en effet, le droit au libre développement de la personnalité ou encore, les principes de l'inviolabilité du domicile et du secret des correspondances (voir vol. 2 du présent ouvrage, par. 578) ; et cela, même s'il faut relever le caractère « relativement récent » du droit à la protection des données à caractère personnel à l'échelle africaine (Dr. M. LO, *La protection des données à caractère personnel en Afrique - Réglementation et régulation*, Baol Éditions, 2017, p. 21). Les États membres de l'UEMOA ont plus spécifiquement adopté des lois portant sur la protection des données à caractère personnel (***Bénin*** : loi n°2017-20 du 20 avril 2018 portant Code du numérique en République du Bénin, actuellement en vigueur et modifiée par la loi n°2020-35 du 6 janvier 2021 ; ***Burkina Faso*** : loi n°001-2021/AN du 30 mars 2021 (ayant abrogé la loi n°010-2004/AN du 20 avril 2004) ; ***Côte d'Ivoire*** : loi n°2013-450 du 19 juin 2013 ; ***Mali*** : loi n°2013-15 du 21 mai 2013 ; ***Niger*** : loi n°2017-28 du 3 mai 2017 ; ***Sénégal*** : loi n°2008-12 du 25 janvier 2008 et ***Togo*** : loi n°2019-014 du 29 octobre 2019). Ces lois consacrent toutes les principes directeurs de la protection des données à caractère personnel (voir *supra*, par. 252) : **les principes de consentement et de légitimité** (***Bénin*** : art. 383 et 389 et s. ; ***Burkina Faso*** : art. 8 et art. 13 ; ***Côte d'Ivoire*** : art. 14 ; ***Mali*** : art. 3 - qui contient une définition du « consentement de la personne concernée » ; ***Niger*** : art. 1er et art. 14 ; ***Sénégal*** : art. 33 et ***Togo*** : art. 14) ; **de licéité et de loyauté** (***Bénin*** : art. 383 ; ***Burkina Faso*** : art. 7 ; ***Côte d'Ivoire*** : art. 15 ; ***Mali*** : art. 7 ; ***Niger*** : art. 15 ; ***Sénégal*** : art. 34 et ***Togo*** : art. 15) ; **de finalité, de pertinence/proportionnalité des données collectées et traitées** : ***Bénin*** : art. 383 ; ***Burkina Faso*** : art. 8 ; ***Côte d'Ivoire*** : art. 16 ; ***Mali*** : art. 7 ; ***Niger*** : art. 16 ; ***Sénégal*** : art. 35 et ***Togo*** : art. 16 ; **de sécurité et de confidentialité** : ***Bénin*** : art. 385 ; ***Burkina Faso*** : art. 10 ; ***Côte d'Ivoire*** : art. 19 ; ***Mali*** : art. 8 ; ***Niger*** : art. 19 ; ***Sénégal*** : art. 38 et ***Togo*** : art. 19 ; **d'exactitude** : ***Bénin*** : art. 383 ; ***Burkina Faso*** : art. 9 ; ***Côte d'Ivoire*** : art. 17 ; ***Mali*** : art. 7 ; ***Niger*** : art. 17 ; ***Sénégal*** : art. 36 et ***Togo*** : art. 17. Plusieurs de ces lois consacrent expressément, en outre, les **principes de transparence** (***Bénin*** : art. 384 ; ***Côte d'Ivoire***, ***Niger*** et ***Togo*** : art. 18 ; ***Sénégal*** : art. 37) **et de choix du sous-traitant** (***Bénin*** : art. 386 ; ***Burkina Faso*** : art. 11 ; ***Côte d'Ivoire***, ***Niger*** et ***Togo*** : art. 20 ; ***Sénégal*** : art. 39).

[1392] Les droits conférés à la personne dont les données font l'objet d'un traitement sont, en effet, prévus par les lois portant protection des données à caractère personnel au sein des pays membres. Il s'agit : du **droit à l'information** (***Bénin*** : art. 415 et s. posant les obligations d'information incombant aux responsables de traitement ; ***Burkina Faso*** : art. 16 ; ***Côte d'Ivoire*** : art. 28 ; ***Mali*** : art. 15 à 18 ; ***Niger*** : art. 26 ; ***Sénégal*** : art. 58 à 61 et ***Togo*** : art. 35 à 38) ; du **droit d'accès aux données recueillies** (***Bénin*** : art. 437 ; ***Burkina Faso*** : art. 17 ; ***Côte d'Ivoire*** : art. 29 ; ***Mali*** : art. 12 et 14 ; ***Niger*** : art. 27 ; ***Sénégal*** : art. 62 à 67 et ***Togo*** : art. 39 à 44) ; du **droit de correction ou de rectification, d'effacement/de suppression** : ***Bénin*** : art. 441 et s. ; ***Burkina Faso*** : art. 21 ; ***Côte d'Ivoire*** : art. 31 à 37 ; ***Mali*** : art. 12 et 14 ; ***Niger*** : art. 29 à 35 ; ***Sénégal*** : art. 69 et ***Togo*** : art. 46 et du **droit d'opposition** (***Bénin*** : art. 440 ; ***Burkina Faso*** : art. 20 ; ***Côte d'Ivoire*** : art. 30 ; ***Mali*** : art. 19 ; ***Niger*** : art. 28 ; ***Sénégal*** : art. 68 et ***Togo*** : art. 45). Le ***Bénin*** prévoit en plus le droit à la portabilité des données (art. 438), le droit d'interrogation (art. 439).

tempéraments à cette protection. Ainsi, le principe de consentement et de légitimité s'écarte, à l'instar des dispositions de l'article 14 de la loi ***togolaise*** portant protection des données à caractère personnel, notamment lorsque leur traitement est nécessaire « au respect d'une obligation légale ou réglementaire à laquelle le responsable de traitement est soumis ». Ce même motif peut être invoqué, partant des lois sénégalaise et togolaise, pour justifier une dérogation au principe d'interdiction de traitement des données sensibles[1393]. Au ***Bénin***, au ***Burkina Faso***, en ***Côte d'Ivoire*** et au ***Niger***, les traitements des données à caractère personnel opérés pour le compte de l'État sont autorisés par décret, après avis motivé de l'Autorité de protection, toutes les fois que ces traitements portent notamment sur la prévention, la recherche, la constatation et la poursuite des infractions pénales ou l'exécution des condamnations pénales et mesures de sûreté[1394]. Par ailleurs, au ***Bénin***, il est posé un principe de responsabilité du Responsable de traitement qui doit, entre autres, « empêcher que des systèmes de traitement des données soient utilisés à des fins de blanchiment de capitaux »[1395].

Concernant spécifiquement les transferts de données à caractère personnel vers des pays, les lois nationales des États membres les subordonnent toutes à l'autorisation (ou une demande d'avis) de l'Autorité nationale de protection des données personnelles[1396] ; il est en outre exigé que l'État destinataire assure un niveau de protection suffisant de la vie privée, des droits et libertés fondamentaux des personnes au regard du traitement dont ces données

[1393] ***Sénégal*** : art. 41-8°) ; ***Togo*** : art. 22-8). Au ***Togo***, les données sensibles renvoient à celles qui révèlent l'origine raciale, ethnique, la filiation, les opinions politiques, les convictions religieuses ou philosophiques, l'appartenance syndicale, la vie sexuelle, les données génétiques ou plus généralement celles relatives à l'état de santé de la personne concernée (art. 21). Au ***Bénin***, en ***Côte d'Ivoire***, au ***Mali***, au ***Niger***, au ***Sénégal***, à toutes les données à caractère personnel relatives aux opinions ou activités religieuses, philosophiques, politiques, syndicales, à la vie sexuelle ou raciale, à la santé, aux mesures d'ordre social, aux poursuites, aux sanctions pénales ou administratives (respectivement, art. 1er de la ***béninoise***, qui intègre les données relatives à la génétique à la définition précitée ; art. 1er de la loi ***ivoirienne***, art. 3-11° de la loi ***malienne*** ; art. 1er de la loi ***nigérienne*** ; art. 3-11° de la loi ***sénégalaise***). Au ***Burkina Faso***, les données sensibles sont à afférentes à l'état de santé, aux données biométriques, génétiques, à la vie sexuelle, aux origines raciales ou ethniques, aux opinions ou activités politiques, philosophiques ou religieuses, à l'appartenance syndicale, aux mœurs, aux recherches et poursuites des délinquants, aux sanctions pénales ou administratives, aux mesures de sûreté connexes ou autres mesures d'ordre social (art. 5).

[1394] Art. 411 de la loi ***béninoise*** ; art. 13 des lois ***ivoirienne*** et ***nigérienne*** portant protection des données à caractère personnel.

[1395] Art. 387 al. 1er-9° de la loi béninoise sur la protection des données à caractère personnel.

[1396] ***Bénin*** (qui exige un niveau de protection équivalent ou suffisant) et ***Burkina Faso*** : art. 31 ; ***Côte d'Ivoire*** (qui exige un niveau de protection équivalent ou supérieur) : art. 26 ; ***Mali*** : art. 11 ; ***Niger*** : art. 24 ; ***Sénégal*** : art. 49 et ***Togo*** : art. 28.

font ou peuvent faire l'objet[1397]. L'interconnexion de fichiers[1398], selon des règles similaires, nécessite l'autorisation ou l'avis préalable de l'Autorité nationale de protection des données à caractère personnel[1399].

Celle-ci est, bien sûr, au cœur de l'application du dispositif protectionniste dont les grandes lignes ont été précédemment retracées. Ces Autorités administratives indépendantes sont aujourd'hui opérationnelles dans la grande majorité des États membres et ont pour mission générale de veiller à un traitement des données à caractère personnel respectueux des dispositions légales y relatives[1400]. Dans ce cadre, l'Association francophone des autorités de protection des données personnelles (AFAPDP) se propose de favoriser les

---

[1397] *Ibid.*

[1398] L'on peut se référer à la définition ***malienne*** quant au sens de cette notion : « l'interconnexion des données à caractère personnel » renvoie à « tout mécanisme de connexion consistant en la mise en relation de données traitées pour une finalité déterminée avec d'autres données traitées pour des finalités identiques ou non ou liées par un ou plusieurs responsables de traitement » (art. 3-14° de la loi n°2013-015 du 21 mai 2013 portant protection des données à caractère personnel en République du Mali).

[1399] ***Bénin*** : art. 407 ; ***Burkina Faso*** : art. 31 et 41 ; ***Côte d'Ivoire*** : art. 27 ; ***Mali*** : art. 31 ; ***Niger*** : art. 25 ; ***Sénégal*** : art. 53 à 57 ; ***Togo*** : art. 32 à 34.

[1400] Ces Autorités ont le statut d'autorités administratives indépendantes et ont été instituées par les lois portant protection des données à caractère personnel des États membres. Il s'agit : de l'Autorité de protection des données personnelles (APDP) au ***Bénin***, instituée par la loi n°2017-20 du 16 juin 2017 portant code du numérique en République du Bénin ; de la Commission de l'Informatique et des libertés (CIL) au ***Burkina Faso***, fonctionnelle depuis décembre 2007 (voir site Internet de la Commission de l'Informatique et des libertés du Burkina Faso, « La Commission de l'Informatique et des Libertés » (La CIL/Présentation) [en ligne] ; disponible sur : http://www.cil.bf/index.php/la-cil/presentation) ; de l'Autorité de régulation des télécommunications/TIC (ARTCI) en ***Côte d'Ivoire***, créée par ordonnance n°2012-293 du 21 mars 2012 suite à la fusion du Conseil des Télécommunications de Côte d'Ivoire (CTCI) et de l'Agence des Télécommunications de Côte d'Ivoire dite ATCI (voir site Internet de l'ARTCI, « Création et missions » [en ligne], mise à jour : 6 novembre 2019 ; disponible sur : https://www.artci.ci/index.php/accueil/creation-et-missions2.html) ; de l'Autorité de protection des données à caractère personnel (APDP) au ***Mali***, dont la liste des membres a été publiée en juillet 2015, suite à l'adoption, en mai 2013, de la loi portant protection des données à caractère personnel en République du Mali (Association francophone des autorités de protection des données personnelles, « Lancement de l'APDP : l'autorité de protection des données au Mali » [en ligne], 9 novembre 2015. Disponible sur : https://www.afapdp.org/archives/3114) ; de la Haute Autorité de protection des données à caractère personnel (HAPDP) au ***Niger*** ; de la Commission de protection des données à caractère personnel au ***Sénégal*** (CDP). Au ***Togo***, c'est tout récemment qu'a été instituée l'Instance de protection des données à caractère personnel (IPDCP).

bonnes pratiques en la matière [1401]. Elle compte à son actif l'assistance dans l'élaboration de certaines lois nationales notamment des États membres, le renforcement des capacités ainsi que de la coopération entre les Autorités[1402]. D'ailleurs, en 2014, c'est sous l'impulsion de l'AFAPDP qu'ont été développées les Règles contraignantes d'entreprise francophones (RCEF), qui obligent au respect des principes fondamentaux sous-tendant la protection des données par une mise en place de codes de conduite internes à l'entreprise et de mécanismes de mise en conformité[1403]. Sont couverts, dans cette perspective, les transferts intragroupes de données personnelles réalisés par une société établie dans un pays membre de l'AFAPDP vers d'autres sociétés du groupe, peu important que celles-ci soient situées dans un pays membre de l'AFAPDP ou non[1404]. L'AFAPDP a également œuvré pour l'adhésion à la Convention 108 par les pays francophones[1405], chose faite parmi les États membres de l'UEMOA, par le

---

[1401] C'est sous l'égide de représentants d'autorités de protection des données personnelles francophones et de l'Organisation internationale de la Francophonie (OIF) qu'aurait été mise en place l'Association francophone des autorités de protection des données personnelles (AFAPDP), créée à Montréal, en septembre 2007. Son mandat s'organise dès lors autour de la protection des données personnelles, dont l'Association se propose d'assurer la promotion et l'application par ses membres. En outre, elle se veut encourager la recherche, le partage de bonnes pratiques, la coopération avec d'autres organisations/associations en vue de la protection des données et la démocratie ; elle vise également à constituer un pôle d'expertise francophone en matière de protection des données et dans ce cadre, recueillir et diffuser des informations relatives aux membres de l'association au sein du réseau de la Francophonie, c'est-à-dire de l'OIF et les réseaux institutionnels francophones. L'AFAPDP est composée de membres adhérents constitués par les autorités indépendantes chargées de la protection des données personnelles et de la vie privée des pays et gouvernements ayant en commun le français ; de membres associés, à savoir les représentants des États et gouvernements ayant en commun le français et ayant adopté une législation sans avoir encore installé l'autorité indépendante et d'observateurs, formés par les représentants des autres États et gouvernements ayant en commun le français qui se veulent développer les règles de la protection des données personnelles, ainsi que les organisations régionales et internationales concernées. Enfin, la Direction des Affaires politiques et de la Gouvernance démocratique de l'OIF est observateur à l'Assemblée générale et au Bureau (Source : site Internet de l'Association francophone des autorités de protection des données personnelles, « L'AFAPDP » [en ligne]. Disponible sur : https://www.afapdp.org/lafapdp). Parmi ses membres actuels, on compte les Autorités de protection des données à caractère personnel des États de l'Union que sont le ***Bénin*, *le Burkina Faso***, la ***Côte d'Ivoire***, le ***Mali*** et le ***Sénégal*** (Association francophone des autorités de protection des données personnelles, « Membres » [en ligne], L'AFAPDP/Membres. Disponible sur : https://www.afapdp.org/lafapdp/membres).

[1402] Association francophone des autorités de protection des données personnelles, *2007/2017-10 ans d'AFAPDP* [en ligne], décembre 2017, p. 9. Disponible sur : https://www.afapdp.org/wp-content/uploads/2017/12/10-ans-dafapdp.pdf). Selon l'AFAPDP, le Ministre de la Justice du ***Niger*** a, au lendemain de la publication de l'Acte additionnel A/AS.1/01/10 relatif à la protection des données personnelles dans l'espace CEDEAO, sollicité l'Autorité en vue de la conception du dispositif dédié à l'encadrement de la protection des données à caractère personnel des citoyens. C'est donc avec l'aide de l'AFAPDP qu'a été conçue la loi n°2017-28 du 3 mai 2017 relative à la protection des données à caractère personnel au Niger (*ibid.*, p. 7).

[1403] *Ibid.*, p. 9.

[1404] *Ibid.*

[1405] *Ibid.*, p. 2.

Burkina Faso et le ***Sénégal***[1406]. Au niveau africain, il a été créé en 2016 un Réseau africain des autorités de protection des données personnelles (RAPDP), en vue de voir prospérer un cadre de coopération entre les Autorités africaines, mais aussi, avec toutes parties prenantes - au titre desquelles figure l'AFAPDP[1407].

Le constat est donc qu'à l'exception de la ***Guinée-Bissau***[1408] - qui, dès lors, devrait se mettre en conformité sur cet aspect - les États membres ont progressivement conçu un cadre institutionnel et réglementaire permettant l'application des mesures préventives dans le respect de la vie privée. Même s'il faut souligner que tous les pays n'ont pas apporté les mises à jour requises au regard des avancées technologiques, ces lois n'étant pas, pour la plupart, récentes. De plus, il faudrait que les États membres permettent l'effectivité, puis l'efficacité de ce dispositif en y consacrant les moyens nécessaires ; ce qui reste un défi. Dans le cadre de leurs missions, les Autorités de protection des données à caractère personnel devraient également faire ressentir leur contribution à l'anti-blanchiment par des initiatives orientées. L'on pense par exemple à l'élaboration de lignes directrices sur les procédures permettant le respect de la protection des données à caractère personnel dans la lutte contre le blanchiment de capitaux et le financement du terrorisme et de la prolifération, qui pourraient être le résultat d'une action concertée avec les Cellules de renseignement financier et/ou les autorités de contrôle.

Conclusion du Chapitre I

323. Adopter une approche par les risques et mettre en place les règles organisationnelles adéquates nous sont apparues comme un préalable à l'application des obligations de vigilance par les assujettis. Conformément à la stratégie préventive préconisée par les standards internationaux, les États membres ont consacré l'approche par les risques qui en est à ses débuts d'exécution. Aussi sont-ils, à présent, mieux édifiés sur le risque élevé de blanchiment de capitaux qui prévaut dans les pays. Seulement, les États membres n'ont pas encore tiré le meilleur parti de ces évaluations. Et cela en raison, entre autres, des lenteurs dans la diffusion des résultats des ENR aux assujettis, de l'ineffectivité de la prise en compte desdits résultats pour appliquer l'approche par les risques et allouer les ressources dans tous les États, de l'absence

---

[1406] Tel est en effet le cas, au regard de l'état des ratifications de la Convention 108 par les pays non membres du Conseil de l'Europe (Conseil de l'Europe, « État des signatures et ratifications du traité 108 » [en ligne], Situation au 4 mars 2022. Disponible sur : https://www.coe.int/fr/web/conventions/full-list?module=signatures-by-treaty&treatynum=108).

[1407] Association francophone des autorités de protection des données personnelles, *op. cit.*, p. 11.

[1408] La carte présentant l'état des lieux de la protection des données en Afrique laisse apparaître que la Guinée Bissau figure parmi les pays ne disposant ni d'une loi dédiée à la protection des données, ni d'une autorité de contrôle établie (Africa Cybersecurity Magazine, « Autorité de protection des données en Afrique : état des lieux des pays » [en ligne], 25 octobre 2021. Disponible sur : https://cybersecuritymag.africa/autorite-protection-donnees-afrique-etat-des-lieux-par-pays).

d'obligation pour les assujettis de tenir compte des résultats des ENR pour moduler leurs obligations de vigilance. De plus, les autorités de contrôle ne sont pas tenues d'appliquer l'approche par les risques en matière de contrôle et ont, tout au plus, complété les dispositions de la loi uniforme quant aux obligations relatives notamment à l'approche par les risques au sein des institutions financières.

Du point de vue des règles organisationnelles, l'obligation a été posée, pour les institutions financières, de mettre en place des politiques, procédures et un contrôle interne de la LBC/FT. Dans ce cadre, des programmes de prévention doivent être élaborés dans le respect des dispositions de la loi uniforme complétées par les textes d'application sectorielle à l'intention respectivement, des institutions financières, des acteurs du Marché Financier Régional et des organismes et entreprises d'assurance. Lorsqu'elles font partie d'un Groupe, les personnes assujetties doivent respecter les politiques et procédures définies à l'échelle du Groupe. À ces obligations fondamentales, doivent cependant s'ajouter - *via* une consécration légale - celles de recruter des employés selon des critères exigeants ; d'une mise à disposition des informations en provenance/à destination des filiales et succursales pour les besoins de l'anti-blanchiment. Enfin, a été soulignée l'urgence d'une désignation des autorités de contrôle des EPNFD dans tous les États membres (et en l'occurrence, ceux autres que le ***Niger*** et le ***Mali***) et pour rester dans la même thématique, un besoin important en lignes directrices pour l'ensemble des assujettis. Celles-ci permettraient de préciser les modalités d'exécution des obligations relatives à l'approche par les risques, aux politiques et procédures de LBC/FT ainsi qu'à la protection des données à caractère personnel. Il nous sera donné de constater que des précisions restent aussi requises au titre des obligations de vigilance.

CHAPITRE II. LE RENFORCEMENT REQUIS DES OBLIGATIONS RELATIVES AUX DIFFÉRENTS NIVEAUX DE VIGILANCE[1409] ET À LA CONSERVATION DES DOCUMENTS.

324. ***Des obligations de vigilance et de conservation des documents à clarifier***. La seconde loi uniforme est beaucoup plus détaillée dans la définition des obligations de diligence. Plus qu'une conséquence naturelle de l'évolution des standards, cette situation semble aussi refléter une volonté pour le législateur de faire montre d'une plus grande clarté. En effet, ont été introduites des dispositions précisant le moment d'exécution des obligations de vigilance ; d'autres fournissent plus de détails sur les modalités d'identification du client ou encore, insistent sur la vigilance requise dans certains secteurs particuliers. Malgré ces avancées manifestes, il subsiste de nombreuses zones d'ombres qui sont dues principalement à des imprécisions réglementaires.

325. Qu'il s'agisse de la vigilance standard et complémentaire (Section 1) ou de la vigilance renforcée, tant les législateurs - aux plans communautaire et national - que les autorités de contrôle doivent renforcer les obligations et éclairer davantage les assujettis ; et il en va de même pour l'obligation de conservation des documents (Section 2).

Section 1. Les perspectives de renforcement des obligations relatives à la vigilance standard et complémentaire.

326. ***Des obligations à renforcer relativement à la vigilance à l'endroit des personnes et des transactions***. L'on mentionnait précédemment l'exigence de plus amples clarifications des obligations de vigilance, même si le législateur s'est inscrit dans cette démarche en adoptant la seconde loi uniforme. Il en est ainsi pour la question de l'identification des clients (Sous-section 1). Du point de vue de la vigilance à l'égard des transactions, il y a lieu de renforcer les garanties de transparence et de coopération entre les différents acteurs (Sous-section 2).

Sous-section 1. Des obligations d'identification des clients à clarifier et à compléter en dépit des efforts d'amélioration du dispositif.

327. ***Des obligations à compléter et à clarifier relativement aux diverses situations se prêtant à une identification du client***. Les clarifications doivent concerner tant l'identification du client physiquement présent et des bénéficiaires effectifs (Paragraphe 1) que l'identification faite à distance ou par autrui (Paragraphe 2).

[1409] Ne seront ici envisagées que la teneur et les conditions d'application des mesures de vigilance standard, complémentaires et renforcées, la vigilance allégée ayant déjà été envisagée dans les développements précédents (voir *supra*, par. 293 et s.).

Paragraphe 1. Des obligations à compléter et à clarifier concernant l'identification du client physiquement présent et des bénéficiaires effectifs.

328. ***D'une commune responsabilité du législateur et des autorités de contrôle.*** Certaines actions correctrices sont de l'apanage du législateur communautaire (A) tandis que d'autres incombent aux autorités de contrôle (B).

A. Du point de vue des mesures générales émanant de la loi uniforme.

329. ***Des dispositions à renforcer pour une meilleure identification des différentes catégories de clients.*** La loi uniforme pourrait se faire plus exhaustive en ce qui concerne l'identification du client habituel ou occasionnel ainsi que les opérations effectuées par ces derniers (I). Elle pourrait également faciliter davantage l'identification des bénéficiaires effectifs (II).

I. Les clarifications devant concerner le client habituel ou occasionnel et les opérations par eux effectuées.

330. La précision nouvelle quant au moment et aux circonstances justifiant l'identification des clients. Les assujettis sont tenus, avant d'entrer en relation d'affaires avec un client ou de lui prêter toute assistance dans la préparation ou la réalisation de transactions, d'identifier le client et le cas échéant[1410], le bénéficiaire effectif de la relation d'affaires[1411]. Cette identification doit se faire « par des moyens adaptés »[1412] et implique des vérifications sur présentation de tous documents écrits fiables[1413]. Dans la seconde loi uniforme, le législateur se fait plus explicite en ce qui concerne les situations à l'occasion desquelles l'identification et les vérifications d'identité des clients ont lieu[1414]. En effet, les institutions financières doivent procéder à l'identification des clients et recueillir l'identité ainsi que les pouvoirs des personnes agissant pour le compte ou sur autorisation de ceux-ci dans les situations suivantes, précisément énumérées par l'article 26 de la loi uniforme :

- lors de l'ouverture de comptes, de la prise en garde, notamment des titres, valeurs ou bons ;
- lors de l'attribution d'un coffre ;
- lors de l'établissement de la relation d'affaires ;

[1410] « Le cas échéant » : une expression de trop, de l'avis des évaluateurs et compte tenu des standards internationaux… Voir à ce propos : *infra*, par. 333.

[1411] Art. 18 al. 1er de la LU.

[1412] *Ibid.*

[1413] *Ibid.*

[1414] L'ancien article 7 exigeait que les organismes financiers s'assurent de l'identité et de l'adresse de leurs clients avant l'ouverture d'un compte, avant la prise en garde notamment de titres, valeurs ou bons, avant toute attribution de coffre et d'une manière générale, avant d'établir avec eux toutes autres relations d'affaires. Eu égard à cette dernière formule englobante, l'actuel article 26 se fait plus précis tout en étendant le champ d'application de cette disposition à des situations nouvelles.

- lors de l'exécution d'opérations occasionnelles[1415] ;
- à l'occasion de l'exécution d'un transfert de fonds au niveau national ou international ;
- en cas de suspicions sur la véracité ou la pertinence des données d'identification du client précédemment obtenues ;
- en cas d'existence d'un soupçon de blanchiment de capitaux ou de financement du terrorisme.

Cette identification peut se faire au moyen de toutes sources, données, renseignements ou documents, pourvu qu'ils soient indépendants et fiables[1416]. L'obligation d'identification prévaut lorsque sont émises plusieurs transactions en espèces[1417] qui, cumulées, dépassent le montant autorisé, celles-ci étant réalisées par et pour le compte de la même personne le même jour ou dans une fréquence inhabituelle. Dans ce cas, les transactions sont considérées comme étant uniques[1418]. Enfin - et en tout état de cause -, l'assujetti doit, toutes les fois qu'il a de bonnes raisons de penser que l'identité du client et les éléments d'identification ne sont plus exacts ou pertinents, procéder à nouveau à l'identification du client[1419]. Davantage d'informations sont également requises au titre de l'identification des individus[1420]. Les assujettis doivent obtenir toutes les informations édifiantes quant aux éléments d'individualisation et de localisation des personnes physiques[1421]. Celles-ci doivent être vérifiées au moyen de tout document officiel en cours de validité comportant une photographie[1422] et pour ce qui est de l'adresse, par tout moyen, notamment en présentant un document de nature à en rapporter la preuve. Outre l'obligation de relever les informations pertinentes[1423], l'assujetti doit vérifier l'authenticité du document présenté[1424]. Aux personnes physiques commerçantes, il doit être exigé en plus une pièce attestant de leur immatriculation au Registre du commerce et du crédit mobilier[1425]. Si le client est une personne morale, une

---

1415 Il est ici fait référence aux opérations occasionnelles prévues par l'art. 29 de la LU.
1416 Art. 26 al. 1er de la LU.
1417 D'après le législateur communautaire, il peut s'agir de transactions faites tant en monnaie nationale qu'en devises (art. 26 *in fine* de la LU).
1418 Art. 26 *in fine* de la LU.
1419 Art. 31 de la LU.
1420 Cette remarque vaut surtout pour les éléments requis au titre de l'identification des personnes physiques, puisque la première LU se faisait plus restrictive à cet égard. En revanche, il n'y a pas de différence significative en ce qui concerne les éléments d'information requis en vue de l'identification des personnes morales.
1421 Selon le premier alinéa de l'art. 27 de la LU, l'assujetti doit obtenir le nom et les prénoms complets de l'individu concerné, ainsi que la date, le lieu de naissance et l'adresse de son domicile principal (qui au demeurant, renvoie au lieu du principal établissement des personnes).
1422 Il est pris copie de ces éléments (art. 27 al. 1er de la LU).
1423 Selon l'art. 27 al. 2, il y a lieu de relever le nom et les prénoms, la date et le lieu de naissance, la nature, la date et lieu de délivrance du document.
1424 Art. 27 al. 2 de la LU.
1425 Art. 27 al. 3 de la LU.

succursale ou un bureau de représentation, l'assujetti est tenu de se procurer et de vérifier les informations énumérées par l'article 28 de la loi uniforme, à savoir : la dénomination sociale, l'adresse du siège social, l'identité et les pouvoirs des associés et dirigeants sociaux ou de leurs équivalents en droit étranger et la preuve de la constitution légale de la personne morale[1426]. Qu'il s'agisse d'une personne physique ou morale, il y a lieu de mettre en œuvre les mesures de vigilance complémentaires prévues par l'article 40 de la loi uniforme toutes les fois que la vérification de l'identité ne peut avoir lieu en présence de la personne concernée[1427].

Enfin, la vigilance constante est requise à l'égard de toutes les opérations de la clientèle ; celles-ci doivent être attentivement examinées par les personnes assujetties, qui doivent vérifier qu'elles sont conformes « à ce qu'elles savent de leurs clients, de leurs activités commerciales, de leur profil de risque et, le cas échéant, de la source de leurs fonds »[1428]. La formulation trop générale de cette disposition de l'article 20[1429] a cependant été pour les États membres source de non-conformité, face au constat que ni cet article ni aucune disposition explicite de la loi uniforme n'oblige les institutions financières à comprendre la nature des activités des clients qui sont des personnes morales ou des constructions juridiques ainsi que leur structure de propriété et de contrôle[1430]. En revanche, interdiction formelle leur est faite d'ouvrir des comptes anonymes ou des comptes sous des noms fictifs[1431].

[1426] L'assujetti doit exiger, à ce titre, qu'il lui soit communiqué l'original, voire l'expédition ou la copie certifiée conforme de tout acte ou extrait du RCCM datant de moins de trois mois, attestant notamment de sa forme juridique.

[1427] Art 27 *in fine* de la LU (concernant les personnes physiques) et art. 28 *in fine* (concernant les personnes morales ; plus précisément, cet article prévoit l'application des mesures de vigilance complémentaires lorsque la vérification d'identité « ne peut avoir lieu en présence du représentant de la personne morale »).

[1428] Art. 20 al. 1er.

[1429] Art. 20 al. 1er.

[1430] La remarque est faite dans le REM du ***Burkina Faso*** de mai 2019 (p. 130), le REM de la ***Côte d'Ivoire*** de juin 2023 (p. 212), le REM de la ***Guinée-Bissau*** de février 2022 (p. 179) et le REM du ***Mali*** de novembre 2019 (p. 135). À l'évocation du point de non-conformité au critère 10.8 (exigeant que les législations des pays obligent les IF, pour les clients qui sont des personnes morales ou des constructions juridiques, à comprendre la nature de leur activité ainsi que leur structure de propriété et de contrôle), le ***Mali*** en particulier, a fait valoir que notamment que les dispositions de l'art. 20 de la LU exigent des entités déclarantes qu'elles connaissent mieux leurs clients (personnes physiques et morales). Il semblerait alors que la formulation de cet article soit trop imprécise, en ce qu'elle ne couvre pas tous les éléments qui sous-tendent la connaissance du client lorsque celui-ci est une personne morale ou une construction juridique. **En conséquence, il est opportun que le législateur ajoute la disposition tant convoitée, qui pourrait constituer l'alinéa 2 de l'article 20**.

[1431] Art. 20 *in fine* de la LU.

331. La faille réglementaire tenant à l'absence de mesures spécifiques aux *trusts* et fiducies : une lacune à combler. La loi uniforme ne comporte pas de mesures *spécifiques* aux *trusts* et fiducies[1432]. Dans le prolongement de nos précédents développements[1433], on ne peut que souhaiter l'intégration de dispositions permettant de satisfaire à de telles exigences. Si rien n'empêche qu'un *trust* puisse déployer ses effets dans les États membres en dépit de la méconnaissance de ce type de structure du droit interne desdits États, il faudrait que les assujettis soient obligés (légalement) à en identifier tous les acteurs et à mettre à jour les informations les concernant[1434]. La solution inverse est susceptible d'entretenir une faille du dispositif profitable aux blanchisseurs. D'ailleurs, l'on verra qu'on retrouve dans le Règlement n°001/CIMA/PCMA/PCE/SG/2021 des dispositions concernant l'identification des personnes morales étrangères, y compris des *trusts*[1435]. On peut imaginer que des biens soient affectés (par le mécanisme du *trust*) à quelque association ou organisme à but non lucratif dans un ou des pays de l'Union. Dans cette hypothèse, tout intervenant dans l'opération (et notamment, l'institution financière à laquelle il est fait recours pour les besoins transactionnels) devrait être en mesure de satisfaire aux exigences d'identification de manière exhaustive, dans le respect des standards. Au-delà de ces considérations d'ordre pratique, la démarche notamment réglementaire devrait en tout état de cause se faire la plus anticipative possible puisqu'il s'agit là de l'essence des mesures préventives. En conséquence, parallèlement à l'ajout réglementaire consistant à inclure les mesures idoines conformément à la Recommandation 25, il serait bénéfique d'intégrer dans le contenu des formations à l'intention des assujettis, les règles de fonctionnement des *trusts*, les mécanismes possibles de blanchiment par le biais des *trusts* ainsi que les moyens de détection et d'application adéquate des mesures préventives.

332. Du bilan mitigé quant à la nouvelle variabilité des seuils concernant l'identification des clients occasionnels. L'obligation d'identification est aussi valable à l'égard des clients occasionnels et - le cas échéant - du bénéficiaire effectif de la relation d'affaires, lorsque les assujettis

---

[1432] Les notations de conformité à l'issue du second cycle des évaluations mutuelles varient, concernant la Recommandation 25, entre la non-conformité (REM du ***Bénin*** de mai 2021, p. 208 ; REM de la ***Côte d'Ivoire*** de juin 2023, p. 241 ; REM du ***Sénégal*** de mai 2018, p. 166) et la conformité partielle (REM du ***Burkina Faso*** de mai 2019, pp. 154-155 ; REM de la ***Guinée-Bissau*** de février 2022, p. 205 ; REM du ***Mali*** de novembre 2019, p. 162, REM du ***Niger*** d'août 2021, p. 264 et REM du ***Togo*** de juin 2022, p. 200).

[1433] Voir *supra*, par. 312.

[1434] Le reproche est fait à plusieurs pays : REM du ***Bénin*** de mai 2021, p. 207 ; REM du ***Burkina Faso*** de mai 2019, p. 154 ; REM de la ***Guinée-Bissau*** de février 2022, p. 204 ; REM du ***Mali*** de novembre 2019, p. 161 ; REM du ***Niger*** d'août 2021, p. 224 ; REM du ***Sénégal*** de mai 2018, p. 166. De plus, aucune disposition de la loi uniforme n'oblige expressément les fiduciaires à déclarer leur statut aux institutions financières et EPNFD lorsqu'ils établissent une relation d'affaires ou effectuent une opération occasionnelle d'un montant supérieur au seuil (*ibid.*).

[1435] Voir *infra*, par. 337.

soupçonnent que l'opération est liée au blanchiment de capitaux ou au financement du terrorisme, ou si elle est d'une certaine nature ou va au-delà d'un certain montant. La seule exception à cette règle concerne la situation dans laquelle le risque de blanchiment de capitaux ou de financement du terrorisme paraît faible[1436], auquel cas il est possible de procéder, uniquement pendant l'établissement de la relation d'affaires, à une simple vérification de l'identité du client et le cas échéant, du bénéficiaire effectif[1437]. Concernant les montants en question, alors que l'ancien article 8 exigeait que le client occasionnel soit identifié toutes les fois qu'une opération portait sur une somme en espèces égale ou supérieure à cinq millions de francs CFA[1438], la démarche de l'actuel article 29 est toute autre, en ce qu'il prévoit différents seuils selon les acteurs concernés. Une option pertinente, compte tenu de la meilleure prise en compte des spécificités sectorielles, de même qu'elle reflète la vigilance du législateur à l'égard des secteurs à risque. Mais l'on peut accueillir avec plus de réserve l'augmentation du seuil précité pour la plupart des assujettis, qui réduit considérablement l'opportunité d'une application *des mesures d'identification du client, du bénéficiaire effectif de l'opération ainsi que d'une vérification de leurs éléments d'identification*. En effet, telles sont les exigences de l'article 29 de la loi uniforme aux fins d'identification du client occasionnel :

- lorsque le montant de l'opération ou des opérations liées est supérieur à dix millions de francs CFA, pour les personnes autres que les agréés de change manuel et les représentants légaux et directeurs responsables des opérations de jeux ;
- lorsque le montant de l'opération ou des opérations liées excède cinq millions de francs CFA, pour les agréés de change manuel, et un million de francs CFA, pour les représentants légaux et directeurs des responsables des opérations de jeux. Dans ces cas de figure, il y a lieu de maintenir les exigences d'identification du client occasionnel, du bénéficiaire effectif de l'opération et de vérification des éléments d'identification, lorsqu'il est noté une répétition d'opérations distinctes pour un montant individuel inférieur à ceux précités, ou lorsque la provenance licite des capitaux n'est pas certaine.

Par ailleurs, pour les agréés de change manuel et les personnes assujetties autres que les représentants légaux et directeurs responsables des opérations de jeux, il y a lieu de procéder à l'identification du client occasionnel,

---

[1436] Et cela, « dans les conditions prévues par la réglementation en la matière » (art. 18 al. 3 de la LU).

[1437] *Ibid.* L'art. 18 *in fine* précise que les directeurs légaux et directeurs responsables des établissements de jeux satisfont aussi à ces obligations, en application les mesures prévues à l'art. 29 de la LU.

[1438] Art. 8 al. 1er de la première LU ; en outre, en son second alinéa, cet article maintenait l'obligation d'identification du client occasionnel en l'absence de certitude quant à la provenance licite des capitaux, ou en présence d'une répétition d'opérations distinctes pour un montant individuel inférieur à cinq millions de francs CFA.

du bénéficiaire effectif ainsi qu'aux vérifications requises toutes les fois qu'elles effectuent une opération de transmission de fonds ou de change manuel, alors que le client occasionnel ou son représentant légal n'est pas physiquement présent aux fins d'identification, ou que sont offerts des services de garde des avoirs[1439]. Le cas échéant, le montant de l'opération devient un élément indifférent.

II. L'exigence d'une création de meilleures conditions d'identification des bénéficiaires effectifs.

333. L'opportunité de modifier les dispositions de l'article 18 de la loi uniforme en vue de conduire à l'identification *systématique* des bénéficiaires effectifs. L'ayant droit économique ou bénéficiaire effectif renvoie à la personne physique qui, en dernier lieu, possède ou contrôle un client/ou la personne physique pour le compte de laquelle une opération est effectuée. La notion englobe également toute personne exerçant ultimement un contrôle effectif sur une personne morale ou une construction juridique, parce que répondant à des critères tenant au contrôle du capital social (du fait de la détention de plus de 25 %) ou au contrôle de la direction de l'entité juridique

[1439] Art. 29 *in fine* de la LU.

considérée[1440]. Au ***Sénégal***, il est ajouté qu'« à défaut et exceptionnellement »[1441], le bénéficiaire effectif d'une personne morale renvoie à « la personne physique qui occupe directement ou indirectement la position de dirigeant principal de la personne morale lorsqu'aucune personne physique mentionnée ci-dessus n'est identifiée comme bénéficiaire effectif »[1442]. Une disposition similaire se retrouve aussi dans le décret ***malien*** instituant le Registre public des bénéficiaires effectifs des entreprises extractives au Mali[1443]. Cette hypothèse, qui correspond à celle d'une « absence d'identification »[1444] du bénéficiaire effectif, devrait d'ailleurs être ajoutée à la définition adoptée par le législateur communautaire en perspective d'une prochaine loi uniforme. En

---

[1440] La notion de bénéficiaire effectif (synonyme de l'expression « ayant droit économique ») est définie par l'art. 1er, point 12 de la LU exactement comme suit : « la ou les personnes physiques qui, en dernier lieu, possèdent ou contrôlent un client et/ou la personne physique pour le compte de laquelle une opération est effectuée. Sont également comprises dans cette définition les personnes qui exercent, en dernier lieu, un contrôle effectif sur une personne morale ou une construction juridique telle que définie au point 21 [...] ;
- lorsque le client d'une des personnes mentionnées à l'article 5 de la présente loi, est une société, on entend par bénéficiaire effectif de l'opération la ou les personnes physiques qui soit détiennent, directement ou indirectement, plus de vingt-cinq pour cent du capital ou des droits de vote de la société, soit exercent, par tout autre moyen, un pouvoir de contrôle sur les organes de gestion, d'administration ou de direction de la société ou sur l'assemblée générale de ses associés ;
- lorsque le client d'une des personnes mentionnées à l'article 5 de la présente loi, est un organisme de placements collectifs, on entend par bénéficiaire effectif de l'opération la ou les personnes physiques qui soit détiennent, directement ou indirectement, plus de vingt-cinq pour cent des parts ou actions de l'organisme, soit exercent un pouvoir de contrôle sur les organes d'administration ou de direction de l'organisme de placements collectifs ou, le cas échéant, de la société de gestion ou de la société de gestion de portefeuille le représentant ;
- lorsque le client d'une des personnes mentionnées à l'article 5 de la présente loi, est une personne morale qui n'est ni une société ni un organisme de placements collectifs, ou lorsque le client intervient dans le cadre d'une fiducie ou de tout autre dispositif juridique comparable relevant d'un droit étranger, on entend par bénéficiaire effectif de l'opération la ou les personnes physiques qui satisfont à l'une des conditions suivantes :
1) elles ont vocation, par l'effet d'un acte juridique les ayant désignées à cette fin, à devenir titulaires de droits portant sur vingt-cinq pour cent au moins des biens de la personne morale ou des biens transférés à un patrimoine fiduciaire ou à tout autre dispositif juridique comparable relevant d'un droit étranger ;
2) elles appartiennent à un groupe dans l'intérêt principal duquel la personne morale, la fiducie ou tout autre dispositif juridique comparable relevant d'un droit étranger a été constitué ou a produit ses effets, lorsque les personnes physiques qui en sont les bénéficiaires n'ont pas encore été désignées ;
3) elles sont titulaires de droits portant sur vingt-cinq pour cent au moins des biens de la personne morale, de la fiducie ou de tout autre dispositif juridique comparable relevant d'un droit étranger ;
4) elles ont la qualité de constituant, de fiduciaire ou de bénéficiaire, conformément aux textes législatifs et réglementaires en vigueur ».

[1441] Art. 57 al. 8 de la loi sénégalaise n°2021-29 du 5 juillet 2021 portant loi de finance rectificative pour l'année 2021.

[1442] *Ibid.*

[1443] Voir art. 4 *in fine* du décret n°2022-0107/PT-RM du 22 février 2022 instituant le Registre public des bénéficiaires effectifs des entreprises extractives au Mali.

[1444] J. LASSERRE CAPDEVILLE, « Bénéficiaire effectif », *Rép. com.*, juillet 2021 par. 25. L'hypothèse d'absence d'identification est, en effet, également prévue en droit français.

outre, ladite loi sénégalaise précise que s'agissant des entreprises intervenant dans la chaîne de valeur du secteur extractif visées par le décret n°2020-791 du 19 mars 2020 relatif au Registre des Bénéficiaires effectifs, le degré de détention des parts, actions, ou droits de vote est fixé à 2 %[1445]. Il en est également ainsi au Mali[1446].

Ces précisions faites, il a été relevé un certain nombre de manquements afférents aux dispositions de la loi uniforme relatives aux bénéficiaires effectifs. Le premier reproche concerne l'identification du bénéficiaire effectif (avant d'entrer en relations d'affaires avec un client ou en cas de soupçon qu'une opération pourrait être liée notamment au blanchiment de capitaux[1447]) *« le cas échéant »,* jugé non conforme aux standards du GAFI[1448]. Il faut admettre que cette expression n'est pas en adéquation avec - ou tout au moins, ne reflète pas exactement - l'objectif de la Recommandation 10, qui se veut faire de l'identification des bénéficiaires effectifs un réflexe, c'est-à-dire conduire les assujettis à *systématiquement* chercher à les identifier. Même si de l'avis des ***autorités maliennes***, il faut plutôt comprendre qu'il n'est exigé des assujettis une identification des bénéficiaires effectifs « que lorsqu'ils ne savent pas qui sont ces derniers »[1449]. Il n'empêche qu'une suppression de l'expression « le cas échéant » serait plus respectueuse notamment de l'esprit de la Recommandation 10[1450] et mettrait fin à toute polémique.

334. L'opportunité d'instituer un Registre des bénéficiaires effectifs dans tous les États membres et de généraliser l'accès à des services d'état civil modernisés. Satisfaire à l'obligation générale d'identifier les bénéficiaires effectifs implique que les assujettis disposent, pour reprendre les termes de l'article 18 de la loi uniforme, des « moyens adaptés »[1451] pour y procéder. Or, au sein des États membres, il n'existe pas encore de dispositif permettant la collecte et la centralisation des informations concernant les

---

[1445] Art. 57 al. 9 de la loi n°2021-29 du 5 juillet 2021 portant loi de finance rectificative pour l'année 2021.

[1446] Voir art. 4 al. 2 du décret n°2022-0107/PT-RM du 22 février 2022 instituant le Registre public des bénéficiaires effectifs des entreprises extractives au Mali.

[1447] Voir art. 18 de la LU.

[1448] REM du ***Bénin*** de mai 2021, p. 182 ; REM du ***Burkina Faso*** de mai 2019, p. 130 ; REM de la ***Guinée-Bissau*** de février 2022, p. 178 ; REM du ***Mali*** de novembre 2019, pp. 134-135 ; REM du ***Niger*** d'août 2021, p. 188.

[1449] En d'autres termes, de l'avis des autorités maliennes, l'expression polémique de l'article 18 implique simplement que l'identification du bénéficiaire effectif n'est pas nécessaire si les institutions financières sont convaincues qu'un client agit pour son propre compte.

[1450] Il est plus spécifiquement fait référence au critère 10.5 de conformité.

[1451] Art. 18 al. 1er de la LU.

bénéficiaires effectifs[1452]. Certains États ont ainsi fait part, à l'occasion des évaluations mutuelles, de l'information selon laquelle ce sont surtout les autorités compétentes et notamment celles chargées des enquêtes qui sont à même d'avoir accès aux informations sur les bénéficiaires effectifs[1453]. Il devrait donc être institué au niveau du Registre du commerce et du crédit mobilier (RCCM) des pays un Registre spécial destiné à satisfaire à cette exigence d'identification avant d'envisager, à plus long terme, l'interconnexion des registres nationaux afin de promouvoir l'échange automatique d'informations sur les bénéficiaires effectifs[1454], dans des conditions garantissant le respect des droits fondamentaux.

Il pourrait être prévu, à ce titre, une obligation de déclaration pour les entités existantes tandis que les entités juridiques nouvellement créées seraient tenues, sous un certain délai, de procéder à la communication de l'identité des bénéficiaires effectifs. Dans ce cadre, il y aurait lieu de respecter les différentes étapes jalonnant la mise en œuvre d'un tel projet, mises en lumière dans une publication conjointe du Secrétariat du Forum mondial sur la transparence et l'échange de renseignements à des fins fiscales et de la Banque interaméricaine de développement[1455] :

- déterminer le lieu d'installation du Registre central (par exemple, Registre du commerce et du crédit mobilier pour les États membres, sachant qu'il est également possible qu'un tel registre soit tenu notamment par une Banque centrale) ;
- déterminer de manière précise les modalités de soumission des renseignements sur les bénéficiaires effectifs au niveau du Registre central (étant entendu qu'on retrouve, au titre des méthodes les plus couramment usitées, la production de rapports annuels ou encore, l'obligation de fournir des mises à jour intermédiaires) ;
- définir les exigences informatiques nécessaires à la création d'un tel registre et à l'accessibilité des renseignements aux autorités compétentes et

---

1452 Diverses sources permettent d'attester qu'il s'agit là d'un problème commun aux États membres : Rapport d'ENR du ***Bénin***, p. 68 ; REM du ***Burkina Faso*** de mai 2019, p. 130 ; REM de la ***Guinée-Bissau*** de février 2022, p. 147 et p. 156 ; REM du ***Mali*** de novembre 2019, p. 93 ; Rapport d'ENR du ***Niger*** (p. 75, p. 127) ; REM du ***Sénégal*** de mai 2018 (p. 22, p. 74, p. 81), même si la législation a depuis lors, évolué dans ce dernier État.

1453 REM du ***Mali*** de novembre 2019, p. 93 ; REM du ***Sénégal*** de mai 2018, p. 104.

1454 Voir, à ce titre : A. COURET et B. DONDERO, *Le bénéficiaire effectif*, Joly, Lextenso éditions, 2018, p. 24.

1455 Secrétariat du Forum mondial sur la transparence et l'échange de renseignements à des fins fiscales et Banque interaméricaine de développement, *Guide de mise en œuvre du bénéficiaire effectif* [en ligne], mars 2019, p. 26). Disponible sur : https://www.oecd.org/tax/transparency/documents/manuel-beneficiaire-effectif.pdf.

- identifier la/les personne(s) responsable(s) de la supervision des détenteurs de renseignements[1456] et appelée(s) à participer à un programme de surveillance solide[1457].

Assez récemment, la ***Côte d'Ivoire*** et le ***Sénégal*** ont pris des initiatives réglementaires de nature à permettre de satisfaire aux exigences ci-dessus[1458]. Si l'on part de l'exemple du Sénégal, la loi n°2021-29 du 5 juillet 2021 portant loi de finances rectificative pour l'année 2021 a intégré des obligations liées à l'identification et à la conservation des informations relatives aux bénéficiaires effectifs. Celle-ci semble inspirée de la loi française, qui fait de l'obligation d'identification des bénéficiaires effectifs une obligation pesant à l'endroit tant des assujettis que des sociétés et entités désignées en cela, mais aussi désormais, des bénéficiaires effectifs eux-mêmes[1459]. En effet, il est prévu qu'à compter du 1er janvier 2022, les personnes physiques ou entités ouvrant des comptes financiers auprès des institutions financières doivent remettre une autocertification permettant d'établir leurs résidences fiscales et le cas échéant, une autocertification permettant d'établir les résidences fiscales des personnes qui les contrôlent[1460]. Pour leur part, les institutions financières, y compris les établissements de crédit et organismes assimilés, les entreprises d'assurance et de réassurance, sont tenues d'identifier les renseignements afférents aux résidences fiscales de tous les titulaires de comptes financiers et le cas échéant, des personnes physiques contrôlant ces derniers[1461]. Doivent être communiqués, dans ce cadre, tous les renseignements requis pour l'application des conventions conclues par le Sénégal permettant un échange automatique de renseignements sur les comptes financiers à des fins fiscales et s'il y a lieu, en l'absence de renseignements[1462]. Cette déclaration contient notamment les renseignements relatifs à l'identification des titulaires de comptes financiers et le cas échéant,

---

1456 Sont concernés « les détenteurs de renseignements qui fourniront au registre les renseignements nécessaires sur les bénéficiaires effectifs » (*ibid.*, p. 26).

1457 *Ibid.*

1458 Rappelons les progrès relevés au ***Mali***, mais uniquement en ce qui concerne les bénéficiaires effectifs des entreprises extractives (voir : Décret n°2022-0107/PT-RM du 22 février 2022 instituant le Registre public des bénéficiaires effectifs des entreprises extractives au Mali). En ***Côte d'Ivoire***, il est mentionné dans le REM de juin 2023 (p. 167 notamment) que depuis 2019, la législation fiscale oblige les personnes morales, quelles que soient leur forme et leur activité à maintenir à la disposition des autorités fiscales, leur registre des bénéficiaires effectifs mis à jour de toutes modifications.

1459 M. SEGONDS, « À propos des aspects répressifs des manquements à l'obligation d'identification des bénéficiaires effectifs », *Droit pénal*, n°5, étude 14, mai 2020, p. 6.

1460 Art. 51, précisant que les modalités d'application de cette disposition sont précisées par arrêté du Ministre en charge des finances. Nos recherches ne nous ont cependant pas permis d'accéder audit arrêté. Est aussi précisé que les renseignements recueillis par l'Administration fiscale peuvent être communiqués aux administrations fiscales des pays ayant conclu avec le Sénégal des conventions permettant un échange automatique de renseignements sur les comptes financiers à des fins fiscales, dans les conditions prévues par lesdites conventions.

1461 Art. 54 al. 1er.

1462 *Ibid.*

celles des personnes physiques qui contrôlent ces derniers ainsi que les renseignements financiers relatifs à ces comptes[1463]. Tous les registres des actions engagées pour satisfaire aux obligations susmentionnées ainsi que les pièces justificatives, autocertifications et autres éléments probants doivent être conservés par les institutions financières pendant une durée de dix ans suivant la période au cours de laquelle celles-ci doivent fournir les renseignements requis en vertu de l'obligation de communication à l'Administration fiscale[1464].

De plus, l'article 57 de la loi n°2021-29 du 5 juillet 2021 portant loi de finances rectificative pour l'année 2021 oblige toutes personnes morales, quelles que soient leur forme et leur activité, qu'elles soient soumises ou non à l'impôt, à identifier leurs bénéficiaires effectifs et à tenir un registre à leur siège au Sénégal. Ledit article précise les informations que doit contenir ce registre, lesquelles doivent être « exactes et actualisées »[1465]. Les bénéficiaires effectifs de personnes morales et toute personne morale ou construction juridique détenant directement ou indirectement une participation dans une personne morale sont, à leur tour, tenus de fournir à la personne morale, sur demande ou non, les informations et pièces justificatives pour l'identification des bénéficiaires effectifs[1466]. Cette obligation prévaut également en cas de changement de bénéficiaires effectifs, auquel cas le délai pour fournir les informations et pièces requises est de trente jours[1467]. Les informations contenues dans le Registre des bénéficiaires effectifs et les pièces justificatives les concernant doivent être conservées pour une durée minimale de dix ans[1468]. D'autres exigences tiennent au respect du moment et des délais de la déclaration des renseignements à

[1463] Sont notamment inclus, à ce titre, les revenus de capitaux mobiliers, les soldes des comptes, la valeur de rachat des contrats d'assurance et de rente, les bons de capitalisation et placements de même nature et le produit des cessions ou rachats d'actifs financiers (art. 54 al. 2).
[1464] *Ibid.*
[1465] Art. 57 al. 7. Ces informations sont relatives à : l'identité des bénéficiaires effectifs ; la nature, les modalités et l'étendue du contrôle exercé sur la personne ; la date à laquelle la ou les personnes physiques sont devenues, ou ont cessé d'être des bénéficiaires effectifs de la personne morale (*ibid.*)
[1466] Art. 57 al. 10.
[1467] *Ibid.* Il est ajouté que tout manquement à cette obligation de transmission doit être déclaré au chef du service des impôts compétent.
[1468] Art. 57 al. 10. Plus précisément, elles doivent être conservées pour une durée minimale de dix ans suivant la fin de l'année au cours de laquelle le bénéficiaire effectif a cessé de l'être, ou suivant la fin de l'année de cessation de la personne morale, cette obligation de conservation incombant aux dirigeants de la personne morale (*ibid.*).

l'Administration fiscale[1469]. Ces obligations déclaratives et de conservation des informations prévalent pour les personnes physiques ou morales résidant au Sénégal et qui jouent le rôle d'administrateur ou de gestionnaires de fiducies, *trusts* ou autres constructions juridiques similaires constitués hors du Sénégal[1470]. Les personnes morales créées avant l'entrée en vigueur de la loi[1471] ainsi que les administrateurs de constructions juridiques résidants au Sénégal ou les représentants des administrateurs au Sénégal lorsque ceux-ci résident à l'étranger[1472], se sont vus octroyer un délai pour se conformer aux exigences légales, soit, jusqu'au plus tard le 31 décembre 2021. Tous les changements relatifs aux bénéficiaires effectifs des personnes morales ou constructions

---

[1469] Les personnes morales ou le cas échéant, leurs mandataires, doivent effectuer cette déclaration au moyen d'un formulaire fourni par l'Administration fiscale : au moment de la souscription de leur déclaration d'existence, pour les personnes morales soumises à cette obligation ou dans le mois qui suit leur constitution, pour les autres personnes morales ; lors de leur déclaration annuelle de résultat ou de revenus, pour les personnes morales soumises à l'impôt, ou à la date d'anniversaire de leur constitution, pour les autres personnes morales ; dans les quinze jours suivant le moment où les personnes morales ont pris connaissance ou auraient dû prendre connaissance de l'événement rendant nécessaire la modification des informations sur les bénéficiaires effectifs (art. 57 al. 11). Le contenu des informations relatives à l'identité des bénéficiaires effectifs ainsi que les modalités et l'étendue du contrôle des personnes morales sont précisés par arrêté du Ministre en charge des finances, si l'on s'en tient aux termes de l'art. 57 al. 12.

[1470] Art. 57 al. 16. Ces personnes doivent déclarer auprès du Chef du service des Impôts de leur domicile fiscal, dans les vingt jours qui suivent leur nomination : l'existence, les termes et le contenu des constructions juridiques qu'elles gèrent ou administrent ; l'identité des personnes mentionnées dans la construction juridique et l'identité des bénéficiaires effectifs, à savoir celle des personnes ayant la qualité de constituants, des *trustee*, administrateurs ou gestionnaires, des protecteurs le cas échéant, de l'ensemble des bénéficiaires et d'une manière générale, toute autre personne physique exerçant en dernier lieu un contrôle effectif sur lesdites constructions au sens de la loi uniforme relative à la lutte contre le blanchiment de capitaux et le financement du terrorisme (*ibid.*). Si l'une des personnes ayant l'une des qualités énumérées est une personne morale ou une construction juridique, les bénéficiaires effectifs de celles-ci doivent être considérés comme bénéficiaires effectifs de la construction juridique (art. 57 al. 17). Cette obligation incombe aussi aux administrateurs, gestionnaires, bénéficiaires ou *trustees* résidents à l'étranger de constructions juridiques possédant au Sénégal des biens, droits et participations ; le cas échéant, ils désignent un représentant au Sénégal (art. 57 al. 18). Les renseignements sur l'identité des bénéficiaires effectifs doivent être consignés dans un registre spécial tenu à jour des modifications intervenant dans la propriété effective du *trust*, de la fiducie ou de la construction juridique similaire et présenté à toute réquisition de l'Administration (art. 57 al. 20). Par ailleurs, les bénéficiaires effectifs des constructions juridiques ainsi que les personnes morales ou constructions juridiques mentionnées dans une construction juridique, doivent fournir au *trustee*, administrateur ou gestionnaire, sur demande ou non, les informations et pièces justificatives nécessaires pour l'identification des bénéficiaires effectifs (art. 57 al. 21). En cas de changement de bénéficiaires effectifs, ces informations et pièces doivent être fournies dans les trente jours (*ibid.*). La durée de dix ans a aussi été retenue quant au délai de conservation des informations contenues dans le Registre des bénéficiaires effectifs et les pièces justificatives y relatives (art. 57 al. 22). L'obligation de conservation du Registre pèse sur les administrateurs de la construction juridique résidants au Sénégal ou sur le représentant des administrateurs au Sénégal lorsque ceux-ci résident à l'étranger (*ibid.*).

[1471] Art. 57 *in fine*.

[1472] Art. 58 *in fine*.

juridiques doivent être déclarés dans le délai de vingt jours[1473]. Une panoplie de sanctions vient garantir le respect des obligations liées aux bénéficiaires effectifs, celles-ci figurant à l'article 58 de la loi n°2021-29 du 5 juillet 2021 portant loi de finances rectificative pour l'année 2021[1474]. Cependant, l'obligation d'obtention et de conservation d'informations sur les bénéficiaires effectifs à charge des sociétés et entités juridiques devrait se concevoir comme une obligation de moyens, puisqu'il serait effectivement « profondément inéquitable de reprocher au dirigeant de ne pas parvenir à collecter, et ensuite transmettre, des informations qu'il ignore et qu'il est objectivement dans l'incapacité d'obtenir, par exemple du fait de la présence de structures renforçant l'opacité »[1475]. Il a été néanmoins souligné l'importance pour les intéressés de ne pas omettre de constituer des preuves témoignant du fait qu'ils aient cherché à obtenir les informations concernant le ou les bénéficiaires effectifs et notamment, qu'ils aient entrepris des démarches en ce sens[1476].

En outre, il a été constaté que l'accessibilité aux informations sur les bénéficiaires effectifs est, au sein des États membres, encore plus difficile lorsque celles-ci concernent des personnes physiques ou morales étrangères[1477]. À l'occasion de l'Évaluation nationale des risques au ***Bénin***, le rapport a été établi entre ce problème et les défaillances liées à l'infrastructure d'identification des citoyens et étrangers[1478]. La question de la modernisation de l'état civil reste effectivement un défi de taille pour les États membres, qu'ils devraient relever en parvenant notamment à mettre en place et à généraliser un système de gestion

---

1473 Doivent précisément être déclarés, concernant les personnes morales, les changements dans les caractéristiques de l'exploitation et les modifications intervenant dans la propriété effective (art. 57 al. 15). Concernant les constructions juridiques sont concernés les modifications intervenant dans l'allocation des bénéfices, des biens, droits, ou participations placés dans la construction juridique, les changements relatifs aux personnes mentionnées dans la construction juridique ou aux bénéficiaires effectifs de celle-ci ainsi que les transferts de propriété (art. 57 al. 19).

1474 Les personnes physiques ou entités qui, en leur qualité de titulaires de compte, ne communiquent pas aux institutions financières l'autocertification devant permettre d'identifier leurs résidences fiscales et le cas échéant, celles des personnes physiques qui les contrôlent sont sanctionnées par une amende de 10 000 000 de francs CFA par titulaire de compte. Il en va de même pour toute personne communiquant une autocertification incomplète, insuffisante ou erronée (art. 58 al. 3). L'autocertification de renseignements erronés est aussi constitutive d'un faux passible des sanctions prévues aux articles 135 et 136 du CP (art. 58 al. 4). Si une personne physique ou une entité (y compris un intermédiaire ou un prestataire de services) conclut un arrangement ou adopte une pratique dont au moins, un but peut raisonnablement être considéré comme étant d'éviter l'une des obligations d'identification/de communication précédemment étudiées, l'arrangement ou la pratique est réputé inexistant et les obligations prévues par la loi s'appliquent. La personne physique ou l'entité est, de surcroît, sanctionnée par une amende de 15 000 000 de francs CFA.

1475 J. LASSERRE CAPDEVILLE, *op. cit.* par. 46. L'auteur émet cette réflexion à propos de l'obligation d'obtention et de conservation d'informations sur les bénéficiaires effectifs pesant sur les sociétés et entités en droit français, celle-ci étant posée en des termes similaires dans le texte sénégalais.

1476 *Ibid.*

1477 REM du ***Sénégal*** de mai 2018, p. 97 ; Rapport d'Évaluation nationale des risques du ***Bénin***, p. 191.

1478 *Ibid.*

informatisé[1479]. En effet, les difficultés d'accès à ce service public notamment en zone rurale demeureront une faille à l'exigence d'une identification fiable pour tous (qui participe de la lutte anti-blanchiment) tant que les gouvernants ne progresseront pas concrètement dans l'« opération de longue haleine »[1480], mais nécessaire de dématérialisation des services de l'état civil.

[1479] Assez récemment encore, il a été constaté une faiblesse des moyens disponibles pour une mise en place notamment de systèmes d'enregistrement des faits d'état civil dans le continent africain (Réunion préparatoire du groupe d'experts de la quatrième Conférence des ministres africains chargés de l'enregistrement des faits d'état civil, *Document de travail sur l'innovation et la numérisation de l'enregistrement des faits d'état civil et de l'établissement des statistiques d'état civil* [en ligne], Nouakchott : 4-8 décembre 2017. Disponible sur : https://repository.uneca.org/bitstream/handle/10855/24173/b11875914.pdf?sequence=1&isAllowed=y). Auparavant, face au constat des défaillances des bases de données de l'état civil (rudimentaires dans nombre de pays de la région), des initiatives (impliquant plusieurs États de l'UEMOA) avaient été prises, telles que la création d'un Observatoire international africain par le Bénin, la Guinée, le Mali, le Niger et le Sénégal. Et ce, avec le soutien de l'Association Internationale des Maires Francophones (AIMF) ayant dans ce cadre un statut d'observateur. Lors de la deuxième session de l'Observatoire de l'état civil s'étant tenue à Dakar et ayant associé des délégations du Burkina Faso et de la Côte d'Ivoire, il était question, entre autres, de satisfaire à l'objectif d'informatiser les données de l'état civil en Afrique (A. MANZO, « Le système d'état civil en Afrique subsaharienne » [en ligne], *Réseau européen des Villes Numériques*, 5 juillet 2013. Disponible sur :
http://www.villesnumeriques.org/le-systeme-detat-civil-en-afrique-subsaharienne/).
Les États doivent donc persévérer pour achever ce projet de modernisation afin d'éviter qu'il ne sombre dans l'immobilisme, faute d'un réel investissement des gouvernants. Les enjeux de ce problème pour l'anti-blanchiment en particulier sont mis en exergue dans le Rapport d'Évaluation nationale des risques du ***Bénin***, qui fait état d'une « indisponibilité d'une infrastructure d'identification fiable des citoyens et des étrangers qui entrent et qui sortent du pays », à l'origine de problèmes de mise en œuvre des contrôles et d'une limitation de l'efficacité des enquêtes et des poursuites. Le résultat en est une limitation de l'efficacité des enquêtes et poursuites, faute d'informations sur les bénéficiaires effectifs de certains biens (*ibid.*, p. 68). Mais cette préoccupation sera prise en charge, selon les autorités béninoises, dans le cadre du plan de Recensement administratif à vocation d'identification de la population (RAVIP), qui a vocation à mettre en place un système d'identification fiable et sécurisé. La loi n°2017-08 du 19 juin 2017 portant identification des personnes physiques au Bénin dispose par exemple en son article 6 que « les étrangers sont pris en compte dans le Registre national biométrique de la population à l'occasion des demandes de cartes de résidents ou autres titres assimilés destinés à les identifier comme tels sur le territoire national ». L'alinéa 2 d'ajouter que les informations collectées à cette occasion sont traitées pour constituer le fichier des résidents et que chaque étranger inscrit au Registre national biométrique de la population se voit délivrer un Numéro personnel d'identification de résident.

[1480] Nations unies, Département des affaires économiques et sociales - Division de statistique, *Manuel des systèmes d'enregistrement des faits d'état civil et de statistiques de l'état civil - Élaboration d'un cadre juridique* [en ligne], 2000, p. 4. Disponible sur : https://unstats.un.org/unsd/publication/SeriesF/SeriesF_71F.pdf. Partant de l'expérience de nombre de pays cités à titre d'exemple dans ce Manuel (Danemark, Finlande, Afrique du Sud, qui ont pu relever le défi de l'informatisation du système d'enregistrement des faits de l'état civil malgré la difficulté d'y parvenir), l'on partage l'avis des Nations unies selon lequel il faudra que les États (de l'UEMOA) fassent recours à « un personnel spécialisé ainsi qu'une planification longue et attentive » afin d'atteindre les objectifs de modernisation dont il est ici question.

Pour s'inscrire davantage dans une démarche anticipative, il serait opportun de réfléchir, par ailleurs, sur les perspectives d'une utilisation efficiente des nouvelles technologies en vue de mieux satisfaire aux obligations d'identification des clients. Tel est le cas actuellement en Europe, où est envisagée la mise en place de *KYC* centralisés ou mutualisés, l'objectif étant de permettre « aux clients détenteurs de plusieurs comptes bancaires de ne plus s'acquitter d'autant de procédures de *KYC* qu'ils comptent de partenaires financiers »[1481], ce qui jouerait en faveur de la réduction des coûts du *KYC* grâce à l'accès rapide à des informations directes de meilleure qualité. De plus, la complexité des obligations de vigilance justifie largement aujourd'hui la création de *startups* spécialisées dans l'identification des clients, pour de meilleures garanties de conformité[1482]. D'une manière générale, les États membres, de concert avec les autorités régulatrices et autres parties prenantes, devraient promouvoir les métiers de la *compliance* et s'inscrire dans la tendance à la spécialisation[1483] progressive notamment dans la prévention de la LBC/FT.

335. De l'opportunité d'un renforcement *harmonieux* des garanties d'identification de l'ayant droit économique. Pour permettre l'identification de ces acteurs de l'ombre, il est exigé que l'assujetti se renseigne par tout moyen sur l'identité du véritable donneur d'ordre, s'il n'est pas certain que le client agit pour son propre compte[1484]. L'on évoquait précédemment les manquements tenant à l'absence d'un Registre des bénéficiaires effectifs dans tous les États membres et d'une manière générale, à l'infrastructure d'identification des personnes[1485]. Cette disposition confirme alors que les assujettis devront se livrer à la recherche desdits bénéficiaires, une tâche qui s'annonce bien ardue.

On note aussi avec regret que la seconde loi uniforme s'est démise d'une disposition pourtant très intéressante en ce qu'elle obligeait l'assujetti à s'assurer « de l'identité et de l'adresse véritables des responsables, employés et mandataires agissant pour le compte d'autrui »[1486], ces derniers devant « à leur tour, produire les pièces attestant, d'une part, de la délégation de pouvoir ou

---

[1481] S. LACROIX-DE SOUSA, « Le renouveau technologique du dispositif du Know Your Customer », *RD bancaire et fin.*, n°6, novembre 2020, étude 17, pp. 3-4. Cette mutualisation rend possible la centralisation des informations nécessaires au *KYC* (statuts, identité des dirigeants, états financiers) au sein du système informatique de l'entreprise, sachant que les partenaires financiers peuvent demander à accéder à tout ou partie de telles informations (*ibid.*).

[1482] *Ibid.*, p. 2. Sont précisés les avantages d'une telle option au plan juridique : conformément à l'esprit de la *compliance*, les assujettis démontrent, de ce fait, leurs efforts internes pour se conformer aux exigences de LBC/FT et échapper aux sanctions. D'un point de vue commercial, elles disposeraient de données clients qualitatives, en vue de mieux adapter leurs produits ou services et de mieux appréhender les attentes (*ibid.*).

[1483] M. LARTIGUE, « La compliance, une fonction qui monte, qui monte », *Dalloz actualité*, 13 mai 2022.

[1484] Art. 30 al. 1er de la LU.

[1485] L'on fait ici référence aux développements précédents (*supra*, paragraphes précédents).

[1486] Art. 7 al. 4 de la première LU.

mandat qui leur a été accordé et d'autre part, de l'identité, et de l'adresse de l'ayant droit économique »[1487]. La loi uniforme aurait pu obliger à l'identification à la fois des bénéficiaires effectifs et des mandataires, dans l'hypothèse où il ne serait pas certain que le client agit pour son propre compte. Cette exigence se retrouve d'ailleurs dans le Règlement n°001/CIMA/PCMA/PCE/SG/2021, exigeant que toute personne qui prétend agir pour le compte d'un cocontractant prouve qu'elle est autorisée à le faire et soit identifiée dans les conditions requises[1488].

Cela dit, le législateur communautaire prévoit l'hypothèse dans laquelle le doute persisterait sur l'identité du bénéficiaire effectif en dépit des efforts de vérification. Le cas échéant, l'assujetti doit mettre fin à l'opération, sans préjudice de l'obligation de déclarer les soupçons à la CENTIF[1489]. Le législateur devrait, sur cet aspect - tout en créant au préalable des garanties de faisabilité suffisantes -, consacrer expressément *l'obligation* de s'opposer précisément à *l'ouverture d'un compte bancaire* (et au-delà du secteur bancaire, l'obligation de refuser d'entamer ou de poursuivre une relation d'affaires) pour défaut d'identification du bénéficiaire effectif et mieux, en cas d'impossibilité d'identifier convenablement tout client, pour quelque motif que ce soit. Cela permettrait de motiver davantage au respect de la réglementation anti-blanchiment, faisant ainsi de la *compliance* un véritable levier de concurrence entre les établissements financiers. L'effectivité du respect de cette obligation d'identification en serait de surcroît renforcée, d'autant plus qu'il s'agit d'une exigence expresse de la Recommandation 10[1490]. Mais il faudrait, le cas échéant, corrélativement mettre à jour le Règlement communautaire relatif aux systèmes de paiement dans les États membres de l'UEMOA[1491]. En son premier alinéa, l'article 8 dudit règlement consacre le droit à un service bancaire minimum du fait de l'ouverture d'un compte de dépôt, y compris de bénéficier des opérations telles qu'un virement bancaire[1492] (auxquelles l'assujetti peut s'opposer par application de ses obligations anti-blanchiment et notamment pour défaut d'identification de l'ayant droit économique, d'après les dispositions précitées de la loi uniforme). Mais en son second alinéa, il est prévu qu'en cas de refus d'ouverture d'un compte opposé par trois établissements successivement, la

---

[1487] *Ibid.*

[1488] Art. 13.1-4) du Règlement n°001/CIMA/PCMA/PCE/SG/2021. Pour la comparaison hors UEMOA, l'identification tant des bénéficiaires effectifs que des mandataires est aussi exigée par le législateur belge (art. 22 et 23 de la loi du 18 septembre 2017 relative à la prévention du blanchiment de capitaux et du financement du terrorisme et à la limitation de l'utilisation des espèces).

[1489] Art. 30 al. 2 de la LU.

[1490] Critère 10.19 ; voir *supra*, par. 163.

[1491] Il est précisément fait référence au Règlement n°15/2002/CM/UEMOA du 19 septembre 2002 relatif aux systèmes de paiement dans les États membres de l'Union économique et Monétaire Ouest Africaine (UEMOA).

[1492] Voir à ce propos notamment, l'art. 10 Règlement n°15/2002/CM/UEMOA du 19 septembre 2002 relatif aux systèmes de paiement dans les États membres de l'UEMOA.

BCEAO « peut désigner d'office une banque qui sera tenue d'ouvrir un compte donnant droit à un service bancaire minimum » … *"sauf si le refus est justifié par l'impossibilité d'identifier le client et notamment, le bénéficiaire effectif, par application des dispositions de la loi uniforme relative à la LBC/FT"*, pourrait-on y ajouter. Dans l'hypothèse où il serait permis de refuser l'ouverture d'un compte en raison de l'impossibilité d'identifier convenablement le client et en l'occurrence, le bénéficiaire effectif, il serait en effet dépourvu de sens que la Banque centrale désigne un autre établissement pour y procéder, alors même que celui-ci serait tenu à la même obligation de ne pas faire[1493]… De la sorte, le législateur manifesterait son intolérance face à toute tentative du client de refuser d'informer à des fins potentiellement criminelles, à l'exemple de la jurisprudence française qui a récemment évolué sur cette question[1494]. Cela dit, les textes réglementaires devraient d'une manière générale être actualisés et précisés de manière à intégrer les exigences de LBC/FT, pour une application « en bonne intelligence avec les textes relatifs au droit au compte »[1495]. Les clients devraient tout autant être informés de leur obligation de communiquer et des conséquences d'un tel refus, lesquelles devraient être mentionnées dans les conventions d'ouverture de compte bancaire.

Enfin, aux termes du dernier alinéa de l'article 30[1496], le client qui s'avère être un avocat, un notaire, un professionnel de l'expertise comptable ou du commissariat aux comptes ou encore, un courtier en valeurs mobilières, intervenant en tant qu'intermédiaire financier, ne peut refuser de communiquer l'identité du bénéficiaire effectif en raison du secret professionnel. Mais qu'en est-il alors, si le client ne fait pas partie des catégories professionnelles précitées ? La question se pose d'autant plus que curieusement, le législateur communautaire a abandonné, dans la seconde loi uniforme, l'ancienne formulation pourtant beaucoup plus garante de l'écartement du secret professionnel-obstacle, qui était la suivante : « aucun client ne peut invoquer le secret professionnel pour refuser de communiquer l'identité de l'ayant droit

1493 À ce propos, voir *supra*, par. 188.

1494 J.-G. DE TOCQUEVILLE et M. OLLIVRY, « L'application des mécanismes de lutte anti-blanchiment et contre le financement du terrorisme dans le cadre du droit au compte », note sous cass. com., 30 juin 2021, n°19-14.313, *in JCP Ed. G*, n°7-08, 21 février 2022, p. 252. Il a été retenu de cet arrêt, une énonciation par la Cour de cassation française - et pour la première fois - que lorsqu'il subsiste un soupçon relativement à la légalité de certaines opérations eu égard aux prescriptions de la LBC/FT, il est permis à une banque de mettre fin à une relation, y compris dans le cadre du droit au compte. Dans ce cadre, une clôture sans délai et *a priori* sans motivation est justifiée. Les auteurs en déduisent, notamment, que le droit au compte n'est pas un droit au maintien du compte, la LBC/FT primant en cas de soupçons d'opération poursuivant des fins illégales. À propos de cet arrêt, voir aussi : T. SAMIN et S. TORCK, « Droit au compte des personnes morales - Articulation avec la lutte contre le blanchiment et le financement du terrorisme », *in RD bancaire et fin.*, n°5, septembre-octobre 2021, comm. 121.

1495 *Ibid.*, p. 3.

1496 Art. 30 *in fine* de la LU.

économique »[1497]. Il apparaît que celle-ci permettait une meilleure neutralisation du secret face aux impératifs d'identification, et ce, même si la nouvelle option semble tenir compte des professions au sein desquelles le secret professionnel risque d'être opposé. On terminera par relever qu'au ***Niger***, le législateur a prévu des sanctions particulières à l'encontre de toute personne qui, par des déclarations mensongères faites devant un fonctionnaire ou un officier public ou un agent ou préposé d'une administration dans le processus de création des personnes morales ou devant les personnes assujetties aux obligations de LBC/FT, aura provoqué l'insertion dans un acte public authentique, un acte de banque ou de commerce, d'informations de base et d'informations sur les bénéficiaires effectifs contraires à la vérité[1498]. Une peine d'emprisonnement de six mois à trois ans et une amende de 100 000 francs à 1 000 000 de francs CFA sont encourues le cas échéant.

B. Du point de vue des exigences d'identification des clients en fonction des spécificités sectorielles.

336. Du renvoi aux autorités de contrôle quant à la précision des modalités de mise en œuvre des obligations de vigilance. Aux termes de l'article 19 de la loi uniforme, les personnes assujetties aux obligations de lutte anti-blanchiment doivent, avant d'entrer en relation d'affaires avec un client, recueillir et analyser les éléments d'information, *parmi ceux figurant sur une liste dressée à cet effet par l'autorité de contrôle*[1499]. Lesdits éléments devraient favoriser une meilleure connaissance des clients ainsi que l'objet et la nature de la relation d'affaires et de ce fait, une évaluation adéquate du risque de blanchiment de capitaux et de financement du terrorisme[1500]. Et pendant toute la durée de la relation d'affaires, les assujettis doivent persister dans la collecte et l'analyse - auxquelles s'ajoute la mise à jour - des éléments d'information parmi ceux figurant, une fois de plus, *sur une liste dressée à cet effet par l'autorité compétente* aux fins de favoriser une connaissance appropriée des clients[1501]. À tout moment, les assujettis doivent être en mesure de justifier, auprès des autorités de contrôle, de l'adéquation entre les mesures de vigilance qu'elles ont appliquées et les risques de blanchiment de capitaux présentés par la relation d'affaires[1502]. Une exigence d'autant plus justifiée que la loi uniforme requiert que la collecte et l'analyse des informations précitées se fassent conformément aux objectifs d'évaluation du risque de blanchiment de capitaux et de surveillance adaptée à ce risque[1503]. Ces dispositions confient donc la

---

[1497] Art. 9 al. 3 de la première LU.

[1498] Nouvel art. 155 du CP, modifié par l'ordonnance n°2020-01 du 27 janvier 2020 modifiant et complétant la loi n°61-27 du 15 juillet 1961 portant institution du Code pénal.

[1499] Art. 19 al. 1er de la LU.

[1500] *Ibid.*

[1501] Art. 19 al. 2. de la LU.

[1502] Art. 19 *in fine*.

[1503] Art. 19 al. 2 de la LU.

responsabilité aux autorités de contrôle de fournir aux assujettis les précisions nécessaires pour une vigilance constante face à la clientèle et à leurs opérations. Malheureusement, l'on verra que nombre d'assujettis, à l'heure actuelle, ne peuvent compter que sur les grandes lignes de la loi uniforme qu'il leur faudra pour l'instant s'approprier par leurs propres moyens.

337. Entre l'inégale contribution et l'absence de désignation de toutes les autorités de contrôle : d'un relatif aveuglement de bon nombre d'assujettis. Les Instructions de la BCEAO et de l'AMF-UMOA ainsi que le Règlement n°001/CIMA/PCMA/PCE/SG/2021 préconisent tous, en ce qui concerne l'identification des clients, que cet aspect soit intégré aux procédures internes de lutte contre le blanchiment de capitaux et le financement du terrorisme. L'on sait que celles-ci doivent prescrire les diligences à accomplir notamment en vue de l'identification de clientèle et de la constitution et l'actualisation des dossiers de la clientèle. En revanche, la Banque Centrale ne va pas au-delà de cette précision en ce qui concerne les modalités d'identification des clients pour les institutions financières destinataires de l'Instruction précitée. L'AMF-UMOA n'en fait qu'un peu plus en termes d'indications concrètes sur l'identification des clients. En effet, après un renvoi aux dispositions de la loi uniforme y afférentes, il est ajouté que l'identification des clients doit reposer d'une part, sur des règles déontologiques précises et d'autre part, sur une politique clairement définie de connaissance de la clientèle[1504]. Les acteurs du Marché financier régional sont appelés dans ce cadre à définir les différents types de clients qu'ils peuvent accepter et s'abstenir de nouer toute relation d'affaires tant que n'ont pas été convenablement établis leur identité, leur adresse ainsi que le type d'opérations autorisées avec lesdits clients[1505]. D'une manière générale, l'objet et la nature de la relation d'affaires doivent être cernés et les procédures de connaissance de la clientèle doivent s'appliquer à la fois aux clients existants[1506] et aux nouvelles relations[1507]. En fin de compte, le constat est que la pertinence de ces mesures aurait pu être exacerbée avec davantage d'indications relativement aux règles déontologiques concernées et aux attentes à l'égard des acteurs du marché quant aux *modalités* d'implémentation des politiques de connaissance de la clientèle. Dès lors, il devrait être tenu compte de cet aspect en perspective de l'adoption de lignes directrices plus détaillées.

Par contre, le Règlement n°001/CIMA/PCMA/PCE/SG/2021 s'étend plus amplement sur les éléments d'information devant être recueillis par les entreprises et organismes d'assurance avant d'entrer en relation d'affaires et

---

[1504] Et cela, afin de dissuader les acteurs du Marché financier régional d'entretenir des relations avec des personnes dont l'identité est douteuse ou dont les transactions sont en décalage avec l'activité (art. 4 al. 2 de l'Instruction n°59/2019/CREPMF).

[1505] Art. 4 al. 3 de l'Instruction n°59/2019/CREPMF.

[1506] Et notamment, à « ceux sur lesquels pèsent des doutes quant à la fiabilité des informations précédemment collectées » (art. 4 *in fine* de l'Instruction n°59/2019/CREPMF).

[1507] Art. 4 *in fine* de l'Instruction n°59/2019/CREPMF.

pendant toute la durée de celle-ci. Dans le premier cas de figure, le Règlement de la CIMA s'est inscrit dans la droite lignée de la seconde loi uniforme en posant l'obligation pour les entreprises et organismes d'assurance de s'assurer de l'identité de leur contractant avant de nouer une relation durable ou occasionnelle, ou d'assister leur client dans la préparation ou la réalisation d'une transaction[1508]. A été réitérée également l'interdiction de souscrire des contrats sous des noms fictifs[1509]. À cet effet, ces assujettis sont tenus de collecter et disposer à tout moment des renseignements précis sur les catégories suivantes - sachant qu'il a été précisé, pour chacune d'entre elles, les informations à recueillir[1510] :

- les personnes physiques[1511] ;

[1508] Art. 13 al. 1er du Règlement n°001/CIMA/PCMA/PCE/SG/2021.

[1509] Art. 13 al. 2.

[1510] Pour des raisons tenant à la présentation formelle, il ne sera pas possible d'indiquer tous les détails concernant toutes les catégories citées, car les développements seraient excessifs (au regard de tous les détails fournis par le Règlement n°001/CIMA/PCMA/PCE/SG/2021 de la CIMA). Aussi a-t-on, de manière sélective, indiqué dans les notes qui suivent les informations devant être recueillies sur les personnes physiques, les personnes morales (ayant leur siège dans un État membre de la CIMA ou étant étrangères) et les personnes politiquement exposées ; il s'agit là des catégories qui nous paraissent essentielles. Pour les catégories restantes, il sera simplement fait un renvoi aux dispositions concernées du Règlement n°001/CIMA/PCMA/PCE/SG/2021.

[1511] Art. 13.1 du Règlement n°001/CIMA/PCMA/PCE/SG/2021. Il y a lieu de : 1) Relever l'identité de tous les cocontractants (noms, prénoms, date et lieu de naissance, nationalité, profession, domicile, etc.) quels que soient les montants versés. 2) Doivent être considérés comme cocontractants les personnes suivantes : le souscripteur, le donneur d'ordre, le ou les mandants ; le bénéficiaire effectif, toute personne payant une prime. Lorsque le souscripteur est différent de l'assuré, la compagnie d'assurance peut aussi relever l'identité de ce dernier si elle le juge nécessaire. 3) Pour chacun des cocontractants, il faut demander une pièce d'identité probante, en prendre une photocopie et faire les vérifications nécessaires : a) examiner le document (recto verso pour la carte d'identité) afin de juger de son authenticité (attention aux éventuels gommages, grattages, surcharges, anomalies dans la jonction entre la photocopie et la pièce d'identité...) ; b) comparer la personne avec sa photographie (en faisant attention aux permis de conduire, souvent anciens) ; c) comparer la personne avec sa description : sexe, âge, etc. ; d) avoir un soupçon si le document paraît douteux, ou la photo non ressemblante (si nécessaire, procéder à une vérification à partir d'un annuaire, de quittances, etc.) ; e) comparer la signature avec celle relevée sur le chèque ou sur tout autre document contractuel ou précontractuel signé par la personne. 4) Toute personne prétendant agir pour le compte du cocontractant doit prouver qu'elle est autorisée à le faire et doit être identifiée comme décrit au 3°) ci-dessus.

- les personnes morales ayant leur siège dans un État membre de l'espace CIMA[1512] ;
- les personnes morales étrangères[1513] ;
- les opérations réalisées par une personne physique ou morale pour le compte d'un tiers[1514] ;

[1512] Art. 13. 2 du Règlement n°001/CIMA/PCMA/PCE/SG/2021, qui dispose que : 1) Sauf en matière d'assurances collectives, les souscriptions faites par des personnes morales sont a priori suspectes. 2) D'une manière générale, il faut relever : a) le nom ou la raison sociale ; b) la forme sociale ; c) l'objet social ; d) les noms des dirigeants (Président, administrateurs, principaux directeurs) ; e) des renseignements sur les personnes qui détiennent ou qui contrôlent l'entreprise. 3) il faut demander, examiner et prendre copie des documents suivants : a) une pièce d'identité des dirigeants ; b) une pièce d'identité des représentants des personnes morales, avec leur pouvoir ; c) les décisions ayant désigné les mandataires légaux et défini les pouvoirs des autres mandataires ; d) les statuts certifiés conformes notamment pour les associations ; e) l'original, l'expédition ou la copie certifiée conforme de moins de trois mois de tout acte ou extrait d'un registre officiel (registre du commerce et des sociétés, ou répertoire des métiers pour les artisans) constatant la dénomination, la forme juridique et le siège social ; f) un extrait du registre du commerce et du crédit mobilier de moins de trois mois.

[1513] Art. 13.3 du Règlement n°001/CIMA/PCMA/PCE/SG/2021, qui dispose que sauf en matière d'assurances collectives, les souscriptions faites par des personnes morales provenant de certains pays étrangers sont *a priori* suspectes. 1) D'une manière générale, il y a lieu de relever : a) le nom ou la raison sociale ; b) la forme sociale ; c) l'objet social ; d) les noms des dirigeants (Président, administrateurs, principaux directeurs) ; e) des renseignements sur les personnes qui détiennent ou qui contrôlent l'entreprise. 2) Il faut demander, examiner et prendre copie des documents relatifs à l'entreprise ou à ses dirigeants dans la mesure où ils présentent un niveau d'équivalence avec les documents exigés des entreprises ayant leur activité en zone OHADA, et par exemple : a) un certificat de validité juridique avec une traduction authentique ; b) *certificate of incorporation*; c) *the name(s) and adress(es) of the beneficial owner(s)* ; d) *memorandum and articles of Association* ; e) *a signed director's statement as to the nature of the company's business.* 3) Lorsqu'il s'agit d'un *trustee* agissant pour le compte d'un *trust*, demander, examiner et prendre copie des documents suivants : a) l'identité du *settlor ;* b) le *trust deed* ou la *letter of wishes* pour vérifier si le *trustee* a bien les pouvoir de souscrire un contrat d'assurance. 4) Lorsqu'il s'agit d'une fondation, demander, examiner et prendre copie des documents suivants : a) l'identité du fondateur ; b) le règlement de fondation ; c) tout autre document nécessaire pour identifier le *trust*, le *trustee* et les bénéficiaires du *trust.* 5) Lorsqu'il s'agit d'un des cas particuliers listés ci-après, obtenir l'identité du bénéficiaire économique. En cas de refus, faire obligatoirement une déclaration de soupçon à la Cellule de renseignement financier. Liste non exhaustive de ces cas particuliers : a) *International Business Company* (Jersey, Guernesey, Ile de man, Bahamas, Barbade, Iles Vierges britanniques) ; b) *Exempt company* (Jersey, Guernesey, Ile de Man, Gibraltar) ; c) *Qualifying company* (Bermudes, Iles Cayman) ; d) *Aruba vrijgestelde vennootschap* (ou AVV) ; e) ou d'une quelconque forme de holding anonyme (Anstalt du Liechtenstein, holding luxembourgeoise ou suisse, Soparfi luxembourgeoise, société civile monégasque, etc.). 6) Lorsqu'il s'agit d'entreprises d'assurance situées à l'étranger, concernant les affaires reçues en acceptation provenant d'entreprises situées hors de la zone CIMA, les entreprises et organismes d'assurance doivent, en plus des mesures de vigilance normale : a) identifier et vérifier l'identification de l'entreprise d'assurance étrangère ; b) recueillir des informations sur la nature des activités de l'entreprise d'assurance étrangère ; c) évaluer la réputation de l'entreprise d'assurance étrangère et le degré de surveillance à laquelle elle est soumise, sur la base d'informations publiquement disponibles ; d) évaluer les contrôles mis en place par l'entreprise d'assurance étrangère pour lutter contre le blanchiment de capitaux et le financement du terrorisme ; e) les responsables habilités des entreprises assujetties doivent avoir préalablement autorisé la conclusion d'une relation avec l'entreprise d'assurance étrangère.

[1514] Art. 13.4 du Règlement n°001/CIMA/PCMA/PCE/SG/2021.

- les personnes politiquement exposées[1515] ;
- la vente à distance (par correspondance, Internet, téléphone)[1516] ;
- les résidences (y compris celle fiscale)[1517] et
- la profession du client[1518].

Aux fins d'une vigilance constante telle que prévue par l'article 19, alinéa 2 de la loi uniforme et plus globalement, d'un suivi des affaires et de la clientèle, les mesures préconisées par l'article 14 dudit Règlement, bien que n'étant pas exhaustives, indiquent : l'attitude à tenir en cas de renonciation précoce[1519] et lors des versements postérieurs à une souscription[1520] ; et dans ce cadre, les situations dans lesquelles les entreprises et organismes d'assurance devraient avoir un soupçon[1521], les situations devant générer une vigilance accrue, notamment les modifications (changement de bénéficiaire, changement

---

[1515] Art. 13.5 du Règlement n°001/CIMA/PCMA/PCE/SG/2021, disposant que les entreprises et organismes d'assurance doivent, en plus des mesures de vigilance normales, prendre les mesures spécifiques ci-après, lorsqu'elles nouent des relations d'affaires ou lorsqu'elles effectuent des transactions avec ou pour le compte de PPE nationales, étrangères ou des organisations internationales au sens de l'article 2 dudit règlement : 1° mettre en œuvre des procédures adéquates et adaptées, en fonction du risque, de manière à pouvoir déterminer si le client ou un bénéficiaire effectif du client est une PPE ; 2° obtenir l'autorisation de la Direction générale ou d'un organe hiérarchique équivalent avant de nouer une relation d'affaires avec de tels clients ; 3° prendre toute mesure appropriée, en fonction du risque, pour établir l'origine du patrimoine et l'origine des fonds impliqués dans la relation d'affaires ou la transaction ; 4° assurer une surveillance continue renforcée de la relation d'affaires. Les mesures visées ci-dessus aux points 2, 3 et 4 ne sont appliquées pour les PPE nationales ou les PPE des organisations internationales qu'en cas de relations d'affaires à risque plus élevé. Sous réserve de l'application de mesures de vigilance renforcées, en fonction d'une appréciation du risque lié à la clientèle, les entreprises et organismes d'assurance ne sont pas tenus de considérer comme politiquement exposée, une personne qui n'a pas occupé de fonction publique importante, au sens des alinéas 1er et 2, pendant une période d'au moins six mois.

[1516] Art. 13.6 du Règlement n°001/CIMA/PCMA/PCE/SG/2021.

[1517] Art. 13.7 du Règlement n°001/CIMA/PCMA/PCE/SG/2021.

[1518] Art. 13.8 du Règlement n°001/CIMA/PCMA/PCE/SG/2021.

[1519] Art. 14 al. 2 du Règlement n°001/CIMA/PCMA/PCE/SG/2021. Dans cette situation, il est demandé de ne rien rembourser tant que les vérifications prévues pour les nouveaux clients n'ont pas été appliquées aux personnes qui demandent ou qui reçoivent le service d'une prestation ou d'un remboursement. Cette règle doit notamment s'appliquer dans les cas suivants : si la souscription a été faite en espèces ou quasi-espèces et si le remboursement se fait par chèque ; si la renonciation apparaît non expliquée (demander toujours pourquoi) ; en cas de vente à distance.

[1520] Lors des versements postérieurs à la souscription, il est indiqué qu'il faut comparer la signature du chèque avec celle figurant sur la pièce d'identité (art. 14 al. 3 du Règlement n°001/CIMA/PCMA/PCE/SG/2021).

[1521] Aux termes de l'art. 14 al. 4-1) du Règlement n°001/CIMA/PCMA/PCE/SG/2021, tel devrait être le cas : quand la source des fonds n'est pas claire ; quand le montant des primes n'est pas en adéquation avec la situation apparente du client ; quand le client règle sa prime au moyen d'un virement important en provenance de l'étranger, puis se ravise et veut récupérer tout ou partie de la somme ; quand un client ayant souscrit un contrat comportant des primes périodiques de montants importants demande ensuite à un tiers de faire les règlements suivants (opération juridiquement acceptable puisque selon l'article 72 du Code des assurances, « tout intéressé peut se substituer au contractant pour payer les primes »).

de résidence ou encore, contrat nanti pour garantir un crédit, un prêt immobilier, un crédit-bail, etc.)[1522] ainsi que lors des rachats et avances[1523].

Enfin, pour ce qui est des EPNFD, on ne fera que tirer les conséquences évidentes de l'absence de désignation de leurs autorités de contrôle (sauf au ***Niger*** et au ***Mali***, où l'initiative est encore récente), tantôt évoquée. On ne peut déduire de cette situation qu'un mutisme sur les précisions requises en vue de l'application des obligations de vigilance et au-delà, une non-conformité à tous les aspects des Recommandations impliquant l'intervention de telles autorités. Si l'on considère l'exemple de la France, les lignes directrices conjointement élaborées d'une part, par la Direction générale de la concurrence, de la consommation et de la répression des fraudes (DGCCRF) et d'autre part, par Tracfin[1524] se sont employées à éclairer les professionnels de l'immobilier notamment en ce qui concerne l'identification des clients. Les dispositions réglementaires y sont reprises, mais d'une manière simplifiée et selon une approche pragmatique, ce qui devrait permettre aux destinataires de pouvoir distinguer les différents types de clients[1525] et surtout, d'avoir une meilleure lisibilité sur les mesures à mettre en œuvre en fonction de chaque situation[1526]. Au titre des exigences d'identification en particulier, une démarche similaire tenant compte des secteurs à risques prépondérants serait utile pour l'ensemble des assujettis.

[1522] Art. 14 al. 5 du Règlement n°001/CIMA/PCMA/PCE/SG/2021, la vigilance devant être accrue d'une manière générale face « aux modifications de toute sorte ».

[1523] Art. 14 al. 6 du Règlement n°001/CIMA/PCMA/PCE/SG/2021. Les organismes et entreprises d'assurance doivent, dans ce cas de figure, ne rien verser tant que les vérifications d'identité initiales n'ont pas été menées à bien. Elles doivent avoir un soupçon dans les cas suivants : en cas de rachat précoce ; si le client ne se préoccupe pas des conséquences financières ou fiscales ; en cas de règlement « à tiroir » (règlement à une banque X pour le compte d'une banque Y qui agit pour l'intermédiaire Z) ; si un bon de capitalisation est remboursé à une personne sans lien avec le souscripteur (y compris un établissement financier ou autre ; dans ce cas, exiger l'identité du bénéficiaire réel) ; en cas de rachat ou de remboursement d'un bon de capitalisation anonyme pour un montant supérieur à 50 millions de francs CFA, il est demandé d'établir une fiche de renseignements sur la destination des fonds (personne, pays, motivation, etc.). Par ailleurs, selon l'art. 14 (*in fine*), l'assureur doit avoir des soupçons lorsqu'il lui est demandé de certifier ou de garantir que des fonds ont été placés, autrement que par les documents qu'il remet périodiquement à l'assuré ou au souscripteur ou qu'il n'y a pas d'explication convaincante pour une domiciliation anormale (boîte postale, chez un tiers, société de domiciliation).

[1524] Tracfin et DGCCRF, *Lignes directrices conjointes entre la Direction générale de la concurrence, de la consommation et de la répression des fraudes (DGCCRF) et Tracfin relatives à la mise en œuvre, par les professionnels visés au 8° de l'article L. 561-2 du code monétaire et financier, de leurs obligations en matière de lutte contre le blanchiment de capitaux et le financement du terrorisme (LCB/FT)* [en ligne].
Disponible sur : https://www.economie.gouv.fr/files/LDimmobilier_VF_nov2018.pdf.

[1525] *Ibid.*, p. 16 et s.

[1526] *Ibid.*, pp. 39-40.

338. En attendant une explicitation des éléments nécessaires à une bonne connaissance de la clientèle : la proactivité, principale alliée de l'assujetti. En attendant les textes réglementaires et éventuelles lignes directrices sectorielles, les personnes assujetties aux obligations de LBC/FT gagneraient à s'imprégner, en toute responsabilité, de leurs obligations de lutte. L'existence de sanctions pénales « de certains agissements liés au blanchiment »[1527] (soit, le non-respect des obligations préventives identifiées) en sus de la consécration d'un possible blanchiment par négligence[1528] devrait inciter à s'en référer au peu de lignes directrices existantes. On mentionnera à ce titre le Manuel de conformité conçu par le GIABA aux fins de promouvoir les meilleures pratiques de conformité dans la lutte anti-blanchiment[1529]. Hormis sa désuétude - que l'on se doit de relever -, ce document comporte néanmoins force de détails sur les procédures d'identification de la clientèle et notamment, sur les informations devant être recueillies d'une part, par les institutions financières et d'autre part, par les entreprises et professions non financières désignées, selon que le client

---

[1527] À ce propos, l'article 116 de la loi uniforme prévoit une peine d'emprisonnement de six mois à deux ans et/ou une amende de cent mille à un million cinq cent mille francs CFA, à l'encontre des « personnes et dirigeants ou préposés des personnes physiques ou morales » assujettis aux obligations de LBC/FT, lorsque ces derniers auront intentionnellement : « 1. fait au propriétaire des sommes ou à l'auteur des opérations visées à l'article 7 [...], des révélations sur la déclaration qu'ils sont tenus de faire ou sur les suites qui lui ont été réservées ; 2. détruit ou soustrait des pièces ou documents relatifs aux obligations d'identification visées aux articles 26 à 31 dont la conservation est prévue par l'article 35 [...] ; 3. réalisé ou tenté de réaliser sous une fausse identité l'une des opérations visées aux articles 32, 33 et 39 à 45 et 53 [...] ; 4. informé par tous moyens la ou (les) personnes visée(s) par l'enquête menée pour les faits de blanchiment de capitaux dont ils auront eu connaissance, en raison de leur profession ou de leurs fonctions ; 5. communiqué aux autorités judiciaires ou aux fonctionnaires compétents pour constater les infractions d'origine et subséquentes des actes et documents visés à l'article 89 [...], qu'ils savent falsifiés ou erronés ; 6. communiqué des renseignements ou documents à des personnes autres que celles visées à l'article 36 [...] ; 7. omis de procéder à la déclaration de soupçon, prévue à l'article 79 [...], alors que les circonstances amenaient à déduire que les sommes d'argent pouvaient provenir d'une infraction de blanchiment de capitaux telle que définie à l'article 7 [...] ».

[1528] Voir vol. 2 du présent ouvrage, par. 489.

[1529] GIABA, *Manuel du programme de conformité à la lutte contre le blanchiment de capitaux et le financement du terrorisme à l'intention des agents des institutions financières et professions non financières désignées (IF & EPNFD) en Afrique de l'Ouest*, Dakar : Presses de l'Imprimerie Saint-Paul, juillet 2010, p. 18.

est une personne physique ou une personne morale[1530]. Il y va pour ces assujettis d'une bonne gestion du risque pénal qui pèse sur eux, car la responsabilité partagée du respect des obligations de lutte (entre gouvernants et gouvernés) combinée au fameux argument de l'abattoir, « nul n'est censé ignorer la loi », ne laisse d'autre choix que d'adopter ce que l'on a appelé de manière fort imagée la « lynx attitude »[1531].

[1530] En ce qui concerne en premier lieu les IF, le Manuel précise d'abord *les informations fiables devant être obtenues sur la nature de la relation d'affaires que le client a l'intention d'entreprendre, y compris le type de transactions prévu ou prévisible*. L'information recueillie à ce titre doit comprendre : l 'objet et la raison de l'ouverture du compte ou de la relation ; la nature de l'activité envisagée ; l'origine prévue des fonds à utiliser au cours de la relation et des informations détaillées sur la profession ou les activités commerciales ainsi que l'origine de la richesse ou des revenus (p. 24). Ensuite, sont précisées *les informations devant être obtenues des entités juridiques* : la dénomination sociale enregistrée ainsi que toute dénomination sociale utilisée ; le numéro d'enregistrement ou de constitution ; le lieu d'affaires principal, l'adresse postale ; les numéros de fax et de téléphone ; les noms des directeurs ; l'original ou la copie certifiée du certificat d'enregistrement, l'acte et les statuts constitutifs ; la nature et la légitimité des activités de la compagnie et la résolution du Conseil d'administration autorisant l'ouverture d'un compte et une identification de ceux qui sont habilités à maintenir le compte (pp. 44-45). Pour ce qui est en second lieu, des EPNFD, ils doivent, *avant d'établir une relation d'affaires avec un client potentiel, inviter le demandeur à fournir des informations* (qu'ils devraient certifier en signant le formulaire de demande devant également être validé de façon indépendante par l'établissement désigné). Concernant les personnes physiques, doivent être fournies les informations suivantes : le nom complet ; l'adresse fixe (y compris les noms de rue et le code postal, le cas échéant) ; le numéro de téléphone, celui de fax ainsi que l'adresse électronique ; la date et le lieu de naissance ; la nationalité ; la profession, la fonction officielle ou le nom de l'employeur et tout numéro d'identification personnelle officiel ou tout autre élément d'identification unique contenu dans un document officiel en cours de validité portant une photographie du demandeur, comme le passeport, le permis de conduire, la carte d'identité, le numéro d'identification fiscale, etc. (pp. 76-77). *Pour les personnes morales, les informations devant être obtenues sont* : le nom de l'entreprise ou toute autre dénomination commerciale utilisée ; le numéro d'enregistrement ou de constitution ; le principal lieu d'activités ; l'adresse postale ; le numéro de téléphone et de fax ; les noms des administrateurs ; l'original ou une copie certifiée conforme du certificat de constitution et des actes et statuts constitutifs ; la nature des activités de la société et sa légitimité (p. 81).

[1531] C. CUTAJAR, « Blanchiment d'argent : quel risque pénal en cas d'inobservation par les professionnels des obligations de vigilance ? », *Gaz. Pal.*, 26 février 2005, n°057, p. 16. La « lynx attitude » que l'auteure recommande d'adopter « est celle du professionnel qui, conscient d'être exposé au risque d'être utilisé contre son gré dans le cadre d'opérations de blanchiment, mettra en œuvre les procédures de vigilance adaptées, le plus en amont possible ». Celle-ci serait préférable à l'attitude de l'autruche, qui est l'apanage de ceux qui préfèrent en savoir le moins possible pour ensuite, brandir l'argument de l'ignorance des détails de la situation : « ses promoteurs pensent un peu naïvement démontrer ainsi leur bonne foi, en érigeant cette ignorance tel un paravent. Chacun connaît le sort des autruches » … Alors que le lynx, animal intuitif face au danger, « a besoin d'une méthodologie élaborée ».

Paragraphe 2. Les obligations à compléter et à clarifier concernant l'identification à distance[1532] ou par autrui.

339. ***Des clarifications requises eu égard aux mesures de vigilance complémentaires et celles relatives à la tierce introduction***. Les mesures de vigilance complémentaires prévues par la loi uniforme se doivent d'être toutes convenablement clarifiées par les autorités de contrôle, puisque le législateur leur en a laissé la latitude ; et cela, même si certaines initiatives sont de la responsabilité des législateurs nationaux (A). Il conviendra en outre d'étendre et de clarifier les obligations relatives à la tierce introduction (B).

A. Les clarifications requises principalement des autorités de contrôle quant aux mesures de vigilance complémentaires.

340. Les situations nécessitant l'application de mesures de vigilance complémentaires définies par législateur communautaire. Sans préjudice des obligations de vigilance à l'égard de la clientèle - avant l'entrée en relations d'affaires et pendant toute la durée de celle-ci -, les assujettis sont tenus à des mesures de vigilance complémentaires si l'une des quatre situations décrites à l'article 40 de la loi uniforme venait à se présenter ; en l'occurrence, lorsque :

- le client ou son représentant légal n'est pas physiquement présent aux fins d'identification (à ce propos, soulignons que l'article 21 de la seconde loi uniforme inclut, dans ses dispositions générales, l'obligation pour les assujettis de prendre des mesures particulières en vue de la prévention du blanchiment de capitaux et du financement du terrorisme lorsqu'ils sont en relation d'affaires ou exécutent des opérations avec un client qui n'est pas physiquement présent aux fins d'identification) ;
- le client est une personne résidant dans un autre État membre ou un État tiers et qui est exposée à des risques particuliers, en raison des fonctions politiques, juridictionnelles ou administratives qu'elle exerce ou a exercées pour le compte d'un autre État ou de celles qu'exercent ou ont exercées les membres directs de sa famille ou des personnes connues pour lui être étroitement associées ;
- le produit ou l'opération favorise l'anonymat de celle-ci ;

[1532] À propos de ce concept, le GAFI distingue selon qu'une transaction se fait « face à face » ou non. En effet, selon l'entendement de l'Organisme international et comme leur nom l'indique, les transactions « face à face » sont celles qui se font en personne, c'est-à-dire que les parties se trouvent physiquement au même endroit. Dès lors, toutes transactions ne se faisant pas face à face sont considérées comme ayant lieu à distance ; tel est le cas lorsque des parties ne se trouvant pas physiquement au même endroit accomplissent des opérations par voie numérique ou par d'autres moyens à l'instar des échanges de mails ou téléphoniques (GAFI, *Lignes directrices sur l'identité numérique*, *op. cit.*, p. 30).

- l'opération est effectuée pour le compte propre ou pour le compte de tiers avec des personnes physiques ou morales, y compris leurs filiales ou établissements, domiciliées, enregistrées ou établies dans un État ou un territoire dont les insuffisances de la législation ou les pratiques font obstacle à la lutte contre le blanchiment de capitaux et le financement du terrorisme.

Le législateur confie alors la responsabilité aux autorités de contrôle, chacune en ce qui la concerne, de préciser la liste des produits et opérations favorisant l'anonymat ainsi que les mesures de vigilance complémentaires[1533].

341. Un silence handicapant des autorités de contrôle : l'urgence de précisions exhaustives sur les mesures de vigilance complémentaires à appliquer. À la lumière des Instructions de la BCEAO et de l'AMF-UMOA ainsi que du Règlement de la CIMA[1534], l'on est arrivé à un certain nombre de constats qui seront successivement précisés dans les lignes qui suivent.

- *Pour ce qui est de l'identification du client qui n'est pas physiquement présent :*

L'Instruction n°007-09-2017 de la BCEAO est muette sur cette question. L'Instruction n°59/2019/CREPMF, pour sa part, attend des acteurs du Marché Financier Régional permettant l'exécution de transactions sur Internet ou par tout autre moyen électronique, qu'ils disposent d'un système adapté de surveillance de telles transactions[1535]. Le système doit permettre de vérifier l'identité du donneur d'ordre[1536] ainsi que si nécessaire le nom de son teneur de compte[1537]. Le teneur de compte du donneur d'ordre doit aussi requérir le nom du bénéficiaire et le numéro de compte de ce dernier, lorsqu'un tel compte est utilisé pour effectuer un virement de fonds ou un transfert de titres[1538]. Quant au Règlement n°001/CIMA/PCMA/PCE/SG/2021, il prévoit l'hypothèse d'une vente à distance, en l'occurrence par correspondance, téléphone ou Internet. Sont

---

[1533] Art. 40 *in fine* de la LU.

[1534] Il est fait référence au Règlement n°001/CIMA/PCMA/PCE/SG/2021.

[1535] Cela implique la centralisation et l'analyse des transactions inhabituelles par Internet ou tout autre support électronique (art. 9 al. 1er de l'Instruction n°59/2019/CREPMF).

[1536] Plus précisément, il y a lieu d'obtenir et de vérifier, concernant le donneur d'ordre, son nom complet, son numéro de compte (lorsqu'un tel compte est utilisé pour effectuer les transactions), son adresse ou en l'absence de celle-ci, son numéro d'identification nationale ou le lieu et la date de sa naissance (art. 9 al. 2 de l'Instruction n°59/2019/CREPMF).

[1537] *Ibid.*

[1538] *Ibid.*

précisées les pièces requises dans une telle hypothèse ainsi que les situations devant justifier un soupçon de blanchiment[1539].

- *Concernant le client qui est une personne résidant dans un autre État membre ou un État tiers et qui est exposée à des risques particuliers, en raison des fonctions politiques, juridictionnelles ou administratives qu'elle exerce ou a exercées pour le compte d'un autre État ou de celles qu'exercent ou ont exercées les membres directs de sa famille ou des personnes connues pour lui être étroitement associées :*

L'on a l'impression que le législateur vise une catégorie de clients qui se rapproche de celle des personnes politiquement exposées, à laquelle il n'est pas ici explicitement fait référence. En effet, la personne politiquement exposée telle que définie par la seconde loi uniforme doit en tout état de cause avoir exercé d'*importantes* fonctions (qu'elle soit une PPE étrangère, nationale ou d'une organisation internationale)[1540]. Or, dans la présente hypothèse justifiant l'application de mesures de vigilance complémentaires, il n'est posé qu'un critère minimal tenant à l'exercice de fonctions politiques,

---

[1539] Art. 13.6 du Règlement n°001/CIMA/PCMA/PCE/SG/2021. Le cas échéant, les organismes et entreprises d'assurance doivent demander copie d'une pièce d'identité et d'une quittance de moins de trois mois attestant d'un domicile ainsi qu'un Relevé d'Identification bancaire (il est requis de vérifier la correspondance entre le chèque et ledit relevé). Ils doivent également envoyer le contrat par lettre recommandée avec accusé de réception en vérifiant la cohérence de l'adresse. Ils doivent avoir un soupçon en cas d'incohérence, ou en cas de virement d'argent en provenance de l'étranger. Ce soupçon doit être aggravé s'il y a plusieurs anomalies. Par ailleurs, si le paiement arrive avant les pièces, il leur est demandé de ne pas ristourner tant que ces pièces n'ont pas été reçues.

[1540] À l'opposé de l'ancienne loi uniforme, la seconde LU propose, en son article 1er, des définitions afférentes à la notion de PPE. L'art. 1er, point 44 de la LU définit effectivement le terme **« PPE étrangères »**, qui désigne : « les personnes physiques qui exercent ou qui ont exercé d'importantes fonctions publiques dans un autre État membre ou un État tiers, à savoir : a) les chefs d'État ou de gouvernement, les ministres, les ministres délégués et les secrétaires d'État ; b) les membres de familles royales ; c) les Directeurs généraux des ministères ; d) les parlementaires ; e) les membres des cours suprêmes, des cours constitutionnelles ou d'autres hautes juridictions dont les décisions ne sont pas susceptibles de recours, sauf circonstances exceptionnelles ; f) les membres des cours des comptes ou des conseils ou directoires des banques centrales ; les ambassadeurs, les chargés d'affaires et les officiers supérieurs des forces armées ; h) les membres des organes d'administration, de direction ou de surveillance des entreprises publiques ; i) les hauts responsables des partis politiques ; j) les membres de la famille d'une PPE, en l'occurrence : - le conjoint ; - tout partenaire considéré comme l'équivalent d'un conjoint ; - les enfants et leurs conjoints ou partenaires ; - les autres parents ; k) les personnes connues pour être étroitement associées à une PPE ; l) toute autre personne désignée par l'autorité compétente ». Les **PPE nationales** sont les personnes physiques qui exercent ou qui ont exercé d'importantes fonctions publiques au sein de l'État de l'Union concerné, notamment les personnes physiques visées au a) à i) ci-dessus. **Les PPE des organisations internationales** désignent « les personnes qui exercent ou qui ont exercé d'importantes fonctions au sein de ou pour le compte d'une organisation internationale, notamment les membres de la haute direction, en particulier, les directeurs, les directeurs adjoints et les membres du conseil d'administration et toutes les personnes exerçant des fonctions équivalentes ». Il est précisé que « La notion de PPE ne couvre pas les personnes de rang moyen ou inférieur relevant des catégories ci-dessus ».

juridictionnelles ou administratives par la personne visée par les mesures, par les membres de sa famille ou par ses proches. D'ailleurs, pour les personnes politiquement exposées, le législateur a prévu un traitement distinct en exigeant l'application de mesures de vigilance renforcées bien précises[1541]. Cette démarche présente l'intérêt de permettre l'application de mesures de vigilance *a minima* complémentaires à des personnes ne répondant pas exactement à la définition ou aux conditions d'applicabilité des mesures de vigilance renforcée à des personnes politiquement exposées, mais qui s'en rapprochent du fait des fonctions qu'elles (ou les membres de leur famille et proches) exercent ou ont exercées.

Malheureusement, la portée de cette mesure est doublement limitée. D'une part, en ce qu'elle n'est applicable qu'aux personnes *résidant dans un autre État membre ou un État tiers* (donc, à l'exclusion de ceux résidant dans l'État membre de l'UEMOA concerné), alors qu'elle aurait pu concerner plus largement, tout client répondant aux critères d'exposition aux risques plus significatifs tenant à l'exercice de fonctions politiques, juridictionnelles ou administratives. D'autre part, par l'absence de précision des mesures de vigilance complémentaires applicables à cette catégorie de personnes par les autorités de contrôle actuellement identifiées. D'ailleurs, l'Instruction de l'AMF-UMOA a repris les dispositions de l'article 40 de la loi uniforme concernant *les situations* nécessitant l'application de mesures de vigilance complémentaires en omettant la présente hypothèse. En effet, l'article 11 de l'Instruction n°59/2019/CREPMF (d'ailleurs intitulé « Obligation relative aux mesures de prévention en cas de relation à distance ») incite les acteurs agréés du Marché financier régional à « prendre des dispositions particulières et suffisantes »[1542] pour prévenir le blanchiment de capitaux uniquement :

- lorsqu'ils entretiennent des relations d'affaires ou exécutent des opérations avec un client qui n'est pas physiquement présent aux fins d'identification ;
- si le produit ou l'opération favorise l'anonymat du bénéficiaire effectif et
- lorsque l'opération est effectuée pour le compte propre ou pour compte de tiers avec des personnes physiques ou morales (y compris leurs filiales ou établissements) domiciliées, enregistrées, ou établies dans un État ou un territoire dont les insuffisances de la législation ou les pratiques font obstacle à la lutte contre le blanchiment de capitaux et le financement du terrorisme.

Ce faisant, l'AMF-UMOA, en rupture avec l'article 40 de la loi uniforme, n'envisage pas l'hypothèse du client qui est une personne résidant dans un autre État membre ou un État tiers et qui est exposée à des risques

[1541] Celles-ci sont prévues par l'art. 54 de la loi uniforme.
[1542] Art. 11 al. 1er de l'Instruction n°59/2019/CREPMF.

particuliers, en raison des fonctions politiques, juridictionnelles ou administratives qu'elle exerce ou a exercées pour le compte d'un autre État ou de celles qu'exercent ou ont exercées les membres directs de sa famille ou des personnes connues pour lui être étroitement associées. Sous réserve qu'il s'agisse d'une simple omission, tout porte à croire que cette dernière catégorie de clients est assimilée aux PPE par l'AMF-UMOA qui immédiatement après l'article 11, renvoie à l'application des mesures de vigilance renforcées prévues par la loi uniforme en cas d'interaction des acteurs agréés du Marché financier régional avec des personnes politiquement exposées[1543]. En plus de ne pas être en harmonie avec le texte communautaire relatif à la LBC/FT, cette omission réduit à néant les précautions du législateur précédemment évoquées[1544].

- *S'agissant des produits ou opérations favorisant l'anonymat :*

La BCEAO et l'AMF-UMOA n'ont ni identifié les produits ou opérations favorisant l'anonymat ni précisé les mesures de vigilance complémentaires correspondantes. Pourtant, plusieurs États ont exprimé, par le canal des évaluations nationales de risques, l'exposition majeure notamment des produits d'inclusion financière à une utilisation à des fins de blanchiment de capitaux ou de financement du terrorisme[1545]. Il est affirmé, pour le cas du ***Bénin*** en particulier, que l'absence d'identification systématique des clients facilite l'accès, de manière anonyme, aux produits d'inclusion financière tels que la monnaie électronique, les transferts rapides d'argent ou autres services financiers facilités par la technologie[1546]. Et que les criminels ne manquent pas d'exploiter ces failles, face au non-respect du plafonnement du volume de transactions financières qu'un client est autorisé à effectuer journalièrement[1547]. Par conséquent, il est préconisé dans le rapport d'Évaluation nationale des risques de ce pays de prendre les mesures idoines pour empêcher l'utilisation dans l'anonymat des produits d'inclusion financière en obligeant les émetteurs de monnaie électronique à clairement identifier leurs clients *via* leurs plateformes et d'être vigilant face aux transactions[1548]. Mais en plus, d'obliger les émetteurs de

---

[1543] L'art. 12 de l'Instruction n°59/2019/CREPMF oblige les acteurs agréés du Marché financier régional à se doter de systèmes de gestion de risques appropriés en vue de déterminer si un client appartient à la catégorie des PPE et si tel est le cas, appliquer les mesures spécifiques prévues par l'art. 54 de la LU.

[1544] En l'occurrence (pour rappel), l'application de mesures de vigilance complémentaires aux personnes ne répondant pas exactement à la définition des personnes politiquement exposées, mais qui s'en rapprochent du fait de la nature des fonctions qu'elles (ou leurs proches) exercent ou ont exercées (voir développements précédents).

[1545] Rapport d'ENR du ***Bénin***, p. 154 (l'utilisation anonyme et en l'absence de seuil, des systèmes de transfert d'argent et de la monnaie électronique est présentée comme une source de vulnérabilité majeure, notamment au financement du terrorisme ; une situation aggravée par « leur exploitation à distance via internet ou le téléphone portable ». Voir aussi pp. 166-168 sur les risques de blanchiment de capitaux) ; Rapport d'ENR du ***Niger***, p. 136.

[1546] Rapport d'ENR du Bénin, p. 10.

[1547] *Ibid.*

[1548] *Ibid.*, p. 194.

monnaie électronique et autres acteurs à respecter des seuils, tant eu égard au nombre de transactions qu'à leurs montants (et ce, à l'égard des distributeurs, accepteurs et clients ; les seuils pourraient dans ce cadre tenir compte du rôle de chaque acteur)[1549].

À ce propos, il convient de souligner l'existence d'un cadre réglementaire des produits d'inclusion financière, à l'égard desquels des obligations de lutte contre le blanchiment de capitaux et le financement du terrorisme sont consacrées par l'Instruction n°008-05-2015 régissant les conditions et modalités d'exercice des activités des émetteurs de monnaie électronique dans les États membres de l'Union monétaire ouest-africaine (UMOA). Celle-ci soumet l'ensemble des établissements de monnaie électronique à la réglementation en matière de LBC/FT en vigueur[1550] et notamment, à la mise en place d'un système automatisé de surveillance des transactions[1551]. Seulement, pour ce qui est de l'identification des clients en particulier, les mesures de vigilance requises occupent une place minime dans cette Instruction[1552] qui, dès lors, laisse entière la question de la détermination des *mesures de vigilance complémentaires* devant permettre de combattre l'anonymat dans l'utilisation de ces produits. Cette préoccupation devrait être prise en charge dans le cadre d'une initiative réglementaire ou de lignes directrices de la BCEAO prises en application de l'article 40 de la loi uniforme.

En revanche, dans le secteur des assurances, on retrouve des précisions dans le Règlement n°001/CIMA/PCMA/PCE/SG/2021. L'article 12 dudit Règlement alerte sur l'anonymat des bons de capitalisation au porteur qui, néanmoins, ne fait pas obstacle à la vérification d'identité du contractant par l'assureur[1553]. Celui-ci doit vérifier d'une part, l'identité du souscripteur[1554] et procéder à une déclaration de soupçon si le client exige le règlement en espèce pour des sommes importantes[1555]. Il doit vérifier, d'autre part, l'identité de la personne à qui le bon est remboursé (l'assureur ayant en la matière une obligation de moyens et non de résultat) ; et s'il n'y parvient pas, procéder obligatoirement à une déclaration de soupçon[1556]. En outre, l'assureur doit tenir un registre

---

1549 *Ibid.*

1550 Art. 26 al. 1er de l'Instruction n°008-05-2015 régissant les conditions et modalités d'exercice des activités des émetteurs de monnaie électronique dans les États membres de l'UMOA.

1551 Art. 26 al. 2.

1552 L'art. 27 exige, assez évasivement, une identification de l'établissement émetteur, une identification des clients sur présentation d'un document officiel en cours de validité, préalablement à l'ouverture d'un compte de monnaie électronique. L'établissement doit conserver une copie du document d'identification produit lors de l'ouverture du compte.

1553 Art. 17 al. 1er.

1554 Il doit procéder à cette vérification « dans les conditions applicables à tous les autres contrats d'assurance vie » (art. 17 al. 1er du Règlement n°001/CIMA/PCMA/PCE/SG/2021).

1555 Art. 17 al. 2.

1556 Art. 17 al. 3.

particulier pour les bons ou contrats de capitalisation anonymes, qui doit être présenté aux commissaires contrôleurs des assurances[1557].

Pour des mesures de vigilance complémentaires, ces précautions apparaissent tout de même comme étant minimales, surtout en comparaison avec d'autres législations. Par exemple en droit français, il est requis dans l'hypothèse où le client n'est pas physiquement présent ou lorsque le produit favorise l'anonymat, de prendre en plus des mesures de vigilance standard, au moins l'une des mesures de vigilance complémentaires suivantes (ou deux de ces mesures en cas d'ouverture d'un compte) :

- obtenir une pièce justificative supplémentaire afin de confirmer l'identité de la personne avec laquelle l'assujetti est en relation d'affaires ;
- mettre en œuvre des mesures de vérification et de certification par un tiers indépendant, des documents d'identification obtenus ;
- exiger que le premier paiement des opérations soit effectué en provenance ou à destination d'un compte ouvert au nom du client auprès d'un organisme financier établi dans un État membre de l'Union européenne ou partie à l'accord sur l'Espace économique européen ou établi dans un pays tiers imposant des obligations équivalentes en matière de LBC/FT et
- obtenir une confirmation de l'identité du client de la part d'un organisme financier visé au point précédent[1558].

- *En ce qui concerne l'opération effectuée pour compte propre ou pour compte de tiers avec des personnes physiques ou morales, y compris leurs filiales ou établissements, domiciliées, enregistrées ou établies dans un État ou un territoire dont les insuffisances de la législation ou les pratiques font obstacle à la lutte contre le blanchiment de capitaux et le financement du terrorisme :*

L'Instruction n°007-09-2017 de la BCEAO ne comporte aucune précision sur cet aspect. L'Instruction n°59/2019/CREPMF (en son article 10) et le Règlement n°001/CIMA/PCMA/PCE/SG/2021[1559] (en son article 19) préconisent une vigilance renforcée à l'endroit des opérations effectuées notamment avec des pays, territoires ou juridictions déclarés comme étant non coopératifs par le GAFI ainsi que des personnes visées par des mesures de gel de fonds. La liste de ces pays doit être régulièrement mise à jour par chaque acteur

[1557] Art. 17 *in fine*.

[1558] A. BELAYACHI et M. BUREAU, *op. cit.*, p. 54. Voir aussi : C. CUTAJAR, *Blanchiment d'argent : Prévention et répression*, *op. cit.*, pp. 47-48.

[1559] Il faut aussi noter que le Règlement n°001/CIMA/PCMA/PCE/SG/2021 cite, au titre des situations devant justifier un soupçon aggravé de blanchiment, le fait que des fonds aient transité *via* un pays, un État ou un territoire inscrit sur la liste noire du GAFI, même s'il s'agit d'une filiale ou d'une succursale de la maison (art. 20-1, point f).

du Marché financier régional ou entreprise/organisme d'assurance et communiquée au personnel concerné par la lutte contre le blanchiment de capitaux et le financement du terrorisme[1560]. Concernant la constitution de cette liste, l'AMF-UMOA laisse aux acteurs du Marché Financier Régional la responsabilité de consulter les sites officiels des organismes impliqués dans la LBC/FT, notamment ceux du GAFI et du GIABA, ou de requérir des informations auprès de toute autre autorité compétente[1561]. Seulement, en plus de l'incertitude entourant l'éventuel choix par l'assujetti, de l'« autorité compétente » en question - sachant qu'il y va de la fiabilité des informations obtenues -, ce renvoi paraît inopportun. En effet, quand bien même il est admis que les instructions s'incorporent de fait aux textes dont elles précisent les modalités d'application[1562], elles ne confèrent pas pour autant une force obligatoire aux déclarations publiques du GAFI ou du GIABA dans

---

1560 Art. 10 al. 1er de l'Instruction n°59/2019/CREPMF ; art. 19 al. 2 du Règlement n°001/CIMA/PCMA/PCE/SG/2021.

1561 Art. 10 al. 2 de l'Instruction n°59/2019/CREPMF.

1562 D. E. KEUFFI, *La régulation des marchés financiers dans l'espace OHADA* [en ligne], thèse de doctorat : Droit (sous la Direction en cotutelle de Y. R. KALIEU ELONGO et M. STORCK) : Université de Strasbourg, 2010, p. 104. Disponible sur : https://tel.archives-ouvertes.fr/tel-00483729/document. L'auteur souligne que même si la valeur juridique des instructions est discutée en doctrine, il se dégage le constat que celles-ci s'incorporent de fait aux textes dont elles précisent les modalités d'application. Auparavant, l'auteur affirmait l'utilisation de l'Instruction comme un « moyen d'interprétation de prédilection en usage sur les marchés financiers de l'espace OHADA » (*ibid.*).

l'ordonnancement juridique des États[1563]. La démarche de l'AMF-UMOA implique dès lors que la liste des PTNC soit d'abord internalisée dans les législations nationales... L'idéal serait donc que les États procèdent régulièrement à la publication de décrets nationaux exposant les territoires, juridictions et personnes concernées[1564] afin que les autorités de contrôle, sur cette base, transmettent l'information aux assujettis. Ces derniers doivent être placés dans les meilleures dispositions pour s'outiller de dispositifs de détection en matière de gel des avoirs structurellement performants. L'exemple français est à cet égard illustratif des enjeux, puisqu'une compagnie d'assurance a assez récemment été lourdement sanctionnée pour manquement aux dispositions réglementaires en matière de gel des avoirs[1565]. Celle-ci s'est vu reprocher

---

[1563] Si l'on considère l'exemple du ***Sénégal***, il est de rigueur que les dispositions des conventions internationales régulièrement signées et ratifiées par l'État sénégalais fassent l'objet d'une incorporation dans l'ordre juridique interne au moyen de dispositions législatives (F. K. CAMARA, « Les nouveaux défis de la codification au Sénégal : Harmonisation et accessibilité - Le cas du droit pénal », *in* M. BADJI, O. DEVAUX et B. GUEYE (dir.), *Droit, politique et religion : communication présentée lors du colloque tenu en 2008 sur « La codification juridique dans les pays francophones » et intégrée dans le n°8 de droit sénégalais*, 2009, p. 235). Il devrait en être ainsi pour la liste des PTNC. Les règles de légistique prohibent ainsi ce type de renvoi extérieur : « […] il est interdit de se référer à des textes dépourvus de caractère normatif (une circulaire interprétative), à des textes internationaux non applicables sur le territoire national, à des décisions judiciaires ou à des actes qui ne sont pas encore ou ne sont plus dans l'ordonnancement juridique (textes en cours d'élaboration ou textes qui sont abrogés) » (P. A. TOURE, *op. cit.*, p. 234). Relevons que l'auteur condamne également les renvois en cascade qui, selon lui, « nuisent à la clarté des textes » (*ibid.*) ; or, c'est exactement le cas ici, puisque l'AMF-UMOA à qui il a été confié la mission d'éclairer sur les conditions d'application de la loi uniforme (notamment relativement aux relations avec des pays dont les insuffisances de la législation font obstacle à la LBC/FT) renvoie elle-même aux déclarations publiques du GAFI.
À ce propos, voir aussi : C. CUTAJAR, « Prévention du blanchiment et financement du terrorisme : un nouveau décret partiellement inefficace ? », *op. cit.* Une situation similaire s'était en effet, posée en droit français, dans le contexte de la détermination des pays et territoires dont les insuffisances de la législation ou les pratiques font obstacle à la lutte contre le blanchiment de capitaux et le financement du terrorisme. L'auteure expliquait, à ce propos, que l'art. L. 561-10, 4° du Code monétaire et financier renvoyait à l'art. L. 561-15, VI du même code, qui cependant, renvoyait lui-même à un décret qui n'avait jamais été pris. Seul un communiqué de la Direction générale du Trésor (datant du 11 juillet 2011) invitait les professionnels à se référer à une Déclaration publique du GAFI en vue de l'application des mesures de vigilance complémentaires à l'endroit des PTNC. Et Madame Chantal CUTAJAR de soutenir qu'une telle interprétation administrative « ne repose sur aucun fondement juridique et ne peut, en elle-même, conférer aux déclarations publiques du GAFI une quelconque force juridique obligatoire dans l'ordonnancement juridique français ». Elle préconisait alors que le pouvoir réglementaire adopte un décret reprenant la liste des pays mentionnés par la Déclaration publique du GAFI, afin de mettre en place des fondements solides à d'éventuelles poursuites pour manquement aux obligations de vigilance (et d'éviter une éventuelle censure par le Conseil d'État français).

[1564] *Ibid.*

[1565] Ladite compagnie a écopé d'un blâme et d'une sanction pécuniaire s'élevant à 4 millions d'euros, cette sanction ayant été prononcée par décision n°2020-09 du 30 novembre 2021 de la Commission des sanctions de l'Autorité de contrôle prudentiel et de résolution (voir à ce propos : X. DELPECH, « Manquements aux dispositions réglementaires en matière de gel des avoirs : une compagnie d'assurance sanctionnée », *Dalloz actualité*, 20 janvier 2022).

notamment « de ne pas avoir été en mesure de détecter le contrat d'assurance souscrit, depuis le 23 février 2018, par une association, alors que celle-ci faisait l'objet d'une mesure de gel et d'interdiction de mise à disposition de fonds et ressources économiques par voie d'arrêté »[1566]. La doctrine d'en déduire la leçon à retenir : tous les organismes tenus aux obligations légales en matière de LBC/FT sont soumis, en matière de gel des avoirs, à une obligation de résultat, leur dispositif devant permettre de détecter de manière exhaustive et immédiate les clients ou bénéficiaires de transactions faisant l'objet d'une mesure restrictive, d'informer aussitôt les autorités compétentes et de bloquer, sans délai, les opérations pour les personnes et organismes désignés[1567].

En définitive, on ne peut que souhaiter des initiatives réglementaires de la part des autorités compétentes, y compris dans le secteur des EPNFD, pour permettre l'application convenable de l'article 40 de la loi uniforme par les assujettis. Encore une fois, ces derniers n'ont d'autre choix que de s'imprégner de leurs obligations et face à une situation exigeant une vigilance complémentaire, de s'efforcer tout de même de respecter la réglementation en vigueur.

B. L'exigence d'étendre et de clarifier les obligations liées à la tierce introduction.

342. Le recours à la tierce introduction autorisé par la seconde loi uniforme. Les précisions sur la possibilité ainsi que les modalités de recours à des tiers pour mettre en œuvre les obligations de vigilance font partie des nouveautés de la seconde loi uniforme. Celle-ci est donc venue combler ce vide, d'autant plus qu'il a été rapporté que certaines institutions financières au sein de l'Union sollicitent les services de tiers, sur la base de contrats de sous-délégation[1568]. Les institutions financières ont ainsi la possibilité de recourir à des tiers pour mettre en œuvre les obligations de vigilance dans le cadre d'une relation d'affaires ; et cela, « sans préjudice de la responsabilité finale du respect desdites obligations qui leur incombe »[1569]. Dans ce cas, le tiers auquel il est fait recours pour l'application des mesures de vigilance met à la disposition de l'institution financière les informations relatives à l'identité du client et le cas échéant, du bénéficiaire effectif ainsi que celles liées à l'objet et à la nature de la relation d'affaires[1570]. Une convention peut être signée entre le tiers et les

---

[1566] *Ibid.*

[1567] *Ibid.*

[1568] REM du ***Burkina Faso*** de mai 2019, p. 143.

[1569] Art. 56 de la LU.

[1570] L'art. 58 al. 2 précise que le tiers transmet à l'institution financière, à première demande, copie des documents d'identification du client et le cas échéant, du bénéficiaire effectif ainsi que tout document pertinent pour assurer ces diligences.

institutions financières afin de préciser les modalités de transmission des informations ainsi recueillies et le contrôle des diligences mises en œuvre[1571].

L'utilisation du verbe « *pouvoir* » indique qu'il ne s'agit là que d'une simple faculté ; mais à ce propos, il a pu être relevé que la conclusion d'une telle convention peut s'avérer « particulièrement nécessaire dans l'hypothèse où le recours au tiers intervient de manière durable, à titre habituel et n'est pas exercé au sein d'un groupe. *A fortiori*, une formalisation écrite des relations contractuelles entre l'organisme et le tiers s'avère particulièrement indispensable lorsque le tiers est établi à l'étranger »[1572] dans la mesure où les exigences de la législation qui lui est applicable peuvent être différentes de celles résultant de la loi du pays de l'organisme financier responsable[1573]. Dans le même ordre d'idées, il devrait être exigé dans le cadre de telles conventions que les informations transmises permettent à l'institution financière responsable de satisfaire pleinement à ses propres obligations, conformément à la loi uniforme[1574]. Devraient encore être prises en considération les exigences liées à la protection des données à caractère personnel des clients.

343. Des conditions exigées aux institutions financières ayant recours à autrui pour la mise en œuvre des obligations de vigilance. Pour qu'un tiers puisse être autorisé à mettre en œuvre les obligations de vigilance pour le compte d'une institution financière, certaines conditions doivent être remplies. D'abord, le tiers doit être une institution financière ou une des personnes visées par l'article 6 de la loi uniforme[1575], située ou ayant son siège social dans le pays de l'Union concerné, ou une personne appartenant à une catégorie équivalente sur le fondement d'un droit étranger et située dans un autre État membre ou dans un État tiers imposant des obligations équivalentes en matière de lutte contre le blanchiment de capitaux et le financement du terrorisme, « sur la liste prévue par l'alinéa 2 de l'article 46 »[1576] de la loi

---

[1571] Art. 58 *in fine* de la LU.

[1572] A. BELAYACHI et M. BUREAU, *op. cit.*, p. 93. Les précisions apportées par les auteurs trouvent leur source dans les lignes directrices de l'Autorité de contrôle prudentiel et de résolution (ACPR) sur la tierce introduction (publiées en 2011), ladite Autorité étant chargée de la supervision des secteurs bancaire et de l'assurance en France.

[1573] *Ibid.*

[1574] *Ibid.*, p. 89. Conformément aux lignes directrices de l'ACPR sur la tierce opposition, les auteurs conseillent vivement aux organismes ayant recours à un tiers établi dans un pays étranger d'être particulièrement vigilants quant à la nature des informations transmises par le tiers : « les éléments d'information et documents recueillis par le tiers étranger à l'occasion de sa propre entrée en relation d'affaires avec le client, l'ont été conformément à la législation qui lui est applicable, mais ces éléments ne répondent pas nécessairement aux exigences de la réglementation française. L'organisme ayant recours à un tiers étranger doit donc s'assurer que les éléments d'information détenus par le tiers lui permettent de satisfaire pleinement à ses propres obligations, telles qu'elles résultent du droit français ».

[1575] Rappelons que cet article précise les « autres personnes assujetties » à la LBC/FT, à savoir les professionnels du droit et du chiffre.

[1576] Art. 57 al. 1er-1 de la LU.

uniforme. Ladite disposition prévoit notamment que la liste des pays tiers équivalents est arrêtée par le ministre chargé des Finances… Mais celle-ci n'a pas encore été publiée. En outre, il faut que la personne assujettie ait accès aux informations recueillies par le tiers dans les conditions prévues par l'autorité de contrôle[1577]. Seul le Règlement n°001/CIMA/PCMA/PCE/SG/2021 contient à l'heure actuelle de telles précisions. En effet, les entreprises et organismes d'assurance sont obligés de tenir un dossier de suivi concernant les tiers auquel il serait fait recours dans le cadre de la souscription d'affaires (courtier d'assurance ou de réassurance, coassureur, réassureur, institution de microfinance ou des relations similaires), où seront notées toutes les anomalies[1578]. Sont cités à ce titre, les incidents financiers, les gros volumes d'affaires imprévus ou inexpliqués, les informations insuffisantes ou dissimulées sur les clients, les propositions de transactions avec des tiers non identifiés, le transfert du bénéfice d'un contrat à un tiers sans lien familial, les modifications fréquentes de contrats et les nombreux clients étrangers ou domiciliés à l'étranger ou payant à partir de comptes étrangers[1579]. En cas de doute, ces assujettis doivent se livrer à une inspection sur place de ces entités[1580]. Auparavant, le Règlement n°001/CIMA/PCMA/PCE/SG/2021 précise les précautions à prendre en cas de recours à des tiers, lesquelles rejoignent les dispositions de la loi uniforme[1581].

Par ailleurs, il est permis aux institutions financières de communiquer des informations recueillies pour la mise en œuvre des obligations de vigilance à une autre institution financière située ou ayant son siège social dans l'État membre de l'Union concerné[1582]. Mais encore, à un établissement

[1577] Art. 57 al. 1er-2 de la LU.
[1578] Art. 12 al. 6 du Règlement n°001/CIMA/PCMA/PCE/SG/2021.
[1579] *Ibid.*
[1580] Art. 12 *in fine* du Règlement n°001/CIMA/PCMA/PCE/SG/2021.
[1581] Les entreprises et organismes d'assurance doivent, avant de recourir à des tiers dans le cadre de la souscription d'affaires, s'assurer que ces derniers remplissent un certain nombre de conditions : le tiers doit avoir son siège situé dans un État membre de la CIMA ou exercer sous la forme d'une succursale ou d'un bureau de représentation ou de souscription en réassurance agréé par la CIMA ; il doit être soumis à une réglementation de LBC/FT et doit être soumis au contrôle d'une autorité compétente. En outre, il faut exiger de ces tiers un document écrit par lequel ils déclarent : avoir pris connaissance des lois et réglementations relatives à la LBC/FT et s'engager à s'y conformer ; respecter toutes les procédures particulières exigées par l'entreprise ou l'organisme d'assurance et enfin, accepter toute inspection sur place diligentée par l'entreprise d'assurance. Une fois ces conditions remplies, les entreprises et organismes d'assurance doivent imposer aux intermédiaires agissant en leur nom et pour leur compte (agents généraux, salariés ou sous-agents, vendeurs salariés, personnes travaillant dans les sociétés de courtage en qualité de vendeurs salariés, personnes chargées de l'encaissement des primes ou du recouvrement, etc.) d'appliquer, dans le cadre de leur mandat, les procédures de LBC/FT qu'ils ont définies. La mise en œuvre effective de ces mesures par le tiers doit être vérifiée à travers le dispositif de contrôle interne mis en place par les entreprises et organismes d'assurance. Lorsque l'organisme d'assurance confie à un courtier un mandat lui accordant une délégation de gestion, les activités menées par cet intermédiaire au titre de ce mandat sont couvertes par le dispositif de contrôle de l'organisme mandant (art. 12 du Règlement n°001/CIMA/PCMA/PCE/SG/2021).
[1582] Art. 57 al. 2 de la LU.

proposant des activités financières équivalentes à celles exercées par les institutions financières dans des conditions bien précises, à savoir :

- que le tiers destinataire soit situé dans un pays tiers imposant des obligations équivalentes en matière de LBC/FT et
- que le traitement par le tiers des données à caractère personnel garantisse un niveau de protection suffisant de la vie privée et des libertés et droits fondamentaux des personnes, conformément à la réglementation en vigueur en la matière[1583].

344. L'exigence d'une circonscription adéquate du champ et des modalités de mise en œuvre de la tierce introduction. Le législateur n'a encadré la possibilité de recourir à la tierce introduction qu'à l'égard des institutions financières, puisqu'il n'a pas étendu le champ de ces mesures aux EPNFD comme préconisé par la Recommandation 22[1584]. Il faut dire, au regard du faible niveau de respect des obligations de LBC/FT dans ce secteur, qu'il est peu probable que des EPNFD sollicitent en pratique les services de tiers pour satisfaire à leurs obligations de vigilance. Peut-être l'absence d'une telle démarche est-elle alors à l'origine de ce choix réglementaire ? Dans tous les cas, cette possibilité n'est pas à exclure, car rien ne devrait s'opposer à ce que les assujettis appartenant à la catégorie des Entreprises et professions non financières désignées délèguent à des tiers l'accomplissement des obligations de vigilance. Dès lors, il serait convenable que cette hypothèse soit consacrée et encadrée afin de poser les bases légales d'une conformité des EPNFD qui envisageraient une telle option.

Il a également été reproché au législateur communautaire de ne pas avoir consacré la prise en compte des informations disponibles sur le niveau de risque lié aux pays, dans le cadre de la détermination des pays dans lesquels les tiers qui respectent les conditions peuvent être établis[1585]. Une possibilité est alors d'interdire expressément le recours à des tiers introducteurs situés dans les pays à haut risque, lesquels devront dans pareille hypothèse être identifiés en partant des informations publiées par le GAFI. Enfin, il faut relever l'absence de lignes directrices sur la tierce introduction, qui auraient pourtant été très utiles aux institutions financières et EPNFD à bien des égards. Une telle initiative serait en effet, l'occasion de :

- préciser la notion de tierce introduction (qui au demeurant, n'est pas définie par le glossaire de l'article 1er de la seconde loi uniforme) ;

[1583] *Ibid.*

[1584] Est plus précisément concerné le critère 22.5.

[1585] REM du ***Bénin*** de mai 2021, p. 197 ; REM du ***Burkina Faso*** de mai 2019, p. 144 ; REM de la ***Côte d'Ivoire*** de juin 2023, p. 226 ; REM de la ***Guinée-Bissau*** de février 2022, p. 194 ; REM du ***Mali*** de novembre 2019, p. 150 ; REM du ***Niger*** d'août 2021, p. 211 ; REM du ***Sénégal*** de mai 2018, p. 155 et REM du ***Togo*** de juin 2022, p. 189.

- donner de plus amples indications aux assujettis quant aux critères de sélection des tiers introducteurs ;
- préciser les modalités d'application des mesures de vigilance dans le cadre de la tierce introduction ;
- prendre en compte les mises à jour effectuées par les lignes directrices et notamment, les précisions opérées par le GAFI sur les exigences particulières du recours à la tierce introduction impliquant une identification numérique[1586].

Dans le même ordre d'idées, les Instructions de la BCEAO et de l'AMF-UMOA ainsi que le Règlement de la CIMA devraient expressément exiger, au titre de la mise en place de politiques et procédures internes, que les assujettis déterminent les critères de sélection des tiers ainsi que les modalités de mise en œuvre de la tierce introduction. Ils pourraient pour cela s'appuyer, justement, sur des lignes directrices émanant des autorités compétentes, sous réserve que celles-ci satisfassent à cette exigence.

Sous-section 2. Le nécessaire renforcement des garanties de transparence et de coopération dans la vigilance à l'égard des transactions.

345. ***Une loi uniforme plus exhaustive : la condition d'une transparence et d'une coopération accrues dans l'application des obligations de vigilance à l'égard des transactions***. La seconde loi uniforme a intégré des dispositions relatives aux informations devant être fournies à l'occasion de l'exécution des virements électroniques, mais celles-ci sont incomplètes (Paragraphe 1). On compte aussi au titre des nouvelles mesures, l'appel à la vigilance dans la réalisation des transactions immobilières, qu'il conviendrait de renforcer pour une portée plus considérable (Paragraphe 2).

Paragraphe 1. Par une meilleure prise en compte des objectifs de célérité dans la définition des obligations applicables aux virements électroniques.

346. La consécration des exigences de vérification des virements électroniques. La seconde loi uniforme a intégré les exigences de conformité tenant à la transparence dans la réalisation des virements bancaires. Ainsi, à l'égard des virements nationaux et internationaux[1587], il est obligatoire que toute institution financière - y compris les services de transmission de fonds ou de valeurs - obtienne et vérifie les informations requises sur le donneur d'ordre et

[1586] À ce propos, voir *supra*, par. 175.

[1587] Sont concernés dans ce cadre, les virements électroniques transfrontaliers émanant d'un même donneur d'ordre faisant l'objet d'une transmission par lot au bénéficiaire. Et cela, par application du principe selon lequel il n'y a pas lieu de distinguer là où la loi ne distingue pas. D'ailleurs, il a été précisé dans les REM des États que les dispositions de l'art. 33 s'appliquent à tous types de virements, nationaux ou internationaux (REM du ***Bénin*** de mai 2021, p. 193 ; REM du ***Burkina Faso*** de mai 2019, p. 140 ; REM de la ***Côte d'Ivoire*** de juin 2023, p. 222 ; REM de la ***Guinée-Bissau*** de février 2022, p. 191 ; REM du ***Mali*** de novembre 2019, p. 146 et REM du ***Togo*** de juin 2022, p. 185).

sur le bénéficiaire[1588]. Conformément à la Recommandation 16, le législateur communautaire exige que soient fournis le nom complet du donneur d'ordre, son numéro de compte[1589], son adresse ou à défaut, son numéro d'identification nationale ou le lieu et la date de naissance ainsi que, lorsque cela est nécessaire, le nom de son institution financière[1590]. L'institution financière du donneur d'ordre doit également requérir le nom du bénéficiaire ainsi que son numéro de compte, si celui-ci est utilisé pour la réalisation du virement de fonds[1591]. Toutes ces informations doivent être incluses dans le message ou le formulaire de paiement accompagnant le virement[1592].

Il est à relever que le législateur n'a pas opté pour la détermination d'un seuil en vue de l'application de telles mesures, au plus grand bénéfice des objectifs de transparence. Par ailleurs, sont écartées du champ d'application de ces obligations les situations présentant des garanties suffisantes pour écarter le risque de blanchiment de capitaux. Tel est le cas, sous certaines conditions[1593], pour les virements effectués au moyen d'un téléphone portable, d'une carte de crédit, ou de débit ; ainsi que pour les transferts pour lesquels le donneur d'ordre et le bénéficiaire sont des institutions financières agissant pour leur compte et ceux effectués au profit d'autorités publiques[1594]. Dans l'hypothèse où une institution financière recevrait un virement électronique ne contenant pas d'informations exhaustives sur le donneur d'ordre, celle-ci se doit de prendre les dispositions nécessaires pour les compléter ou les vérifier, en obtenant de l'institution émettrice ou du bénéficiaire les informations manquantes[1595]. Si l'institution financière n'obtient pas de telles informations, elle doit s'abstenir d'effectuer le transfert et en informer la CENTIF[1596].

347. Le possible renforcement des obligations en faveur de l'exhaustivité et du partage des informations. Si la loi uniforme permet en son article 33 de fournir toutes les informations exigées sur les virements bancaires, il a tout de même été relevé un certain nombre d'omissions. En effet, la loi n'exige pas que l'institution financière du donneur d'ordre mette à disposition de l'institution financière bénéficiaire ou des autorités compétentes les informations accompagnant le virement électronique, et cela, dans les trois jours ouvrables à

1588 Art. 33 al. 1er de la LU.

1589 Et cela, lorsque ce compte est utilisé pour la réalisation du virement de fonds (art. 33 al. 1er).

1590 *Ibid.*

1591 Art. 33 al. 2 de la LU.

1592 En l'absence de numéro de compte, un numéro de référence unique doit accompagner le virement (art. 33 al. 3).

1593 Il faudrait que le téléphone ou la carte servent à payer des biens ou services et que le numéro du téléphone ou de la carte accompagne tous les virements découlant de la transaction (art. 33 *in fine*).

1594 Sont à ce titre, concernés, plus précisément, les virements réalisés « au profit d'autorités publiques, pour le paiement d'impôts, d'amendes ou d'autres prélèvements » (art. 33 *in fine*).

1595 Art. 34 de la LU.

1596 *Ibid.*

compter de la réception d'une telle demande[1597]. Un tel manquement compromet la faculté des institutions financières bénéficiaires d'obtenir rapidement les informations requises des standards lorsqu'elles détectent des virements pour lesquels il manque des informations sur le donneur d'ordre ou sur le bénéficiaire. Dans le contexte d'une enquête, le respect d'un tel délai peut être crucial pour la célérité dans l'échange d'informations. Pour rester dans cette problématique, il n'est pas non plus spécifiquement imposé aux opérateurs de services de transfert de fonds, de déposer une déclaration d'opération suspecte dans tous les pays concernés par un virement électronique suspect et de mettre à disposition de la Cellule de renseignement financier toutes les informations sur l'opération[1598]. Par ailleurs, il reste à imposer de manière spécifique aux institutions financières bénéficiaires exécutant un ordre de virement d'un montant supérieur ou égal à 1 000 USD/EUR, de vérifier l'identité du bénéficiaire si cela n'a pas été fait précédemment et de conserver les informations y afférentes dans le respect des conditions posées par la Recommandation 11[1599].

Paragraphe 2. Par le renforcement des obligations de vigilance spécifiques aux opérations immobilières.

348. La limitation de l'anonymat dans les transactions immobilières : une nouvelle mesure opportune, mais encore timide. A été intégrée à la loi uniforme, une disposition imposant aux personnes qui réalisent, contrôlent ou conseillent des opérations immobilières d'identifier les parties « conformément aux dispositions des articles 27 et 28 »[1600] de la loi uniforme, toutes les fois qu'elles interviennent dans des opérations d'achat ou de vente de biens immobiliers[1601]. Sachant que les articles 27 et 28 précités précisent respectivement, pour rappel, les modalités d'identification des personnes physiques et morales, l'approche ciblée découlant de cette mesure permet de s'assurer d'une identification minimale de toutes personnes engagées dans les opérations immobilières à haut risque. On peut donc affirmer que le législateur n'est pas resté sourd aux préoccupations liées à l'anonymat dans les transactions immobilières, surtout au regard de la particulière vulnérabilité de ce secteur. Mais force est de relever le minimalisme des mesures découlant de l'article 45,

---

[1597] La remarque est faite dans : le REM du ***Bénin*** de mai 2021 (p. 194) ; le REM du ***Burkina Faso*** de mai 2019 (p. 141) ; le REM de la ***Côte d'Ivoire*** de juin 2023 (p. 222) ; le REM de la ***Guinée-Bissau*** de février 2022 (pp. 191-192) ; le REM du ***Mali*** de novembre 2019 (p. 147) ; le REM du ***Niger*** d'août 2021 (p. 207) et le REM du ***Togo*** de juin 2022 (p. 186).

[1598] REM du ***Bénin*** de mai 2021, p. 196 ; REM du ***Burkina Faso*** de mai 2019, p. 142 ; REM de la ***Guinée-Bissau*** de février 2022, p. 193 ; REM du ***Mali*** de novembre 2019, p. 149 ; REM du ***Niger*** d'août 2021, p. 210 et REM du ***Togo*** de juin 2022, p. 187.

[1599] REM du ***Bénin*** de mai 2021, p. 195 ; REM du ***Burkina Faso*** de mai 2019, p. 142 ; REM de la ***Côte d'Ivoire*** de juin 2023, p. 224 ; REM de la ***Guinée-Bissau*** de février 2022, p. 193 ; REM du ***Mali*** de novembre 2019, p. 148 ; REM du ***Niger*** d'août 2021, p. 209 et REM du ***Togo*** de juin 2022, p. 187.

[1600] Art. 45 de la LU.

[1601] *Ibid.*

voire une certaine ambigüité quant à la démarche du législateur à cet égard. Il ne fait pas de doute, en toute logique, que les dispositions de cet article sont applicables sans préjudice du respect de l'intégralité des obligations de vigilance résultant de la loi uniforme par les personnes assujetties qui réalisent, contrôlent, ou conseillent l'achat ou la vente de biens immobiliers. Mais tant qu'à adopter cette approche axée sur les opérations immobilières, autant imposer le respect de *toutes* obligations de vigilance - y compris celle de l'identification des bénéficiaires effectifs - par les personnes impliquées dans l'achat et la vente de biens immobiliers. C'est dire que le renvoi aux seules dispositions relatives à l'identification des personnes physiques et morales limite considérablement la portée de cette mesure. D'ailleurs, les lignes directrices du GAFI à l'intention des professionnels du secteur immobilier recommandent, lorsque ceux-ci effectuent des opérations d'achat ou de vente immobilière en particulier, d'appliquer chacune des mesures suivantes :

- identifier et vérifier l'identité des clients ;
- utiliser des mesures raisonnables pour vérifier l'identité du bénéficiaire effectif ;
- comprendre la finalité/l'objet et la nature de la relation d'affaires ;
- assurer un suivi permanent de la relation d'affaires[1602].

On rappellera également l'impératif d'élaborer des lignes directrices à l'intention des professionnels du secteur immobilier précédemment identifié comme étant à haut risque au sein des États membres[1603]. Fort opportunément, le GAFI a pour sa part récemment mis à jour ses recommandations à l'égard desdits professionnels à travers ses lignes directrices précitées concernant spécifiquement le secteur immobilier[1604]. Les autorités de contrôle pourront donc s'y référer aux fins d'identifier toutes les personnes impliquées - ou susceptibles de l'être - dans les transactions immobilières présentant des risques de blanchiment de capitaux, y compris par exemple, les avocats et notaires. Ces dernières devraient, au regard de la haute vulnérabilité du secteur immobilier, être formées aux méthodes d'évaluation sectorielle des risques de blanchiment de capitaux. À ce titre, les lignes directrices du GAFI insistent sur l'importance de mettre à jour les évaluations de risques, lesquelles doivent en outre prendre en considération :

- les risques géographiques (comme le lieu de survenance des opérations ainsi que les territoires identifiés par le GAFI comme étant à haut risque) ;
- le risque client, y compris toutes parties aux transactions immobilières et tout bénéficiaire effectif ;

1602 FATF, *Guidance for a risk-based approach - real estate sector* ; en français : GAFI, *Lignes directrices pour une application de l'approche par les risques - secteur immobilier*, juillet 2022, p. 10.
1603 Voir *supra*, par. 279 et s.
1604 *Ibid.*

- le risque associé à la transaction, y compris les méthodes de financement et canaux de mise à disposition des biens[1605].

Dans la continuité des actions sensibilisatrices, compte tenu de la multiplicité des acteurs pouvant être impliqués dans les transactions immobilières, les sessions de formation relativement à la mise en œuvre des mesures préventives pourraient être à la fois ciblées (c'est-à-dire, regrouper une même catégorie de professionnels ; par exemple, les agents immobiliers) et mixtes. Naturellement, les sessions mixtes regrouperaient plusieurs catégories de professionnels appelés à intervenir notamment dans les ventes immobilières (notaires, banquiers, avocats, agents immobiliers, etc.). Leur intérêt majeur résiderait dans les possibilités d'échanges de bonnes pratiques entre professionnels d'une même chaîne transactionnelle, qui permettraient également d'anticiper sur d'éventuelles difficultés pratiques, d'asseoir les bases d'une meilleure collaboration dans l'application des mesures préventives. Enfin, à l'échelle étatique et sectorielle, les parties prenantes devraient tendre vers l'utilisation des nouvelles technologies pour faciliter l'identification des clients et l'application des mesures de diligence. À titre d'exemple, en Slovaquie, les agents immobiliers ont recours à l'outil « Workflow », qui permet une meilleure gestion du flux de travail de ces assujettis. Les fonctionnalités incluent l'identification électronique des clients ; une évaluation automatique du niveau de risque en fonction des données (par exemple, si le client ou son bénéficiaire effectif est une PPE) ; des indications quant aux informations complémentaires requises le cas échéant ; une fonction d'archivage (historique des anciennes transactions, etc[1606].).

Section 2. L'exigence d'une meilleure définition des obligations liées à la vigilance accrue et à la conservation des documents.

349. ***Des mesures de renforcement requises relativement aux situations à risque plus élevé de blanchiment et à la conservation des documents***. Tout comme pour les mesures de vigilance standard et complémentaires, rappelons que celles concernant les situations nécessitant une vigilance accrue devraient être renforcées (Sous-section 1). Il en est de même pour les obligations de conservation des documents (Sous-section 2).

Sous-section 1. Les perspectives de renforcement des obligations préventives dans les situations nécessitant une vigilance accrue.

350. ***Des mesures requises pour une circonscription convenable du cadre d'exécution des mesures de vigilance renforcées***. Dans certains secteurs particulièrement à risque, c'est, au-delà de la loi uniforme, le cadre juridique d'une manière générale qui devrait être repensé pour mieux prévenir le blanchiment (Paragraphe 1). Cela dit, une application convenable des mesures

---

[1605] *Ibid.*, p. 32.
[1606] *Ibid.*, p. 23.

de vigilance renforcées ne repose pas uniquement sur la définition des obligations de vigilance ; elle est aussi dépendante des efforts fournis pour placer l'assujetti dans les meilleures dispositions possibles pour mettre en œuvre les mesures de vigilance renforcées lorsque nécessaire (Paragraphe 2).

Paragraphe 1. D'un nécessaire renforcement du cadre juridique dans les secteurs à risque élevé de blanchiment.

351. ***Les secteurs des assurances, des organismes à but non lucratif (OBNL) et des établissements de jeux concernés***. Si le secteur des assurances présente dans certains États membres un faible risque de blanchiment du fait d'un faible recours aux produits d'assurance[1607], il est des circonstances présentant intrinsèquement un risque élevé de blanchiment et qui devraient être mieux prises en charge par la réglementation (A). Du reste, au sein des organismes à but non lucratif et des établissements de jeux, la pleine conformité eu égard aux exigences d'une vigilance renforcée ne pourra être atteinte en l'absence d'amélioration des cadres réglementaire et de supervision (B).

A. La nécessité de renforcer et de préciser les exigences à l'égard des compagnies d'assurances.

352. L'exigence de mesures de vigilance *renforcées* à l'égard des dépassements de seuils réglementaires et des paiements effectués selon certaines modalités. L'article 39 de la seconde loi uniforme a intégré des dispositions spécifiques à l'égard des compagnies d'assurances, une nouveauté qui témoigne d'une meilleure prise en compte des exigences de lutte dans ce secteur. Seulement, cet article tel que formulé, en plus de ne pas apporter autant de plus-value qu'il n'aurait pu, peut même aller à contresens des réflexes de vigilance requis des assujettis du secteur. En effet, l'article 39 dispose que les agents et courtiers en assurance exerçant des activités d'assurance-vie et de non-vie sont tenus d'identifier leurs clients et de vérifier leur identité conformément aux dispositions de l'article 27 de la loi uniforme, *lorsque les montants des primes atteignent un montant seuil, ou si les paiements des primes s'effectuent selon certaines modalités*. Étant donné que l'article 27 en question précise les éléments requis au titre de l'identification des personnes physiques, cette disposition pourrait dès lors vider de son sens la systématisation des obligations d'identification (lesquelles doivent s'appliquer dès l'entrée en relation d'affaires), en portant à croire que celles-ci ne sont requises que dans les situations particulières prévues par l'article 39 pour les agents et courtiers en assurance exerçant des activités d'assurance-vie et de non-vie. De plus, le législateur renvoie à l'application de mesures de diligence normale à des situations requérant, en principe, une vigilance accrue. La disposition pourrait par conséquent être modifiée de manière à obliger les compagnies d'assurances à faire montre d'une *vigilance renforcée* lorsque les montants des primes

[1607] Voir *supra*, par. 284.

atteignent un certain seuil ou si les paiements des primes se font selon certaines modalités.

Concernant la précision des seuils ainsi que les modalités de paiement devant être à l'origine de la vigilance particulière prévue par l'article 39, le législateur s'en est remis au Règlement de la CIMA[1608]. La réponse a été effectivement apportée par l'article 15 dudit Règlement, qui considère comme étant une opération atypique, en premier lieu, tout paiement en espèce ou par titre au porteur d'une somme d'argent effectué dans des conditions normales, dont le montant unitaire ou total est égal ou supérieur à cinquante millions de francs CFA, ou au montant fixé par les Autorités nationales, lorsque ce montant est inférieur à celui précité ; et en second lieu, toute opération portant sur une somme supérieure ou égale à dix millions de francs CFA ou au montant fixé par les Autorités nationales, lorsque ce montant est inférieur à dix millions de francs CFA, effectuée dans des conditions inhabituelles de complexité et/ou ne paraissant pas avoir de justification économique ou d'objet licite[1609]. Puis, le Règlement de préciser les actes à poser, tels que l'élucidation des motivations et les renseignements à obtenir[1610], le redoublement de vigilance du fait de certains

[1608] L'art. 39 *in fine* dispose, en effet, que « le montant des seuils et les modalités de paiement des primes visés à l'alinéa premier du présent article, sont fixés par un Règlement de la CIMA ».
[1609] Art. 15 al. 1er du Règlement n°001/CIMA/PCMA/PCE/SG/2021. Il est précisé qu'en pratique, il peut être plus simple pour l'entreprise d'appliquer les règles *ad hoc* à toutes les opérations importantes (c'est-à-dire, les sommes dont le montant unitaire ou total est supérieur à dix millions de francs CFA ou au montant fixé par les Autorités nationales), sans se soucier, dans un premier temps, des autres conditions (art. 15 al. 2).
[1610] Art. 15 al. 3 du Règlement n°001/CIMA/PCMA/PCE/SG/2021 qui préconise notamment de consigner par écrit les renseignements suivants : l'origine des fonds (ressources propres, vente d'un bien, don, héritage, etc.) ; la destination des fonds (projet immobilier, couverture d'un prêt, autre transaction, etc.) ; l'identité des bénéficiaires apparents et réels et leurs liens avec le souscripteur ; toutes informations sur l'établissement financier d'où proviennent les fonds (surtout si cet établissement a son siège à l'étranger) et sur l'établissement financier où seront versés les fonds (surtout si cet établissement a son siège à l'étranger).

facteurs[1611] ou encore, la mise en place d'une « base client »[1612]. Pour ce qui est des modalités de paiement devant requérir une vigilance particulière, l'article 16 du Règlement n°001/CIMA/PCMA/PCE/SG/2021 énumère les espèces, les virements provenant d'un compte centralisateur de l'organisme bancaire, certaines catégories de chèques[1613], les remplois de capitaux provenant du rachat ou du remboursement de bons de capitalisation anonymes, les mandats postaux et les effets de commerce.

353. Les précisions réglementaires requises concernant l'assurance-vie. La loi uniforme n'a pas pris en compte l'assurance-vie comme facteur de risque pertinent en déterminant les mesures de vigilance renforcées ni exigé l'identification des bénéficiaires effectifs des bénéficiaires des contrats d'assurance-vie ou de capitalisation. Si le second manquement peut être rectifié par ajout d'une telle obligation à l'article 39 (par exemple), l'opportunité d'une prise en compte de l'assurance-vie comme facteur de risque mérite réflexion. En effet, d'un côté, les analyses effectuées lors des évaluations nationales de risques et évaluations mutuelles des pays ont globalement mené à la conclusion d'un faible niveau d'exposition des produits de l'assurance-vie au blanchiment de capitaux, d'autant plus qu'ils sont peu usités au sein des États membres. Mais d'un autre côté, il faut admettre que cela ne suffit pas à exclure le risque, face au constat d'une absence de respect des mesures de vigilance par les assujettis dans ce secteur (qui, dès lors, est vulnérable). De plus, le GAFI exige la prise en compte de l'assurance-vie comme facteur de risque quelle que soit la situation ; les facilités de blanchiment du fait de la nature même de ces produits sont au fondement d'une telle exigence, et ce, abstraction faite des spécificités contextuelles selon les pays. Au regard de ces éléments, une possibilité serait de prévoir spécifiquement pour les contrats d'assurance-vie, l'application de mesures de vigilance renforcées lorsque des risques plus élevés sont identifiés ;

[1611] Art. 15 al. 4 du Règlement n°001/CIMA/PCMA/PCE/SG/2021. Il y a lieu de redoubler de vigilance face aux situations suivantes : chèques de banque, chèques de notaire, chèques endossés ; chèques ou virements en provenance de l'étranger (notamment des PTNC) ; versements paraissant trop élevés ou trop fréquents par rapport aux ressources du client ou par rapport à son activité ; versements prétendument justifiés par des gains au jeu ou autres ; versements devenant soudain beaucoup plus importants.

[1612] Celle-ci doit, aux termes de l'art. 15 al. 5, permettre de déterminer, à tout moment, la situation de tous les clients par rapport à tous leurs contrats : « Une base clients unique commune à tous les réseaux de production permet à coup sûr de détecter sans faille les opérations complexes faisant jouer plusieurs contrats. Si pour des raisons historiques ou pratiques la base est parcellisée, des recoupements doivent être facilement réalisables. » En outre, il faut relever que l'art. 15 al. 6 énumère un certain nombre de situations devant paraître soupçonneuses aux assujettis, à savoir lorsque : l'origine des fonds n'est pas claire ; le client règle sa prime au moyen d'un virement important en provenance de l'étranger, puis se ravise et veut récupérer tout ou partie de la somme ; le client souscrit un contrat comportant des primes périodiques importantes puis demande à un tiers de faire les paiements suivants (selon l'article 72 du code des assurances, « tout intéressé peut se substituer au contractant pour payer les primes »).

[1613] Il s'agit des chèques de banque, des chèques émis par les intermédiaires de toute sorte et les virements provenant de ces mêmes intermédiaires et des chèques endossés.

il serait dans ce cadre utile de préciser un certain nombre d'indicateurs permettant de présumer d'un risque plus élevé pour ces contrats. Et conformément aux standards, ces mesures de vigilance renforcées devraient comprendre des mesures permettant d'identifier et de vérifier l'identité du bénéficiaire effectif du bénéficiaire au moment du versement des prestations.

B. Le respect des mesures de transparence au sein des OBNL et des établissements de jeux tributaire de l'amélioration des cadres réglementaire et de supervision.

354. La promotion d'une démarche organisationnelle au sein des OBNL favorable à la LBC/FT. L'introduction dans la seconde loi uniforme d'exigences liées à la surveillance, au contrôle[1614] et aux obligations de vigilance particulières à l'égard des organismes à but non lucratif,[1615] participe de la mise en place d'un cadre commun de référence pour lutter à la fois contre le blanchiment de capitaux et le financement du terrorisme. S'ils sont assujettis aux normes anti-blanchiment au même titre que nombre d'autres acteurs, les OBNL doivent faire l'objet d'un suivi régulier, car étant très vulnérables à une utilisation à des fins de financement du terrorisme. Les enjeux sont de taille pour ces organismes également face au risque de sanction en cas de non-conformité, mais surtout, face aux coûts élevés « en matière de réputation et de crédit auprès du public, indispensables pour collecter des fonds »[1616]. La démarche du législateur à l'endroit de ces organismes permet la mise en place de règles d'organisation et de transparence destinées à la LBC/FT et ce faisant, s'inscrit dans la droite lignée des standards du GAFI.

En effet, à travers sa Recommandation 8, le Groupe d'action s'emploie à lutter contre l'utilisation des organismes à but non lucratif à des fins de financement du terrorisme. Tout en reconnaissant le rôle vital que jouent ces organismes dans l'économie mondiale de même que dans nombre de systèmes économiques, sociaux et nationaux, le Groupe se veut également, protéger les OBNL d'une exploitation en vue de financer le terrorisme de manière à préserver leur intégrité ainsi que la communauté des donateurs[1617]. Le constat au fondement de cette initiative est celui de l'utilisation des OBNL comme vecteur de soutien au terrorisme et notamment, par la création de fausses associations caritatives ou les collectes de fonds frauduleuses[1618]. Aussi la Recommandation 8 préconise-t-elle des mesures spécialement orientées vers la lutte contre le financement du terrorisme par utilisation des OBNL, mais qui présentent l'avantage de promouvoir une transparence et un encadrement de ces organismes

---

[1614] Art. 41 et 42 de la LU.

[1615] Art. 43 de la LU.

[1616] S. FARHAT, « Juridique - Normes professionnelles et déontologiques - Focus sur la mise en conformité », *Juris associations*, n°656, 2022, p. 34.

[1617] Note interprétative de la Recommandation 8.

[1618] *Ibid.*

propices à la lutte contre le blanchiment de capitaux. La première exigence à ce titre est d'adopter une approche par les risques, impliquant de partir de la définition des OBNL proposée par le GAFI[1619] pour recenser quels sous-ensembles d'organismes existants au sein des États rentrent dans le champ de ladite définition ; et cela, afin d'identifier ceux susceptibles d'être exploités à des fins de terrorisme[1620]. Sont également recommandés une sensibilisation continue aux questions relatives au financement du terrorisme[1621], un contrôle ciblé des OBNL basé sur les risques[1622] ainsi qu'un développement de capacités d'enquête et de collecte d'informations efficaces[1623].

355. Des précisions réglementaires requises pour une application des obligations de transparence liées à la tenue d'un Registre des OBNL[1624]. L'article 43 de la loi uniforme met une double obligation à la charge des organismes à but non lucratif qui souhaiteraient collecter des fonds, recevoir ou ordonner des transferts de fonds. La première est de s'inscrire sur un registre mis en place par l'autorité compétente du pays considéré ; il y a lieu, pour ce faire, de procéder à une demande d'inscription initiale sur ce registre comportant les mentions obligatoires énumérées par le législateur communautaire[1625]. La seconde est une obligation de communiquer à l'autorité en charge de la tenue du registre tout changement dans la composition des personnes responsables du fonctionnement de l'organisme concerné[1626]. Par ailleurs, doit être consignée dans ledit registre toute donation faite à un organisme à but non lucratif et dont le montant est supérieur ou égal à cinq cent mille francs CFA, étant requis de fournir dans ce cadre les données complètes du donateur, la date, la nature et le montant de la donation[1627]. L'autorité compétente doit conserver le registre

---

1619 Le GAFI a proposé une définition de la notion d'« organisme à but non lucratif », qui est « basée sur les activités et les caractéristiques d'un organisme qui sont susceptibles de lui faire courir le risque d'être exploité à des fins de financement du terrorisme, plutôt que sur le simple fait qu'il poursuit un but non lucratif ». Aussi cette notion recouvre-t-elle les personnes morales, constructions juridiques ou organismes impliqués dans la collecte ou la distribution de fonds à des fins caritatives, religieuses, culturelles, éducatives, sociales, ou confraternelles ou pour d'autres sortes de « bonnes œuvres » (Note interprétative de la Recommandation 8).

1620 Critère 8.1.

1621 Critère 8.2.

1622 Critère 8.3.

1623 Critère 8.5.

1624 Le terme « organisation ou organisme à but non lucratif » désigne, d'après l'article 1er, point 41 de la LU, « toute association, fondation, organisation non gouvernementale constituée conformément aux textes législatifs et réglementaires en vigueur, ayant pour objet principal la collecte ou la distribution de fonds à des fins caritatives, religieuses, culturelles, éducatives, sociales ou confraternelles, ou pour d'autres types de bonnes œuvres ».

1625 D'après l'art. 43 al. 1er, il s'agit du nom, des prénoms, adresses et numéros de téléphone de toute personne chargée d'assumer la responsabilité du fonctionnement de l'organisme concerné et notamment, du vice-président, du secrétaire général, des membres du Conseil d'administration et du trésorier, selon le cas.

1626 Voir note précédente.

1627 Art. 43 al. 2 de la LU.

pendant une durée de dix années, sachant qu'il peut être consulté par la CENTIF, par toute autorité de contrôle des organismes à but non lucratif ou sur réquisition, par tout officier de police judiciaire chargé d'une enquête pénale[1628].

Il se pose alors la question de la détermination des conditions d'applicabilité de ces mesures dans les États et notamment, de la détermination de « l'autorité compétente » au sens de l'article 43 précité. La tendance n'est pas pour le moment à la conformité sur cette question dans la plupart des États membres. En effet, au ***Bénin*** et au ***Mali***, la mise en place de ces registres n'est pas encore effective[1629]. En ***Guinée-Bissau***, il est indiqué que la loi ne précise pas l'autorité en charge de la tenue de ce registre[1630] ; cette situation est similaire en ***Côte d'Ivoire***[1631]. Au ***Niger***, aucune mention n'est faite quant à l'effectivité de sa tenue[1632]. Au ***Togo***, un « registre tenu par l'autorité compétente »[1633] permettrait l'inscription d'informations relatives aux dirigeants et administrateurs des OBNL, dont les états financiers feraient par ailleurs l'objet d'une publication au Journal officiel ou dans un Journal d'annonces légales[1634]. Mais les exigences légales ne sont pas pour autant remplies dans la mesure où ce registre n'a pas vocation à permettre l'inscription obligatoire des informations relatives à l'administration et à la gestion des OBNL et notamment aux donations dont le montant minimal atteint le seuil de cinq cent mille francs CFA, conformément aux exigences précitées de la loi uniforme[1635]. En revanche, l'existence d'un tel registre est affirmée au ***Sénégal***, où il serait tenu par le ministère en charge de la Sécurité[1636]. Il n'empêche qu'à ce jour, seul le ***Burkina Faso*** aurait adopté un décret créant un Registre national des organisations à but non lucratif, qui exigerait notamment à ce que soient communiqués les noms des

---

1628 Art. 43 al. 3 de la LU.

1629 Dans le Rapport d'ENR du ***Bénin*** ; il est affirmé que dans le secteur notamment des ONG/OBNL, il est aisé de dissimuler les bénéficiaires effectifs de certaines opérations ou activités économiques (p. 61) ; que la tenue d'archives est à peine existante et qu'il n'y a pas de système d'information disponible de manière à assurer le suivi ou de détecter des activités suspectes au sein des ONG ou OBNL (p. 133). Tandis que le REM du ***Mali*** de novembre 2019 affirme que le ministère de l'Intérieur, qui est chargé de délivrer les agréments et de surveiller l'activité des OBNL, n'a pas encore mis en place le Registre destiné à l'enregistrement des donations faites aux OBNL (p. 36).

1630 REM de la Guinée-Bissau de février 2022, p. 175.

1631 REM de la ***Côte d'Ivoire*** de juin 2023, pp. 208-209 ; voir aussi notamment, p. 17 et p. 97.

1632 Le Rapport d'ENR du Niger (p. 57) se contente d'affirmer l'existence d'un cadre juridique permettant la disponibilité et l'accès aux bénéficiaires effectifs, notamment grâce à l'institution - par la loi uniforme - d'un registre des ONG et associations afin de permettre l'information des clients.

1633 REM du Togo de juin 2022, p. 169. La supervision et le contrôle du fonctionnement général de la majorité des OBNL (à savoir, les ONG et associations) seraient du ressort du ministère de l'Administration territoriale (*ibid.*, p. 92).

1634 *Ibid.*, p. 169.

1635 *Ibid.*, pp. 170-171.

1636 REM du Sénégal de mai 2018, p. 139.

membres et gérants ainsi que l'origine et la destination des fonds à déclarer[1637]. Une telle démarche devrait être adoptée par les autres États membres, qui auraient l'occasion d'indiquer avec précision l'autorité compétente pour assurer la tenue des registres, mais encore, les règles y relatives. Ce serait également l'opportunité de donner davantage d'indications sur les modalités de communication des informations, dont les grandes lignes ont été posées par la loi uniforme.

356. La nécessaire mise en place d'un cadre de contrôle permettant de favoriser le respect des mesures préventives par les organismes à but non lucratif. Les OBNL sont aussi tenus à des obligations déclaratives et comptables. Doit faire l'objet d'une déclaration à la CENTIF, toute donation en espèces au profit d'un organisme à but non lucratif, lorsque le montant atteint ou dépasse un million de francs CFA[1638]. En revanche, dès l'instant que les fonds sont susceptibles de se rapporter à une entreprise terroriste ou de financement du terrorisme, la donation doit faire l'objet d'une déclaration à la CENTIF, quel qu'en soit le montant[1639]. Quant aux exigences comptables, elles se rapportent à la tenue d'une comptabilité conforme aux normes en vigueur,[1640] mais encore, à la transmission à l'autorité de contrôle des états financiers annuels de l'année précédente, dans les six mois suivant la date de clôture de leur exercice social[1641]. L'ensemble des sommes d'argent versées à titre de donation ou dans le cadre de transactions à effectuer doivent être déposées sur un compte bancaire ouvert dans les livres d'un établissement de crédit ou d'un système financier décentralisé agréé[1642]. Dans tous les cas, la commission,[1643] en connaissance de cause, d'une

---

1637 REM du Burkina Faso de mai 2019, p. 74. Il s'agirait du décret n°2017-0015/PRES/PM/MATDSI/MINEFID du 23 janvier 2017. Il ne nous a malheureusement pas été donné de consulter un tel décret, dont il n'a apparemment pas été procédé à la publication par voie de numérisation.

1638 La déclaration doit être faite par l'autorité chargée de la tenue du registre des organismes à but non lucratif dont il est fait mention notamment à l'article 43 al. 1er de la LU (art. 43 al. 4).

1639 Art. 43 al. 4.

1640 À ce propos, l'Acte uniforme relatif au droit comptable et à l'information financière du 26 janvier 2017, adopté par le Conseil des ministres de l'OHADA, dispose en son second article que sont astreintes à la mise en place d'une comptabilité dite comptabilité financière, notamment les entités produisant des biens et services marchands ou non marchands, dans la mesure où elles exercent, dans un but lucratif ou non, des activités économiques à titre principal ou accessoire se fondant sur des actes répétitifs, à l'exception de celles soumises aux règles de la comptabilité publique. De plus, certaines lois nationales prévoient des obligations comptables à l'égard des OBNL. Tel est le cas au ***Burkina Faso***, où la loi 064-2015 du 20 octobre 2015 fait obligation aux associations de tenir une comptabilité (REM du Burkina Faso de mai 2019, p. 74) ; au ***Mali*** : les OBNL signataires d'accords avec l'État sont tenus de soumettre, annuellement, leurs rapports financiers et rapports d'activités à la Direction générale de l'administration du territoire (DGAT), même si cette obligation n'est « généralement pas respectée par les OBNL » (REM du Mali de novembre 2019, p. 61).

1641 Art. 43 al. 5.

1642 Art. 43 al. 5.

1643 Est plus précisément interdit le fait d'encourager, de fomenter, d'organiser ou de commettre une infraction de blanchiment de capitaux ou de financement du terrorisme (art. 43 *in fine*).

infraction de blanchiment de capitaux ou de financement du terrorisme par un organisme à but non lucratif peut entraîner une suspension temporaire ou une peine de dissolution, sans préjudice des poursuites pouvant être engagées contre ces derniers[1644].

Mais encore faudrait-il que les autorités de contrôle et de supervision soient identifiées et dotées des moyens appropriés pour être en mesure de veiller au respect de telles mesures. En effet, en dépit des efforts consentis par le législateur communautaire pour les soumettre à des mesures de

[1644] Art. 43 *in fine*.

contrôle[1645], l'absence de surveillance des OBNL est une réalité[1646] qui réduit considérablement la portée des obligations déclaratives et comptables précitées, entretenant ainsi une extrême vulnérabilité de ces organismes au blanchiment de capitaux. D'ailleurs, les déclarations d'opérations suspectes émanant des

---

[1645] Aux termes de l'art. 41 de la LU, les OBNL qui recueillent, reçoivent, donnent ou transfèrent des fonds dans le cadre de leur activité philanthropique sont soumis à une vigilance appropriée sous le joug de leur organisme de contrôle compétent. Il appartient à l'autorité compétente d'arrêter les règles destinées à garantir que les fonds de ces organismes à but non lucratif ne soient pas utilisés pour blanchir des capitaux ou financer le terrorisme. L'article 42, pour sa part, précise les mesures de surveillance devant être appliquées de manière à contrôler l'activité des OBNL :

1. produire à tout moment des informations sur : l'objet et la finalité de leurs activités ; l'identité de la personne ou des personnes qui possèdent, contrôlent ou gèrent leurs activités, y compris les dirigeants, les membres du conseil d'administration et les administrateurs ;
2. publier annuellement, au journal officiel ou dans un journal d'annonces légales, leurs états financiers avec une ventilation de leurs recettes et de leurs dépenses ;
3. se doter de mécanismes à même de les aider à lutter contre le blanchiment de capitaux et le financement du terrorisme ;
4. se doter de mécanismes de contrôle propres visant à garantir que tous les fonds sont dûment comptabilisés et utilisés conformément à l'objet et à la finalité de leurs activités déclarées ;
5. conserver pendant dix ans et tenir à la disposition des autorités des relevés de leurs opérations.

[1646] Au ***Bénin***, le constat est que « ce secteur souffre cruellement de l'absence de régulation et de supervision alors même que le Bénin connait un accroissement incontrôlé du nombre des OBNL/ONG. Il n'existe pas un cadre institutionnel et réglementaire qui désigne une autorité de tutelle chargée de la supervision, du contrôle des activités de ces organismes, notamment les financements reçus et leurs emplois » (Rapport d'ENR, p. 9). Voir en outre : REM du ***Burkina Faso*** de mai 2019, pp. 64-65 ; REM de la ***Côte d'Ivoire*** de juin 2023, p. 97 ; Rapport d'ENR du ***Niger***, p. IV ; REM du ***Sénégal*** de mai 2018, p. 6, p. 12, étant relevé que c'est le ministère de l'Intérieur et de la Sécurité publique qui assure la réglementation notamment des OBNL (p. 10) ; REM du ***Mali*** de novembre 2019, où il est indiqué qu'« il résulte des constatations faites lors de la visite sur place qu'aucun texte législatif ou réglementaire n'indique de façon spécifique, si l'autorité en charge de la supervision des OBNL est compétente en ce qui concerne la LBC/FT » (p. 36) et qu'« il n'existe aucun mécanisme de réglementation ou de supervision fondée sur le risque, et les autorités de supervision du secteur des OBNL manquent de ressources » (p. 52). Au Mali, La Direction générale de l'administration du territoire (DGAT) du ministère de l'Administration territoriale est l'organe chargé de la supervision du secteur. Outre la DGAT, la Commission nationale d'évaluation des associations ayant signé un accord-cadre avec l'État et ses antennes régionales et locales est également associée au suivi des OBNL parties à cet accord (*ibid.*, p. 61). En ***Guinée-Bissau***, il résulte du REM de février 2022 (p. 15) que les ONG sont soumises à la supervision de la Direction générale en charge de la coordination des aides non gouvernementales (General Directorate for the Coordination of Non-Governmental Aid, dite DGCANG) - qui aurait été récemment créée au sein du Secrétariat d'État à la Coopération internationale (*ibid.*, p. 95) ; à l'exception des ONG effectuant des prestations de services de microfinance qui réalisent, contrôlent, conseillent des opérations concernant des dépôts, du change, des financements, des conversions ou autres mouvements de capitaux ou de biens. Ceux-là seraient soumis à la supervision du ministère des Finances (Projet de REM de la Guinée-Bissau - Premier cycle des évaluations mutuelles, voir p. 129 et p. 133). Entre autres manquements, la supervision basée sur les risques n'est pas mise en œuvre dans ce secteur (REM de la Guinée-Bissau de février 2022, p. 15 ; voir aussi pp. 87-88, pp. 95-98, pp. 173-176). Enfin, au ***Togo*** également, il n'existerait pas d'autorités en charge de la surveillance et du contrôle de la mise en œuvre des obligations des OBNL en matière de LBC/FT (REM du Togo de juin 2022, pp. 169-170).

assujettis de ce secteur sont rares, voire inexistantes[1647], ce qui n'est guère surprenant face à leur faible connaissance des obligations de lutte[1648]. Dès lors, la formation et la sensibilisation des assujettis de ce secteur doit porter autant sur la question du blanchiment de capitaux que celle du financement du terrorisme. Car en dépit de ce que nul n'est censé ignorer la loi, comment l'État pourrait-il, dans le contexte précis de l'anti-blanchiment, prétendre à l'application de sanctions exemplaires et dissuasives (pour remédier à la totale ignorance des standards qui sévit dans ce secteur) s'il ne satisfait pas lui-même à ses obligations, celles de créer les conditions favorables au respect des réflexes de prévention ?

Plus fondamentalement, les lois nationales régissant les organismes à but non lucratif au sein des États membres devraient être actualisées pour prendre en compte l'évolution des exigences de LBC/FT. Au ***Bénin,*** par exemple, l'évaluation nationale des risques a révélé que les ONG et OBNL continuent d'être régis par la loi associative de 1901[1649]. Il en est de même au ***Togo***[1650]. En plus de telles mises à jour réglementaires, il serait opportun, au regard de la vulnérabilité très élevée de ce secteur au blanchiment de capitaux dans les États membres, de publier des lignes directrices à l'intention des OBNL et plus précisément, des autorités de contrôle et des assujettis. Celles-ci pourraient prendre en considération à la fois, la prévention du blanchiment et les exigences particulières au titre de la lutte contre le financement du terrorisme.

357. Face au recul quant aux exigences de transparence à l'égard des établissements de jeux : une nécessaire mise à jour des lois nationales. Des dispositions particulières sont prévues par la seconde loi uniforme en ce qui concerne les établissements de jeux. La première loi uniforme s'était déjà employée à promouvoir la transparence dans ce secteur, auquel elle consacrait son article 15. Celui-ci prévoyait une liste d'obligations particulières à remplir par les assujettis des casinos et établissements de jeux, à savoir :

[1647] Au ***Bénin***, les ONG/OBNL n'ont jamais fait de DOS auprès de la CENTIF (Rapport d'ENR du Bénin, p. 133) ; il en est de même en ***Côte d'Ivoire*** (REM de juin 2023, p. 111). Au ***Burkina Faso***, « les mécanismes de déclaration d'opérations suspectes prévus par les textes n'ont pas été mis en place au sein des sous-secteurs des OBNL » (REM du Burkina Faso de mai 2019, p. 74) ; au ***Sénégal***, il est aussi relevé qu'aucun OBNL n'a soumis de DOS à la CENTIF et depuis 2014, aucune inspection sur le secteur n'ayant été diligentée (REM du Sénégal de mai 2018, p. 12). Au ***Togo***, les statistiques des DOS reçues par la CENTIF entre 2011 et 2020 laissent apparaître, en ce qui concerne les ONG, qu'une seule déclaration aurait été faite (au total), celle-ci datant de 2013 (voir REM du Togo de juin 2022, pp. 10-11).

[1648] Rapport d'ENR du ***Bénin***, p. 133 ; REM du ***Burkina Faso*** de mai 2019, p. 64 ; REM du ***Mali*** de novembre 2019, p. 7 ; dans le REM du ***Sénégal*** de mai 2018, il est plus vaguement fait état d'une mise en œuvre « défaillante » du dispositif de LBC/FT dans le secteur des OBNL à cause de l'insuffisance de sensibilisation et de supervision (p. 12).

[1649] Rapport d'ENR du Bénin, p. 193.

[1650] Le cadre réglementaire des OBNL serait en effet régi par une loi de 1901 complétée par un décret de 1992 (REM du Togo de juin 2022, p. 171).

- justifier auprès de l'autorité publique, dès la date de la demande d'autorisation d'ouverture, de l'origine licite des fonds nécessaires à la création de l'établissement ;
- s'assurer de l'identité par la présentation d'une carte nationale d'identité ou de tout document officiel original en tenant lieu, en cours de validité, comportant une photographie dont il est pris copie, des joueurs qui achètent, apportent, ou échangent des jetons ou des plaques de jeux pour une somme supérieure ou égale à un million de francs CFA ou dont la contre-valeur est supérieure ou égale à cette somme ;
- consigner sur un registre spécial, dans l'ordre chronologique, toutes les opérations visées à l'alinéa précédent, leur nature et leur montant avec indication des noms et prénoms des joueurs, ainsi que du numéro du document d'identité présenté, et conserver ledit registre pendant dix ans après la dernière opération enregistrée ;
- consigner dans l'ordre chronologique, tout transfert de fonds effectué entre des casinos et établissements de jeux sur un registre spécial et conserver ledit registre pendant dix ans après la dernière opération enregistrée.

Par ailleurs était prévue l'hypothèse dans laquelle l'établissement de jeux serait contrôlé par une personne morale possédant plusieurs filiales : il était alors requis que les jetons identifient la filiale par laquelle ils sont émis[1651], ne pouvant être admis, en aucun cas, que des jetons émis par une filiale puissent être remboursés par une autre filiale[1652].

[1651] Art. 15 *in fine* de la première LU. La seconde loi uniforme a rectifié la formulation en exigeant l'identification de la filiale *pour* laquelle ils sont émis (art. 44 *in fine* de la LU).

[1652] Et cela, « que celle-ci soit située dans le même État, dans un autre État membre de l'Union ou dans un État tiers » (art. 15 *in fine* de la première LU).

L'article 44 de la seconde loi uniforme a les mêmes exigences à l'égard des casinos et établissements de jeux[1653], à la différence que premièrement est posée une obligation générale pour les assujettis concernés de tenir une comptabilité régulière ainsi que les documents y relatifs pendant dix ans, dans le respect des principes comptables définis par la législation en vigueur. Deuxièmement, la seconde loi uniforme s'est affranchie de l'obligation (pour les candidats à l'ouverture d'un établissement de jeux) consistant à *justifier auprès de l'autorité publique, dès la date de la demande d'autorisation d'ouverture, de l'origine licite des fonds nécessaires à la création de l'établissement.* Or, l'intégration de cette forme de contrôle *a priori* dans la loi uniforme était des plus essentielles pour la lutte anti-blanchiment, puisqu'étant de nature à préserver l'intégrité de l'établissement et à présenter des garanties minimales d'éthique de la part de ses principaux dirigeants. L'on ne peut que souhaiter qu'une telle exigence et au-delà, la prévention du crime soient prises en compte dans le cadre d'une mise à jour des lois encadrant les jeux de hasard et casinos au sein des États membres. Pour la comparaison, dans nombre de pays européens, le contenu des candidatures ou demandes d'autorisation pour l'ouverture d'établissements de jeux doit fournir des informations financières, parmi lesquelles les mesures de lutte contre le blanchiment de capitaux, celles permettant d'assurer la transparence et la surveillance ou encore, la justification de l'origine licite des moyens utilisés pour l'organisation du casino[1654]. Or si l'on considère l'exemple du ***Sénégal***, il apparaît, au regard des informations fournies lors de la seconde évaluation mutuelle de ce pays, que les textes régissant ce secteur sont très

---

[1653] L'art. 15 de la première LU précité soumettait plus spécifiquement les « gérants, propriétaires et directeurs de casinos et établissements de jeux ». À cet égard, la formulation de la seconde loi uniforme est moins restrictive. Cette précision faite, on s'intéressera aux dispositions de l'art. 44 de la seconde loi uniforme, soumettant les casinos et établissements de jeux aux obligations de : tenir une comptabilité régulière ainsi que les documents y relatifs pendant dix ans, selon les principes comptables définis par la législation en vigueur ; s'assurer de l'identité, par la présentation d'un document officiel original en cours de validité et comportant une photographie, dont il est pris copie, des joueurs qui achètent, apportent ou échangent des jetons ou des plaques pour une somme supérieure à un million de francs CFA et dans ce cadre, consigner, dans l'ordre chronologique, toutes les opérations précitées (mais encore, leur nature et leur montant avec indication des nom et prénoms des joueurs ainsi que du numéro du document présenté) sur un registre et de conserver celui-ci pendant dix ans après la dernière opération enregistrée ; consigner, dans l'ordre chronologique, tout transfert de fonds effectué entre des casinos et cercles de jeux sur un registre et de conserver ledit registre pendant dix ans après la dernière opération enregistrée. Dans le cas où l'établissement de jeux est tenu par une personne morale possédant plusieurs filiales, les jetons doivent identifier la filiale pour laquelle ils sont émis. En aucun cas, des jetons émis par une filiale ne peuvent être remboursés dans une autre filiale, y compris à l'étranger.

[1654] MM. P. ALLIZARD et D. MARIE, *Rapport d'information fait au nom de la commission des affaires européennes (1) sur l'organisation et l'exploitation des jeux dans l'Union européenne* [en ligne], n°414, adopté par le Sénat, Session ordinaire de 2015-2016, Enregistré à la Présidence du Sénat le 18 février 2016, p. 50. Disponible sur : http://www.senat.fr/rap/r15-414/r15-4141.pdf. Ces conditions sont exigées dans les quatre pays concernés par l'étude comparative précitée, à savoir l'Allemagne, l'Espagne, le Royaume-Uni et la Suisse.

anciens[1655] ; une situation à laquelle il faudrait donc remédier, la remarque pouvant valoir à l'échelle communautaire.

Les États membres devraient sur cet aspect suivre l'exemple de la ***Côte d'Ivoire***, qui a récemment adopté la loi n°2020-480 du 27 mai 2020 portant régime juridique des jeux de hasard. Au titre des principes généraux de cette loi, l'État ivoirien s'est engagé à encadrer l'offre et la consommation des jeux ainsi qu'à en contrôler l'exploitation et dans une telle optique, prévenir notamment le blanchiment de capitaux et le financement du terrorisme[1656]. Fort logiquement, parmi les attributions de l'Autorité de régulation des Jeux de hasard instituée par cette loi, figure la contribution à la lutte contre le blanchiment de capitaux, « en liaison avec les autres structures de l'État »[1657]. Cette initiative exemplaire devrait garantir un meilleur contrôle de ce secteur, de même que l'institution d'une telle Autorité devrait permettre de vulgariser les réflexes anti-blanchiment au moyen de lignes directrices à l'intention des acteurs du secteur des jeux de hasard. À l'occasion de la conception de celles-ci, il devrait être tenu compte des études existantes et notamment de l'étude de typologies menée par le GIABA relativement aux vulnérabilités et risques de blanchiment de capitaux dans le secteur des casinos et jeux de hasard[1658]. Celle-ci contient, entre autres, des signaux d'alerte et indicateurs de blanchiment de capitaux très édifiants[1659], lesquels pourraient être repris et complétés en perspective des actions de formation et de sensibilisation.

Paragraphe 2. Des mesures devant optimiser les possibilités d'application convenable d'une vigilance renforcée.

358. ***Les actions correctrices requises variables selon la démarche (subjective ou objective) de l'assujetti***. Les mesures de vigilance renforcées ont lieu d'être appliquées, selon les cas, à l'initiative de l'assujetti ou dans les conditions précisées par la loi uniforme. Leur application d'une façon appropriée par les assujettis va nécessiter dans la première hypothèse que ces derniers soient préparés en conséquence (A) et dans la seconde, une levée de ce qui nous apparaît comme étant des restrictions indues dans la définition des mesures de vigilance renforcées (B).

1655 Les principales lois régissant le secteur des établissements de jeux de hasard sont effectivement très anciennes ; il s'agit de la loi 66-58 du 30 juin 1966 portant organisation et réglementation des Établissements de jeux de hasard et complétée par la loi n°75-59 du 2 juin 1975 et du décret 67-6390 fixant les modalités d'application de la loi 66-58 du 30 juin 1966 portant organisation et réglementation des Établissements de jeux de hasard (REM du Sénégal de mai 2018, p. 171).
1656 Art. 5 al. 1 de la loi n°2020-480 du 27 mai 2020 portant régime juridique des jeux de hasard.
1657 Art. 24 al. 2.
1658 GIABA, *Blanchiment de capitaux : Risques et vulnérabilités dans le secteur des casinos et des jeux de hasard en Afrique de l'Ouest*, 2021.
1659 *Ibid.*, pp. 33-37.

A. La vigilance renforcée à l'initiative de l'assujetti : la nécessaire préparation corrélative du personnel des institutions financières et des EPNFD.

359. Les assujettis appelés à apprécier les situations nécessitant l'application de mesures de vigilance renforcées. Le législateur communautaire préconise le renforcement de l'intensité des mesures « prévues aux articles 19 et 20 »[1660] de la loi uniforme dès lors que le risque de blanchiment de capitaux et de financement du terrorisme présenté par un client, un produit ou une transaction paraît élevé[1661]. En d'autres termes sont renforcées les obligations de vigilance constante sur la relation d'affaires et sur toutes les opérations de la clientèle. Ainsi, si l'assujetti parvient au constat d'un risque élevé avant d'entrer en relation d'affaires avec le client (par exemple, du fait de la sollicitation d'un produit à risque par le client), il peut être amené à recueillir et vérifier des éléments d'identification supplémentaires, en fonction du profil du client. S'il parvient au constat d'un risque élevé pendant la relation d'affaires, il peut être amené à recueillir davantage d'informations pour une meilleure connaissance du client, notamment en augmentant la fréquence des mises à jour des dossiers des clients concernés. Le suivi attentif des opérations jugées à risque est aussi de mise dans un tel contexte. D'ailleurs, la loi uniforme prévoit également, de manière expresse, que les assujettis doivent effectuer un examen renforcé de toute opération particulièrement complexe ou d'un montant inhabituellement élevé ou ne paraissant pas avoir de justification économique ou d'objet licite[1662]. Le cas échéant, ils sont tenus de se renseigner auprès du client sur l'origine des fonds, sur la destination des telles sommes ainsi que sur l'objet de l'opération et l'identité de la personne qui en bénéficie[1663].

360. Les institutions financières appelées à apprécier les « conditions inhabituelles de complexité ou injustifiées »[1664] nécessitant une vigilance accrue. Les institutions financières doivent particulièrement examiner, d'une part, tout paiement en espèces ou par titre au porteur de somme d'argent dans des conditions normales, dont le montant unitaire ou total atteint ou dépasse cinquante millions de francs CFA ; et d'autre part, toute opération portant sur une somme égale ou supérieure à dix millions de francs CFA, effectuée dans des conditions inhabituelles de complexité ou ne paraissant pas avoir de justification économique ou d'objet licite[1665]. On peut avancer, en ce qui concerne les « conditions inhabituelles de complexité » en particulier, qu'elles devront surtout être appréciées en fonction des habitudes transactionnelles du client. Mais il reviendra aux Cours et tribunaux d'en préciser les caractéristiques. En France,

1660 Art. 51 al. 1er de la LU.
1661 *Ibid.*
1662 Art. 51 *in fine.*
1663 *Ibid.*
1664 Il est fait référence à ces conditions dans l'art. 32 al. 1er, deuxième tiret de la LU.
1665 Art. 32 al. 1er de la LU.

« les juges du fond procèdent à une analyse in concreto au terme de laquelle ils jugent qu'une opération bancaire qui, appréciée *in abstracto*, apparaît tout à fait normale, peut, dans certaines circonstances, se révéler comme étant inhabituellement complexe »[1666]. C'est dire que la "normalité" dans ce contexte ne peut être une donnée statique, puisqu'elle s'apprécie au cas par cas, en fonction du profil transactionnel et/ou financier du client.

Cela dit, les institutions financières, conformément aux Instructions de la BCEAO et de l'AMF-UMOA ainsi qu'au Règlement de la CIMA, devront prescrire les diligences à accomplir en matière de surveillance et d'examen des opérations et transactions inhabituelles[1667]. Celles-ci devraient permettre notamment de définir des critères objectifs - en plus de ceux tenant au dépassement des seuils fixés par la loi - sur la base desquels pourront être appréciés les écarts de conduite de la clientèle, afin d'aider les assujettis dans leur appréciation subjective des transactions inhabituelles. Dans cette perspective, les textes d'application sectoriels posent l'obligation pour les assujettis de se doter de systèmes d'information devant permettre le profilage, le filtrage en temps réel des clients et transactions et d'une manière générale, un suivi de la clientèle et des transactions par elle effectuées[1668], ce qui devrait permettre de recenser notamment les transactions inhabituelles et/ou suspectes. Dans ce cadre, les assujettis doivent prendre en compte toute information de nature à modifier le

---

[1666] C. CUTAJAR, *op. cit.*, *Blanchiment d'argent : Prévention et répression*, 2018, p. 49.

[1667] Art. 5 al. 2, point 7 de l'Instruction n°007-09-2017 de la BCEAO ; art. 21 al. 3, point 7 l'Instruction n°59/2019/CREPMF et art. 6 al. 2, point 6 du Règlement n°001/CIMA/PCMA/PCE/SG/2021.

[1668] L'art. 6 al. 1er de l'Instruction n°007-09-2017 de la BCEAO dispose que les IF doivent se doter d'un système d'information permettant : le profilage des clients et des comptes ouverts dans leurs livres ; le filtrage en temps réel des clients et des transactions ; le suivi des mouvements sur les comptes et la génération des alertes ; la détermination du solde global de l'ensemble des comptes détenus par un même client ; le recensement des opérations effectuées par un même client qu'il soit occasionnel ou habituel et l'identification des transactions à caractère suspect ou inhabituel. L'art. 23 al. 1er de l'Instruction n°59/2019/CREPMF, presque identique à l'art. 6 précité, ajoute simplement à cette liste « le suivi d'un client, personne physique ou morale, inscrit sur une liste de sanctions financières ciblées du Conseil de Sécurité des Nations Unies ». L'art. 9 du Règlement n°001/CIMA/PCMA/PCE/SG/2021 se fait plus exhaustif et explicite. En effet, il en résulte que dans le secteur des assurances, le système d'information des entités assujetties doit permettre : 1° le profilage des clients en fonction des produits d'assurance souscrits ; 2° le filtrage en temps réel des clients et des opérations réalisées auprès de l'entreprise ou de l'organisme d'assurance depuis le début de la relation d'affaires ; 3° le suivi des opérations des clients : a. par dates ; b. par montants ; c. par origine ; d. par cumul des opérations réalisées par un même client. Ce suivi doit permettre la génération des alertes ; 4° la détermination du montant global de l'ensemble des capitaux en risque pour un même client ; 5° le recensement des opérations effectuées par un même client, qu'il soit occasionnel ou habituel ; 6° l'identification des opérations à caractère suspect ou inhabituel ; 7° le recensement des clients ayant réalisé dans l'année des paiements, des rachats ou remboursements pour un montant cumulé supérieur au minimum fixé par la réglementation en matière de lutte contre le blanchiment de capitaux, le financement du terrorisme et de la prolifération ou à défaut par les dispositions nationales ; 8° le suivi particulier des comptes bancaires ou postaux de la société qui centralise les arrivées de fonds.

profil du client, les modifications devant être intégrées dans le délai de quinze jours pour les entités du secteur des assurances[1669], et d'un mois pour les institutions financières et acteurs agréés du Marché Financier Régional[1670]. L'efficacité du système d'information doit faire l'objet d'un examen périodique, soit au moins une fois par an, afin de l'adapter selon la nature et l'évolution de l'activité de l'assujetti ainsi que l'environnement réglementaire[1671]. Aussi, l'on mentionnait précédemment[1672] que l'article 15 du Règlement n°001/CIMA/PCMA/PCE/SG/2021 a défini la notion d'« opération atypique » (laquelle est la même que celle de la loi uniforme) ainsi que les mesures à prendre dans le cadre de telles transactions. Une démarche similaire aurait été très utile pour les institutions financières et acteurs du Marché Financer Régional, quitte à l'entreprendre dans le cadre de lignes directrices plus détaillées. En attendant cela, ces assujettis pourront toujours s'en tenir aux dispositions générales de la loi uniforme, qui précisent les actes à poser face à ces opérations nécessitant une surveillance particulière. L'institution financière doit se renseigner auprès du client et/ou par tous autres moyens, sur l'origine et la destination des fonds ainsi que sur l'objet de l'opération et l'identité[1673] des acteurs économiques impliqués[1674]. Par la suite, elle établit un rapport confidentiel, écrit, comportant tous les renseignements utiles sur les modalités de l'opération ainsi que sur l'identité du donneur d'ordre et le cas échéant, des acteurs économiques concernés[1675]. Naturellement, ce rapport est conservé conformément aux règles régissant la conservation des pièces et documents[1676].

Enfin, une vigilance particulière doit être exercée à l'endroit des opérations provenant d'institutions financières qui ne sont pas soumises à des obligations suffisantes en ce qui concerne l'identification des clients ou de contrôle des transactions[1677]. Ces institutions financières devront être recensées et faire l'objet d'une communication au personnel des institutions financières, en partant des informations publiques disponibles sur l'application des obligations de LBC/FT par les pays. Devraient notamment faire l'objet d'une telle vigilance accrue les opérations passées avec des institutions financières situées dans les pays à risque ou PTNC dont la liste, publiée par le GAFI, reste à être reprise par

---

1669 Art. 9 al. 2 du Règlement n°001/CIMA/PCMA/PCE/SG/2021.

1670 Art. 6 al. 2 de l'Instruction n°007-09-2017 de la BCEAO et art. 23 al. 2 de l'Instruction n°59/2019/CREPMF.

1671 Art. 6 *in fine* de l'Instruction n°007-09-2017 de la BCEAO ; art. 23 *in fine* de l'Instruction n°59/2019/CREPMF et art. 9 *in fine* du Règlement n°001/CIMA/PCMA/PCE/SG/2021.

1672 Voir *supra*, par. 352.

1673 Cela, conformément aux articles 26 à 31 de la LU (art. 32 al. 2 de la LU), ces derniers traitant des obligations d'identification des clients.

1674 Art. 32 al. 2 de la LU.

1675 Art. 32 al. 3.

1676 *Ibid.* Rappelons que les obligations relatives à la conservation des pièces et documents sont prévues par l'art. 35 de la LU.

1677 Art. 32 al. 4.

les législateurs nationaux[1678]. Les mesures requises à ce titre n'étant pas précisées, il appartiendra aux institutions financières d'envisager les diligences à accomplir à ce titre au moment de l'élaboration de leurs procédures internes. Et cela, sachant que l'hypothèse est à rapprocher de celle des opérations effectuées « pour compte propre ou pour le compte de tiers avec des personnes physiques ou morales, y compris leurs filiales ou établissements, domiciliées, enregistrées ou établies dans un État ou un territoire dont les insuffisances de la législation ou les pratiques font obstacle à la lutte contre le blanchiment de capitaux et le financement du terrorisme »[1679], justifiant l'application de mesures de vigilance complémentaires[1680]. Soulignons enfin que toutes les obligations précitées sont valables pour les bureaux de représentations, succursales ou sociétés filiales des institutions financières et dont le siège est à l'étranger, à moins que la législation locale n'y fasse obstacle ; auquel cas, celles-ci doivent en informer la CENTIF[1681].

361. La nécessaire acquisition de solides compétences anti-blanchiment pour une appréciation convenable du risque élevé par les assujettis. Les développements précédents ont permis démontrer à quel point l'anti-blanchiment est devenu une compétence à part entière. À la suite des Recommandations du GAFI, le législateur communautaire a responsabilisé les personnes assujetties quant à l'appréciation des situations nécessitant l'application des mesures de vigilance renforcées. Cette démarche subjective, appropriée eu égard aux exigences de conformité, suscite quand même des inquiétudes si l'on sait combien elle exige de solides connaissances par les assujettis de leurs obligations de lutte. En effet, le constat résultant notamment des précédents développements est que tel n'est pas le cas pour un large nombre d'acteurs au sein des États membres. Une fois de plus, cette situation tire la sonnette d'alarme sur l'opportunité de s'acquitter convenablement des obligations de sensibilisation et de formation des parties prenantes au sein des États membres. Elle interpelle également sur l'importance du choix du personnel, dont l'éthique et le professionnalisme doivent être des plus irréprochables pour être à la hauteur des devoirs de conformité. Ces défis seront

---

1678 Sur cette question, voir *supra*, par. 174.

1679 Art. 40 de la loi uniforme.

1680 Pour récapituler, lorsque les institutions financières font face à des opérations provenant d'institutions financières qui ne sont pas soumises à des obligations suffisantes en matière d'identification des clients ou de contrôle des transactions, elles doivent faire preuve d'une vigilance particulière ; en l'occurrence, renforcée (hypothèse de l'art. 32 al. 4). Lorsque les assujettis effectuent des opérations avec des personnes physiques ou morales situées dans un pays ou un territoire dont les insuffisances font obstacle à la LBC/FT, ils appliquent les mesures de vigilance complémentaires - restant à définir par toutes les autorités de contrôle (hypothèse de l'article 40 de la loi uniforme). Le point commun justifiant la vigilance accrue dans les deux hypothèses demeurant l'insuffisance de l'application des mesures de vigilance et plus largement, de LBC/FT au sein du pays de provenance/d'implantation d'une institution financière.

1681 Art. 32 *in fine* de la loi uniforme.

donc à relever pour que les dispositions des articles 32 et 51 de la seconde loi uniforme puissent apporter toute leur plus-value au dispositif.

B. La vigilance renforcée dans les conditions fixées par la loi uniforme : une nécessaire levée des restrictions dans la définition des mesures préventives.

362. ***Une définition des obligations applicables aux situations à risque objectivement plus élevé restant à améliorer***. Des manquements plus ou moins importants ont été relevés dans la définition des obligations de vigilance applicables aux situations à risque élevé de blanchiment. L'approche réglementaire devrait à cet égard se faire plus complète et plus adaptée dans la définition des obligations de vigilance applicables aux relations de correspondance bancaire transfrontalière (I), aux personnes politiquement exposées (II) et face au risque pays (III).

I. En ce qui concerne les lacunes mineures quant aux mesures relatives à la correspondance bancaire transfrontalière.

363. Des garanties légales minimales d'une vigilance accrue dans le cadre d'une relation de correspondance bancaire transfrontalière. Conformément à la Recommandation 13, le législateur communautaire invite les institutions financières voulant nouer des relations de correspondance bancaire transfrontalière et toute autre relation similaire à appliquer, en plus des mesures de vigilance standard relatives à la clientèle, des mesures supplémentaires[1682] ; celles-ci visant à permettre de s'assurer - voire de certifier - non seulement de l'intégrité de l'institution cliente, mais encore, de sa capacité à garantir le respect des mesures de prévention du blanchiment de capitaux. Ainsi, l'institution financière ayant obtenu l'autorisation de conclure une relation de correspondant bancaire[1683] est tenue :

- d'identifier et de vérifier l'identité des institutions clientes avec lesquelles elle s'engage dans des relations de correspondance bancaire ;
- de recueillir des informations sur la nature des activités des institutions clientes ;
- d'évaluer la réputation desdites institutions ainsi que le niveau de surveillance à laquelle elles sont soumises et cela, partant des informations disponibles au public ;
- d'évaluer les contrôles mis en place par les institutions clientes en vue de la LBC/FT.

1682 Art. 38 al. 1er de la LU.

1683 Aux termes de l'art. 38 (*in fine*) de la LU, « Les responsables habilités des institutions financières doivent avoir préalablement autorisé la conclusion d'une relation avec le correspondant bancaire. »

En outre, l'article 53 prévoit des obligations de vigilance renforcées dans le cadre d'une relation de correspondance bancaire transfrontalière ; lesquelles sont, en comparaison avec les mesures précitées, plus détaillées quant aux informations requises[1684]. Ces mesures renforcées ont vocation à s'appliquer lorsqu'une institution financière ou une entreprise d'investissement autre qu'une société de gestion de portefeuille entretient une relation transfrontalière de correspondance bancaire ou une relation en vue de la distribution d'instruments financiers avec une institution financière située dans un État tiers, ne figurant pas sur la liste des pays tiers équivalents[1685]. Elles s'appliquent également lorsqu'une institution financière d'un État membre de l'UEMOA conclut une convention afin d'offrir un service de correspondance bancaire, d'encaissement ou d'escompte de chèques, ou de nouer une relation d'affaires en vue de la distribution d'instruments financiers à une institution cliente[1686].

Par ailleurs, sur le fondement des Instructions de la BCEAO et de l'AMF-UMOA[1687], les assujettis doivent prescrire, dans leurs procédures internes, les diligences à accomplir en ce qui concerne l'établissement de

---

[1684] Aux termes de l'art. 53 de la LU, l'institution financière doit : recueillir sur l'établissement cocontractant des informations suffisantes pour connaître la nature de ses activités et pour apprécier, sur la base d'informations accessibles au public et exploitables, sa réputation et la qualité de la surveillance dont il fait l'objet ; évaluer le dispositif de lutte contre le blanchiment de capitaux et le financement du terrorisme mis en place par l'établissement cocontractant ; s'assurer que la décision de nouer une relation d'affaires avec l'établissement cocontractant est prise par un membre de l'organe exécutif ou toute personne habilitée, à cet effet, par l'organe exécutif ; prévoir dans la convention de correspondant bancaire ou de distribution des instruments financiers, les modalités de transmission des informations à la demande de l'établissement assujetti ; s'assurer, lorsqu'elle accueille - dans le cadre des services de correspondance bancaire - des comptes de correspondant qui sont utilisés directement par des tiers indépendants pour l'exécution d'opérations pour leur propre compte, que l'établissement de crédit cocontractant a vérifié l'identité des clients ayant un accès direct à ces comptes de correspondant et a mis en œuvre à l'égard de ces clients des mesures de vigilance conformes à celles prévues aux articles 18 et 19 de la seconde loi uniforme (à savoir, respectivement, le respect des conditions préalables à l'entrée en relation d'affaires et celles liées à l'obligation de vigilance constante sur la relation d'affaires).

[1685] L'art. 50 de la seconde loi uniforme (partant de l'exemple - aléatoire - du Burkina Faso) dispose : « Lorsqu'une institution financière ou une entreprise d'investissement autre qu'une société de gestion de portefeuille entretient avec une institution financière située dans un État tiers ou qui ne figure pas sur la liste prévue au deuxième tiret de l'alinéa 2 de l'article 46 ci-dessus, des États tiers imposant des obligations équivalentes en matière de blanchiment de capitaux et de financement du terrorisme, une relation transfrontalière de correspondant bancaire ou une relation en vue de la distribution d'instruments financiers, l'institution financière établie au Burkina Faso, exerce sur l'institution financière étrangère avec laquelle elle est en relation, en plus des mesures prévues aux articles 19 et 20, les mesures de vigilance renforcée définies à l'article 53 ci-dessous. »

[1686] Art. 53 de la LU.

[1687] Il est fait référence à l'Instruction n°007-09-2017 de la BCEAO et à l'Instruction n°59/2019/CREPMF.

relations avec les correspondants bancaires transfrontaliers[1688]. En annexe de l'Instruction n°007-09-2017 de la BCEAO en particulier, on retrouve un modèle de questionnaire à soumettre aux correspondants bancaires transfrontaliers. Ledit document a été conçu de manière à permettre aux institutions financières des États membres d'obtenir des informations suffisantes sur l'établissement client ainsi que sur le niveau d'application des lois, règles et procédures liées au blanchiment de capitaux par ledit établissement et par son pays d'implantation[1689].

364. Les perspectives de comblement des lacunes réglementaires néanmoins relevées. Il reste au législateur communautaire à combler les lacunes mineures[1690] subsistant, en dépit du bilan globalement satisfaisant des mesures de vigilance relatives aux relations de correspondance bancaire transfrontalières. En premier lieu, il n'est pas expressément prévu, dans le cadre de la collecte d'informations sur l'institution cliente, que ladite collecte implique de déterminer si le correspondant a fait l'objet d'enquête ou de mesures de la part d'une autorité de contrôle en matière de LBC/FT[1691]. La remarque est d'autant plus justifiée que le questionnaire conçu par la BCEAO pour servir de fondement à la connaissance de l'Institution cliente ne mentionne pas cet aspect. En l'absence d'une telle précision, cette information pourtant déterminante - car conférant un indicateur quant au respect des mesures de LBC/FT par le correspondant - peut ne faire l'objet d'aucune vérification par les assujettis. Pour ces raisons, l'ajout de cette disposition revêt toute son importance. À l'instar par exemple de la loi canadienne, il pourrait être imposé aux assujettis de prendre des mesures raisonnables pour vérifier, selon les renseignements publics, si des sanctions ont été imposées à l'institution financière étrangère conformément aux

---

[1688] Art. 5 al. 2 point 6 de l'Instruction n°007-09-2017 de la BCEAO, exigeant que les procédures internes prescrivent les diligences à accomplir en matière « d'établissement de relations avec les correspondants bancaires transfrontaliers, notamment sur la base du modèle de canevas de recueil d'informations joint en annexe de la présente Instruction, préalablement à l'entrée en relation d'affaires. Le document dûment renseigné doit être validé par la Direction générale ou l'organe équivalent de la structure sollicitée » ; art. 21 al. 2 point 6 de l'Instruction n°59/2019/CREPMF.

[1689] Le questionnaire contient deux rubriques. La première rubrique comporte des questions autour de « Renseignements sur l'établissement » et la seconde, des questions autour des « Renseignements relatifs aux lois, règles et procédures ».

[1690] L'on qualifie ces lacunes de « mineures » compte tenu de ce qu'elles ont été à l'origine d'une notation « Largement conforme » des pays, sur le fondement des dispositions ci-dessus analysées de la loi uniforme (sur cette notation, voir : REM du ***Bénin*** de mai 2021, p. 190 ; REM du ***Burkina Faso*** de mai 2019, p. 137 ; REM de la ***Côte d'Ivoire*** de juin 2023, p. 137 ; REM de la ***Guinée-Bissau*** de février 2022, p. 187 ; REM du ***Mali*** de novembre 2019, p. 143 ; REM du ***Niger*** d'août 2021, p. 197).

[1691] Le reproche est fait dans les REM des pays membres, notamment : REM du ***Bénin*** de mai 2021, p. 189 ; REM du ***Mali*** de novembre 2019, pp. 141-142 ; REM du ***Niger*** d'août 2021, p. 196.

exigences en matière de LBC/FT[1692]. D'ailleurs, le législateur canadien va jusqu'à préciser aux assujettis l'attitude à adopter s'il s'avère que des sanctions ont été imposées au correspondant[1693]. Et cela, sans oublier d'ajouter une question y relative dans le questionnaire de la BCEAO précité.

En second lieu, il n'a pas été prévu d'obligation expresse, pour les institutions financières, de comprendre clairement les responsabilités respectives de chaque institution en matière de LBC/FT. On peut, certes, difficilement imaginer qu'une institution financière puisse respecter toutes les obligations de vigilance particulières telles que prévues par la loi uniforme et ses textes d'application, sans comprendre les responsabilités des parties prenantes... Mais la précision ne ferait que permettre d'insister sur les enjeux du respect de toutes ces précautionneuses mesures.

365. La ferme condamnation par l'UEMOA de l'entretien d'une quelconque relation de correspondance bancaire avec des banques fictives. Interdiction est faite aux institutions financières de nouer ou de maintenir une relation de correspondant bancaire avec un établissement de crédit - ou une société exerçant des activités équivalentes - constitué dans un État où ledit établissement n'a aucune présence physique effective permettant l'exercice d'activités de direction et de gestion, s'il n'est pas rattaché à un établissement ou à un groupe réglementé[1694]. Les institutions doivent aussi prendre les mesures appropriées pour s'assurer de ne nouer ni maintenir une relation de correspondance bancaire avec une personne entretenant elle-même des relations de banque correspondante permettant à un établissement constitué dans les conditions précitées d'utiliser ses comptes[1695]. Le législateur ne se contente donc pas d'interdire l'entretien de relations de correspondance bancaire avec des banques fictives. Il somme les institutions financières de refuser de s'engager

---

[1692] Centre d'analyse des opérations et déclarations financières du Canada, « Exigences en matière de relations de correspondant bancaire » [en ligne], mise à jour : 16 août 2019. Disponible sur : https://www.fintrac-canafe.gc.ca/guidance-directives/relationship-relation/1-fra. La loi canadienne exige plus précisément, dans ce cadre, de vérifier si « des sanctions civiles ou pénales » ont été imposées à l'institution financière étrangère.

[1693] *Ibid.* Si des sanctions lui ont été imposées, l'assujetti doit assurer un contrôle continu de toutes les opérations effectuées dans le cadre de la relation de correspondant bancaire afin de déceler les opérations douteuses. Les activités de contrôle continu peuvent prendre diverses formes, à savoir : d'abord, une surveillance des opérations dans les situations à risque élevé afin d'assurer l'efficacité des contrôles lorsqu'il s'agit de déceler toute activité inhabituelle pouvant survenir ; en outre, une mise en œuvre de processus internes pour approfondir l'examen de certaines activités, processus pouvant impliquer l'obtention de renseignements sur les opérations auprès de l'institution étrangère aux fins de clarifier la situation et éventuellement, lever l'alerte.

Les opérations pouvant être considérées comme présentant un risque élevé dans le cadre des relations de correspondant bancaire comprennent notamment : les opérations nombreuses ou importantes qui englobent des instruments monétaires numérotés ; ou les opérations qui semblent inhabituelles dans le cadre de la relation.

[1694] Art. 52 al. 1er de la LU.

[1695] Art. 52 *in fine* de la LU.

dans de telles relations avec tout organisme qui viole l'interdiction, une manière symbolique de participer à la politique d'exclusion des institutions financières récalcitrantes. Cela dit, le questionnaire en annexe de l'Instruction n°007-09-2017 de la BCEAO fournit une réponse à la question qui s'impose, celle de savoir par quels moyens les institutions financières peuvent savoir notamment, si un correspondant entretient ou est susceptible d'entretenir des relations de correspondance bancaire avec des banques fictives. En effet, parmi les questions devant permettre à l'institution financière de l'État membre d'être édifiée sur le respect de la réglementation de LBC/FT par l'institution financière cliente, figure celle de savoir si les politiques et procédures du répondant interdisent « d'avoir des relations avec des banques n'ayant aucune présence physique dans aucun pays [...] »[1696]. Il n'empêche, cependant, que les déclarations des institutions clientes devraient faire l'objet de minutieuses vérifications.

II. En ce qui concerne la définition des obligations de vigilance applicables aux personnes politiquement exposées.

366. Un élargissement de la notion de PPE requis. La seconde loi uniforme a introduit une définition de la notion de *personne politiquement exposée* en distinguant entre les PPE étrangères, les PPE nationales et les PPE des organisations internationales. La dernière catégorie recouvre « les personnes qui exercent ou ont exercé d'importantes fonctions au sein de ou pour le compte d'une organisation internationale, notamment les membres de la haute direction, en particulier, les directeurs, les directeurs adjoints et les membres du Conseil d'Administration et toutes les personnes exerçant des fonctions équivalentes »[1697]. Les PPE étrangères désignent les personnes physiques qui exercent ou ont exercé d'importantes fonctions publiques au sein d'un autre État membre ou d'un État tiers et relevant de l'une des catégories listées par l'article 1er, point 44 de la loi uniforme[1698]. Alors que cette définition des PPE étrangères inclut les membres de la famille, il en est autrement des PPE nationales, définies comme étant les personnes physiques qui exercent ou ont exercé d'importantes

1696 Annexe de l'Instruction n°007-09-2017 de la BCEAO, question 2.10 al. 2.

1697 Art. 1er point 44 de la LU.

1698 Pour la définition textuelle des différents types de PPE, voir *supra*, par. 341. Rappelons quand même que cette liste inclut : a) les chefs d'État ou de gouvernement, les ministres, les ministres délégués et les secrétaires d'État ; b) les membres de familles royales ; c) les Directeurs généraux des ministères ; d) les parlementaires ; e) les membres des cours suprêmes, des cours constitutionnelles ou d'autres hautes juridictions dont les décisions ne sont pas susceptibles de recours, sauf circonstances exceptionnelles ; f) les membres des cours des comptes ou des conseils ou directoires des banques centrales ; les ambassadeurs, les chargés d'affaires et les officiers supérieurs des forces armées ; h) les membres des organes d'administration, de direction ou de surveillance des entreprises publiques ; i) les hauts responsables des partis politiques ; j) les membres de la famille d'une PPE, en l'occurrence : le conjoint ; tout partenaire considéré comme l'équivalent d'un conjoint ; les enfants et leurs conjoints ou partenaires ; les autres parents ; k) les personnes connues pour être étroitement associées à une PPE ; l) toute autre personne désignée par l'autorité compétente.

fonctions publiques dans l'État membre considéré, notamment les personnes physiques dont la liste est fournie par l'article 1er point 44 de la loi uniforme[1699]. Encore une fois, cette liste exclut les membres de la famille d'une PPE nationale ; et force est de constater qu'il en est de même pour les PPE des organisations internationales.

La vigilance particulière face aux PPE étrangères symbolise un mécanisme de défense - et une réplique aux stratégies de blanchiment - consistant à prévenir l'instrumentalisation des institutions financières ou autres entités des EPNFD des États membres à des fins de blanchiment de capitaux. Le risque que de telles personnes veuillent éloigner l'argent sale du lieu de commission de leurs infractions ou encore, qu'elles portent leur choix sur les États membres pour commettre les infractions de blanchiment en raison d'une réglementation plus sévère, d'une lutte plus efficace au sein de leur pays d'origine, est présent. Pour autant, cela ne justifie pas la restriction consistant à exclure les membres de la famille des PPE nationales et des organisations internationales du champ définitionnel de ces notions. Celle-ci crée, à l'évidence, une faille réglementaire pouvant saper les efforts de prévention vis-à-vis de ces PPE, dès lors qu'une telle démarche empêche l'application des mesures de vigilance renforcées aux membres de la famille et proches de ces PPE. Et cela, même si cette faille n'a été que plus ou moins relevée à l'occasion des évaluations mutuelles en ce qui concerne certains États membres[1700]. Il va sans dire que la définition desdites

---

[1699] Art. 1er, point 44, deuxième tiret de la LU.

[1700] Les évaluateurs du ***Burkina Faso*** et du ***Mali*** ont relevé l'exclusion des membres de la famille des PPE du champ définitionnel, mais n'ont pas présenté cet état de fait comme étant une faille du dispositif dans le volet « Pondération et conclusion » récapitulant les manquements à combler. En effet au ***Burkina Faso***, les évaluateurs relèvent, concernant le respect du critère 12.3 (celui imposant d'appliquer les mesures de vigilance à tous les membres de la famille et proches des PPE), que « comme indiqué à l'article 1, alinéa 44 de la loi 016 portant LBC/FT, les institutions financières sont tenues d'appliquer les exigences pertinentes des critères 12.1 et 12.2 aux membres de la famille et aux associés fermés de PPE étrangères, de PPE non nationales ou internationales » (REM du Burkina Faso de mai 2019, p. 135). Au ***Mali***, il est indiqué que « les institutions financières sont tenues d'appliquer les exigences pertinentes des critères 12.1 et 12.2 aux membres de la famille et aux personnes ayant un lien étroit avec un PPE étranger mais cette exigence ne s'applique pas aux PPE nationaux ou internationaux (Article 1 (paragraphe 44) de la Loi 2016-008) » (REM du Mali de novembre 2019, pp. 140-141). Mais dans aucun de ces pays, le récapitulatif des manquements n'intègre la lacune liée à la définition restrictive pour les PPE nationales et des organisations internationales. En revanche, les évaluateurs du ***Bénin*** ont adopté cette démarche, après avoir dûment relevé que « l'obligation faite aux IF par l'Article 54 de la Loi sur la LBC/FT d'appliquer les exigences pertinentes du c.12 et du c.12.2 aux membres de la famille et aux associés des PPE est limitée aux PPE étrangères. En effet, l'Article 1(44) (1) de la Loi sur la LBC/FT ne définit pas les PPE des organisations nationales et internationales comme incluant les membres de leur famille ou leurs proches associés » (REM du Bénin de mai 2021, p. 189). Il en est de même pour le **Niger**, le ***Togo*** et la ***Côte d'Ivoire***, où la notation Partiellement conforme à la Recommandation 12 est justifiée par le constat, notamment, de l'absence de disposition légale obligeant les IF à appliquer les critères 12.1 et 12.2 aux membres de la famille des PPE nationales et celles des organisations internationales (REM du Niger d'août 2021, p. 195 ; REM du Togo de juin 2022, pp. 179-180 ; REM de la ***Côte d'Ivoire*** de juin 2023, p. 218).

notions devrait être élargie en conséquence, à l'instar des pays de la CEMAC qui incluent les membres de la famille dans le champ définitionnel des PPE nationales[1701]. Mieux, le Ghana et le Nigéria intègrent les proches associés de toutes les catégories de PPE dans le champ définitionnel[1702], ce qui correspond plus exactement aux exigences de la Recommandation 12.

Par ailleurs, la définition des « membres de la famille » des PPE mérite l'attention. La seconde loi uniforme a retenu qu'il s'agit en l'occurrence, du conjoint, de tout partenaire considéré comme l'équivalent du conjoint, des enfants et leurs conjoints ou partenaires et des autres parents[1703]. Si les évaluateurs des États membres n'y ont pas trouvé à redire, il en est autrement de ceux de la Belgique par exemple, ayant estimé que « la loi belge énumère de manière limitative les personnes devant être considérées comme membres directs de la famille des PPE et personnes qui leur sont étroitement associées (art. 12 §3 al. 4 et 5). Cette approche est restrictive par rapport à l'approche ouverte du GAFI, qui permet de couvrir l'ensemble des situations individuelles présentant des risques spécifiques en raison de leurs liens avec une PPE »[1704]. S'il est possible d'un côté, d'accueillir avec réserve "l'approche ouverte" telle que préconisée ci-dessus eu égard à la précision requise des lois pénales, l'on doit admettre d'un autre côté, la possibilité de préciser/d'élargir la définition proposée par la loi uniforme. Cette dernière, en impliquant les « autres parents », omet - selon une conception civiliste du terme et sous réserve du principe d'autonomie du droit pénal - les *alliés* du champ définitionnel des membres de la famille des PPE. En effet, si l'on considère l'exemple du ***Sénégal***, la parenté, qui « résulte de la filiation et d'elle seule »[1705], est distincte de l'alliance, qui « naît du mariage et ne peut résulter que de lui [...] »[1706]. Ainsi, il aurait été préférable que le législateur communautaire étende expressément la définition aux « autres parents et alliés » pour se rapprocher davantage des ambitions d'exhaustivité recherchées par l'approche du GAFI. En attendant une telle éventualité, les magistrats pourraient confirmer l'hypothèse d'une conception élargie de la notion de « parent » incluant notamment les liens d'alliance.

367. Les perspectives d'amélioration des mesures de vigilance applicables aux PPE. Les mesures préconisées par la Recommandation 12 ont été pour l'essentiel intégrées à la seconde loi uniforme. En effet, les institutions financières sont appelées à disposer de systèmes de gestion des risques adéquats

---

1701 Art. 1er, point 55 du Règlement n°01/CEMAC/UMAC/CM portant prévention et répression du blanchiment de capitaux et du financement du terrorisme et de la prolifération en Afrique Centrale. L'extension ne vaut pas, cependant, pour les PPE des organisations internationales.

1702 Voir : REM du Ghana de mai 2017, p. 146 et REM du Nigéria d'août 2021, p. 228.

1703 Voir définition de la notion de « PPE étrangères » (art. 1er, point 44, premier tiret, point j de la loi uniforme).

1704 REM de la Belgique d'avril 2015, p. 190.

1705 Art. 254 du Code de la famille du Sénégal.

1706 Art. 258.

en vue de déterminer si le client est une PPE et, le cas échéant, appliquer les mesures spécifiques prévues par la loi uniforme[1707]. À ce titre, il est obligatoire que les institutions financières, en plus des obligations générales de vigilance et d'identification des clients, prennent des mesures spécifiques lorsqu'elles nouent des relations d'affaires ou lorsqu'elles effectuent des transactions avec ou pour le compte de PPE étrangères, ces mesures consistant à :

1. mettre en œuvre des procédures adéquates adaptées, selon le risque, de manière à pouvoir déterminer si le client ou un bénéficiaire effectif du client est une PPE ;
2. obtenir l'autorisation d'un niveau adéquat de la hiérarchie avant de nouer une relation d'affaires avec de tels clients ;
3. prendre toute mesure appropriée, selon le risque, pour établir l'origine du patrimoine et l'origine des fonds impliqués dans la relation d'affaires ou la transaction ;
4. assurer une surveillance continue renforcée de la relation d'affaires[1708].

Lorsqu'elles nouent des relations d'affaires ou lorsqu'elles effectuent des transactions avec ou pour le compte de PPE nationales ou de PPE des organisations internationales - et sans préjudice des obligations générales de vigilance face à la clientèle et d'identification des personnes physiques -, les assujettis doivent :

- mettre en œuvre les procédures adéquates et adaptées, selon le risque, de manière à pouvoir déterminer si le client ou le bénéficiaire effectif est une PPE ;
- appliquer, en cas de relations d'affaires à risque plus élevé avec celles-ci, les mesures susvisées aux points 2, 3 et 4[1709].

Et le législateur d'ajouter que sous réserve de l'application des mesures de vigilance renforcées, en fonction d'une appréciation du risque lié à la clientèle, les assujettis ne sont pas tenus de considérer comme étant politiquement exposée, une personne qui n'a pas occupé de fonction publique importante pendant au moins un an[1710]. Autrement dit, à partir du moment où la prise de fonction n'est pas survenue depuis au moins un an, l'assujetti n'est pas tenu de considérer la "PPE en devenir" comme étant politiquement exposée (donc, n'est pas tenu de lui appliquer les mesures de vigilance renforcées), à moins qu'il n'estime, conformément à la liberté d'appréciation qui lui est

---

[1707] Art. 22 de la LU. Il est précisément fait référence aux mesures de l'art. 54 de la LU quant aux mesures spéciales à appliquer face à une PPE.
[1708] Art. 54 al. 1er de la LU.
[1709] Art. 54 al. 2.
[1710] Art. 54 *in fine*.

conférée par l'article 51 de la loi uniforme, que le risque de blanchiment de capitaux est élevé[1711].

En même temps qu'elle complexifie le dispositif, cette condition de délai reflète une conception discutable des facteurs entrant en jeu pour définir les critères "d'exposition" d'une PPE (et ce faisant, des mesures proportionnées). Si l'on admet que la durée de l'exercice de la fonction peut constituer un facteur aggravant du niveau d'exposition notamment au risque de blanchiment de capitaux, celle-ci n'en demeure pas moins fondamentalement déterminée par la *fonction* occupée en tant que telle. D'ailleurs, c'est bien la position dans laquelle se trouvent ces personnes exposées notamment à la corruption du fait, justement, de l'exercice de certaines fonctions, qui a été le facteur déterminant de l'introduction des mesures particulières à l'endroit des PPE aux Recommandations. Dès lors, les mesures de vigilance renforcées devraient être applicables sans condition de délai, d'autant plus que rien n'exclut l'hypothèse d'une implication précoce d'une PPE dans des activités illicites. L'on s'étonne de ce que le manquement n'ait pas été relevé par les évaluateurs des États membres lorsqu'on constate que l'Afrique du Sud, prévoyant similairement une condition de délai, s'est vu reprocher cette démarche jugée contraire à la définition des PPE au sens de la Recommandation 12[1712].

Par ailleurs, en ce qui concerne les contrats d'assurance-vie, le législateur communautaire n'a prévu aucune disposition obligeant les assujettis à prendre des mesures raisonnables en vue de déterminer si les bénéficiaires effectifs de ces contrats et le cas échéant, les bénéficiaires effectifs des bénéficiaires desdits contrats sont des personnes politiquement exposées. Et logiquement, les mesures de vigilance afférentes à cette situation n'ont pas non plus été prévues. Cette omission devrait donc être prise en compte par une prochaine loi uniforme et dans le cadre de l'élaboration de lignes directrices (ou de l'actualisation du règlement de la CIMA) à l'endroit des assujettis du secteur des assurances.

III. Face à l'exigence d'une plus grande prise en compte du risque pays.

368. Des obligations à prévoir explicitement. Les développements précédents ont permis de mettre en exergue les réponses apportées par le législateur communautaire face aux personnes physiques et morales (et

[1711] Rappelons que dans l'hypothèse où ce délai d'un an ne serait pas expiré et que l'assujetti ne parvenait pas à la conclusion de l'existence d'un quelconque risque élevé, il serait tout de même tenu d'appliquer les mesures de vigilance complémentaires dans les conditions prévues par l'article 40 de la loi uniforme (notamment, à l'endroit des clients résidant dans un autre État membre ou un État tiers et exposé à des risques particuliers en raison des fonctions qu'elle exerce ou a exercées pour le compte d'un autre État, ou de celles qu'exercent ou ont exercées des membres directs de sa famille ou des personnes connues pour lui être étroitement associées).

[1712] REM de l'Afrique du Sud d'octobre 2021, pp. 182-183.

notamment aux institutions financières) situées dans des pays appliquant insuffisamment les mesures de lutte anti-blanchiment et notamment, celles préventives. Pour autant, ces mesures demeurent insuffisantes eu égard à la Recommandation 19, qui en exige bien plus à l'encontre des pays présentant un risque plus élevé. Il reste en effet à imposer explicitement aux institutions financières d'appliquer des mesures de vigilance renforcées, proportionnées aux risques dans leurs relations d'affaires et opérations avec des personnes physiques et morales de pays pour lesquels le GAFI les appelle à le faire[1713]. De même, n'a pas été exactement posée l'obligation d'appliquer des contre-mesures proportionnées aux risques, lorsque le GAFI appelle à une telle initiative et indépendamment de tout appel du GAFI. Il faut cependant noter que pour ce dernier cas de figure, l'Instruction n°59/2019/CREPMF et le Règlement n°001/CIMA/PCMA/PCE/SG/2021, qui en appellent à une vigilance renforcée ainsi qu'à l'application de la réglementation en vigueur en matière de gel de fonds envers les PTNC, permettent d'atteindre l'objectif de la mesure pour les assujettis concernés[1714].

N'ont pas été définis, non plus, des obligations et mécanismes afin que les institutions financières soient informées des faiblesses et préoccupations que soulèvent les défaillances des dispositifs de LBC/FT d'autres pays. Dans les Rapports d'évaluation mutuelle abordant la question, il est fait état d'une incertitude quant à la prise d'une telle initiative par la BCEAO ou la Commission bancaire[1715] ; il semblerait alors qu'il faudra s'en remettre à celles-ci pour le volet « concrétisation » de la mesure. L'implication de ces autorités de contrôle des institutions financières dans la réalisation d'une telle action est effectivement légitime et a été d'ailleurs le choix de plusieurs pays[1716]. Mais la démarche ne serait que plus efficace avec l'appui du GIABA et des CENTIF, qui devraient être particulièrement imprégnés des problématiques soulevées par la LBC/FT

[1713] La remarque est faite dans les REM des pays ; voir à titre d'exemple : REM du ***Bénin*** de mai 2021, p. 199 ; REM du ***Burkina Faso*** de mai 2019, p. 146 ; REM de la ***Guinée-Bissau*** de février 2022, p. 196 ; REM du ***Mali*** de novembre 2019, p. 153 ; REM du ***Niger*** d'août 2021, p. 214 et REM du ***Togo*** de juin 2022, p. 191.

[1714] Art. 10 de l'Instruction n°59/2019/CREPMF et art. 19 du Règlement n°001/CIMA/PCMA/PCE/SG/2021.

[1715] REM du ***Burkina Faso*** de mai 2019, p. 147 ; REM de la ***Guinée-Bissau*** de février 2022, p. 197 et REM du ***Mali*** de novembre 2019, p. 153.

[1716] La diffusion d'informations devant permettre aux institutions financières d'être informées des préoccupations suscitées par les défaillances de la LBC/FT est assurée notamment par l'Autorité fédérale de surveillance des marchés financiers (FINMA) en Suisse (REM de la Suisse de décembre 2016, p. 211) ; par la *Peoples' Bank of China* (PBC) en Chine (REM de la Chine d'avril 2019, p. 220).

dans d'autres pays[1717]. Du point de vue de la méthode, une pratique largement partagée pour les Responsables de cette obligation informative est de procéder à la diffusion, sur leurs sites Internet, d'avertissements et d'informations concernant les juridictions à haut risque identifiées par le GAFI, ou les faiblesses de la LBC/FT d'autres pays non identifiés par le GAFI comme présentant un risque élevé[1718].

Sous-section 2. Les perspectives de renforcement des obligations liées à la conservation des documents.

369. ***Un renforcement requis du contenu des obligations de conservation des documents et de la protection des données à caractère personnel y relative***. Nonobstant les précisions apportées par la seconde loi uniforme sur les modalités de la conservation des documents, les obligations des assujettis à ce titre devraient être plus étendues et plus explicites (Paragraphe 1). Il serait aussi opportun de prendre davantage en compte la protection des données à caractère personnel (Paragraphe 2).

Paragraphe 1. L'exigence d'une définition plus explicite et plus extensive des obligations de conservation des documents.

370. Le contenu des obligations de conservation de pièces et documents par les institutions financières précisé, mais leur intérêt majeur omis. La seconde loi uniforme se fait plus précise quant au contenu des obligations de conservation des pièces et documents par les institutions

[1717] Le choix a été, en Belgique, de confier la diffusion des « dernières décisions prises par le GAFI concernant les pays avec des insuffisances stratégiques en matière de lutte contre le BC/FT » ainsi que « des informations concernant des préoccupations suscitées par les faiblesses des systèmes de LBC/FT d'autres pays, qui ne sont pas identifiés publiquement par le GAFI comme présentant un risque plus élevé […] », à la CRF belge, à savoir la Cellule de traitement des informations financières dite « CTIF » (REM de la Belgique d'avril 2015, p. 200). L'option est similaire pour l'Australie, où l'*Australian Transaction Reports and Analysis Centre* (AUSTRAC) tient les déclarants informés des faiblesses des systèmes de LBC/FT d'autres pays (REM de l'Australie d'avril 2015, p. 165).
[1718] Voir note précédente.

financières[1719]. En effet, il est clairement indiqué que sans préjudice des dispositions imposant des obligations plus contraignantes, les institutions financières doivent conserver pendant une durée de dix ans à compter de la clôture de leurs comptes ou de la cessation de leurs relations avec leurs clients habituels ou occasionnels, les pièces et documents relatifs à leur identité[1720]. Doivent également être conservés pendant dix ans après l'exécution de l'opération, les pièces et documents relatifs aux opérations effectuées, les livres de comptes et correspondances commerciales inclus[1721]. Cette obligation prévaut plus spécialement pour les résultats de l'examen de la mise en œuvre des mesures de vigilance renforcée prescrit à l'article 53 de la loi uniforme ; pour ceux de la surveillance particulière des opérations à risque telles que définies par l'article 32. Les pièces et documents relatifs aux obligations d'identification prévues par la loi uniforme et dont les conditions de conservation ont été précisées ci-dessus doivent être communiqués, sur leur demande, par tout assujetti aux autorités judiciaires, aux agents de l'État chargés de la détection des infractions de BC/FT agissant dans le cadre d'un mandat judiciaire, aux autorités de contrôle ainsi qu'à la CENTIF[1722].

De telles dispositions répondent donc aux exigences de la Recommandation 11, à l'exception près qu'il n'a pas été précisé que les documents relatifs aux opérations (et dont la conservation est exigée) doivent être suffisants pour permettre la reconstitution d'opérations individuelles afin de fournir, si nécessaire, des preuves dans le cadre de poursuites relatives à une

[1719] En comparaison avec la première LU, la seconde est plus précise en ce qui concerne les modalités de conservation des documents. En effet, l'art. 11 de la première LU disposait que « sans préjudice des dispositions édictant des obligations plus contraignantes, les organismes financiers conservent pendant une durée de dix (10) ans à compter de la clôture de leurs comptes ou de la cessation de leurs relations avec leurs clients habituels ou occasionnels, les pièces et documents relatifs à leur identité. Ils doivent également conserver les pièces et documents relatifs aux opérations qu'ils ont effectuées pendant dix (10) ans à compter de la fin de l'exercice au cours duquel les opérations ont été réalisées » ; et l'art. 12 al. 1er de compléter : « Les pièces et documents relatifs aux obligations d'identification prévues aux articles 7, 8, 9, 10 et 15 et dont la conservation est mentionnée à l'article 11, sont communiqués, sur leur demande, par les personnes visées à l'article 5, aux autorités judiciaires, aux agents de l'État chargés de la détection et de la répression des infractions liées au blanchiment de capitaux, agissant dans le cadre d'un mandat judiciaire, aux autorités de contrôle, ainsi qu'à la CENTIF. » Les articles 7, 8, 9, 10 et 15 auxquels il est fait référence portaient, respectivement, sur l'identification des clients par les organismes financiers, l'identification des clients occasionnels par les organismes financiers, l'identification par ces derniers de l'ayant droit économique, la surveillance particulière de certaines opérations et les obligations spécifiques à charge des casinos et établissements de jeux. Dans l'actuel art. 35 (de la LU), la démarche est plus explicite puisqu'il est directement fait référence aux types de documents à conserver.

[1720] Art. 35 de la LU.

[1721] *Ibid.*

[1722] Art. 36 de la LU.

activité criminelle[1723]. Face à ce reproche, les autorités du ***Bénin*** et du ***Burkina Faso*** ont fait valoir que les exigences de l'article 35, pour peu qu'elles soient respectées, devraient suffire à permettre la reconstitution d'opérations individuelles de manière à faciliter la mise en œuvre d'éventuelles poursuites[1724]. Autrement dit, cette précision ne serait pas nécessaire, puisque les dispositions existantes permettent déjà d'atteindre les objectifs de préconstitution de preuve de blanchiment visés par ce critère de conformité. Mais aussi pertinent que soit l'argument, la précision ne serait tout de même pas inutile, si l'on sait que la disposition omise se trouve être édifiante quant à la raison d'être de l'obligation de conservation des documents. Elle place l'assujetti dans de meilleures prédispositions à s'acquitter de l'obligation avec toute la minutie nécessaire pour faciliter la tâche aux enquêteurs si des poursuites venaient à être envisagées. Pour cette raison et sachant que cela n'aurait d'autre effet que de renforcer la conformité du dispositif, la clarification devrait être apportée à l'article 35.

371. Une obligation non posée par la loi uniforme pour une large catégorie d'acteurs des EPNFD. Contrairement aux institutions financières et au secteur des casinos/établissements de jeux[1725], celui des EPNFD n'a pas été pris en compte par la loi uniforme pour ce qui est de l'obligation de conservation des documents. Pourtant, cette démarche était d'autant plus indiquée qu'en plus d'harmoniser, elle aurait permis de couvrir l'ensemble des acteurs relevant des EPNFD. Et cela, même si dans le cadre de l'OHADA, l'objectif de la Recommandation peut être quelque peu atteint par le jeu des obligations pour les entreprises[1726] de conserver les livres comptables, les documents qui en tiennent lieu ainsi que les pièces justificatives, pendant une durée de dix ans[1727]. Des dispositions similaires se retrouvent également dans certains textes réglementant

---

[1723] La remarque est faite dans les REM des pays : REM du ***Burkina Faso*** de mai 2019, p. 134 ; REM de la ***Guinée-Bissau*** de février 2022, p. 183 ; REM du ***Mali*** de novembre 2019, p. 139 ; REM du ***Niger*** d'août 2021, p. 193. Au ***Bénin***, il est soutenu que tout de même, les documents que les assujettis sont tenus de conserver sont, en l'état actuel de la réglementation, dans une large mesure, suffisants pour permettre de reconstituer certaines transactions et ainsi fournir, si nécessaire, des preuves en cas de poursuites d'activités criminelles (REM du Bénin de mai 2021, p. 186).

[1724] Au ***Bénin***, il est soutenu que les documents que les assujettis sont tenus de conserver sont en l'état actuel de la réglementation suffisants pour permettre de reconstituer certaines transactions et ainsi fournir, si nécessaire, des preuves en cas de poursuites d'activités criminelles (REM du Bénin de mai 2021, p. 186 ; REM du ***Burkina Faso*** de mai 2019, p. 134).

[1725] Rappelons qu'une telle obligation est prévue pour les casinos et établissements de jeux par l'art. 44 de la LU.

[1726] Au sens de l'art. 2 de l'Acte uniforme portant organisation et harmonisation des comptabilités des entreprises, cette notion inclut les entreprises soumises aux dispositions du droit commercial, les entreprises publiques, parapubliques, d'économie mixte, les coopératives et, plus généralement, les entités produisant des biens et des services marchands ou non marchands, dans la mesure où elles exercent, dans un but lucratif ou non, des activités économiques à titre principal ou accessoire qui se fondent sur des actes répétitifs, à l'exception de celles soumises aux règles de la comptabilité publique.

[1727] Art. 24 de l'Acte uniforme portant organisation et harmonisation des comptabilités des entreprises.

l'activité notariale[1728]. N'empêche, le silence du législateur conduit à une situation de non-conformité pour ces acteurs qui devraient être tenus de conserver les pièces et documents découlant du respect des obligations de vigilance, spécifiquement. D'où la remarque faite plus d'une fois dans les Rapports d'évaluation mutuelle des pays qu'il n'y a pas de disposition exigeant aux agents immobiliers, aux négociants des pierres précieuses ou autres personnes qui ont des obligations de déclaration de conserver des dossiers pendant cinq ans[1729]. Le législateur aurait pu éviter ce point de non-conformité en soumettant, selon sa formule d'usage, *les personnes mentionnées aux articles 5 et 6* de la loi uniforme aux obligations de conservation des documents, selon des modalités similaires à celles prévues pour les institutions financières.

Paragraphe 2. L'opportunité d'une prise en compte accrue de la protection des données à caractère personnel.

372. Le silence du législateur communautaire - à combler ? - quant à la protection des données à caractère personnel dans le contexte de la conservation des documents. Il n'est fait dans la loi uniforme aucune référence aux modalités de protection des données à caractère personnel dans le contexte précis de l'accomplissement des obligations de conservation des pièces et documents. Ce choix réglementaire ne laisse d'autre option que de s'en remettre aux lois nationales régissant la question et dont les grandes lignes ont été précédemment analysées[1730]. Pourtant, face à la nécessaire conciliation des objectifs de lutte anti-blanchiment avec le respect de la vie privée, la loi uniforme aurait pu intégrer des garanties minimales de protection, surtout au regard de la durée de conservation des données qui double le seuil minimal prévu par les standards. Autant cet état de fait est à saluer dans une perspective d'enquêtes, autant il pose de réelles problématiques au regard des conditions de conservation de telles données, lesquelles devaient présenter des garanties suffisantes. Celles-ci auraient justement pu être un minimum envisagées par la seconde loi uniforme, de manière à préciser les modalités d'application des dispositions pertinentes des lois nationales sur la protection des données à caractère personnel dans le contexte précis de la mise en œuvre des obligations de prévention et en l'occurrence, de conservation des pièces et documents.

[1728] À cet égard, on peut citer l'exemple du ***Burkina Faso*** et celui du ***Mali*** : les lois nationales (art. 65 de l'ordonnance burkinabè n°92-52 du 21 octobre 1992 ; art. 3 de l'ordonnance n°2013-027/ PRM du 31 décembre 2013 portant statut des notaires en République du Mali) mettent à la charge des notaires une obligation de conserver les minutes/documents (REM du ***Burkina Faso*** de mai 2019, p. 150, où il est précisé que l'obligation de conservation des minutes est sans limitation de durée ; REM du ***Mali*** de novembre 2019, p. 156).

[1729] REM du ***Burkina Faso*** de mai 2019, p. 150 ; la même remarque se retrouve dans le REM du ***Bénin*** de mai 2021 (p. 202), dans le REM de la ***Guinée-Bissau*** de février 2022 (p. 200), dans celui du ***Mali*** de novembre 2019 (p. 156) et dans le REM du ***Niger*** d'août 2021 (p. 217 et p. 218) et REM du ***Togo*** de juin 2022, p. 194.

[1730] Voir *supra*, par. 322.

Si l'on considère l'exemple belge, le législateur, malgré un renvoi aux dispositions de la loi nationale sur la protection des données à caractère personnel en Belgique[1731], a tout même intégré dans la loi anti-blanchiment des mesures prenant en compte certaines garanties de confidentialité dans la conservation des pièces et documents et dans la mise en œuvre des obligations déclaratives. Ainsi, l'article 62 de cette loi impose l'effacement des données à caractère personnel à l'issue de la période de conservation, règle qui constitue une déclinaison du principe général de limitation de la conservation au regard de la finalité. Ont été aussi intégrées d'autres obligations pertinentes eu égard aux revers possibles de la collecte et de la conservation des données personnelles, telles que les interdictions de traitement ultérieur d'une manière incompatible avec les finalités de la prévention[1732] ou encore, de traitement à des fins commerciales[1733]. La perspective d'une démarche similaire pour les États membres mérite réflexion, pour un meilleur respect des garanties de confidentialité dans la conservation des informations sur les clients et transactions.

Conclusion du Chapitre II

373. La démarche du législateur dans la définition des obligations de vigilance s'est précisée dans la seconde loi uniforme. Rien qu'en se limitant aux aspects formels, il est possible partant de la démarche du législateur, de distinguer les mesures de vigilance allégée, standard, complémentaire et renforcée. Plus de détails ont été fournis quant à la teneur de ces obligations et au regard de l'intégration d'une approche sectorielle. En effet, dans la définition des obligations de vigilance, les points de vulnérabilité ont été davantage pris en compte. Pour autant, on n'en est pas encore à la pleine conformité quant à la définition des obligations de vigilance. Le principal obstacle à cet objectif demeure l'absence d'exhaustivité de celles-ci. À l'analyse des mesures de vigilance et de conservation des documents, le constat est qu'effectivement, il n'est pas un seul aspect sur lequel des omissions réglementaires - plus ou moins significatives - n'aient été relevées.

Les plus graves manquements tiennent, de notre point de vue, à la légèreté des précisions apportées par les autorités de contrôle des institutions financières - puisque celles des EPNFD n'ont été récemment désignées qu'au ***Niger*** et au ***Mali*** - relativement aux mesures de vigilance complémentaires

---

[1731] Art. 64 de la loi du 18 septembre 2017 relative à la prévention du blanchiment de capitaux et du financement du terrorisme et à la limitation des espèces en Belgique, qui dispose : « Le traitement des données à caractère personnel en vertu de la présente loi est soumis aux dispositions à la loi du 8 décembre 1992 relative à la protection de la vie privée à l'égard des traitements de données à caractère personnel, ainsi qu'à celles des règlements européens directement applicables. Ce traitement des données est nécessaire à l'exécution d'une mission d'intérêt public au sens de l'article 5 de ladite loi. »

[1732] Art. 64 § 2 al. 1er.

[1733] Art. 64 § 2 al. 2.

applicables dans les situations identifiées par le législateur. Peut-être des lignes directrices plus détaillées permettront-elles de combler cette lacune et pourraient, selon une approche à la fois thématique (sur les obligations de vigilance et de conservation des documents, sur la protection des données à caractère personnel dans la LBC/FT, sur l'application des mesures préventives aux produits d'inclusion financière, etc.) et sectorielle, éclairer sur la manière de bien appliquer les obligations de diligence. Du reste, les clarifications et actions à initier pour une pleine conformité dans la définition et la facilitation de la *due diligence* sont trop nombreuses pour être reprises ici. Mais on relèvera l'importance de progresser dans la garantie de l'accès à des services d'état civil modernisés, de faciliter l'identification des bénéficiaires effectifs et de renforcer les obligations de vigilance dans les secteurs et les situations à risque élevé de blanchiment.

CONCLUSION DU TITRE I

374. Les obligations essentielles au fondement d'un dispositif de prévention du blanchiment de capitaux s'inscrivant dans le respect des Recommandations du GAFI se retrouvent dans les États membres de l'UEMOA. La consécration de l'approche par les risques, l'inclusion d'obligations organisationnelles et celles de vigilance pondérée selon le niveau de risque sont autant de nouvelles mesures participant de la conformité dans la prévention du blanchiment. Les textes d'application sectorielle ont également été mis à jour de manière à compléter et parfois, renforcer les dispositions de la loi uniforme. Il en est ainsi pour le Règlement n°001/CIMA/PCMA/PCE/SG/2021, qui présente plus d'exhaustivité dans les précisions apportées quant à la mise en œuvre des obligations préventives (en comparaison avec les Instructions de la BCEAO et de l'AMF-UMOA[1734]). D'un point de vue formel, l'approche pragmatique caractérisant ce Règlement permettra, espère-t-on, une appropriation convenable des obligations de lutte par les assujettis concernés et ce faisant, une prévention efficace du blanchiment de capitaux et du financement du terrorisme dans le secteur des assurances.

À présent, il reste à créer des conditions structurelles favorables, celles-ci étant liées à l'accès et à la modernisation des services de l'état civil qui constituent le pilier de l'identification fiable des personnes physiques. D'un point de vue institutionnel, la tenue de Registres des bénéficiaires effectifs et dans le secteur des OBNL, d'un Registre national des organismes à but non lucratif dans tous les États membres pourrait faciliter le respect des mesures préventives y relatives. Enfin, sur l'aspect réglementaire, le principal problème demeure le manque d'exhaustivité de la loi uniforme. La définition des obligations préventives fondamentales ne fait, certes, aucun doute ; mais il n'empêche que des aspects importants ont été omis, parfois à dessein. Il en est ainsi pour les obligations relatives à l'identification des *trusts* qui, dès lors, peuvent faire valoir leurs intérêts au sein des États membres tout en étant soumis à des obligations préventives limitées. On note aussi l'absence de désignation des autorités de contrôle des EPNFD dans la grande majorité des États membres (seuls le ***Niger*** et le ***Mali*** faisant exception) et des manquements aux mesures de prévention les concernant, l'imprécision des obligations concernant les produits d'assurance-vie… Et la liste est loin d'être exhaustive. L'on relevait précédemment qu'il s'agisse des mesures de vigilance standard, complémentaire ou renforcée, les dispositions de la loi uniforme restent à clarifier et/ou à renforcer ; et il en est de

---

[1734] Instruction n°007-09-2017 de la BCEAO portant modalités d'application par les institutions financières de la loi uniforme relative à la lutte contre le blanchiment de capitaux et le financement du terrorisme dans les États membres de l'UMOA et Instruction n°59/2019/CREPMF relative à la lutte contre le blanchiment de capitaux et le financement du terrorisme au sein du Marché financier régional de l'UEMOA.

même pour ses textes d'application (sectorielle ou ceux devant être adoptés par les autorités nationales). L'approche sectorielle devrait, pour sa part, se faire plus marquée tant dans la définition des obligations de vigilance dans les secteurs à risque qu'à travers l'élaboration des lignes directrices édifiantes pour toutes les parties prenantes.

TITRE II. LA NÉCESSAIRE CONCRÉTISATION DES MESURES AU FONDEMENT D'UNE POSSIBLE DÉTECTION DE L'INFRACTION DE BLANCHIMENT

375. ***Dans un contexte peu favorable à la détection du blanchiment : l'espoir d'une corrélative persévérance des États dans l'adoption des mesures idoines***. Lorsqu'on compte parmi les facteurs de vulnérabilité des États membres de l'UEMOA un fort attachement à l'usage des espèces, la prédominance du secteur informel, le faible respect (du fait notamment d'une faible connaissance) des obligations de LBC/FT ou encore, la porosité des frontières, les possibilités de détection de l'infraction de blanchiment dans le respect des standards du GAFI ne peuvent être *a priori* que limitées, voire insignifiantes. La conséquence directe de ce désagréable constat est que les bases d'une détection conforme et efficace restent à poser. Par ailleurs, au regard de l'importance du rôle des Cellules de renseignement financier dans la prévention et d'ailleurs, dans la répression du blanchiment aussi, la réflexion doit constamment être portée sur les moyens de renforcer ces institutions.

376. En définitive, il faudrait que les États membres continuent d'œuvrer en vue de créer des conditions favorables à l'atteinte des objectifs de détection (Chapitre I). Aux mesures structurelles et institutionnelles, devront s'ajouter des initiatives réglementaires allant dans le sens d'une clarification des obligations déclaratives (Chapitre II).

CHAPITRE I. LA CONDITION *SINE QUA NON* : DES MESURES PROPRES À CRÉER DES CONDITIONS FAVORABLES À LA DÉTECTION DU BLANCHIMENT DE CAPITAUX.

377. ***Des mesures devant permettre l'accessibilité du Renseignement et sa libre exploitation par des CENTIF performantes.*** Le succès de la stratégie préventive du GAFI repose sur une possible traçabilité des transactions. Cette question figure parmi les préoccupations de longue date du législateur communautaire au titre de la lutte contre le financement du terrorisme et dans ce cadre, de la neutralisation des passeurs de fonds. La seconde loi uniforme, selon une démarche très expressive des rapports entre l'anti-blanchiment et le combat contre le terrorisme, a intégré des dispositions visant le contrôle des transactions en espèces.

378. Une mesure opportune, si l'on sait qu'au-delà de cet aspect, il est d'une manière générale impératif de parvenir à remplir la condition susmentionnée de traçabilité des transactions (Section 1). L'analyse a également été révélatrice de moyens - et parfois, d'une autonomie - limités des CENTIF ; une situation qu'il ne faudrait pas laisser perdurer (Section 2).

Section 1. L'impératif de relever le défi de la traçabilité des transactions.

379. ***Vers une économie formelle favorisant une meilleure détection des transports physiques transfrontaliers d'espèces et d'instruments négociables au porteur.*** L'étude a mis en lumière deux principaux facteurs pouvant permettre d'assurer la transparence dans les transactions. Le premier, que des mesures réglementaires peuvent promouvoir, consiste dans l'amélioration du niveau de conformité des pays quant aux systèmes de détection des transports physiques transfrontaliers d'espèces et d'instruments négociables au porteur (Sous-section 1). Le second facteur touche tant à l'aspect réglementaire qu'aux conditions structurelles : au-delà d'une réglementation plus limitative des transactions en espèces, il faudrait que les États membres œuvrent davantage à l'atteinte des objectifs proclamés de formalisation de l'économie (Sous-section 2).

Sous-section 1. Les perspectives d'amélioration des systèmes de détection des transports physiques transfrontaliers d'espèces et d'instruments négociables au porteur.

380. ***Le contrôle des transports transfrontaliers d'espèces et d'instruments négociables au porteur dépendant de l'amélioration du cadre juridique et des conditions structurelles.*** Remédier à certaines failles réglementaires permettra de renforcer les garanties de détection des transports transfrontaliers d'espèces et d'instruments négociables au porteur conférées par la loi uniforme (Paragraphe 1). Doivent s'y adjoindre des mesures complémentaires (voire préalables ?) pour une neutralisation des passeurs de fonds, sans lesquelles les efforts du législateur seraient vains (Paragraphe 2).

Paragraphe 1. Le nécessaire renforcement des garanties légales de détection des transports transfrontaliers d'espèces et d'instruments négociables au porteur.

381. ***D'une nécessité de coopérer davantage en vue d'une possible détection de tous mouvements transfrontaliers***. S'il est favorable à la détection des transports transfrontaliers extracommunautaires (A), le cadre réglementaire est en revanche à améliorer pour ce qui est de la détection des transports intracommunautaires et de la coopération (B).

A. Un cadre réglementaire favorable à la détection des transports transfrontaliers extracommunautaires.

382. L'obligation de déclaration des espèces et instruments négociables au porteur consacrée par le législateur. Le législateur communautaire a intégré des obligations de déclaration ou de communication des transports transfrontaliers d'espèces et d'instruments négociables au porteur à la loi uniforme, en vue d'une prise en charge de la problématique des passeurs de fonds[1735]. Cette dernière préoccupation était déjà prise en compte par la réglementation communautaire relative aux relations financières extérieures des États membres de l'UEMOA[1736] ainsi que par celle concernant la lutte contre le financement du terrorisme[1737]. La seconde loi uniforme est donc venue compléter ces obligations de manière à répondre aux objectifs de conformité eu égard à l'évolution des standards du GAFI.

À ce titre, il est prévu une obligation pour toute personne provenant d'un État tiers qui pénètre le territoire d'un État membre ou qui quitte celui-ci à destination d'un pays tiers de remplir une déclaration des espèces et instruments négociables au porteur[1738] d'un montant ou d'une valeur égal(e) « à un seuil fixé par une instruction de la BCEAO, qu'elle remettra à l'autorité compétente du pays au point d'entrée ou de sortie du territoire »[1739]. Le seuil en question a été fixé à cinq millions de francs CFA[1740], soit un montant bien en deçà des normes

---

[1735] D'après les dispositions de l'art. 1er, point 43 de la LU, les passeurs de fonds désignent les personnes exécutant des transports physiques transfrontaliers d'espèces ou d'instruments négociables au porteur, ou apportant sciemment leur concours à la réalisation de ces opérations. Le législateur a reconduit la définition figurant dans l'art. 1er, point 32 de la loi uniforme du 28 mars 2008 relative à la lutte contre le financement du terrorisme dans les États membres de l'UEMOA.

[1736] Il est ici fait référence au Règlement n°09/2010/CM/UEMOA du 1er octobre 2010 relatif aux relations financières extérieures des États membres de l'UEMOA.

[1737] L'art. 15 de la loi uniforme du 28 mars 2008 relative à la lutte contre le financement du terrorisme dans les États membres de l'UEMOA, consacré aux passeurs de fonds, prévoyait des dispositions sensiblement similaires à celles de l'art. 12 de la LU.

[1738] La déclaration doit être faite au moment de l'entrée ou de la sortie du territoire de l'État membre concerné (art. 12 al. 1er de la LU).

[1739] Art. 12 al. 1er de la LU.

[1740] Art. 1er de l'Instruction de la BCEAO n°008-09-2017 fixant le seuil pour la déclaration des transports physiques transfrontaliers d'espèces et instruments négociables au porteur.

du GAFI ; même si de l'avis - fondé - des évaluateurs du Mali, « la BCEAO devrait envisager d'évaluer sur une base liée au *risque* si [...] ce seuil est approprié »[1741]. Il faut également compter les dispositions du Règlement relatif aux relations financières extérieures des États membres de l'UEMOA qui en son Annexe I, soumet à l'autorisation de la Direction chargée des Finances extérieures, toute exportation à l'étranger, par voie postale ou par toute autre voie, des instruments de paiement[1742] ainsi que des valeurs mobilières nationales ou étrangères[1743]. Toutefois, les évaluateurs du Mali ont attiré l'attention sur un manquement tenant à l'absence de régime de déclaration pour le transport entrant d'espèces par fret ou par courrier[1744].

383. De la surveillance aux sanctions : les pouvoirs des autorités de contrôle précisés. Il a été conféré à l'autorité compétente (en l'occurrence, l'Administration des douanes), dans le cadre des obligations déclaratives prévues par la loi uniforme, la prérogative d'identifier le transporteur d'espèces et d'instruments négociables au porteur et d'exiger de lui des informations complémentaires sur l'origine et la destination des espèces ou instruments négociables au porteur lorsque cela est nécessaire[1745]. L'obligation de déclaration n'est pas réputée exécutée si les informations fournies s'avèrent incomplètes ou incorrectes[1746] et dans tous les cas, les personnes ayant fait de fausses déclarations ou communications sont sujettes aux sanctions prévues par la loi uniforme[1747]. En effet, le cas échéant, l'Administration des douanes a la possibilité de bloquer ou de retenir les espèces ou instruments au porteur susceptibles d'être liés notamment au blanchiment de capitaux, pour une durée ne pouvant excéder soixante-douze heures[1748]. Un délai qui apparaît *a priori* comme étant très court, si l'on sait que le GAFI recommande de prévoir une durée de rétention des espèces et instruments négociables au porteur qui soit certes, raisonnable, mais permette d'établir si des preuves de blanchiment de capitaux ou de financement du terrorisme sont susceptibles d'être trouvées... Il est donc possible d'envisager, consécutivement à des actions de concertation avec les autorités concernées, les possibilités de rallongement d'un tel délai dans le respect des critères de proportionnalité posés par le GAFI.

1741 REM du Mali de novembre 2019, pp. 172-173.

1742 Sont envisagés « notamment », les chèques de banque à encaisser, les chèques de voyage, les billets de banque étrangers et valeurs mobilières nationales ou étrangères (art. 29 al. 1er de l'Annexe I au Règlement n°09/2010/CM/UEMOA du 1er octobre 2010 relatif aux relations financières extérieures des États membres de l'UEMOA).

1743 Art. 29 al. 1er de l'Annexe I au Règlement n°09/2010/CM/UEMOA du 1er octobre 2010 relatif aux relations financières extérieures des États membres de l'UEMOA.

1744 REM du Mali de novembre 2019, p. 172.

1745 Art. 12 al. 2. de la LU.

1746 Art. 12 al. 3.

1747 Art. 12 al. 4.

1748 Art. 12 al. 5 ; cet article prévoit que dans cette situation, un récépissé est délivré à l'intéressé.

En cas de non-déclaration, de fausse déclaration ou de déclaration incomplète, ou s'il y a suspicion de blanchiment de capitaux (ou de financement du terrorisme), l'Administration des douanes doit saisir la totalité des espèces retrouvées et en dresser procès-verbal[1749]. Puis, les espèces saisies ainsi qu'une copie du procès-verbal de saisie sont envoyées au Trésor public, à la Caisse des dépôts et consignations ou à l'organisme en tenant lieu ; le dossier doit aussi faire l'objet d'une transmission par l'Administration des douanes à la CENTIF dans le délai de huit jours calendaires[1750].

B. Un cadre réglementaire à améliorer en faveur d'une détection des transports intracommunautaires et de la coopération.

384. La nécessaire extension des obligations déclaratives aux mouvements intracommunautaires d'espèces et d'instruments négociables au porteur. L'article 12 de la loi uniforme n'inclut pas dans le champ des obligations déclaratives les personnes en provenance ou à destination des États membres. Il s'agit là d'une manifestation du principe de libre circulation des capitaux au sein de l'Union, posé par l'article 6 du Règlement relatif aux relations financières extérieures des États membres de l'UEMOA[1751] disposant que « les opérations d'investissement, d'emprunt, le placement et d'une manière générale, tous les mouvements de capitaux entre États membres de l'UEMOA sont libres et sans restriction aucune [...] »[1752]. Mais il faut souligner que le Traité de l'UEMOA, en même temps qu'il a consacré ce principe, prévoit également qu'il s'applique sans préjudice de la possibilité pour les États membres de « prendre

[1749] Art. 111 al. 1er de la LU. Dans le même ordre d'idées, l'art. 12 *in fine* prévoit, en cas de non-déclaration ou de fausse déclaration, que l'autorité compétente saisit la totalité du montant des espèces non déclarées.

[1750] Art. 111 *in fine*.

[1751] Règlement n°09/2010/CM/UEMOA du 1er octobre 2010 relatif aux relations financières extérieures des États membres de l'UEMOA.

[1752] Pour la citation complète : « Les opérations d'investissement, d'emprunt, de placement et d'une manière générale, tous les mouvements de capitaux entre États membres de l'UEMOA sont libres et sans restriction aucune, conformément aux articles 76 paragraphe d, 96 et 97 du Traité modifié de l'UEMOA et à l'article 3 du Traité de l'UMOA. » L'art. 76, paragraphe d inclut parmi les objectifs définis en perspective de l'institution d'un marché commun, l'application des principes de liberté de circulation des personnes, d'établissement et de prestation de services, de liberté de mouvement des capitaux requis pour le développement du marché financier régional. L'art. 96 pose le principe d'interdiction, à l'intérieur du territoire de l'Union, de toute restriction aux mouvements des capitaux appartenant à des personnes résidant dans les pays membres. L'art. 97 apporte des tempéraments à ce principe ; ainsi, les États membres peuvent notamment prendre les mesures indispensables en vue de prévenir les infractions à leur législation fiscale ainsi que celles justifiées par des raisons d'ordre public ou de sécurité publique. Pour sa part, l'art. 3 du Traité modifié de l'UMOA dispose, en son premier alinéa, que les États membres sont engagés à respecter les dispositions dudit Traité, du Traité de l'UEMOA et des textes pris pour leur application, en ce qui concerne notamment les règles génératrices de l'émission, la centralisation des réserves de change, la libre circulation des signes monétaires et la liberté des transferts entre États membres de l'UMOA ainsi que les autres dispositions du Traité.

des mesures justifiées par des raisons d'ordre public ou de sécurité publique »[1753]. Justement, la conciliation du principe de libre circulation des capitaux avec les objectifs sécuritaires apparaît, au regard de l'évolution des exigences de l'anti-blanchiment et plus précisément, de la Recommandation 32, comme un impératif. Et cela, d'autant plus qu'il a été démontré que la prévalence des espèces est un point de vulnérabilité majeure dans tous les États membres[1754]. Une prise en compte conséquente de ce facteur de risque pour une meilleure détection du blanchiment de capitaux implique que l'on soumette également à un régime de déclaration ou de communication tous les mouvements intracommunautaires d'espèces et d'instruments négociables au porteur. Cette mesure correctrice devrait donc être prise en compte en perspective d'une prochaine loi uniforme.

385. Une coopération à dynamiser pour une meilleure détection des mouvements transfrontaliers de fonds liés aux infractions de blanchiment. Dans le cadre du second cycle des évaluations mutuelles, il était relevé au ***Bénin*** que la loi uniforme confère certes des fondements textuels en vue de la coordination entre les services des douanes, les services en charge de l'immigration et toute autre autorité concernée, mais que l'État béninois ne décrivait pas clairement le mécanisme de coordination[1755]. Au ***Burkina Faso***, il existerait « une certaine coordination »[1756] entre la police de l'immigration, l'Administration des douanes et d'autres administrations[1757] en vue d'une circulation de l'information sur les transports transfrontaliers d'espèces et d'instruments négociables au porteur, la question demeurant cependant entière quant à l'aspect opérationnel d'une telle coordination[1758]. En revanche, en ***Côte d'Ivoire***, la coordination entre ces acteurs serait en pratique effective[1759]. En ***Guinée-Bissau***, les évaluateurs ont émis une réserve tenant à l'absence de preuves/cas concrets permettant de déduire d'une action coordonnée entre ces différents acteurs[1760]. Au ***Mali***, aucune information n'aurait été fournie quant à l'existence d'un mécanisme spécifique de coordination relatif à la mise en œuvre de la Recommandation 32[1761]. La remarque est similaire pour le ***Sénégal***, où il a cependant été souligné l'existence d'une coopération entre les autorités douanières et la CENTIF[1762]. Au ***Niger*** et au ***Togo***, il a été relevé une absence de

---

[1753] Art. 97 du Traité de l'UEMOA (voir note précédente).

[1754] Voir *supra*, par. 279 et s.

[1755] REM du Bénin de mai 2021, pp. 224-225. Les évaluateurs ajoutaient que dès lors, il n'était pas apporté la preuve permettant de comprendre « en quoi la coordination est satisfaisante entre la CENTIF, les douanes, l'immigration et toute autre autorité compétente » (*ibid.*)

[1756] REM du Burkina Faso de mai 2019, p. 166.

[1757] *Ibid.*

[1758] *Ibid.*

[1759] REM de la Côte d'Ivoire de juin 2023, p. 264.

[1760] REM de la Guinée-Bissau de février 2022, p. 218.

[1761] REM du Mali de novembre 2019, p. 173.

[1762] REM du Sénégal de mai 2018, p. 179.

coordination entre les services de la Douane et ceux de la police aux frontières[1763]. Les mécanismes de coopération et de coordination entre les autorités concernées par la détection des mouvements transfrontaliers d'espèces et d'instruments négociables au porteur devraient donc être précisés et mis en œuvre.

Conformément à nos précédents développements[1764] et prenant exemple sur des pays ayant rempli les critères de conformité sur cette question[1765], il faudrait ainsi que les États membres définissent d'une part, les fondements textuels de la coordination entre ces autorités et d'autre part, disposent de mécanismes ou procédures clairs et explicites au fondement du volet opérationnel de cette coopération. Les fondements textuels sont pour leur part, déjà conférés par la seconde loi uniforme : la CENTIF peut recourir à des correspondants au sein des divers services concernés[1766], sans compter la consécration d'une obligation de coopérer et de coordonner les initiatives en vue de l'anti-blanchiment au plan national[1767]. Il reste alors à préciser les modalités de cette coopération, par exemple par la conclusion d'accords-cadres[1768]. Au titre des bonnes pratiques, on relève aussi l'accès mutuel à des bases de données[1769] ou encore, le recours à des officiers de liaison détachés au sein des différents services concernés[1770] (notamment pour les États membres, les services des douanes, de police, de l'immigration et de la CENTIF, par application des dispositions de l'article 63 de la loi uniforme). La conjonction de ces facteurs devrait aboutir à la mise en place d'une *stratégie* de coopération et de coordination pour satisfaire aux objectifs de détection des mouvements transfrontaliers d'espèces et d'instruments négociables au porteur.

[1763] Rapport d'ENR du Niger, p. 132 ; REM du Togo de juin 2022, p. 213. Au Togo, il a plus précisément été constaté l'inexistence de mécanisme formel de mécanisme de coordination entre les services notamment de police, des douanes, de l'immigration (*ibid.*).

[1764] Voir *supra*, par. 191.

[1765] On peut ici prendre l'exemple de pays appartenant à divers espaces juridiques, soit l'Australie, la Belgique, la Chine et la Suisse et la Tanzanie. La remarque est que dans tous ces pays où le critère 32.7 a été jugé rempli, il a été démontré l'existence de fondements textuels de la coopération ainsi que de mécanismes précis permettant d'être édifié sur l'opérationnalisation de la coopération et la coordination entre les autorités compétentes (voir : REM de l'Australie d'avril 2015, p. 138 ; REM de la Belgique d'avril 2015, p. 170 ; REM de la Chine d'avril 2019, p. 249 ; REM de la Suisse de décembre 2016, pp. 236-237 ; REM de la Tanzanie de juin 2021, p. 187).

[1766] Art. 63 de la LU.

[1767] Art. 74 de la LU.

[1768] Tel est le cas en Belgique (REM de la Belgique d'avril 2015, p. 170).

[1769] Tel est le cas en Suisse (REM de la Suisse de décembre 2016, p. 237).

[1770] Tel est le cas en Australie (REM de l'Australie d'avril 2015, p. 138) et en Suisse (*ibid.*). Par ailleurs, en Tanzanie, il est fait état de l'existence de mécanismes de coopération, entre les officiers concernés, aux points d'entrée et de sortie du territoire (REM de la Tanzanie de juin 2021, *op. cit.*).

Paragraphe 2. Des mesures d'accompagnement nécessaires pour une neutralisation des passeurs de fonds.

386. ***La nécessité de renforcer tant la surveillance aux frontières que celle des opérations de change.*** La vulnérabilité que constitue la porosité des frontières devrait être prise en charge au moyen notamment d'un renforcement des contrôles aux frontières et dans ce sillage, de la sensibilisation des parties prenantes (A). Un autre facteur de manque de traçabilité des transactions lié aux mouvements transfrontaliers de fonds réside dans la prolifération des cambistes informels (B).

A. Un renforcement des contrôles aux frontières et des activités informatives des parties prenantes.

387. Une *véritable* priorisation de la question sécuritaire : le moteur du déploiement des ressources nécessaires à la surveillance des passeurs de fonds. Il a été précédemment établi que la porosité des frontières figure au rang des grandes vulnérabilités des États membres[1771]. Cette situation est fortement liée à l'insuffisance des contrôles sur toute l'étendue des territoires nationaux, puisqu'il semblerait que l'essentiel des efforts soit concentré sur les voies aériennes[1772]. Or, dans certains États membres en particulier, la multiplicité des voies d'accès ainsi que les facteurs démographiques et géographiques offrent un

---

[1771] Voir *supra*, par. 279 et s.

[1772] Le rapport d'ENR du ***Bénin*** souligne le manque de moyens en vue de l'exercice des contrôles au niveau de la plupart des frontières (surtout celles terrestres et fluviales) ; en revanche, la situation serait meilleure au sein de l'aéroport et du port, qui disposeraient d'équipements permettant une lutte efficace contre la contrebande (Rapport d'ENR du Bénin, p. 55). Le rapport d'ENR du ***Niger*** permet aussi de déduire d'une prépondérance de la surveillance des voies aériennes, puisque les seuls chiffres fournis sur les saisies effectuées consécutivement à des fouilles concernent l'Aéroport international Diori Hamani (Rapport d'ENR du Niger, p. 44). Au ***Sénégal***, l'obligation déclarative ne serait pas de rigueur au niveau de toutes les frontières, notamment les frontières terrestres, fluviales et maritimes (REM du Sénégal de mai 2018, p. 32). En particulier, il est affirmé que l'exigence de déclaration de devises semble être respectée à l'aéroport, mais pas aux frontières terrestres, alors que la plupart des échanges avec les pays de la sous-région (et notamment, avec les pays où opèrent des terroristes) se font par la route. Dès lors, il se pourrait que des fonds puissent être déplacés dans ces zones sans difficulté majeure (*ibid.*, pp. 63-64).

cadre idéal pour contourner les frontières et se livrer à des activités illégales[1773]. Dès lors, les efforts consentis pour améliorer le cadre réglementaire notamment de détection des mouvements d'espèces et d'instruments négociables au porteur ne demeureront que d'une portée limitée tant qu'il restera d'infinies possibilités de déjouer cette surveillance minimale. L'heure est donc, pour les États membres - et même au niveau africain - aux initiatives fortes pour parvenir à exercer les contrôles adéquats sur toutes les voies d'accès aux pays.

Cette question sécuritaire engage avant tout l'Union africaine, qui devrait parvenir à transcender divisions et rivalités[1774] pour parvenir à mettre en place d'une politique sécuritaire harmonieuse et adaptée au niveau africain, dont l'opérationnalisation serait confiée à ses Mécanismes régionaux, à la CEDEAO pour les pays de l'Ouest. Serait dans ce cadre prise en considération la question du renforcement des mesures de surveillance des frontières, notamment au sein

---

[1773] Le problème se pose au ***Bénin***, où il a été relevé l'insuffisance d'équipements modernes en vue de la réalisation des contrôles douaniers au niveau des frontières terrestres ; celles-ci seraient d'une porosité telle que les particuliers peuvent contourner les voies surveillées par des agents de contrôle (Rapport d'ENR du Bénin, p. 56). Il a aussi été relevé une multiplicité des voies d'accès très propices au contournement des frontières tant pour sortir du territoire que pour y pénétrer, tel étant le cas pour toutes les frontières avec le Nigéria qui ont été visitées en perspective de l'ENR (Rapport d'ENR du Bénin, p. 54). Celles-ci seraient le théâtre d'une prolifération de toutes formes de trafics, dans l'informel, « en toute tranquillité et dans l'anonymat total » (Rapport d'ENR du Bénin, p. 154). Les facteurs démographiques et géographiques sont donc dans ce pays une source de vulnérabilité élevée au BC et au FT. Il en est de même au ***Burkina Faso***, où la porosité des frontières serait due, en partie, à « l'absence de barrières naturelles », étant donné que ce pays, enclavé dans l'Afrique de l'Ouest, partage ses frontières avec six États. Il servirait de zone de transit pour le trafic de drogues (REM du Burkina Faso de mai 2019, pp. 3-4). En ***Guinée-Bissau***, l'échec étatique dans la surveillance du trafic maritime des 88 îles composant l'archipel des Bijagos, combinée à la complicité de hautes autorités de l'État dans le trafic illicite de stupéfiants, seraient là quelques facteurs de nature à faire de ce territoire une voie de transit pour les marchandises illicites et le trafic de drogue (REM de la Guinée-Bissau de février 2022, p. 25). Ce pays regorgerait également d'itinéraires de passages clandestins, sans surveillance et en toute méconnaissance des autorités étatiques (*ibid.*, p. 27). Au ***Mali***, l'étendue de la zone désertique (qui couvrirait plus de 50 % du territoire) et l'étendue montagneuse aux frontières externes du pays offriraient un cadre propice aux criminels, surtout au regard de l'insuffisance des contrôles dans ces zones. Ceux-ci seraient particulièrement insuffisants dans la zone nord du pays. Huitième pays le plus vaste d'Afrique, le Mali partage ses 7420 km de frontières avec sept pays (REM du Mali de novembre 2019, pp. 1-2 et p. 5). Les caractéristiques du ***Niger*** sont similaires : 22e pays le plus vaste du monde, 6e sur le continent africain, pays enclavé partageant d'immenses frontières (se prêtant à nombre de trafics, avec environ 5697 km de longueur) avec sept États. Les « énormes » problèmes de sécurité relevés sur les frontières nigériennes seraient liés notamment au relief (sachant que le désert occupe les deux tiers du territoire, sans compter les chaines montagneuses par endroits), à l'immensité du territoire nigérien et à la longueur des frontières partagées avec les sept États (Rapport d'ENR du Niger, p. III et p. 8). Le ***Togo***, pour sa part, figure parmi les États « à fort risque maritime » du fait de son appartenance au Golfe de Guinée ; et pour cause, le littoral togolais aurait enregistré le plus grand nombre d'actes de piraterie perpétrés dans le Golfe de Guinée après le Nigéria (REM du Togo de juin 2022, pp. 22-23). À cela s'ajoute une préférence des pays sans littoral pour le port de Lomé qui, dès lors, constituerait une plaque tournante pour les flux financiers transfrontaliers et les trafics de transit (*ibid.*, p. 23).

[1774] À ce propos, voir *supra*, par. 93 et s.

des États membres à qui il appartient, en définitive, d'exercer leur contrôle sur toute l'étendue de leurs territoires respectifs. Pour cela, au-delà des déclarations d'intention, la question sécuritaire devrait être érigée en priorité ; ce qui devrait se manifester par le déploiement des moyens suffisants et adéquats, par une conformité concernant notamment le dispositif de surveillance des passeurs de fonds. Une telle ambition doit reposer sur un plan d'action à long terme impliquant la gestion adéquate des ressources humaines et des frontières en tant que telles. En effet, il faudrait que les pays remédient à l'insuffisance et au manque de spécialisation du personnel sur les questions de LBC/FT[1775]. Sont concernés les agents des douanes, des forces de gendarmerie ou policières (aux frontières) ainsi que tous les acteurs appelés à coopérer dans le cadre de l'application de la Recommandation 32. Leur formation devrait dès les débuts comporter un volet LBC/FT à part entière afin de permettre l'acquisition progressive de connaissances approfondies. Plus spécifiquement, l'idéal serait de former le plus d'agents spécialisés possible, qui pourront ensuite être stratégiquement déployés sur toutes les frontières et compte tenu des risques de BC/FT.

Pour ce qui est de la gestion des frontières, l'évaluation des risques liés aux mouvements transfrontaliers de personnes et de capitaux devrait se faire avec l'appui notamment des mécanismes régionaux *ad hoc*, afin d'apporter les réponses communes appropriées. D'importantes ressources devront être déployées pour équiper le personnel des moyens de contrôle nécessaires en vue de la détection des espèces et autres éléments illégaux transportés par les voyageurs. Est également à envisager l'équipement renforcé et progressif en outils de surveillance et d'information des personnes, particulièrement en ce qui concerne leurs obligations déclaratives[1776]. Enfin, la tenue de statistiques sur les

---

[1775] Le Rapport d'ENR du ***Bénin*** (p. 54) pointe nombre d'insuffisances liées au personnel, à savoir l'absence de ressources humaines dédiées aux questions de la LBC/FT (d'où l'absence de déclaration des devises) ainsi que l'insuffisance de personnel d'une manière générale (ou personnel parfois inexpérimenté en raison d'affectations récentes). Au ***Niger***, l'insuffisance de personnel est en rapport avec les défaillances dans l'implémentation et la répartition des postes de police frontaliers. Il n'y aurait que 28 postes de police et 36 bureaux des douanes, pour un pays caractérisé par l'immensité de ses 1 267 000 km^2 de territoire. Par exemple, un seul poste de police frontalier officiel aurait été installé pour couvrir les 960 km de frontières avec l'Algérie (Rapport d'ENR du Niger, p. 8 et pp. 42-43). Plus spécifiquement, a été soulignée l'insuffisance de ressources humaines spécialement dédiées à la prise en charge de la détection et aux fouilles selon une approche basée sur les risques, en vue de la détection du transport illégal/non autorisé d'espèces et instruments négociables au porteur entrants ou sortants (Rapport d'ENR du Niger, p. 44).

[1776] Au ***Bénin***, l'absence d'outils de contrôle ou d'infrastructures d'identification fiables (tels que les terminaux d'Interpol, les scanners, les systèmes de vidéosurveillance, etc.) est énumérée au titre des insuffisances sous-tendant la faible qualité des contrôles aux frontières. Dès lors, les recommandations des évaluateurs de ce pays intègrent la question de la dotation en ressources notamment de surveillance et de contrôle (Rapport d'ENR du Bénin, pp. 54-55 ; p. 193). L'absence de procédures et de moyens de détection suffisants est aussi relevée au ***Niger***, y compris des insuffisances quant au dispositif informatif des passagers, quant aux restrictions concernant le transport d'espèces ainsi que les obligations déclaratives (Rapport d'ENR du Niger, p. 44).

déclarations d'espèces et les sanctions y relatives[1777] doit être systématisée à des fins d'évaluation du dispositif et ultimement, d'amélioration du niveau de conformité et d'efficacité dans la LBC/FT.

B. Une mise en œuvre de solutions pérennes contre le change informel.

388. Pour sévir contre la prolifération des cambistes informels : manœuvrer entre dialogue et contrainte ? Le législateur appelle au respect de la réglementation relative aux relations financières extérieures des États membres de l'UEMOA pour ce qui est, en l'occurrence, des opérations de change[1778], des mouvements de capitaux et des règlements de toute nature avec un État tiers[1779]. L'Annexe I au Règlement du 1er octobre 2010 relatif aux relations financières extérieures des États membres de l'UEMOA précité[1780] régit notamment les conditions d'exercice des opérations de change, qui jouent un rôle essentiel dans la réalisation des opérations commerciales d'importation et d'exportation[1781] (et donc, doivent faire l'objet d'une rigoureuse surveillance au titre des mouvements transfrontaliers de fonds ou de devises). Outre les banques intermédiaires agréées, toute personne physique ou morale ayant le statut de commerçant peut être autorisée à effectuer des opérations de change manuel[1782]. Il faut pour cela une autorisation délivrée par arrêté du ministre chargé des Finances, après avis conforme de la BCEAO[1783]. Le cas échéant, ces agréés de change manuel peuvent acheter ou vendre à une clientèle des moyens de paiement libellés en monnaies étrangères convertibles, dans le respect de la réglementation y relative[1784]. D'autres précisions se retrouvent dans l'Instruction

[1777] Notons qu'au Niger, l'ENR a attiré l'attention sur cet aspect, en affirmant qu'il n'existe pas de statistiques sur les déclarations d'espèces ni sur les sanctions effectivement appliquées ; ont uniquement été fournies des données sur les saisies réalisées (Rapport d'ENR du Niger, p. 44).

[1778] L'art. 1er, point 39 de la seconde loi uniforme a maintenu l'ancienne définition de la notion d'« opération de change manuel » (de l'art. 1er point 28 de la loi uniforme du 28 mars 2008 relative à la lutte contre le financement du terrorisme dans les États membres de l'UEMOA). Ce concept désigne ainsi l'échange immédiat de billets de banque ou de monnaies libellés en devises différentes, effectué par livraison ou cession d'espèces, contre le règlement par un autre moyen de paiement libellé dans une autre devise.

[1779] Art. 16 de la LU.

[1780] Voir *supra*, par. 382 et s.

[1781] E. GREGOIRE et P. LABAZEE, « Le rôle des circuits informels de change monétaire dans les opérations commerciales entre le Niger et le Nigéria » [en ligne], Note de recherche n°96-55, Agence francophone pour l'Enseignement Supérieur et la Recherche, AUPELF-UREF, Paris, p. 6. Disponible sur : https://horizon.documentation.ird.fr/exl-doc/pleins_textes/divers17-08/010010453.pdf.

[1782] Art. 10 al. 1er de l'Annexe I au Règlement n°09/2010/CM/UEMOA du 1er octobre 2010 relatif aux transactions financières extérieures des États membres de l'UEMOA, sur les Intermédiaires chargés d'exécuter les opérations financières avec les étrangers.

[1783] Art. 11 de l'Annexe I au Règlement n°09/2010/CM/UEMOA.

[1784] Art. 10 *in fine* de l'Annexe I au Règlement n°09/2010/CM/UEMOA, qui permet la réalisation de tels actes de commerce en conformité avec les dispositions afférentes à la délivrance des allocations en devises et au contrôle douanier des moyens de paiement transportés par les voyageurs, prévues par le Chapitre IV de l'Annexe II du Règlement n°09/2010/CM/UEMOA ainsi que par l'Instruction y relative.

n°06/07/2011/RFE du 13 juillet 2011 relative aux conditions d'exercice de l'activité d'agréé de change manuel, qui est venue compléter certaines dispositions du Règlement de 1er octobre 2010 susvisé. Par exemple, l'article 2 de ladite Instruction prévoit une liste de pièces à fournir par toute personne sollicitant l'agrément de change manuel.

Mais en marge de cette ligne de conduite, un grand nombre d'acteurs se livrent à des transactions de devises de manière informelle[1785], une situation de nature à ruiner les efforts fournis en vue de la traçabilité des transactions. Au titre des facteurs explicatifs de l'instauration de ce marché parallèle, est souvent évoquée une progressive insertion des cambistes informels dans le marché grâce à l'accumulation des devises provenant du commerce avec des pays voisins[1786]. En réaction à ce phénomène, diverses solutions sont actuellement en perspective. ***Pour les évaluateurs du Sénégal***, il faudrait envisager, par le biais d'une directive, l'autorégulation notamment en ce qui concerne la LBC/FT par les Associations professionnelles concernées[1787]. Effectivement, ces points focaux devraient être mobilisés avec dynamisme et constance en vue d'une implication à part entière dans la LBC/FT, d'où l'opportunité de cette démarche qui, cependant, doit en amont accorder une place privilégiée à la *sensibilisation* sur la problématique. ***De l'avis des évaluateurs du Bénin***, l'assainissement du secteur est possible par le biais d'une opération de recensement et d'identification obligatoire des cambistes informels, à la suite de laquelle il y aurait lieu de les obliger à disposer d'un mécanisme allégé d'identification des clients et transactions et d'une manière générale, à participer à la LBC/FT[1788]. Cette solution qui apparaît davantage comme étant transitoire incite en tout réalisme à l'instauration d'un climat progressif de conformité. Dans cette lancée, il faudrait peut-être pousser la réflexion vers des solutions idoines pour une meilleure accessibilité de l'exercice des activités de change aux personnes physiques et morales, en toute légalité.

Le point commun aux solutions précédemment envisagées est qu'elles mettent l'accent sur une démarche inclusive, étant admis que la

---

1785 Il s'agit d'un problème commun aux États de l'UEMOA, relevé à l'occasion des évaluations mutuelles et évaluations nationales de risques au sein des pays. Voir : Rapport d'ENR du ***Bénin***, p. 110 ; REM du ***Burkina Faso*** de mai 2019, p. 72 ; Projet de REM de la ***Guinée-Bissau***, pp. 17-18 ; REM du ***Mali*** de novembre 2019, p. 72 ; Rapport d'ENR du ***Niger***, p. 9 ; REM du ***Sénégal*** de mai 2018, pp. 74-75 et REM du ***Togo*** de juin 2022, p. 101, p. 113 et p. 120.

1786 E. GREGOIRE et P. LABAZEE, *op. cit.*, pp. 4-5. Les auteurs évoquent l'exemple des exportateurs de bétail ou de niébé, qui rapportent du Nigéria des céréales, dont la revente au Niger leur permet de se procurer du franc CFA. Voir aussi : C. MALDONADO, C. BADIANE et A.-L. MIELOT, *Méthodes et Instruments d'Appui au Secteur Informel en Afrique Francophone* [en ligne], Bureau international du Travail, Genève : 1e éd. 2004, p. 16. Disponible sur : https://www.ilo.org/wcmsp5/groups/public/---ed_emp/---emp_ent/---ifp_seed/documents/publication/wcms_117713.pdf.

1787 REM du ***Sénégal*** de mai 2018, p. 75.

1788 Rapport d'ENR du ***Bénin***, p. 194.

concertation avec les parties prenantes est incontournable. À l'heure actuelle, cette approche est de mise face à la méconnaissance tant de la réglementation que des enjeux de l'anti-blanchiment par une importante catégorie d'acteurs. Mais celle-ci ne devrait que précéder l'action coercitive, devant être exercée avec toute la rigueur requise pour produire un effet dissuasif. Car l'exercice d'un contrôle régulier conjugué à l'application des mesures coercitives en vigueur est tout aussi indispensable. La loi uniforme sur le contentieux des infractions à la réglementation des relations financières extérieures des États membres de l'UEMOA prévoit, à ce titre, la possibilité de saisir tous les objets passibles de confiscation et de retenir les expéditions et autres documents en lien avec les objets saisis permettant d'établir l'existence de l'infraction[1789]. Les mesures coercitives impliquent des peines principales (emprisonnement, amendes, confiscation à l'encontre des personnes physiques et morales commettant une infraction à la réglementation des relations financières extérieures[1790]) et

[1789] Et cela, sous réserve d'en dresser procès-verbal conformément aux lois et règlements douaniers en vigueur, d'après l'art. 8 al. 1er de la loi uniforme n°2014/12 du 28 février 2014 relative au contentieux des infractions à la réglementation des relations financières extérieures des États membres de l'UEMOA (telle qu'internalisée par le Sénégal).

[1790] Les personnes physiques coupables ou complices d'une infraction à la réglementation des relations financières extérieures sont punies d'un emprisonnement d'un à cinq ans et d'une amende dont le montant minimum équivaut à la somme ou la valeur sur laquelle a porté l'infraction et dont le maximum est le quintuple de ladite somme ou ladite valeur (art. 20 al. 1er de la loi uniforme n°2014/12 du 28 février 2014 relative au contentieux des infractions à la réglementation des relations financières extérieures des États membres de l'UEMOA). Les personnes morales sont passibles d'une amende dont le montant minimum équivaut à la somme ou valeur sur laquelle a porté l'infraction et dont le maximum est le quintuple de ladite somme ou ladite valeur, sans préjudice de l'application des peines prévues pour les personnes physiques aux représentants de la personne morale comme auteurs ou complices des mêmes faits (art. 20 al. 2). La tentative (art. 21), l'entente ou la participation à une association en vue de commettre les infractions précitées, l'association pour les commettre, le fait d'en faciliter la commission (art. 22), l'incitation à commettre de telles infractions (art. 24 al. 1er) sont aussi punissables. L'auteur de l'infraction ou de la tentative d'infraction à la réglementation des relations financières extérieures est passible de la confiscation du corps du délit ainsi que celle des moyens de transport utilisés pour l'infraction ou sa tentative (art. 23 al. 1er).

accessoires (interdiction d'exercer notamment les fonctions d'agent de change, sous peine de se voir condamner au paiement d'amendes[1791]).

Sous-section 2. Au-delà d'une réglementation plus limitative des transactions en espèces : l'impératif d'une inclusion effective des acteurs du secteur informel dans le dispositif préventif.

389. ***Limitation des transactions en espèce et formalisation de l'économie : des solutions allant de pair au bénéfice de la transparence***. Bien qu'ayant introduit des mesures visant la limitation des transactions en espèces, la loi uniforme pourrait se bonifier relativement au contrôle de l'utilisation de la monnaie fiduciaire (Paragraphe 1). L'épineuse question du secteur informel, pour sa part, ne fait que ressurgir dans le contexte de l'anti-blanchiment qui donne une motivation supplémentaire pour mettre en œuvre les multiples solutions déjà envisagées pour une formalisation de l'économie… Et en attendant cela, envisager les possibilités d'inclure les acteurs du secteur informel dans le dispositif préventif (Paragraphe 2).

Paragraphe 1. Des efforts supplémentaires requis dans le contrôle de l'utilisation de la monnaie fiduciaire.

390. L'opportunité d'un élargissement du champ d'application de l'interdiction des paiements en espèces. La seconde loi uniforme a été enrichie de mesures participant d'une limitation de l'utilisation de la monnaie fiduciaire pour une meilleure traçabilité des transactions atteignant un certain seuil. Il en est ainsi, en premier lieu, du paiement d'une dette d'un montant supérieur ou égal à cinq millions de francs CFA, qui ne peut être effectué en espèces ou par instrument négociable au porteur[1792]. Conformément à l'Instruction relative à la

---

[1791] Ces peines accessoires s'appliquent sans préjudice des autres peines applicables aux délits de droit commun (art. 27 de la loi uniforme n°2014/12 du 28 février 2014 relative au contentieux des infractions à la réglementation des relations financières extérieures des États membres de l'UEMOA). Les personnes physiques se voient ainsi interdites de plein droit d'exercer les fonctions d'agent de change, d'intermédiaire de bourse, d'agent d'assurance pendant cinq ans mais aussi, d'être électeurs, éligibles ou désignées aux juridictions professionnelles, aux chambres de commerce et aux chambres de métiers (art. 25). Les personnes morales ne pourront non plus exercer, pendant cinq ans, les fonctions d'agent de change et activités d'intermédiaire en bourse (art. 26). D'autres interdictions touchant à la création et à l'administration des établissements de crédit sont prévues par l'article 27. Le non-respect desdites interdictions par les personnes physiques et morales concernées est passible de peines d'amendes et d'emprisonnement le cas échéant (art. 28). La publication de la décision de justice est ordonnée et aux frais de la personne condamnée (art. 29).

[1792] Art. 13 al. 1er de la LU, qui a confié à la BCEAO la responsabilité de la détermination dudit seuil. La Banque Centrale y a procédé *via* l'Instruction n°009-09-2017 fixant le seuil pour le paiement d'une créance en espèces ou par instruments négociables au porteur du 25 septembre 2017.

promotion des moyens de paiement scripturaux[1793], il est également exigé de recourir au virement bancaire ou postal, ou au chèque, lorsque les paiements portent sur une somme égale ou supérieure à cent mille francs CFA[1794] pour :

- les rémunérations, indemnités et autres prestations en argent dues par l'État ou ses démembrements aux fonctionnaires, agents et autres personnels[1795] ou à leurs familles ainsi qu'aux prestataires ;
- les impôts, taxes et autres prestations en argent dus à l'État ou à ses démembrements[1796].

Cependant, cette dernière règle ne concerne pas les personnes qui ne peuvent s'obliger par chèque ou par un autre moyen de paiement ni celles n'ayant pas de compte de dépôt ; elle n'est pas non plus applicable aux paiements réalisés entre des personnes physiques qui n'agissent pas pour des besoins professionnels[1797].

En second lieu, lorsque le prix de vente d'un bien immobilier atteint un montant supérieur ou égal à « un seuil fixé par l'autorité compétente »[1798], il ne peut être payé qu'au moyen d'un chèque ou d'un virement, à quelques exceptions près[1799]. Le seuil en question n'a pas encore été fixé. Un silence réglementaire qui, évidemment, compromet l'applicabilité de cette disposition. Par ailleurs, le législateur communautaire aurait pu adopter la même démarche (soit, la détermination d'un seuil par l'autorité compétente) vis-à-vis de la réalisation des transactions liées aux métaux précieux. Cette mesure contribuerait à répondre aux vulnérabilités de ce secteur qui occupe une place prépondérante dans l'économie de nombre d'États membres et dont les vulnérabilités ont été mises en exergue dans nos précédents développements[1800].

Enfin, il faut saluer certaines initiatives nationales, à l'exemple de celle burkinabè, consistant dans l'adoption d'un décret portant numérisation des

---

1793 Il s'agit précisément de l'Instruction n°01/2003/SP du 8 mai 2003 relative à la promotion des moyens de paiement scripturaux et à la détermination des intérêts exigibles en cas de défaut de paiement.

1794 Voir art. 6 de l'Instruction n°01/2003/SP du 8 mai 2003 précitée, qui prévoit un tel montant de référence (100 000 francs CFA) pour le paiement en monnaie scripturale des salaires, indemnités et autres prestations en argent dues par l'État, les Administrations publiques, entreprises ou autres personnes publiques ; et voir art. 7 de ladite Instruction, qui fixe le même montant de référence pour le paiement en monnaie scripturale des impôts, taxes et autres prestations en argent dus à l'État, aux Administrations publiques, entreprises ou autres personnes publiques.

1795 Le fait qu'ils soient en activité ou non est indifférent (art. 13 al. 2).

1796 Art. 13 al. 2 de la LU.

1797 Art. 13 *in fine*.

1798 Art. 14 al. 1er.

1799 L'exception concerne plus précisément, les personnes qui ne peuvent s'obliger par un moyen de paiement scriptural et notamment par chèque, ainsi que celles qui ne disposent d'un compte de dépôt (art. 14 *in fine*).

1800 Voir *supra*, par. 285.

paiements[1801] visant la promotion notamment de « l'utilisation des nouveaux instruments et procédés de paiement et l'inclusion financière, la lutte contre le blanchiment de capitaux et le financement du terrorisme »[1802]. Ce décret promeut effectivement la traçabilité des transactions en soumettant les opérations désignées[1803] au paiement par moyens de paiement numériques, lequel donne droit à la délivrance de pièces justificatives[1804]. Veiller à l'application effective de ces dispositions serait une avancée significative de nature à réduire les vulnérabilités tenant à l'usage excessif des transactions en espèces.

391. La nécessaire précision du champ d'application de l'obligation de déclaration des transactions en espèces. La démarche visant à limiter l'utilisation des espèces (contrôle *a priori*) a été combinée à un système de déclaration automatique des transactions en espèces atteignant ou dépassant le montant fixé à quinze millions de francs CFA par la BCEAO (contrôle *a posteriori*)[1805]. La déclaration doit être effectuée par toute institution financière ou EPNFD auprès de la CENTIF, qu'il s'agisse d'une opération unique ou de plusieurs opérations apparaissant liées[1806]. Mais le champ d'application de cette mesure n'est pas encore clairement circonscrit, puisqu'il revient aux ministres chargés des Finances des États membres, par voie d'arrêté, de prévoir le cas échéant les secteurs d'activités dont les opérations de dépôt en espèces ne doivent pas faire l'objet d'une telle déclaration[1807]. Or, il semblerait que ces arrêtés n'aient toujours pas été pris. Toutefois, l'emploi de la formule « le cas échéant » par le législateur pourrait porter à croire que l'opportunité de cette précision réglementaire est laissée à l'appréciation des autorités compétentes... Dans tous les cas, celles-ci devraient apporter les clarifications requises sur cette question. Et cela, même si on peut se réjouir de ce que l'imprécision ne fasse pas obstacle à l'applicabilité de l'obligation déclarative.

[1801] Décret n°2020-0725 PRES/PM/MINEFID/MCIA/MDENP du 24 août 2020 portant numérisation des paiements au Burkina Faso. Ce décret fut pris consécutivement au Communiqué de la BCEAO relatif aux mesures de promotion des paiements électroniques dans le contexte de la lutte contre la propagation du COVID-19 (disponible sur : https://www.bceao.int/fr/communique-presse/communique-relatif-aux-mesures-de-promotion-des-paiements-electroniques-dans-le).

[1802] Art. 1er al. 2 du décret n°2020-0725.

[1803] Voir art. 3 du décret n°2020-0725.

[1804] Art. 4 du décret n°2020-0725.

[1805] Art. 15 al. 1er de la LU. C'est cet article qui, en effet, a confié à la BCEAO la prérogative de fixer, *via* une Instruction, le seuil des obligations déclaratives concernant les transactions en espèces. La BCEAO y a procédé par adoption de l'Instruction n°010-09-2017 fixant le seuil pour la déclaration des transactions en espèces auprès de la Cellule nationale de traitement des informations financières.

[1806] Art. 15 al. 1er.

[1807] Art. 15 al. 2.

Paragraphe 2. L'impérative mise en œuvre des réformes en faveur d'une participation de l'ensemble des acteurs de l'économie à la prévention du blanchiment.

392. ***Anti-blanchiment et quête d'une formalisation de l'économie : d'un jumelage prometteur pour l'ensemble des parties prenantes.*** Autant la formalisation de l'économie permettra de faciliter la prévention et plus spécifiquement, la détection du blanchiment, autant l'anti-blanchiment nourrit le combat contre l'informalité de par ses principes et mécanismes (A). Dans le secteur financier en particulier, il devrait être veillé à ce que tous les protagonistes soient intégrés dans la LBC/FT pour une meilleure gestion des risques liés aux nouvelles technologies. Une telle ambition ne saurait être poursuivie dans l'ignorance du secteur financier informel (B).

A. Au titre des objectifs généraux de formalisation : un dispositif se devant d'être enrichi des outils de l'anti-blanchiment.

393. Un phénomène persistant malgré une pleine prise de conscience de l'ampleur des réformes nécessaires. L'importance de l'économie informelle[1808] au sein des États membres de l'UEMOA[1809], les

---

[1808] L'OIT et notamment, le Bureau international du travail, a défini le secteur informel comme étant « « un ensemble d'unités produisant des biens et des services en vue principalement de créer des emplois et des revenus pour les personnes concernées. Ces unités, ayant un faible niveau d'organisation, opèrent à petite échelle et de manière spécifique, avec peu ou pas de division entre le travail et le capital en tant que facteurs de production. Les relations de travail, lorsqu'elles existent, sont surtout fondées sur l'emploi occasionnel, les relations de parenté ou les relations personnelles et sociales plutôt que sur des accords contractuels comportant des garanties en bonne et due forme » (BIT, 1993). Dans le cadre d'une étude approfondie sur le secteur informel en Afrique de l'Ouest, il a été relevé que l'approche de l'OIT définit l'informel surtout en selon la taille de l'entreprise et l'absence d'enregistrement, « limitant l'échantillon des enquêtes sur le secteur informel aux ménages et aux petits exploitants généralement individuels » (N. BENJAMIN, A. A. MBAYE et al., *op. cit.*, p. 3). Or de l'avis des auteurs, le secteur informel serait, au-delà (du moins, dans le contexte ouest-africain précis), « un continuum dans lequel se retrouve un grand nombre d'entreprises formelles s'adonnant souvent à certaines pratiques informelles » (*ibid.*, p. 3). Ils distinguent ainsi les entreprises du gros informel, qui « sont comparables en taille à celles du secteur moderne, mais se comportent de manière informelle à bien d'autres égards » de celles du petit informel (*ibid.*, p. 4). Les entreprises du gros informel « remplissent tous les critères de la formalité sauf un : leurs comptes sont inexacts et délibérément trompeurs » (*ibid.*, p. 36).

[1809] Rappelons que l'informalité a été identifiée au titre des principales vulnérabilités au sein des pays membres. Les évaluations de risques et évaluations mutuelles ont fourni des données chiffrées mettant en exergue le haut niveau d'informalité. En effet, au ***Bénin***, le niveau d'informalité est estimé à peu près, à 65 % de l'activité économique totale, le secteur informel employant plus de 90 % de la population active (Rapport d'ENR du Bénin p. 57). Au ***Burkina Faso***, il résulte d'une enquête sur le secteur informel réalisée en 2015 (Enquête nationale sur l'Emploi et le Secteur informel) que le secteur informel contribue à l'emploi à hauteur de 95,2 % 5 (REM du Burkina Faso de mai 2019, p. 7). En ***Côte d'Ivoire***, le poids de ce secteur est estimé à 35-40 % du PIB (REM de la Côte d'Ivoire de juin 2023, p. 30). Au ***Mali***, les services du FMI ont estimé la part du secteur informel à plus de 40 % du PIB national (REM du Mali de 2019, p. 4). Au ***Niger***, les activités économiques informelles auraient atteint presque 60 % du PIB sur les trois années précédant l'ENR (Rapport d'ENR du Niger, p. 49). Au ***Sénégal***, la part du secteur informel dans le PIB était estimée à 47,5 % en 2014 (REM du Sénégal de mai 2018, p. 7). Enfin, au ***Togo***, le secteur informel contribuerait à plus de 35 % au PIB (REM du Togo de juin 2022, p. 26).

enjeux d'une formalisation ainsi que l'ampleur des réformes institutionnelles et réglementaires nécessaires pour y parvenir sont à l'heure actuelle bien connus. Ces questions ont fait l'objet d'études diverses, mais convergentes quant aux facteurs explicatifs de l'entêtement des acteurs dans le système de fonctionnement informel, quant aux mesures idoines pour atteindre à long terme les objectifs de formalisation. En effet, le phénomène s'expliquerait avant tout, par un environnement socioculturel ainsi que des cadres légal et institutionnel défavorables[1810]. Le contraste entre les pratiques managériales traditionnelles africaines et le système de fonctionnement importé de l'Occident[1811] demeure un problème pour les États ouest-africains. Ces derniers se sont vu imputer nombre de défaillances, notamment un climat des affaires ainsi que des services publics inadéquats[1812], sans oublier la gangrène de la corruption[1813].

Les solutions préconisées ont donc convergé vers des réformes légales et institutionnelles ; à cet effet, une proposition particulièrement

---

[1810] Sachant que le cadre institutionnel est identifié comme étant un élément majeur de l'informel, les faiblesses du cadre réglementaire et du climat des affaires en Afrique de l'Ouest, incitent les entreprises à opter pour l'informalité (N. BENJAMIN, A. A. MBAYE et al., *op. cit.*, p. 9). Les nombreuses contraintes légales et institutionnelles entraveraient ainsi, la compétitivité des acteurs du secteur informel (C. MALDONADO, C. BADIANE et A.-L. MIELOT, *op. cit.*, p. 19).

[1811] N. BENJAMIN, A. A. MBAYE et al., *op. cit.*, p. 9.

[1812] *Ibid.*, p. 9. Les auteurs partent du constat qu'un accès à des services de qualité (justice, infrastructures, finances) est des facteurs les plus déterminants pour qu'une entreprise opte pour la formalité ; dès lors, les entreprises n'ont pas d'intérêt de devenir formelles en l'absence de ces éléments d'attractivité, d'autant plus qu'il faut aussi compter avec de nouvelles contraintes d'un point de vue fiscal. Ces données sont confirmées par le classement des pays ouest-africains quant à l'environnement des affaires (et notamment par rapport au *Doing business*), qui n'est pas des meilleurs. Les auteurs dressent également un sombre bilan sur la perception de l'État par les acteurs du secteur informel qui déplorent, entre autres, le manque de fiabilité de la justice, la faible qualité de certains services de base (eau, électricité, téléphone), la corruption alliée à un manque d'efficacité des services administratifs et notamment, des douanes du fisc et du commerce (*ibid.*, pp. 167-170). Au titre des défaillances du service public en particulier, sont soulignées l'insuffisance des allocations budgétaires consacrées à la formation professionnelle, les difficultés d'accès au financement, l'insuffisance des incitations fiscales (*ibid.*, pp. 170-173).
L'OIT pour sa part, a très tôt souligné des défaillances similaires ; au titre des hypothèses explicatives de l'inadaptation des cadres institutionnel et réglementaire, il était relevé un handicap structurel dont souffrent les entreprises du secteur informel (du fait de l'accès discriminatoire aux ressources de production et de leur situation de précarité, laquelle résulte des choix de politique économique et d'affectation des ressources publiques) ; un système institutionnel inadapté (en raison de l'inadaptation de la réglementation aux réalités locales marquées par l'émergence de nouvelles formes de production et d'organisation sociale) ; une insuffisance d'information quant à l'existence même de la loi et à son contenu ; l'existence de seuils de légalité variables selon les calculs « de type coût-bénéfice » auxquels se livre le « petit patron » et la pression fiscale insupportable pour les acteurs les plus fragiles (C. MALDONADO, C. BADIANE et A.-L. MIELOT, *op. cit.*, pp. 119-120).

[1813] Une corruption généralisée et à tous les échelons serait l'une des caractéristiques marquantes du secteur informel en Afrique de l'Ouest et constitutive du « lit de l'informel ». De l'avis de nombre d'acteurs du milieu, l'informel prospérerait grâce à la corruption de la justice et aux alliances avec les services de l'État qui nourrissent l'impunité et entretiennent la situation décriée (*op. cit.*, N. BENJAMIN, A. A. MBAYE et al., pp. 172-173).

intéressante est celle de partir d'une distinction entre les entreprises du gros informel de celles du petit informel[1814]. Alors que pour les premières, les mesures incitatrices devraient les conduire à se formaliser et à se soumettre « au régime fiscal du réel »[1815], il est question pour le deuxième lot de réduire la pauvreté par le renforcement des capacités des microentreprises[1816]. On se doit alors de mentionner les multiples initiatives qui ont été prises pour l'atteinte de tels objectifs et parmi lesquelles l'instauration d'un statut de l'entreprenant dans le cadre de l'OHADA, à l'occasion de la réforme de l'Acte uniforme portant sur le droit commercial général en 2010,[1817] ainsi que des initiatives nationales. Celles-ci impliquent une simplification des procédures d'enregistrement, des mesures d'accompagnement des PME et de promotion de l'entrepreneuriat ; l'amélioration de la protection sociale et d'un point de vue opérationnel, des actions de

[1814] Sur la distinction entre le gros informel et le petit informel, voir *supra*, par. 393.
[1815] *Ibid.*, p. 14.
[1816] *Ibid.*, pp. 14-15.
[1817] La réforme des Actes uniformes de l'OHADA et notamment, de l'Acte uniforme portant sur le droit commercial général (AUDCG) datant du 15 décembre 2010, a intégré un statut de l'entreprenant sous-tendu par la volonté d'attirer les acteurs de l'informel vers la formalisation. Tout en incitant les pays à appliquer auxdits acteurs des mesures incitatives relativement à l'imposition fiscale et à l'assujettissement aux charges sociales (art. 30 *in fine* de l'AUDCG), l'Acte uniforme (art. 30 précité) a assoupli les conditions d'accès au statut de l'entreprenant (ouvert aux personnes physiques exerçant une activité professionnelle civile, commerciale, artisanale ou agricole, et dont le chiffre d'affaires annuel généré par l'activité durant deux exercices successifs n'excède pas certains seuils précisés par l'art. 13 de l'Acte uniforme portant organisation et harmonisation des comptabilités des entreprises) ; mais encore, prévu des formalités allégées se limitant à d'une part, une obligation de déclaration d'activité (art. 30 de l'AUDCG) et d'autre part, des obligations comptables minimales (selon des modalités précisées aux 31 et 32 de l'AUDCG).

formation et de sensibilisation des acteurs[1818]. Il n'empêche qu'en définitive, l'informalité demeure un problème de taille pour les pays ouest-africains, ce qui ne fait qu'accroître l'intérêt de multiplier les possibilités de transition vers la formalisation.

[1818] On ne peut recenser, dans le cadre de cette étude limitée, l'intégralité des mesures prises par les différents États de l'Union pour une transition vers la formalisation. L'on s'est donc contenté d'identifier les principales mesures qui ont été prises par divers pays notamment de l'Union pour promouvoir la formalisation des entreprises, et qui ont été recensées notamment par l'OIT. Ainsi, au titre de **la simplification des procédures d'enregistrement**, il a été noté, dans la presque totalité des États membres (l'étude ne faisant mention, à ce propos, du Burkina Faso), l'adoption de mesures en faveur de la facilitation/la réduction des démarches administratives par le canal des Guichets uniques d'enregistrement (Organisation internationale du travail, *Initiatives de promotion de la formalisation des entreprises et leurs travailleurs en Afrique* [en ligne] 1e éd. 2018, pp. 5-7. Disponible sur : https://www.ilo.org/wcmsp5/groups/public/---africa/---ro-abidjan/---sro-yaounde/documents/genericdocument/wcms_634831.pdf). **Les mesures d'accompagnement des PME et de promotion de l'entrepreneuriat** se matérialisent par la mise en place, au sein de tous les États membres de l'Union (à l'exception de la Guinée-Bissau), de plateformes indépendantes d'appui à la gestion fiscale et financière des PME dites « Centres de gestion agréés » (CGA). Ceux-ci fournissent à leurs adhérents des services gratuits (assistance à la gestion comptable, sessions d'information, appui à la préparation des déclarations fiscales, etc.) et des services payants pour un accompagnement plus poussé. Certains CGA offrent, d'ailleurs, une assistance en vue de la formalisation des entreprises informelles, même s'il est à noter que le manque de moyens constitue un frein à la fourniture de services plus sophistiqués (*ibid.*, pp. 25-26). Au titre des initiatives pour la promotion de l'entrepreneuriat, le Burkina Faso s'est particulièrement démarqué, par le biais de la Faîtière des Caisses Populaires du Burkina (FSPB), une coopérative d'épargne se voulant améliorer la qualité de vie des entrepreneurs par proposition notamment, d'offres de services financiers et non-financiers. Fondée en 1972, la FSPB a bénéficié, en 2008, de l'assistance du Bureau international du travail (BIT) en vue de l'introduction d'un programme visant notamment la professionnalisation des entreprises. Dans le même sillage, l'État burkinabè a lancé le Grand prix de l'Économie informelle (GPEI) pour inciter les acteurs visés à se formaliser et stimuler leur productivité (*ibid.*, pp. 32-33). La Direction Générale du Secteur Informel aurait d'ailleurs déjà organisé notamment onze éditions de ce concours (Organisation internationale du travail, *Rapport de l'atelier sous-régional de partage d'expériences sur la transition vers l'économie formelle* [en ligne], 2015, p. 12. Disponible sur : https://www.ilo.org/wcmsp5/groups/public/---ed_emp/documents/meetingdocument/wcms_432883.pdf).
Concernant **la protection sociale**, on peut citer l'exemple du ministère du Travail sénégalais, qui a entamé une réforme de l'assurance maladie obligatoire en vue d'en améliorer l'efficacité mais encore, de l'étendre aux travailleurs exclus du système, de sorte que les entreprises de l'économie informelle aient une couverture médicale appropriée. Il était prévu à ce titre, une organisation nouvelle des services intégrés, une unification des cotisations fiscales et sociales par le biais d'un Guichet unique ainsi que des mesures incitatives pour l'affiliation (*ibid.*, p. 25). Enfin, **des actions de formation et de sensibilisation** ont été menées sur plusieurs périodes et dans nombre d'États de l'Union sous l'égide de l'OIT ; notamment dans le cadre de séminaires subrégionaux, organisés au titre de projets d'appui au Bénin, au Burkina Faso, au Mali, au Togo (C. MALDONADO, C. BADIANE et A.-L. MIELOT, *op. cit.*, pp. 108-115). Plus récemment en 2015, le BIT et le Centre International de Formation de l'OIT ont piloté des ateliers sous-régionaux de partage d'expériences et bonnes pratiques en vue d'une formalisation de l'économie informelle en Afrique francophone. Y ont participé six pays de l'Union et plus exhaustivement : le Bénin, le Burkina Faso, le Cameroun, le Cap-Vert, la Côte d'Ivoire, le Mali, le Sénégal, le Tchad et le Togo (Organisation internationale du travail, *Initiatives de promotion de la formalisation des entreprises et leurs travailleurs en Afrique*, *op. cit.*, p. 2).

394. Des opportunités de formalisation offertes par l'anti-blanchiment aux États membres. Si « secteur informel » n'est pas systématiquement synonyme d'illégalité[1819], il est certain qu'il réduit le dispositif de LBC/FT à sa plus simple expression. C'est une écrasante majorité des acteurs de cette économie informelle qui, en effet, ignore tout (volontairement ou involontairement) des mesures préventives et entretient les vulnérabilités au blanchiment de capitaux. Ce secteur constitue effectivement l'incarnation même de l'environnement favorable à la dissimulation des produits d'activités criminelles. Dès lors, l'anti-blanchiment constitue un levier supplémentaire pour résoudre ce problème qui s'éternise dans la sous-région. Une étude sur les typologies du blanchiment de capitaux par utilisation et au sein du secteur informel[1820] serait un bon point de départ pour véritablement cerner l'ampleur des dégâts et définir les mesures correctrices appropriées.

Dans la même lancée, il est possible de partir des résultats des évaluations de risques pour entreprendre, progressivement, les réformes réglementaires et institutionnelles nécessaires pour mener à l'instauration d'une culture de conformité. Certes, le législateur s'est déjà inscrit dans cette démarche puisqu'en réaction aux études de typologies et des tendances de blanchiment observées dans la sous-région, la seconde loi uniforme a intégré les initiatives visant à promouvoir la transparence notamment dans certains secteurs à risques plus élevés. Seulement, les mesures prises dans le cadre particulier de l'anti-blanchiment devraient s'inscrire dans une dynamique de plus large portée, celle des réformes sectorielles consistant à adopter ou actualiser les textes réglementaires régissant les différents secteurs d'activités et à mettre en place les mécanismes de contrôle appropriés en vue de garantir le respect des normes.

D'un point de vue opérationnel, rien n'empêche d'entamer les démarches de sensibilisation sur le blanchiment de capitaux et sur le fonctionnement du dispositif de lutte à l'égard des acteurs de l'informel. Au-delà de la lutte contre la criminalité, il y va de la protection des personnes y opérant sans implication volontaire dans des activités criminelles, qui devraient être sensibilisées sur leur possible instrumentalisation à des fins criminelles et sur les

---

1819 L'OCDE opère une distinction entre l'économie sous-terraine (activités cachées pour les soustraire aux obligations légales et notamment, celle de payer les impôts), l'économie illégale (activités illicites), l'économie familiale (activités à finalité personnelle) et l'économie informelle, qui comprend les activités n'étant pas ou faiblement enregistrées (N. BENJAMIN, A. A. MBAYE et al., *op. cit.*, p. 20). Une distinction qui est cependant à relativiser puisque l'exercice d'une activité dans l'informel est - surtout au regard de l'appel à l'application/au durcissement des mesures résultant notamment des standards de lutte anti-blanchiment - faite en violation de la loi (donc illégale), même si l'activité exercée n'est pas de nature criminelle.

1820 Cette mesure est préconisée dans le Rapport d'ENR du Bénin (p. 194), mais uniquement au titre du système informel et clandestin de transfert de devises (*hawala*) ; mais l'on a dans l'idée que le champ d'une telle étude pourrait être étendu à/impliquer les typologies et canaux de blanchiment par utilisation du secteur informel pris dans sa globalité, étant donné la diversité des sous-secteurs qui sont touchés par ce phénomène.

risques pénaux encourus. Le dialogue doit en effet accompagner le processus de formalisation afin que ces "futurs" assujettis prennent la mesure de leurs obligations et puissent convenablement y satisfaire le moment venu. Une telle démarche ne serait d'ailleurs pas nouvelle, les stratégies d'accompagnement des acteurs du secteur informel impliquant de multiples activités de formation. L'anticipation des obstacles liés à divers facteurs (d'ordre sociologique, analphabétisme, etc.) permettrait dans ce cadre d'employer les méthodes et contenus communicationnels adaptés.

395. En attendant l'aboutissement des réformes idoines : les perspectives d'une participation effective des acteurs du secteur informel dans le dispositif de prévention. Les précédents constats permettent d'affirmer que pour l'heure, seule une poignée d'acteurs participent effectivement à la prévention du blanchiment de capitaux lorsqu'on tient compte de l'importance du secteur informel. Ils ont également mis en évidence que même à supposer que la volonté politique y soit, la formalisation de l'économie ne peut être que l'aboutissement d'un processus s'inscrivant, par définition, dans le long terme. Doit-on alors se contenter d'attendre que cette écrasante majorité de (soi-disant) assujettis rejoigne l'économie formelle pour être en mesure de contribuer à la LBC/FT notamment, au moyen d'une mise en œuvre des obligations déclaratives ? La réponse sera ici négative. Quitte à se départir de la méthode consistant à suivre la trace de l'*argent* sale (en l'absence de traçabilité des transactions informelles), il demeure possible d'encourager le signalement[1821] des activités criminelles par les protagonistes concernés non pas uniquement aux

[1821] La subtilité résidant dans l'usage du mot « signalement » en lieu et place de « dénonciation » a été relevée, le dernier terme ayant effectivement, dans l'imaginaire collectif, une connotation négative (M.-C. SORDINO, « Lanceur d'alerte en droit pénal : entre méfiance et protection ? », *Rev. sociétés*, 2017, par. 11). Quoique la remarque (extensible à souhait) s'inscrive spécifiquement dans le contexte français.

services de police et de gendarmerie[1822], mais à différentes autorités ou points focaux pouvant être choisis selon des critères de fiabilité pour les différentes parties prenantes ("dénonciateurs" et autorités de lutte). Une plateforme pourrait être mise en place à cet effet, laquelle devrait permettre tous types de signalements d'activités criminelles liées à l'exercice d'une activité économique (écrite, orale, possiblement anonyme[1823]) et être assortie de conditions (liées aux précisions requises pour l'exactitude des déclarations).

En amont, un travail de sensibilisation devra être mené et pourrait dès lors s'inscrire dans le cadre global des actions de formation et de sensibilisation des acteurs du secteur informel sur la LBC/FT précédemment préconisées. Dans ce cadre, l'on convient parfaitement, à l'instar des propos de Monsieur Patrick LEFAS, que la mise en œuvre d'une véritable culture de l'alerte s'inscrit dans le long terme, compte tenu du fait que « la méfiance suscitée par le lanceur d'alerte reste toujours présente »[1824]. De plus, si l'on considère l'exemple du ***Sénégal***, certaines valeurs culturelles et sociales (de

---

[1822] Une démarche similaire a été adoptée par les États membres de la CEMAC, l'art. 84 al. 5 du Règlement n°01/CEMAC/UMAC/CM portant Prévention et répression du blanchiment des capitaux et du financement du terrorisme et de la Prolifération en Afrique centrale mettant à la charge des personnes autres que les assujettis (identifiés par les art. 6 et 7 dudit Règlement) une obligation de « déclarer au Procureur de la République les opérations dont elles ont connaissance et qui portent sur des sommes qu'elles savent susceptibles de provenir d'un crime ou délit ou s'inscrire dans un processus de blanchiment de capitaux ou de financement du terrorisme et de la prolifération » ; le cas échéant, « le Procureur de la République en informe l'ANIF qui lui fournit tous renseignements ». L'opportunité d'une telle disposition compte tenu de l'importance du secteur informel notamment dans les États concernés a été d'ailleurs relevée (T. NGAPA, *La lutte contre le blanchiment d'argent dans la sous-région de l'Afrique centrale CEMAC : Analyse à la lumière des normes et standards européens et internationaux* [en ligne], thèse de doctorat en cotutelle : Droit privé et sciences criminelles (sous la direction de Y. R. KALIEU ELONGO et B. AUBERT) : Université de Poitiers et Université de Dschang, 2016, p. 256. Disponible sur : https://hal.archives-ouvertes.fr/tel-03112298/document), à juste raison. En France, il semblerait qu'une telle méthode ait porté ses fruits en ce qui concerne la plateforme de dénonciation des trafics de stupéfiants. Mise en place en 2021, cette plateforme aurait permis, en moins d'un mois, de recueillir plus de 1000 signalements et consécutivement, la saisie de 90 kg de cocaïne (Ouest France, « Drogue. La plateforme Mon commisariat.fr a déjà enregistré plus de 1 000 signalements » [en ligne], mise en ligne : 17 mars 2021. Disponible sur : https://www.ouest-france.fr/societe/drogue/drogue-la-plateforme-mon-commissariat-fr-a-deja-enregistre-plus-de-1-000-signalements-7190428).

[1823] Il a toutefois été relevé que la confidentialité et l'anonymat, malgré leur caractère incitatif, ne sont pas suffisants : « l'individu doit encore être dûment informé sur les voies de signalement qui s'offrent à lui, leur traitement et il doit avoir la garantie d'une réponse proportionnelle et des mesures de remédiation » (R. FAMILY, « Lanceur d'alerte - La protection en question », *RICEA*, n°3, juin 2021, p. 93).

[1824] M.-L. DENIS, C. HEDON, P. LEFAS et R. FAMILY, « Regards croisés sur les dispositifs d'alerte professionnelle et la protection du lanceur d'alerte à l'aune de la nouvelle législation française issue de la transposition de la directive européenne », *RICEA*, n°4, août 2022, entretien 189.

« *kersa* »[1825], de « *sutura* »[1826], traduisant approximativement la discrétion bienveillante à l'égard des affaires et de la personne d'autrui) ne sont pas des plus compatibles avec cette culture de l'alerte[1827] qui pourrait être perçue comme défiance, voire un mépris des valeurs culturelles traditionnelles. La communication se doit donc d'être considérée comme un facteur clé du succès de cette démarche. Les mesures d'accompagnement tiennent également à la protection légale des dénonciateurs en incluant dans les Codes de procédure pénale les dispositions y relatives, relevant de la protection des témoins et des données à caractère personnel ; mais encore, à la dotation des services de police et de gendarmerie des ressources nécessaires pour mener convenablement les enquêtes devant éventuellement (selon leur pouvoir souverain d'appréciation) résulter de ces dénonciations.

B. Au titre des objectifs spécifiques à la formalisation des services financiers : l'exigence d'une démarche plus inclusive.

396. ***Des solutions pour une intégration de l'ensemble des protagonistes du secteur financier en vue d'une meilleure détection du blanchiment.*** Les États membres gagneraient à garantir une meilleure implication des sous-agents prestataires de services de transfert de fonds ou de valeur dans la prévention du blanchiment (I) ; et dans le même ordre d'idées, à associer un plus grand nombre d'acteurs en adoptant une politique de lutte appropriée contre la prestation de services financiers informels (II).

[1825] Mot wolof (langue nationale du Sénégal) désignant une valeur fondamentale dans la culture sénégalaise, que l'on peut approximativement traduire par « égard envers autrui ».

[1826] Mot wolof désignant une valeur fondamentale dans la culture sénégalaise, que l'on peut approximativement traduire par le fait de faire preuve d'une bienveillante discrétion envers la personne et les affaires d'autrui. Le « *sutura* » s'oppose ainsi, *a priori*, à ce que l'on répande « sur la place publique » les mauvaises actions de son prochain.

[1827] La doctrine sénégalaise a attiré l'attention sur les incidences de ces pratiques socioculturelles constitutives du « terreau fertile de la délinquance financière en Afrique » (Y. N. DIENG, « Edito », *in La Revue du CREDIJ - La criminalité financière en Afrique : formes, expressions et perspectives*, n°1, juin 2017, p. 10), notamment sur les mécanismes de lutte contre la corruption. Tout en se refusant de cautionner le fatalisme de l'argument sociologique pour justifier de la persistance des pratiques corruptrices, ainsi que la manipulation des concepts et réalités socioculturelles sénégalaises (telles que le « *sutura* » ou encore, le culte du relationnel), la doctrine n'ignore pas pour autant les incidences de leur ancrage dans le subconscient des populations (*ibid* ; voir aussi, pour l'étude approfondie sur la question : Dr. C. M. GUEYE, « La corruption est-elle une fatalité ? Des réalités socioculturelles à la pratique de la corruption », *in La Revue du CREDIJ - La criminalité financière en Afrique : formes, expressions et perspectives*, n°1, juin 2017, pp. 16-19). L'auteur établit, par exemple, le lien avec le choix de l'Office national de lutte contre la fraude et la corruption (OFNAC) d'instaurer la possibilité de dénonciation anonyme, qui aurait « permis de mettre la main sur beaucoup de cas de corruption qui n'auraient sans doute pas été découverts de si tôt s'il n'y avait pas la possibilité de dénonciation anonyme » (*ibid.*, p. 17).

I. Une démarche plus inclusive requise à l'égard des sous-agents prestataires de services de transfert de fonds ou de valeurs.

397. La consécration d'une obligation de gestion des risques liés aux nouvelles technologies. La loi uniforme oblige les institutions financières à identifier et évaluer les risques de blanchiment de capitaux ou de financement du terrorisme pouvant émerger du fait :

- du développement de nouveaux produits et de nouvelles pratiques commerciales (y compris de nouveaux mécanismes de distribution) ;
- de l'utilisation de technologies nouvelles ou en développement en rapport avec de nouveaux produits ou des produits préexistants[1828].

L'évaluation des risques doit être effectuée avant tout lancement des nouvelles pratiques commerciales ou des nouveaux produits, ou avant toute utilisation des technologies nouvelles ou en développement[1829]. Dans ce cadre, les institutions financières doivent prendre les initiatives pertinentes pour gérer et atténuer ces risques[1830]. Ces dispositions favorisent une conformité à la Recommandation 15, mais encore faudrait-il que l'état de la réglementation sur les produits d'inclusion financière au sein des États membres permette une application convenable par tous les acteurs concernés.

398. L'exigence d'une meilleure implication sous-agents prestataires de services de transfert rapide d'argent. La loi uniforme interdit formellement l'exercice à titre professionnel de l'activité de transfert de fonds ou de valeurs et de change manuel par toute personne n'ayant pas obtenu l'agrément de l'autorité compétente[1831]. Mais plus exactement, les personnes voulant exercer l'activité de transfert rapide d'argent doivent signer un contrat avec les systèmes financiers décentralisés et intermédiaires agréés[1832]. Ce contrat de mandat leur confère la qualité de sous-agent et les place sous l'entière responsabilité desdits intermédiaires agréés et systèmes financiers décentralisés[1833]. Ceux-ci doivent s'assurer du strict respect par les sous-agents

---

[1828] Art. 37 al. 1er de la LU.

[1829] Art. 37 *in fine*.

[1830] *Ibid.*

[1831] Art. 87 de la LU, qui ajoute que l'autorité compétente fixe les conditions minimales d'exploitation, y compris celles liées à l'inspection régulière des services de transfert de fonds ou de valeurs, de même que les sanctions résultant du non-respect des dispositions en vigueur.

[1832] Art. 3 al. 1er de l'Instruction n°013-11-2015 relative aux modalités d'exercice de l'activité de transfert rapide d'argent en qualité de sous-agent au sein de l'Union Monétaire Ouest africaine.

[1833] L'art. 9 de l'Instruction n°013-11-2015 relative aux modalités d'exercice de l'activité de transfert rapide d'argent en qualité de sous-agent au sein de l'UMOA dispose que le mandant veille au strict respect, par chaque sous-agent, des dispositions de ladite Instruction et s'assure que les opérations passées par les sous-agents respectent les prescriptions réglementaires concernant l'activité de transfert rapide d'argent dans l'UMOA.

qui, justement, sont tenus de respecter la réglementation relative à la LBC/FT[1834]. Il leur revient en outre de notifier au ministère chargé des Finances, à la Commission bancaire de l'UMOA et à la BCEAO la liste des personnes physiques et morales ayant mandat d'exercer en qualité de sous-agent[1835]. Ces autorités *peuvent* d'ailleurs contrôler les sous-agents concernés afin de s'assurer du respect de leurs obligations[1836].

L'on peut regretter qu'il ne s'agisse là que d'une simple faculté. En effet, comment pourrait-on s'en remettre aux intermédiaires agréés et aux services financiers décentralisés pour veiller à titre principal au strict respect des obligations de LBC/FT, si ces derniers ont eux-mêmes un faible niveau global de connaissance et de respect des obligations de LBC/FT ? De plus, aucune disposition légale n'oblige les intermédiaires agréés et systèmes financiers décentralisés à intégrer les sous-agents à leurs programmes de LBC/FT et à en surveiller l'exercice[1837]. Dans de telles conditions - et même indépendamment de ces éléments d'ordre contextuel - il apparaît plus opportun que les dispositions en vigueur *imposent* aux autorités de contrôle de se livrer à un contrôle régulier des activités des sous-agents, dont la périodicité serait précisée. Et ce, nonobstant l'impératif de prendre les mesures adéquates pour que l'ensemble de ces assujettis remédient aux manquements ci-dessus évoqués. En d'autres termes,

---

[1834] L'art. 5 de l'Instruction n°013-11-2015 relative aux modalités d'exercice de l'activité de transfert rapide d'argent en qualité de sous-agent au sein de l'UMOA oblige les sous-agents à respecter les dispositions de la réglementation afférente aux transactions financières extérieures des États membres et à la LBC/FT. Ils doivent à ce titre, respecter les prescriptions concernant les limitations de montants et justificatifs des transferts. Plus spécifiquement, ils doivent s'assurer de l'identité des donneurs d'ordre et de celle des bénéficiaires des transferts rapides d'argent (art. 5 al. 2).

[1835] Art. 7 al. 1er de l'Instruction n°013-11-2015 relative aux modalités d'exercice de l'activité de transfert rapide d'argent en qualité de sous-agent au sein de l'UMOA. Les intermédiaires financiers agréés et SFD sont aussi tenus, à la demande du ministère chargé des finances, de la Commission bancaire de l'UMOA et de la BCEAO, de fournir à ces autorités de contrôle une copie des contrats signés avec leurs mandataires (art. 7 *in fine*). Il faut relever aussi que ladite Instruction (art. 8 al. 1er) prévoit une obligation d'information périodique ; les intermédiaires agréés et SFD doivent, en effet, communiquer mensuellement à la BCEAO, les informations relatives aux opérations de transfert rapide d'argent effectuées par leurs sous-agents. Ces informations doivent porter notamment sur : les montants, destinations et motifs des transferts émis ; les montants, origines et motifs des transferts reçus ; les frais et commissions prélevés. La transmission de ces informations doit se faire au plus tard 20 jours calendaires après la fin du mois considéré, selon un canevas communiqué par la Banque centrale (art. 8 *in fine*).

[1836] Art. 10 de l'Instruction n°013-11-2015 relative aux modalités d'exercice de l'activité de transfert rapide d'argent en qualité de sous-agent au sein de l'UMOA.

[1837] Rappelons que l'Instruction n°013-11-2015 relative aux modalités d'exercice de l'activité de transfert rapide d'argent en qualité de sous-agent au sein de l'UMOA se contente d'exiger des intermédiaires agréés et SFD qu'ils veillent à une bonne application par leurs sous-agents des mesures de LBC/FT ; mais ne les oblige à les intégrer dans leurs programmes de lutte ni à les surveiller au titre du respect desdits programmes. Dès lors, on est en présence d'un manquement - quoique modéré - au critère 14.5 de conformité, qui a d'ailleurs été relevé à l'occasion des évaluations mutuelles (par exemple : REM du ***Burkina Faso*** de mai 2019, p. 198 ; REM du ***Mali*** de novembre 2019, p. 144).

améliorer le niveau de connaissance et de respect des obligations de LBC/FT par l'ensemble des acteurs afin que les intermédiaires agréés et systèmes financiers décentralisés soient en mesure d'associer les sous-agents dans leurs programmes de lutte et d'exercer la surveillance adéquate à leur égard.

Parallèlement à l'impératif d'asseoir une pleine garantie des conditions de conformité, des sanctions doivent être effectivement prononcées pour dissuader les manquements aux obligations de LBC/FT, surtout que les conditions d'utilisation actuelle des produits d'inclusion financière au sein des États membres se prêtent volontiers au blanchiment des capitaux. À l'exemple d'*Orange Money* dont les conditions de commercialisation en France ont été à l'origine de sanctions contre un établissement de monnaie électronique dans ce pays[1838], les produits d'inclusion financière sont souvent utilisés dans un irrespect notoire des obligations préventives telles que prévues par la loi uniforme. Dans l'affaire précédemment évoquée, les griefs formulés contre l'établissement de monnaie électronique incluent des éléments de connaissance de la clientèle utilisant le produit « Orange Money France » jugés lacunaires au moment du contrôle, une insuffisance du dispositif de suivi et d'analyse des opérations et de la relation d'affaires dans le cadre de l'offre « Orange Money France » ou encore, le non-respect de l'obligation de déclaration de soupçon à TRACFIN[1839]. Sachant que le bilan est aussi (sinon plus) accablant quant aux conditions d'utilisation du produit « Orange Money » - et ceux similaires - dans les États membres où ils connaissent, par ailleurs, un essor particulier ces dernières années, l'on devrait pouvoir commencer à dénombrer des sanctions exemplaires contre les établissements ne se pliant pas aux exigences de la LBC/FT. Mais encore faudrait-il que l'État et les autorités régulatrices prennent la décision de veiller effectivement à la connaissance et au respect de la réglementation.

1838 La sanction (soit un blâme ainsi qu'une sanction pécuniaire d'un montant de 700 000 euros) a été prononcée par la Commission des sanctions de l'Autorité de contrôle prudentiel et de résolution, par décision n°2020-11 du 1er mars 2022. Est concernée la société W-HA, présentée comme une filiale d'Orange exerçant son activité sous le statut d'établissement de monnaie électronique (X. DELPECH, « Sanctions contre un établissement de monnaie électronique pour manquement à la législation anti-blanchiment », *Dalloz actualité*, 28 mars 2022). Le produit « Orange Money France » permet à un client disposant d'un forfait mobile d'ouvrir un compte de monnaie électronique en passant par un point de vente physique ou en utilisant une application mobile. Le client peut, à partir de ce compte, effectuer des transferts d'argent vers des comptes de clients résidant en France ou de clients d'établissements de monnaie électronique filiales d'Orange résidant en Côte d'Ivoire, en Guinée, à Madagascar, au Mali ou au Sénégal (*ibid.*).

1839 *Ibid.*

399. L'exigence d'une meilleure implication des distributeurs[1840] et sous-distributeurs[1841] des établissements de monnaie électronique[1842]. L'activité d'émission de monnaie électronique[1843] est soumise à l'agrément ou l'autorisation de la BCEAO, à l'exception des banques et des établissements financiers et de paiement habilités par la loi portant réglementation bancaire[1844]. Le système à double étage[1845] résultant de la possibilité de recourir à des sous-agents se retrouve également dans l'architecture d'intervention des acteurs de la monnaie électronique. L'Instruction régissant les conditions et modalités d'exercice des activités des émetteurs de monnaie électronique dans les États membres de l'UMOA permet le recours à des distributeurs et à des sous-distributeurs de monnaie électronique, qui sont placés sous la responsabilité des

---

[1840] Aux termes de l'art. 1er point 8 de l'Instruction n°008-05-2015 régissant les conditions et modalités d'exercice des activités des émetteurs de monnaie électronique dans les États membres de l'Union Monétaire ouest-africaine (UMOA), le distributeur est « la personne morale ou physique inscrite au Registre du Commerce et du Crédit Mobilier, ou système financier décentralisé, offrant à la clientèle, en exécution d'un contrat avec l'établissement émetteur, un service de distribution de monnaie électronique ».

[1841] L'art. 1er point 19 de l'Instruction n°008-05-2015 régissant les conditions et modalités d'exercice des activités des émetteurs de monnaie électronique dans les États membres de l'UMOA définit le sous-distributeur comme étant « la personne morale ou physique ou le système financier décentralisé, offrant à la clientèle, en exécution d'un contrat avec le distributeur, sous la responsabilité de l'émetteur, un service de distribution de monnaie électronique ».

[1842] Selon l'art. 1er point 11 de l'Instruction n°008-05-2015 régissant les conditions et modalités d'exercice des activités des émetteurs de monnaie électronique dans les États membres de l'UMOA, le terme « Établissement de monnaie électronique » désigne toute personne morale, autre que les banques, les établissements financiers de paiement et les systèmes financiers décentralisés, habilitée à émettre des moyens de paiement sous forme de monnaie électronique et dont les activités se limitent à l'émission de monnaie électronique et à la distribution de monnaie électronique.

[1843] L'émission de monnaie électronique consiste à émettre des unités de valeurs électroniques en contrepartie de fonds reçus (art. 1er point 10 de l'Instruction n°008-05-2015 régissant les conditions et modalités d'exercice des activités des émetteurs de monnaie électronique dans les États membres de l'UMOA).

[1844] Art. 8 al. 1er de l'Instruction n°008-05-2015 régissant les conditions et modalités d'exercice des activités des émetteurs de monnaie électronique dans les États membres de l'UMOA. Il est cependant précisé que les banques et établissements financiers de paiement doivent informer la BCEAO, deux mois au moins avant le démarrage de leurs activités d'émission de monnaie électronique ou la commercialisation auprès du public, de tout nouveau service en lien avec la monnaie électronique. Les établissements de monnaie électronique doivent être agréés par la BCEAO avant le démarrage de leurs activités d'émission, tandis que l'exercice par les SFD d'activités liées à la monnaie électronique est soumis à l'autorisation de la BCEAO (art. 8 al. 2, 3 et 4 de l'Instruction n°008-05-2015 régissant les conditions et modalités d'exercice des activités des émetteurs de monnaie électronique dans les États membres de l'UMOA).

[1845] P. MEAGER, *Cadre réglementaire pour les services financiers numériques en Côte d'Ivoire - Étude diagnostique* [en ligne], CGAP - Working paper, juillet 2017, p. IX. Disponible sur : https://www.cgap.org/sites/default/files/researches/documents/Working-Paper-Regulatory-Framework-for-DFS-in-Cote-dIvoire-Nov-2017-French.pdf.

établissements émetteurs[1846]. Ces derniers sont précisément « responsables à l'égard de leurs clients et des tiers, des opérations réalisées par leurs distributeurs, dans le cadre de la fourniture de services pour lesquels ils ont été mandatés. À ce titre, ils sont responsables de l'intégrité, de la fiabilité, de la sécurité, de la confidentialité et de la traçabilité des transactions réalisées par chacun de leurs distributeurs »[1847].

Ces établissements émetteurs ainsi que leurs distributeurs et sous-distributeurs sont soumis au contrôle des autorités de supervision qui, effectivement, peuvent d'une part réaliser des contrôles sur place des établissements de monnaie électronique et d'autre part, étendre lesdites investigations aux distributeurs et autres prestataires techniques ou partenaires impliqués[1848]. En outre, au titre des contrôles notamment trimestriels d'activités requis, les établissements de monnaie électronique doivent assurer le suivi des incidents et fraudes survenus dans le système ainsi que des transactions frauduleuses, conformément au format type prévu à l'Annexe V de l'Instruction de 2015[1849]. Toutefois, le contrôle de LBC/FT exercé spécifiquement à l'endroit des distributeurs et sous-distributeurs, notamment par les établissements de monnaie électronique, devrait être renforcé. Une fois de plus, aucune disposition n'oblige ces derniers à associer leurs distributeurs et sous-distributeurs à leurs programmes de lutte ni à en surveiller la bonne application. On rappellera aussi, conformément à nos précédents développements, l'impératif de sanctionner la non-conformité[1850].

[1846] Art. 18 de l'Instruction n°008-05-2015 régissant les conditions et modalités d'exercice des activités des émetteurs de monnaie électronique dans les États membres de l'UMOA, dont l'alinéa 2 en particulier, dispose que les établissements émetteurs doivent veiller à ce que les distributeurs principaux et sous-distributeurs appliquent les prescriptions en matière de sécurité et de vigilance définies dans le cadre de leur relation commerciale, y compris les mesures relatives à la lutte contre le blanchiment de capitaux et le financement du terrorisme.

[1847] Art. 18 *in fine* de l'Instruction n°008-05-2015 régissant les conditions et modalités d'exercice des activités des émetteurs de monnaie électronique dans les États membres de l'UMOA, dont il résulte en outre que toute clause contraire est nulle.

[1848] Art. 37 al. 1er de l'Instruction n°008-05-2015 régissant les conditions et modalités d'exercice des activités des émetteurs de monnaie électronique dans les États membres de l'UMOA.

[1849] Art. 36 al. 4 de l'Instruction n°008-05-2015 régissant les conditions et modalités d'exercice des activités des émetteurs de monnaie électronique dans les États membres de l'UMOA qui exige précisément des établissements émetteurs qu'ils communiquent à la BCEAO, dans un délai maximal de quinze jours calendaires suivant la fin de la période considérée, un rapport sur leurs activités, conformément au canevas figurant en Annexe V de ladite Instruction. Ledit canevas comporte un tableau permettant de renseigner sur les incidents et fraudes survenus dans le système, et un autre pour le *reporting* des transactions frauduleuses.

[1850] Voir *supra*, par. 398.

II. Face à la prolifération des services financiers informels : quelle politique de lutte pour États membres ?

400. Des politiques devant allier l'incitation à la formalisation aux mesures coercitives. Les services financiers informels constituent, au sein des États membres, l'un des principaux sous-secteurs de l'économie informelle[1851]. Cette réalité n'a fait que s'exprimer par une non-conformité à l'exigence spécifique - posée par la Recommandation 14 - de prendre des mesures aux fins d'identifier, puis de sévir à l'encontre des personnes fournissant des services de transfert de fonds ou de valeurs sans être agréées ou enregistrées. Il a été précédemment mentionné que ces personnes et en l'occurrence les *hawaladars* sévissent en marge de la réglementation sans être inquiétées.

Ce constat mène envisager des solutions qui devraient impliquer la définition d'une politique de lutte spécifiquement orientée vers la prise en charge du problème de l'informalité au sein des services financiers. Une voie privilégiée pour y parvenir est d'atteindre l'inclusion financière et ce faisant, permettre une meilleure accessibilité des services financiers y compris aux couches les plus vulnérables. C'est d'ailleurs l'atteinte d'un tel objectif qui sous-tend les initiatives des États membres favorisant le transfert rapide d'argent et d'une manière générale, la promotion de services financiers numériques à des coûts abordables. Cependant, même à supposer que ces derniers parviennent à procurer des avantages similaires à ceux associés aux services informels de type *hawala*, une meilleure prise en compte des réalités traditionnelles et sociologiques expliquant l'enracinement des populations à ce système basé sur la confiance voudrait que l'on opte pour une institutionnalisation de ce mécanisme. De surcroît, celui-ci permet tout aussi bien d'élargir et de diversifier l'offre de services financiers en rentabilisant par la même occasion l'expérience acquise par les *hawaladars* dont l'efficacité est reconnue. En définitive, ces acteurs pourraient se voir offrir l'opportunité d'intégrer les circuits formels dans des conditions facilitatrices de l'accès au marché qui pourrait être assujetti à une simple déclaration d'activité ainsi qu'à l'accomplissement d'un minimum de formalités permettant d'identifier les personnes impliquées dans les transactions et la teneur de celles-ci[1852]. Enfin, on peut difficilement ne pas imputer cette impunité notoire à un manque de volonté politique, laquelle sous-tend l'application effective et rigoureuse des mesures coercitives. On ne peut que rappeler l'impératif d'allier à l'approche inclusive celle punitive pour imposer le respect de la réglementation en vigueur lorsque nécessaire.

[1851] C. MALDONADO, C. BADIANE et A.-L. MIELOT, *op. cit.*, p. 15. Selon cette étude, le secteur informel s'illustre particulièrement, en Afrique francophone, au sein des services financiers informels mais encore, dans l'artisanat alimentaire et le commerce.

[1852] À ce propos, voir *supra*, par. 179 et 180.

Section 2. La nécessaire persévérance dans le renforcement des capacités et l'autonomisation des CRF ouest-africaines.

401. ***Vers une matérialisation totale - et non relative - du placement des CENTIF au cœur de l'anti-blanchiment.*** Une vingtaine d'années après l'institution des CENTIF par la première loi uniforme, la seconde loi communautaire a conféré des prérogatives élargies aux Cellules de renseignement financier qui à présent, devraient rechercher la performance dans l'accomplissement de leurs missions (Sous-section 1). Il faudrait cependant que les CRF ouest-africaines se voient conférer les pouvoirs et moyens nécessaires au libre déploiement de leurs prérogatives. Il en est ainsi, si l'on s'en tient aux proclamations du législateur… Mises à rude épreuve par la réalité des faits (Sous-section 2).

Sous-section 1. Les États membres face aux défis corrélatifs à l'élargissement des prérogatives des CENTIF.

402. ***Des CENTIF se devant d'être outillées à la hauteur de leurs prérogatives et de la force institutionnelle à elles conférées.*** Le rôle stratégique des CENTIF dans la lutte anti-blanchiment est en l'état actuel de la réglementation, sans équivoque (Paragraphe 1). Et cela, tant et si bien que n'eussent été les moyens bien trop insuffisants mis à disposition de ces Cellules (Paragraphe 2), l'on aurait présagé d'une conformité des États quant à l'octroi des garanties d'efficacité de ces CRF.

Paragraphe 1. Une reconnaissance accrue du « rôle-pivot »[1853] des CENTIF par la loi uniforme.

403. Brève histoire : de la naissance à l'intégration des CENTIF dans les réseaux de CRF. La création des CENTIF a été érigée en obligation par la première loi uniforme qui dans un article 16 consacré à la « création de la CENTIF », affirmait l'institution au sein des États membres d'une « Cellule Nationale de Traitement des Informations Financières (CENTIF) placée sous la tutelle du ministre chargé des Finances »[1854]. Le Sénégal amorçait alors le mouvement en adoptant le décret n°2004-1150 du 18 août 2004 portant création, organisation et fonctionnement de la Cellule nationale de Traitement des

---

[1853] L'expression est empruntée (A. AMICELLE, *op. cit.*, p. 172).

[1854] Art. 16 de la première LU, qui est l'équivalent de l'actuel art. 59, qui précise la qualité d'« autorité administrative » des CENTIF.

Informations financières. En effet, le processus d'établissement des CENTIF au sein des autres États membres se poursuivra jusqu'à la fin des années 2000[1855].

Avec l'appui du GIABA, l'opérationnalisation puis le renforcement des capacités des CENTIF ont été conduits[1856], de même que le processus d'adhésion au Groupe Egmont, actée pour la presque totalité des États membres[1857]. Les CENTIF ont également intégré de nombreux réseaux aux niveaux régional et international, tels que le Cercle des CRF francophones[1858], le

---

[1855] Conformément à l'art. 16 de la première LU, les États membres ont adopté les textes suivants : ***Bénin*** : décret n°2006-752 du 31 décembre 2006 portant création de la Cellule Nationale du Traitement des Informations Financières (CENTIF) ; celle-ci est devenue opérationnelle le 20 juin 2008, soit à la date de prestation de serment de ses membres nommés par décret le 7 mai 2008 (REM du Bénin de mai 2010, pp. 13-14) ; ***Burkina Faso*** : décret n°2007-449/PRES/PM/MEF/MJ du 18 juillet 2007 ; ***Côte d'Ivoire*** : décret n°2006-261 du 09 août 2006, portant création organisation et fonctionnement de la CENTIF ; ***Guinée-Bissau*** : décret n°1/2006, du 29 mai ; ***Mali*** : décret n°0291/P-RM du 10 août 2007, fixant l'organisation et le financement de la CENTIF du Mali (RSEM du Mali de novembre 2009, p. 3) ; ***Niger*** : décret n°2004-262 PRN/ME/F du 14 septembre 2004, portant création, organisation et fonctionnement d'une Cellule nationale de traitement des informations financières ; ***Sénégal*** : décret n°2004-1150 du 18 août 2004 portant création, organisation et fonctionnement de la Cellule nationale de traitement des informations financières ; ***Togo*** : décret n°2008-37/PR du 28 mars 2008, qui a créé la CENTIF ; ses membres ont été nommés par décret n°2009-008/PR du 14 janvier 2009 et la CENTIF togolaise est devenue opérationnelle le 1er mars 2009 (REM du Togo de mai 2011, p. 15 et p. 55).

[1856] Dans le cadre notamment de la mise en place des CENTIF, le GIABA a joué « un rôle de premier plan » en apportant son soutien et en jouant le rôle de facilitateur pour le compte des États membres (Rapport annuel du GIABA de 2009, p. 12).

[1857] L'adhésion au Groupe Egmont est effective : depuis septembre 2018 pour le ***Bénin*** (REM du Bénin de mai 2021, p. 220) ; depuis le 3 juillet 2013 pour le ***Burkina Faso*** (RSEM du Burkina Faso de novembre 2013, p. 7) ; depuis le 1er juillet 2010 pour la ***Côte d'Ivoire*** (REM de la Côte d'Ivoire de novembre 2012, p. 82) ; depuis juillet 2011 au ***Mali*** (RSEM du Mali de novembre 2013, p. 25) ; depuis juin 2015 au ***Niger*** (Rapport d'ENR du Niger, p. 34) ; depuis juillet 2009 au ***Sénégal*** (REM du Sénégal de mai 2018, p. 32) et depuis le 5 juillet 2013 au ***Togo*** (RSEM du Togo de mai 2014, p. 3). À l'heure actuelle, seule la ***Guinée-Bissau*** n'est pas encore membre du Groupe Egmont.

[1858] C'est en présence de représentants de 14 CRF francophones (Algérie, Belgique, ***Burkina Faso***, Cameroun, France, Gabon, Liban, Luxembourg, Maroc, Roumanie, ***Sénégal***, Suisse, ***Togo***, Tunisie) que s'est tenue la réunion inaugurale du Cercle des CRF francophones, le 22 janvier 2013, à l'occasion de l'intersession du Groupe Egmont à Ostende. L'objet de ce Cercle est d'améliorer la connaissance mutuelle entre CRF francophones (en termes de personnes, de capacités d'investigation) et d'affiner la coopération opérationnelle ; d'opérer des échanges de bonnes pratiques sur des problématiques partagées concernant la LBC/FT ; enfin, de faciliter l'adhésion des CRF francophones candidates au Groupe Egmont par le biais de la mise en place de formations (Parquet général du Grand-duché de Luxembourg/Cellule de renseignement financier, *Rapport annuel 2017 - Rapport d'activité de la Cellule de renseignement financier* [en ligne], février 2019, p. 79. Disponible sur : https://justice.public.lu/dam-assets/fr/publications/rapport-activites-crf/rapport-crf-2017.pdf).

réseau des CRF des pays du bassin du lac Tchad[1859] ou encore, le Forum des CRF des États membres du GIABA[1860]. Ces plateformes contribuent à l'élargissement du cadre de coopération et notamment, d'échange de bonnes pratiques relatives à la LBC/FT.

404. Les CENTIF dotées des pouvoirs requis en vue de l'obtention et du traitement de l'information. L'article 60 de la loi uniforme confie à la CENTIF notamment une mission de traitement de l'information. Dans ce cadre et conformément aux exigences de mener des analyses opérationnelles[1861], la CENTIF se doit de recueillir, d'analyser, d'enrichir et d'exploiter tout renseignement pouvant permettre de déterminer l'origine ou la destination des sommes ou la nature des opérations ayant fait l'objet d'une déclaration ou d'une information reçue au titre des obligations de LBC/FT des assujettis et autorités de contrôle[1862]. Au-delà, elle reçoit toutes informations utiles nécessaires à l'accomplissement de sa mission[1863] ; inversement, elle peut demander à se faire

---

[1859] Suite aux rencontres tenues à Yaoundé (en septembre 2014) et à Abuja (en octobre 2015), les responsables des CRF du Bassin du lac Tchad (***Bénin***, Cameroun, ***Mali***, ***Niger***, Nigéria et Tchad) ont décidé de la mise en place d'un cadre de concertation des CRF instituant un mécanisme de coopération et de renforcement des échanges d'informations en matière de LBC/FT. La troisième réunion des CRF du Bassin du lac Tchad a eu lieu à Niamey, autour de la thématique de la lutte contre le financement du terrorisme. Suite à cette rencontre, plusieurs actes ont été pris : la signature par toutes les parties du Protocole d'accord instituant le « Réseau des CRF du Bassin du Lac Tchad pour la lutte contre le financement du terrorisme » ; la désignation du Directeur de l'ANIF du Cameroun comme Président du « Réseau » pour un mandat de deux ans non renouvelables ; le choix du Cameroun comme siège du Secrétariat exécutif du « Réseau » ; la nomination d'un responsable de l'ANIF du Cameroun au poste de Secrétaire Exécutif du « Réseau » et la nomination des autres responsables du Secrétariat exécutif du Réseau, à savoir un Responsable Administratif et Financier et un Responsable Informatique (Agence nationale d'investigation financière du Cameroun, « Participation de l'ANIF à la réunion des CRF sur la lutte contre le financement du terrorisme » [en ligne]. Disponible sur : https://www.anif.cm/index.php/meeting-sp-26963/276-participation-de-l-anif-a-la-reunion-des-crf-sur-la-lutte-contre-le-financement-du-terrorisme).

[1860] Le Forum de Cellules de renseignement financier d'Afrique de l'Ouest (CRFAO) a tenu sa réunion inaugurale à Freetown le 5 novembre 2009. À cette occasion, a été soulignée la nécessité de tenir un forum de cette nature en vue de faciliter les interactions entre les CRF (Rapport annuel du GIABA de 2009, pp. 105-106). Dans ce cadre de concertation au sein duquel le GIABA joue un rôle de facilitateur, le but ultime est de « faciliter la communication et les contacts entre les CRF et ceux qui soutiennent le travail des CRF sans compromettre les principes qui guident la divulgation d'informations spécifiques » (Rapport annuel du GIABA de 2012, p. 88). Pour des raisons budgétaires, il était décidé en 2010 que ce Forum s'en tiendrait à un mode de fonctionnement informel (Rapport annuel du GIABA de 2010, p. 94).

[1861] Voir *supra*, par. 211.

[1862] L'art. 60 al. 1er point 1 de la LU fait plus précisément référence aux informations ou déclarations reçues par la CENTIF « au titre des dispositions des articles 15, 36, 43, 70, 79, 80, 86 et 111 » de ladite LU. Par ailleurs, au ***Burkina Faso*** et au ***Sénégal*** par exemple, il est fait état de l'existence de Départements d'analyse des CENTIF, au sein desquels sont menées les analyses notamment opérationnelles (REM du Burkina Faso de mai 2019, p. 161 ; REM du Sénégal de mai 2018, p. 173).

[1863] Sont concernées celles fournies par les autorités de contrôle et les officiers de police judiciaire, que la CENTIF traite, le cas échéant, comme en matière de déclaration d'opération suspecte (art. 60 al. 2, point 2 de la LU).

communiquer, par les assujettis et par toute personne physique ou morale, les informations par eux détenues et pouvant permettre d'enrichir les déclarations de soupçon[1864]. Au ***Niger***, les garanties du respect de cette obligation ont été d'autant plus renforcées que le nouvel article 184 du Code pénal assimile aux réquisitions légales des représentants de l'autorité publique, les demandes d'informations financières émanant de la CENTIF, adressées à toute personne dans le cadre de l'analyse, de l'enrichissement et de l'exploitation de tout renseignement de nature à établir l'origine ou la destination des sommes ou la nature des opérations ayant fait l'objet d'une déclaration ou d'une information reçue[1865]. La mission d'analyse stratégique de la CENTIF a pour sa part été renforcée par la seconde loi uniforme. En effet, au-delà de la réalisation d'études périodiques sur l'évolution des techniques utilisées aux fins de blanchiment de capitaux ou de financement du terrorisme[1866], la CENTIF participe d'une manière générale à l'étude des mesures visant à faire échec aux circuits financiers clandestins, au blanchiment de capitaux et au financement du terrorisme[1867].

405. Des pouvoirs de dissémination élargis à l'aune des besoins de coopération. Le législateur communautaire a conféré à la CENTIF des pouvoirs élargis en vue de la diffusion des informations, aux fins de faciliter la coopération dans la LBC/FT. Au plan national, l'obligation de transmission d'informations s'impose, naturellement, à l'égard des autorités chargées d'enquêtes et de poursuites. En effet, la CENTIF saisit le Procureur de la République lorsqu'à la suite de ses investigations, il est mis en évidence des faits susceptibles de relever du blanchiment de capitaux ou du financement du terrorisme[1868]. Par ailleurs, nonobstant l'interdiction générale de divulgation des informations détenues par la CENTIF[1869], celle-ci peut les partager avec une très large catégorie d'acteurs en vue de faciliter l'exercice de leurs missions ou les investigations pour la LBC/FT. La loi cite à ce titre l'Administration des Douanes, des Impôts, du Trésor et

---

1864 Art. 60 al. 2, point 3.

1865 Ledit article modifié par l'Ordonnance n°2020-01 du 27 janvier 2020 modifiant et complétant la loi n°61-27 du 15 juillet 1961 prévoit un emprisonnement de quinze jours à deux mois et une amende de 10 000 à 100 000 francs CFA ou l'une de ces peines seulement, à l'encontre des particuliers qui refuseraient de se conformer à de telles réquisitions légales.

1866 La CENTIF peut « effectuer ou faire réaliser » lesdites études périodiques au niveau du territoire national (art. 60 al. 2, point 4).

1867 Art. 60 al. 2, point 6 de la LU. Il faut noter que la première LU prévoyait, au titre de l'analyse stratégique, la seule obligation d'effectuer ou de faire réaliser des études périodiques sur l'évolution des techniques de BC au niveau du territoire national (ancien art. 17 al. 2). La participation à l'étude des mesures à mettre en œuvre pour faire échec aux circuits financiers clandestins, au BC et au FT est un ajout du législateur à la LU, une initiative de nature à renforcer (et étendre) les missions d'analyse stratégique de la CENTIF.

1868 Art. 67 *in fine*.

1869 L'interdiction est posée par l'art. 66 al. 1er de la LU, qui ajoute que les informations détenues par la CENTIF ne peuvent être utilisées à d'autres fins que celles prévues par la loi uniforme même qui en pose les limites.

les services de police judiciaire[1870] ; mais encore, les services de renseignement spécialisés[1871], l'Administration fiscale[1872] ainsi que les services de l'État chargés de préparer et de mettre en œuvre les mesures de gel ou d'interdiction du mouvement de transfert de fonds, des instruments financiers et des ressources économiques[1873]. Dans la même dynamique - et dans le cadre de la coopération nationale, il a été introduit dans la seconde loi uniforme une base légale pour l'échange réciproque d'informations entre d'une part, la CENTIF et d'autre part, les autorités de contrôle, les ordres professionnels et les instances représentatives nationales[1874].

L'échange d'informations est aussi à envisager dans le cadre d'une coopération intracommunautaire ou de la coopération internationale. La CENTIF se doit effectivement de communiquer toutes informations et données relatives aux investigations consécutives à une déclaration de soupçon au niveau national, dès lors qu'une demande dûment motivée est émise par une CENTIF d'un État membre dans le cadre d'une enquête[1875]. Par ailleurs, sur la base d'une demande d'une CRF étrangère ou à son initiative, la CENTIF peut communiquer à ladite CRF les informations qu'elle détient sur des sommes ou opérations ayant pour objet le blanchiment de capitaux ou le financement du terrorisme[1876]. Il faudrait pour cela que la condition de réciprocité soit remplie, que la CRF étrangère concernée soit soumise à des obligations de confidentialité au moins équivalentes[1877] et que le traitement des informations communiquées garantisse un niveau suffisant de protection de la vie privée ainsi que des libertés et droits fondamentaux des personnes[1878]. En revanche, un tel échange d'informations ne

---

1870 Art. 66 al. 2.

1871 La CENTIF peut transmettre aux services de renseignement spécialisés des informations afférentes à des faits susceptibles de révéler une menace contre les intérêts fondamentaux de la nation en matière de sécurité publique ou de sûreté de l'État (art. 66 al. 3).

1872 À l'Administration fiscale, la CENTIF peut transmettre des informations sur des faits pouvant relever de la fraude ou de la tentative de fraude fiscale. L'Administration fiscale pourra ainsi les utiliser dans le cadre de ses missions (art. 66 al. 4).

1873 La CENTIF peut leur transmettre des informations en rapport avec l'exercice de leur mission (art. 66 *in fine*).

1874 L'art. 75 al. 1er de la LU dispose que la CENTIF échange avec les autorités de contrôle, les instances représentatives nationales et ordres professionnels, toute information qui serait utile à l'accomplissement de leurs missions respectives pour l'application des dispositions légales. Si dans l'accomplissement de leur mission, les autorités de contrôle et ordres professionnels découvrent des faits pouvant être liés au BC ou au FT, ils en informent la CENTIF qui les traitera le cas échéant, comme en matière de DOS (art. 75 al. 2). La CENTIF accuse réception et peut sur leur demande, tenir informées les autorités informatrices précitées des suites qui ont été réservées aux informations qu'elles ont fournies (art. 75 *in fine*).

1875 Art. 76 al. 1er, point 1. La loi appelle également les CENTIF à mettre en place un mécanisme de coopération et de partage de bonnes pratiques entre elles (art. 76 al. 2). À ce propos, l'on évoquait tantôt l'existence d'un réseau notamment ouest-africain des CRF de la sous-région qui mène ses activités sous la coordination du GIABA (voir *supra*, par. 403).

1876 Art. 78 al. 1er.

1877 Art. 78 al. 1er, point 1.

1878 Art. 78 al. 1er, point 2.

pourra avoir lieu si une procédure pénale a déjà été engagée dans l'État membre[1879] ni lorsque la communication porte atteinte à la souveraineté de l'État, aux intérêts nationaux, à la sécurité et à l'ordre public[1880].

406. Des fonctions de coordination renforcées. La première loi uniforme accordait déjà une place centrale aux CENTIF qui étaient notamment dotées du pouvoir d'émettre des avis sur l'application de la politique de l'État en matière de lutte contre le blanchiment de capitaux ; dans ce cadre, les CRF pouvaient proposer toutes réformes nécessaires au renforcement de l'efficacité de cette lutte[1881]. À l'heure actuelle, ces prérogatives ont été étendues à la lutte contre le financement du terrorisme[1882] et les missions de coordination de la CENTIF ont été largement renforcées. En effet, il relève actuellement de la compétence des CENTIF d'animer et de coordonner aux niveaux national et international, les moyens d'investigation dont disposent les administrations et services de l'État compétents[1883], pour la recherche des infractions induisant des obligations déclaratives[1884].

D'une manière générale, la CENTIF doit assurer une coopération efficace et la concertation des autorités nationales directement ou indirectement concernées par la LBC/FT[1885]. La place stratégique de la CENTIF dans le dispositif de LBC/FT en fait, *de facto*, l'organe idéal pour en assurer la coopération et la coordination nationales. Les États membres ont ainsi institué des Comités de lutte contre le blanchiment de capitaux, le financement du terrorisme et la prolifération, chargés de coordonner la LBC/FT et au sein desquels justement, la CENTIF est toujours représentée, lorsqu'elle n'y joue pas

---

[1879] Art. 78 al. 2, point 1.

[1880] Art. 78 al. 2, point 2.

[1881] Art. 17 al. 2 de la première LU.

[1882] La seconde loi uniforme a en effet étendu cette prérogative en disposant que la CENTIF émet des avis sur la mise en œuvre de la politique de l'État en matière de LBC/FT et propose, à ce titre, toutes réformes nécessaires au renforcement de l'efficacité de la LBC/FT (art. 60 al. 4).

[1883] L'art. 60 al. 2, point 5 fait expressément référence aux administrations et services relevant du ministère chargé des finances, du ministère chargé de la Justice et du ministère chargé de la Sécurité ainsi qu'aux organismes qui y sont rattachés.

[1884] Art. 60 al. 2, point 5.

[1885] Art. 60 al. 3.

un rôle central[1886]. D'un point de vue opérationnel, cette coordination est facilitée par le recours à des correspondants de la CENTIF au sein des services de

---

[1886] Ces Comités ont différentes dénominations selon les pays : au ***Bénin***, le Comité national de coordination des activités de LBC/FT dit « Comité national de Coordination » (voir art. 1er du décret n°2022-350 du 22 juin 2022 portant attributions, organisation et fonctionnement du Comité national de coordination des activités de lutte contre le blanchiment de capitaux et les financements du terrorisme et de la prolifération des armes de destruction massive) a été institué en remplacement du Comité Technique National de Lutte Contre le Blanchiment de Capitaux et le Financement du Terrorisme (CTN-LBC/FT) qui fut créé par l'arrêté n°4192/MEF/DC/SGM/CENTIF/SP du 23 décembre 2016 (Rapport d'ENR du Bénin, p. 23) ; au ***Burkina Faso***, le Comité National de coordination (CNC) des activités de LBC/FT a été créé en 2014 par Arrêté n°2014-0356/MEF/MJ/MATS (REM du Burkina Faso de mai 2019, p. 114) ; en ***Côte d'Ivoire***, l'arrêté n°2015-78 du 10 juin 2015 portant nomination des membres du Comité de Coordination des Politiques Nationales de Lutte contre le Blanchiment de Capitaux, le Financement du Terrorisme et de la Prolifération des armes de destruction massive dénommé « Comité de Coordination » a été signé courant 2014-2015 (RSEM de la Côte d'Ivoire de 2015, p. 5) ; en ***Guinée-Bissau***, le RSEM de 2013 mentionnait une proposition de la CENTIF au Ministre des Finances de ce pays, en vue de la création et du fonctionnement d'un Comité de Coordination de la lutte contre le blanchiment de capitaux, le financement du terrorisme et la prolifération des armes de destruction massive (RSEM de la Guinée-Bissau de 2013, pp. 8-9) ; finalement, c'est le Comité Interministériel créé en 2003 par arrêté du ministère de l'Économie et des Finances, qui fut désigné (REM de la Guinée-Bissau de février 2022, p. 161) ; au ***Mali***, l'Arrêté interministériel du 18 novembre 2011 a créé un Comité interministériel de lutte contre le blanchiment de capitaux et le financement du terrorisme (REM du Mali de novembre 2019, p. 118) ; au ***Niger***, le Comité National de Coordination des Actions de LBC/FT (CNCA) a été créé par décret 2010-541 du modifié par le décret 2012-105 du 30 mars 2012 (Rapport d'ENR du Niger, p. 30) et assez récemment, le Décret n°2020-110/PRN/MF du 27 janvier 2020 portant désignation de l'autorité compétente chargée de la coordination de la réponse nationale aux risques de blanchiment des capitaux et de financement du terrorisme, en son article 1er, désigne la CENTIF comme étant l'autorité chargée de coordonner la réponse nationale aux risques de BC/FT ; au ***Sénégal***, le Comité de Coordination de la LBC/FT a été créé par l'Arrêté n°05547 du ministre de l'Économie et des Finances du 23 juin 2010, publié dans le Journal officiel n°6554 du 6 novembre 2010 (REM du Sénégal de mai 2018, p. 9) ; enfin, au ***Togo***, le décret du 3 août 2018 créant le Comité national de coordination des activités de LBC/FT(CONAC) a été adopté en remplacement du Comité Interministériel de Suivi des Activités de la LBC/FT (qui fut créé par Arrêté interministériel n°0136/MSPC/MEF/MJRIR du 11 août 2009, voir à ce propos : RSEM du Togo de 2011, p. 40). Le Comité national n'étant cependant pas opérationnel, le Comité interministériel poursuit les activités de coordination au Togo, à l'exclusion des questions concernant le financement du terrorisme et de la prolifération (REM du Togo de juin 2022, pp. 28-29). La CENTIF togolaise est membre du CONAC. Ces Comités ont pour mission fondamentale d'assurer la coopération et la coordination de la LBC/FT au plan national, contribuent à la définition - et veillent à la mise en œuvre - des politique et stratégie nationales de LBC/FT. La composition pluridisciplinaire de ces Comités est sous-tendue par une volonté de regrouper l'ensemble des acteurs concernés par la LBC/FT. À titre d'exemple, ***pour le cas sénégalais***, le Comité compte pour membres, en plus du Président qu'est le ministre chargé des finances et de la CENTIF assurant le Secrétariat : l'Inspection générale des Finances (IGF) ; la BCEAO ; la CENTIF ; les correspondants de la CENTIF dans les départements ministériels ; l'Association professionnelle des banques et établissements financiers du Sénégal (APBEFS) ; la Fédération sénégalaise des sociétés d'assurances (FSSA) ; le syndicat autonome des courtiers en assurances (SACA) ; de plus, « toutes personnes impliquées dans les problèmes de LBC/FT pourraient être invitées à prendre part à ces réunions » (REM du Sénégal de mai 2018, p. 26).

l'État[1887] et au niveau des assujettis[1888]. Par ailleurs - et dans la continuité du déploiement de son action anti-blanchiment, la CENTIF est chargée du développement de l'action internationale de lutte contre les circuits financiers clandestins, le blanchiment de capitaux et le financement du terrorisme[1889].

Paragraphe 2. La nécessité de doter les CENTIF des moyens de leurs ambitions.

407. Honorable, mais difficile de porter l'étendard de l'anti-blanchiment… Le renforcement des prérogatives des CENTIF - et d'une manière générale d'ailleurs, des Cellules de renseignement financier - était chose prévisible, voire inéluctable. De par leur vocation à obtenir puis sublimer le Renseignement, les Cellules de renseignement financier sont constamment face aux multiples facettes du blanchiment de capitaux et des circuits financiers

---

[1887] L'art. 63 al. 1er de la LU permet à la CENTIF de recourir à des correspondants au sein de divers services de l'État : Police, Gendarmerie, Douanes, Trésor, Impôts, Services judiciaires de l'État et d'une manière générale, tout autre Service dont le concours est jugé nécessaire dans le cadre de la LBC/FT. Ces correspondants ont pour rôle de collaborer avec la CENTIF dans le cadre de l'exercice de ses attributions ; ils sont identifiés et désignés ès qualités par arrêté de leur ministre de tutelle (art. 63 al. 2). On peut aussi citer ***l'exemple nigérien***, partant de la liste des membres du CNCA fournie par l'art. 3 du Décret n°2020-111/PRN/MF du 27 janvier 2020 portant réorganisation du Comité National de Coordination des Actions relatives à la lutte contre le Blanchiment de Capitaux, le Financement du Terrorisme et le Financement de la Prolifération des Armes de Destruction Massive.

[1888] L'art. 64 de la LU intègre une obligation de désigner un déclarant, qui sera le correspondant de la CENTIF au niveau des assujettis. Cette obligation vaut pour les institutions financières (qui doivent communiquer à la CENTIF et à leur autorité de contrôle, l'identité des dirigeants ou préposés habilités à procéder aux DOS) et pour les autres personnes assujetties (qui doivent communiquer à la CENTIF l'identité et la qualité de la personne habilitée à procéder aux DOS). Tout changement quant aux personnes habilitées à jouer le rôle de correspondant et répondant à l'appellation de « déclarant » doit immédiatement être porté à la connaissance de la CENTIF et de l'autorité de contrôle le cas échéant (art. 64 al. 3). N'empêche, tout dirigeant ou préposé d'une personne morale peut prendre l'initiative d'effectuer lui-même les DOS auprès de la CENTIF, auquel cas la déclaration est confirmée dans les meilleurs délais, par la personne habilitée (art. 64 al. 4) ; les professionnels du droit et du chiffre s'acquittent personnellement de l'obligation d'effectuer une DOS, quelles que soient les modalités de leur exercice professionnel (art. 64 al. 5). La personne désignée doit répondre aux demandes de la CENTIF (et de l'autorité de contrôle le cas échéant) et s'assurer de la diffusion aux membres du personnel concerné, des informations, avis ou recommandations de caractère général qui en émanent (art. 64 al. 6). Les assujettis doivent veiller à ce que les fonctions de correspondant soient exercées avec la continuité nécessaire pour être en mesure de répondre aux demandes de la CENTIF dans les délais impartis (art. 64 *in fine*).

[1889] Cette mission est accomplie en relation avec les directions concernées relevant du ministère chargé des Finances, du ministère chargé de la Justice et du ministère chargé de la Sécurité (art. 60 al. 2, point 7 de la LU). Au-delà d'une simple représentation au sein de ces Comités, les CENTIF y jouent un rôle central ; ainsi, au ***Mali***, c'est le Président de la CENTIF qui préside, également, le Comité interministériel (REM du Mali de novembre 2019, p. 118) ; au ***Niger***, la CENTIF jouerait « un rôle de premier plan » au sein de ce Comité, notamment dans le cadre de la mise en œuvre du plan d'action afférent à la stratégie nationale de LBC/FT (Rapport d'ENR du Niger, p. 29) ; au ***Sénégal***, c'est la CENTIF qui assure le Secrétariat du Comité de coordination de la LBC/FT (REM du Sénégal de mai 2018, p. 26).

clandestins. Leur expertise progressivement construite et renouvelée quant à la détection de ces infractions[1890] leur confère une légitimité naturelle à s'impliquer tant dans le processus décisionnel que celui opérationnel, visant l'élaboration et la mise en œuvre d'une stratégie de LBC/FT. C'est donc avec évidence qu'elles s'imposent au titre des acteurs principaux de la prévention et de la répression (en passant par la détection) du blanchiment de capitaux. Après tout, c'est de leur contribution que jaillit la lumière sur ce qu'est et ce que pourrait devenir cette infraction qui ne cesse de se réinventer.

L'une des conséquences associées à l'accroissement des prérogatives des CENTIF est d'engager systématiquement - ou tout au moins, de situer - leur responsabilité quant aux progrès et aux défaillances du dispositif. Un tel bilan s'impose lorsque les évaluations mettent en exergue un faible nombre de déclarations de soupçon, une faible connaissance de la LBC/FT, le faible niveau de poursuites ou encore, des défaillances dans la coordination. Mais aux procès d'intention, l'on préférera la stratégie consistant à mettre en place les mécanismes devant permettre d'atteindre un niveau de conformité optimal de chacun des acteurs concernés (qui, dès lors, conduira à une conformité globale). Concernant les CENTIF, l'atteinte de tels objectifs de conformité suppose une prise de conscience collective de l'ampleur et de l'importance de leurs missions, laquelle devrait se manifester notamment, par une dotation suffisante en ressources.

408. L'urgence d'une augmentation et d'une bonne gestion des ressources allouées aux CENTIF. Le renforcement des prérogatives des CENTIF génère des besoins supplémentaires de moyens financiers, lesquels sous-tendent la dotation en ressources humaines et techniques de qualité. Pour ce qui est du personnel, le législateur a prédéterminé notamment, la composition de cette institution qu'est la CENTIF. Elle doit comporter, outre le Président de la CENTIF, au moins six membres :

- un haut fonctionnaire issu soit de la Direction des Douanes, soit de la Direction des Impôts, ayant rang de Directeur d'Administration centrale, détaché par[1891] le ministère chargé des Finances (il assure la présidence de la CENTIF) ;

[1890] On note par exemple partant d'un jugement du Tribunal régional Hors Classe de Dakar (actuel TGI) que l'intervention de la CENTIF a permis de mettre en lumière des faits d'escroquerie commis par le biais d'un système informatique (décision du 28 août 2014, n°702).

[1891] Le détachement désigne « la position du fonctionnaire placé hors de son cadre d'origine, mais continuant à bénéficier dans le cadre de ses droits à l'avancement et à la retraite » (art. 62 de la loi n°61-33 du 15 juin 1961 relative au statut général des fonctionnaires, réactualisée - version 2005) ; mais il « se trouve soumis à l'ensemble des règles propres aux organismes concernés pour ce qui est de ses fonctions » (art. 178 al. 1er de la loi n°2015-18 portant statut général de la fonction publique au Bénin, équivalent de l'art. 69 de la loi sénégalaise précitée, disposant en effet que le fonctionnaire détaché est soumis à l'ensemble des règles régissant la fonction qu'il exerce par l'effet de son détachement).

- un magistrat spécialisé dans les questions financières, détaché par le ministère chargé de la Justice ;
- un haut fonctionnaire, Officier de la Police judiciaire, détaché par le ministère chargé de la Sécurité ;
- un représentant de la BCEAO, assurant le secrétariat de la CENTIF ;
- un chargé d'enquêtes, Inspecteur des Services des Douanes, détaché par le ministère chargé des Finances ;
- un chargé d'enquêtes, Officier de Police judiciaire, détaché par le ministère chargé des Finances ;
- un chargé d'enquêtes, Officier de Police judiciaire, détaché par le ministère chargé de la Sécurité[1892].

Il faut souligner qu'au ***Bénin***, la loi n°2020-25 du 2 septembre 2020 portant modification de la loi n°2018-17 du 25 juillet 2018 relative à la lutte contre le blanchiment de capitaux et le financement du terrorisme en République du Bénin a modifié la composition de la CENTIF[1893]. Le nouvel article 61 ne présente de différences substantielles, relativement à la composition de la CENTIF, qu'en ce qui concerne l'effectif (la CENTIF y étant composée de sept membres) ainsi que la présidence de la CENTIF. Celle-ci est en effet assurée, au Bénin, par « une personnalité de haut rang » désignée par le ministre chargé des Finances. *A priori*, il nous paraît opportun de s'inspirer de cette initiative béninoise en perspective d'une prochaine loi communautaire. En effet, l'augmentation des membres de la CENTIF est de nature à en renforcer les effectifs, de même qu'un élargissement des critères fonctionnels d'éligibilité présente moins de rigidité en laissant une plus grande marge d'appréciation au ministère de tutelle. En revanche, cette modification réglementaire rompt évidemment l'uniformisation recherchée et se devant d'être maintenue.

Par ailleurs, la loi uniforme ouvre la faculté à la CENTIF de recourir, dans le cadre de son fonctionnement, à un personnel administratif et technique composé d'agents recrutés conformément aux lois et règlements en vigueur[1894]. Mais dans plusieurs pays, la faible capacité opérationnelle des CENTIF est imputée notamment à l'insuffisance de personnel d'appui et

---

[1892] Art. 61 al. 1er de la LU.

[1893] Voir aussi art. 4 du Décret n°2022-352 du 22 juin 2022 portant attributions, organisation et fonctionnement de la Cellule nationale de Traitement des Informations Financières.

[1894] Art. 62 de la LU.

technique[1895]. Celle-ci empêcherait la production d'analyses de qualité ainsi qu'une large diffusion aux organismes gouvernementaux et au secteur privé[1896]. De même, il a été déploré, dans plusieurs États membres, un manque criant d'outils d'analyse et d'investigation et à ce titre, une faiblesse des systèmes informatiques, de communication et d'information[1897]. Ce bilan porte à croire que les CENTIF n'ont pas à l'heure actuelle les moyens d'accomplir convenablement, ne serait-ce que leurs fonctions de base. Mais il interpelle aussi sur les capacités techniques de protection des informations confidentielles et en l'occurrence, des données à caractère personnel.

En effet, au regard de l'étendue des possibilités de dissémination des informations par les CENTIF, la mise en place de canaux sécurisés de

---

[1895] Tel est le cas au ***Bénin***, où il est rapporté qu'au 31 décembre 2017, « l'effectif total du personnel d'appui de la CENTIF était de sept (07) au total dont deux (02) Informaticiens, un (01) Analyste, une (01) Secrétaire, un (01) Assistant de Direction, un (01) Chauffeur et un (01) Agent Permanent de l'État en détachement (APE), l'Agent Comptable » ; cet effectif n'étant pas de nature à permettre à la CENTIF de produire des analyses de qualité ni de faire une large diffusion aux organismes gouvernementaux et au secteur privé (Rapport d'ENR du Bénin, p. 47). En ***Guinée-Bissau*** (REM de février 2022, p. 73) et au ***Mali*** également, il est relevé une insuffisance notamment de ressources humaines qualifiées pour traiter l'information (REM du Mali de novembre 2019, p. 39). Au ***Sénégal***, le dernier Rapport d'évaluation mutuelle (REM de mai 2018, p. 98) recommande un renforcement des capacités des ressources humaines notamment de la CENTIF, relativement à la qualité et au flux de DOS relatives aux personnes morales. Au ***Togo***, les capacités d'analyse de la CENTIF seraient limitées par l'insuffisance du personnel (REM de juin 2022, pp. 6-7).

[1896] Rapport d'ENR du ***Bénin***, p. 47 ; REM du ***Mali*** de novembre 2019, p. 39.

[1897] Au ***Bénin***, le rapport d'ENR a relevé une faiblesse du système d'information, la CENTIF n'ayant pas de base de données de gestion des déclarations et renseignements collectés : c'est dans un fichier Excel que seraient retracées les DOS reçues et d'où seraient extraites les statistiques d'études (p. 47) ; le réseau informatique serait peu performant et le site web de la CENTIF, pas à jour pour une visibilité de ses actions (*ibid.*) ; une insuffisance des ressources financières (p. 153) ; une nécessité de doter la CENTIF de moyens adéquats : matériels, logiciels, moyens humains et financiers, locaux adéquats et sécurisés (p. 192). Au ***Burkina Faso***, les ressources notamment financières de la CENTIF, bien qu'étant en augmentation, ne seraient pas suffisantes pour lui permettre d'accomplir son mandat et en particulier, les fonctions de coordination, de formation ainsi que les autres fonctions auxiliaires de manière adéquate (REM de mai 2019, p. 32) ; la base de données existante serait, en outre, sous format Excel et donc, dépourvue de fonctionnalités permettant une exploitation optimale de l'information ; même si en revanche, des efforts seraient en cours pour l'obtention d'un outil plus sophistiqué d'analyse, sachant par ailleurs, que l'outil disponible a jusqu'ici, aidé la CENTIF à s'acquitter au mieux de ses fonctions (REM de mai 2019, pp. 35-36). Au ***Mali***, le Rapport d'évaluation mutuelle affirme que la CENTIF ne dispose pas de ressources (humaines, techniques, matérielles et financières) suffisantes pour lui permettre d'accomplir toutes ses fonctions et notamment, son rôle de coordination et de sensibilisation sur la LBC/FT (p. vii) ; mais aussi, que le traitement des DOS s'effectue manuellement, sans outil informatique ni accès direct à une base de données, ce qui naturellement, affecte la qualité des analyses et rallonge la durée du traitement des dossiers (p. vii) ; en outre, les informations reçues au niveau national seraient aussi transmises physiquement à la CENTIF (p. 34) ; toutefois, il est aussi affirmé que l'acquisition (alors récente) d'un logiciel dénommé « GESDOS » par la CENTIF malienne, devrait contribuer à améliorer la qualité de traitement des dossiers (p. vii). Au ***Sénégal***, il a été relevé l'absence de système informatique de communication d'informations au niveau national (REM de mai 2018, p. 28).

communication est une norme minimale. Or, plusieurs Rapports d'évaluation mutuelle sont muets[1898], sinon négatifs quant à la garantie d'utilisation de canaux dédiés, sécurisés et protégés pour l'échange d'informations ; tel est par exemple le cas au ***Mali***, où la crainte d'un risque de fuite d'informations a été exprimée[1899], en dépit de l'obligation pour les membres de la CENTIF - ainsi que leurs correspondants et l'ensemble du personnel - de respecter leurs obligations de confidentialité[1900]. Dès lors, si l'adhésion des États membres au Groupe Egmont laisse présumer de l'utilisation d'une plateforme sécurisée pour les échanges internationaux, il urge que les États soient dotés de systèmes performants de communication au plan national, lesquels doivent être soucieux de la protection des données à caractère personnel.

En définitive, l'évidente mesure qui s'impose est d'attribuer aux CENTIF des moyens suffisants pour mener à bien leurs missions. La question subséquente est celle de l'utilisation faite des ressources allouées... La définition

---

[1898] On remarque en effet que plusieurs REM ne se sont pas prononcés sur le respect par les pays membres de l'obligation de veiller à ce que la dissémination se fasse « via des canaux dédiés, sécurisés et protégés », conformément au critère 29.5 de conformité. En effet, qu'il s'agisse du ***Burkina Faso*** (REM de mai 2019, p. 161), du ***Mali*** (REM de novembre 2019, p. 168) ou du ***Sénégal*** (REM de mai 2018, p. 173), l'évaluation ne met en exergue que le contenu de l'obligation de dissémination en tant que tel, mais ne fournit aucune information quant à l'utilisation de canaux sécurisés de communication ; tout au plus, retrouve-t-on dans le REM du Sénégal, l'information selon laquelle le rapport communiqué au Procureur est transmis sous pli fermé avec la mention « CONFIDENTIEL » (*ibid.*, p. 174), ce qui apparaît comme étant insuffisant au regard du niveau d'exigence requis concernant la protection des informations. Cette remarque vaut aussi pour la ***Guinée-Bissau***, qui en est encore à la transmission sous pli scellé (REM de la Guinée-Bissau de février 2022, pp. 212-213). Alors que dans les REM d'autres pays, des réponses sont fournies *quant à l'existence ou non de canaux sécurisés de dissémination* : REM de la Belgique d'avril 2015 (p. 165), où il est affirmé l'inexistence de canaux sécurisés et protégés pour les communications, qui seraient faites par courrier ou par télécopie en cas d'urgence ; REM de la Suisse de décembre 2016 (p. 231) et de la Chine d'avril 2019 (p. 243), affirmant expressément que la dissémination se fait par le biais de canaux sécurisés et protégés - sans toutefois indiquer lesquels. En revanche, au ***Bénin***, il est affirmé que la dissémination de l'information se fait par des canaux « dédiés, sécurisés et protégés », la CENTIF béninoise ayant, dans ce cadre, un accès direct au moyen d'une plateforme interconnectée et sécurisée, à la base de données de certaines administrations telles que la Direction Générale du Trésor et de la Comptabilité Publique, la Direction Générale des Douanes et des Droits Indirects, la Direction Générale des Impôts (REM du Bénin de mai 2021, p. 219). Au ***Niger*** également, la CENTIF disposerait de procédures écrites pour le traitement, le stockage, la dissémination, la protection et la consultation des informations financières ; lesdites procédures « lui permettant de transmettre les informations via des canaux dédiés, sécurisés et protégés » (REM du Niger d'août 2021, p. 236). Enfin, au ***Togo***, il existerait des protocoles d'accord entre la CENTIF et certaines administrations (REM du Togo de juin 2022, p. 207).

[1899] REM du Mali de novembre 2019, p. 34 ; toutefois, il est précisé que la CRF du Mali n'a jamais connu de cas de fuite d'information depuis sa création.

[1900] C'est l'art. 65 de la LU qui pose l'obligation de confidentialité ; il dispose, en son premier alinéa, que les membres de la CENTIF et leurs correspondants doivent prêter serment devant la juridiction compétente avant toute entrée en fonction. Ces derniers ainsi que le personnel de la CENTIF sont tenus de respecter le secret des informations recueillies, qui ne peuvent être utilisées à d'autres fins que celles prévues par la LU même (art. 65 al. 2). Le personnel de CENTIF est soumis aux obligations de confidentialité et se doit de respecter le secret professionnel (art. 65 *in fine*).

des priorités parmi les priorités, les arbitrages d'intérêts sont autant de problématiques à résoudre dans un contexte où tout est urgence, face aux nombreux manquements aux obligations de lutte. Le « recentrage sur la mission de renseignement »[1901], qui sous-tend l'existence et fait la force des CRF, apparaît alors comme étant fondamental. À ce titre, il devrait être consacré autant de moyens que nécessaire pour assurer avant tout, la performance des CENTIF dans l'exercice de la fonction d'analyse et de transmission sécurisée du renseignement. Dans ce cadre, en plus de la dotation en ressources techniques, il est primordial de renforcer le personnel des CENTIF au sein desquels l'on devrait retrouver les profils les plus diversifiés[1902], dont le dénominateur commun devrait être une parfaite connaissance notamment du blanchiment de capitaux. Un tel objectif conduit à envisager encore une fois de conférer une place de choix à la LBC/FT dans la formation des acteurs appelés à rejoindre des rangs des CENTIF.

Sous-section 2. Pour une réelle autonomie des CENTIF : l'exigence d'un alignement de la volonté politique des États sur les revendications - précoces - d'autonomie.

409. ***Une autonomie se devant d'être matérialisée aux plans notamment juridique et financier***. Le législateur a bien fait de poser les fondements de l'autonomie des CENTIF qui, effectivement, a été légalement affirmée (Paragraphe 1). Davantage d'efforts - sous-tendus par une réelle volonté politique - devraient néanmoins être fournis pour faire de cette affirmation une réalité se prêtant le moins possible aux remises en question (Paragraphe 2).

[1901] Expression empruntée, car appropriée pour exprimer la mesure ici préconisée pour les CENTIF des États de l'UEMOA : voir Cour des comptes, « TRACFIN et la lutte contre le blanchiment d'argent » [en ligne], *in Rapport public annuel 2012*, février 2012, p. 207. Disponible sur : https://www.ccomptes.fr/sites/default/files/EzPublish/Tracfin_lutte_contre_blanchiment_argent.pdf.

[1902] Il s'agit là d'une exigence primordiale pour toute CRF qui se voudrait performante, au regard notamment de la « multiplicité des tâches à accomplir par le département d'analyse », qui « implique de porter une attention soutenue aux qualifications des agents qui y sont recrutés » (*ibid.*, pp. 209-210). La variété des profils aurait ainsi constitué « le socle historique » de FINTRAC, l'Agence de renseignement canadienne, « avec des juristes, des haut-fonctionnaires, des spécialistes informatique, d'anciens employés d'institutions financières et finalement assez peu d'analystes de métier en renseignement » (A. AMICELLE, *op. cit.*, p. 175). La dernière catégorie n'est certes pas la meilleure référence qui soit… Mais l'exemple suffit à exprimer les exigences en termes de diversification des profils. De plus - toujours pour l'exemple -, FINTRAC serait passée de moins d'une dizaine d'employés à ses débuts à près de quatre cents employés en 2019 (*ibid.*). Concernant les États membres de l'UEMOA, l'art. 61 de la LU présentant la composition de la CENTIF reflète, certes, une sélection de profils diversifiés ; mais il semblerait que tel ne soit pas le cas concernant les autres membres du personnel de plusieurs CENTIF (voir *supra*, par. 408) qui, de surcroît, se trouve être très insuffisant.

Paragraphe 1. La proclamation de l'autonomie des CENTIF par les textes légaux et réglementaires

410. L'autonomie des CENTIF affirmée dans la loi uniforme et dans le Règlement intérieur des CENTIF - à l'exemple de la CENTIF sénégalaise. La seconde loi uniforme a intégré les exigences des standards internationaux relativement à l'autonomie des CRF, en affirmant expressément l'autonomie financière des CENTIF qui, de plus, sont dites dotées d'un « pouvoir de décision autonome »[1903] sur les matières relevant de leur compétence. Sont précisées à ce titre d'un point de vue financier, les sources de financement des CENTIF, dont les ressources proviennent du budget de l'État ainsi que des accords consentis par les Institutions de l'UEMOA et les partenaires au développement[1904]. L'affirmation se retrouve également dans le Règlement intérieur de la CENTIF sénégalaise, qui ajoute que le Chef de la CENTIF est l'ordonnateur du budget de ladite Cellule[1905]. Ce budget supporte les indemnités des membres, les salaires et autres charges du personnel[1906] ainsi que les salaires des agents de l'État mis à la disposition de la CENTIF par note de service du ministre de l'Économie et des Finances[1907]. Par ailleurs, la loi uniforme prévoit une protection fonctionnelle, en affirmant l'impossibilité d'engager la responsabilité civile de la CENTIF et de ses membres dans le cadre de l'exercice de leurs missions légales, à moins d'établir l'existence d'un dol ou d'une faute lourde[1908]. Enfin, relevons que le mandat du Président de la CENTIF, qui est de cinq ans, est non renouvelable ; une disposition de nature à consolider l'autonomie de l'institution[1909]. Au ***Bénin***, consécutivement à la loi n°2020-25 du 2 septembre 2020 ayant modifié les dispositions de l'article 61 de la loi

---

[1903] Art. 59 al. 2 de la LU.

[1904] Art. 73.

[1905] Ministère de l'Economie et des Finances, Cellule nationale de traitement des informations financières du Sénégal, *Règlement intérieur* [en ligne]. Disponible sur : https://www.imolin.org/doc/amlid/Senegal_Reglement%20interieur%20CENTIF.pdf.
Il est ici fait référence à l'art. 22 du Règlement intérieur de la CENTIF (pour précision, il s'agit du Règlement intérieur annulant et remplaçant le règlement intérieur approuvé le 22 février 2005 par le Ministre de l'Economie et des finances).

[1906] Art. 26 du Règlement intérieur de la CENTIF du Sénégal précité.

[1907] Art. 27.

[1908] Art. 72 de la LU (qui ne figurait pas dans l'ancienne LU). Rappelons que cette protection fonctionnelle fait partie des caractéristiques d'une CRF autonome qui devrait, en effet, disposer d'une protection fonctionnelle la protégeant de toute responsabilité (Groupe Egmont des Cellules de renseignements financiers, *Comprendre l'indépendance opérationnelle d'une CRF et son autonomie*, *op. cit.*, p. 29).

[1909] La remarque s'applique, d'une manière générale, aux Autorités administratives indépendantes (sachant que ce terme ne sied pas aux CENTIF, l'indépendance, dans ce cadre, supposant « l'existence de contrôles simplement juridictionnels [...] et l'absence de tout contrôle hiérarchique ou de tutelle » ; voir à ce propos : M. GENTOT, *Les autorités administratives indépendantes*, éd. Montchrestien, coll. Clefs Politique, 1991, p. 48). Parmi les leviers garantissant l'indépendance de telles institutions, figure la durée du mandat de leurs membres : il est, en effet, préconisé que ceux-ci soient longs (5 ou 6 ans en moyenne) mais non renouvelables (A. DELION, *op. cit.*, p. 43).

uniforme, le mandat des membres de la CENTIF, sans distinction opérée avec celui du Président de la CENTIF[1910], est à présent de trois ans, renouvelable une fois. On ne peut que s'interroger sur les raisons ayant motivé un tel changement portant atteinte à la démarche d'uniformisation relativement à cet aspect. Et cela, d'autant plus que cette spécificité béninoise ne nous paraît pas plus judicieuse, ayant déjà été précisé que l'instauration de mandats longs, mais non renouvelables figure parmi les leviers d'indépendance des autorités administratives[1911]. L'on peut donc préconiser un retour à l'harmonie réglementaire en ce qui concerne la durée du mandat du Président de la CENTIF.

Paragraphe 2. La décision politique de propulser les Agences de renseignement : le moteur des initiatives nécessaires à leur autonomisation.

411. La nécessité d'aspirer à une *totale* autonomie des CENTIF vis-à-vis de l'exécutif. En dépit des efforts réglementaires, l'autonomie des CENTIF est à coup sûr loin d'être acquise étant donné l'insuffisance de leurs ressources[1912]. À cela s'ajoute la trop forte empreinte du ministère de tutelle. À cet égard, une décennie plus tôt au ***Togo***, la dépendance vis-à-vis du ministère des Finances était d'abord financière, alors même que la première loi uniforme prévoyait une diversité de sources de financement des CENTIF[1913]. Plus globalement à l'échelle communautaire, l'article 78 de la seconde loi uniforme se contente assez vaguement de soumettre la conclusion des accords entre la CENTIF et ses homologues étrangères à « l'information préalable du ministre chargé des finances »[1914]… Laissant ainsi une imprécision quant aux suites de cette démarche : le ministre chargé des finances a-t-il la possibilité de s'opposer à la conclusion de tels accords ?

Si l'on répond à cette interrogation par la positive, cela remet en question, sans nul doute, l'indépendance opérationnelle des CENTIF, dans la mesure où ces dernières devraient pouvoir conclure des accords avec leurs

---

[1910] Par application du principe selon lequel il ne faut pas distinguer là où la loi ne distingue pas, et étant donné l'abrogation de toutes les dispositions antérieures contraires (art. 2 de la loi n°2020-25 du 2 septembre 2020), on déduit que le mandat du Président de la CENTIF béninoise est aussi de trois ans, renouvelables une fois.

[1911] Voir *supra*, note 1909.

[1912] Il faut rappeler ici que l'indépendance financière est l'un des critères permettant de caractériser une CRF autonome.

[1913] En 2011, il était affirmé pour le cas togolais, que l'autonomie des CENTIF était loin d'être acquise eu égard à l'insuffisance de moyens ; mais encore, parce que cette CRF ne disposait pas d'une ligne budgétaire propre et n'arrivait pas à mobiliser les fonds nécessaires à la réalisation de ses projets sans s'en référer préalablement à son Ministère de tutelle (RSEM du Togo de 2011, p. 15). Or à l'époque, l'art. 22 de la première LU, à l'instar de l'actuel art. 73 prévoyait que les ressources financières des CENTIF provenaient « notamment des apports consentis par l'Etat, les Institutions de l'UEMOA et des partenaires au développement ».

[1914] Art. 78 *in fine*.

homologues sans que cela ne nécessite une quelconque approbation externe[1915]. Ce problème a d'ailleurs été déploré au ***Sénégal*** : « l'autorisation préalable de la tutelle, le Ministre en charge des Finances, qui est exigée pour toutes signatures de MOU par la CENTIF avec ses homologues étrangers, limite son indépendance, même si aucun refus de conclure un accord n'a été décidé par cette autorité depuis la création de la CENTIF qui a conclu une trentaine d'accords de coopération »[1916]. Par conséquent, affirmer expressément l'autonomie des CENTIF pour ce qui est spécifiquement de la faculté de conclure des accords avec les autorités compétentes *sans que le ministre de tutelle puisse s'y opposer* serait une réponse à ce manquement. *Les suites de l'information préalable du ministère des Finances devraient alors être précisées* pour empêcher les restrictions indues.

Ces constats mènent à la conclusion que l'autonomie (financière et opérationnelle) reste un défi à part entière pour les CENTIF au sein des États membres. Ces derniers devraient manifester leur volonté politique - le cas échéant - d'accorder à la production du Renseignement de qualité la place centrale qui lui revient dans le dispositif de neutralisation du blanchiment de capitaux. En effet, l'absence de ressources devant permettre à certaines CENTIF de réaliser ne serait-ce que leurs fonctions de base constitue un signal fort qui pourrait traduire une absence de priorisation de la performance des CRF par les États mêmes. Il leur reste donc à consolider les éléments fondamentaux pour le fonctionnement des CENTIF, afin que celles-ci puissent atteindre dans les faits, l'autonomie et la multipotentialité proclamées par le législateur communautaire.

Conclusion du Chapitre I

412. En dépit d'un contexte hostile à la formalisation et à la culture de conformité et donc, à la transparence, les États membres de l'UEMOA se sont employés à créer, progressivement, un cadre réglementaire encourageant à alimenter le Renseignement. En effet, le législateur oblige aux déclarations des mouvements d'espèces et d'instruments négociables au porteur - même si de manière limitée, en raison de l'exclusion des mouvements intracommunautaires du champ des obligations déclaratives. La réglementation s'est aussi faite limitative des transactions en espèces et en particulier dans le secteur immobilier identifié comme étant à risque élevé de blanchiment ; sauf que les textes d'application pertinents n'ont pas encore été adoptés de manière à circonscrire convenablement le cadre d'application de ces mesures. Mais au moins des ajustements réglementaires peuvent-ils permettre de venir à bout de ces manquements. Les grands obstacles au Renseignement - par usage des canaux officiels conférés par le système déclaratif - sont en effet, surtout d'ordre structurel. Le renforcement de la surveillance des frontières et dans ce but, la formation et la sensibilisation convenables de tous les agents y participant sont

---

[1915] Voir *supra*, par. 212.
[1916] REM du Sénégal de mai 2018, p. 175.

une condition indispensable et préalable à la neutralisation des passeurs de fonds. La coopération et la coordination entre les autorités concernées (en l'occurrence, l'Administration des douanes, les services de l'immigration, de police et toute autre autorité compétente) devraient être effectives et idéalement, se fluidifier.

La systématisation de la détection des cas de blanchiment par application de la stratégie du GAFI suppose également une mise en œuvre des nombreuses réformes et résolutions allant dans le sens de la formalisation de l'économie. C'est effectivement une grande majorité des acteurs de l'économie (informelle) qui se soustrait aux obligations déclaratives, ce qui impacte considérablement les capacités de détection. Ce constat en a alors mené à un autre : celui de la nécessité d'allier la solution à long terme (formalisation totale de l'économie des États membres) à des mesures à plus court terme, à l'instar de la mise en place d'une plateforme de déclaration des activités criminelles en lien avec l'exercice d'une activité économique. De plus, les canaux informels offrent un environnement idéal aux blanchisseurs pour commettre leurs forfaits en toute impunité. L'instrumentalisation de l'informel des services financiers (*hawala*, recours au change informel) en fournit un exemple patent. La politique qui nous apparaît la plus appropriée est celle alliant l'action inclusive et sensibilisatrice (par exemple, par soumission des *hawaladars* à une obligation de déclaration d'activité et ce faisant, à des obligations minimales de LBC/FT) à une fermeté et une sévérité sans précédent dans l'administration des sanctions aux récalcitrants.

Enfin, face à l'attention particulière devant être accordée aux produits d'inclusion financière, la réglementation sur la prévention de la LBC/FT devrait se faire plus inclusive et la surveillance, renforcée à l'égard des sous-agents prestataires de services de transfert rapide d'argent de même que vis-à-vis des distributeurs et sous-distributeurs des établissements de monnaie électronique. Il va sans dire, au regard de l'ampleur du travail qu'il reste à fournir et notamment des moyens que cela va nécessiter, que seule une ferme volonté politique pourra permettre une progression significative. Celle-ci devrait également se manifester à travers une dotation en ressources suffisantes et dans ce cadre, une totale autonomisation des CENTIF. Car en l'état actuel des informations fournies sur le fonctionnement des CRF ouest-africaines, l'élargissement des prérogatives des CENTIF ainsi que l'affirmation de leur autonomie par la loi uniforme jurent avec l'insuffisance de leurs ressources ou encore, avec leur dépendance à l'égard de l'autorité de tutelle.

CHAPITRE II. LA NÉCESSAIRE CLARIFICATION DES OBLIGATIONS DÉCLARATIVES DES ASSUJETTIS.

413. ***Des clarifications devant compléter et préciser le champ d'application des obligations déclaratives***. Consacrée par la première loi uniforme, l'obligation de déclaration des opérations suspectes a, à présent, un champ d'application élargi. On mentionnera d'ores et déjà l'extension de l'obligation déclarative au soupçon de fraude fiscale ou encore, à celui généré par l'impossible identification notamment d'un bénéficiaire effectif.

414. Quelle que soit la pertinence de cette option - qui mérite d'être interrogée -, la subsistance de certaines imprécisions réglementaires en atténue la portée (Section 1). En revanche, ont convenablement été précisées les modalités et suites des déclarations de soupçon (Section 2).

Section 1. La portée de l'extension du champ des obligations déclaratives atténuée par la subsistance d'imprécisions réglementaires : les actions correctrices requises.

415. ***L'urgence d'apporter des précisions réglementaires combinée au besoin de lignes directrices***. Puisque tel n'est actuellement pas le cas, il faudrait intégrer expressément la tentative dans le champ des obligations déclaratives (Sous-section 1). Certains textes d'application restent également à adopter en vue de permettre la mise en œuvre des obligations déclaratives qui en dépendent (Sous-section 2).

Sous-section 1. Intégrer expressément la tentative dans le champ des déclarations d'opérations suspectes.

416. ***De l'examen du champ d'application des obligations déclaratives et des intérêts d'une intégration expresse de la tentative dans ce cadre***. Les intérêts d'intégrer expressément la tentative dans le champ d'application des obligations de déclaration d'opérations suspectes sont multiples et ne manqueront pas d'être précisés (Paragraphe 1) ; et cela, consécutivement à l'analyse préalable du périmètre de l'obligation déclarative (Paragraphe 2).

Paragraphe 1. La détermination préalable du périmètre des déclarations d'opérations suspectes.

417. Une circonscription du champ des obligations déclaratives incitatrice à la détection de toute activité criminelle. Aux termes de l'article 79 de la loi uniforme, les assujettis doivent déclarer à la CENTIF et notamment[1917] selon un modèle de déclaration fixé par arrêté du ministre chargé

[1917] L'article dispose également que ladite déclaration doit se faire : « selon les conditions fixées par la présente loi ».

des Finances, « les sommes inscrites dans leurs livres ou les opérations portant sur des sommes dont elles soupçonnent ou ont de bonnes raisons de soupçonner qu'elles proviennent d'une infraction de blanchiment de capitaux ou de financement du terrorisme »[1918]. La formulation - qui au demeurant, rappelle fortement celle de droit français[1919] - diffère de celle de l'ancienne version qu'elle améliore, du fait de l'abandon de la référence à la *possession* des biens par les assujettis[1920]. Aussi le législateur s'inscrit-il davantage dans l'incitation à se livrer aux déclarations dès l'instant que s'insinuerait dans leur esprit un *doute* quant à la commission de l'infraction de blanchiment, donc dès que l'hypothèse n'est pas à exclure[1921].

Le périmètre de la déclaration concerne les sommes ou opérations portant sur des sommes provenant de l'infraction de blanchiment de capitaux ou de financement du terrorisme[1922]. Dès lors, sont indirectement couvertes par une telle obligation déclarative toutes activités criminelles (dont le produit ferait l'objet d'une infraction de blanchiment). Même si la formulation aurait pu être plus explicite ; pour l'exemple, l'article 83 du Règlement de la CEMAC inclut dans le champ de la déclaration les sommes ou opérations qui « sont le produit d'une activité criminelle ou ont un rapport avec une infraction de blanchiment de capitaux ou de financement du terrorisme et de la prolifération »[1923].

418. Des précisions (et imprécisions) dans l'application sectorielle des obligations déclaratives. S'inscrivant dans l'optique de préciser l'applicabilité des obligations déclaratives aux membres des professions

---

1918 Art. 79 al. 1er.

1919 Art. L. 561-15, Point 1 du Code monétaire et financier français, qui prévoit pour les assujettis une obligation de déclarer « les sommes inscrites dans leurs livres ou les opérations portant sur des sommes dont elles savent, soupçonnent ou ont de bonnes raisons de soupçonner qu'elles proviennent d'une infraction passible d'une peine privative de liberté supérieure à un an ou sont liées au financement du terrorisme ».

1920 L'art. 26 de la première loi uniforme obligeait les assujettis à déclarer à la CENTIF : les sommes d'argent et tous autres biens étant en leur possession, lorsque ceux-ci pourraient provenir du blanchiment de capitaux ; les opérations qui portent sur des biens, lorsque celles-ci pourraient s'inscrire dans un processus de blanchiment de capitaux ; les sommes d'argent et tous autres biens étant en leur possession, lorsque ceux-ci, suspectés d'être destinés au financement du terrorisme, paraissent provenir de la réalisation d'opérations se rapportant au blanchiment de capitaux. L'absence de définition du terme « possession » générait une certaine incertitude ; de plus, cette disposition interprétée *a contrario*, plaçait en toute logique hors du champ d'application de l'article, les sommes d'argent et biens que les assujettis n'avaient pas en leur possession.

1921 Alors que le soupçon renvoie à une *opinion* défavorable à l'égard d'une personne (et par extension dans le contexte de la LBC/FT, à l'égard d'une situation), le doute est défini par le *Larousse* comme étant l'« état de quelqu'un qui ne sait que croire, qui hésite à prendre parti [...] ». Ainsi « avoir des raisons de soupçonner » nous paraît renvoyer à toutes les situations dans lesquelles l'assujetti aurait simplement un doute, alors qu'il se sera déjà fait une « opinion défavorable » en cas de soupçon de blanchiment.

1922 Art. 79 al. 1er de la LU.

1923 Art. 83 al. 1er du Règlement n°01/CEMAC/UMAC/CM portant prévention et répression du blanchiment des capitaux et du financement du terrorisme et de la prolifération en Afrique centrale.

libérales, le législateur charge à titre individuel et quelles que soient les modalités de leur exercice professionnel, les professionnels de l'expertise comptable et du commissariat aux comptes, les notaires, les huissiers de justice, les administrateurs judiciaires, les mandataires judiciaires, les avocats, lorsqu'ils agissent en qualité de fiduciaires ainsi que les commissaires-priseurs, de répondre à toute demande émanant de la CENTIF et de recevoir ses accusés de réception des déclarations de soupçon faites en application de l'article 79 de la loi uniforme[1924].

Pour ce qui est du milieu financier, l'Instruction n°59/2019/ CREPMF précisant les dispositions de l'article 79 de la loi uniforme oblige les acteurs du Marché Financier Régional à déclarer « les sommes inscrites dans leurs livres ou les opérations portant sur des sommes dont ils soupçonnent ou ont de bonnes raisons de soupçonner qu'elles proviennent d'une infraction de blanchiment de capitaux ou de financement du terrorisme, notamment :

- les sommes remises par la clientèle qui pourraient provenir du trafic de stupéfiants ou d'activités criminelles organisées ;
- les opérations qui portent sur des sommes qui pourraient provenir du trafic de stupéfiants ou d'activités criminelles organisées [...] »[1925].

Telle était également la démarche de la BCEAO dans l'ancienne Instruction du 2 juillet 2007 relative à la lutte contre le blanchiment de capitaux au sein des organismes financiers[1926]. Mais contre toute attente, cette disposition n'a pas été reconduite dans la nouvelle Instruction prise en application de la seconde loi uniforme, qui se contente très vaguement d'obliger les institutions financières assujetties à se doter de procédures internes prescrivant les diligences à accomplir en matière notamment « de détection et d'analyse des opérations susceptibles de faire l'objet d'une déclaration de soupçon à la CENTIF »[1927]. Il demeure possible de combler ces silences par la publication de lignes directrices permettant d'orienter les institutions financières quant à la teneur de ces procédures internes en ce qui concerne la détection ; mais encore, de réintégrer la précision sur le champ de ces obligations déclaratives, à l'instar de la démarche de l'AMF-UMOA.

Dans le secteur des assurances, les déclarants ont été beaucoup plus outillés du fait de la démarche plus exhaustive du Règlement n°001/CIMA/

[1924] Art. 80 de la LU.

[1925] Art. 16 al. 2 de l'Instruction n°59/2019/CREPMF. D'une manière générale, les acteurs du Marché financier régional sont appelés à procéder aux DOS conformément aux dispositions de l'art. 79 de la LU (art 16 al 1er de l'Instruction n°59/2019/CREPMF).

[1926] Art. 11 al. 2, qui invitait les organismes financiers, conformément à l'ancien art. 26 de la première LU, à déclarer auprès de la CENTIF notamment : « les sommes inscrites dans leurs livres qui pourraient provenir du trafic de stupéfiants ou d'activités criminelles organisées ; les opérations qui portent sur des sommes lorsque celles-ci pourraient provenir du trafic de stupéfiants ou d'activités criminelles organisées [...] ».

[1927] Art. 5 al. 2, point 8 de l'Instruction n°007-09-2017 de la BCEAO.

PCMA/PCE/SG/2021 de la CIMA. D'après l'article 20 dudit Règlement, les personnes en contact avec la clientèle, les personnes gérant les dossiers et celles responsables de l'audit interne doivent savoir détecter les opérations douteuses ou suspectes ainsi que les clients à risque[1928]. Plus spécifiquement, il est opéré une distinction entre les situations génératrices de soupçons[1929] et celles devant justifier un soupçon aggravé parmi lesquelles, justement, les cas où « il existe un soupçon que les sommes ou les opérations puissent être d'origine illicite (et notamment qu'elles puissent provenir du trafic de stupéfiants ou d'activités criminelles organisées) »[1930], ou encore, « il existe un soupçon que les sommes

[1928] Art. 20 al. 1er. Il est ajouté que s'il ne s'agit pas de la même personne, elles doivent faire parvenir l'information au Responsable de l'anti-blanchiment dans l'entreprise.

[1929] Selon l'art. 20 al. 3, les assujettis doivent avoir un soupçon dans les cas suivants (sachant que la liste n'est pas exhaustive) : le client refuse de répondre aux questions les plus générales ; le client est accompagné et surveillé par une ou plusieurs autres personnes et ne dispose visiblement pas de l'entière liberté de dire ou de faire à sa guise ; l'origine ou la source des fonds n'est pas claire ; le montant des primes ne cadre pas avec la situation apparente du client ; le client règle sa prime au moyen d'un virement important en provenance de l'étranger, puis se ravise et veut récupérer tout ou partie de la somme ; le payeur de prime est différent du souscripteur (opération juridiquement acceptable puisque selon l'article 72 du Code des assurances, « tout intéressé peut se substituer au contractant pour payer les primes ») ; le client insiste sur le fait qu'il s'agit d'une opération de « maximisation fiscale » ou « d'optimisation fiscale » (de tels objectifs avoués peuvent en cacher d'autres moins avouables) ; l'opération ne paraît pas avoir de justification économique au regard des activités du client ; le client est très préoccupé par son droit à résilier rapidement le contrat et par le montant qu'il pourra récupérer ; en cas de rachat précoce ou lorsqu'un versement puis une demande d'avance se font suite à des dates rapprochées ; le client ne se préoccupe pas de la rentabilité de son placement (notamment pour les bons de capitalisation anonymes) ni des conséquences financières ou fiscales ; en cas de règlement « à tiroir » (règlement à une banque X pour le compte d'une banque Y qui agit pour l'intermédiaire Z) ; en cas de nantissement du contrat au profit d'une personne sans lien évident avec l'assuré ou avec le souscripteur ; si un bon de capitalisation est remboursé à une personne sans lien avec le souscripteur (y compris un établissement financier ou autre), auquel cas il faut exiger l'identité du bénéficiaire réel).

[1930] Selon l'art. 20 al. 2, les assujettis doivent avoir un soupçon aggravé dans les situations suivantes (sachant que la liste n'est pas exhaustive) : il existe un soupçon que les sommes ou les opérations puissent être d'origine illicite (et notamment qu'elles puissent provenir du trafic de stupéfiants ou d'activités criminelles organisées) ; il existe un soupçon que les sommes ou les opérations puissent provenir de la fraude aux intérêts économiques et financiers des États ou de la corruption ; une des identités (cocontractant ou bénéficiaire) reste douteuse, ou est masquée par une personne morale faisant écran (*trust*, fiducie, fondation, etc.) ; l'opération est atypique et l'organisme financier, après s'être renseigné, n'a pas obtenu les renseignements nécessaires et n'a pas déterminé l'origine ou la destination des fonds ; les fonds ont transité par un pays, un État ou un territoire inscrit sur la liste noire du GAFI (même si cela s'est fait *via* une filiale ou une succursale de la maison) ; il n'y a pas d'explication convaincante pour une domiciliation anormale (boîte postale, chez un tiers, société de domiciliation) ou bien le contractant a sa résidence fiscale dans deux pays différents ; les contrats sont souscrits auprès d'intermédiaires dans le ressort desquels la personne n'a ni son siège ni une activité significative ; pour certaines personnes morales présentant un profil particulier (société domiciliation, *trusts*, fiducies, fondations, Anstalt du Liechtenstein, sociétés domiciliées dans des paradis fiscaux ou sans objet social défini, etc.).

ou les opérations puissent provenir de la fraude aux intérêts économiques et financiers des États ou de la corruption »[1931].

Paragraphe 2. Des multiples intérêts d'une intégration expresse de la tentative dans le champ des déclarations d'opérations suspectes.

419. Une loi plus claire, une meilleure orientation des assujettis et autres parties prenantes. Il a été reproché aux États membres de ne pas avoir expressément consacré la possibilité de déclarer un soupçon de tentative d'opération suspecte[1932], à l'exception du ***Niger*** qui a récemment comblé cette lacune en incriminant l'omission volontaire ou involontaire de déclaration d'une telle tentative[1933]. Sous l'égide de l'ancienne loi déjà, la remarque avait été faite à l'occasion des évaluations mutuelles des États membres, qui avaient fait valoir plusieurs arguments en vue de démontrer qu'une telle déclaration était néanmoins possible (en l'état de la législation d'alors). À ce titre, a été évoquée l'idée selon laquelle la (première) loi uniforme permettait indirectement d'atteindre cet objectif, dans la mesure où d'abord, il était possible d'interpréter le terme « opération » selon une large acception incluant le début d'exécution de ladite opération[1934]. Ensuite, l'obligation de déclaration d'une tentative d'opération suspecte aurait été indirectement consacrée du fait que les actes préparatoires étaient déjà inclus dans le champ définitionnel de l'infraction de blanchiment de capitaux, de sorte qu'ils pouvaient aussi faire l'objet d'une déclaration[1935]. En outre, dans certains pays, était mis en avant le fait que le modèle de déclaration de soupçon en vigueur offrait une telle possibilité[1936]. Telle est d'ailleurs la justification fournie par les autorités ivoiriennes[1937]… S'il demeure possible d'invoquer ces arguments également dans le cadre de la seconde loi uniforme, force est de relever qu'il en émane une recherche assez laborieuse - voire un forçage - de conformité, alors que celle-ci devrait exhaler des textes réglementaires.

[1931] *Ibid.*

[1932] REM du ***Bénin*** de mai 2021, p. 200 ; REM du ***Burkina Faso*** de mai 2019, p. 147 ; REM de la ***Guinée-Bissau*** de février 2022, p. 197 et REM du ***Togo*** de juin 2022, p. 192.

[1933] L'Ordonnance n°2020-01 du 27 janvier 2020 modifiant et complétant la loi n°61-27 du 15 juillet 1961 portant institution du Code pénal, en son article 133 ter al. 1, punit d'une amende de 50 000 à 750 000 francs CFA, les personnes et dirigeants ou préposés des personnes physiques ou morales qui auront même non intentionnellement omis de procéder à la déclaration de tentative d'opération suspecte, alors que les circonstances amenaient à déduire que les sommes d'argent pouvaient provenir d'une infraction de blanchiment de capitaux. Si la faute est intentionnelle, l'agent est puni d'une peine d'emprisonnement de 12 mois à 4 ans et d'une amende de 200 000 à 3 000 000 de francs CFA ou l'une de ces deux peines seulement.

[1934] REM de la ***Côte d'Ivoire*** de novembre 2012, p. 177. Il y est précisé que cela « reste insuffisamment précis ».

[1935] REM de la ***Côte d'Ivoire*** de novembre 2012, p. 177 ; REM du ***Sénégal*** du 7 mai 2008, p. 114.

[1936] REM du ***Niger*** de 2009, p. 69 ; REM du ***Togo*** de 2011, p. 138.

[1937] REM de la Côte d'Ivoire de juin 2023, p. 230 (affirmant que le modèle de déclaration fixé par arrêté ministériel « charge les IF de préciser le statut de l'opération, y compris une tentative »).

En effet, on ne peut que noter des avantages à reformuler l'article 79 de la loi uniforme de manière à y intégrer de manière expresse la tentative[1938]. En plus de pleinement remplir ce critère de conformité, la loi gagnerait en clarté et dès lors, orienterait mieux les autorités de contrôle quant au contenu des textes d'application et lignes directrices, lequel devrait être exhaustif. Et pour cause, sûrement par mimétisme du législateur communautaire ni la BCEAO ni l'AMF-UMOA n'ont, dans leurs Instructions respectives adressées aux institutions financières et acteurs du Marché Financier Régional, intégré une quelconque obligation de déclarer les soupçons de tentative de blanchiment ou autres activités criminelles. Uniquement dans le Règlement de la CIMA, retrouve-t-on une telle possibilité, du fait de la formulation ouverte de ses articles 20 et 21 permettant de couvrir une large gamme de situations[1939]. Or, l'on imagine mal que les assujettis, peinant déjà à appliquer les obligations émanant expressément des textes réglementaires, ne se livrent à des interprétations non évidentes des dispositions légales… C'est dire qu'il ne faut pas perdre de vue que les déclarants sont des acteurs clés de la détection du produit des activités criminelles. Dès lors, les mesures devant leur permettre d'y satisfaire convenablement devraient se faire les plus limpides possibles afin d'en faciliter l'appropriation et la mise en œuvre ; et au-delà, de permettre une vulgarisation des réflexes de conformité sans équivoque.

Sous-section 2. Adopter les textes d'application conditionnant la mise en œuvre des obligations déclaratives.

420. ***L'urgence de préciser les conditions d'applicabilité des déclarations de soupçon de fraude fiscale et des déclarations automatiques*.** Lorsqu'on considère le contenu des obligations déclaratives, l'imprécision la plus notoire découle de l'absence d'une définition des critères de suspicion au fondement d'une déclaration de soupçon de fraude fiscale (Paragraphe 1). D'autres précisions utiles devraient être apportées à propos des conditions et modalités des déclarations automatiques (Paragraphe 2).

[1938] La remarque est d'autant plus valable que l'art. L. 561-15 du Code monétaire et financier français, dont le législateur communautaire semble s'être inspiré étend (en son point IV), les obligations de déclaration de soupçon à la tentative d'opérations suspectes. Si l'inspiration « sélective » s'impose eu égard au besoin d'adaptation réglementaire, celle-ci ne se justifie pas, de notre point de vue, lorsqu'elle conduit à ignorer des dispositions qui pourtant, auraient pu permettre de combler les lacunes maintes fois relevées à l'occasion des évaluations mutuelles.

[1939] L'art. 20 fait état d'une détection, d'une manière générale, des opérations douteuses ou suspectes et des clients à risque. L'art. 21, en ses alinéas 7 et 8, dispose que la déclaration de soupçon doit être effectuée même si l'entreprise a refusé d'exécuter l'opération du fait des éléments de suspicion en sa possession. Il est donc impératif de prendre toutes les références possibles des clients potentiels, même s'ils sont finalement refusés.
Si l'entreprise a connaissance d'éléments nouveaux tendant à renforcer le soupçon initial ou au contraire à l'infirmer, la compagnie doit en avertir la Cellule de renseignement financier immédiatement. Cette disposition permet - certes, non expressément - de couvrir les déclarations de soupçon de tentative d'opérations suspectes.

Paragraphe 1. L'urgence d'une définition des critères de suspicion au fondement d'une déclaration de soupçon de fraude fiscale.

421. Débats autour de l'intégration de la fraude fiscale dans le champ des obligations déclaratives : illégitimité ou utilité ? « Par dérogation à l'alinéa premier du présent article, les personnes visées aux articles 5 et 6 de la présente loi déclarent à la CENTIF, les sommes ou opérations dont elles soupçonnent ou ont de bonnes raisons de soupçonner qu'elles proviennent d'une fraude fiscale, lorsqu'il y a présence d'au moins un critère défini par la réglementation en vigueur. »[1940] Par cette disposition de l'article 79 de la loi uniforme, la fraude fiscale[1941] fait son entrée dans le champ de la déclaration des opérations suspectes. Avant de s'intéresser au contenu de cette disposition, il apparaît important de souligner que le principe même de l'intégration de la fraude fiscale au titre de l'objet des déclarations de soupçon n'a pas fait l'unanimité.

En effet, la doctrine y a vu « un dévoiement complet de la lutte contre le blanchiment qui serait mise au service de finalités tout à fait différentes de celles pour lesquelles elle avait été conçue »[1942] ; et cela, du fait d'une utilisation des instruments de l'anti-blanchiment pour lutter, indistinctement,

---

[1940] Art. 79 al. 2 de la LU.

[1941] Conformément à l'art. 679 du Code général des impôts sénégalais (loi n°2012-31 du 31 décembre 2012, publiée au Journal officiel n°6706 du 31 décembre 2012), la fraude fiscale consiste à se soustraire frauduleusement à l'établissement ou au paiement total ou partiel de l'impôt. La fraude fiscale « peut se manifester par une simple déclaration incomplète de la base imposable, une dissimulation de l'assiette ou de manière plus grossière par des transactions payées ou accompagnées de mallettes de billets de banque qui échappent à toute traçabilité pour les services des impôts » (N. MEDE, « L'euro et l'évasion fiscale en Afrique de l'Ouest francophone », *Annales Africaines*, Nouvelle Série, vol. 1, n°4, avril 2016, p. 1). L'auteur explique au préalable que la fraude fiscale constitue la seconde dimension de l'évasion fiscale, car étant une optimisation de la charge fiscale, mais en violation de la loi ; l'optimisation fiscale (que l'auteur conçoit comme la première face de l'évasion fiscale) est, pour sa part, « une judicieuse utilisation de la législation fiscale pour minimiser la charge fiscale à imputer au contribuable. Il s'agit d'un exercice qui reste, malgré tout, conforme à la légalité fiscale » (*ibid.*). Dans les pays ouest-africains, la prolifération de la fraude fiscale serait en premier chef, liée au système fiscal en vigueur. Au sein des États de l'UEMOA en particulier, d'aucuns estiment que le système fiscal, « assez complexe », offre des possibilités de contournement de la loi aux contribuables ; « ainsi, un système fiscal déclaratif, dans un environnement socio-économique où le fisc est considéré comme un spoliateur, peut susciter la tentation de dissimuler ces revenus » (S. OUEDRAOGO, *Les compétences nationales en matière fiscale et la communautarisation des règles dans l'espace Ouest africain* [en ligne], thèse de doctorat : Droit (sous la direction de Monsieur J.-P. DUPRAT) : Université de Bordeaux, 2015, p. 132. Disponible sur : https://tel.archives-ouvertes.fr/tel-01282633). L'auteur évoque également l'insuffisance des contrôles et l'insuffisance des moyens octroyés aux Administrations fiscales, qui nuisent à l'efficacité des contrôles *(ibid.)* ; l'absence d'emprise sur le secteur informel, au sein duquel nombre de contribuables évoluent en supportant - en toute impunité - une charge fiscale plus légère que ce qu'ils auraient réellement dû payer ; enfin, l'incivisme fiscal caractéristique des sociétés africaines (*ibid.*, p. 133).

[1942] A. BAC et E. JOUFFIN, *op. cit.*, p. 30.

contre « la fraude fiscale la plus grave »[1943] assimilée à la grande criminalité (ce que l'on pourrait concevoir) et « la petite fraude fiscale » (ce qui en revanche, relèverait d'un détournement d'objectif)[1944]. Et c'est sans compter l'atteinte au principe de non-immixtion, puisque les banquiers en particulier s'obligeraient « à s'immiscer dans les affaires de leurs clients pour y déceler le moindre indice de manquement à la loi fiscale »[1945]. Ces arguments pourraient tout aussi bien être opposés au législateur communautaire, d'autant plus que l'intention d'une utilisation des commodités de l'anti-blanchiment au service des autorités fiscales est manifeste. Il n'y a rien de plus éloquent, en effet, que la consécration par la seconde loi uniforme d'une possibilité pour la CENTIF de « transmettre à l'Administration fiscale, qui peut les utiliser pour l'exercice de ses missions, des informations sur des faits susceptibles de relever de la fraude ou de la tentative de fraude fiscale »[1946].

Mais il semblerait que le législateur communautaire s'inscrive davantage dans la perspective de s'attaquer au blanchiment « dans sa manifestation fiscale »[1947], puisqu'une telle lecture a aussi été faite de l'extension du périmètre de la déclaration[1948]. D'abord, cette initiative est en cohérence avec les évaluations de risques, puisqu'il nous a été donné de constater que la fraude fiscale figure au rang des principales menaces dans les États membres[1949]. En outre, a été exprimée la nécessité de « rendre effectives les poursuites pénales contre la fraude fiscale étant donné que cette infraction sous-jacente majeure de BC a été ignorée par les autorités fiscales »[1950]. Ce faisant, les CENTIF - du moins, *a priori* - sont appelées à contribution pour lutter contre les aspects pénaux de la fraude fiscale, tout en aidant l'Administration fiscale à mieux détecter les cas de fraude et notamment, à assurer un meilleur recouvrement. L'on ne peut qu'espérer qu'elles soient à l'avenir outillées en conséquence pour créer les conditions nécessaires à une mise en œuvre efficace de ces mesures.

422. Plus qu'une publication de la liste des critères de suspicion de fraude fiscale : des lignes directrices édifiantes requises. Les critères

---

1943 *Ibid.*, p. 30.
1944 *Ibid.*, pp. 30-31.
1945 *Ibid.*, p. 31.
1946 Art. 66 al. 4.
1947 E. JOUFFIN et D. HOTTE, *op. cit.*, p. 95.
1948 À ce propos, précisant les contours de l'obligation déclarative en droit français (dont s'est apparemment inspiré le législateur communautaire) relativement à la fraude fiscale, Madame Ndèye Binty DIOP affirme : « il n'est pas exigé des professionnels qu'ils déclarent une fraude fiscale. Mais, ils doivent vérifier que les critères posés par le décret laissent présumer l'existence d'une fraude fiscale. C'est cette présomption de fraude fiscale qui induira un soupçon de blanchiment dans la mesure où les sommes ou les opérations en question « *sont l'objet d'un ensemble d'opérations coordonnées consistant, par des techniques plus ou moins sophistiquées, à les injecter dans les circuits économiques* » (*op. cit.*, p. 414 ; l'auteure fait référence, dans sa citation, à l'article précité de Messieurs Emmanuel JOUFFIN et David HOTTE (p. 71).
1949 Voir *supra*, par. 279 et s.
1950 REM du Sénégal de mai 2018, p. 30.

susmentionnés, devant alerter les assujettis sur l'éventualité d'une fraude fiscale, n'ont pas à ce jour été publiés. Cette imprécision vient paralyser le dispositif, puisque la déclaration est requise « lorsqu'il y a la présence d'au moins un critère défini par la réglementation en vigueur »[1951]. Il s'agit donc d'une condition d'applicabilité de ce régime dérogatoire qui, fondamentalement, a été pensé notamment pour limiter le risque d'engorgement[1952]. Cela dit, il est fort probable, étant donné la similitude avec la démarche française, que les critères en question s'inspirent de ceux énumérés à l'article L. 561-15 (point II) du Code monétaire

---

[1951] Art. 79 al. 2 de la LU.

[1952] P. LUPI, « Revenus de capitaux mobiliers », *JurisClasseur Fiscal Impôts directs Traité*, 3 novembre 2011, mise à jour : 3 novembre 2011. Ce serait compte tenu de la complexité de la fraude fiscale et dans l'optique d'éviter un risque d'engorgement des services de TRACFIN, que le législateur français aurait choisi de créer un dispositif dérogatoire de déclaration de soupçon en matière de blanchiment de fraude fiscale. En effet, selon Monsieur Philippe LUPI, les assujettis ne sont tenus de procéder à la déclaration de soupçon de blanchiment de fraude fiscale que si ladite fraude revêt au moins l'un des seize critères définis par le décret de 16 juillet 2009.

et financier français[1953]. Ce faisant, le législateur communautaire hérite des limites de ce système d'inspiration française, étant donné que la fraude fiscale « peut apparaître indépendamment de ces critères »[1954].

Par ailleurs, les autorités de contrôle devraient postérieurement à la publication de cette liste publier des lignes directrices sur les modalités de mise

[1953] Ces critères sont les suivants : 1° L'utilisation de sociétés écran, dont l'activité n'est pas cohérente avec l'objet social ou ayant leur siège social dans un État ou un territoire qui n'a pas adhéré à la norme relative à l'échange de renseignements sur demande à des fins fiscales, ou à l'adresse privée d'un des bénéficiaires de l'opération suspecte ou chez un domiciliataire au sens de l'article L. 123-11 du code de commerce ;
2° La réalisation d'opérations financières par des sociétés dans lesquelles sont intervenus des changements statutaires fréquents non justifiés par la situation économique de l'entreprise ;
3° Le recours à l'interposition de personnes physiques n'intervenant qu'en apparence pour le compte de sociétés ou de particuliers impliqués dans des opérations financières ;
4° La réalisation d'opérations financières incohérentes au regard des activités habituelles de l'entreprise ou d'opérations suspectes dans des secteurs sensibles aux fraudes à la TVA de type carrousel, tels que les secteurs de l'informatique, de la téléphonie, du matériel électronique, du matériel électroménager, de la hi-fi et de la vidéo ;
5° La progression forte et inexpliquée, sur une courte période, des sommes créditées sur les comptes nouvellement ouverts ou jusque-là peu actifs ou inactifs, liée le cas échéant à une augmentation importante du nombre et du volume des opérations ou au recours à des sociétés en sommeil ou peu actives dans lesquelles ont pu intervenir des changements statutaires récents ;
6° La constatation d'anomalies dans les factures ou les bons de commande lorsqu'ils sont présentés comme justification des opérations financières, telles que l'absence du numéro d'immatriculation au registre du commerce et des sociétés, du numéro SIREN, du numéro de TVA, de numéro de facture, d'adresse ou de dates ;
7° Le recours inexpliqué à des comptes utilisés comme des comptes de passage ou par lesquels transitent de multiples opérations tant au débit qu'au crédit, alors que les soldes des comptes sont souvent proches de zéro ;
8° Le retrait fréquent d'espèces d'un compte professionnel ou leur dépôt sur un tel compte non justifié par le niveau ou la nature de l'activité économique ;
9° La difficulté d'identifier les bénéficiaires effectifs et les liens entre l'origine et la destination des fonds en raison de l'utilisation de comptes intermédiaires ou de comptes de professionnels non financiers comme comptes de passage, ou du recours à des structures sociétaires complexes et à des montages juridiques et financiers rendant peu transparents les mécanismes de gestion et d'administration ;
10° Les opérations financières internationales sans cause juridique ou économique apparente se limitant le plus souvent à de simples transits de fonds en provenance ou à destination de l'étranger notamment lorsqu'elles sont réalisées avec des États ou des territoires visés au 1° ;
11° Le refus du client de produire des pièces justificatives quant à la provenance des fonds reçus ou quant aux motifs avancés des paiements, ou l'impossibilité de produire ces pièces ;
12° Le transfert de fonds vers un pays étranger suivi de leur rapatriement sous la forme de prêts ;
13° L'organisation de l'insolvabilité par la vente rapide d'actifs à des personnes physiques ou morales liées ou à des conditions qui traduisent un déséquilibre manifeste et injustifié des termes de la vente ;
14° L'utilisation régulière par des personnes physiques domiciliées et ayant une activité en France de comptes détenus par des sociétés étrangères ;
15° Le dépôt par un particulier de fonds sans rapport avec son activité ou sa situation patrimoniale connues ;
16° La réalisation d'une transaction immobilière à un prix manifestement sous-évalué.
[1954] P. LUPI, *op. cit.*, par. 26.

en œuvre de la déclaration de soupçon de fraude fiscale ou de blanchiment de fraude fiscale. En France, telle a été la démarche de l'Autorité de contrôle prudentiel et de TRACFIN qui, dans des lignes directrices conjointes, ont apporté des précisions de nature à favoriser notamment la réception par la CRF française de déclarations de qualité. Les déclarants y sont appelés, par exemple, à ne faire de déclaration de soupçon de fraude fiscale qu'après avoir accompli les diligences préalables requises, à savoir la détection des anomalies et l'analyse des faits générateurs de soupçons. L'idée n'est donc pas de faire des transmissions automatiques de toutes opérations que le déclarant estimerait « anormales » ; une analyse devrait précéder la DOS, laquelle devrait aboutir à la conclusion qu'au moins un des critères est rempli. Dès lors, doit figurer dans la déclaration non pas uniquement le critère, mais encore, l'analyse au fondement du soupçon de blanchiment[1955].

Avant de s'intéresser à présent, aux précisions devant être faites relativement aux déclarations automatiques, il faut relever qu'une troisième situation peut donner lieu à une déclaration d'opération suspecte sur le fondement d'une analyse subjective de l'assujetti. Il s'agit de l'hypothèse dans laquelle la déclaration serait faite à l'issue de « l'examen renforcé prescrit à l'alinéa 2 de l'article 51 »[1956], c'est-à-dire face à une opération particulièrement complexe ou d'un montant inhabituellement élevé ou ne paraissant pas avoir de justification économique ou objet licite. Puisque le législateur préconise aux assujettis, dans ce cas, de se renseigner auprès du client sur l'origine des fonds, la destination de ces sommes ainsi que sur l'objet de l'opération et l'identité de la personne qui en bénéficie, il apparaît logique qu'en l'absence des renseignements pertinents (ou s'ils ne sont pas convaincants), le déclarant fasse part de ses soupçons à la CENTIF.

Paragraphe 2. Les précisions devant concerner les déclarations automatiques.

423. Le coût des silences réglementaires : entre champs inexplorés et incertitudes. Doivent être également déclarées à la CENTIF, toutes opérations pour lesquelles l'identité du donneur d'ordre, du bénéficiaire effectif, du constituant d'un fonds fiduciaire ou de tout autre instrument de gestion d'un patrimoine d'affectation, reste douteuse en dépit des diligences effectuées au titre des mesures de vigilance applicables à la clientèle[1957]. Puis, le législateur de laisser la possibilité à la BCEAO d'étendre ladite obligation déclarative aux opérations pour compte propre ou pour le compte de tiers effectuées par les institutions financières avec des personnes physiques ou morales (y compris leurs filiales ou établissements) domiciliées, enregistrées ou établies dans l'ensemble des États ou territoires dont les insuffisances de la législation ou les

[1955] *Ibid.*, par. 27.
[1956] Art. 79 al. 3 de la LU.
[1957] Art. 79 al. 4.

pratiques font obstacle à la LBC/FT[1958]. L'Instruction de la BCEAO qui était censée aussi fixer les modalités et le montant minimum des opérations soumises à déclaration n'a pas (encore ?) été adoptée.

Pourtant, les précisions idoines auraient pu figurer dans l'Instruction n°007-09-2017 portant modalités d'application par les institutions financières de la loi uniforme relative à la LBC/FT dans les États membres de l'UMOA. Celle-ci étant ainsi restée sourde à l'appel du législateur, il est fort à parier que l'impact de l'article 79, alinéa 5 de la seconde loi uniforme[1959] soit fortement réduit, surtout compte tenu de l'absence de lignes directrices. On peut dès lors regretter que le législateur ait fait de l'extension par la BCEAO des obligations déclaratives aux pays appliquant insuffisamment les Recommandations, une simple faculté laissée à la discrétion de la Banque centrale. On peut effectivement y voir une manière de laisser à BCEAO décider de l'opportunité de ladite mesure et de ne l'imposer aux institutions financières que si elle est jugée pertinente... Sauf que l'opportunité de la mesure est manifeste, puisque les transactions d'un certain montant avec les pays ou territoires à risque plus élevé sont communément reconnues comme étant à risque tout au moins accru de blanchiment de capitaux. Dès lors, il apparaissait convenable que la loi uniforme étende *directement* l'obligation déclarative aux opérations effectuées par les institutions financières avec des personnes domiciliées, enregistrées ou établies dans des États ou territoires dont la législation ou les pratiques font obstacle à la LBC/FT ; à charge pour la BCEAO de fixer les modalités et le montant minimum des opérations soumises à déclarations.

Enfin, la dernière catégorie d'opérations devant faire l'objet d'une déclaration à la CENTIF concerne tous éléments d'information relatifs aux opérations de transmission de fonds effectuées à partir du versement d'espèces ou au moyen de monnaie électronique[1960]. Une fois de plus, le législateur s'en est remis à la BCEAO afin de préciser le seuil à partir duquel est requise une déclaration auprès de la CENTIF ainsi que les conditions et modalités de ladite déclaration[1961]. Dans les précédents développements, il a été précisé que ledit seuil a été fixé à quinze millions de francs CFA ; mais il subsiste des incertitudes quant aux modalités d'application. En effet, rappelons que les secteurs d'activité bénéficiant d'exemptions devaient être déterminés par arrêté du ministre chargé

1958 Art. 79 al. 5, qui prévoit effectivement qu'« une instruction de la BCEAO peut étendre » ladite obligation déclarative.

1959 L'application de la méthode du seuil quant à la déclaration automatique des opérations passées avec des personnes domiciliées, enregistrées ou établies dans des pays à risque plus élevé, apparaît comme étant une solution avisée, car permettant d'atteindre un juste milieu. En effet, cette mesure nous semble avantageuse en ce qu'elle favorise la détection des opérations à plus haut risque (celles atteignant ou dépassant le seuil) tout en évitant l'engorgement qui pourrait résulter d'une déclaration systématique de toute transaction avec les personnes précitées.

1960 Art. 79 al. 6 de la LU.

1961 *Ibid.*

des Finances dans chaque État membre ; une obligation qui n'a pas encore été remplie.

Section 2. Une circonscription néanmoins adéquate des modalités et suites des déclarations de soupçon.

424. ***Des précisions de nature à bien édifier l'assujetti sur la procédure de déclaration de soupçon.*** On peut se réjouir des précisions apportées par la loi uniforme quant à la conduite de l'assujetti procédant à une déclaration de soupçon (Sous-section 1) ainsi que celles relatives aux suites d'une telle déclaration (Sous-section 2).

Sous-section 1. Des dispositions légales explicites quant à la conduite de l'assujetti procédant à une déclaration de soupçon.

425. ***De la réalisation aux modalités de transmission des déclarations de soupçon : des précisions concernant la conduite à tenir.*** La loi uniforme précise tant les conditions de réalisation des déclarations de soupçon (Paragraphe 1) que les règles formelles et de transmission desdites déclarations (Paragraphe 2).

Paragraphe 1. La réalisation de la déclaration de soupçon : la loi uniforme érigée en guide pour les assujettis.

426. Le principe : le déclarant soupçonneux doit s'abstenir d'exécuter l'opération jusqu'à confirmation d'une absence d'opposition. Lorsqu'elles soupçonnent que des fonds en leur possession sont en lien avec le blanchiment de capitaux ou le financement du terrorisme, les déclarants doivent s'abstenir d'effectuer toute opération sur lesdits fonds, jusqu'à ce qu'ils fassent la déclaration de soupçon[1962]. Ils ne pourront procéder à la réalisation de l'opération « que si les conditions de l'alinéa 3 de l'article 68 sont réunies »[1963]. L'article 68 en question aborde, d'une manière générale, la question de l'opposition à l'exécution d'une opération ayant fait l'objet d'une déclaration de soupçon[1964]. Il dispose que la CENTIF a la possibilité, lorsque les circonstances l'exigent et sur la base d'informations graves, concordantes et fiables en sa possession, faire opposition à l'exécution d'une opération ayant fait l'objet d'une déclaration de soupçon avant l'expiration du délai d'exécution mentionné par le déclarant[1965]. Cette opposition est notifiée à ce dernier par écrit et fait obstacle à l'exécution de l'opération pendant une durée qui ne peut excéder quarante-huit heures[1966]. Ce délai d'opposition peut faire l'objet d'une prorogation par le juge d'instruction sur requête de la CENTIF, pour une durée maximale de vingt-

---

[1962] Art. 79 al. 7 de la LU.
[1963] *Ibid.*
[1964] Tel est l'intitulé associé à l'art. 68 dans la LU.
[1965] Art. 68 al. 1er de la LU.
[1966] *Ibid.*

quatre heures[1967]. Le juge d'instruction peut également ordonner le séquestre provisoire des fonds, comptes ou titres concernés par la déclaration de soupçon, ou présenter une requête ayant le même objet[1968]. Et l'alinéa 3 de l'article 68 de préciser : « À défaut d'opposition ou si, au terme du délai de quarante-huit heures visé à l'alinéa premier du présent article, aucune décision du juge d'instruction n'est parvenue à l'auteur de la déclaration, l'opération qui a fait l'objet de la déclaration de soupçon peut être exécutée ».

On remarque que le législateur a opté pour des délais très courts quant au blocage des opérations faisant l'objet d'une DOS. Ce choix présente l'avantage d'une meilleure prise en compte des droits fondamentaux des personnes simplement *suspectées*, surtout lorsqu'on envisage l'hypothèse dans laquelle les soupçons se révèleraient ultérieurement, infondés. Certes, dans les pays consacrant des délais d'opposition plus longs, les CRF et autres autorités chargées des enquêtes et poursuites ont davantage le temps d'approfondir les investigations et donc, d'optimiser les chances de manifestation de la vérité[1969]. Mais dans ce dernier cas de figure, l'inexécution d'une opération pendant une durée qui paraîtrait "anormale" au client pourrait amener ce dernier à se douter d'avoir fait l'objet d'une déclaration de soupçon et ainsi, éventuellement, compromettre les chances de succès de l'enquête.

Au final, le choix du législateur communautaire se révèle être celui de la juste mesure entre les droits des tiers et les besoins d'investigation des CENTIF et autres autorités de poursuite. Sauf qu'une telle option suppose de doter lesdites autorités des moyens nécessaires pour satisfaire aux exigences de célérité et d'efficacité allant de pair avec la brièveté des délais d'investigation ; ce vers quoi devraient tendre les États membres. Par ailleurs a été prévue une autre hypothèse, à savoir lorsqu'une opération devant faire l'objet d'une déclaration de soupçon a été déjà réalisée. Cette situation peut se produire lorsqu'il est impossible au déclarant de surseoir à l'exécution d'une opération, lorsque le report de celle-ci peut faire obstacle à des investigations portant sur une opération suspectée de blanchiment de capitaux ou de financement du terrorisme ou enfin, lorsqu'il est apparu postérieurement à sa réalisation que

---

[1967] Art. 68 al. 2.

[1968] *Ibid.* L'art. 68 *in fine* ajoute qu'à défaut de poursuites judiciaires contre le donneur d'ordre dans le délai de quinze jours à compter de la date de l'ordonnance de séquestre provisoire, celle-ci devient caduque.

[1969] Dans le cadre d'une étude comparative entre le droit des pays de la CEMAC et la législation française, il a été mis en lumière que cette dernière prévoit un temps de blocage plus long (dix jours), un état de fait jugé appréciable par l'auteure étant donné qu'il « permet à la cellule de renseignement financier de disposer de suffisamment de temps pour approfondir ses investigations sans avoir à soumettre, trop tôt, sa décision à l'appréciation d'une autorité judiciaire » (O. A. CRESCENCE MARIE-FRANCE, *L'opportunité d'une responsabilité pénale des banques camerounaises et françaises en matière de blanchiment des capitaux : cas des violations des obligations anti-blanchiment*, thèse de doctorat : Droit privé et Sciences criminelles (sous la direction de F. STASIAK) : Université de Lorraine, 2019, p. 296).

ladite opération était soumise à déclaration[1970]. Dans de tels cas de figure, « la personne assujettie en informe, sans délai, la CENTIF »[1971].

Paragraphe 2. Des précisions liées aux règles formelles et de transmission des déclarations de soupçon.

427. Une seconde loi uniforme plus explicite - et plus exigeante - quant aux formalités requises. La première loi uniforme prévoyait déjà que les déclarations de soupçon devaient être transmises à la CENTIF par tout moyen laissant une trace écrite[1972]. Dès lors, les déclarations faites téléphoniquement ou par moyen électronique se devaient de faire l'objet d'une confirmation par écrit, dans un délai de quarante-huit heures[1973]. Devaient être mentionnées les raisons pour lesquelles l'opération a déjà été exécutée ainsi que le délai d'exécution de l'opération suspecte[1974]. Ces dispositions ont été à juste titre reprises et précisées dans la seconde loi uniforme. Celle-ci affirme d'emblée que « les déclarations de soupçon sont établies par écrit »[1975]. Doivent aussi être mentionnées les raisons pour lesquelles une opération faisant l'objet d'une déclaration de soupçon « est en cours d'exécution »[1976]. Enfin, la seconde loi uniforme apporte des clarifications concernant les déclarations de soupçon émanant de l'Administration des Douanes, lesquelles se justifient ne serait-ce que par les besoins d'enquête. En effet, en plus de l'exigence d'écrit, la déclaration doit être signée et datée par la personne déclarante habilitée, mais encore, accompagnée du formulaire de déclaration de transport physique transfrontalier d'espèces et d'instrument négociable au porteur exigé au titre des obligations déclaratives[1977].

La seconde loi uniforme a également intégré des précisions concernant la confidentialité des déclarations de soupçon[1978]. S'il est posé un principe d'interdiction de révélation de l'existence et du contenu d'une déclaration faite auprès de la CENTIF ainsi que des suites lui ayant été réservées[1979], ne constitue pas une divulgation le fait pour les professionnels du droit et du chiffre de s'efforcer de dissuader leur client de prendre part à une activité illégale[1980]. Cette disposition appelle à opérer une différence entre la

---

[1970] Art. 79 *in fine* de la LU.
[1971] *Ibid.*
[1972] Art. 27 de la première LU.
[1973] *Ibid.*
[1974] *Ibid.*
[1975] Art. 81 al. 1er de la LU.
[1976] Art. 81 al. 2.
[1977] Art. 81 al. 3. Sont concernées à ce titre, les obligations déclaratives prévues par l'art. 12 de la LU.
[1978] L'art. 82 al. 1er de la LU affirme que la déclaration de soupçon est confidentielle.
[1979] Aux termes de l'art. 82 al. 2 de la LU, il est interdit d'informer le propriétaire des sommes ou l'auteur d'une opération induisant une déclaration de soupçon ou un tiers, autres que les autorités de contrôle, ordres professionnels et instances représentatives nationales, de l'existence et du contenu d'une déclaration faite auprès de la CENTIF, mais aussi, des suites qui ont été réservées à ladite déclaration.
[1980] Art. 82 al. 3 de la LU.

divulgation répréhensible au titre de l'obligation de confidentialité de l'assujetti et l'exercice du devoir de conseil à l'égard du client. Est en outre prévu un double tempérament à l'interdiction susmentionnée, justifié par des raisons d'enquête. En effet, les dirigeants et préposés des institutions financières peuvent révéler à l'autorité judiciaire ou aux officiers de police judiciaire agissant sur délégation que des informations ont été transmises à la CENTIF en application de leurs obligations déclaratives[1981]. L'autorité judiciaire ne pourra accéder à la déclaration de soupçon que sur réquisition auprès de la CENTIF et uniquement si cette déclaration est nécessaire pour la mise en œuvre de la responsabilité d'un assujetti[1982].

Sous-section 2. Les suites de la déclaration de soupçon : la conciliation entre l'impératif de « manifestation de la vérité » et la protection des parties prenantes.

428. ***D'une gestion des conséquences possibles des déclarations de soupçon*.** Des précisions ont été faites sur les conséquences possibles d'une confirmation d'un soupçon de blanchiment (Paragraphe 1), de même qu'a été prévue l'hypothèse d'une mise en jeu de la responsabilité de l'État (Paragraphe 2).

Paragraphe 1. Des précisions concernant la procédure en cas de confirmation du soupçon.

429. Entre devoir d'information et droit de communication de la CENTIF. Lorsqu'après analyse des opérations, celles-ci sont révélatrices de faits susceptibles de constituer l'infraction notamment de blanchiment de capitaux, la CENTIF transmet un rapport au Procureur de la République qui saisit dans l'immédiat, le juge d'instruction[1983]. Ledit rapport, qui fait foi jusqu'à preuve du contraire, est accompagné de toutes pièces utiles, mais ne doit pas contenir l'identité du préposé à la déclaration[1984]. Il y va de la préservation de l'anonymat du dénonciateur, car dans le cas contraire, la crainte que leur identité ne soit dévoilée au grand jour serait sans doute dissuasive pour nombre d'assujettis. Ces derniers sont par suite, avisés « en temps opportun »[1985] des conclusions des investigations par la CENTIF[1986]. En revanche, lorsque celle-ci saisit le Procureur de la République sur la base d'une déclaration de soupçon,

[1981] Art. 82 al. 4 de la LU qui ajoute que dans ce cas, les officiers de police judiciaire peuvent demander à la CENTIF la confirmation de l'existence de ladite déclaration.

[1982] Plus exhaustivement, l'art. 82 *in fine* prévoit que ladite déclaration n'est accessible que dans les seuls cas où celle-ci est nécessaire à la mise en œuvre de la responsabilité d'un assujetti, de ses dirigeants et préposés, et lorsque l'enquête judiciaire fait apparaître qu'ils peuvent être impliqués dans un mécanisme de blanchiment de capitaux ou de financement du terrorisme qu'ils ont révélé.

[1983] Art. 69 al. 1er de la LU.

[1984] Art. 69 al. 2.

[1985] Art. 69 *in fine*.

[1986] *Ibid.*

elle doit immédiatement en informer le déclarant[1987]. La CENTIF peut aussi, si les circonstances le justifient, informer les personnes qui lui ont transmis les informations suite à des demandes de renseignement complémentaires effectuées sur le fondement de l'alinéa premier de l'article 67 de la loi uniforme[1988] ; partager avec ses correspondants les résultats de ses études, si nécessaire[1989].

Le droit du déclarant à l'information sur les suites favorables accordées à la déclaration de soupçon n'est pas une chose anodine. Il s'analyse en une forme de rétribution, de reconnaissance de l'utilité de sa participation à l'anti-blanchiment. En effet, un déclarant dont les soupçons ont ultérieurement été confirmés est davantage conforté quant à la fiabilité de sa veille anticriminalité, ce qui peut se révéler encourageant pour la production de déclarations de qualité. Il s'agit là du moindre des égards pour valoriser d'une manière générale l'application convenable des mesures préventives, puisqu'une déclaration de soupçon qui aboutit à une confirmation de culpabilité de l'agent est, dans une large mesure, le résultat d'une application avisée tant des mesures de vigilance que celles déclaratives. Pour ces raisons, la mise en œuvre de l'obligation d'information par la CENTIF de tous ces participants à la production de l'information fructueuse devrait être fortement encouragée.

À côté de ce devoir d'informer, l'article 70 de la loi uniforme consacre un droit de communication de la CENTIF. Cette dernière peut demander que les pièces conservées - au titre de l'obligation de conservation des documents - lui soient communiquées dans les délais par elle fixés[1990]. D'une manière générale, la CENTIF reçoit ou sollicite toutes les informations nécessaires à l'administration de sa mission et cela, de toutes les administrations de l'État, des collectivités territoriales, des établissements publics et de toute personne investie d'une mission de service public[1991]. La *faculté* est également donnée aux autorités judiciaires, aux juridictions financières et aux officiers de police judiciaire de rendre la CENTIF destinataire de toute information aux mêmes fins[1992].

Paragraphe 2. Déclaration de soupçon, atteinte aux droits des tiers et protection des déclarants : le juste équilibre par une mise en jeu de la responsabilité de l'État.

430. L'immunité du déclarant ayant suivi le commandement de la loi ou celui de l'autorité légitime. Le législateur communautaire a prévu un principe d'exemption de responsabilité qui concerne, en premier lieu, les déclarations de soupçon faites de bonne foi. En effet, qu'il s'agisse des assujettis

---

1987 Art. 71 al. 1er.
1988 Art. 71 al. 2.
1989 Art. 71 *in fine*.
1990 Art. 70 al. 1er, qui ajoute : « quel que soit le support utilisé pour leur conservation ».
1991 Art. 70 al. 2.
1992 Art. 70 *in fine*.

ou de leurs dirigeants et préposés, aucune sanction pour violation du secret professionnel ne peut être prononcée à leur encontre du fait de la transmission d'informations ou des déclarations effectuées conformément aux dispositions légales[1993]. Il n'est non plus possible ni d'intenter une action en responsabilité civile ou pénale ni de prononcer une sanction professionnelle à leur encontre, même si des décisions de justice rendues sur la base de leurs déclarations n'ont donné lieu à aucune condamnation[1994]. L'exemption de responsabilité civile et pénale des déclarants, de leurs dirigeants et préposés vaut également dans l'hypothèse où des dommages matériels ou moraux résulteraient du blocage d'une opération du fait d'une opposition exercée conformément aux dispositions de l'article 68 de la loi uniforme[1995]. L'immunité prévaut « même si la preuve du caractère délictueux des faits à l'origine de la déclaration de soupçon n'est pas rapportée ou si ces faits ont été amnistiés ou ont entraîné une décision de non-lieu, de relaxe ou d'acquittement »[1996].

En second lieu, l'exemption de responsabilité est prévue « du fait de l'exécution de certaines opérations »[1997] ; est d'abord concernée la situation dans laquelle l'assujetti - ou ses dirigeants et préposés - a exécuté une opération suspecte. Dans ce cas, pour peu que la déclaration de soupçon ait été effectuée conformément aux dispositions légales et qu'il n'y ait pas eu de collusion frauduleuse avec l'auteur du blanchiment de capitaux ou de financement du terrorisme, aucune poursuite pénale notamment du chef de blanchiment de capitaux ne peut être engagée à son encontre[1998]. Ensuite, l'immunité s'impose lorsque le déclarant a effectué une opération à la demande des services d'enquêtes agissant selon les prérogatives à elles conférées par la loi uniforme[1999].

431. La bonne foi, condition d'une totale immunisation. L'immunisation des assujettis, commandée avant tout par la logique, est vitale pour l'effectivité de la mise en œuvre des mesures de lutte. Naturellement, le déclarant ne saurait être poursuivi pour avoir appliqué la loi ; mieux, le soupçon, par définition, implique une reconnaissance du droit à l'erreur[2000]. Dès lors, ces immunités se justifient parfaitement et confèrent les garanties incitatrices nécessaires à l'application effective du dispositif par les assujettis. Mais, ces exemptions de responsabilité ne jouent que lorsque les déclarations sont faites de bonne foi, conformément aux dispositions légales. Cette « bonne foi » devrait supposer *a minima* que la déclaration ne soit ni mensongère ni discriminatoire,

---

1993 Art. 83 al. 1er.
1994 Art. 83 al. 2.
1995 Art. 83 al. 3.
1996 Art. 83 *in fine*.
1997 Intitulé de l'art. 84 de la LU.
1998 Art. 84 al. 1er.
1999 Art. 84 *in fine*.
2000 E. JOUFFIN et D. HOTTE, *op. cit.*, p. 82.

ce qui induit une certaine objectivité dans la subjectivité. S'il est en effet laissé la possibilité à l'assujetti de déclarer ses soupçons selon son libre arbitre, il devrait néanmoins faire preuve d'objectivité et de neutralité en appréciant les faits "douteux". Par ailleurs, du fait de la présomption simple de bonne foi, la mauvaise foi devra être prouvée par tout moyen. Mais étant donné le principe de confidentialité des déclarations de soupçon, il nous paraît opportun que les autorités chargées des enquêtes et au premier chef, la CENTIF, fassent également preuve de vigilance à l'égard des déclarants afin d'optimiser les chances de déceler les déclarations de soupçon faites de mauvaise foi et de cette manière, garantir une meilleure protection des droits des tiers.

432. La (corrélative) mise en jeu de la responsabilité de l'État. L'État répond de tout dommage causé aux tiers du fait d'une déclaration de soupçon faite de bonne foi (mais qui s'est révélée par la suite être inexacte)[2001]. C'est aussi la responsabilité de l'État qui est mise en jeu lorsqu'un assujetti a effectué une opération sur demande des autorités judiciaires, des agents de l'État chargés de la détection et de la répression des infractions liées au blanchiment de capitaux et au financement du terrorisme, agissant dans le cadre d'un mandat judiciaire ou de la CENTIF[2002]. Il s'agit là d'une conséquence directe de l'immunisation des déclarants, mais aussi, de la CENTIF et de ses membres. On ne saurait envisager que les tiers lésés ne puissent obtenir réparation de leur préjudice, laquelle ne peut incomber qu'à l'État. C'est bien l'impératif de prévention du crime qui a induit des risques accrus d'atteinte aux droits subjectifs. Par conséquent, l'État se doit aussi de les prendre en compte, afin de maintenir l'équilibre liberté-sécurité.

Par ailleurs, il est intéressant de noter que le nouvel article 173 du Code pénal ***nigérien***[2003] octroie, au-delà d'une protection accrue des assujettis dans leur mise en œuvre des obligations de LBC/FT, une véritable reconnaissance tout au moins, de l'aide fournie par ces derniers dans l'accomplissement de leur mission de service public par les autorités en charge des enquêtes et poursuites. En effet, cet article dispose que les violences ou voies de fait exercées contre les fonctionnaires ou officiers publics, *les agents de conformité dans le cadre de la LBC/FT* ou les citoyens chargés d'un ministère de service public donneront lieu à un emprisonnement de six mois à trois ans et

---

2001 Art. 85 al. 1er de la LU.

2002 Art. 85 *in fine*.

2003 Cet article a été modifié par l'Ordonnance n°2020-01 du 27 janvier 2020 modifiant et complétant la loi n°61-27 du 15 juillet 1961 portant institution du code pénal. Le champ d'application de l'article a en effet été étendu aux agents de conformité dans le cadre de la lutte contre le blanchiment de capitaux, le financement du terrorisme et le financement de la prolifération des armes de destructions massives.

une amende de 10 000 à 500 000 francs CFA[2004]. Cette initiative fort appréciable à l'endroit de ceux-là qui génèrent une source d'informations nécessaires pour l'anti-blanchiment constitue, dès lors, un exemple à suivre pour les autres États membres.

Conclusion du Chapitre II

433. Les efforts de conformité relativement aux obligations déclaratives se sont manifestés par une extension considérable du champ d'application des obligations déclaratives, avec cependant une omission de la tentative qui n'a pas été expressément couverte par le texte communautaire. Les fonds provenant d'une fraude fiscale doivent désormais faire l'objet d'une déclaration, en présence d'au moins un critère défini par la réglementation en vigueur… Ce qui n'a pas encore été fait. Il est alors inutile de mentionner que la pleine portée de cette disposition qui au demeurant, nous apparaît être en cohérence avec les évaluations de risques, demeure en suspens. L'on espère qu'en plus des clarifications souhaitées, des lignes directrices permettront de mieux éclairer les déclarants sur les moyens de procéder correctement et efficacement auxdites déclarations. D'autres précisions sont par ailleurs attendues de la part de la BCEAO à propos des déclarations automatiques.

Du reste, le législateur s'est montré explicite sur les modalités générales de réalisation et de suivi d'une déclaration de soupçon. Ont été précisées la conduite à tenir par le déclarant, les formalités de transmission des déclarations à la CENTIF, les conséquences d'une confirmation du soupçon, mais encore, les modalités de protection des droits des tiers et des parties prenantes. Sans la remarquable lenteur dans l'apport des précisions idoines, le bilan sur la conformité quant aux mesures déclaratives aurait pu être satisfaisant.

[2004] Il est ajouté (aux alinéas 2 et 3) que s'il a résulté des violences ou voies de fait, pour la victime, une effusion de sang, des blessures ou une maladie, les peines seront d'un emprisonnement d'un à dix ans et d'une amende de 10 000 à 500 000 francs ; et il en est de même s'il y a eu préméditation ou guet-apens. Si les violences ont entraîné la mort de la victime, le coupable sera puni d'un emprisonnement de dix à vingt ans (art. 173 *in fine*).

CONCLUSION DU TITRE II

434. Du point de vue des mesures de détection du blanchiment de capitaux, la loi uniforme s'est considérablement enrichie. Il a été relevé un renforcement des obligations déclaratives liées aux mouvements d'espèces et instruments négociables au porteur, à la limitation des transactions en espèces ainsi qu'aux déclarations des opérations suspectes incluant dorénavant une déclaration de soupçon de fraude fiscale. Une mesure que l'on accueille positivement eu égard à la menace que représente cette infraction au sein des États membres, celle-ci étant d'autant plus aggravée que rares sont les poursuites pénales y relatives. Mais sur tous ces aspects, les imprécisions et silences réglementaires résultant tantôt du législateur (par exemple, omission de l'obligation de déclaration des transports intracommunautaires d'espèces et d'instruments négociables au porteur), tantôt des autorités de contrôle (exemple du silence de la BCEAO à propos de certaines déclarations automatiques), sont fort déceptifs. Il faut enfin mentionner l'élargissement des prérogatives conférées aux CENTIF, qui se voient reconnaître de cette manière, mais également, par une affirmation expresse de leur autonomie, leur place centrale dans le dispositif de prévention, de LBC/FT. Sauf que les dispositions légales restent à matérialiser par une dotation en ressources suffisantes et en soustrayant ces CRF à toute influence indue.

D'un point de vue structurel, le bilan s'alourdit du fait de la persistance de fortes vulnérabilités ayant comme point commun d'aller à contresens des objectifs de transparence, soit de la condition essentielle de l'accès au Renseignement. Pourtant, les solutions idoines sont bien connues. Celles-ci supposent une concrétisation efficace des réformes visant la formalisation de l'économie et notamment d'œuvrer effectivement pour l'éradication des services financiers informels. À ce titre, les protagonistes pourraient se voir offrir le choix entre l'accompagnement vers la conformité (par exemple par une institutionnalisation des *hawala via* une obligation de déclaration d'activité) et la sanction. Il faudrait également définir une stratégie de surveillance des frontières, laquelle ne saurait cependant prospérer sans une réelle coopération entre les autorités compétentes.

CONCLUSION DE LA PREMIÈRE PARTIE

435. Les obligations fondamentales relatives à la prévention du blanchiment de capitaux ont-elles été définies ? La réponse sera positive et plusieurs constats viennent à son appui. Les États membres sont à l'heure actuelle pleinement engagés dans la mise en œuvre de l'approche par les risques, qui a été érigée en obligation dans la loi uniforme. Suite aux évaluations nationales de risques réalisées, figurent parmi les menaces et vulnérabilités révélées, les infractions financières et la corruption, la porosité des frontières, mais aussi, une forte culture de l'usage des espèces qui se magnifie dans le secteur informel. L'approche sectorielle est pour sa part révélatrice d'une plus grande vulnérabilité des EPNFD, moins familières de la *compliance* et de surcroît, soumises à un contrôle faible, voire inexistant. La faible connaissance du dispositif de lutte est encore d'actualité, au regard du caractère récent de ces conclusions. Mais tout au moins les États membres sont-ils mieux édifiés sur leurs faiblesses, ce qui constitue un bon point de départ vers la recherche et l'application des solutions idoines. Mais encore faudrait-il qu'ils exploitent convenablement les résultats des ENR, ce qui n'a pas été le cas en bien des aspects de la réglementation[2005] ; et qu'ils assurent la diffusion des résultats des ENR à l'ensemble des assujettis et idéalement, de manière à leur insuffler une réelle volonté de prendre part à la LBCF/FT.

La démarche consistant à moduler des obligations de vigilance en fonction du risque a aussi été consacrée, selon la distinction requise entre les obligations de vigilance standard, complémentaire, allégée ou renforcée. Une telle vigilance est de mise avant de s'engager dans une relation d'affaires avec un client et pendant toute la durée de celle-ci, de même qu'à l'égard des transactions. En plus de leur devoir de conserver les documents, les situations devant donner lieu à des déclarations d'opération suspecte par l'assujetti ont été élargies à la fraude fiscale, conformément à la menace que représente celle-ci pour les États membres ; mais aussi, aux déclarations automatiques à défaut d'identification notamment des bénéficiaires effectifs ou hypothétiquement, à l'occasion de la réalisation de certaines transactions importantes avec des personnes situées dans l'ensemble des territoires dont les insuffisances de la législation ou les pratiques font obstacle à la LBC/FT. Les CENTIF, destinataires des déclarations de soupçon en leur qualité de CRF, se sont vu octroyer des prérogatives plus importantes et légalement reconnaître - par réaffirmation dans la seconde loi uniforme - une autonomie. À côté de cette chaîne préventive ont été consacrées les obligations organisationnelles invitant à la définition de politiques, procédures et d'un contrôle interne de la LBC/FT. Le partage d'informations doit se faire s'il y a lieu, à l'échelle Groupe.

[2005] On peut ici citer l'exemple de l'absence d'obligation pour les assujettis de tenir compte des ENR dans le cadre de la réalisation de leurs évaluations des risques.

Les assujettis sont-ils alors placés dans les meilleures dispositions possibles pour une prévention conforme du blanchiment de capitaux ? On peinerait pourtant à répondre positivement à cette question. D'abord, en raison des multiples imprécisions réglementaires, qui se retrouvent à toutes les étapes de la prévention. En effet, qu'il s'agisse des obligations de vigilance, de conservation des documents ou de celles déclaratives, les omissions du législateur ont systématiquement été à l'origine de points de non-conformité. Or, très souvent, ces omissions concernent des aspects sur lesquels des précisions n'auraient d'autres conséquences que renforcer le dispositif ; il en est ainsi de l'intégration expresse de la tentative dans le champ des obligations déclaratives. Parfois, elles sont plus ou moins essentielles (absence de consécration de l'approche par les risques en matière de contrôle ou encore, de certaines obligations préventives, à l'instar de la conservation des documents, à l'égard des assujettis du secteur des EPNFD).

Ensuite, il faut relever que la remarque est valable pour les autorités de contrôle. On ne s'étendra pas ici sur l'absence de désignation des autorités de contrôle des EPNFD dans la plupart des États membres (excepté le ***Niger*** et le ***Mali***), tant les conséquences négatives de ce phénomène - hilarant au regard de la lenteur du processus - sont évidentes. Mais les autorités de contrôle du secteur financier (BCEAO pour les institutions financières, AMF-UMOA pour les acteurs du Marché Financier Régional et CIMA pour les entreprises et organismes d'assurance), ont pour leur part effectué le strict minimum en précisant les obligations de préventives résultant de la loi uniforme… Parfois de manière inappropriée ou incomplète. Même s'il faut souligner les efforts particuliers de la CIMA quant aux précisions faites à l'endroit des assujettis du secteur des assurances, qui apparaissent comme étant plus détaillées. L'on espère cependant que des lignes directrices permettront de combler ces manquements, lesquelles devraient s'étendre plus amplement sur les modalités de l'ensemble des obligations préventives, de l'implémentation d'une approche par les risques à la réalisation des obligations déclaratives - en passant par les obligations organisationnelles, celles de vigilance et de conservation des documents. La protection des données à caractère personnel tout au long de ce processus devrait aussi donner lieu à des clarifications particulières. L'on évoquait, à ce titre, l'opportunité de publier des lignes directrices orientées vers la protection des données à caractère personnel dans le cadre de la LBC/FT, à l'initiative des Autorités de protection des données à caractère personnel.

Enfin, il faudrait que les conditions structurelles et institutionnelles se prêtent à une prévention conforme, puis efficace. Celles-ci touchent à l'accès aux services de l'état civil et corrélativement, à la fiabilité des données d'identification des personnes ; à l'institution des mécanismes facilitateurs de certaines mesures préventives (Registre des bénéficiaires effectifs, Registre national des OBNL) ; au renforcement de la sécurité aux frontières en outillant tous les acteurs concernés ; à la formalisation de l'économie et notamment, des services financiers. À condition qu'ils en aient la volonté politique, les États devraient à court ou moyen terme, multiplier les offres de formation à la LBC/FT afin de disposer de ressources humaines de qualité, très tôt initiées aux rouages de la lutte anti-blanchiment dont il faut prendre en compte la complexité. La conquête des acteurs du secteur informel doit, en attendant le passage espéré à la formalisation, d'ores et déjà être engagée, sous la coordination des CENTIF et en collaboration avec les organisations professionnelles. Cette démarche serait avant tout, sensibilisatrice, pour une préparation progressive de ces "assujettis insaisissables" à l'implication effective dans la LBC/FT. Dans cette optique, il pourrait être mis en place une plateforme de signalement des activités criminelles en lien avec l'exercice d'une activité économique, sachant que ces déclarations seraient traitées, naturellement, dans la limite du possible au regard des détails fournis par les déclarants et des moyens consentis à cet effet. Les performances des États dans la détection et conséquemment, dans la répression de l'infraction de blanchiment pourraient en être significativement améliorées.

Ces constats nous permettent de déduire que les États ne sont pas dans la démarche anticipative devant pourtant caractériser des mesures de prévention. Car au regard de la conception des critères de conformité aux Recommandations, il ne fait aucun doute que les lois anti-blanchiment en particulier sont appelées à se muer en de véritables traités de la LBC/FT. Et cela, dans la mesure où l'on est dans un domaine où chaque détail a été pensé pour amener l'assujetti à faire montre de la plus grande rigueur et d'une vigilance absolue. L'approche consistant à définir uniquement les obligations essentielles ou principales doit donc être abandonnée au profit de celle plus exhaustive requise par les particularités de la LBC/FT. Naturellement, il faudrait aussi parallèlement œuvrer pour assurer le respect de la réglementation et l'amélioration des conditions structurelles.

INDEX ALPHABÉTIQUE

Les nombres renvoient aux numéros de paragraphes.

ANNEXES

Annexe 1 : Tableau récapitulatif des notations de conformité des États membres de l'UEMOA évalués au titre du second cycle des évaluations mutuelles et graphiques illustratifs correspondants

❖ **Tableau récapitulatif des notations de conformité des États de l'UEMOA évalués au titre du second cycle des évaluations mutuelles**

Recommandations	Bénin	Burkina Faso[2006]	Côte d'Ivoire	Guinée-Bissau	Mali[2007]	Niger	Sénégal	Togo
1	LC	LC	PC	PC	LC	LC	PC	PC
2	LC	PC	PC	PC	PC	C	LC	PC
3	LC	C	LC	PC	LC	C	LC	C
4	PC	LC	PC	LC	LC	LC	PC	LC
5	PC	PC	PC	PC	PC	C	PC	PC
6	PC	PC	NC	PC	PC	LC	NC	PC
7	PC	PC	NC	PC	PC	LC	NC	PC
8	NC	PC	NC	NC	NC	NC	PC	PC
9	C	C	LC	C	C	C	C	C
10	PC	LC	PC	PC	LC	PC	PC	PC
11	LC	LC	PC	LC	LC	LC	LC	LC
12	PC	LC	PC	PC	LC	PC	NC	PC
13	LC	LC	LC	LC	LC	LC	NC	LC
14	PC	PC	PC	PC	PC	PC	LC	PC
15	C	C	NC	NC	C	NC	PC	NC

2006 Rappelons que le REM du Burkina Faso de mai 2019 (qui représente la source des données figurant dans ce tableau pour le pays concerné), présente des erreurs dans le tableau récapitulatif des notations de conformité. Celui-ci laisse apparaître une notation « LC » aux Recommandations 6 et 7 (p. 179), là où les évaluateurs, après le récapitulatif du volet « Pondération et Conclusion », ont plutôt attribué des notations « PC » auxdites Recommandations (p. 122 et p. 124).

2007 On retrouve une contradiction dans le REM du Mali de novembre 2019 (représentant la source des données figurant dans ce tableau pour le pays concerné) en ce qui concerne la notation de la Recommandation 27. Le rapport laisse apparaître une notation « Largement conforme » (p. 165) alors que le tableau récapitulatif des notations de conformité en annexe laisse apparaître une notation « conforme » à la Recommandation 27 (p. 191). C'est cette dernière notation que l'on a retenue ici, puisqu'il semblerait qu'effectivement, tous les critères de conformité à cette recommandation aient été remplis (voir pp. 164-165).

16	PC	LC	PC	PC	PC	PC	PC	PC
17	LC	LC	NC	LC	LC	LC	PC	LC
18	LC	LC	PC	LC	LC	LC	PC	LC
19	NC	PC	PC	PC	NC	NC	NC	NC
20	PC	LC	PC	PC	PC	PC	C	PC
21	C	C	LC	C	C	C	C	C
22	PC	PC	PC	PC	PC	PC	PC	PC
23	PC	LC	PC	PC	PC	PC	PC	PC
24	NC	PC	PC	PC	PC	PC	PC	PC
25	NC	PC	NC	PC	PC	PC	NC	PC
26	PC	PC	PC	PC	PC	PC	PC	PC
27	C	C	PC	C	C	C	C	C
28	NC	NC	NC	NC	NC	PC	NC	PC
29	C	C	LC	LC	LC	LC	LC	PC
30	C	C	C	C	C	C	LC	C
31	C	C	LC	C	C	C	PC	C
32	PC	PC	PC	PC	PC	LC	LC	PC
33	LC	LC	PC	PC	PC	LC	PC	PC
34	PC	PC	PC	PC	PC	C	PC	PC
35	LC	LC	PC	LC	LC	LC	PC	PC
36	LC	C	PC	LC	LC	C	PC	LC
37	C	LC	LC	PC	LC	LC	C	LC
38	LC	LC	PC	LC	PC	LC	PC	LC
39	LC	LC	LC	LC	LC	LC	LC	LC
40	LC	LC	PC	LC	LC	LC	LC	LC

❖ **Graphiques illustratifs correspondants**

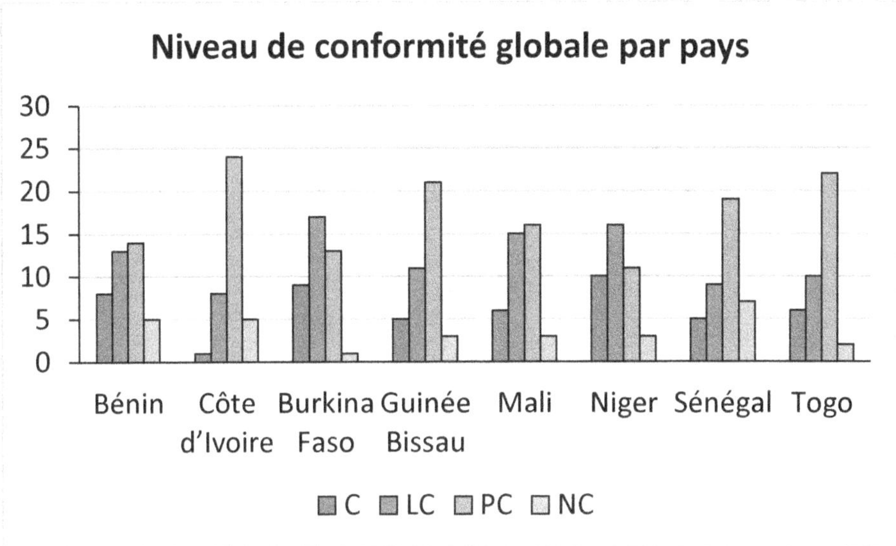

Proportions pour chaque pays

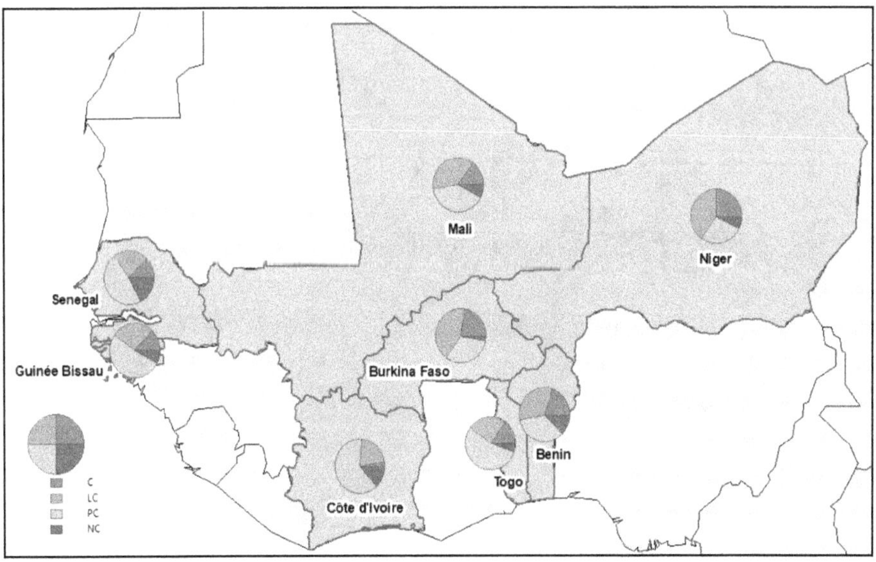

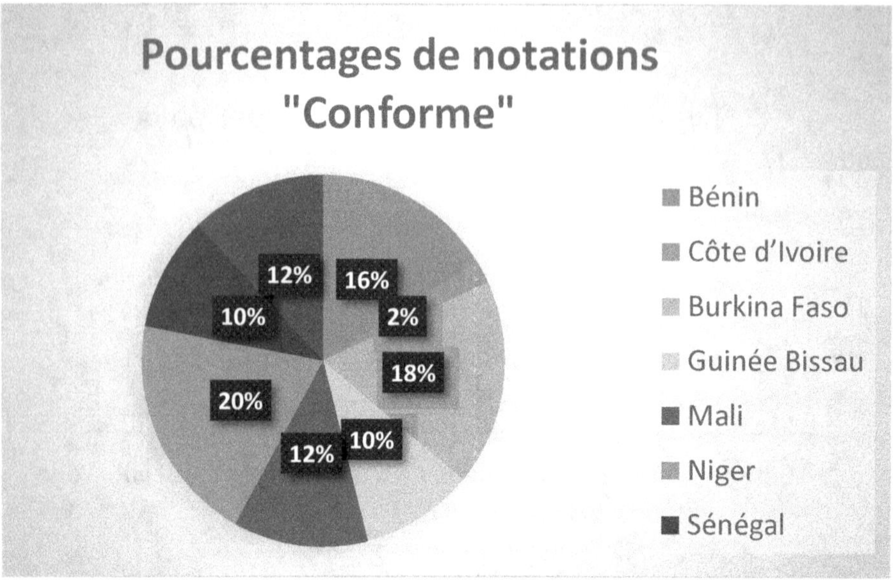
Pourcentages de notations "Conforme"
12%
16%
10%
2%
18%
20%
10%
12%
Bénin
Côte d'Ivoire
Burkina Faso
Guinée Bissau
Mali
Niger
Sénégal

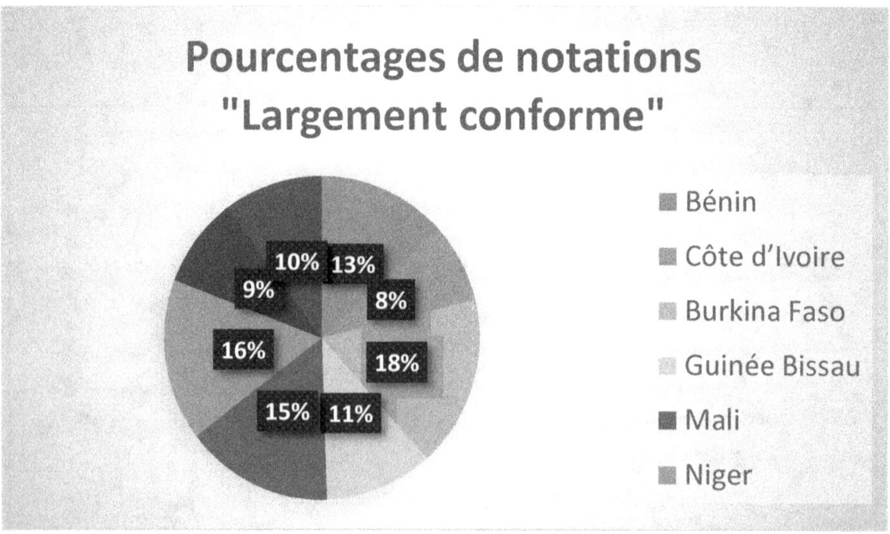
Pourcentages de notations "Largement conforme"
10%
13%
9%
8%
16%
18%
15%
11%
Bénin
Côte d'Ivoire
Burkina Faso
Guinée Bissau
Mali
Niger

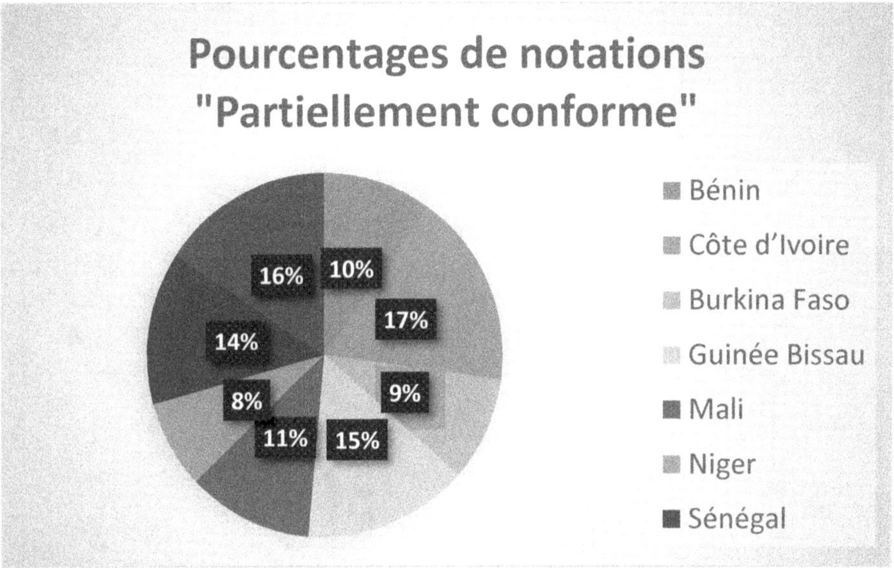
Pourcentages de notations "Partiellement conforme"
16%
10%
17%
14%
9%
8%
11%
15%
Bénin
Côte d'Ivoire
Burkina Faso
Guinée Bissau
Mali
Niger
Sénégal

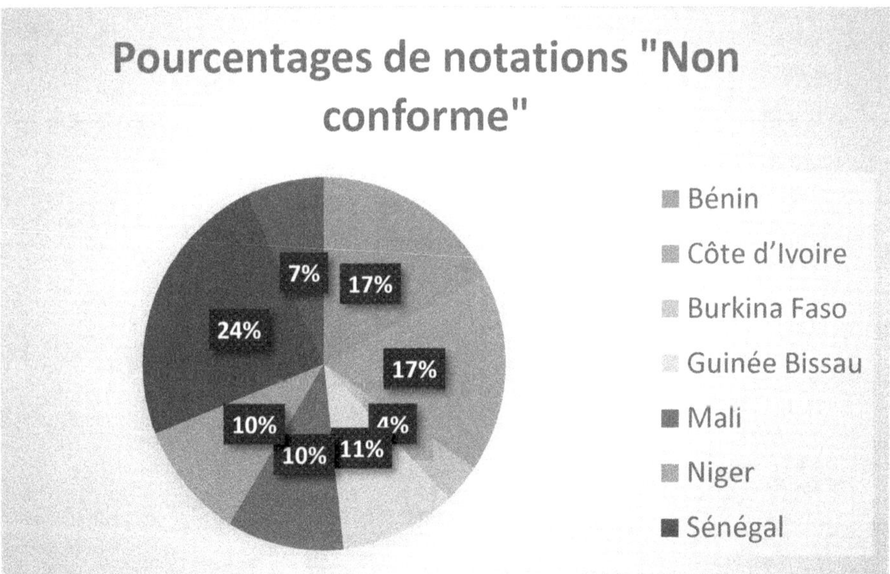
Pourcentages de notations "Non conforme"
7%
17%
24%
17%
10%
4%
10%
11%
Bénin
Côte d'Ivoire
Burkina Faso
Guinée Bissau
Mali
Niger
Sénégal

Classification de la notation « Conforme »

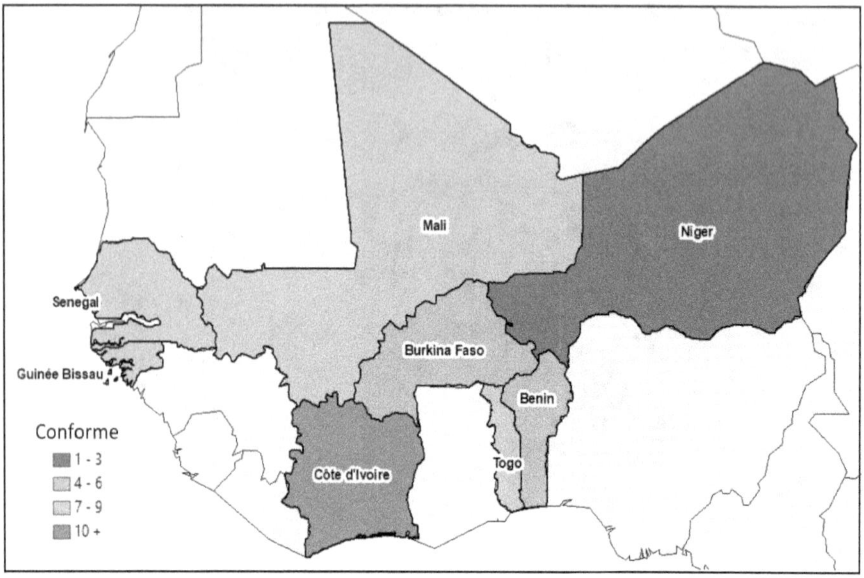

Classification de la notation « Non conforme »

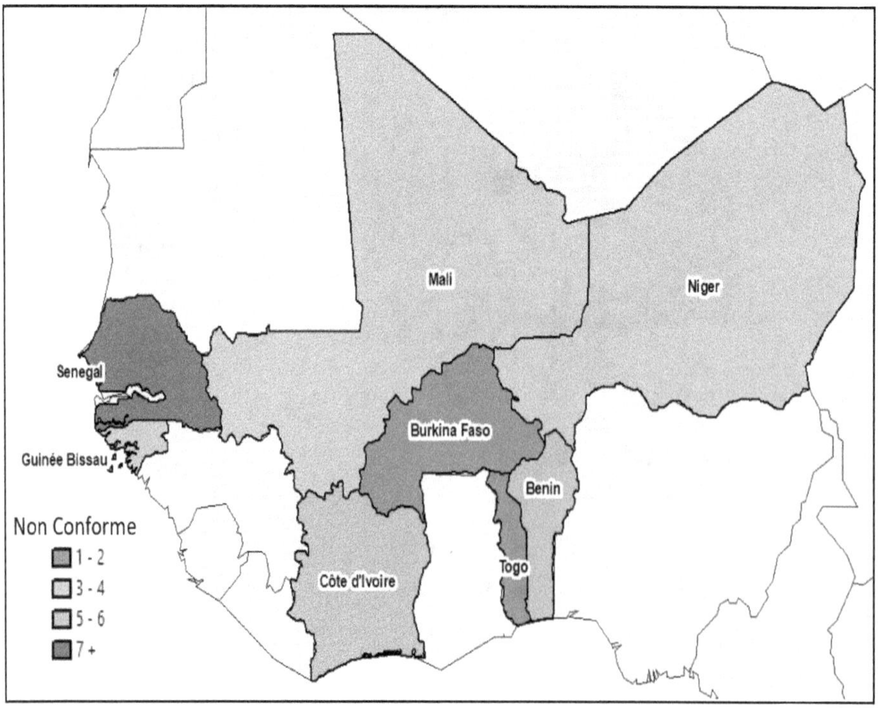

Annexe 2 : Tableau récapitulatif des conventions bilatérales et multilatérales conclues par les États membres de l'UEMOA en vue de la coopération judiciaire

Les données figurant dans le tableau ci-dessous résultent : des rapports d'évaluation mutuelle des États membres de l'UEMOA (premier et second cycle des évaluations) ; du projet de REM de la Guinée-Bissau[2008] *; du recueil des instruments bilatéraux, régionaux et internationaux sur l'extradition et l'entraide judiciaire concernant les États membres de la CEDEAO (Tome 1, 2013) et du recueil d'accords bilatéraux, régionaux et internationaux en matière d'entraide judiciaire et d'extradition (Tome 2) préparé à l'attention des magistrats du Niger par le Service de la prévention du terrorisme de l'ONUDC et le ministère de la Justice de la République du Niger avec l'appui du projet "Appui à la Réforme Judiciaire (ARJUDI)".*

Accords bilatéraux	**Bénin** Accord de coopération en matière de justice entre le Gouvernement de la République du [Bénin] et le Gouvernement de la République française du 27 février 1975.
	Burkina Faso Accord de Coopération en matière de justice du 24 avril 1961 entre le Burkina Faso et la France ; Convention Générale de Coopération en matière judiciaire du 23 novembre 1963 entre le Burkina Faso et le Mali.
	Côte d'Ivoire Accord de coopération en matière de justice entre la République française et la République de Côte d'Ivoire du 24 avril 1961 (complété par le Décret n°61-253 du 5 août 1961 portant ratification du traité de coopération et des accords de coopération conclus le 24 avril 1961 entre le Gouvernement de la République de Côte d'Ivoire et le Gouvernement de la République française) ; Convention générale de coopération en matière de justice entre la République du Mali et la République de Côte d'Ivoire, 11 novembre 1964.

[2008] Le dernier REM de la Guinée-Bissau en date (février 2022) a affirmé l'existence notamment de conventions bilatérales, mais malheureusement, sans préciser lesquelles (voir par exemple, p. 18 ou encore, p. 150).

	Guinée-Bissau Convention judiciaire entre la République de Guinée-Bissau et la République du Sénégal, 8 janvier 1975 ; Accord de coopération juridique entre la République portugaise et la République de Guinée-Bissau, 5 juillet 1988 ; Protocole additionnel à l'accord de coopération juridique entre la République portugaise et la République de Guinée-Bissau, le 5 mars 1989 ; Accord de coopération en matière de sécurité et d'ordre public entre le gouvernement de la République de Guinée-Bissau et le Gouvernement de la République d'Angola, 27 février 2007.
	Mali Convention générale de coopération en matière de justice entre la République du Niger et la République du Mali, 22 avril 1960 ; Accord de coopération en matière de justice avec la République française, signée à Bamako le 29 novembre 1962 ; Convention générale de coopération en matière de justice avec le Burkina Faso, signée à Bamako le 23 novembre 1963 ; Convention générale de coopération en matière de justice avec la République du Niger, signée à Niamey le 22 avril 1964 ; Convention générale de coopération en matière de justice avec la République du Cameroun, signée à Bamako le 6 mai 1964 ; Convention générale en matière de justice avec la République de Guinée, signée à Bamako le 20 mai 1964 ; Convention générale de coopération en matière de justice avec la République de Côte d'Ivoire, signée à Bamako le 11 novembre 1964 ; Convention relative à l'entraide judiciaire avec la République de la Tunisie, signée à Bamako le 9 mars 1965 ; Convention générale de coopération en matière de justice avec la République du Sénégal, signée à Dakar le 8 avril 1965 ; Convention générale de coopération judiciaire avec la République du Ghana, signée à Bamako le 31 août 1977 ; Convention relative à la coopération judiciaire avec la République algérienne démocratique et populaire, signée à Bamako le 28 janvier 1983 ;

	Convention générale de coopération en matière de justice avec la République Islamique de Mauritanie, signée à Bamako le 1er mars 2002 ; Convention sur l'entraide judiciaire en matière civile, familiale et pénale avec la Fédération de Russie, signée à Moscou le 31 août 2002 ; Accord entre la République du Mali et le Royaume de Thaïlande sur le transfert des prisonniers et sur la coopération dans l'application des peines, 24 novembre 2004.
	Niger Convention générale de coopération en matière de justice entre la République du Niger et la République du Mali, 22 avril 1960 ; Traité de conciliation, de règlement judiciaire et d'arbitrage entre la République du Niger et la Suisse, 2 août 1963 ; Convention de coopération en matière judiciaire entre la République du Niger et la République française, 19 février 1977 ; Convention de coopération judiciaire entre la République du Niger et la République Algérienne Démocratique et Populaire, 12 avril 1984 ; Accord de coopération judiciaire entre la République du Niger et la République fédérale du Nigéria, 18 juillet 1990 ; Accord de coopération judiciaire entre le ministère de la Justice et des Droits de l'homme de la République du Niger et le Parquet Populaire Suprême de la République Populaire de Chine, 30 août 2001 ; Convention de coopération judiciaire en matière pénale entre la République du Niger et la Grande Jamahiriya Arabe Libyenne Populaire Socialiste, 2 mai 2008.
	Sénégal Convention relative à la coopération judiciaire, à l'exéquatur des jugements et à l'extradition entre le Sénégal et la Tunisie, 13 avril 1964 ; Convention générale de coopération en matière de justice entre la République du Sénégal et la République du Mali, 8 avril 1965 ; Convention de coopération judiciaire d'exécution des jugements et d'extradition entre le Royaume du Maroc et la République du Sénégal, 3 juillet 1967 ;

	Convention judiciaire entre la République de Gambie et la République du Sénégal, 28 avril 1973 ; Convention judiciaire entre la République de Guinée-Bissau et la République du Sénégal, 8 janvier 1975 ; Convention de coopération en matière judiciaire entre le Gouvernement de la République du Sénégal et le Gouvernement de la République du Cap-Vert, 17 avril 1980 ; Accord de Coopération judiciaire entre la République du Sénégal et la République du Cap-Vert, 14 octobre 1999 ; Convention d'entraide judiciaire en matière pénale entre le Gouvernement de la République française et le Gouvernement de la République du Sénégal, signée le 7 septembre 2021 ; Convention d'extradition entre le Gouvernement de la République française et le Gouvernement de la République du Sénégal, signée le 7 septembre 2021.
	Togo Convention judiciaire entre le Gouvernement de la République française et le Gouvernement de la République togolaise, 23 mars 1976.
Accords multilatéraux	**CEDEAO** Convention A/P1/7/92 relative à l'entraide judiciaire en matière pénale (Dakar, 29 juillet 1992) ; Convention A/P1/8/94 sur l'extradition (Abuja, 6 août 1994) ; Protocole A/P3/12/01 de la CEDEAO portant sur la lutte contre la corruption (Dakar, 21 décembre 2001) ; Accord de coopération en matière de police criminelle entre les États membres de la CEDEAO (Décision A/DEC.9/12/03 de la Conférence du 19 décembre 2003) ; Accord de coopération entre la Communauté économique des États d'Afrique de l'Ouest (CEDEAO) et l'Organisation Internationale de Police Criminelle (Interpol), 2 août 2004 ; Protocole relatif à la création de l'Office de renseignements et d'investigations en matière criminelle de la CEDEAO (Niamey, 12 janvier 2006) ; Accord SIPAO (Système d'Information Policière de l'Afrique de l'Ouest).

	Autres accords multilatéraux Convention Générale de Coopération en matière de Justice entre les États membres de l'OCAM (signée à Tananarive, 12 septembre 1961) ; Traité d'extradition entre la République Populaire du Bénin, la République du Ghana, la République fédérale du Nigéria et la République Togolaise (signé à Lagos au Nigéria, 10 décembre 1984) ; Accord de coopération en matière de police criminelle entre la République Populaire du Bénin, la République du Ghana, la République fédérale du Nigéria et la République Togolaise (10 décembre 1984) ; Convention relative à la coopération en matière judiciaire entre les États membres de l'Accord de non-agression et d'assistance en matière de défense (ANAD), signée à Nouakchott le 21 avril 1987 ; Accord de Coopération Judiciaire entre l'Angola, le Cap-Vert, la Guinée-Bissau, le Mozambique et São Tomé e Príncipe (signé à Bissau, 10 décembre 1987) ; Convention d'assistance de coopération en matière de sécurité entre les États du conseil de l'entente (signée à Kara au Togo, 15 février 1996) ; Convention de coopération et d'entraide en matière de justice entre les États membres du Conseil de l'Entente (signée à Yamoussoukro, 20 février 1997) ; Convention de l'Organisation de la Conférence islamique pour combattre le terrorisme international (signée à Ouagadougou, 1er juillet 1999) ; Trois Conventions du 23 novembre 2005 entre les États membres de la Communauté des Pays de Langue Portugaise sur l'Entraide Judiciaire, l'Extradition et le Transfert de Personnes Condamnées ; Convention d'entraide judiciaire et d'extradition contre le terrorisme (Adoptée à Rabat par les Ministres de la Justice lors de la Cinquième Conférence des Ministres de la Justice des pays francophones d'Afrique sur la mise en œuvre des instruments universels contre le terrorisme, 16 mai 2008).

Annexe 3 : Tableaux illustratifs de développements

Tableau 1. Exposition au risque de blanchiment : menaces et vulnérabilités des États membres de l'UEMOA

PAYS	MENACES	VULNÉRABILITÉS (Globales et sectorielles)	RISQUES LIES AUX PRODUITS D'INCLUSION FINANCIÈRE (en particulier)
Bénin	Escroquerie [2009] ; Cybercriminalité ; Infractions liées à la corruption ; Fraude (fiscale et douanière) ; Contrebande de marchandises[2010] ; Traite des humains[2011] ; Trafic de stupéfiants.	Corruption, concussion et condescendance dans l'Administration publique et privée ; Prépondérance, voire prédominance du secteur informel ; Prépondérance des espèces dans la réalisation des transactions financières et économiques[2012] ; Porosité des frontières[2013] ; Inexistence d'une infrastructure d'identification fiable au plan national[2014] ;	Non-identification systématique des clients[2018].

2009 Y compris l'extorsion et l'abus de confiance (ENR du Bénin, *op. cit.*, p. 7).

2010 Sont cités à titre d'exemple les médicaments, cigarettes, produits fauniques et forestiers, etc. (*ibid.*, p. 7).

2011 Y compris d'organes et d'êtres humains (*ibid.*).

2012 L'ENR précise que ce taux élevé d'usage d'espèces est une conséquence de la prédominance de l'informel et favorise la corruption ainsi que la concussion (*ibid.*, p. 8).

2013 L'ENR précise que la contrebande et la fraude sont justement, facilitées par la porosité des frontières, mais encore, par la corruption des agents publics chargés des contrôles ou de la surveillance (*ibid.*).

2014 L'identification des bénéficiaires effectifs et des propriétaires réels de biens mobiliers et immobiliers, matériels ou immatériels est dès lors rendue difficile, voire impossible (*ibid.*).

2018 Il est ici fait référence au peu d'exigence à l'égard de la connaissance de la clientèle, qui se prête dès lors à l'accès frauduleux ou sous anonymat aux produits d'inclusion financière tels que la monnaie électronique, les Transferts Rapides d'Argent et autres services financiers offerts par la technologie. Il est en plus relevé l'absence de respect du plafonnement du volume de transactions financières qu'un client est autorisé à effectuer par jour (ENR du Bénin, *op. cit.*, p. 10).

		Secteur foncier et immobilier[2015] ; Secteur des agréés de change manuel[2016] ; Secteur bancaire et financier classique[2017].	
Burkina Faso	Fraude fiscale[2019] et aux droits d'accises ; Détournement de fonds publics ; Trafic de drogue ; Change illicite ; Enrichissement illicite ; Criminalité liée au trafic de l'or et de la faune ; Fraude, extorsion de fonds et contrefaçon de monnaie[2020] ; Trafic d'armes et de munitions[2021].	Porosité des frontières ; Immensité du secteur informel et prévalence du numéraire ; Niveau d'exposition moyen des avocats, notaires, experts-comptables et commissaires aux comptes ; Niveau d'exposition élevé dans le secteur des EPNFD : immobilier, transports, hôtels-restaurants, activités de jeux de hasard, activités aurifères ; Exposition avérée du secteur financier au risque de	Niveau élevé de vulnérabilité de risques de BC/FT au sein des fournisseurs de services de transfert d'argent ou de valeur (STAV).

[2015] Il a été relevé à quel point il serait facile, au Bénin, d'acquérir d'importants domaines fonciers ou de construire en un temps record des immeubles luxueux, et ce, dans l'anonymat ou sous couvert d'une tierce personne, sans être inquiété (*ibid.*).

[2016] Les cambistes y opérant en tant qu'acteurs informels seraient nombreux, et opèreraient sans supervision et en méconnaissance de leurs obligations de LBC/FT ; cela, pour des montants très élevés d'achats/de vente de devises, sans traçabilité des clients ou bénéficiaires effectifs (*ibid.*).

[2017] Ce secteur jouerait un rôle important dans le blanchiment de l'argent d'origine illicite ; le niveau d'exposition des banques béninoises serait moyennement élevé en dépit de la rigidité de la réglementation bancaire (*ibid.*).

[2019] À ce propos, il a été précisé que même s'il existe au Burkina Faso un système déclaratif permettant aux contribuables de déterminer l'assiette de l'impôt et de s'acquitter des obligations de paiement d'impôt, le décalage entre la déclaration d'impôt et la vérification par l'Administration fiscale facilite la fraude aux contribuables burkinabè et étrangers. Les montants des redressements fiscaux seraient ainsi estimés, en moyenne, à 58 750 802 909 FCFA (soit 89 695 882 euros) par an (REM du Burkina Faso de mai 2019, p. 3).

[2020] Il s'agit là des infractions générant d'importants produits selon les statistiques rapportées ; même si, en revanche, il n'a pas été effectué une estimation de la valeur globale des produits découlant de la criminalité au Burkina Faso (REM du Burkina Faso de mai 2019, p. 3).

[2021] Il a été noté une « augmentation du trafic d'armes et de munitions » (REM du Burkina Faso de mai 2019, pp. 3-4).

		BC notamment : lacunes dans la conformité des opérateurs de change manuel et exposition élevée des services de transfert d'argent ou de valeur (STAV) ; Importante vulnérabilité du secteur bancaire ; Défaillances dans la mise en œuvre de l'approche par les risques et des mesures préventives dans le secteur financier ; Niveau insuffisant de transparence des personnes morales ; Présence de combattants terroristes étrangers ; Risques élevés dans le secteur des OBNL ; Déficiences dans la coopération et la coordination nationales.	
Côte d'Ivoire	Corruption et concussion ; Trafic illicite de stupéfiants et de substances psychotropes ; Infractions fiscales ; Infractions contre l'environnement ; Cybercriminalité ; Vol, escroquerie et abus de confiance ; Contrefaçon ; Fraude.	Secteur immobilier ; Secteur agricole et en particulier, la filière café-cacao ; Secteur minier et en particulier, les négociants en pierres et métaux précieux ; OBNL ; Secteur bancaire ; EPNFD ; Secteur des titres et des valeurs mobilières ; Émetteurs de monnaie électronique, Agents de Change Manuel et	Niveau de risque faible en matière de BC, tout en relevant qu'en matière de FT, le risque lié au produit « Mobile Money » a été jugé élevé.

		Systèmes Financiers Décentralisés (vulnérabilité moyennement élevée) ; Casinos et autres jeux de hasard (vulnérabilité moyenne) ; Vulnérabilité élevée (Direction générale des douanes) à moyennement élevée (Direction générale des Impôts, Direction générale du Trésor et de la Comptabilité Publique, Direction générale du Budget et des Finances) des institutions financières du secteur public ; Porosité des frontières et importance de l'économie informelle.	
Guinée-Bissau	Trafic de drogue ; Corruption ; Fraude/évasion fiscale ; Traite des personnes ; Vol ; Piraterie ; Travail forcé des enfants et trafic sexuel ; Détournement de fonds.	Prépondérance de l'informel et de l'usage des espèces ; Porosité des frontières ; Transports transfrontaliers d'espèces et d'instruments au porteur insuffisamment contrôlés ; Transactions immobilières ; Transactions bancaires ; Microfinance ; Absence de supervision des EPNFD ;	

		Commissaires aux comptes et comptables ; Prestataires de services de transfert de fonds ; Bureaux de change ; Avocats[2022].	
Mali	Présence de Groupes terroristes ; Corruption ; Traite des personnes ; Trafic de drogue ; Fraude et fraude fiscale[2023].	Économie basée sur les opérations en espèce (faible niveau des services bancaires) ; recours aux passeurs ; Absence de système d'identification fiable ; Supervision limitée des institutions financières ; Secteur des minéraux précieux et notamment, production d'or[2024] ; OBNL ; Porosité des frontières ; Secteur immobilier ; Secteur bancaire ; Usage des sociétés à des fins illicites.	Recours à des services de transfert de fonds non réglementés.
Niger	Corruption ; Trafic illicite de drogue ; Trafic illicite d'armes à feu ;	Importance du secteur informel ; Prépondérance des espèces dans les transactions ;	Absence d'évaluation des risques de BC avant le lancement de

[2022] Plus précisément, le REM de la Guinée Bissau de février 2022 (p. 158) affirme que l'ENR a constaté une vulnérabilité de niveau moyen à élevé en ce qui concerne le secteur bancaire, les comptables et commissaires aux comptes ainsi que les prestataires de services de transfert de fonds. En revanche, le niveau de vulnérabilité serait moyen pour ce qui est des bureaux de change et des avocats.

[2023] Sept milliards de francs CFA échapperaient au fisc chaque année (REM du Mali de novembre 2019, p. 3).

[2024] En même temps qu'elle joue un rôle important dans l'économie du pays, elle conduirait à une « vulnérabilité significative » au blanchiment de capitaux, concernant particulièrement le commerce illicite, le trafic, la corruption et l'extorsion, dans le contexte d'une production artisanale sans licence (*ibid.*).

	Traite des personnes et trafic illicite de migrants ; Fraude fiscale ; Recel et détournement de biens ou deniers publics[2025].	Abus de la libre circulation des personnes, des biens et des capitaux ; Faiblesse du contrôle aux frontières ; Difficultés dans l'identification des bénéficiaires effectifs ; Insuffisance de contrôles et sanctions à l'égard des assujettis ; Manque de bases de données fiables pour la collecte des informations ; Faiblesse du respect de la réglementation de change ; Insuffisances quant à la conformité des institutions bancaires et faible importance accordée à la fonction de conformité ; Méconnaissance de la LBC/FT et faible formation du personnel au niveau du secteur des assurances[2026] ; Non-respect des obligations de LBC/FT par les EPNFD notamment et méconnaissance des autorités de contrôle et de supervision (lorsqu'elles existent)	nouveaux produits ; Possibilité d'effectuer de multiples transactions incluant plusieurs personnes dans un bref délai ; Absence de plafond de transactions pour les intervenants locaux de transfert rapide d'argent et absence de réglementation.

[2025] Parmi ces infractions, ont été considérés comme des menaces élevées, la corruption, le trafic illicite de drogue, le trafic illicite d'armes et la fraude fiscale (Rapport d'Évaluation nationale des risques du Niger, *op. cit.*, p. III).

[2026] Et ce, même si le risque de BC/FT serait peu élevé dans ce secteur (*ibid.*, p. IV).

		de leurs obligations de LBC/FT ; Porosité des frontières, faiblesse de supervision des ONG, faiblesse de respect de la réglementation de change[2027].	
Sénégal	Fraudes ; Infractions douanières ; Escroqueries ; Cybercriminalité ; Fraude fiscale ; Détournement de deniers publics ; Corruption ; Trafic de stupéfiants.	Prépondérance de l'utilisation des espèces ; Importance du secteur informel ; Absence de dispositif notamment organisationnel permettant l'identification adéquate des bénéficiaires effectifs[2028] ; Absence d'autorités de contrôle des EPNFD ; Exposition du secteur bancaire, du secteur immobilier et des autres EPNFD (insuffisance/absence de supervision et de réglementation) ; Secteur des OBNL, fonctionnant sans l'obtention d'agrément préalable.	
Togo	Escroquerie (y compris les cybercrimes) ; Fraude fiscale ;	Secteur immobilier ; Trafics de transit et flux illicites transfrontaliers ;	

[2027] Ces vulnérabilités ont été identifiées comme étant des facteurs aggravants du risque de financement du terrorisme (*ibid.*, p. IV ; mais l'on relève qu'elles fragilisent également les capacités d'apporter une réponse adéquate aux menaces de blanchiment de capitaux identifiées).

[2028] L'ENR identifierait également l'absence de dispositif **juridique** permettant l'identification des bénéficiaires effectifs (REM du Sénégal de mai 2018, p. 6) ; mais cette anomalie a été largement tempérée par l'entrée en vigueur de la loi uniforme dans l'État sénégalais, postérieurement à l'Évaluation mutuelle du Sénégal sur la base de l'ancienne loi uniforme.

	Corruption (impliquant des PPE) ; Trafic de stupéfiants ; Traite des personnes ; Trafic de migrants ; Trafic d'animaux sauvages ; Contrebande transfrontalière de l'or ; Piraterie maritime.	Secteur bancaire ; Change manuel ; Usage répandu de la monnaie fiduciaire ; Difficulté de traçabilité des transactions (importance du secteur informel) ; Porosité des frontières terrestres.	

Tableau 2. Typologies du blanchiment de capitaux dans la sous-région ouest-africaine

Secteur immobilier	Utilisation d'instruments monétaires ; Utilisation de systèmes informels de microcrédit (tontines[2029]) ; Utilisation de professionnels non financiers et autres prestataires de service ; Recours à des programmes d'hypothèque ; Utilisation de biens immobiliers pour dissimuler des activités illégales.
Trafic illicite de stupéfiants	Blanchiment des produits du trafic de drogue : par l'intermédiaire de convoyeurs de fonds et de sociétés-écrans ; Par des moyens complexes tels que la contrebande d'espèces/les passeurs, les relais, les biens immobiliers, l'accumulation de devises fortes et d'autres réserves de valeur ; Par utilisation frauduleuse du système commercial et utilisation de sociétés-écrans ; Par utilisation de multiples juridictions pour se déplacer et blanchir des produits soupçonnés de provenir du trafic de drogue ;

[2029] Les tontines sont un système par lequel un groupe de personnes se regroupent, conviennent du versement d'une contribution (montant, dépositaire et autres modalités) ainsi que du moment dont chaque personne pourra en bénéficier. Une fois les versements effectués et les fonds collectés, ils peuvent être libérés par exemple, chaque quinzaine ou mensuellement en faveur d'un des membres, selon le choix du groupe et par application système de rotation. Le système des tontines est traditionnellement, très prisé des femmes (notamment en Afrique occidentale et centrale) qui y voient une opportunité de bénéficier d'une indépendance financière et donc, d'une meilleure prise en charge de leurs besoins et familles. La souplesse des dispositions (qui permettent par exemple aux membres ayant des difficultés financières particulières de bénéficier prioritairement des fonds collectés) et l'absence de facilités bancaires en zone rurale rendent ce système informel de microcrédit particulièrement attractif. En effet, de nombreux acteurs du secteur informel qui sont exclus du crédit bancaire formel s'appuient sur les réseaux informels et relations familiales (N. BENJAMIN, A. A. MBAYE et al., *Les entreprises informelles en Afrique de l'Ouest francophone - Taille, productivité et institutions*, Banque Mondiale, Coll. l'Afrique en développement, 2012, p. 73). Cependant, le GIABA a tiré la sonnette d'alarme quant à l'utilisation abusive de ce système (sans archives ni traçabilité des transactions et encore moins, le respect d'une quelconque obligation de vigilance à l'égard des participants) aux fins de blanchir des biens de provenance illicite. Loin d'être une hypothèse d'école, a été rapporté un cas (cas 4) démontrant les manœuvres d'un délinquant qui s'est servi de ce système d'épargne collective pour blanchir d'importantes sommes d'argent *via* le secteur immobilier (sur la définition des tontines précitée et sur l'utilisation abusives à des fins de blanchiment de capitaux, voir : GIABA, *Typologies du blanchiment d'argent par le biais du secteur immobilier en Afrique de l'Ouest*, *op. cit.*, pp. 37-38).

	Par utilisation frauduleuse des systèmes d'envois de fonds et de commerce ; Contrebande d'espèces en vrac/passeurs de fonds et utilisation de casinos pour blanchir les produits du trafic de drogue ; Facturation multiple de biens pour dissimuler les produits du trafic de drogue.
Transactions en espèces/ passeurs	Blanchiment des produits du trafic de drogue à travers les entreprises qui privilégient les paiements au comptant et qui ont un chiffre d'affaires élevé en espèces ; Fraude sur la commission escomptée (*four-one-nine* - 419) ; Mouvement de grosses sommes d'argent en espèces et utilisation de passeurs transfrontaliers d'argent ; Blanchiment d'argent par les bureaux de change et autres changeurs informels ; Blanchiment d'argent fondé sur le commerce ; Blanchiment de l'argent de la corruption ; Systèmes de Remise Alternative de Fonds (SRAF) : transactions de "Dollar-pour-Dollar"/Euro-pour-Euro et de "règlement".
Trafic de produits pharmaceutiques contrefaits	Blanchiment de produits tirés de la vente des produits pharmaceutiques contrefaits à travers des activités commerciales ; Blanchiment de revenus tirés de la vente de médicaments contrefaits par l'intermédiaire d'établissements de crédit et d'épargne ; Blanchiment de revenus tirés de la vente de médicaments contrefaits par l'intermédiaire d'agents des services publics corrompus, qui réinvestissent les fonds obtenus dans une activité économique légale.
Industrie extractive et minière	Blanchiment des produits du crime par le biais de l'industrie extractive/du secteur minier ; Blanchiment des produits tirés de l'exploitation minière et des produits miniers illicites à travers le secteur financier ;

	Blanchiment de capitaux à travers le commerce transfrontalier d'or et l'exploitation minière ; Évasion fiscale et fraude dans l'industrie extractive/le secteur minier ; Utilisation de minéraux précieux pour escroquer des ressortissants étrangers ; Recours à des sociétés-écrans pour blanchir les produits de la corruption et de la fraude dans le secteur extractif/minier ; Blanchiment de capitaux à travers l'exploitation des politiques et programmes de l'État dans le secteur extractif/minier et de connivence avec des PPE.
Prestataires de services de change informel et illégal	Blanchiment des capitaux par des fonctionnaires utilisant les bureaux de change et autres méthodes (biens immobiliers, banques, etc.) ; Blanchiment de capitaux par des tiers par le canal de bureaux de change illicites/informels (impliquant parfois, des passeurs de fonds chargés de faire circuler l'argent sale éventuellement converti en diverses devises étrangères) ; Blanchiment des produits de la fraude sur Internet par les bureaux de change et au moyen de divers transferts (ex. : utilisation de "mules") ; Abus criminel/arnaque des bureaux de change à risque (c'est-à-dire réputés opérer en violation des lois et règlements) ; Blanchiment des produits de la criminalité violente et organisée au moyen de l'instrumentalisation des bureaux de change à risque.
Secteur des casinos et des jeux de hasard	Blanchiment de capitaux par utilisation des machines à sous, en l'absence de procédures écrites régissant la manipulation de grosses sommes d'argent en liquide ; Blanchiment de capitaux par le biais des mises de fonds : possibilité pour les passeurs de fonds d'échanger plus facilement de l'argent liquide contre des tickets et cartes de

	machines à sous, en l'absence de contrôles sur les droits d'entrée importants dans les casinos de la région ; Blanchiment de capitaux au moment des jeux de table (possible collusion entre passeurs ; manipulation du jeu au moyen de pertes délibérées de jetons) ; Ampleur croissante des activités de jeux de hasard illégales ; Blanchiment de capitaux au moyen des paris sportifs en ligne (risques de trucages de matchs locaux ; risque de blanchiment accru par l'acceptation des paiements en cryptomonnaie) ; Lien établi entre l'application d'une réglementation stricte contre l'exploitation minière illégale et une « hécatombe » notamment au sein des casinos appartenant à des promoteurs d'Asie de l'Est, ce qui laisse présumer d'un possible blanchiment des capitaux des produits de ladite activité illégale *via* les casinos[2030].

[2030] Précisons que cet exemple concerne spécifiquement le Ghana (GIABA, *Blanchiment de capitaux : Risques et vulnérabilités dans le secteur des casinos et des jeux de hasard en Afrique de l'Ouest*, *op. cit.*, p. 33).

Tableau 3. Présentation des autorités de contrôle et de régulation des EPNFD au Niger

Assujettis des EPNFD	Autorités de contrôle des EPNFD correspondantes
Sociétés immobilières, agents immobiliers et agents de location	Ministère en charge de l'Urbanisme et de l'Habitat
Prestataires de jeux d'argent et de hasard (notamment, propriétaires directeurs et gérants de casinos et d'établissements de jeux, y compris loteries nationales) ; Conseillers fiscaux ; Experts-comptables et Comptables agréés	Ministère en charge des Finances
Commerçants habituels[2031] ou organisateurs de la vente de pierres précieuses et de métaux précieux	Ministère en charge des Mines
Commerçants habituels ou organisateurs de la vente d'antiquités et d'œuvres d'art ; Promoteurs d'événements culturels	Ministère en charge de la Culture
Hôtels ; Agences de voyages	Ministère en charge du Tourisme
Organismes à but non lucratif	Ministère en charge du Développement Communautaire et de l'Aménagement du Territoire, Ministère en charge de l'Intérieur et Ministère en charge des Affaires Etrangères
Agents sportifs et promoteurs d'événements sportifs	Ministère en charge des Sports
Sociétés de gardiennage	Ministère en charge de la Sécurité Publique
Administrateurs judiciaires	Ministère en charge de la Justice
Avocats ; Notaires	Ministère en charge de la Justice et Procureurs Généraux près les Cours d'appel
Huissiers de justice, Commissaires-priseurs judiciaires, Opérateurs de ventes volontaires de meubles aux enchères publiques	Ministère en charge de la Justice, Procureurs de la République près les Tribunaux de Grande Instance et Procureurs délégués près les Tribunaux d'Instance
Mandataires judiciaires	Ministère en charge de la Justice et Chambre Nationale de Discipline

[2031] Relevons que le commerçant étant défini par l'art. 2 de l'Acte uniforme révisé portant sur le droit commercial général (de l'OHADA, dont est membre le Niger) comme étant celui qui « fait de l'accomplissement d'actes de commerce par nature sa profession », le mot « habituel » n'a ici d'autre effet que de créer une redondance, voire une ambiguïté évitable, puisque la qualification de commerçant suppose déjà l'habitude dans l'exercice d'une activité commerciale. Le texte nigérien pourrait donc être amendé en conséquence.

Tableau 4. Comparaison entre les catégories désignées d'infractions du GAFI et celles de l'UEMOA

LISTE DES INFRACTIONS PRINCIPALES DU GAFI	LISTE DES INFRACTIONS PRINCIPALES DE L'UEMOA
Participation à un groupe criminel organisé et participation à un racket	Participation à un groupe criminel organisé et participation à un racket
Terrorisme, y compris son financement	Terrorisme, y compris son financement
Traite des êtres humains et trafic illicite de migrants	Traite des êtres humains et trafic illicite de migrants
Exploitation sexuelle, y compris celle des enfants	Exploitation sexuelle, y compris le détournement et l'exploitation des mineurs
Trafic illicite de stupéfiants et de substances psychotropes	Trafic illicite de stupéfiants et de substances psychotropes
Trafic illicite d'armes	Trafic illicite d'armes
Trafic illicite de biens volés et autres biens	Trafic illicite de biens volés et autres biens
Corruption	Corruption et concussion
	Détournement de fonds par des personnes exerçant une fonction publique
Fraude	Fraude
Faux monnayage	Faux monnayage
Contrefaçon et piratage de produits	Contrefaçon de biens (y compris monnaie ou billets de banque) et piratage de produits
	Trafic d'organes
Infractions pénales contre l'environnement	Infractions contre l'environnement
Meurtres et blessures corporelles graves	Meurtres et blessures corporelles graves
Enlèvement, séquestration et prise d'otages	Enlèvement, séquestration et prise d'otages
Vol	Vol
Contrebande (y compris relativement aux taxes et droits de douane et d'accise)	Contrebande, y compris relativement aux taxes et droits de douane et d'accises
Infractions fiscales pénales (liées aux impôts directs et indirects)	Infractions fiscales (liées aux impôts directs et indirects)
Extorsion	Extorsion
Faux	Faux et usage de faux
Piraterie	Piraterie
Délits d'initiés et manipulation de marché	Délits d'initiés et manipulation de marchés
	Tout autre crime ou délit

Tableau 5. Définition des infractions (crimes, délits et contraventions) dans les États francophones de l'UEMOA

PAYS	CRIMES	DÉLITS	CONTRAVENTIONS
Bénin	Art. 34 du CP[2032] : peine d'emprisonnement supérieure à cinq ans[2033].	Art. 37 du CP[2034] : peine d'emprisonnement de deux ans au moins et de cinq ans au plus[2035] ; amende ne pouvant être inférieure à vingt mille francs CFA.	Art. 2 al. 2 du CP : peine déterminée par règlement fixant la peine applicable à l'auteur.
Burkina Faso	Art. 121-1 al. 1er du CP : peine d'emprisonnement supérieure à dix ans[2036].	Art. 121-1 al. 2 du CP : peine d'emprisonnement de trente jours au moins et n'excédant pas dix ans et/ou amende supérieure à deux cent mille francs CFA[2037].	Art. 121-1 al. 3 : amende d'un montant n'excédant pas deux cent mille (200 000) francs CFA.
Côte d'Ivoire	Art. 3 al. 2-1° du CP : peine privative de liberté perpétuelle ou temporaire	Art. 3 al. 2-2° du CP : peine privative de liberté inférieure ou égale à dix ans et	Art. 3 al. 2-3° : peine privative de liberté inférieure ou égale à deux mois et amende inférieure ou égale à

2032 Cet article prévoit les peines criminelles encourues par les personnes physiques.

2033 Cet article dispose plus précisément que les peines en matière criminelle sont la réclusion criminelle ou détention criminelle à perpétuité ; la réclusion criminelle ou détention criminelle de 30 ans, de 20 ans au plus, et de 10 ans au plus ; la réclusion criminelle ou détention criminelle à temps de 5 ans au moins. L'art. 35 du CP béninois précise que les peines de réclusion criminelle ou de détention criminelle ne sont pas exclusives d'une peine d'amende et d'une ou de plusieurs des peines complémentaires prévues à l'article 39.

2034 En outre, l'art. 36 prévoit, au titre des peines correctionnelles applicables aux personnes physiques, l'emprisonnement à temps ; le travail d'intérêt général ; les peines privatives ou restrictives de droits prévues à l'art. 38 ; les peines complémentaires prévues à l'art. 39 ; l'amende ; le jour-amende.

2035 L'article précise à ce niveau : « sauf en cas de récidive ou autres où la loi aura déterminé d'autres limites ».

2036 L'art. 212-1 précise que les peines en matière criminelle sont l'emprisonnement à vie ; l'emprisonnement à temps ; l'amende pour les personnes morales ; la dissolution pour les personnes morales.

2037 L'art. 213-1 du CP précise que les peines en matière correctionnelle sont : l'emprisonnement à temps, l'amende, le travail d'intérêt général, l'interdiction à temps ainsi que celle définitive, et la dissolution en ce qui concerne les personnes morales.

	supérieure à dix ans.	supérieure à deux mois et/ou amende supérieure à 360 000 francs CFA.	360 000 francs CFA ou l'une de ces deux peines seulement.
Mali	Art. 4 du CP : mort ; réclusion à perpétuité ; cinq à vingt ans de réclusion.	Art. 7 du CP : emprisonnement de onze jours à cinq ans ; peine de travail d'intérêt général ; amende.	Art. 10 du CP : emprisonnement d'un à dix jours inclusivement ; amende de 300 à 18 000 francs CFA inclusivement.
Niger	Art. 5 du CP : mort ; emprisonnement à vie ; emprisonnement de dix à trente ans.	Art. 6 du CP : emprisonnement d'une durée supérieure à trente jours et inférieure à dix ans[2038].	Par déduction des art. 5 et 6 du CP : emprisonnement d'une durée inférieure ou égale à trente jours.
Sénégal	Art. 17 et 18 du CP : la durée des peines de travaux forcés à temps (art. 17) et de détention criminelle (art. 18) sera selon les cas spécifiés par la loi, soit de dix à vingt ans, soit de cinq à dix ans.	Art. 33 du CP : emprisonnement d'une durée supérieure à un mois, sans dépasser dix ans et amende supérieure à vingt mille francs CFA[2039].	Par déduction de l'art. 33 du CP : emprisonnement d'une durée inférieure ou égale à un mois et amende inférieure ou égale à vingt mille francs CFA.
Togo	Art. 67 du CP : réclusion criminelle à temps de cinq à cinquante ans.	Art. 74 du CP : peine d'emprisonnement [2040] d'un jour à cinq ans.	Par déduction de l'art. 74 du CP : peine d'amende[2041].

[2038] L'article précise à la suite : « sauf dans les cas de récidive où la loi aura déterminé d'autres limites ».

[2039] L'article précise à la suite : « sauf les cas de récidive pour ceux auxquels la loi aura déterminé d'autres limites ».

[2040] L'emprisonnement est défini par l'art. 74 du CP togolais comme étant « la détention d'un individu à l'intérieur d'un établissement pénitentiaire ».

[2041] À ce propos, l'art. 76 al. 1er du CP togolais dispose que le montant de l'amende est fixé pour chaque infraction qu'elle définit et réprime. Il est exprimé en monnaie nationale et le paiement est effectué selon des modalités déterminées par le code de procédure pénale.

Tableau 6. Comparaison entre les peines principales applicables au blanchiment de capitaux et celles prévues pour le recel, l'abus de biens sociaux et l'escroquerie dans les États membres de l'UEMOA

	RECEL	ABUS DE BIENS SOCIAUX	ESCROQUERIE
Bénin	3 mois à 3 ans d'emprisonnement, amende de 100 000 à 2 000 000 de francs CFA ou l'une de ces deux peines seulement (art. 839 du CP[2042]).	Réclusion criminelle à temps de 5 ans à 10 ans, amende de 5 000 000 à 20 000 000 de francs CFA (art. 767 du CP[2043]).	1 à 5 ans d'emprisonnement, amende de 100 000 à 2 000 000 de francs CFA (art. 648 du CP).
Burkina Faso	1 à 10 ans d'emprisonnement, amende de 1 000 000 à 3 000 000 de francs CFA (art. 614-1 du CP[2044]).	1 à 5 ans d'emprisonnement, amende de 2 000 000 à 10 000 000 de francs CFA (art. 812-10 du CP).	2 à 5 ans d'emprisonnement, amende de 1 000 000 à 5 000 000 de francs CFA (art. 613-2 du CP).
Côte d'Ivoire	1 à 5 ans d'emprisonnement, amende de 300 000 à 3 000 000 de francs CFA (art. 477 du CP[2045]).	Néant[2046].	1 à 5 ans d'emprisonnement, amende de 300 000 à 3 000 000 de francs CFA (art. 471 du CP).

[2042] L'amende peut être portée au-delà de 2 000 000 de francs CFA, jusqu'à la moitié de la valeur des objets recelés.

[2043] La peine est de 2 mois à 5 ans et d'une amende de 20 000 francs à 2 000 000 de francs lorsque le préjudice est inférieur à 10 000 000 de francs.

[2044] L'amende peut être élevée au-delà de cette somme sans dépasser la moitié de la valeur des objets recelés.

[2045] L'amende peut être élevée au-delà de 3 000 000 de francs CFA, jusqu'à la moitié de la valeur des objets recelés.

[2046] Les recherches n'ont pas permis d'établir l'existence d'un fondement textuel à l'incrimination de l'abus de biens sociaux en Côte d'Ivoire. En effet, la loi n°2017-727 du 9 novembre 2017 portant répression des infractions prévues par les Actes uniformes du Traité relatif à l'Harmonisation du Droit des Affaires en Afrique censée régir la question n'incrimine pas l'abus de biens sociaux conformément aux dispositions de l'art. 891 de l'Acte uniforme révisé relatif au droit des sociétés commerciales et du groupement d'intérêt économique.

Mali	Le recel est un fait de complicité au Mali (art. 24 du CP).	1 à 5 ans d'emprisonnement, amende de 5 000 000 à 10 000 000 de francs CFA (art. 123-5 du CP).	1 à 5 ans d'emprisonnement et facultativement, amende de 120 000 à 1 200 000 francs CFA (art. 275 du CP).
Niger	1 à moins de 10 ans d'emprisonnement, amende de 20 000 à 200 000 francs CFA (art. 354 du CP).	2 à moins de 10 ans d'emprisonnement, amende de 100 000 à 100 000 000 de francs CFA ou l'une des deux peines seulement (art. 338-1 du CP).	1 à 5 ans d'emprisonnement, amende de 20 000 à 200 000 francs CFA (art. 333 du CP).
Sénégal	1 à 5 ans d'emprisonnement, amende de 20 000 à 200 000 francs CFA (370 et 430 du CP).	1 à 5 ans d'emprisonnement, amende de 500 000 à 5 000 000 de francs CFA (art. 35 de la loi portant répression des infractions prévues par les Actes uniformes de l'OHADA).	1 à 5 ans d'emprisonnement, amende de 100 000 à 1 000 000 de francs CFA (art. 379 du CP).
Togo	1 à 3 ans d'emprisonnement, amende de 1 000 000 à 3 000 000 de francs CFA ou l'une de ces deux peines (art. 470 du CP).	1 à 6 ans d'emprisonnement, amende de 1 000 000 à 6 000 000 de francs CFA ou l'une de ces deux peines (art. 1110 du CP).	1 à 3 ans d'emprisonnement, amende de 1 000 000 à 3 000 000 de francs CFA ou l'une de ces deux peines (art. 452 du CP).

Tableau 7. Comparaison entre les peines applicables au blanchiment de capitaux dans les États membres de l'UEMOA et celles prévues dans d'autres espaces juridiques

ÉTATS	PEINES APPLICABLES AUX PERSONNES PHYSIQUES	PEINES APPLICABLES AUX PERSONNES MORALES
Échantillon pays CEDEAO :		
Gambie	5 à 15 ans d'emprisonnement ; amende d'un montant minimal de 100 000 dalasis[2047].	Amende de 500 000 dalasis[2050].
Ghana	12 mois à 10 ans d'emprisonnement et amende de 50 unités de pénalité à un maximum de 5 000 unités de pénalité[2048].	Amende de 50 unités de pénalité à 5 000 unités de pénalité[2051].
Sierra Leone	Peine d'emprisonnement d'au moins 7 ans[2049].	Amende d'au moins 30 000 000 de leones[2052].
Pays de la CEMAC	5 à 10 ans d'emprisonnement, amende allant de cinq à dix fois le montant de la valeur des biens sur lesquels a porté l'infraction, sans être inférieure à 10 000 000 de francs CFA[2053]. Les peines précitées sont doublées en cas de circonstances aggravantes[2054].	Amende d'un taux égal au quintuple de celles encourues par les personnes physiques[2055].

2047 REM de la Gambie du 18 septembre 2008, p. 30.
2048 REM du Ghana de mai 2017, p. 126.
2049 REM de la Sierra Leone de décembre 2020, p. 185.
2050 Soit l'équivalent d'environ 5 427 246 francs CFA.
2051 REM du Ghana de mai 2017, p. 126.
2052 Soit l'équivalent d'environ 1 626 423 francs CFA (REM de la Sierra Leone de décembre 2020, p. 185).
2053 Art. 114 du Règlement n°01/CEMAC/UMAC/CM portant prévention et répression du blanchiment des capitaux et du financement du terrorisme et de la prolifération en Afrique Centrale.
2054 Art. 116.
2055 Art. 126 du Règlement n°01/CEMAC/UMAC/CM portant prévention et répression du blanchiment des capitaux et du financement du terrorisme et de la prolifération en Afrique Centrale.

Échantillon, pays d'autres continents :		
Australie	25 ans d'emprisonnement et/ou 255 000 AUD d'amende en cas de blanchiment commis intentionnellement d'un montant supérieur ou égal à 1 000 000 AUD ; amende de 1 700 AUD en cas de blanchiment commis par négligence, pour un montant inférieur à 1000 AUD[2056].	Amende de 1 275 000 AUD (infraction intentionnellement commise et pour un montant de 1 million AUD et plus) à 8500 AUD (blanchiment par négligence de moins de 1000 AUD)[2059].
Chine	Selon les cas : jusqu'à 5 ans d'emprisonnement, ou 5 à 10 ans (et amende équivalant à 5 à 20 % des sommes blanchies) ; jusqu'à 3 ans d'emprisonnement, 3 à 7 ans, ou 3 à 10 ans (et peine d'amende déterminée selon les circonstances)[2057].	Amendes fixées en fonction des circonstances de la cause[2060].
Suisse	3 ans d'emprisonnement au plus (la peine pouvant être portée à 5 ans dans les cas graves) ou peine pécuniaire (le maximum étant de 1,08 million CHF, soit 0,99 million EUR)[2058].	Amende de 5 millions CHF (4,57 millions EUR)[2061].

2056 REM de l'Australie d'avril 2015, p. 132.
2057 REM de la République populaire de Chine d'avril 2019, p. 187.
2058 REM de la Suisse de décembre 2016, p. 176.
2059 REM de l'Australie d'avril 2015, p. 132.
2060 REM de la République populaire de Chine d'avril 2019, p. 187.
2061 REM de la Suisse de décembre 2016, p. 176.

Tableau 8. Architecture de l'Organisation judiciaire des États membres de l'UEMOA

PAYS	JURIDICTIONS DE 1ER DEGRÉ	JURIDICTIONS DE SECOND DEGRÉ	JURIDICTIONS SUPÉRIEURES
Bénin[2062]	Tribunaux de première instance de première et de deuxième classe[2063], Tribunaux de commerce, Tribunaux de conciliation ; ***Juridiction d'exception*** : Cour de Répression des infractions économiques et du terrorisme (CRIET).	Cour d'appel[2064] (et Cour d'appel de commerce).	Cour Suprême[2065] ; Cour constitutionnelle[2066].

[2062] **Références** : Loi n°2019-40 du 7 novembre 2019 portant Constitution de la République du Bénin ; loi n°2001-37 du 27 août 2002 portant Organisation judiciaire, modifiée par la loi n°2016-15 du 28 juillet 2016 ; loi n°2018-13 du 2 juillet 2018 modifiant et complétant la loi n°2001-37 du 27 août 2002 portant organisation judiciaire en République du Bénin modifiée et création de la cour de répression des infractions économiques et du terrorisme ; loi n°2022-10 du 27 juin 2022 portant organisation, fonctionnement et attributions de la Cour suprême ; loi n°2022-12 du 5 juillet 2022 portant règles particulières de procédure applicables devant les formations juridictionnelles de la Cour suprême.

[2063] Les tribunaux de première instance sont juges de droit commun en matière pénale, civile, sociale et administrative (art. 51 de la loi n°2001-37 du 27 août 2002 modifiée par la loi n°2016-15 du 28 juillet 2016). Il est à relever, par ailleurs, que la Cour d'assises est établie au siège de chaque Cour d'appel. Cependant, lorsque les circonstances l'exigent, elle peut se tenir au siège d'un Tribunal de première instance, désigné par arrêté du ministre de la Justice, sur proposition du Président de la Cour d'appel et après avis du Procureur général (art. 250 du CPP).

[2064] Chaque cour d'appel comporte au minimum, une chambre civile, une chambre sociale, une chambre de droit de propriété foncière, une chambre administrative, une chambre de l'instruction, une chambre des libertés et de la détention, une chambre correctionnelle, une chambre criminelle et une chambre des appels du juge de l'exécution (art. 2-4° de la loi n°2020-08 du 23 avril 2020 portant modernisation de la justice, ayant modifié et complété l'art. 61 dans sa rédaction issue de la loi n°2018-13 du 2 juillet 2018).

[2065] L'art. 131 de la Constitution béninoise dispose que la Cour suprême est la plus haute juridiction de l'État en matière administrative et judiciaire. Aux termes de l'art. 3 de la loi n°2022-10 du 27 juin 2022 portant organisation, fonctionnement et attributions de la Cour suprême, la Cour suprême est composée d'une chambre administrative, d'une chambre judiciaire, d'un parquet général, d'un greffe central.

[2066] Aux termes de l'art. 114 de la constitution béninoise, la Cour constitutionnelle est la plus haute juridiction de l'État en matière constitutionnelle. Elle juge de la constitutionnalité des lois et garantit les droits fondamentaux des individus et des libertés publiques. Elle constitue l'organe régulateur du fonctionnement des institutions et l'activité des pouvoirs publics.

Burkina Faso[2067]	Tribunaux de grande instance[2068], Tribunaux de commerce, Tribunaux du travail, Tribunaux départementaux ou d'arrondissements[2069].	Cour d'appel[2070].	Cour de cassation, Cour des comptes et Conseil d'État[2071] ; Conseil constitutionnel[2072].
Côte d'Ivoire[2073]	Tribunaux de Première instance[2074], Tribunaux administratifs[2075].	Cour d'appel[2076].	Cour de cassation, Conseil d'État, et Cour des comptes[2077] ;

2067 **Références** : Constitution du 2 juin 1991 (IVème République) ; loi n°015-2019/AN portant organisation judiciaire au Burkina Faso.

2068 Le Tribunal de grande instance comprend une ou plusieurs chambres civiles, une ou plusieurs chambres correctionnelles et une chambre des mineurs (art. 34 de la loi n°015-2019/AN portant organisation judiciaire au Burkina Faso).

2069 Art. 3 de la loi n°015-2019/AN portant organisation judiciaire au Burkina Faso, qui liste des juridictions de l'ordre judiciaire.

2070 La Cour d'appel comprend : une chambre de l'instruction, une chambre criminelle, une ou plusieurs chambres civiles, une ou plusieurs chambres commerciales, une ou plusieurs chambres sociales, une ou plusieurs chambres correctionnelles, une chambre pour enfants, un parquet général, un greffe central et un greffe de chambres (art. 18 de la loi n°015-2019/AN portant organisation judiciaire au Burkina Faso).

2071 Aux termes de l'art. 127 de la Constitution burkinabè, la Cour de cassation est la juridiction supérieure de l'ordre judiciaire, tandis que le Conseil d'État est la juridiction supérieure de l'ordre administratif et la Cour des comptes, la juridiction supérieure de contrôle des finances publiques.

2072 Il résulte de l'art. 152 de la Constitution burkinabè que le Conseil constitutionnel est l'institution indépendante compétente en matière électorale et constitutionnelle. Il statue sur la constitutionnalité des lois et des ordonnances ainsi que sur la conformité des traités et accords internationaux avec la Constitution.

2073 **Références** : loi n°2016-886 portant Constitution de la République de Côte d'Ivoire ; loi n°2018-975 du 27 décembre 2018 portant Code de procédure pénale ; loi constitutionnelle n°2020-348 du 19 mars 2020 modifiant la loi n°2016-886 du 8 novembre 2016 portant Constitution de la République de Côte d'Ivoire.

2074 L'art. 263 du CPP précise qu'il est tenu au siège de chaque Tribunal de Première instance, des sessions, pour le jugement des affaires criminelles inscrites dans le ressort de ce tribunal. En effet, le tribunal criminel est compétent pour juger en premier ressort les individus renvoyés devant lui par l'arrêt de renvoi (art. 262 du CPP). Le tribunal correctionnel connaît des délits (art. 389 du CPP). Le tribunal de simple police, qui est une formation du tribunal composé d'un juge unique, connaît des contraventions (art. 531 et 532 du CPP).

2075 Aux termes de l'art. 143 de la constitution ivoirienne, la Justice est rendue par la Cour suprême, la Cour des comptes, les Cours d'appel, les Tribunaux de Première instance, les tribunaux administratifs et les Chambres régionales des Comptes.

2076 Les jugements rendus par le tribunal criminel font l'objet d'un appel auprès de la chambre criminelle de la Cour d'appel (art. 362 du CPP). La Cour d'appel comporte également une chambre des appels correctionnels (art. 572 et s. du CPP). L'appel des ordonnances du juge d'instruction est porté devant la Chambre d'instruction (art. 219 et s. du CPP).

2077 Aux termes de l'art. 144 de la Constitution ivoirienne, la Cour de cassation, le Conseil d'État et la Cour des Comptes sont les institutions représentatives du pouvoir judiciaire. Tandis que la Cour de cassation s'assure de l'application de la loi par les institutions de l'ordre judiciaire (art. 147 al. 1er de la Constitution), le Conseil d'État veille à l'application de la loi par les institutions de l'ordre administratif (art. 147 al. 2).

			Conseil constitutionnel[2078].
Guinée-Bissau[2079]	Tribunaux régionaux à compétence générale[2080] (Tribunaux de Juridiction Générale) ; Tribunaux spécialisés : Tribunaux Civils, Tribunaux de Juridiction Criminelle, Tribunaux de la Famille et des Mineurs, Tribunaux du Travail, Tribunaux de Commerce, Tribunaux Maritimes, Tribunaux Administratifs[2081].	Tribunaux de cercle[2082].	Cour Suprême[2083] ; Cour des comptes[2084].
Mali[2085]	Tribunaux de Grande Instance, Tribunaux d'Instance, Tribunaux du Travail, Tribunaux de	Cour d'appel[2087] et Cour administrative d'appel.	Cour suprême[2088] ; Cour constitutionnelle[2089].

2078 Selon l'art. 126 de la constitution ivoirienne, le Conseil constitutionnel est une « juridiction constitutionnelle », indépendante et impartiale. Il est l'organe de régulation du fonctionnement des pouvoirs publics.

2079 **Référence** : C. MADALENO, « Organisation judiciaire de la Guinée-Bissau » [en ligne], [s.l.]. Disponible sur : http://www.aahjf.net/sites/default/files/organisation-judiciaire-guinee-bissau.pdf. L'on n'a malheureusement pu obtenir les documents nécessaires pour chercher les informations à la source et fournir des données émanant des lois bissau-guinéennes.

2080 Ces tribunaux sont compétents notamment en matière pénale (*ibid.*, p. 8).

2081 *Ibid.*, p. 8.

2082 Les Tribunaux de Cercle constituent des Instances d'appel, pouvant fonctionner en totalité ou être organisées en sections (*ibid.*, p. 7)

2083 La Cour suprême comporte trois Chambres : la Chambre civile, la Chambre pénale et la Chambre sociale et du contentieux administratif (*ibid.*, p. 6).

2084 La Cour des comptes est l'instance suprême et indépendante chargée notamment d'évaluer l'activité financière de l'État. Ses décisions sont opposables à toutes les entités, publiques ou privées (*ibid.*, p. 13). Elle est composée de trois juges (*ibid.*, p. 14).

2085 **Références** : Constitution du Mali (Décret n°2023-0401/PT-RM du 22 juillet 2023 portant promulgation de la Constitution) ; loi n°037 du 15 juillet 2011 portant organisation judiciaire ; loi n°2021-050 du 29 septembre 2021 portant modification de la loi n°2011-037 du 15 juillet 2011 portant organisation judiciaire.

2087 La Cour d'appel malienne comprend, au minimum, une Chambre civile (qui siège aussi en matière coutumière), une Chambre commerciale, une Chambre sociale, une Chambre correctionnelle, une Chambre d'accusation et une Chambre spéciale des mineurs (art. 1er de la loi n°2021-050 du 29 septembre 2021 portant modification de la loi n°2011-037 du 15 juillet 2011 portant organisation judiciaire).

2088 Aux termes de l'art. 139 de la constitution, la Cour Suprême est la plus haute juridiction de l'État en matière judiciaire et administrative. Elle a des compétences contentieuses et consultatives.

2089 L'art. 144 de la constitution malienne dispose que la Cour constitutionnelle juge de la constitutionnalité des lois et garantit les droits fondamentaux de la personne humaine ainsi que les libertés publiques.

	Commerce, Tribunaux Administratifs, Tribunaux pour Enfants, Tribunaux Militaires, Cours d'Assises[2086].		
Niger[2090]	Tribunaux de grande instance, Tribunaux d'arrondissements communaux, Tribunaux d'instance, Tribunaux communaux, Tribunaux administratifs, Tribunal militaire, Tribunaux de commerce, Tribunaux du foncier rural, Tribunaux de travail et Tribunaux pour mineurs, Pôle spécialisé en matière économique et financière et Pôle judiciaire en matière de lutte contre le terrorisme et la	Cour d'appel[2092].	Cour de cassation, Conseil d'État et Cour des comptes ; Cour constitutionnelle[2093].

2086 Art. 1er de la loi n°037 du 15 juillet 2011 portant organisation judiciaire. Les TGI et TI comprennent au moins deux Chambres : une, civile et une Chambre correctionnelle siégeant en outre en matière de simple police (art. 29 al. 1er de la loi n°037 du 15 juillet 2011 portant organisation judiciaire, modifié par la loi n°2021-050 du 29 septembre 2021).

2090 **Références** : Constitution de la VIIe République du 25 novembre 2010 ; loi n°2018-37 du 1er juin 2018 fixant l'organisation et la compétence des juridictions en République du Niger.

2092 Au sein de la Cour d'appel nigérienne, on retrouve une Chambre civile, une Chambre spécialisée en matière commerciale et financière, une Chambre administrative, une Chambre sociale, une Chambre d'accusation, une Chambre des affaires criminelles, une Chambre des affaires correctionnelles et une Chambre des mineurs (art. 22 de la loi n°2018-37 du 1er juin 2018 fixant l'organisation et la compétence des juridictions en République du Niger).

2093 Art. 116 al. 2 de la Constitution nigérienne. La Cour de cassation, qui est la plus haute juridiction en matière judiciaire (art. 136 de la Constitution), comprend les Chambres réunies, la Chambre civile et commerciale, la Chambre sociale et des affaires coutumières, la Chambre criminelle et la Chambre consultative (art. 38 et s. de la loi organique n°2013-03 du 23 janvier 2013 déterminant la composition, l'organisation, les attributions et le fonctionnement de la Cour de cassation).
Le Conseil d'État est, d'après les termes de l'art. 137 de la Constitution, la plus haute juridiction en matière administrative. La Cour constitutionnelle intervient en matières constitutionnelle et électorale ; elle statue sur la constitutionnalité des lois, des ordonnances, ainsi que sur la conformité des traités et accords internationaux à la Constitution (art. 120 de la Constitution).

	criminalité transnationale organisée[2091].		
Sénégal[2094]	Tribunaux de grande instance, Tribunaux du travail, Tribunaux de commerce, Tribunaux d'instance[2095] ; ***Juridictions d'exception*** : Pool judiciaire et financier supprimant et remplaçant l'ancienne Cour de répression de l'enrichissement illicite (CREI)[2096], Chambres	Cours d'appel[2098].	Cour suprême[2099], Cour des comptes, Conseil constitutionnel[2100].

2091 Art. 1er de la loi n°2018-37 du 1er juin 2018 fixant l'organisation et la compétence des juridictions en République du Niger. L'art. 35 *in fine* de ladite loi dispose que le TGI comporte une Chambre civile, une Chambre coutumière, une Chambre sociale, une Chambre administrative, une Chambre des mineurs, une Chambre correctionnelle et une Chambre criminelle (qui est complétée de deux jurés). Il est également à relever qu'en matière pénale, les tribunaux d'arrondissement communaux connaissent des délits et contraventions de simple police de leurs ressorts respectifs, sauf pour une liste d'infractions (art. 83 de la loi n°2018-37 du 1er juin 2018 fixant l'organisation et la compétence des juridictions en République du Niger, fournissant ladite liste d'infractions). Enfin, les tribunaux d'instance ont compétence en matière pénale, notamment pour connaître des délits et contraventions de simple police (art. 86 de la loi précitée).

2094 **Références** : loi n°2001-03 du 22 janvier 2001 portant Constitution, modifiée par la loi n°2016-10 du 5 avril 2016 portant révision de la Constitution ; loi organique n°2017-09 du 17 janvier 2017 abrogeant et remplaçant la loi organique n°2008-35 du 8 août 2008 sur la Cour suprême ; loi n°2017-23 du 28 juin 2017 modifiant les articles 5, 6, 7, 9 et 13 de la loi n°2014-26 du 3 novembre 2014 fixant l'organisation judiciaire ; loi n°2014-26 du 3 novembre 2014 abrogeant et remplaçant la loi n°84-19 du 2 février 1984 fixant l'organisation judiciaire ; décret n°2015-1145 du 3 août 2015 fixant la composition et la compétence des cours d'appel, des tribunaux de grande instance et des tribunaux d'instance.

2095 Art. 1er de la loi n°2017-23 du 28 juin 2017 modifiant les articles 5, 6, 7, 9 et 13 de la loi n°2014-26 du 3 novembre 2014 fixant l'organisation judiciaire. Ledit article précise que ces juridictions connaissent des affaires civiles, commerciales, pénales, des différends du travail et du contentieux administratif. Alors que les TGI connaissent ont compétence pour connaître en premier ressort, notamment des infractions pénales (art. 18 et s. du décret n°2015-1145 du 3 août 2015 fixant la composition et la compétence des cours d'appel, des tribunaux de grande instance et des tribunaux d'instance).

2096 La Cour de répression de l'enrichissement illicite (CREI) fut instituée par la loi n°81-54 du 10 juillet 1981, aux fins de réprimer l'enrichissement illicite et les délits de corruption et de recel connexes.

2098 Les Cours d'appel connaissent de l'appel des jugements rendus en premier ressort par les TGI notamment, en matières correctionnelle et criminelle (art. 26 du décret n°2015-1145 du 3 août 2015 fixant la composition et la compétence des cours d'appel, des tribunaux de grande instance et des tribunaux d'instance).

2099 La Cour suprême du Sénégal comporte quatre Chambres, que sont : la Chambre criminelle, la Chambre civile et commerciale, la Chambre sociale et la Chambre administrative (art. 8 de la loi organique n°2017-09 du 17 janvier 2017 abrogeant et remplaçant la loi organique n°2008-35 du 8 août 2008 sur la Cour suprême). La Cour suprême connaît des pourvois en cassation dans les conditions fixées par l'art. 1er de ladite loi.

2100 L'art. 88 de la constitution sénégalaise dispose notamment que le pouvoir judiciaire est exercé par le Conseil constitutionnel, la Cour Suprême, la Cour des comptes et les Cours et tribunaux.

	africaines extraordinaires[2097].		
Togo[2101]	Tribunaux de grande instance et Tribunaux criminels, Tribunaux d'instance à compétence correctionnelle et civile,	Cours d'appel et Cours criminelles d'appel[2104].	Cour suprême[2105] ; Cour constitutionnelle et Cour des comptes[2106].

2097 L'art. 5 (al. 4 et 5) de la loi n°2014-26 du 3 novembre 2014 abrogeant et remplaçant la loi n°84-19 du 2 février 1984 fixant l'organisation judiciaire dispose qu'une chambre extraordinaire d'instruction est intégrée au tribunal régional hors classe de Dakar (actuel TGI), de même qu'une chambre africaine extraordinaire d'accusation, une chambre africaine extraordinaire d'assises et une chambre africaine extraordinaire d'appel sont rattachées à la Cour d'appel de Dakar. Il s'agit de juridictions créées par accord entre l'Union africaine et le Sénégal aux fins d'instruire et de juger les crimes internationaux commis au Tchad entre le 7 juin 1982 et le 1er décembre 1990, appelées à être dissoutes de manière automatique dès la fin de leur mission.

2101 **Références** : Constitution togolaise de la IVe République (Version consolidée, à jour de la loi constitutionnelle du 15 mai 2019 et de toutes les révisions constitutionnelles antérieures) ; loi n°2019-015 portant code de l'organisation judiciaire.

2104 La Cour d'appel comprend « notamment » une ou plusieurs chambres civiles, commerciales, sociales, administratives, correctionnelles, d'instruction, de la mise en état, de référés, ainsi qu'une chambre spéciale des mineurs (art. 58 de la loi n°2019-015 portant code de l'organisation judiciaire). Elle connaît des appels formés contre les décisions rendues en premier ressort par les juridictions inférieures, de ceux formés contre les ordonnances du juge d'instruction et de « tout autre cas prévu par la loi » (art. 61). Il existe aussi au Togo, des Cours criminelles d'appel, formation permanente de la Cour d'appel connaissant de l'appel des jugements rendus par les tribunaux criminels (art. 67).

2105 L'art. 120 de la Constitution togolaise dispose que la Cour suprême est la plus haute juridiction de l'État en matière judiciaire et administrative. Elle est composée d'une chambre judiciaire et d'une chambre administrative, constituant chacune, une juridiction autonome au sein de la Cour suprême (art. 123). La chambre judiciaire de la Cour suprême est compétente pour connaître notamment, des pourvois en cassation formés contre les décisions rendues en dernier ressort par les juridictions civiles, commerciales, sociales et pénales ainsi que des poursuites pénales contre les magistrats de la Cour d'appel selon les conditions fixées par la loi (art. 124).

2106 La Cour constitutionnelle est la plus haute juridiction de l'État togolais en matière constitutionnelle et est chargée à ce titre : de juger de la constitutionnalité des lois, de garantir les droits fondamentaux de la personne humaine et les libertés publiques, de réguler le fonctionnement des institutions et l'activité des pouvoirs publics (art. 99 de la constitution). Quant à la Cour des comptes et les Cours régionales des comptes, elles « jugent les comptes des comptables publics » (art. 107 al. 1er de la constitution togolaise).

	Tribunaux d'instance à compétence civile[2102] ; ***Juridictions spécialisées*** : Tribunaux du travail, Tribunaux de commerce, juges des enfants et Tribunaux pour enfants, Tribunal militaire[2103].		

2102 Telles sont les juridictions de droit commun, la Cour suprême et les Cours d'appels étant incluses dans ladite catégorie (art. 21 de la loi n°2019-015 portant code de l'organisation judiciaire). Le TGI comprend, en fonction des nécessités du service : une ou plusieurs chambres civiles, correctionnelles et administratives, ainsi qu'une chambre de l'application des peines (art. 71). Le TGI est juge de droit en matière pénale civile et administrative (art. 75). En matière pénale, le TGI connaît de toutes les infractions de droit commun, des demandes de mise en liberté, de l'action en réparation du dommage causé par l'infraction et de l'application des peines (art. 76). Il existe au sein du TGI, un tribunal criminel qui en constitue une formation spéciale (art. 88). Les Tribunaux d'instance à compétence correctionnelle et civile connaissent, pour leur part, de toutes les infractions qualifiées de délit ou contravention quelles que soient les peines encourues, sauf exception prévue par la loi et notamment en cas de connexité (art. 97).

2103 Ce sont là les juridictions spécialisées, y compris la Cour d'appel militaire (art. 22 de la loi n°2019-015 portant code de l'organisation judiciaire).

TABLE DES MATIÈRES

Structures éditoriales du groupe L'Harmattan

L'Harmattan Italie
Via degli Artisti, 15
10124 Torino
harmattan.italia@gmail.com

L'Harmattan Hongrie
Kossuth l. u. 14-16.
1053 Budapest
harmattan@harmattan.hu

L'Harmattan Sénégal
10 VDN en face Mermoz
BP 45034 Dakar-Fann
senharmattan@gmail.com

L'Harmattan Cameroun
TSINGA/FECAFOOT
BP 11486 Yaoundé
inkoukam@gmail.com

L'Harmattan Burkina Faso
Achille Somé – tengnule@hotmail.fr

L'Harmattan Guinée
Almamya, rue KA 028 OKB Agency
BP 3470 Conakry
harmattanguinee@yahoo.fr

L'Harmattan RDC
185, avenue Nyangwe
Commune de Lingwala – Kinshasa
matangilamusadila@yahoo.fr

L'Harmattan Congo
219, avenue Nelson Mandela
BP 2874 Brazzaville
harmattan.congo@yahoo.fr

L'Harmattan Mali
ACI 2000 - Immeuble Mgr Jean Marie Cisse
Bureau 10
BP 145 Bamako-Mali
mali@harmattan.fr

L'Harmattan Togo
Djidjole – Lomé
Maison Amela
face EPP BATOME
ddamela@aol.com

L'Harmattan Côte d'Ivoire
Résidence Karl – Cité des Arts
Abidjan-Cocody
03 BP 1588 Abidjan
espace_harmattan.ci@hotmail.fr

Nos librairies en France

Librairie internationale
16, rue des Écoles
75005 Paris
librairie.internationale@harmattan.fr
01 40 46 79 11
www.librairieharmattan.com

Librairie des savoirs
21, rue des Écoles
75005 Paris
librairie.sh@harmattan.fr
01 46 34 13 71
www.librairieharmattansh.com

Librairie Le Lucernaire
53, rue Notre-Dame-des-Champs
75006 Paris
librairie@lucernaire.fr
01 42 22 67 13

www.ingramcontent.com/pod-product-compliance
Lightning Source LLC
LaVergne TN
LVHW011221061026
849535LV00001BA/123
* 9 7 8 2 3 3 6 4 1 4 8 9 8 *